Direito Bancário

Direito Bancário

2022 • 4ª Edição

L. Miguel Pestana de Vasconcelos
Juiz Conselheiro do Tribunal de Contas
Professor Catedrático da Faculdade de Direito da Universidade do Porto

ALMEDINA

DIREITO BANCÁRIO
AUTOR
Miguel Pestana de Vasconcelos
EDITOR
EDIÇÕES ALMEDINA, S.A.
Avenida Emídio Navarro, 81, 3D
3000-151 Coimbra
Tel.: 239 851 904 · Fax: 239 851 901
www.almedina.net · editora@almedina.net
DESIGN DE CAPA
EDIÇÕES ALMEDINA, S.A.
PRÉ-IMPRESSÃO
João Jegundo
IMPRESSÃO E ACABAMENTO

Agosto, 2022
DEPÓSITO LEGAL

ALMEDINA | GRUPOALMEDINA

BIBLIOTECA NACIONAL DE PORTUGAL – CATALOGAÇÃO NA PUBLICAÇÃO

VASCONCELOS, L. Miguel Pestana de

Direito bancário. – 4ª ed. – (Manuais universitários)
ISBN 978-989-40-0735-7

CDU 347

Ao meu filho Luís

Aos meus Mestres

António Pinto Monteiro
Heinrich Ewald Hörster
Jorge Ribeiro de Faria
Diogo Leite de Campos
Jorge Sinde Monteiro

"Untermyer: Is not commercial credit based primarily upon money or property?

Morgan: No, sir, the first thing is character.

Untermyer: Before money or property?

Morgan: Before money or anything else. Money cannot buy it."

J. P. Morgan nos Pujo *hearings* no Congresso dos EUA, 18 e 19 de dezembro de 1912.

In: Ron Chernow, *The House of Morgan: An American Banking Dynasty and the Rise of Modern Finance*, Grove Press, Nova Iorque, 2010, p. 154.

APRESENTAÇÃO DA QUARTA EDIÇÃO

Publica-se agora a quarta edição atualizada da obra, onde, para além de se terem desenvolvido diversas matérias, nomeadamente das criptomoedas, e se ter tido em conta a jurisprudência mais recente, foram incluídos dois novos capítulos relativos às instituições de crédito e sociedades financeiras, bem como à atividade e aos órgãos de supervisão e de regulação bancária.

O livro está atualizado a maio de 2022.

Porto, 12 de julho de 2022

APRESENTAÇÃO DA TERCEIRA EDIÇÃO

A presente edição da obra acrescenta, de acordo com o plano inicialmente traçado, um novo capítulo, sobre os sistemas de pagamentos e os meios de pagamento, incidindo em particular sobre o regime dos serviços de pagamento (RSP – Regime Jurídico dos Serviços de Pagamento e da Moeda Eletrónica, aprovado pelo Dec.-Lei nº 91/2018, de 12/11), decorrente da transposição da Diretiva (Diretiva (UE) 2015/2366 do Parlamento Europeu e do Conselho de 25 de novembro de 2015 (segunda diretiva dos serviços de pagamento – DSP).

Trata-se de uma matéria fundamental. Os sistemas de pagamentos são essenciais na vida das empresas e fazem parte do dia-a-dia do cidadão comum. Eles passam sempre pelo sistema bancário, sendo fonte de uma das principais fontes de rentabilidade da banca, através de um número em crescendo de comissões, que a eles se encontram ligados.

Outras matérias foram tratadas, e múltiplos temas, em particular no âmbito dos juros, desenvolvidos. O livro está atualizado a abril de 2021.

Dedico esta edição so Senhor Dr. Artur Santos Silva, que sempre foi para mim uma referência ética e cívica.

Porto, 20 de julho de 2021

APRESENTAÇÃO DA SEGUNDA EDIÇÃO

Publica-se agora a segunda edição atualizada da obra, onde, de acordo com plano inicialmente traçado, se incluíram os contratos de pagamento, respetivamente, *confirming* e crédito documentário, bem como um dos meios de pagamento, o cheque. Foi ainda analisado o regime dos contratos de crédito relativos a imóveis, decorrente do Dec-Lei nº 74-A/2017, de 23/6, e desenvolvida a matéria dos juros. No futuro, irão ser incluídos os serviços de pagamento.

Espero, como sempre, que o livro continue a ser útil, na academia, nos tribunais, nas empresas e às pessoas as pessoas singulares, em regra consumidores, que tenham uma relação jurídica com os bancos. O que significa, dada a completa bancarização da vida moderna, nós todos. O livro está atualizado a março de 2019.

Porto,10 de junho de 2019

APRESENTAÇÃO DA PRIMEIRA EDIÇÃO

O direito bancário, fruto do papel central que hoje os bancos têm na vida económica e social, saiu das margens do direito comercial para integrar o seu centro. É junto do banco que as pessoas singulares e coletivas guardam as suas poupanças, é a banca que concede crédito à economia, e é através do banco que são prestados os serviços de pagamentos. A ligação ao banco é, pois, essencial, quer para as pessoas singulares, quer para as coletivas. A conta bancária consitui um elemento nuclear da moderna vida económica. A liquidez e solvabilidade das instituições de crédito, a sua resiliência face aos diferentes riscos que assumem, são vitais para a vida, política, económica e social. De forma indireta, os bancos encontram, por diversas vias, o seu último apoio junto do Estado, com consequência económicas, atuais e futuras, de enorme magnitude. Como a crise de 2007-2008, e a, mais tarde, grande crise bancária nacional, o demonstram.

Este livro é a primeira parte de projeto mais vasto, cujas linhas de expõem na sua parte final. Integra a construção da construção científica deste ramo do direito comercial, e grande parte do direito material. Os serviços de pagamento e a parte institucional serão tratadas num momento subsequente.

Escolheu-se esta via para permitir a análise com profundidade dos regimes das diferentes e múltiplas figuras aqui tratadas. A abordagem mais extensa de temas não permitiria esse resultado.

O livro deve ser lido em conjunto com grande parte do meu livro **Direito das garantias** (2ª ed., Almedina, Coimbra, 2013), para onde remetemos (ver **Capítulo IX**). Com efeito, o banco concede profissionalmente crédito e tem que tutelar a sua posição. Fá-lo por via das garantias mais diversas, com grande frequência múltiplas e articuladas. A operação económica abraca quase necessariamente o crédito e a garantia. Pelo que, grande parte das garantias são também garantias bancárias.

Esta obra toma por base o meu relatório de agregação, cujas provas se realizaram em 2015, na Faculdade do Direito da Universidade do Porto. Foi estendida, em parte, e limitada noutra, tendo retirado parte dos aspetos caraterizantes de um relatório académico e sem grande interesse para o público em geral. O livro está atualizado a fevereiro de 2017.

Porto, 10 de junho de 2017

SIGLAS

ASF – Autoridade de Supervisão de Seguros e Fundos de Pensões
BankingLJ – The Banking Law Journal
BBTC – Banca, Borsa e Titoli di Credito
BCEFDUC – Boletim de Ciências Económicas da Faculdade de Direito da Universidade de Coimbra
BFDUC – Boletim da Faculdade de Direito da Universidade de Coimbra
BGB – Bürgerliches Gesetzbuch (Código Civil alemão)
BGH – Bundesgerichtshof (Tribunal federal alemão)
BKR – Zeitschrift für Bank- und Kapitalmarktrecht
BMJ – Boletim do Ministério da Justiça
Butterworths Journal IBFL – Butterworths Journal of international banking and financial law
Cad.MVM – Cadernos do Mercado de Valores Mobiliários
CDP – Cadernos de Direito Privado
CI – Contratto e Impresa
CIRE – Código da Insolvência e Recuperação de Empresas
CJ – Colectânea de Jurisprudência
CJA – Cadernos de justiça administrativa
CPC – Código de Processo Civil
CRCSPSS – Código dos Regimes Contributivos do Sistema Previdencial de Segurança Social
CRPredial – Código do Registo Predial
CSC – Código das Sociedades Comerciais
CT – Código do Trabalho
CVM – Código dos Valores Mobiliários
D. – Recueil Dalloz
DBanque – Le Droit et la Banque
DDP – Digesto delle Discipline Privatistische
Dir. – O Direito
Dir. Fall. – Il Diritto Fallimentare e delle Società Commerciali
DJ – Direito e Justiça
DR – Diário da República
DZWir – Deutsche Zeitschrift für Wirtschafts- und Insolvenzrecht

ED – Enciclopedia del Diritto
EJCL – Electronic Journal of Comparative Law
ESEBCBCE – Estatutos do Sistema Europeu de Bancos Centrais e do Banco Central Europeu
Giur. Com. – Giurisprudenza Commerciale
HGB – Handelsgesetzbuch (Código Comercial alemão)
IFIC – Instituição Financeira de Crédito
InsO – Insolvenzordnung (lei alemã da insolvência)
IRFA – International Review of Financial Analysis
JCP – Juris-Classeur Périodique. La Semaine Juridique
LGT – Lei geral tributária
NJW – Neue Juristische Wochenschrift
NovissDI – Novissimo Digesto Italiano
ns. – números
Nuovo DI – Nuovo Digesto Italiano
QGC – Quaderni di Giurisprudenza Commerciale
RDBB – Revista de Derecho Bancario y Bursátil
RDMF – Rivista della Banca e del Mercato Finanziario
RDC – Revista de Direito Comercial
RDCiv – Rivista di Diritto Civile
RDCom – Rivista del Diritto Commerciale e del Diritto Generale delle Obbligazioni
RED – Revista Electrónica de Direito
RJAEASR – Regime jurídico de acesso e exercício da atividade seguradora e resseguradora
RJOC – Regime jurídico das obrigações cobertas
Rev. Ban. – Revista da Banca
Rev. Banque – Revue de la Banque
RFDUL – Revista da Faculdade de Direito da Universidade de Lisboa
RFDUP – Revista da Faculdade de Direito da Universidade do Porto
RGICSF – Regime Geral das Instituições de Crédito e Sociedades Financeiras
RIW – Recht der Internationalen Wirtschaft
RJCAMCCAM – Regime Jurídico do Crédito Agrícola Mútuo e das Cooperativas de Crédito Agrícola Mútuo
RJCE – Regime Jurídico das Caixas Económicas
RL – Revista de Legislação e de Jurisprudência
ROA – Revista da Ordem dos Advogados
SGP – Sociedade Gestora de Patrimónios
STJ – Supremo Tribunal de Justiça
Themis – Revista da Faculdade de Direito da Universidade Nova de Lisboa
TFUE – Tratado sobre o Funcionamento da União Europeia
Verbo – Verbo, Enciclopédia luso-brasileira de cultura
WM – Zeitschrift für Wirtschafts- und Bankrechts, Wertpapier-Mitteilungen.
ZBB – Zeitschrift für Bankrecht und Bankwirtschaftsrecht
ZKW – Zeitschrift für das gesamte Kreditwesen
ZIP – Zeitschrift für Wirtschaftsrecht

Capítulo I
Autonomia e objeto do direito bancário

1. Introdução

I. A existência e o relevo do direito bancário é um dado assente. O conjunto de obras, manuais e monografias, mesmo revistas, que a ele se dedicam é enorme[1].

Todavia, não é claro se essa existência – e, em termos académicos, nalguns casos, ensino em disciplina autónoma – traduz simplesmente uma expressão de carácter funcional ou mesmo económico, abrangendo um conjunto de atividades desempenhadas pelos bancos, integradas de forma repartida por disciplinas jurídicas diversas (p. ex., Direito das obrigações, Direito dos contratos, Direito comercial I, Direito económico), nas quais se inserem, ou se se pode afirmar a sua autonomia científica, com objeto próprio e fronteiras, embora por vezes difusas, com as outras disciplinas jurídicas[2].

[1] Em Portugal: a Revista da Banca. Em Espanha: a *Revista de derecho bancário y bursátil*. Em Itália – dentre outras -: a *Banca, Borsa i titoli di crediti*. Na Alemanha, entre muitíssimas outras: *Zeitschrift für Wirtschafts- und Bankrechts. Wertpapier-Mitteilungen*. Em Inglaterra: as clássicas: *Butterworths Journal of international banking and financial law*, e a *International banking and financial law*. No Brasil: a *Revista de direito bancário e do mercado de capitais*. Em França, dentre outras: *Revue de Droit bancaire e financier*.

[2] De forma clara no prefácio à primeira edição do *Bankrechts-Handbuch*, coordenado por Herbert Schimansky/Hermann-Josef Bunte/Hans-Jürgen Lwowsky (in: *Bankrechts-Handbuch*, vol. I, 4ª ed., C.H. Beck, Munique, 2011, p. VIII), escrevem os Autores: "Das Bankrecht ist als Rechtsgebiet nach Inhalt und Gegenstand nicht exakt festgelegt und schwer zu erfassen. Es stellt ein Konglomerat dar von öffentlich-rechtlichen Vorschriften, die zunehmend von der europäischen Rechtsangleichung im Bereich der Finanzdiensleistungen beeinflußt werden, und von privatrechtlichen Vorschriften, die das Bankprivatrecht ausmachen."

Não é claro também que ele não se insira como sub-ramo numa disciplina que englobe todas as matérias que compõem o sector financeiro denominada Direito financeiro[3], Direito dos mercados financeiros[4], Direito da banca, bolsa e seguros[5] ou alargar o próprio direito bancário, fazendo-o a abarcar parte, ou grande parte, dos valores mobiliários.[6] Tanto mais que se verifica uma crescente integração destas áreas[7].

[3] Ver JOANNA BENJAMIN, *Financial law*, Oxford University Press, Oxford, 2007, p. 4: "law and regulation of insurance, derivatives, commercial banking, capital markets, and investment management sectors".

Dando conta entre nós do fenómeno, p. ex., JOSÉ ENGRÁCIA ANTUNES, *O contrato de seguro na LSC de 2008*, ROA, 2009, p. 817.

[4] Entre nós, RUTE SARAIVA, *Direito dos mercados financeiros*, AAFDL, Lisboa, 2013. Ele é descrito (embora, previne a Autora, de forma "simples e até simplista") como "o conjunto de normas e princípios jurídicos relacionados com os mercados financeiros" (*ob. cit.*, p. 21). Abarca-se aqui, na vertente institucional, a banca, os valores mobiliários e os seguros. Embora se sustente a sua autonomia didática, manifestam-se dúvidas quanto à autonomia científica (*ob. cit.*, p. 30).

Em Espanha, sustenta esta perspetiva FERNANDO ZUNZUNEGUI, *Regulación financeira en una economía globalizada*, in: AAVV, Derecho bancário y bursátil (direção Fernando Zunzunegui), 2ª ed., Madrid, Colex, 2012, p. 25. Segundo o Autor (*ob. últ. cit.*, p. 25), o Direito do mercado financeiro é "a disciplina académica que compreende o estudo de um conjunto de normas que regulam os mecanismos que permitem garantir a eficiente afetação do aforro ao investimento". Do ponto de vista económico, existiriam "três modalidades de afetação do aforro: uma direta através do mercado de valores, e outras duas indiretas através da banca ou do seguro."

Como resultará da exposição subsequente, o Direito bancário tem autonomia científica que radica na especial natureza da sua atividade nuclear. É ela que explica o apertado controlo por parte dos entes públicos (regulação, supervisão) das instituições que são autorizadas a exercê-la.

[5] JOÃO CALVÃO DA SILVA, *Banca, bolsa e seguros, tomo I – direito europeu e português*, 4ª, Almedina, Coimbra, 2013, p. 17.

[6] Incluindo os contratos de investimento, de pagamento e de crédito (*investment, payments and loans*) no âmbito dos contratos bancários, sendo as principais modalidades destes, STEFAN GRUNDMANN, *European Law and Principles on commercial and investment banking contracts: an advanced area of codification*, in: Towards and european civil code (org.: Arthur Hartkamped, Martijn W. Hesselink, Ewoud H. Hondius, Chantal Mak & C. Edgar du Perron), fourth revised and expanded edition, Kluwer Law, The Netherlands, 2011, p. 789.

[7] Do ponto de vista didático, não vemos vantagem. Pelo contrário. A amplitude de matéria é inabarcável, pelo que, ou se eliminariam partes relevantes, ou tudo se resumiria à exposição, necessariamente superficial, de carácter descritivo. Depois, porque, na verdade, levaria a confundir disciplinas que, não obstante os diversos pontos de ligação – e amplitude das funções dos bancos que tanto desempenham funções tipicamente bancárias, como de mercado de capitais –, têm, no entanto, autonomia científica, como se verá com mais detalhe, *infra*.

II. Por isso, num primeiro momento o que há que fazer é detetar quais são os elementos caracterizadores desta área do conhecimento, o núcleo central à volta do qual se estrutura, definindo o seu objeto e a sua extensão e, subsequentemente, determinar se revestem especificidades tais que justifiquem a construção de uma disciplina autónoma.

1.1. A doutrina

I. A doutrina nacional sustenta unanimemente a autonomia do Direito bancário, podendo afirmar-se ser comum às diferentes posições o seu recorte assente nas normas e princípios que regulam a banca (entendida em sentido amplo para abranger todas as instituições de crédito) e a atividade por elas desempenhada. Nesta linha[8]: Conceição Nunes[9], Augusto de Athayde[10], Simões Patrício[11] e Menezes Cordeiro[12].

As posições destes Autores, no entanto, assumem uma maior completude.[13] Vejamo-las:

- para Conceição Nunes[14]: "O direito bancário português é o conjunto estruturado de normas especificamente aplicáveis às instituições que constituem o sistema financeiro e à atividade por elas desenvolvida."

[8] Também na doutrina estrangeira: Jean-Louis Rives-Lange/ Monique Contamine-Raynaud, *Droit bancaire*, 6ª ed., Dalloz, Paris, 1995, p. 1 (que entendem, no entanto, não se tratar de uma ramo de Direito autónomo).

[9] Fernando Conceição Nunes, *Direito bancário*, vol. I, AAFDL, Lisboa, 1994, p. 21.

[10] Augusto De Athayde *et alia*, *Curso de direito bancário*, vol. I, 2ª ed., Coimbra Editora, Coimbra, 2009, pp. 44-45.

[11] José Simões Patrício, *Direito bancário privado*, Quid Juris, Lisboa, 2004, p. 66.

[12] António Menezes Cordeiro, *Direito bancário*, 6ª ed. (com a colaboração de A. Barreto Menezes Cordeiro), Almedina, Coimbra, 2016, p. 51.

[13] Também na doutrina alemã, em sentido próximo: Arne Wittig, *Bank- und Kapitalmarktrecht als Rechtsgebiet*, in: Siegfried Kümpel/Arne Wittig, *Bank- und Kapitalmarktrecht*, 4ª ed., Verlag Dr. Otto Schmidt Colónia, 2011, p. 2. Com uma importante precisão: ambos os Autores entendem serem os negócios bancários em si o núcleo do Direito bancário.

Na doutrina francesa, também em sentido próximo, Thierry Bonneau, *Droit bancaire*, 9ª ed., Montchrestien, Paris, 2011, pp. 1-2 ("...ce droit a pour objet de régir les activités excercées à titre de profession habituelle par les établissements de crédit. Cette définition montre que le droit bancaire est à la fois un droit des acteurs et un droit des activités."). A posição deste Autor (*ob. últ. cit.*, p. 3), porém, é restringida, um pouco à frente, na delimitação que faz do Direito bancário do direito financeiro.

[14] F. Conceição Nunes, *Direito bancário*, vol. I, cit., p. 21.

- para Simões Patrício[15] trata-se: do "Conjunto de regras e princípios que disciplinam as operações de intermediação no crédito, assim como a organização e funcionamento das empresas que desenvolvem tal atividade e do sistema em que as mesmas integram."
- para Augusto de Athayde[16] consiste no "conjunto de normas jurídicas cujo objecto é o de estabelecer o regime das instituições financeiras (em sentido amplo) (...), regulando a sua fiscalização e controlo pela Administração Pública, a sua disciplina institucional e a sua actividade que se traduza em operações tipicamente bancárias, quer se trate de normas especificamente destinadas a reger a matéria – normas específicas –, quer de normas genéricas ou comuns que embora se apliquem também a entidades e actividades de outra natureza, disciplinem – conjuntamente ou não com as primeiras – negócios jurídicos típicos e habituais dessas instituições."
- para Menezes Cordeiro[17] o "Direito bancário ocupa-se da organização financeira, das instituições de crédito e sociedades financeiras e da actividade desenvolvida por essas entidades." Acrescenta depois: "Em termos materiais, o Direito bancário é o Direito do dinheiro".

Mais à frente[18] precisa a sua posição: "Procurando materializar a disciplina, adiantámos já que o direito bancário é o direito especializado do dinheiro ou, mais detidamente: da criação e da destruição do dinheiro, da sua circulação, da sua preservação e dos estabelecimentos que dele se ocupam." (...) "numa abordagem substancial, o Direito bancário é o direito do dinheiro, seja das instituições vocacionadas para lidar com ele – o Direito bancário institucional – seja das operações a ele relativas – Direito bancário material." [19]

[15] J. Simões Patrício, *Direito bancário privado*, cit., p. 66.

[16] Augusto de Athayde *et alia*, *Curso de direito bancário*, vol. I, cit., pp. 44-45.

[17] A. Menezes Cordeiro, *Direito bancário*, cit., p. 51.

[18] A. Menezes Cordeiro, *Direito bancário*, cit., pp. 45-46.

[19] Trata-se de uma posição sustentada na Alemanha por Hans-Peter Schwintowsky (*Bankrecht*, 3ª ed., Carl Heymanns Verlag, Colónia, 2011, § 1, pp. 1-3, e já na anterior edição, com Frank Schäfer) a que o Autor adere (*ob. cit.*, p. 43).

Na linha de Schwintowsky, também, Peter Bülow, *Grundlagen (Begriff, Geschichte, Rechtsquellen)*, Peter Delerder/Kai-Olivier Knops/Heinz Georg Bamberger, *Handbuch zum deutschen und europäischen Bankrecht*, 2ª ed., Springer, Berlim, Heidelberga, 2009, § 1, pp. 6, ss ("Bankrecht verwirklicht danach die Idee des Geldes in den Funktionen"). E em

1.2. A crítica

I. Dito nestes termos amplos, estas posições estão, em parte, corretas. Porém, salvo a de Simões Patrício, são demasiado genéricas, e não tocam aquilo que é o núcleo central do direito bancário, o que marca a especificidade, e à volta do qual a disciplina se tem que estruturar[20].

Este esforço de precisão analítica é do maior relevo também para separar o Direito bancário daquele ramo do direito que lhe está mais próximo, o dos valores mobiliários, porque a atuação dos bancos – dado o modelo de banca universal consagrado no art. 4º RGICSF –, pode, e quase sempre

sentido próximo em França por Christian Galvada/Jean Stoufflet, *Droit bancaire. Institutions – comptes – opérations – services*, 8ª ed., Litec, Paris, 2010, p. 1 ("Le droit bancaire est constitué de règles définissant le statut des entreprises se livrant ao "commerce de l'argent" et des dispositions applicables à leur activité.").

Com a devida vénia, não podemos acompanhar *in toto*, esta posição. Ele tem um núcleo de verdade: grande parte da moeda é escritural e passa pelos bancos, sendo que estes por via do crédito criam mesmo moeda (ver *infra*, 2.1). Especialmente, se se abordar o papel do banco central.

Porém é, por um lado, demasiado ampla, e, por outro, não toca, na nossa perspetiva, o cerne do direito bancário, aquilo que lhe é específico, à volta do qual se deve estruturar, como melhor se verá na exposição em texto.

Quanto ao primeiro aspeto focado, o direito bancário embora tenha por objeto dinheiro, não incide sobre todo o dinheiro, porque algum dele, as transações em notas e moeda, realizam-se ainda assim fora do circuito da banca.

Por outro lado, o dinheiro, identificado com a moeda, é uma matéria clássica de economia política (ver, p. ex., Pedro Soares Martinez, *Economia política*, Almedina, Coimbra, 1998, pp. 521, ss.) e de finanças públicas. O que constitui dinheiro, e a forma como é criado, é uma matéria que só nessa sede deve ser tratada. Até porque implica que se abordem os diversos instrumentos de política monetária.

Para além disso, é possível integrar, de uma forma que cremos muito adequada, toda a matéria do dinheiro, da moeda, numa análise unitária: o Direito do dinheiro. Ver, p. ex., as obras: Herman Fögen, *Geld- und Währungsrecht*, Munique, C. H. Beck, 1969; Karsten Schmidt, *Geldrecht, Geld, Zins und Währung im deutschen Recht*, Sonderausgabe der §§ 244-248 aus J. von Staudingers Kommentar zum Bürgerlichen Gesetzbuch, 12ª ed., De Gruyter, Berlim, 1983; Charles Proctor, *Mann on the legal aspect of money*, 6ª ed., Oxford University Press, Oxford, 2005. Não são é direito bancário (embora parte delas seja, claro, *também* direito bancário).

[20] Como resulta das anotas anteriores, essa crítica não pode fazer-se, em parte, a Simões Patrício e Augusto de Athayde. O primeiro porque se refere as "operações de intermediação no crédito" (*ob. últ. cit.*, p. 66); o segundo, da sua parte, aponta para as "operações tipicamente bancárias" (*ob. últ. cit, ibidem*). Como se verá pela exposição subsequente em texto, é necessário ir muito mais longe na análise.

assim sucede, compreender também o exercício de atividades de intermediação financeira (art. 65º, nº 2 RGICSF)[21], estando regulada pelo CVM e os bancos sujeitos à supervisão da CMVM [art. 93º, nº 2 RGICSF e art. 359º, nº 1, al. *b)* CVM].

Atendendo simplesmente ao elemento subjetivo, são atividades bancárias, no sentido de poderem ser praticadas pela banca (na qualidade de intermediário financeiro[22]), embora, como se verá, não sejam Direito bancário.

Para além disso, focando-nos somente no conjunto de atividades que os bancos podem desempenhar, rapidamente vemos que algumas delas nada têm a ver, nem com especialidades do comércio bancário, nem com a atividade financeira em geral. É o que sucede com a simples locação de bens móveis[23].

II. A benefício de demonstração posterior (que se segue), podemos desde já afirmar que cerne do direito bancário consiste na atividade que só é – e só pode ser – desenvolvida pelos bancos: a intermediação financeira[24].

Mais recentemente, por outra ordem de razões, junta-se a de intermediário no seio do sistema de pagamentos[25].

É à volta do caráter específico da primeira atividade e do papel que os bancos desempenham na segunda que se desenvolve o direito bancário.

Veremos de seguida estes dois aspetos.

[21] Se o objeto da instituição de crédito incluir o exercício de atividades de intermediação de instrumentos financeiros, o BP comunica e disponibiliza à CMVM o seu registo (junto dele, art. 65º, nº 1, e art. 66º RGICSF) e os respetivos averbamentos, alterações ou cancelamentos (art. 65º, nº 2 RGICSF). Segue-se o registo na CMVM [art. 295º, nº 1, al. *a)* CVM], que visa, nos termos do art. 296º CVM, assegurar o controlo prévio dos requisitos para o exercício de cada uma das atividades de intermediação financeira e permitir a organização da supervisão. Para as sociedades financeiras, ver o art. 194º nº 2 RGICSF

[22] Art. 293º, nº 1, al. *a)* CVM. Só eles (os intermediário financeiros) podem exercer, a título profissional, atividades de intermediação financeira (art. 289º, nº 2 CVM).

[23] Nos termos – amplos – permitidos às sociedades de locação financeira [art. 4º, nº 1, al. *p)* RGICSF], que decorrem do art. 1º, nº 1 do Dec.-Lei nº 72/95, de 15/4, com a redação que lhe foi dada pelo Dec.-Lei nº 285/2001, de 3/11. Sobre a locação financeira, ver, desenvolvidamente, *infra*, nº 48.

[24] Ver, também, J. Simões Patrício, *Direito bancário privado*, cit., p. 62, p. 66.

[25] Chamando-lhes "traditional core activities", E. P. Ellinger/E. Lomnicka/C.V.M. Hare, *Ellinger's modern banking law*, 5ª ed., Oxford University Press, Oxford, 2011 p. 80

2. O núcleo do Direito bancário

2.1. A receção de depósitos e a concessão de crédito

I. Os bancos constituem uma modalidade (a mais relevante[26]) das instituições de crédito, que são "empresas que recebem do público depósitos ou outros fundos reembolsáveis e concedem crédito por conta própria" [art. 1º-A, nº 1 RGICSF][27]. Nos termos do princípio da exclusividade, só elas o pedem fazer.

Assim, o banco recolhe de poupanças, ou se se preferir de recursos financeiros, através de depósitos, de que fica devedor, e concede crédito, por via de diversos contratos, dos quais resulta sempre um crédito pecuniário sobre o creditado.[28] O banco recorre assim em termos técnicos a duas grandes modalidades contratuais, os depósitos, em sentido amplo[29], e os diversos contratos de crédito (principalmente o mútuo, mas também abertura de crédito, locação financeira, desconto, etc.[30]). Os depositantes correm o risco do banco, não dos que beneficiam do crédito prestado por ele.

II. Ora, os depósitos, sendo à ordem, ou a prazo (mas permitindo ao depositante, como sucede em regra, a sua mobilização antecipada), estão imediatamente disponíveis para os credores/depositantes.

Contudo, o mesmo não se passa com os créditos decorrentes dos contratos através dos quais se aplicam esses recursos. A restituição do capital, no mútuo, na abertura de crédito, na antecipação bancária, no desconto, é realizada a prazo (muitas vezes a longo, e muito longo, prazo, p. ex., os

[26] Há outras instituições de crédito (art. 3º, nº 1 RGICSF). Mas as mais relevantes são os bancos, consumindo quase toda essa categoria.

[27] O art. 1º-A, nº 2 RGICSF amplia a noção (são "ainda" instituições de crédito).

[28] Quanto ao recurso pelo banco a depósitos para conceer crédito, sublinhando que tal não sucede, ver: Richard Werner, *Can banks individually create money out of nothing? The theory and the empirical evidence*, IRFA, 2014, pp. 1, ss. E o artigo essencial de Michael Mcleay/Amar Radia/Ryland Thomas, *Money creation in the modern economy*, Bank of England Quarterly Bulletin 2014 Q1, (http://www.bankofengland.co.uk/publications/Documents/quarterlybulletin/2014/qb14q1prereleasemoneycreat on.pdf), p. 2 (os Autores pertencem ao *Monetary Analysis Directorate* do Banco de Inglaterra). Voltaremos a este assunto.

[29] Ver, *infra*, ns. 37 e segs.

[30] Ver, *infra*, Capítulo V.

empréstimos à habitação). A instituição é, por isso, devedora a pronto e credor a prazo (o chamado *maturity mismatch*)[31].

Nessa medida, o banco nunca tem liquidez suficiente para satisfazer todos os créditos dos seus depositantes se eles os solicitarem ao mesmo tempo. Muito longe disso. Não tem sequer liquidez para responder a pedidos de levantamento superiores a um dado valor (reduzido).[32]

Por essa razão, ele é extremamente vulnerável à chamada "corrida" aos bancos (*run to the banks*), que consiste, essencialmente, em todos os depositantes, ou pelo menos um número inusual deles (que ultrapasse as reservas de caixa e/ou o montante que possa obter rapidamente junto de outros bancos), exigirem ao mesmo tempo a restituição das quantias aí depositadas[33] (como sucedeu recentemente com o *Northern Rock*)[34].

Mais do que isso: tem efeitos sistémicos, dadas a relações inter-bancárias (devido à exposição creditória e debitória recíproca dos bancos entre si), e provoca a desconfiança generalizada no sistema bancário como um todo, gerando uma "corrida geral" a *todos* os bancos.

[31] Cfr Franklin Allen/Elena Carletti, *The roles of banking in financial systems*, in: The Oxford handbook of banking (edited by Allen N. Berger, Philip Molyneux and John O.S. Wilson), Oxford University Press, Oxford, 2010, p. 43.

[32] Para o efeito os bancos constituem reservas, tanto aquele que mantém no cofre (*vault cash*) como junto ao banco central. A sua gestão é da maior importância. Ver, sobre este ponto, Frederic S. Mishkin, *The economics of money, banking and financial markets*, 9ª ed., Pearson, Boston, 2010, pp. 232, ss.

[33] "The runs can originate in two ways. They can either occur spontaneously as panic resulting from "mob psychology" or "mass hystheria" (e.g. Kindleberger, 1978) or they may arise from fundamental causes that are part of the business cycle (see, e.g., Mitchell, 1941)"" – A. N. Berger/P. Molyneaux/ J. O.S. Wilson, *Banking: an overview*, in: The Oxford handbook of banking (edited by Allen N. Berger, Philip Molyneux and John O.S. Wilson), Oxford University Press, Oxford, p. 43.

[34] Vale a pena ver a descrição da "corrida" aos depósitos do *Northern Rock*, tal como relatada no início do relatório (muito crítico e especialmente bem elaborado) da Câmara dos Comuns (*House of Commons. Treasury Committee, The run on the Rock, fith report of session* 2007-08, vol. I, Londres, 2008, p. 5, in: www.publications.parliament.uk/pa/cm200708/cmselect/cmtreasy/56/56i.pdf), sobre esse evento: "At 8.30 pm on the evening of Thursday 13 September 2007 the BBC reported that Northern Rock plc had asked for and received emergency financial support from the Bank of England. The terms of the funding facility were finalised in the early hours of Friday 14 September and announced at 7.00 am that day. That day, long queues began to form outside some of Northern Rock's branches; later, its website collapsed and its phone lines were reported to be jammed. The first bank run in the United Kingdom since Victorian times was underway."

Mais do que qualquer outra atividade, a atividade bancária assenta na confiança[35], que é um bem extremamente frágil. Mesmo um banco sólido, com um volume de ativos (ilíquidos) bastante superior ao passivo, é, a esta luz, muito vulnerável.

IV. Da articulação entre estes aspetos, decorre que estrutura bancária é, *em si mesmo*, instável.[36]

Ela comporta riscos – naturais, reforce-se, que se podem mais ou menos reduzir, mas nunca afastar[37] – de liquidez e solvabilidade.

V. Ora, da insolvência de um banco resultam três consequências de elevado relevo económico-social.

Em primeiro lugar, os depositantes perdem as quantias aí colocadas. Muitas vezes poupanças de consumidores entregues para rentabilização em depósitos a prazo, o que tem efeitos sociais devastadores. Mas também de empresas que poderão, elas próprias, tornar-se insolventes, em virtude desse dano, o que é suscetível de, dentro de certas circunstâncias, gerar outras insolvências por "arrastamento" de algum, ou alguns, dos seus credores.

Depois, especialmente naquelas economias em que o crédito é preponderantemente bancário, a sua *mera limitação, ou aumento do seu custo,* conduz de imediato, pelo menos, ao abrandamento da atividade económica[38].

[35] "The fickle nature of confidence", na feliz expressão de CARMEN REIHARDT/KENNETH ROGOFF, *This time is different. Eight centuries of financial folly*, Princeton University Press, Princeton, Oxford, 2009, p. xlii.

[36] Há, por isso, uma "institutional driven fragility", ARNOUD W. A. BOOT/ANJAN V. THAKOR, *The accelerating integration of banks and markets and its implication for regulation*, in: The Oxford handbook of banking (edited by Allen N. Berger, Philip Molyneux and John O.S. Wilson), Oxford University Press, Oxford, 2010, p. 72.

[37] Sublinhado este aspeto, para depois sustentar que nenhuma regulação financeira o poderá tornar seguro, MARCELO MADUREIRA PRATES, *Why Prudential Regulation Will Fail to Prevent Financial Crises. A Legal Approach*, in: Banco central do Brasil, Working paper 335, november, 2013 p. 7 (in: www.bcb.gov.br/pec/wps/ingl/wps335.pdf).

O que é verdade. Contudo, sempre se deva dizer que isso não obsta a que seja tornado muito mais seguro (ou, talvez melhor, mais robusto), até porque o Autor tem uma perspetiva ampla de Direito bancário, incluindo no seu seio também o *investment banking*. E, esse sim, por força dos produtos financeiros muitas vezes muito complexos (aspeto que o Autor sublinha), é *muito mais* instável e difícil de regular. Basta ver que, desde 1929, não houve na Europa e também nos EUA nenhuma crise bancária séria.

[38] Esse aspeto é perfeitamente visível hoje na atual conjuntura económico-financeira portuguesa.

A consequência imediata é uma onda de insolvências, com as respetivas consequências, nomeadamente em termos de desemprego.[39] Muitíssimo mais grave seria a sua cessação, por colapso do sistema bancário: levaria ao colapso imediato da economia[40].

Em terceiro lugar, dado o relevo central que o sistema financeiro, e bancário em especial (que é o que nos interessa por ora), tem para a economia, torna-se necessária a intervenção do Estado para evitar o seu colapso com gravíssimos custos – como a experiência recente bem documenta – para o erário público[41]. O interesse público na estabilidade do sistema bancário é por demais evidente.

VI. Sendo esta a estrutura típica da atividade bancária – que o art. 1º-A, nº 1 do RGICSF, como se viu, retrata –, e tão gravosas as consequências da sua perturbação, tornou-se necessária, num desenvolvimento histórico em que a crise de 1929 teve um papel preponderante, a criação de instrumentos da regulação e supervisão: da atividade em si, e dos sujeitos que a ela se dedicam.

Com efeito, tanto de receção de depósitos do público para utilização por conta própria (art. 8º, nº 1 RGICSF), como a concessão profissional de crédito (art. 8º, nº 2 RGICSF), está reservada às instituições de crédito, das quais o banco é a mais importante[42]. Por outro lado, a constituição

[39] Com o efeito subsequente de aumento da despesa pública, por via de subsídios de desemprego.

[40] Como explicam C. Reihardt/K. Rogoff (*This time is different. Eight centuries of financial folly*, cit., p. xliv), louvando-se no estudo de Ben Bernanke, uma das razões pelas quais a grande depressão dos anos 30 do século passado foi tão longa a tão profunda radicou no colapso do sistema bancário.

[41] Os números são impressionantes. Lê-se no relatório Liikanen (*High-level Expert Group on reforming the structure of the EU banking sector, Final report, Brussels, 2 October 2012*, in: http://ec.europa.eu/internal_market/bank/docs/high-level_expert_group/report_en.pdf, p. 3; o grupo foi presidido por Erkki Liikanen, daí a sua designação): "Total state aid used to support the EU banking sector since the start of the financial crisis in 2007/08 amounted to €1.6 trillion (including guarantees) up to end 2010, *more than 13% of EU GDP*. The direct fiscal costs of this aid and liquidity support are still uncertain, but *will add to the wider output* and job losses related to the crisis." (o italico é nosso).

[42] Também o podem fazer a Caixa Central de Crédito Agrícola Mútuo ("o objecto da Caixa Central abrange a concessão de crédito e a prática dos demais actos inerentes à actividade bancária, nos mesmos termos autorizados aos bancos" – art. 50º, nº 2 do Regime Jurídico do Crédito Agrícola Mútuo e das Cooperativas de Crédito Agrícola Mútuo – RJCAMCCAM –,

(autorização, capital, etc.) das instituições de crédito e a sua atividade está especialmente regulada e sujeita a supervisão (em particular, a supervisão prudencial)[43].

aprovado pelo Dec.-Lei nº 24/91, de 11/1, diversas vezes alterado, e republicado pelo Dec.-Lei nº 142/2009, de 16/6) e, de forma limitada (arts. 26º, 27º, 28º), as caixas de crédito agrícola mútuo (embora as suas atividades, com autorização do BP, se podem alargar consideravelmente – art. 36º-A RJCAMCCAM).

O mesmo sucede com as caixas económicas. Aqui há que distinguir as caixas económicas bancárias, que são equiparadas a bancos (princípio geral da equiparação) e que estão assim sujeitas ao RGICSF (art. 18º do regime jurídico das caixas económicas – RJCE –, aprovado pelo art. 2º do Dec.-Lei nº 190/2015 de 10/9), das caixas económicas anexas que podem praticar as atividades previstas no art. 8º do RJCE [tendo particular relevo o art. 8º, nº 6, quanto aos sujeitos].

43 Por contraposição ao sistema bancário paralelo (o *shadow banking system*). Trata-se de entidades, diversas, que desempenham funções semelhantes às dos bancos, sem o serem e, portanto, sem estarem sujeitos à mesma regulação e supervisão. Ele é fluído, sendo difícil de definir. A Comissão [*Comunicação da Comissão ao Conselho e ao Parlamento Europeu. Sistema bancário paralelo – Fazer face aos novos fatores de risco no setor financeiro*, Bruxelas, 4.9.2013, COM(2013) 614 final] delimita-o da seguinte forma: "os reguladores definem o sistema bancário paralelo como um sistema de intermediação de crédito que envolve entidades e atividades fora do sistema bancário normal. Inclui entidades que: "angariam fundos com características semelhantes às dos depósitos"; "realizam uma transformação da maturidade e/ou da liquidez"; "permitem uma transferência de risco de crédito"; "utilizam a alavancagem financeira direta ou indireta".

O perigo deste sistema bancário paralelo é evidente. Entre outros, estas atividades estão "expostas a riscos financeiros comparáveis aos enfrentados pelos bancos, sem estarem sujeitas a condicionalismos semelhantes aos impostos pela regulação e supervisão bancárias. Determinadas atividadades bancárias paralelas são, por exemplo, financiadas a curto prazo, ficando sujeitas ao risco de levantamentos repentinos e maciços dos fundos pelos clientes" [*Livro verde. Sistema bancário paralelo*. Bruxelas, 19.3.2012 COM(2012) 102 final]. Note-se que foi ele que esteve – também – na base da crise financeira.

Neste contexto, vale a pena citar com alguma extensão o – muito completo (662 páginas) e bem escrito – *Final Report of the National Commission on the Causes of the Financial and Economic Crisis in the United States* (in: http://www.gpo.gov/fdsys/pkg/GPO-FCIC/content-detail.html, p. xx): "Within the financial system, the dangers of this debt were magnified because transparency was not required or desired. Massive, short-term borrowing, combined with obligations unseen by others in the market, heightened the chances the system could rapidly unravel. In the early part of the 20th century, we erected a series of protections – the Federal Reserve as a lender of last resort, federal deposit insurance, ample regulations – to provide a bulwark against the panics that had regularly plagued America's banking system in the 19th century. Yet, over the past 30-plus years, we permitted the growth of a shadow banking system – opaque and laden with short-term debt – that rivaled the size of the traditional banking system. Key components of the market – for example, the multitrillion-dollar repo lending

Essa regulação e supervisão está, em regra, entregue a uma entidade independente. Ela visa, por via essencialmente de regras prudenciais, e sua fiscalização, garantir a boa gestão da banca, em especial quanto à sua solvabilidade e liquidez.

2.1.1. A moeda bancária. A sua criação

I. Os bancos criam moeda. Não se trata de moeda legal com efeito liberatório legal, composta, como se sabe, em notas e moedas (art. 128º TFUE), que consiste num monopólio estatal. Os bancos, entes privados, criam moeda escritural, que consiste em saldos de contas bancárias. Essa criação tem limites, dos quais são especialmente relevantes os que decorrem da política monetária.[44]-[45]

II. Tecnicamente, são créditos pecuniários, cujo objeto é a moeda legal. Que os bancos, como se referiu, não têm a não ser em número diminuto. Esse crédito pode ser transferido, penhorado, dado em garantia (p. ex., por via de penhor). E varia o seu objeto em função de operações contabilísticas de débito e crédito.

É o que sucede com a transferência bancária de uma conta para a outra. O crédito do titular que quem faz a transferência diminuiu nesse montante, e o crédito do beneficiário, no mesmo ou noutro banco, aumenta nesse valor.

Pelo que a concessão de um crédito, decorrente, p. ex., de um empréstimo concedido pelo banco cria moeda, porque vai levar à constituição de um crédito a favor do mutuário (à entrega da quantia, e do banco à resti-

market, off-balance- sheet entities, and the use of over-the-counter derivatives—were hidden from view, without the protections we had constructed to prevent financial meltdowns. We had a 21st-century financial system with 19th-century safeguards.
When the housing and mortgage markets cratered, the lack of transparency, the extraordinary debt loads, the short-term loans, and the risky assets all came home to roost. What resulted was panic. We had reaped what we had sown."
Uma última nota – lateral, na verdade – sobre a crise financeira frequentemente dita imprevisível e inevitável. Diz o relatório na sua primeira conclusão: "**We conclude this financial crisis was avoidable.** The crisis was the result of human action and inaction, not of Mother Nature or computer models gone haywire." (negrito no original).

[44] Ver M. McLeay/A. Radia/R. Thomas, *Money creation in the modern economy*, cit., pp. 5, ss..

[45] Quanto ao conceito de dinheiro em si, ver Paulo Duarte, *Obrigações de dinheiro (obrigações monetárias) e obrigações de bitcoins*, in: Estudos de Direito do Consumidor, 2018, pp. 344, ss..

tuição e aos juros – esta inserindo-se no ativo do banco, e não no passivo) e do correspondente depósito.

III. Nessa medida, é a concessão de crédito que cria a moeda e que, portanto, gera os depósitos (*loans make deposits*), ou seja, os novos créditos a eles correspondentes[46]. A concessão de crédito é que gera o depósito, e conduz à criação de moeda escritual.

Recorrendo a um exemplo: se um banco conceder crédito a uma empresa no valor de € 1000, cria moeda, uma vez que gera, do nada, *out of thin air*, por um simples registo contabilístico, o correspondente crédito sobre si, de que a empresa é titular. E o seu pagamento destrói essa moeda: assim, p. ex., sendo o crédito criado (portanto: a moeda escritural), por exemplo, no empréstimo garantido por hipoteca, logo que devedor pague, esse dinheiro escritural é destruído.

Trata-se de moeda privada, substancialmente diversa da moeda legal. Repete-se: são créditos de que o banco é devedor. E não correspondem a moeda legal que o banco não tem[47].

[46] M. McLeay/A. Radia/R. Thomas, *Money creation in the modern economy*, cit., pp. 3-4. Para a demonstração emprírica desta realidade, ver R. Werner, *Can banks individually create money out of nothing? The theory and the empirical evidence*, cit., pp. 1, ss..

[47] Só deixaria de ser assim, como se referiu, se se exigisse que o banco tivesse uma reserva de 100% dos depósitos em moeda legal, retirando-lhe nessa medida o privilégio de criar moeda.

Esta solução foi defendida nos anos 30 do século passado, na sequência da grande depressão, por um conjunto de economistas de renome nos EUA. É conhecido pelo *Chicago Plan*, porque foi elaborado por um conjunto de economistas da Universidade de Chicago, tendo merecido depois o apoio de Irving Fisher, de Yale, e, mais tarde, de Friedman. Os bancos deixariam de conceder crédito, recorrendo aos depósitos (que teriam que estar apoiados em reservas de 100%) e deixariam, pois, também de criar moeda. Esta seria unicamente uma prerrogativa do Estado. Só ele poderia criar moeda. O crédito à economia teria que ser proporcionado por outra via.

É interessante observar que o *Chicago Plan* foi revisitado, num extenso, e agora famoso, *working paper* por dois economistas do FMI, que sustentam as suas virtualidades, como forma de evitar, entre outros, as "corridas aos bancos", decorrentes de um sistema inerentemente instável, e os ciclos de *boom and bust*. Ver Jaromir Benes/Michael Kumhof, *The Chicago Plan Revisited*, IMF Working Paper, August 2012, in: www.imf.org/external/pubs/ft/wp/2012/wp12202.pdf (donde se retiraram os elementos expostos no parágrafo anterior desta nota). Ver, sobre esta tese, a análise de Martin Wolf, *Strip private banks of their power to create money*, in: *Financial Times*, 24 de abril de 2014 (in: www.ft.com/intl/cms/s/0/7f000b18-ca44-11e3-bb92 00144feabdc0.html?siteedition=intl#axzz2zqO6wMcl).

Portanto: a moeda existente é de fonte privada, criada pelos bancos. Nem sempre foi assim. Trata-se de um privilégio extraordinário para estes entes[48].

IV. Conforme melhor demonstraremos *infra*, salvo disposição em contrário ou acordo (extremamente comum e celebrado em regra de forma tácita), só esta última tem curso legal, o que não sucede com a moeda escritural, a não ser no âmbito específico do comércio bancário.

Contudo, num desenvolvimento muito recente, mas com a maior importância, esta moeda, repete-se privada, passou a revestir conjunto de caraterísticas que em certa medida a publicização.

A primeira é a tutela desses créditos por via do fundo de garantia de depósitos, de imposição pública. Pelo que passou a garantir, dentro de certos limites, a moeda bancária.

A segunda tem a ver, por uma lado, com a permissão concedida pelo Estado de pagamento de impostos e outros tributos através de moeda bancária [art. 40º, nº 1 LGT[49], art. 3º, nº 1, al *a)* CRCSPSS, para a segurança social] e, agora mesmo a sua imposição para quantias superiores a € 500 (art. 63º-E, nº 5 LGT), por outro, a imposição, com enorme amplitude, de pagamento aos particulares nas relações entre eles através de moeda bancária (art. 63º-C LGT)[50], a que se juntam, agora, em termos gerais, as proibições de pagamento e receção em numerário, para a generalidade dos pagamentos (art. 63º-E, ns. 1, 2 e 3 LGT[51])[52]. O Estado impõe para pagamentos realizados acime de um determinado valor que se recorra a

[48] Ver a crítica do influente de Martin Wolf, *Strip private banks of their power to create money*, cit.

[49] "As prestações tributárias são pagas em moeda corrente ou por cheque, débito em conta, transferência conta a conta e vale postal ou por outros meios utilizados pelos serviços dos correios ou pelas instituições de crédito que a lei expressamente autorize."

[50] Nos termos do art. 63º-C LGT, os sujeitos passivos de IRC, bem como os sujeitos passivos de IRS que disponham ou devam dispor de contabilidade organizada, "estão obrigados a possuir, pelo menos, uma conta bancária através da qual devem ser, exclusivamente, movimentados os pagamentos e recebimentos respeitantes à actividade empresarial desenvolvida." É imposto aqui, e com uma enorme amplitude, o recurso a moeda bancária.

[51] Aditado pela Lei nº 92/2017, de 22/8.

[52] Excecionam-se a "receção de depósitos, a prestação de serviços de pagamento, a emissão de moeda eletrónica ou a realização de operações de câmbio manual, nos pagamentos decorrentes de decisões ou ordens judiciais e em situações excecionadas em lei especial." (art. 63º-E, nº 6 LGT).

moeda escritural[53]. O mesmo sucede igualmente no processo executivo (art. 846º, nº 2 CPC).[54]

Nesses casos, e são muitos, o *Estado confere à moeda bancária força liberatória legal.* Mas vai-se agora muito mais longe e *impõe-se mesmo* o pagamento em moeda escritural que neses âmbito, muito largo, substitui a prória moeda legal[55]. Trata-se de um desenvolvimento recente, gerado com intenções diversas – em particular, impedir a fraude fiscal –, mas com implicações profundas.

Pelo que essa evolução, que é recente (a criação de moeda era um privilégio estatal), de publicização crescente, nos termos e com os efeitos referidos, da moeda bancária, colocou o sistema bancário como um bem público, absolutamente necessário para a economia e o Estado funcionar (por via de pagamento de impostos). As consequências são tão dramáticas que nenhum Estado o pode permitir (outra coisa é a insolvência e liquidação de um ou mais bancos, que permitam o funcionamento do sistema financeira, porque pelas suas características essa liquidação não tem efeitos sistémicos).

Sendo assim, a exigência de apertados controlos públicos ao funcionamento dos bancos, que são sujeitos privados, em regra sociedades comerciais, é um imperativo e justifica-se que seja sujeito a malhas muito apertadas. Bem mais do que as que existem atualmente.

V. É importante sublinhar ainda dois pontos.

O primeiro é que os benefícios do comércio bancário são privados, o que vale dizer dos titulares das ações (na generalidade dos casos os bancos são sociedades comerciais, detidos por privados, embora possa suceder, em casos mais limitados, por entes públicos).

O segundo é que não existe nenhuma razão imperativa de fundo, como aliás o demonstra a própria evolução da moeda, para que seja assim. Corresponde simplesmente a um desenvolvimento histórico que culminou neste sistema.[56]

[53] Pagamentos superiores a € 3.000.

[54] Para estas normas, ver Francisco Mendes Correia, *Moeda bancária e cumprimento*, Almedina, Coimbra, 2017, pp. 121, ss..

[55] Decorrendo das alterações introduzidas à LGT pela Lei nº 92/2017, de 22/8.

[56] Para abranger, tanto a moeda legal, como a moeda escritural, que é, conforme se sublinhou, a preponderante, assim como a moeda eletrónica, a lei recorre à noção abrangente de fundos. Assim, p. ex., nos termos do art. 7º, nº 1, al. *j)* do Dec.-Lei nº 107/2017 fundos são "as notas de banco e moedas, a moeda escritural e a moeda eletrónica conforme definida no Regime

2.1.2. As moedas virtuais ou criptomoedas

I. As chamadas moedas virtuais ou criptomoedas[57] são criadas e transacionadas em plataformas eletrónicas descentralizadas de livre acesso. Elas assentam em tecnologia de registo descentralizado de dados (*distributed ledger technology*), recorrendo a técnicas de criptografia, de forma praticamente anónima. Na definição da Lei nº 83/2017, de 18/8 [art. 2º, nº 1, ll)], consistem numa "representação digital de valor que não esteja necessariamente ligada a uma moeda legalmente estabelecida e que não possua o estatuto jurídico de moeda fiduciária, mas que é aceite por pessoas singulares ou coletivas como meio de troca ou de investimento e que pode ser transferida, armazenada e comercializada por via eletrónica."

II. Deve distinguir-se as moedas virtuais totalmente desligadas de um qualquer ativo subjacente (como a *Bitcoin* e a *Ether*), sendo caracterizadas por uma elevada volatilidade, daquelas cujo valor está ligado a uma moeda legal ou fiduciária, um cabaz de moedas, ou outro ativo, como *commodites*, que se designam *stablecoins*.[58] Esta últimas podem ser definidas como "ativos digitais criados para manterem um valor estável relativamente a uma moeda nacional ou outros ativos de referência".[59] O emitente deverá dispor de um conjunto de ativos suficientes para manterem esse valor e assegurarem a conversão dessas moedas. O que implica que sejam adquiridos e colocados em contas separadas, ou seja, segregados.

III. As moedas virtuais, qualquer que seja a sua modalidade, não são criadas pelos bancos, nem tem caráter de moeda legal. Na verdade, são instrumentos de troca, mediante acordo das partes, e traduzem uma reserva de valor. Mas não tem valor liberatório legal e não são criadas, nem bene-

Jurídico dos Serviços de Pagamento e de Moeda Eletrónica, aprovado pelo Decreto-Lei nº 91/2018, de 12 de novembro (RJSPME)".

[57] Ver sobre elas, F. Mendes Correia, *Moedas virtuais, tecnologia de registo descentralizado de dados e pagamentos*, in: IV Congresso de direito bancário (coord. Miguel Pestana de Vasconcelos), Almedina, Coimbra, 2021, pp. 25, ss..

[58] Como sucede com o Tether, que está ligado em 1 por 1 a uma moeda legal, como, p. ex., o dólar. Cfr. https//Tether.to//en/.

[59] Na definição do *Report on stablecoins* (*President's working group on financial markets and federal deposit insurance corporation, and the office of the comptroller of the currency*), november 2021 (in: Report on Stablecoins (treasury.gov), p. 1.

ficiam, de garantia estatal, como sucede com a moeda bancária dentro dos limites do fundo de garantia de depósitos e da sua utilização obrigatória com efeitos liberatórios, conforme se viu no número anterior.

Não sendo moeda, se a elas se recorrer como contrapartida de um contrato oneroso, pelo qual se transmita a titularidade de um direito, ele deve ser qualificado como uma troca e não como uma compra e venda. Na eventualidade de serem utilizadas para satisfazer uma obrigação pecuniária, emergente de um outro contrato, como seja, uma compra e venda, mútuo, empreitada, etc, estaremos face a uma dação em pagamento. Caso essa forma de pagamento esteja logo incluída como correspetivo nesses contratos, como p. ex., uma mutúo pecuniário, esse contrato será já um contrato de crédito com uma forma de retribuição atípica.

IV. As moedas digitais comportam riscos evidentes, e muito sérios, de utilização para transações ilegais, em particular no branqueamento de capitais e financiamento do terrorismo, fugindo às malhas apertadas do sistema bancário.[60] Podem, aliás, de forma extremamente grave frustar muito do controlo a esse nível[61]. Para além do mais, muitas delas têm sido simplemente utilizadas como forma de especulação, saindo daquela que seria a sua função inicial de pagamento.

As *stablecoins* têm igualmente riscos claros de integridade do mercado e de proteção do investidor, podendo sempre gerar riscos para todo o sistema financeiro.[62] As apontadas vantagens, nomeadamente facilitarem as transações, não cremos que assumam hoje uma particular relevância, devido à ubiquidade e facilidade da utilização dos serviços de pagamento (e à sua disponibilização geral, por via dos serviços mínimos).

[60] Cfr. Frank Pasquale, *Tales from the Crypto*, in: www.publicbooks.org/tales-from-the-crypto.

[61] Pese embora a lei de branqueamento de capitais incluir no seu âmbito de aplicação as entidades que exerçam atividade neste tipo de ativos [art. 4º, nº 1, al. *o)*], impondo-lhes um conjunto de deveres de identificação de clientes e de diligência (art. 11º, arts. 23º e segs.). Não sendo entidades financeiras sujeitas a controlo pelas entidades públicas de supervisão e regulação, parece bem ser um daqueles casos em que a *law in the books* será muito diferente da *law in action* ou, por outras palavras, do que se passa na realidade. Os riscos, sendo as transações relizadas no anonimato, são gavíssimos, e, evidentmente mantém-se.

[62] "Where these activities involve complex relationships or significant amounts of leverage, there may also be risks to the broader financial system" – *Report on stablecoins*, cit., p.1.

O que é muito claro é que, sendo criadas à margem do sistema bancário, e não reguladas e não sujeitas ao controlo dos Bancos centrais, têm riscos evidentes para todo o sistema financeiro, por um lado, e para a condução da política monetária, por outro, em particular se atingirem um volume significativo.

2.2. Os sistemas de pagamentos

I. O desenvolvimento tecnológico, em especial da informática, ao permitir o tratamento de volumes enormes de dados em massa[63], conduziu à criação de sistemas de pagamento[64]-[65]. que passam pelo sistema bancário, sem que se manuseie moeda legal. Na verdade, os pagamentos, de bens, de serviços, fazem-se hoje de conta a conta, através de transferências, de débitos diretos, da utilização de cartões de débito e cartões de crédito, etc.

A moeda em circulação é, como se referiu no número anterior, esmagadoramente escritural. Pelo que os bancos passaram também a assumir a função de intermediários dos pagamentos[66],[67] que fluem quase todos pelas veias do sistema bancário através de moeda escritural. Ora não é hoje possível conceber a atividade económica sem os sistemas de pagamento O seu colapso, levaria também ao colapso daquela[68].

Não é possível, igualmente, um sujeito inserir-se economicamente na vida moderna sem ter acesso a um conjunto de serviços bancários, donde avultam os serviços de pagamentos (p. ex., realizar uma transferência ban-

[63] Cfr. A. N. Berger/P. Molyneaux/J. O. S. Wilson, *Banking: an overview*, cit., p. 8.

[64] Sobre eles, desenvolvidamente, ver F. Mendes Correia, *Moeda bancária e cumprimento*, cit., pp. 303, ss.. Ver ainda, Verónica Fernández, *Os sistemas de pagamentos: desenvolvimentos recentes*, in: O novo direito bancário (coord. Paulo Câmara, Manuel Magalhães), Almedina, Coimbra, 2012, pp. 103, ss.; BANCO CENTRAL EUROPEU, *The payment system* (editor Tom Kokkola), ECB, Frankfurt am Main, 2010, p. 25, in: www.ecb.europa.eu/pub/pdf/other/paymentsystem201009en.pdf.

[65] Em termos gerais, sistema de pagamento ("payment system") refere-se ao: "complete set of instruments, intermediaries, rules, procedures, processes and interbank funds transfer systems which facilitate the circulation of money in a country or currency area." – BANCO CENTRAL EUROPEU, *The payment system*, cit., p. 25.

[66] Art. 11º, nº 1, al. *a)* e *e)* RSP, art. 4º, nº 1, als. *c)* e *d)* RGICSF.

[67] Sublinhando este aspeto J. Simões Patricio, *Direito bancário privado*, cit., p. 186.

[68] "If modern economies are to function smoothly, economic agents have to be able to conduct transactions safely and efficiently". – Jean-Claude Trichet, in: BANCO CENTRAL EUROPEU, *The payment system*, cit., p. 16.

cária ou receber por essa via)[69]. E, por essa razão, ter sido criado um sistema de acesso aos serviços mínimos bancários (instituído pelo Dec.-Lei nº 27-C/2000, de 10/3), no que constitui o reconhecimento pelos poderes públicos do caráter vital em termos económico-sociais dessas operações[70].

II. Mas mais. Há aqui também o efeito sistémico de um incumprimento[71]. Como os pagamentos se ligam todos, o incumprimento de um deles reverberará por toda a cadeia, interrompendo-os em série. O que conduz à quebra do sistema e, com ele, por arrasto, de todo o sistema económico, que não funciona sem aquele.

Por isso, uma das principais missões do Banco de Portugal [art. 14º da Lei Orgânica do Banco de Portugal – LOBP[72] –, art. 92º, nº 1, al. *a)* RGICSF] é a de "regular, fiscalizar e promover o bom funcionamento dos sistemas de pagamentos, designadamente no âmbito da sua participação no SEBC" (art. 127º, nº 1, do Tratado sobre o funcionamento da União europeia – TFUE – e art. 3º-1 dos Estatutos do Sistema Europeu de Bancos Centrais e do Banco Central Europeu – SEBCBCE)[73].

As suas funções não se limitam, porém à regulação, e fiscalização – o que já não seria pouco –, mas os bancos centrais intervêm diretamente no funcionamento dos próprios sistemas. Com efeito, eles são proprietários[74] e/ou operam diversos sistemas de pagamento (em particular, dado o risco

[69] Sublinhando a sua enorme importância para a vida comercial, KARSTEN SCHMIDT, *Handelsrecht*, 5ª ed., Carl Heymanns Verlag, Colónia, Berlim, Bona, Munique, 1999, § 35 III, p. 1009.

[70] As operações incluídas nos referidos serviços mínimos bancários são: "depósitos, levantamentos, pagamentos de bens e serviços, débitos diretos e transferências, incluindo ordens permanentes, no interior da União Europeia, e transferências através de aplicações de pagamento operadas por terceiros" [art. 1º, nº 2, al. *a), iv)* (relativo às operações incluídas) do Dec-Lei nº 27-C/2000, de 10/3, elenco esse que foi alargado pela Lei nº 44/2020, de 19/8, que alterou a referida norma]. Ou seja, serviços de pagamento.

[71] Cfr. D. HUMPHREY/J. MCANDREWS, *Payment systems*, cit., p. 721.

[72] "Compete ao Banco regular, fiscalizar e promover o bom funcionamento dos sistemas de pagamentos, designadamente no âmbito da sua participação no SEBC."

[73] JEAN-CLAUDE TRICHET, in: European central bank, *The payment system* (editor Tom Kokkola), cit., p. 16. Continua este autorizado Autor (*ob. cit., ibidem*): "A safe and efficient payment system is of fundamental importance for economic and financial activities and is essential for the conduct of monetary policy and the maintenance of financial stability."

[74] Como acontece ente nós com o SICOI, que pertence ao Banco de Portugal. Sobre ele, ver, *infra*, nº 74.1.

sistémico que implicam, os sistemas de liquidação por bruto em tempo real – *real time gross payment systems* –, como o TARGET2 no eurosistema[75]). A liquidação neles faz-se através do próprio banco central, *em moeda do banco central*, onde os participantes têm contas que permitem a realização dessas operações. Nessa medida, os bancos centrais funcionam como *agentes de liquidação* no âmbito – mais relevantes – sistemas de pagamentos[76].[77]

III. É certo que outras entidades, para além das instituições de crédito, podem prestar serviços de pagamento: é o que acontece especificamente com as instituições de pagamento [art. 11º, nº 1, als. *b)*, art. 4º RSP].

Não é, por isso, imprescindível – ao contrário do que sucede com a intermediação financeira –, que esta atividade seja – ou, pelo menos, seja só – exercida pelos bancos.

Contudo, a verdade é que, na prática, por razões diversas, o que passa desde logo por estarem especialmente apetrechados para o efeito, ela é exclusivamente desempenhada por eles[78]. Consiste, aliás, numa fonte muito relevante de comissões, que constituem uma das principais fontes de obtenção de receitas por banda destas instituições de crédito.

Por isso, os serviços de pagamento são, hoje, marcantes na atividade dos bancos, contribuindo, dessa forma, para a enorme relevância económico-social do papel por eles desempenhado na sociedade atual.

2.3. Súmula

I. Do exposto pode concluir-se num breve resumo:

(i) O ponto central da atividade bancária é recolha de depósitos do público e concessão profissional de crédito[79]. Foram as suas peculiares características, e riscos que comporta, que conduziram à

[75] Sobre ele, ver, *infra*, nº 74.2.

[76] Sobre o papel dos bancos centrais no sistemas de pagamentos, ver F. Mendes Correia, *O governo dos sistemas de pagamento*, RDS, 2011, pp. 608, ss..

[77] Ver, sobre os sistemas de pagamentos, *infra*, capítulo VIII.

[78] "In the US and Europe, banks have an effective monopoly in offering retail payment services" – David Humphrey/James McAndrews, *Payment systems*, in: The Oxford handbook of banking (edited by Allen N. Berger, Philip Molyneux and John O.S. Wilson), Oxford University Press, Oxford, 2010, p. 712.

[79] Neste sentido: J. Calvão da Silva, *Direito bancário*, Almedina, Coimbra, 2001, p. 113 ("o coração do direito bancário"); J. Engrácia Antunes, *Direito dos contratos comerciais*, cit. p. 476.

regulação e supervisão apertada dessa atividade, assim como dos entes que a podem desempenhar.

É o núcleo histórico do direito bancário, a sua área chave[80].

(ii) O desenvolvimento dos sistemas de pagamentos e o seu desempenho – natural –, em termos quase exclusivos, por parte dos bancos, tornou-se de tal forma marcante na sua atividade, que eles a passaram também a caraterizar[81].[82]

(iii) Estas atividades não esgotam a atividade bancária, como a amplitude do art. 4º RGICSF abundantemente demonstra[83]. Pelo que o direito bancário não pode ser construído à volta do conjunto – amplíssimo – de atividades que o banco pode desempenhar. Só aquelas que lhe sejam características.

Outras serão, na sua essência, matéria de direito dos valores mobiliários, dado que o banco atua como intermediário financeiro, ou, simplesmente, de outros ramos do Direito, como, p. ex., a locação de móveis [art. 4º, nº 1, al. *p)* RGICSF].

(iv) Na verdade, há uma diferença muito grande entre as atividades que os bancos podem fazer – e fazem, atendendo ao modelo da banca universal –, sendo certo que seguramente podem fazer – quase –

[80] O *commercial banking*. Diferente é o *investment banking* (para a distinção, ver JOANNA BENJAMIM, *Financial law*, cit., p. 9, nota 30), que se insere essencialmente no seio do Direito dos valores mobiliários.
Distinguindo, também, na linha do que sustentamos, o direito bancário em sentido estrito, que envolve a atividade bancária tradicional, e a *investment law*, entendo-a como a lei relativa ao mercado de capitais, BRIGITTE HAAR, *Banking law*, in: The Max Planck encyclopedia of European private law, vol. I, Oxford University Press, Oxford, 2012, p. 97.

Como se diz já se seguida em texto, os bancos podem desenvolver ambas as atividades. Contudo, Direito bancário, na perspetiva que aqui se sustenta, é só a primeira.

[81] Neste sentido, J. SIMÕES PATRÍCIO, *Direito bancário privado*, cit., p. 31, p. 167, p. 186.

[82] A diretiva refere-se só ao primeiro elemento. Já a lei francesa contempla ambos (L 311 – 1 do *Code monétaire et financier*): "Les opérations de banque comprennent la réception de fonds du public, les opérations de crédit, ainsi que les services bancaires de paiement." O artigo (L 311 – 2 do *Code monétaire et financier*) seguinte estabelece um conjunto de operações conexas que os bancos podem praticar ("*Les établissements de crédit peuvent aussi effectuer les opérations connexes à leur activité telles que*").

[83] Como sublinham E.P. ELLINGER/E. LOMNICKA/C.V.M. HARE (*Ellinger's modern banking law*, cit., p. 80): "banks have become multifunctional institutions engaged in a wide range of business activity, beyond their traditional core activities of deposit taking, lending and providing payment services in connection with the operation of current accounts."

tudo[84] o que seja financeiro, e o objeto do ramo de direito bancário. Tanto mais que nos tempos mais recentes, a sua atividade nos mercados de capitais se expandiu muitíssimo[85].[86]

(v) Fruto dos excessos da crise financeira, este modelo de banco universal que incorpora o *commercial banking* e o *investment banking* está a ser repensado e em refluxo. Em particular no que diz respeito à amplitude e aos riscos assumidos no âmbito desta última.

A tendência mais recente é a da divisão mais clara "das águas" no âmbito da atividade bancária, distinguindo-se a sua área nuclear das outras atividades que os bancos podem desenvolver no âmbito dos valores mobiliários e outros instrumentos financeiros.

Nos tempos mais próximos tem-se ido mais longe e proposto mesmo, em certos casos, a sua separação, sendo exercidas por em entidades distintas. Como sucedia nos Estados Unidos desde o *Glass-Steagall Act*,[87] até que os ventos da desregulamentação – de uma confiança "cega" nos mercados para se autorregularem – lhe terem posto termo.

Nesse sentido, ia o relatório Liikanen[88], e a proposta britânica (*Banking reform bill*) que, na linha do relatório Vickers[89],[90] visava estabelecer linhas

[84] "In recent years, the simple conceptualization of banking business has radically changed. The largest banks in many countries have transformed themselves, typically via merger and acquisition (M&A), into multi-product service conglomerates with offerings including: retail banking, asset management, brokerage, insurance, investment banking, and wealth management." – A. N. Berger/P. Molyneaux/ J. O.S. Wilson, *Banking: an overview*, cit., p. 2.

[85] Como se refere no relatório Liikanen (*High-level Expert Group on reforming the structure of the EU banking sector, Final report, Brussels, 2 October 2012*, cit., p. 67): "the banking sector has significantly grown in size and complexity during the last decades (...), and that banks' business models have evolved beyond the traditional retail domain to increasingly trading/ capital market domain."

[86] Ver, *infra*, aquando a análise do sistema financeiro.

[87] Até ao *Gramm-Leach-Bliley Act*, que removeu as últimas restrições. Sobre este processo, que denomina de "shattering of Glass-Steagall", ver, de forma muito completa, o *Final Report of the National Commission on the Causes of the Financial and Economic Crisis in the United States*, cit., pp. 52, ss.. Aí se lê (p. 56): "The biggest bank holding companies became major players in investment banking. The strategies of the largest commercial banks and their holding companies came to more closely resemble the strategies of investment banks."

[88] *High-level Expert Group on reforming the structure of the EU banking sector, Final report, Brussels, 2 October 2012*, cit., pp. 114, ss..

Aqui propunha-se a separação entre o "banco de depósitos" (o *deposit bank*), por utilizar os depósitos como fonte de financiamento, e a *trading entity* (que pode pertencer ao mesmo

divisórias (*ring fence*) entre essa atividade[91], e a de banca de investimento.[92] Em França essa separação esteve também na ordem do dia[93]. Se seguir por

grupo). Dentro do âmbito do primeiro estariam, mas não exclusivamente, crédito a empresas, ao consumo, empréstimos hipotecários (*mortgage lending*), empréstimos inter-bancários, participação em sindicatos bancários, serviços de pagamento ao retalho. Também seriam admitidas titularizações simples para obtenção de fundos (*plain vanilla securitisation for funding purposes*) e, de forma limitada, derivados (*ob. cit.*, vi).

O *proprietary trading* e, em certos termos, o *market making* teriam de ser incluídos na outra entidade. Contudo, para que a separação fosse obrigatória seria ainda necessário que as atividades a separar formassem uma parte significativa da actuação do banco (*significant share of a bank's business*) ou se o volume das mesmas pudesse ser considerado significativo do prisma da estabilidade financeira (*significant from the viewpoint of financial stability*). (*ob. cit.*, v).

[89] *Independent commission on banking, final report, recommendations*, September 2011, in: http://www.ecgi.org/documents/icb_final_report_12sep2011.pdf. O relatório da *Independent Commission of Banking*, é denominado *Vickers report* por o seu *chairman* ter sido Sir John Vickers.

Nos termos definidos por este relatório (p. 34): "In essence, ring-fenced banks would take retail deposits, provide payments services, and supply credit to households and businesses." Essa segregação visa isolar aquelas atividades bancárias "where continuous provision of service is vital to the economy and to a bank's customers in order to ensure, first, that this provision is not threatened as a result of activities which are incidental to it and, second, that such provision can be maintained in the event of the bank's failure without government solvency support." (*ob. cit., ibidem*).

[90] Cfr. JEREMY HILL/EDITE LIGERE, *The U.K.'s financial services (banking reform) bill: expect the unexpected*, Banking LJ, 2013, pp. 334, ss..

[91] Em rigor, visava-se a separação do chamado *retail banking*, do *investment banking*. Não é exatamente o mesmo que a divisão entre a banca comercial e a de investimento, embora se sobreponha em grande parte. Com efeito, embora não estejam ainda definidas as atividades que ficarão dentro do círculo de proteção, é provável que sejam o crédito ao consumidor, o financiamento comercial de projetos, receção de depósitos de particulares (*households*) e pequenas e médias empresas e produtos derivados simples. Por outro lado, é igualmente expectável que fiquem de fora os serviços relacionados com o mercado secundário, serviços financeiros a instituições financeiras e o conjunto de atividades desenvolvidas pelos *investment banks*. Assim, J. HILL/E. LIGERE, *The U.K.'s financial services (banking reform) bill: expect the unexpected*, cit., p. 336.

[92] Nos EUA a limitação das atividades dos bancos que recebem depósitos (*deposit-taking banks*) decorre da chamada *Volker Rule – Section 619* do *Dodd-Frank Act*. Paul Volker, o autor da proposta, foi presidente da Reserva Federal. A regra visa essencialmente impedir o *proprietary trading*, ou negociação por conta própria, por estas entidades.

"IN GENERAL.—'(1) PROHIBITION.—Unless otherwise provided in this section, a banking entity shall not—'(A) engage in proprietary trading; or (B) acquire or retain any equity, partnership, or other ownership interest in or sponsor a hedge fund or a private equity fund."

Este, como se viu, pelos riscos que comporta, é um dos aspectos chave pelo qual passa essa separação.

esse caminho[94], será a própria evolução do direito pós-crise que vai fazer o direito bancário voltar àquela que é a sua matriz. E atender à importância que ele tem, e sempre teve, para a economia real[95].

Este esforço de delimitação da disciplina de Direito bancário, colocando em relevo o que ela tem de essencial, o que a caracteriza e os interesses económico-sociais que aqui se jogam, vai muito para além de um aspeto puramente científico, no plano estritamente académico. Ele é extremamente esclarecedor para as escolhas que, em termos de estrutura do sistema financeiro e da sua ligação com a economia real, se têm, por ação, ou também por omissão, que fazer.

II. Por conseguinte, o Direito bancário terá que assentar nesse seu núcleo estruturante, nas diversas atividades em que se traduz (depósitos, contratos de crédito, serviços de pagamento[96]-[97]), nos entes que estão habilitados a exercê-las, na sua regulação e supervisão e nos entes que as exercem.

[93] Ver P. Bonneau (*Séparation et régulation des activités bancaires: propos conclusifs*, RDBF, 2013, nº 4, pp. 107-108), quanto ao "projet loi de séparation et régulation des activités bancaires".

[94] Entre nós, recentemente, sustentado essa divisão, J. Calvão da Silva *A progressiva integração das atividades financeiras*, in: II congresso de direito bancário (coord. Miguel Pestana de Vasconcelos), Almedina, Coimbra, 2017, p. 426.

[95] Como se refere de forma clara no considerando 122 do regulamento (UE) nº 575/2013 do Parlamento Europeu e do Conselho 26 de junho de 2013 relativo aos requisitos prudenciais para as instituições de crédito e para as empresas de investimento e que altera o regulamento (UE) nº 648/2012 (JO L 176/1): "A finalidade principal do enquadramento jurídico para as instituições de crédito deverá ser a de assegurar o funcionamento de serviços vitais para a economia real, limitando simultaneamente o risco moral. A separação estrutural das atividades bancárias de retalho e de investimento dentro de um grupo bancário poderá ser um dos principais instrumentos para apoiar esse objetivo. Nenhuma disposição do atual quadro regulamentar deverá, por conseguinte, impedir a introdução de medidas destinadas à consecução de tal separação. A Comissão deverá analisar a questão da separação estrutural na União e apresentar ao Parlamento Europeu e ao Conselho um relatório, acompanhado, se necessário, de propostas legislativas."

[96] Neste sentido, Alastair Hudson, *The law of finance*, Sweet & Maxwell, Londres, 2009, p. 729.

[97] O que não significa que para outros efeitos não se possa recorrer a uma noção mais ampla, como p. ex., o faz Luís Lima Pinheiro (*Direito aplicável às operações bancárias internacionais*, ROA, 2007, in: http://www.oa.pt/Conteudos/Artigos/detalhe_artigo.aspx?idc=30777&idsc=64444&ida=64482): "Por operações bancárias entendo neste contexto os negócios jurídicos em que os bancos são geralmente parte. Incluem-se aqui não só os tradicionais contratos bancários, mas também esquemas negociais complexos – tais como a garantia bancária autónoma, o crédito documentário e a cessão financeira (factoring) –, negócios nos

Nada obsta a que, no entanto, uma exposição de direito bancário ancorada, como tem de ser, no núcleo referido, se alargue a outras atividades desempenhadas pelos bancos, nomeadamente no âmbito dos valores mobiliários[98]. Mas isto por razões de ordem prática. Na perspetiva adotada não são já direito bancário.

III. Um outro aspeto é a designação da disciplina. O direito bancário em termos institucionais abrange também as restantes instituições de crédito e, mais além, num halo exterior, outras entidades, como, pelo seu relevo, as sociedades financeiras, e as atividades por elas desenvolvidas. São, essencialmente, estas as instituições previstas pelo RGICSF sujeitas à regulação e supervisão pelos órgãos competentes (o Banco de Portugal e o Banco Central Europeu), nos termos do art. 1º RGICSF.

Mas o cerne da mesma são os bancos, daí a designação, que tem uma raiz histórica e aponta para o cerne da disciplina.[99]

3. O objeto do direito bancário. Desenvolvimento

I. Podemos, pois, dividir o objeto do Direito bancário, de uma forma que é comum na doutrina[100], numa parte institucional e numa parte material. A primeira está prevista e regulada no RGICSF, centrando-se, essencialmente, nos bancos, nas instituições de crédito em geral (art. 3º RGICSF), que constituem o seu núcleo duro, e nas sociedades financeiras (quanto

mercados de instrumentos financeiros – tais como as transacções de valores mobiliários, as opções e os futuros –, e, ainda, negócios sobre divisas."

[98] Para a distinção do direito bancário do direito dos valores mobiliárias, sublinhado de todo modo a sua ligação, ver PAULA COSTA E SILVA, *Direito dos valores mobiliários, relatório*, Coimbra Editora, Lisboa, 2005, pp. 67, ss..

[99] Historicamente, o atual sistema bancário nasce na Idade Média com o recrudescimento do comércio, principalmente entre as cidades do centro e norte de Itália e a Flandres, nos séculos XII-XIII. Percursores foram os banqueiros italianos da Toscânia, das cidades de Lucca, mas, principamente Florença, como o Banco dos Bardi, Peruzzi e, mais tarde, dos Medici. O primeiro tinha já uma tal importância no séc. XIII que transacionavam a maior parte da exportação de lã de Inglaterra para a Flandres. Emprestavam não só a comerciantes, mas também a soberanos. Foi essa com grande frequência a razão de ser da sua queda. Muitas vezes os soberanos pagavam tarde ou não pagam de todo. Eduardo I de Inglaterra confiscou os bens dos Riccardi, de Lucca, levando-os à falência, e os Bardi e Peruzzzi, sob o peso dos empréstimos a Eduardo III, faliram em 1343-1344. Cfr. CHRIS WICKAHM, *Europa medieval*, Edições 70, Lisboa, 2019, pp. 209-210.

[100] Ver, *supra*, nº 4.

aos seus tipos, muito amplos, ver o art. 6º RGICSF), incluindo-se aqui também a sua regulação e supervisão. Com efeito, constitui o objeto deste diploma, extenso e especialmente complexo, o acesso à atividade e respetivo exercício por parte das instituições de crédito e das sociedades financeiras, bem como o exercício da sua supervisão, respetivos poderes e instrumentos [art. 1º, nº 1, als. *a)* e *b)* do RGICSF]. A parte material, por seu lado, tem por objeto as operações em si, da banca com os seus clientes e a inter-bancária[101].[102]

O tecido normativo que regula na integralidade estas matérias é amplíssimo, pelo que haverá que delimitar, neste aspeto, quais são as normas que integram a disciplina[103].

II. No que diz respeito às instituições em si, o material normativo tem, como se disse, o seu cerne no RGICSF. Para além destas disposições, porém, regem as instituições de crédito – sempre que elas sejam sociedades comerciais, como será a regra – as disposições, genéricas, do CSC[104].[105] Estas são, se assim, nos pudemos exprimir, direito comum, enquanto as primeiras, decorrentes do RGICSF, são, face a estas, direito especificamente bancário.

III. As dúvidas quanto à extensão normativa da disciplina colocam-se igualmente no que diz respeito à parte material.

Trata-se, em regra, de contratos. Aqui temos que – inicialmente ainda de forma bastante genérica – distinguir os regimes gerais, decorrentes essencialmente do direito civil, em especial do direito das obrigações, daquelas

[101] Neste sentido: A. Menezes Cordeiro, *Direito bancário*, cit., pp. 60, ss.; A. Athayde *et alia*, *Curso de direito bancário*, vol. I, cit., p. 38; F. Conceição Nunes, *Direito bancário*, vol. I, cit., p. 38.

[102] Seguindo uma divisão idêntica no Direito dos seguros, que neste aspeto tem uma manifesta semelhança com o Direito bancário, ver Pedro Romano Martinez, *Direito dos seguros, relatório*, RFDUL, Coimbra Editora, Coimbra, 2006, p. 20, pp. 83, ss..

[103] Sobre esta matéria, ver: F. Conceição Nunes, *Direito bancário*, vol. I, cit., pp. 24, ss.; A. Athayde *et alia*, *Curso de direito bancário*, vol. I, cit., pp. 41, ss.; A. Menezes Cordeiro, *Direito bancário, relatório*, Almedina, Coimbra, 1997, p. 161.

[104] Para a articulação dos regimes decorrentes do CSC com os do RGICSF, ver J. Engrácia Antunes, *A supervisão consolidada dos grupos financeiros*, Publicações Universidade Católica, Porto, 2000, pp. 11, ss., pp. 93, ss..

[105] Mas, p. ex., as caixas de crédito agrícola mútuo são cooperativas (art. 1º e 3º do RJCAMCCAM), aplicando-se-lhes também o regime do Código cooperativo, nos termos do art. 2º RJCAMCCAM.

figuras que se inserirem no cerne da atividade bancária, como sucede, p. ex., com a locação financeira. Só estas são especificamente direito bancário.

IV. Outras figuras geram dificuldades particulares, em especial o mútuo[106]. A questão que aqui se coloca é a de saber se são só as – muito escassas – normas específicas relativas ao mútuo bancário que se inserem no âmbito desta disciplina, ou se o restante regime do tipo contratual também aí se inclui (que seria, nessa medida, "atraído" para o Direito bancário).

Analisamos a questão em duas partes.

Começa por se fazer uma precisão: o tipo bancário de mútuo não é idêntico ao do Direito civil, tanto porque comporta regras excecionais, como por ser menos extenso.

Com efeito, o mútuo bancário tem por objeto dinheiro escritual e é oneroso. O que significa parte das normas do mútuo civil não se aplicam (atendendo ao objeto e ao carácter gratuito[107]) e outras são afastadas pela aplicação das regras ditadas em função da qualidade do mutuante[108], da modalidade de mútuo bancário (p. ex., o crédito à habitação) e, eventualmente, sendo o caso, pelo carácter comercial do contrato (art. 394º do Código Comercial - CCom.[109]). Por isso, só algumas regras do mútuo civil estariam aqui em jogo.

Em segundo lugar, é necessário ter em conta que a lei qualifica o empréstimo como uma operação de banco (art. 362º do CCom.). Isso significa incluir na matéria bancária todo o regime do mútuo de dinheiro oneroso, sendo a moeda escritural, abarcando todas as regras do seu tipo civil. Ele é assim, na totalidade, direito bancário.

Como reforço do que foi dito, acrescentaríamos só que o mútuo bancário é – também – diverso daquele do Direito civil, porque é celebrado pelo banco profissionalmente no quadro normal da sua atividade. O que molda o seu regime.[110] Para além disso, este contrato consiste na figura nuclear da concessão de crédito (o cerne da atividade bancária, como se viu) que serve de base para a construção de outros contratos integrados nessa categoria (p. ex., o desconto, a antecipação bancária e, em parte, a

[106] As normas doravante citadas sem outra indicação pertencem ao Código Civil.

[107] P. ex., o art. 1148º ns. 1, 2 e 3 e o art. 1149º. Mas já se aplica, como se verá *infra*, o art. 1146º.

[108] O art. 1143º relativo à forma, por força do artigo único do Dec.-Lei nº 32 765, de 29/4/1943.

[109] Se o dinheiro se destinar a um ato comercial.

[110] Como se verá, *infra*, ns. 42 e segs.

cessão financeira)[111]. Pelo que a sua análise deve preceder a dos outros contratos de crédito e ser detalhada.

Nessa medida, as disposições do regime geral do mútuo civil (oneroso e que tenha por objeto dinheiro) são "atraídas" para o direito bancário, integrando-se – também – nesta disciplina. Daí decorre, sem dúvida, uma área, inevitável, de sobreposição com a matéria integrada noutra disciplina (os contratos civis)[112].

V. Um último apontamento. O que foi dito não significa que não se devam incluir numa exposição de Direito bancário, na medida do necessário ou do conveniente, normas dos regimes gerais, por razões de completude e clareza. Assim, p. ex., para se explicar o regime da compensação em direito bancário – onde tem um papel central e reveste caraterísticas próprias – é conveniente expor o regime geral da figura, mesmo em traços que não relevam para a sua conformação nesta sede. Não fazem é parte do direito bancário.

4. A natureza do Direito bancário

I. As normas que compõem o direito bancário têm uma natureza diversa.

Aquelas relativas à regulação e supervisão são de direito público. A atuação do regulador consiste no exercício de um conjunto muito extenso de poderes de autoridade, alguns de carácter normativo[113] (regulação[114]), que lhe são conferidos por lei. Noutros casos, a sua ação fiscalizadora exerce-se ao abrigo de poderes de natureza pública e, no seu exercício, pratica atos administrativos[115].

[111] Sobre todos estes pontos, ver *infra* (ns. 42 e segs.), aquando da análise do contrato de mútuo pecuniário oneroso, da abertura de crédito, da antecipação bancária, do desconto e da cessão financeira.

[112] A. Menezes Cordeiro, *Direito bancário, relatório*, cit., p. 161.

[113] Muito desenvolvidamente sobre esta matéria, ver: João Pacheco de Amorim, *Os poderes normativos do Banco de Portugal*, in: I Congresso de Direito bancário (coord. Miguel Pestana de Vasconcelos), Almedina, Coimbra, 2015, pp. 323, ss..

[114] Tendo carácter de regulamentos. Cfr. Rui Chancerelle de Machete, *Estatuto e regime das entidades reguladoras, em especial dos Bancos Centrais*, in: La regulácion económica. En especial la regulación bancaria (Actas del IX Congreso Hispano-Luso de Derecho Administrativo) (dir. Manuel Rebollo Puig), Universidad de Cordoba, Iustel, Madrid, 2012, p. 98, p. 101.

[115] Ver, desenvolvidamente, para caracterizar, tanto a natureza, como os poderes do Banco de Portugal: J. Pacheco de Amorim, *Os poderes normativos do Banco de Portugal*, cit., pp. 330, ss.;

II. As operações bancárias inserem-se no direito privado, sendo atos de comércio, tanto subjetivos, atenta a qualidade de comerciante do banco, como objetivos por força do disposto no art. 362º do Código Comercial.

Efetivamente:

> *"São comerciais todas as operações de bancos tendentes a realizar lucros sobre numerário, fundos públicos ou títulos negociáveis, e em especial as de câmbio, os arbítrios, empréstimos, descontos, cobranças, aberturas de créditos, emissão e circulação de notas ou títulos fiduciários pagáveis à vista e ao portador."*

Para além dos negócios aí previstos, há outros contratos que, por serem mais recentes, não se enquadram nesta disposição, como, p. ex., a locação financeira e a cessão financeira (*factoring*). Mas não deixam de ser comerciais.

Na realidade, o elenco de operações do art. 362º CCom é simplesmente exemplificativo[116], referindo aquelas que à data eram as principais operações dos bancos, sem visar, no entanto, excluir outras, aí não previstas, que venham a desempenhar funções semelhantes àquelas. O contrário seria fechar-se ao desenvolvimento económico-financeiro.

Mas, para além disso, deve entender-se[117] que o elenco do art. 362º CCom. foi alargado pelo do art. 4º, nº 1 do RGICSF, o que permite enquadrar nessa sede todas as operações que acabámos de referir.

No que respeito às operações passivas, os depósitos bancários estão igualmente previstos no Código Comercial (art. 407º)[118] e no art. 4º, nº 1, al. *a)* (e na noção da instituição de crédito do art. 1º-A, nº 1 do RGICSF:

R. Chancerelle de Machete, *Estatuto e regime das entidades reguladoras, em especial dos Bancos Centrais*, cit., pp. 83, ss. E, de forma mais lata, sobre a regulação pública bancária, Afonso D'Oliveira Martins, *A regulação pública bancária. Aspetos substantivos*, in: La regulácion económica. En especial la regulación bancaria (Actas del IX Congreso Hispano-Luso de Derecho Administrativo) (dir. Manuel Rebollo Puig), Universidad de Cordoba, Iustel, Madrid, 2012, pp. 147, ss.; Manuel Izquierdo Carrasco, *La supervisión pública sobre las entidades bancarias*, in: La regulácion económica. En especial la regulación bancaria (Actas del IX Congreso Hispano-Luso de Derecho Administrativo) (dir. Manuel Rebollo Puig), Universidad de Cordoba, Iustel, Madrid, 2012, pp. 167, ss..

116 Neste sentido, J. Coutinho de Abreu, *Curso de direito comercial*, vol. I, 9ª ed, Almedina, Coimbra, 2013, p. 92, nota 173.

117 Como sustenta J. Coutinho de Abreu, *Curso de direito comercial*, vol. I, cit., *ibidem*.

118 "os depósitos feitos em bancos ou em sociedades reger-se-ão pelos respetivos estatutos em tudo o que não se ache prevenido neste capítulo e mais disposições aplicáveis." Sobre este contrato, desenvolvidamente, ver, *infra*, ns. 32 e segs.

"as instituições de crédito são empresas que recebem do público depósitos ou outros fundos reembolsáveis e concedem crédito por conta própria"[119]) Por conseguinte, pode sem grande dificuldade dizer-se que o Direito bancário material se insere no Direito comercial, no seio do qual se autonomizou[120].[121]

IV. Trata-se, pois, uma disciplina com uma parte composta por normas de Direito público e outra de Direito privado (comercial). Não há nada de novo aqui. O Direito dos valores mobiliários e o Direito dos seguros têm uma estrutura idêntica[122].

V. O elemento central, de todo o modo, é o privado, de Direito comercial. Como decorre do anteriormente exposto, o cerne do Direito bancário consiste na intermediação financeira desempenhada pelos bancos – suas particularidades e riscos (e, mais recentemente, como também se sublinhou, os sistemas de pagamento). Foi esse aspeto que levou à criação de um regime específico de caráter público que permitisse assegurar a segurança e robustez de todo o sistema[123]. Ele é, nessa medida, subsequente à atividade e existe por causa da sua natureza.

[119] Ampliada pelo art. 1º-A, nº 2 RGICSF.

[120] A conclusão é pacífica na doutrina, ver: VASCO LOBO XAVIER, *Direito comercial*, Pólis, Enciclopédia Verbo da Sociedade e do Estado, 2, Tipografia Guerra, Viseu, 1983, p. 423; A. MENEZES CORDEIRO, *Direito bancário, relatório*, cit., p. 190; J. COUTINHO DE ABREU, *Curso de direito comercial*, vol. I, cit., p. 57; J. CALVÃO DA SILVA, *Direito bancário*, cit., p. 333; J. ENGRÁCIA ANTUNES, *Direito dos contratos comerciais*, cit., p. 481-482; F. CONCEIÇÃO NUNES, *Direito bancário*, vol. I, cit., p. 42; J. SIMÕES PATRÍCIO, *Direito bancário privado*, cit., p. 29.

[121] Uma disciplina "filha", na expressão de J. ENGRÁCIA ANTUNES, *Os usos e o costume no direito comercial. Algumas breves reflexões*, in: Estudos comemorativos dos 10 anos da Faculdade de Direito da Universidade Nova de Lisboa, vol. II (coordenação: Diogo Freitas do Amaral, Carlos Ferreira de Almeida, Marta Tavares de Almeida), Almedina, Coimbra, 2008, p. 215, nota 1.

[122] Ou o, recente, direito do consumidor. Cfr. CARLOS MOTA PINTO *Teoria geral do direito civil*, 4ª ed., por ANTÓNIO PINTO MONTEIRO e PAULO MOTA PINTO, Coimbra Editora, Coimbra, 2005, p. 54.

[123] Concordamos assim integralmente com A. MENEZES CORDEIRO (*Direito bancário*, cit., p. 61) quando este Autor afirma que: "Quer pela lógica, quer pela substância, o Direito bancário material precede o institucional".

5. As fontes

I. Como resultará abundantemente da exposição que se segue, são múltiplas as fontes de direito bancário. Mais do que isso: estão pulverizadas e em constante mutação.[124] Essa rede normativa, muito (hoje, mesmo, *muitíssimo*) instável, introduz um grau de *exigência* e *complexidade acrescida* a esta área específica[125].

II. A Constituição tem disposições relativas ao sistema financeiro e ao Banco de Portugal (arts. 101º e 102º CRP), que veremos à frente, em texto[126].

Temos, depois, as fontes da União Europeia[127], especialmente marcantes nesta disciplina. Com efeito, elas têm aqui uma enorme importância, tanto na parte institucional[128]- com especial relevo para o Tratado sobre o

[124] Não é uma caraterística do Direito bancário português, mas é assim em geral. Muito por causa, também, dos normativos comunitários. A "legislative flood", chama-lhe JOANNA BENJAMIN, *Financial law*, cit., p. 7.

[125] Como diz de forma expressiva JOANNA BENJAMIN (*Financial law*, cit., p. 7): "one struggles daily to stay afloat".

[126] A analisar, *infra*, nº 9.

[127] Para uma enumeração exaustiva das diversas diretivas a este respeito, para onde se remete, ver: AUGUSTO DE ATHAYDE *et alia*, *Curso de direito bancário*, cit., pp. 51, ss. (até 2009), A. MENEZES CORDEIRO, *Direito bancário*, cit., pp. 225, ss.; BRIGITTE HAAR, *European banking market*, in: The Max Planck encyclopedia of European private law, vol. I, Oxford University Press, Oxford, 2012, pp. 547, ss..

[128] Exemplos recentes no âmbito institucional: a Diretiva 2010/76/UE do Parlamento Europeu e do Conselho, de 24 de Novembro de 2010 que altera as Directivas 2006/48/CE e 2006/49/CE no que diz respeito aos requisitos de fundos próprios para a carteira de negociação e para retitularizações, bem como à análise das políticas de remuneração pelas autoridades de supervisão (JO L 329/3); o regulamento (UE) nº 1092/2010 do Parlamento Europeu e do Conselho de 24 de Novembro de 2010 relativo à supervisão macroprudencial do sistema financeiro na União Europeia e que cria o Comité Europeu do Risco Sistémico (in JO L 331/1); o regulamento (UE) nº 1093/2010 do Parlamento Europeu e do Conselho de 24 de Novembro de 2010 que cria uma Autoridade Europeia de Supervisão (Autoridade Bancária Europeia), in: JO L 331/12 (ver, *infra*, em texto); o regulamento (UE) nº 1095/2010 do Parlamento Europeu e do Conselho de 24 de Novembro de 2010 que cria uma Autoridade Europeia de Supervisão (Autoridade Europeia dos Valores Mobiliários e dos Mercados), altera a Decisão nº 716/2009/CE e revoga a Decisão 2009/77/CE da Comissão (JO L 331/84); o regulamento (UE) nº 1094/2010 do Parlamento Europeu e do Conselho de 24 de Novembro de 2010 que cria uma Autoridade Europeia de Supervisão (Autoridade Europeia dos Seguros e Pensões Complementares de Reforma), altera a Decisão nº 716/2009/CE e revoga a Decisão 2009/79/CE da Comissão (JO L 331/48); Diretiva 2010/78/UE do Parlamento Europeu e do Conselho de 24 de Novembro de 2010 que altera as Directivas 98/26/CE, 2002/87/CE, 2003/6/CE,

funcionamento da União Europeia (TFUE) e os Estatutos do Sistema Europeu de Bancos Centrais e do Banco Central Europeu (ESEBCBCE)[129]–, como na parte material, relativa aos contratos. Aí a harmonização encontra-se já na "segunda geração"[130].[131] Cremos mesmo que se trata do ramo

2003/41/CE, 2003/71/CE, 2004/39/CE, 2004/109/CE, 2005/60/CE, 2006/48/CE, 2006/49/CE e 2009/65/CE no que diz respeito às competências da Autoridade Europeia de Supervisão (Autoridade Bancária Europeia), da Autoridade Europeia de Supervisão (Autoridade Europeia dos Seguros e Pensões Complementares de Reforma) e da Autoridade Europeia de Supervisão (Autoridade Europeia dos Valores Mobiliários e dos Mercados) (JO L 331/120); o regulamento (UE) nº 575/2013 do Parlamento Europeu e do Conselho, de 26 de junho de 2013 (JO L 176/1) relativo aos requisitos prudenciais para as instituições de crédito e para as empresas de investimento e que altera o regulamento (UE) nº 648/2012; a Diretiva 2013/36/UE do Parlamento Europeu e do Conselho de 26 de junho de 2013 relativa ao acesso à atividade das instituições de crédito e à supervisão prudencial das instituições de crédito e empresas de investimento, que altera a Diretiva 2002/87/CE e revoga as Diretivas 2006/48/CE e 2006/49/CE (JO L 176/338); o regulamento (UE) nº 1024/2013 do Conselho de 15 de outubro de 2013 que confere ao BCE atribuições específicas no que diz respeito às políticas relativas à supervisão prudencial das instituições de crédito (JO L 287/63 – ver sobre este *infra*); a Diretiva 2014/51/UE do Parlamento Europeu e do Conselho de 16 de abril de 2014 que altera as Diretivas 2003/71/CE e 2009/138/CE e os Regulamentos (CE) nº 1060/2009, (UE) nº 1094/2010 e (UE) nº 1095/2010 no que respeita às competências da Autoridade Europeia de Supervisão (Autoridade Europeia dos Seguros e Pensões Complementares de Reforma) e da Autoridade Europeia de Supervisão (Autoridade Europeia dos Valores Mobiliários e dos Mercados) (JO L 153/1); a Diretiva 2014/49/UE do Parlamento Europeu e do Conselho, de 16 de abril de 2014, relativa aos sistemas de garantia de depósitos (JO L 173/149); a Diretiva 2014/59/UE do Parlamento Europeu e do Conselho de 15 de maio de 2014, que estabelece um enquadramento para a recuperação e a resolução de instituições de crédito e de empresas de investimento e que altera a Diretiva 82/891/CEE do Conselho, e as Diretivas 2001/24/CE, 2002/47/CE, 2004/25/CE, 2005/56/CE, 2007/36/CE, 2011/35/CE, 2012/30/UE e 2013/36/UE e os regulamentos (UE) nº 1093/2010 e (UE) nº 648/2012 do Parlamento Europeu e do Conselho (JO L 173/190); o regulamento (UE) nº 806/2014 do Parlamento Europeu e do Conselho de 15 de julho de 2014 que estabelece regras e um procedimento uniformes para a resolução de instituições de crédito e de certas empresas de investimento no quadro de um Mecanismo Único de Resolução e de um Fundo Único de Resolução bancária e que altera o Regulamento (UE) nº 1093/2010 (JO L 225/9); Diretiva 2014/65/UE do Parlamento Europeu e do Conselho relativa aos mercados de instrumentos financeiros e que altera a Diretiva 2002/92/CE e a Diretiva 2011/61/EU (JO L 173/346).

[129] Decorrem do Protocolo nº 4 Anexo ao Tratado da União Europeia e ao Tratado sobre o funcionamento da União Europeia.

[130] Cfr. S. Grundmann, *European Law and Principles on commercial and investment banking contracts: an advanced area of codification*, cit., pp. 789, ss..

[131] Exemplo, recente, de grande relevo: Diretiva 2014/17/UE do Parlamento Europeu e do Conselho de 4 de fevereiro de 2014 relativa aos contratos de crédito aos consumidores para

do Direito mais "uniformizado" no âmbito europeu de todos[132]. Esta tendência – fortíssima, já hoje[133] – sofreu uma enorme aceleração nos últimos tempos como resposta à crise financeira de 2007-2008, que atingiu fortemente os bancos e exigiu uma resposta a nível europeu.

Pode dizer-se, sem sombra de exagero, que o sistema bancário europeu está a sofrer uma enorme transformação. Destacamos dois aspetos.

imóveis de habitação e que altera as Diretivas 2008/48/CE e 2013/36/UE e o Regulamento (UE) nº 1093/2010 (JO L 60/34), e a Diretiva (UE) 2015/2366/UE do Parlamento Europeu e do Conselho (relativa aos serviços de pagamento no mercado interno- a Diretiva dos serviços de pagamento dois – DSP2) de 25 de novembro de 2015. Sobre ela, ver F. MENDES CORREIA, *Uma revolução permanente? A DSP 2 e o novo direito dos serviços de pagamento*, in: III congresso de direito bancário (coord. Miguel Pestana de Vasconcelos), Almedina, Coimbra, 2018, pp 385, ss..

[132] Veja-se ainda, a título de exemplo, que a Diretiva da garantia financeira (Diretiva 2002/47/CE do Parlamento Europeu e do Conselho, de 6 de junho de 2002, alterada depois pela Diretiva 2009/44/CE, do Parlamento Europeu e do Conselho de 6 de maio de 2009 – denominada, *collateral Directive*) introduziu uma notável harmonização com um âmbito bastante amplo, dado o seu extenso âmbito de aplicação subjetiva (e de quase nenhum dos Estados-Membros se terem valido dos *opt-outs*), no âmbito das garantias mobiliárias.

Este aspeto, óbvio, é estranhamente, pouco sublinhado pela doutrina.

No entanto, há aqui uma harmonização do maior relevo num domínio muito sensível.

Reforçando este aspeto, note-se, que a Diretiva impôs aos Estados o reconhecimento, dentro do seu âmbito de aplicação, da alienação em garantia. Ver sobre ela: M. PESTANA DE VASCONCELOS, *A Directiva 2002/47/CE do Parlamento Europeu e do Conselho, de 6/6/02 (alterada pela Directiva 2009/44/CE do Parlamento Europeu e do Conselho de 6/5/09), relativa aos acordos de garantia financeira ou os primeiros passos na harmonização do direito europeu das garantias mobiliárias*, BFD, 2009, pp. 693, ss.. Sobre a transposição portuguesa, ver M. PESTANA DE VASCONCELOS, *Direito das garantias*, 2ª ed., Almedina, Coimbra, 2013, pp. 291, ss..

Se não se trata de nenhuma novidade no que diz respeito ao Direito português (ou alemão), a verdade é que o mesmo não se pode – ou melhor, podia –, dizer de diversos ordenamentos europeus. A título de exemplo no Código Civil dos Países Baixos vale, em termos genéricos, a proibição da alienação garantia (Livro 3, art. 84.3: "A juridical act performed with the intention to transfer property merely to provide security for a debt or performed without the intention of bringing the property into the patrimony (capital) of the acquirer, is no valid legal basis for a transfer of that property" – tradução em inglês, in: www.dutchcivillaw.com/civilcodebook033.htm). A modificação decorrente da Diretiva atingiu o "coração" do sistema. Cfr. SJEF VAN ERP, *Globalisation or isolation in new dutch property law? The New Civil Code of the Netherlands and the new Civil Codes of the Netherlands Antilles and Aruba compared*, ELCL, 2003 (in: www.ejcl.org/ejcl/75/art75-2.html); ULRICH DROBNIG, *Security rights in movables*, in: Towards and european civil code (org.: Arthur Hartkamped, Martijn W. Hesselink, Ewoud H. Hondius, Chantal Mak & C. Edgar du Perron), fourth revised and expanded edition, Kluwer Law, The Netherlands, 2011, p. 1037.

[133] E que resultará da exposição posterior.

Desde logo, a criação do sistema europeu de supervisão financeira (SESF)[134], onde se integra a novel Autoridade bancária europeia (EBA). Ela, no que agora nos interessa, tem competências para, por um lado, elaborar projetos de normas técnicas de regulamentação, assim como de normas técnicas de execução e, por outro, emitir orientações e recomendações [art. 8º, nº 2 do regulamento (UE) nº 1093/2010 do Parlamento europeu e do Conselho de 24 de novembro de 2010].[135]

Mas também com um relevo estrutural que nunca é demais sublinhar, o MUS, mecanismo único de supervisão (*Single Supervisory Mechanism*)[136] e o MUR, mecanismo único de resolução (*Single Resolution Mechanism*)[137], e eventualmente, um Sistema Europeu de Seguro de Depósitos (*European Deposit Insurance Scheme*)[138], como os três pilares da União Bancária.[139] Novos passos serão dados nesta matéria. É um *work in progress.*

[134] O sistema europeu de supervisão financeira (SESF) é composto pelo Comité Europeu do Risco Sistémico (ESRB), pela Autoridade Bancária Europeia (ABE), pela Autoridade Europeia dos Seguros e Pensões Complementares de Reforma, pela Autoridade Europeia dos Valores Mobiliários e dos Mercados, pelo Comité Conjunto das Autoridades Europeias de Supervisão (Comité Conjunto) e pelas autoridades competentes ou de supervisão dos Estados-Membros O seu principal objetivo é "assegurar que as regras aplicáveis ao sector financeiro sejam aplicadas adequadamente para preservar a estabilidade financeira e garantir a confiança no sistema financeiro no seu conjunto e uma protecção suficiente aos consumidores de serviços financeiros." [art. 2º, nº 1 do regulamento (UE) nº 1093/2010 do Parlamento Europeu e do Conselho, de 24 de novembro de 2010].

[135] Sobre ela, ver, *infra*, nº 109.

[136] Sobre ele, ver, *infra*, nº 108.

[137] Regulamento (UE) nº 806/2014 do Parlamento europeu e do Conselho de 15 de julho de 2014 que estabelece regras e um procedimento uniformes para a resolução de instituições de crédito e de certas empresas de investimento no quadro de um Mecanismo Único de Resolução e de um Fundo Único de Resolução bancária e que altera o Regulamento (UE) nº 1093/2010, in: JO L 225/1. Sobre ele, ver ALEXANDRE DE SOVERAL MARTINS, *O Mecanismo Único de Resolução (MUR)*, in: III congresso de direito bancário (coord. Miguel Pestana de Vasconcelos), Almedina, Coimbra, 2018, pp. 109, ss..

[138] Comunicação da Comissão ao Parlamento europeu, o Conselho, o Banco Cental Europeu, o comité económico e social europeu e o comité das regiões sobre a a finalização da União Bancária (de 11.10.2017), in: http://ec.europa.eu/finance/docs/law/171011-communication-banking-union_en.pdf.

[139] Cfr. GUIDO FERRARINI/LUIGI CHIARELLA, *Common Banking Supervision in the Eurozone: Strengths and Weaknesses* (August 1, 2013). ECGI – Law Working Paper No. 223/2013 (disponível em SSRN: http://ssrn.com/abstract=2309897), p. 4. Ver ainda sobre esta matéria: PAULO CÂMARA, *Supervisão bancária: recentes e próximos desenvolvimentos*, cit., pp. 298, ss; ALEXANDRIA

III. De seguida, agora no âmbito nacional, temos a lei orgânica do Banco de Portugal (LOBP) e o RGICSF, que é diploma – de grande extensão, particular complexidade e múltiplas vezes[140] alterado –, nuclear do sistema bancário.

No que toca depois às diversas instituições de crédito e sociedades financeiras haverá que ter em conta os seus regimes específicos. Assim, p. ex., para as instituições de crédito: regime jurídico das caixas económicas – RJCE –, aprovado pelo art. 2º do Dec.-Lei nº 190/2015 de 10/9; o Dec.-Lei nº 24/91, de 11/1, relativo às caixas de crédito agrícola mútuo[141]. Por sua vez, para as sociedades financeiras, p. ex.: o Dec.-Lei nº 72/95, de 15/4, relativo às sociedades de locação financeira.

Sempre que as instituições de crédito desempenharem também atividades de intermediação financeira (art. 289º CVM), atuando na qualidade de intermediários financeiros [art. 293º, nº 1, al. *a)* CVM], estão sujeitas, como se tem sublinhado, ao CVM (e à supervisão da CMVM: art. 359º CVM e art. 93º, nº 2 RGICSF).

IV. No que diz respeito à parte material, como já se referiu, o art. 362º do Código Comercial (CCom) qualifica como comerciais as operações de banco. Limita-se, no entanto, a acrescentar que elas se regem "pelas disposições especiais respectivas aos contratos que representarem, ou em que a final se resolverem" (art. 363º CCom).[142]

Quanto aos contratos, estes, quando não tenham um regime próprio (como sucede, p. ex., com a locação financeira, de grande relevo[143]), ou quando o seu regime pressuponha um outro civil, relativamente ao qual introduzem normas ou especiais ou excecionais (p. ex., o mútuo[144], o penhor[145],

Carr/Salomé Cisnal de Ugarte/Jörg Wulfken, *Towards a European banking union: the commission announces a new legal framework for banking supervision*, Banking LJ, 2013, pp. 60, ss.

[140] Profundamente alterado.

[141] Diversas vezes alterado.

[142] No seio deste regime comercial das operações de banco inclui-se também a presunção, de grande relevo, do caráter culposo da insolvência do banco (art. 365º CCom).

[143] Dec.-Lei nº 149/95, de 24/6. Ver, *infra*, desenvolvidamente, sobre este contrato, ns. 48 e segs.

[144] Artigo único do Dec.-Lei nº 32 765, de 29/4/1943.

[145] Dec.-Lei nº 29 833, de 17/8/1939 e Dec.-Lei nº 32 032, de 22/5/1942.

os contratos de garantia financeira[146])[147], aplicam-se-lhes as regras Código Civil e, quando seja o caso, do Código Comercial. Tem nesta sede especial relevo as regras do mútuo, do mandato e da fiança. No caso dos serviços de pagamento, estamos perante uma complexa e pormenorizada disciplina legal: o regime jurídico dos serviços de pagamento (RSP[148])[149].[150]

V. Uma das características marcantes do direito bancário (não só dele, mas com particular relevo neste campo) consiste no recurso a cláusulas contratuais gerais (que, p. ex., em Itália ou na Alemanha são mesmo elaboradas pelas associações de bancos, o que não sucede entre nós).

Poucos contratos são negociados entre o banco e o cliente; quando muito, a não ser em casos excecionais, negocia-se uma taxa e prazos de pagamento. Daí a importância – também – no Direito bancário do Dec.-Lei nº 446/85, de 25/10[151].[152]

[146] Dec.-Lei nº 105/2004, de 8/5 com as alterações introduzidas pelo Dec-Lei nº 85/2011, de 29/6, e pelo Dec.-Lei nº 192/2012, de 23/8. Este último diploma aplica-se aos contratos de garantia financeira celebrados antes da sua entrada em vigor (art. 3º nº 2 do Dec.-Lei nº 192/2012, de 23/8).

[147] Nesta sede cabe referir também o Dec.-Lei nº 430/91, de 2/11 (alterado pelo Dec.-Lei nº 88/2008, de 28/5), relativo aos depósitos bancários, o Dec.-Lei nº 220/94, de 23/8, que estabelece o regime das informações a prestar em matéria de taxas de juro e outros custos das operações de crédito, e o Dec.-Lei nº 58/2013, de 8/5, que regula a "classificação e contagem do prazo das operações de crédito, aos juros remuneratórios, à capitalização de juros e à mora do devedor" (art. 1º). Ver, *infra*, ns. 38, e segs., e ns. 52, e segs.

[148] Aprovado pelo Dec.-Lei nº 91/2018, de 12/11 (art. 1º, nº 1), que transpôs para a ordem jurídica interna a Diretiva (UE) 2015/2366 do Parlamento Europeu e do Conselho, de 25 de novembro de 2015, relativa aos serviços de pagamento no mercado interno (segunda Diretiva de Serviços de Pagamento).

[149] Regula regula o acesso à atividade das instituições de pagamento e a prestação de serviços de pagamento, bem como o acesso à atividade das instituições de moeda eletrónica e a prestação de serviços de emissão de moeda eletrónica (art. 1º, nº 1 RSP).

[150] Há outras disposições que integram o Direito civil com relevo direto para o Direito bancário, como sucede com o art. 1680º, quanto aos depósitos, e, no processo civil, o art. 780º, relativo à penhora de depósitos bancários (ver, *infra*, nº 25.1.)

[151] Embora não seja matéria especificamente bancária, como é evidente.

[152] Sobre as cláuslas contratuais gerais bancárias, ver A. PNTO MONTEIRO, *Banca e cláusulas contratuais gerais (apontamento)*, in: I congresso de direito bancário (coord. Miguel Pestana de Vasconcelos), Almedina, Coimbra, 2015, pp. 101, ss. Para uma análise da jurisprudência sobre estas cláusulas dos contratos bancários, ver MARIA RAQUEL GUIMARÃES, *As cláusulas contratuais gerais bancárias e a jurisprudência recente dos tribunais superiores*, in: II congresso de direito bancário (coord. Miguel Pestana de Vasconcelos), Almedina, Coimbra, 2017, pp. 197, ss..

VI. Tem igualmente grande relevo uma densa rede de diplomas de tutela do consumidor[153]. Assim, referindo alguns dos que nos parecem ser mais relevantes: o regime do crédito ao consumo[154],[155] o regime jurídico dos contratos à distância relativos a serviços financeiros celebrados com consumidores (Dec.-Lei nº 95/2006, de 29/5)[156], o Dec.-Lei nº 227/2012 de 25/11, que estabelece o Plano de Ação para o Risco de Incumprimento (PARI), o Procedimento Extrajudicial de Regularização de Situações de Incumprimento (PERSI) e a rede extrajudicial de apoio a clientes bancários, e o Dec-Lei nº 107/2017, de 30/8[157], estabelece normas relativas à transparência e à comparabilidade das comissões cobradas aos consumidores pelas contas de pagamento de que são titulares, regras relativas à mudança de conta de pagamento e à facilitação da abertura de contas de pagamento transfronteiriças pelos consumidores[158]. Merece particular destaque o regime dos contratos de crédito relativos a imóveis aprovado pelo Dec.-Lei nº 74-A/2017, de 23/6 (que transpõe parcialmente a Diretiva nº 2014/17/UE, do Parlamento Europeu e do Conselho, de 4 de fevereiro de 2014), bem como, claro está, as disposições do próprio RGICSF, que visam, em certos casos diretamente, a tutela do consumidor (art. 77º, nº 2 RGICSF)[159].

No outro quadro, como testemunho do caráter central para a participação na vida económica dos serviços bancários, destacamos o Dec.-Lei

[153] Sublinhado o relevo desta dimensão do Direito bancário, ver BRUNO MIRAGEM, *Direito bancário*, Editora Revista do Tribunais, S. Paulo, 2013, p. 29.

[154] Ver, desenvolvidamente sobre este aspeto, *infra*, ns. 51 e segs.

[155] E as alterações introduzidas pelo Dec.-Lei nº 211-A/2008, de 3/11, ao art. 77º RGICSF, que reforçaram as exigências relativamente à informação pré-contratual no crédito ao consumo.

[156] Transpõe a Diretiva nº 2002/65/CE, do Parlamento Europeu e do Conselho, de 23 de setembro, relativa a comercialização à distância de serviços financeiros prestados a consumidores (in: JO L 271/16).

[157] Transpõe que transpõe para a ordem jurídica interna a Diretiva 2014/92/UE do Parlamento e do Conselho, de 23 de julho de 2014, Diretiva 2014/92/UE do Parlamento Europeu e do Conselho, de 23 de julho de 2014, relativa à comparabilidade das comissões relacionadas com as contas de pagamento, à mudança de conta de pagamento e ao acesso a contas de pagamento com características básicas.

[158] A lei estende parte do regime (o capítulo III) às microempresas (art. 2º, nº 3 Dec-Lei nº 107/2017, de 30/8).

[159] A própria Autoridade Bancária Europeia (ABE) tem "atribuições relacionadas com a proteção dos consumidores". Cfr. art. 9º, nº 1 do regulamento (UE) nº 1093/2010 do Parlamento europeu e do Conselho, de 24 de novembro de 2010 (JO L 331/12)

nº 27-C/2000, de 10/3, que institui o sistema de acesso, pelas pessoas singulares, aos serviços mínimos bancários[160].

VII. Na fase pré-contratual valem as regras do art. 227º, com as especificidades que a matéria bancária impõe, sendo certo que ela é conformada no que toca aos deveres de comunicação e de informação, dentre outros, pela disciplina das cláusulas contratuais gerais (respetivamente, art. 5º e art. 6º do Dec.-Lei nº 446/85, de 25/10).

Sempre que lidarmos com títulos de crédito, e para o efeito tem particular relevância o cheque, há os regimes destes que se aplicam (LUch e a LULL).

Há ainda um manancial de legislação extravagante especificamente bancária, p. ex., quanto aos contratos de depósito (Dec.-Lei nº 430/91, de 2/11), locação financeira (Dec.-Lei nº 149/95, de 24/6) e cessão financeira (Dec.-Lei nº 171/95 de 18/7), etc.

VIII. Os avisos e instruções do Banco de Portugal são lei em sentido material, revestindo a natureza de regulamentos, com assento na lei orgânica do Banco de Portugal, assim como em diversas disposições do RGICSF[161].

Nesta sede há ainda que ter em conta, com relevo crescente, embora agora já em sede do Direito da União Europeia, os regulamentos do BCE (art. 132º do TFUE, e art. 34º, nº 1, primeiro travessão, SEBCBCE)[162].

IX. Os usos não contrários ao princípio da boa fé (art. 3º nº 1)[163] têm um especial relevo no direito comercial, onde o Direito bancário se insere[164].

[160] Ampliados recentemente pela Lei nº 44/2020, de 19/8.

[161] Sobre eles ver, *infra*, nº 111.

[162] De facto, nos termos do art. 132º TFUE: "Para o desempenho das atribuições cometidas ao SEBC, o Banco Central Europeu, de acordo com as disposições dos Tratados e nas condições definidas nos Estatutos do SEBC e do BCE:

– adota regulamentos na medida do necessário para o exercício das funções definidas no primeiro travessão do artigo 3º-1, nos artigos 19º-1, 22º ou 25º-2, dos Estatutos do SEBC e do BCE, e nos casos previstos nos atos do Conselho a que se refere o nº 4 do artigo 129º".

[163] Quanto ao papel desempenhado pela boa fé, nesta sede, ver A. Menezes Cordeiro, *Da boa fé no direito civil*, vol. II, Almedina, Coimbra, 1984, p. 1281.

[164] Quanto aos usos em direito comercial, ver: Diogo Leite de Campos, *Anatocismo – regras e usos particulares do comércio*, ROA, 1988, pp. 46, ss.; J. Engrácia Antunes, *Os usos e o costume*

Eles consistem numa prática social uniforme, reiterada (sem que haja a convicção da sua obrigatoriedade), comum à generalidade do setor bancário, e não a uma ou a um grupo de instituições de crédito, salvo disposição em contrário[165].

De forma bastante sumária, podemos afirmar que os usos relevam por via legal ou por via negocial[166].

No primeiro caso, sempre que exista uma disposição legal que para eles remeta, são fonte mediata de direito[167].[168] É o que sucede, p. ex., com o art. 560º nº 3 ("usos particulares do comércio")[169] e – de grande importância no âmbito bancário – com o art. 407º do CCom (a lei refere-se a estatutos, mas eles significam usos[170]).

Na segunda hipótese, os usos são integrados pelas partes, de forma expressa ou tácita[171], no conteúdo contratual. Especialmente relevante é a sua inserção em cláusulas contratuais gerais.

no direito comercial. Algumas breves reflexões, cit., pp. 215, ss.; J. Coutinho de Abreu, *Curso de direito comercial*, vol. I, cit., p. 55.

165 Assim, F. Conceição Nunes, *Direito bancário*, vol. I, cit., p. 74. Também, J. Simões Patrício, *Direito bancário privado*, cit., p. 90.

166 Cfr. J. Engrácia Antunes, *Os usos e o costume no direito comercial. Algumas breves reflexões*, cit., pp. 227, ss.. Ver com amplo desenvolvimento nesta matéria, Francisco Brito Pereira Coelho, *Contratos complexos e complexos contratuais*, Coimbra Editora, Coimbra, 2014, pp. 47, ss..

167 Cfr. João Baptista Machado, *Introdução ao direito e ao discurso legitimador*, Almedina, Coimbra, 1983, p. 161.

168 No âmbito comercial, veja-se, p. ex., o art. 15º do Dec.-Lei nº 178/86, de 3/7, o art. 121º, nº 1, al. *g)* CIRE, o art. 269º § 2 do CCom, o art. 382º CCom, o art. 87º, nº 3 RGICSF.

169 Quanto a esta matéria há no âmbito bancário um regime próprio – Dec.-Lei nº 58/2013 de 8/5. Ver, *infra*, sobre este ponto, nº 63.

170 Ver: Vasco Lobo Xavier/Mª Ângela Coelho Bento Soares, *Depósito bancário a prazo. Levantamento antecipado por um contitular*, RDE, 1988, p. 301; A. Menezes Cordeiro, *O costume e os usos no século XXI*, RDS, 2011, p. 653. Este Autor (*ob. cit.*, p. 653) sustenta mesmo uma interpretação "extensiva e atualistica" da norma de forma a abranger os negócios incluídos na "série negocial complexa" em que o depósito de integra, como, p. ex., a abertura de conta, a convenção de cheque, a concessão de determinados créditos, e, ainda, a prestação de certos serviços". Ver, sobre estes contratos, *infra*, ns. 32 e segs.

171 Cfr. P. Pais de Vasconcelos, *Garantias extracambiárias do cheque e negócios unilaterais: o cheque visado e o eurocheque*, in: Estudos de direito bancário, FDUL, Coimbra Editora, Coimbra, 1999, p. 282. Sustentando que os usos em direito bancário têm o valor de uma convenção tácita, J.-L. Rives-Lange/M. Contamine-Raynaud, *Droit bancaire*, cit., p. 8.

Acrescente-se, ainda, que os usos constituem um valioso elemento auxiliar nas tarefas de interpretação e integração dos contratos[172].

X. Temos, depois, os Códigos de conduta[173]. Eles são diretamente previstos no RGICSF, art. 77º-B, nº 1, que impõe a sua adoção: "as instituições de crédito, ou as suas associações representativas, devem adotar códigos de conduta e divulgá-los junto dos clientes, designadamente através de página na *Internet*, devendo desses códigos constar os princípios e as normas de conduta que regem os vários aspectos das suas relações com os clientes, incluindo os mecanismos e os procedimentos internos por si adoptados no âmbito da apreciação de reclamações." O Banco de Portugal pode emitir instruções relativamente a esses códigos e definir normas orientadoras para esse efeito (art. 77º-B, nº 2, RGICSF).

Não se trata, no entanto, de fontes de Direito. Na verdade, não cremos que se possa sufragar a doutrina[174] que sustenta estarmos face a normas corporativas nos termos do art. 1º do Código Civil[175]. Por outro lado, hoje, ao contrário do que sucedeu no passado[176], eles não têm sequer que ser aprovados pelo BP[177].

XI. Um último apontamento para referir as regras elaboradas por entes internacionais, como as – de enorme importância – decorrentes dos

[172] Cfr. CARLOS MOTA PINTO *Teoria geral do direito civil*, 4ª ed., por ANTÓNIO PINTO MONTEIRO e PAULO MOTA PINTO, cit., p. 455, nota 588; F. CONCEIÇÃO NUNES, *Direito bancário*, vol. I, cit., p. 71, ss..

[173] Sobre eles, ver: ARMINDO SARAIVA MATIAS, *Códigos e normas de conduta*, in: Direito bancário. Actas do congresso comemorativo do 150º aniversário do banco de Portugal, RFDUL, Coimbra Editora, Coimbra, 1997, pp. 133, ss.; J. SIMÕES PATRÍCIO, *Direito bancário privado*, cit., pp. 90, ss.; idem, *Em torno dos códigos de conduta bancários*, in: Estudos jurídicos e económicos em homenagem ao Prof. Doutor António de Sousa Franco, vol. II, Faculdade de Direito da Universidade de Lisboa, Coimbra Editora, Coimbra, 2006, pp. 757, ss..

[174] F. CONCEIÇÃO NUNES, *Direito bancário*, vol. I, cit., pp. 95, ss.. Em sentido contrário, J. SIMÕES PATRÍCIO, *Direito bancário privado*, cit., p. 94.

[175] Ver, sobre esta disposição, C. MOTA PINTO, *Teoria geral do direito civil*, 4ª ed., por ANTÓNIO PINTO MONTEIRO e PAULO MOTA PINTO, cit., p. 64.

[176] Como decorria do art. 77º nº 2 RGICSF, na redação anterior à que resulta do Dec.-Lei nº 1/2008, de 3/1.

[177] Quanto ao valor dos Códigos de conduta bancários, ver, J. SIMÕES PATRÍCIO, *Em torno dos códigos de conduta bancários*, cit., pp. 775, ss. (entendendo que se trata de regras contratuais – *ob. cit.*, p. 781).

acordos do "comité" de Basileia (*Basel Committee on Banking Supervision* – BCBS)[178]-[179], regras essas que acabam por influenciar decisivamente o legislador nacional e, principalmente, o da União Europeia[180].[181]

6. O direito bancário e o sistema financeiro

I. De forma muito ampla, em termos económicos a função do sistema financeiro consiste na alocação dos meios pecuniários excedentários, acumulados pelas famílias ou empresas, àqueles setores que deles carecem para o seu desenvolvimento, tanto de forma direta, como indireta, neste caso com a interposição de terceiros[182]. Em regra, ainda nesta perspetiva, distingue-se existência dos subsetores bancário, do mercado de capitais e o dos seguros.

II. Juridicamente, nos termos do art. 101º CRP: "O sistema financeiro é estruturado por lei, de modo a garantir a formação, a captação e a segu-

[178] Elas são vinculativas para os seus membros [art. 5º, al. *e)* da carta – *Basel Committee on Banking Supervision* (BCBS) *Charter*, in: www.bis.org/bcbs/charter.htm]. Nos termos do art. 3º da mesma carta: "The BCBS does not possess any formal supranational authority. Its decisions do not have legal force. Rather, the BCBS relies on its members' commitments, as described in Section 5, to achieve its mandate." Portugal não é membro e o BCE tem um estatuto de observador (ver: *Basel Committee membership*, in: www.bis.org/bcbs/membership.htm).

[179] O Comité de Basileia para a supervisão bancária funciona junto do banco de *Bank for International Settlements*, sediado em Basileia, na Suíça, tendo sido criado como um "fórum para a cooperação regular entre os países membros em matéria de supervisão bancária" (www.bis.org/bcbs/history.htm). A sua primeira reunião foi em fevereiro de 1975, sendo inicialmente composto pelos governadores dos bancos centrais dos G 10 (neste momento, no entanto, tem já 27 membros).

[180] Ver o regulamento (UE) nº 575/2013 do Parlamento europeu e do Conselho de 26 de junho de 2013 relativo aos requisitos prudenciais para as instituições de crédito e para as empresas de investimento e que altera o regulamento (UE) nº 648/2012, e a Diretiva 2013/36/EU do Parlamento europeu e do Conselho de 26 de junho de 2013 relativa ao acesso à atividade das instituições de crédito e à supervisão prudencial das instituições de crédito e empresas de investimento, que altera a Diretiva 2002/87/CE e revoga as Diretivas 2006/48/CE e 2006/49/CE.

[181] Ver, sobre o papel desses entes, onde se inclui também o *Financial Stability Board*, na conformação do direito bancário, AFONSO D'OLIVEIRA MARTINS, *A regulação pública bancária. Aspetos substantivos*, cit., p. 157.

[182] Por todos, de forma desenvolvida na perspetiva económica, ver ABEL L. COSTA FERNANDES/PAULO R. MOTA/CARLOS F. ALVES/MANUEL DUARTE ROCHA, *Mercados, produtos e valometria de activos financeiros*, Almedina, Coimbra, 2013, p. 25.

rança das poupanças, bem como a aplicação dos meios financeiros necessários ao desenvolvimento económico e social".[183]

Conforme destacam Gomes Canotilho e Vital Moreira[184], ele comporta aqui um duplo sentido: objetivo, "como conjunto de normas, institutos e mecanismos relativos à actividade financeira em geral" e subjetivos como "conjunto de instituições, empresas e organizações com intervenção direta na atividade financeira", sendo que a lei visa regular ambas as vertentes.

II. Podemos assim distinguir, os agentes, as atividades ou operações e os órgãos e atividades de regulação e supervisão.[185]

Os primeiros são aqueles previstos no RGICSF, *maxime* as instituições de crédito, no CVM, os intermediários financeiros, e, ainda, os seguradores (Regime jurídico de acesso e exercício da atividade seguradora e resseguradora – RJAEASR), estes últimos na medida em que podem igualmente recolher poupanças[186].

Os respetivos órgãos de supervisão e regulação consistem, respetivamente, no Banco Central Europeu (BCE) e o Banco de Portugal (BP), na

[183] Sobre esta matéria, ver: José Joaquim Gomes Canotilho/Vital Moreira, *Constituição da república portuguesa anotada*, vol. I, 4ª ed., Coimbra Editora, Coimbra, 2007, pp. 1079, ss.; Eduardo Paz Ferreira, *Lições de direito da economia*, AAFDL, Lisboa, 2001, pp. 415, ss.; idem, *Comentário ao art. 101º*, in: Jorge Miranda/Rui Medeiros, *Constituição portuguesa anotada*, tomo II, Coimbra Editora, Coimbra, 2006, pp. 20, ss.; J. Calvão da Silva, *Banca, bolsa e seguros, tomo I, Direito europeu e português*, cit., pp. 14, ss.; Luís Máximo dos Santos, *Regulação e supervisão bancária*, in: Regulação em Portugal: novos tempos, novo modelo? (coordenadores Eduardo Paz Ferreira, Luís Silva Morais, Gonçalo Anastácio), Almedina, Coimbra, 2009, pp. 39, ss.; F. Conceição Nunes, *Direito bancário*, vol. I, cit., 1994, pp. 29, ss.; Carlos Costa Pina, *Instituições e mercados financeiros*, Almedina, Coimbra, 2005, pp. 19, ss.; Augusto de Athayde *et alia*, *Curso de direito bancário*, vol. I, cit., pp. 121, ss.; Rui Guerra da Fonseca, *comentário* ao artigo 101º, in: *Comentário à constituição portuguesa, II volume, organização económica (artigos 80º a 107º)*, coordenação de Paulo Otero, Almedina, Coimbra, 2008, pp. 757, ss..

[184] J. J. Gomes Canotilho/Vital Moreira, *Constituição da república portuguesa anotada*, vol. I, cit., p. 1080.

[185] Referimo-nos ao sistema financeiro em sentido restrito. No sentido amplo, que não nos interessa aqui, abrange também as Finanças públicas. Cfr. C. Costa Pina, *Instituições e mercados financeiros*, cit., p. 20, p. 24. Este Autor (*ob. cit.*, p. 21) faz assentar a sua noção de sistema financeiro nos atores, mercados, bens transacionados e respetivas operações.

[186] Sustentado esta inclusão, E. Paz Ferreira, *comentário ao art. 101º*, in: Jorge Miranda/Rui Medeiros, *Constituição portuguesa anotada*, tomo II, cit., p. 206. Ver, porém, F. Conceição Nunes, *Direito bancário*, vol. I, cit., p. 31.

Comissão do Mercado de Valores Mobiliários (CMVM) e pela autoridade de supervisão de seguros e fundos de pensões (ASF)[187]. A sua coordenação, cooperação e troca de informações[188], entre outros aspetos, é realizada – sem que com isso seja atingida a competência e a autonomia de qualquer destes entes[189] –, no âmbito nacional, pelo Conselho Nacional de Supervisores Financeiros (CNSF – criado pelo Dec.-Lei nº 228/2000, de 23/7)[190].[191]

No que diz respeito as atividades, podemos fazer a seguinte distinção no âmbito do sistema financeiro (tal como foi acima caracterizado).

(i) O setor bancário, assente no binómio recolha de poupanças através de depósitos (em sentido amplo)/concessão de crédito[192].

(ii) O sector do mercado de capitais, ou financeiro em sentido estrito (englobando no seu seio os valores mobiliários, os instrumentos monetários e os derivados, sendo a figura central que a todos engloba a de instrumento financeiro[193]-[194]), uma vez que se trata de, por um lado, de uma forma de, sem a intermediação das instituições de crédito, as empresas (*rectius*, algumas empresas) obterem financiamento, e, por outro, de investimento das poupanças (p. ex., a aquisição de obrigações emitidas por uma sociedade comercial).

(iii) O setor dos seguros, tanto porque os seguradores podem captar recursos diretamente do público (como sucede com as operações

[187] Art. 20º, nº 1. A competência do ASF não afasta as atribuições da CMVM relativamente a produtos de seguros ligados a fundos de investimento (art. 20º, nº 2 RJAEASR).

[188] Ver art. 2º, nº 2 do Dec.-Lei nº 228/2000, de 23/7.

[189] Art. 1º do Dec.-Lei nº 228/2000, de 23/7.

[190] Tem como membros permanentes o Governador do Banco de Portugal (que preside), o membro do Conselho de Administração do Banco de Portugal com o pelouro da supervisão, o Presidente da Comissão do Mercado de Valores Mobiliários e o Presidente da Autoridade de Supervisão de Seguros e Fundos de Pensões.

[191] Estamos a referir-nos ao sistema nacional, não ao europeu que é mais complexo e que deverá ser analisado na parte de direito institucional.

[192] J. Calvão da Silva, *Banca, bolsa e seguros, tomo I, Direito europeu e português*, cit., p. 22.

[193] Ver o art. 2º nº 2 CVM. Decorre desta disposição que são instrumentos financeiros: os valores mobiliários [art. 2º, nº 1, al. *a)* CVM], os instrumentos de mercado monetário, com exceção dos meios de pagamento [art. 2º, nº 1, al. *b)* CVM], e os diversos derivados [art. 2º, nº 1, als. *c)* a *e)* CVM].

[194] Para efeitos de financiamento, o mais relevante são os valores mobiliários. Os derivados desempenham funções de cobertura de risco – *hedging* –, de especulação e de arbitragem. Ver J. Engrácia Antunes, *Os instrumentos financeiros*, Almedina, Coimbra, 2009, pp. 15, ss..

de capitalização[195]), como faz parta da sua atividade assegurar créditos da banca, e face à banca, o que é instrumental à concessão de crédito.

Nessa medida, o sistema financeiro em termos jurídicos divide-se, também, em três subsistemas, embora com agentes, por vezes, comuns (*maxime*, as instituições de crédito): bancário, de capitais e segurador[196].

III. O núcleo do art. 101º CRP (que é uma "norma tarefa"[197]), ora em análise, assenta em dois elementos cuja tutela deve enformar a estruturação do sistema financeiro no sentido amplo referido: as poupanças, com vista a garantir a sua formação, captação e segurança; e a concessão de meios financeiros – que podem ou não ser obtidos por via das poupanças – com vista ao desenvolvimento económico e social. Em ambos os casos, tal é alcançado – é o cerne dessa estruturação jurídica –, embora não só, pela sua regulação e supervisão (adequadas e eficientes) e, se necessário, intervenção.[198]

Vejamos cada um deles com mais de detalhe.

No que toca ao primeiro objetivo, visa-se a tutela destes específicos direitos patrimoniais privados[199]. Neste caso, a lei ordinária não se basta com a regulação e supervisão, mas vai a mais longe, protegendo de forma *direta* (algumas) das poupanças aí depositadas através do fundo de garantia dos depósitos.[200]

No segundo caso[201] temos essencialmente a tutela do crédito, através do sistema bancário (principal via de financiamento, mesmo das empresas) e do mercado de capitais. Mas, note-se, não de qualquer crédito. A lei refere-se àquele que se dirige ao "desenvolvimento económico e social".

[195] Sobre elas, ver, *infra*, no número seguinte.

[196] Cfr. C. Costa Pina, *Instituições e mercados financeiros*, cit., p. 56; J. Engrácia Antunes, *O contrato de seguro na LCS de 2008*, cit., p. 817.

[197] J. J. Gomes Canotilho/Vital Moreira, *Constituição da república portuguesa anotada*, vol. I, p. 1082.

[198] J. J. Gomes Canotilho/Vital Moreira, *Constituição da república portuguesa anotada*, vol. I, p. 1082.

[199] Cfr. E. Paz Ferreira, *comentário ao art. 101º*, in: Jorge Miranda/Rui Medeiros, *Constituição portuguesa anotada*, tomo II, cit., p. 206.

[200] Sobre os depósitos, ver ns. 30 e segs.

[201] Referimo-nos só, também aqui, ao setor financeiro em sentido estrito.

O que significa aqui, essencialmente, ao crédito às empresas e certo crédito ao consumo.

Com efeito, embora o crédito ao consumo permita (ou melhor: possa nalguns casos, dentro de limites prudentes, permitir) a melhoria das condições económico-sociais dos cidadãos (p. ex., a aquisição de um automóvel), o motor do desenvolvimento económico-social numa economia de mercado são as empresas. São elas que criam emprego e geram desenvolvimento económico. Pelo que é o crédito à atividade empresarial produtiva que, em primeira linha, a disposição constitucional favorece, devendo, pois, o legislador tomar as medidas adequadas a que tal desiderato se realize.

Para além dessa modalidade de crédito, é claro que a lei constitucional tutela, igualmente, o que resulta desde logo da sua articulação com outras disposições da mesma fonte, o crédito dirigido à satisfação de necessidades básicas, como o crédito à habitação.

Mas, agora em sentido contrário, há mesmo justificação suficiente, em muitos casos, para limitar o crédito ao consumo (melhor: a algum crédito ao consumo) que pode ter, e tem muitas vezes, efeitos sociais gravosos, conduzindo ao sobreendividamento e à insolvência de famílias.[202] Tanto mais que limita a formação das poupanças, que a norma constitucional obriga a promover[203].

7. Os seus princípios estruturantes

I. O Direito bancário está dividido em duas partes nucleares, cujo relacionamento já foi exposto. No que toca às operações bancárias, elas inserem-se no direito privado, em geral, e no direito comercial, em particular. Pelo que se lhe aplicam os princípios deste ramo do Direito[204].

[202] Da articulação entre estes dois vetores resulta uma noção geral do que seja a atividade financeira: trata-se daquela que em que, de forma direta ou indireta, "se visa a captação e mobilização de capitais por forma a contribuir para o processo de financiamento e o regular funcionamento da economia", C. Costa Pina, *Instituições e mercados financeiros*, cit., p. 203. Quanto ao sistema em si, articulando a atividade de intermediação com as instituições que a desempenham, ver F. Conceição Nunes, *Direito bancário*, vol. I, cit., p. 31. Fazendo assentar a noção que constrói nas instituições em si, e no "tratamento do dinheiro", A. Menezes Cordeiro, *Manual de direito bancário*, cit., p. 89.

[203] Cfr. C. Costa Pina, *Instituições e mercados financeiros*, cit., p. 25.

[204] Sobre eles, ver: António Ferrer Correia, *Lições de Direito Comercial*, vol. I (com a colaboração de Manuel Henrique Mesquita e António Caeiro), Coimbra, 1973, pp. 33, ss.; V. Lobo Xavier, *Direito comercial*, cit., p. 424.

II. Para além disso, da especialidade da regulação bancária, que atende aos interesses específicos que aqui se jogam, retiram-se quatro princípios específicos:

- a proteção do sistema bancário e financeiro, manifesta na sua apertada regulação e supervisão, e tornada por demais evidente com as intervenções de *ultima ratio* dos Estados para evitar que ele soçobrasse.
- a proteção dos depositantes, patente na regulação e supervisão a que a instituições de crédito estão sujeitas e no fundo de garantia de depósitos[205];
- a tutela reforçada do crédito bancário. Ele retira-se dos regimes – antigos – do mútuo bancário (Dec.-Lei nº 32 765, de 29/4/1943)[206], que é o contrato de crédito mais relevante[207], do penhor de créditos bancários (vem já de 1939, e foi consagrado no Dec.-Lei nº 29 833, de 17/8/1939)[208] e dos contratos de garantia financeira, de enorme importância prática.[209] É possível também detetá-lo no regime de outras figuras especialmente relevantes da prática bancária, como a locação financeira (um dos principais contratos de crédito e garantia), em particular no que toca à sua disciplina insolvencial (art. 104º CIRE). Manifesta-se, igualmente, de forma clara, no regime dos juros bancários, em especial no que toca ao anatocismo.
- a proteção reforçada do cliente consumidor bancário, em particular do adquirente de produtos financeiros (em sentido amplo). Como decorre de uma cada vez mais extensa e detalhada rede normativa que visa de forma cada vez mais robusta a sua tutela (ver, *supra*, nº 5, IV).

[205] Sendo esta, aliás, a "proteção dos depositantes" uma das atribuições da Autoridade bancária europeia (EBA): art. 8º, nº 1 do regulamento (UE) nº 1093/2010 do Parlamento Europeu e do Conselho de 24 de novembro de 2010.

[206] Sobre ele, ver *infra*, com detalhe, ns. 43.10 e segs.

[207] Ver, *infra*, nº 42.

[208] Sobre ela e seu regime ver M. Pestana de Vasconcelos, *Direito das garantias*, 3ª ed., Almedina, Coimbra, 2019, pp. 315, ss..

[209] Sobre ele, ver, M. Pestana de Vasconcelos, *Os contratos de garantia financeira. O dealbar do direito europeu das garantias*, in: Estudos em Honra do Professor Doutor José de Oliveira Ascensão (coordenação dos Professores Doutores António Menezes Cordeiro, Pedro Pais de Vasconcelos e Paula Costa e Silva), vol. II, Faculdade de Direito da Universidade de Lisboa, Almedina, Coimbra, 2008, pp. 1273, ss.

8. A autonomia e a interpenetração dos diferentes subsistemas do setor financeiro

I. Como se viu, o sistema financeiro engloba os subsetores bancário, de mercado de capitais e segurador[210]. As diferenças entre eles assentam, como se observou, nas atividades desenvolvidas, nos entes habilitados a exercê-las e nos órgãos, e na atividade, de regulação e supervisão.

Esta distinção não significa que sejam, hoje, compartimentos estanques. Longe disso. Um dos aspetos mais marcantes – mas também recentes – do atual sistema financeiro é a crescente interpenetração entre os seus diferentes subsectores[211]. Em rigor, como se verá, esse aspeto é particularmente relevante no que diz respeito à actividade dos bancos.

II. Na análise que se passa a fazer, centramo-nos em cada um dos subsetores e veremos como, desde o núcleo central que o caracteriza, ele se liga ou se expande para outras áreas (e deixando, de momento, de lado os grupos financeiros que atuam nos diversos mercados).

(i) Como temos vindo a sublinhar, mas agora melhor se demonstrará, as instituições de crédito (estamos aqui a ter em conta os bancos) são *também* os principais intermediários financeiros, atuando mesmo por conta própria nos mercados de valores mobiliários [art. 4º, nº 1, al. *e)* RGICSF]. O que explica que uma parte relevante das suas atividades, previstas no art. 4º RGICSF [p. ex., as als. *e)*, *f)*, *h)*], seja desempenhada nesta última qualidade. Contudo, quando assim é, atuam em vestes diferentes e estão sujeitas, conforme se tem vindo a sublinhar, também, ao regime do CVM e a outro supervisor (CMVM, art. 359º CVM).[212]

[210] Para este, ver: P. Romano Martinez, *Direito dos seguros, relatório*, cit., pp. 39, ss.; e, mais recentemente, A. Menezes Cordeiro, *Direito dos seguros*, Almedina, Coimbra, 2013.

[211] Ver desenvolvidamente sobre este aspeto: J. Calvão da Silva, *Banca, bolsa e seguros, tomo I, Direito europeu e português*, cit., pp. 21, ss.; idem, *A progressiva integração das atividades financeiras*, cit., p. 377, ss.; Paulo Câmara, *Direito dos valores mobiliários*, 2ª ed., Almedina, Coimbra, 2013, pp. 17, ss.; Joanna Benjamim, *Financial law*, cit., pp. 9, ss.

[212] Sendo, como se disse no número anterior, a coordenação entre os reguladores é assegurada pelo conselho de nacional de supervisores financeiros.

(ii) Há produtos comercializados pelos bancos que são só mobiliários[213] ou, ao mesmo tempo, bancários e mobiliários, como os depósitos estruturados[214].

De forma paralela, os bancos são veículos de colocação de seguros junto do público, podendo ser mediadores de seguros [art. 4º, nº 1, al. *m)* RGICSF]. É muito comum fazerem-no relativamente a seguradores que com eles fazem parte do mesmo grupo. De facto, diversos produtos bancários, como sejam empréstimos, cartões de crédito e débito, são propostos com um conjunto de seguros associados, alguns deles de caráter complementar, como o seguro de vida ligado ao crédito de longo prazo[215].

O que permite aos seguradores aproveitar a rede das instituições de crédito, as suas carteiras de clientes, o conhecimento que elas têm da situação patrimonial daqueles e, o que não é menos relevante, da imagem de solidez e confiança que estas revestem (embora hoje menos do que ontem) junto dos primeiros[216]. A ligação próxima entre os seguros e a banca é usualmente designada de *banqueassurance.*[217]

Mas, para além de serem veículos de colocação de seguros, eles próprios oferecem produtos que visam a cobertura do risco de incumprimento desempenhando – e concorrendo – o papel de seguros, como sucede com os *credit default swaps,*[218] ou os derivados climáticos (*weather derivatives*)[219].

[213] Por vezes, elaborados por um terceiro: "distributors no longer offer only proprietary products but promote a broader range of third-party products" – Comissão Europeia, *Need for a coherent approach to product transparency and distribution requirements for "substitute" retail investment products?,* cit., p. 9

[214] Eles são objeto de um regime jurídico específico previsto no anexo I à Lei nº 35/2018 de 20/7 (regime jurídico da conceção, comercialização e prestação de serviços de consultoria relativamente a depósitos estruturados).

[215] Cfr. J. Calvão da Silva, *Banca, bolsa e seguros, tomo I, Direito europeu e português,* cit., p. 26; José Vasques, *Direito dos seguros,* Coimbra Editora, Coimbra, 2005, pp. 327-328.

[216] Cfr. Carlos Vargas Vasserot, *El contrato de seguro en el marco de la actividad bancaria,* in: La contratación bancaria (coord: Adolfo Sequeira, Enrique Gadea, Fernando Sacristán), Dykinson, Madrid, 2007, p. 1323

[217] Desenvolvidamente sobre este fenómeno, assim como a *assurbanque* e a *assurfinance,* ver J. Calvão da Silva, *Banca, bolsa e seguros, tomo I, Direito europeu e português,* cit., pp. 25, ss.. Ver também C. Galvada/J. Stoufflet, *Droit bancaire,* cit., pp. 4-5.

[218] Sobre eles, ver M. Pestana de Vasconcelos, *Direito das garantias,* 3ª ed., Almedina, Coimbra, 2019, pp. 196, ss. (e doutrina aí citada).

[219] Cfr. Paulo Câmara, *Direito dos valores mobiliários,* cit., p. 19.

Estes produtos são derivados, pelo que instrumentos financeiros, previstos e regulados no CVM [respetivamente, art. 2º, nº 1, al. *c)* e art. 2º, nº 1, al. *e) ii)* CVM].[220]

(iii) Os fundos de que a banca carece para desenvolver a sua atividade não são só obtidos, ou, por vezes, não o são até principalmente, por via de depósitos (que é, como se viu, um ponto marcante da sua atividade), mas também no mercado interbancário – o que pode provocar problemas graves de liquidez se este deixar de funcionar[221], como a crise financeira de 2007 abundantemente documenta.

É também comum o recurso à emissão de obrigações, algumas delas típicas das instituições de crédito[222], como as obrigações cobertas (*covered bonds*).

Por outro lado, os bancos recorrem aos mercados financeiros não só como forma de obter financiamento, mas também para efeitos de proteção do risco (*hedging*).[223]

(iv) Enquanto os bancos corriam sempre os riscos de incumprimento por parte dos mutuários, sendo esse até um dos principais riscos da sua atividade, com o recurso maciço à titularização[224]-[225], esse risco foi trans-

[220] Na perspetiva da Comissão Europeia essa concorrência entre produtos é positiva (*Need for a coherent approach to product transparency and distribution requirements for "substitute" retail investment products?* in: http://ec.europa.eu/internal_market/finservices-retail/docs/investment_products/call_en.pdf, 2007, p. 3): "Competition between products is a positive and healthy development. It broadens the range of options available to investors and increases the likelihood that they will find a product to match their needs." Temos as maiores dúvidas. Até porque ela visa, frequentemente, a eufemisticamente denominada arbitragem regulatória, com a fuga para os sectores menos regulados.

[221] Ver, com interesse sobre este ponto, a estrutura de financiamento dos bancos portugueses no 3º trimestre de 2013, Banco de Portugal, *Sistema bancário português, desenvolvimentos recentes. Atualização: 2T 2013*, cit., p. 8.

[222] Art. 4º do Regime Jurídico das obrigações cobertas (RJOC) aprovado (art. 2º) pelo Dec-Lei nº 31/2022 de 6 de maio.

[223] Cfr. A. W. A. Boot/A. V. Thakor, *The accelerating integration of banks and markets and its implication for regulation*, cit., p. 59.

[224] Regulada entre nós pelo Dec.-Lei nº 453/99, de 5/11, diversas vezes alterado.

[225] Sobre ela, ver: D. Leite de Campos, *A titularização de créditos. Bases gerais*, in: Titularização de créditos, Lisboa, Instituto de direito bancário, 2000, pp. 9, ss.; D. Leite de Campos/Manuel Monteiro, *Titularização de créditos, anotações ao decreto-lei nº 453/99, de 5/11*, Almedina,

ferido para o mercado de capitais, sob forma de obrigações titularizadas (ou unidades de participação, se se recorrer à técnica dos fundos), emitidas pelas sociedades veículo (SPV). Eles deixaram de ficar com os créditos decorrentes dos empréstimos concedidos no seu património (ou balanço), mas transmitem esses créditos a terceiro.

Trata-se de uma alteração do maior relevo, tendo introduzido uma mudança nuclear no sistema financeiro. Com efeito, o papel de muitos bancos "has been changed from "originate to hold" to "originate repackage and sell"[226], colocando os valores mobiliários daí decorrentes no mercado de capitais.

A utilização desse instrumento é igualmente um dos meios de financiamento da sua atividade, uma vez que os créditos são vendidos (*true sale*), o que significa que no seu património entram fundos decorrentes do preço de alienação. Pelo que se transforma um produto típico bancário, os créditos face aos clientes decorrentes de empréstimos[227] – portanto: o cerne da atividade bancária –, em produtos de mercados de capitais, valores mobiliários, e aí transacionados.

A que acresce o facto de estes produtos, as obrigações emitidas pelas sociedades veículo poderem beneficiar de cobertura de risco proporcionada por um segurador.

Liga-se, num mesmo produto, elementos dos três subsetores financeiros.

(v) Os seguradores recorrem a instrumentos que se aproximam de depósitos bancário, como sucede com as operações de capitalização[228], assim

Coimbra, 2001; J. Calvão da Silva, *Titul[ariz]ação de créditos, securitization*, 3ª ed., Almedina, Coimbra, 2013; L. Menezes Leitão, *Cessão de créditos*, Almedina, Coimbra, 2005, pp. 540, ss.; Barry Ditcher, *Securitisation in the United States: why and how?*, in: Titularização de créditos, Instituto de direito bancário, Lisboa pp. 19, ss.; Mitchell Berlin, *Securitization*, in: The new Palgrave dictionary of money and finance, vol. III, Macmillan reference limited/Stockton press, Londres/Nova Iorque, 1997, pp. 433, ss.; Piero Schlesinger, *La cartolarizzazione dei crediti*, RDCiv., 2001, pp. 265, ss.; Michel Germain, *La titrisation des créances en France*, in: Instituto de direito bancário, Lisboa, 2000, pp. 153, ss.; Joanna Benjamin, *Financial law*, cit., pp. 402, ss.; A. Hudson, *The law of finance*, cit., pp. 1195, ss.; A. McKnight, *The law of international finance*, cit., p. 628.

226 A. N. Berger/Philip Molyneaux/ J. O.S. Wilson, *Banking: an overview*, cit., p. 25.

227 Muitas vezes empréstimos à habitação garantidos por hipoteca.

228 O seu regime decorre dos arts. 207º e segs. LCS. Como refere Eduarda Ribeiro (*Comentário ao art. 207º*, in: Pedro Romano Martinez/Leonor Cunha Torres/

como a produtos híbridos, como seja o seguro ligado a fundos de investimento (art. 206º LCS[229], chamados *Unit-Linked*), que é uma modalidade de instrumento de captação de aforro estruturado (ICAE[230]), art. 206º nº 2 LCS.[231]-[232]

(vi) Por outro lado, é ainda possível, e comum, a criação de produtos financeiros que funcionalmente sejam semelhantes no que diz respeito ao risco assumido pelo investidor, mas que são compostos por estruturas diversas, p. ex., os depósitos estruturados, as obrigações estruturadas e as

Arnaldo Da Costa Oliveira/Maria Eduarda Ribeiro/José Pereira Morgado/José Vasques/José Alves de Brito, *Lei do contrato de seguro. Anotada*, 2ª ed., Almedina, Coimbra, 2011, p. 600): o segurador assume a obrigação de na data do vencimento "realizar uma prestação determinada quanto ao montante não dependente de qualquer álea ligada à duração da vida humana (...). Na operação de capitalização o risco do segurador é um mero risco financeiro ou de investimento." Para o seu regime, ver ainda Eduarda Ribeiro, *ob. cit.*, pp. 597, ss..

Acrescente-se ainda, neste quadro, que a lei abre justamente uma exceção à exclusividade conferida às instituições de crédito de receberem do público de fundos reembolsáveis, permitindo-se que também que os seguradores o possam fazer no âmbito das operações de capitalização [art. 8º, nº 3, al. *d)* RGICSF].

Não espanta, pois, que a doutrina os qualifique como verdadeiros mútuos, semelhantes aos depósitos bancários a prazo (para a sua qualificação, ver *infra*, nº 38.3.), com a particularidade de serem celebrados por um segurador. Elas visam, de facto, permitir a estes o acesso à atividade financeira, isto é, de intermediação no crédito. Assim, Carlos Ferreira de Almeida, *Contratos, III, contratos de liberalidade, de cooperação e de risco*, Almedina, Coimbra, 2012, p. 260.

[229] Sobre ele, ver: Eduarda Ribeiro, *Comentário ao art. 206º*, in: Pedro Romano Martinez/Leonor Cunha Torres/Arnaldo da Costa Oliveira/Maria Eduarda Ribeiro/José Pereira Morgado/José Vasques/José Alves de Brito, *Lei do contrato de seguro. Anotada*, cit., p. 591.

[230] Consitem em "instrumentos financeiros que, embora assumam a forma jurídica de um instrumento original já existente, têm características que não são directamente identificáveis com as do instrumento original, em virtude de terem associados outros instrumentos de cuja evolução depende, total ou parcialmente, a sua rendibilidade, sendo o risco do investimento assumido, ainda que só em parte, pelo tomador do seguro" (art. 206º, nº 1 LCS).

[231] Retratando este fenómeno: "Banks offer financial products in addition to traditional banking products and often extend their range to include insurance products. Insurance brokers have also extended the range of the products on their shelves, by diversifying into financial or banking fields" – Comissão Europeia, *Need for a coherent approach to product transparency and distribution requirements for "substitute" retail investment products?*, cit., p. 9.

[232] São ainda, como sublinha Augusto de Athayde *et alia* (*Curso de direito bancário*, vol. I, cit., p. 17), grandes aplicadores no mercado de capitais.

operações de capitalização. Variam, no entanto, o que é central a para a sua escolha, o regime fiscal e as exigências regulatórias[233].[234]

III. Tudo visto, importa acentuar referida integração dos subsetores financeiros se faz, no seu núcleo mais relevante, pelo alargamento das atividades dos bancos que passam a integrar, lado a lado, o *commercial banking* (ou o direito bancário no sentido que aqui lhe atribuímos) e o *investment banking*. Mais: em certos casos, o cerne delas, para algumas instituições, passou a ser este[235].

Ou seja: partindo das funções típicas bancárias que sempre, e só, até há bem pouco tempo, desempenhavam, os bancos passaram a uma oferta financeira global (*Allfinanzangebot*)[236]. Intensificou-se, por outro lado, a negociação por conta própria de instrumentos financeiros, como forma de rentabilizar capitais, tendo essa atividade sido altamente lucrativa, pelo menos até à crise financeira.

O financiamento também se alterou, passando a depender muito mais do mercado monetário, e, em termos amplos, do mercado de capitais, em particular com o recurso à titularização, o que implica a transferência para aqueles que aí investem de riscos tipicamente bancários.

A ampliação das atividades dos bancos explica-se por diferentes factores, que pesam mais nuns casos do que noutros, dependendo do desenvolvimento e sofisticação dos setores bancário e financeiro, em geral.

Em primeiro lugar, há uma menor rentabilidade em termos económicos da função da intermedição financeira em si, quer porque diminuiu a diferença (a margem) entre as taxas de juros de concessão de crédito e da obtenção de crédito, quer pelo crescente fenómeno da desintermediação, com o recurso direto aos mercados de capitais e, nos EUA, o cres-

[233] Assim, quanto a estes aspectos, PAULO CÂMARA, *Direito dos valores mobiliários*, cit., p. 19.

[234] Como sublinha JOANNA BENJAMIM (*Financial law*, cit., p. 9): "Functions traditionally performed in one sector are now undertaken in others, and financial techniques are emerging which combine characteristics of various traditional transaction types."

[235] Como se refere no relatório Liikannen (*High-level Expert Group on reforming the structure of the EU banking sector, Final report, Brussels, 2 October 2012*, cit., p. 3), nos tempos mais recentes, em especial para as grandes instituições: "the relative weight of banking activities has shifted from deposit taking, lending, securities underwriting, and trust services towards dealer and market-making activities, brokerage services, and own account trading".

[236] Ver, p. ex., A. WITTIG, *Bank- und Kapitalmarktrecht als Rechtsgebiet*, cit., p. 9.

cimento, e concorrência, do sistema bancário sombra (o *shadow banking system*).[237]

O que os conduziu para manterem rentabilidades elevadas ao desenvolvimento de outras atividades, com maior risco, por conta própria ou alheia, ligadas aos mercados de capitais[238].

Para além das margens, tem assumido um crescente relevo as comissões como fonte de rendimento dos bancos (embora não só relacionadas com a última atividade referida).[239]

V. É esse alargamento de atividades que explica a utilização conjunta de figuras clássicas do direito bancário, como o mútuo, acompanhado de outras complexas integrantes do setor dos valores mobiliários, como os *swaps*. E figuras mistas, como os depósitos estruturados[240]. Para além de, como se referiu, comercializarem seguros. Trata-se de uma aspeto da maior relevância, pois, como refere a Comissão Europeia, "Retail investors familiar with a particular wrapper or distribution channel may be presented with relatively novel complex and non-transparent investment propositions."[241]

VI. Consiste numa transformação recente[242] e, para além disso, pouco percetível para a generalidade dos clientes dos bancos, que confundem muitas vezes produtos típicos bancários, com produtos de mercado de capitais, por serem comercializados pelos bancos ao "balcão", pese embora o forte reforço dos deveres de informação sobre estes produtos.

[237] Fala-se no declínio da banca tradicional, ou talvez melhor das tradicionais atividades bancárias (*traditional banking*). Ver F. S. Mishkin, *The economics of money, banking and financial markets*, cit., pp. 292, ss..

[238] Esse tipo de atividades contribuiu muito para a o enfraquecimento dos balanços dos bancos na crise financeira. Cfr. F. S. Mishkin, *The economics of money, banking and financial markets*, cit., pp. 292, ss..

[239] Já em 1999, 40% dos lucros dos bancos nos EUA eram obtidos através de comissões. Cfr. The Economist, *The business of banking*, 30 de outubro de 1999, p. 107.

[240] "borderlines marking the distinction between some financial, banking and insurance products are becoming increasingly blurred" – Comissão Europeia, *Need for a coherent approach to product transparency and distribution requirements for "substitute" retail investment products?*, cit., p. 8.

[241] Comissão Europeia, *Need for a coherent approach to product transparency and distribution requirements for "substitute" retail investment products?*, cit., p. 8.

[242] E rápida – *astonishingly rapid*, nas palavras de A. W. A. Boot/A. V. Thakor, *The accelerating integration of banks and markets and its implication for regulation*, cit., p. 75.

Esta perceção externa por parte de – alguns, não todos claro – clientes, é de grande relevância para a resolver corretamente diversas questões que surgem exatamente nesta zona de interseção.

VII. Diga-se, por último, que a esta mudança não é estranho o fenómeno da financeirização (*finanzialization*), ligado a um enorme crescimento do setor financeiro, em particular desde a década de 80 do século passado.[243] Ele implica, em termos económicos, o domínio do setor financeiro sobre aquele a produção de bens e serviços[244], ou seja, passando um sistema que deveria ser instrumental à economia real, a prevalecer sobre ela sobre ela[245]. A crise financeira, o que esteva na sua base, e o reflexo que teve – e tem – sobre a economia real, são prova suficiente do que se acaba de dizer.[246]

VIII. O que nos, por fim, conduz à supervisão financeira. Em Portugal, recorde-se, como começámos por referir, ela está dividida pelos três (*rectius*, hoje quatro) entes: o BCE e o BP, no âmbito bancário, a CMVM, nos

[243] Os números são muito claros. Em 1952, o sector financeiro representava cerca de 2% do PIB no Reino Unido, enquanto em 2007 atinge os 12%. Os números eram de 2% em 1952 e de 6% em 2007, para a Alemanha e a França. Nos EUA, os valores eram de quase 4% em 1952, para 9% em 2007. In: The Economist, *Counting the cost of finance*, 21 de junho de 2014, in: www.economist.com/news/finance-and-economics/21604574-new-paper-shows-industrys-take-has-been-rising-counting-cost-finance?fsrc=scn/fb/wl/pe/countingthecostoffinance.

[244] Na formulação de THOMAS I. PALLEY, *Financialization: What it is and why it matters*, The Levy Economics Institute, Working Paper No. 525, December 2007, in: http://www.levyinstitute.org/pubs/wp_525.pdf, p. 2): "Financialization is a process whereby financial markets, financial institutions, and financial elites gain greater influence over economic policy and economic outcomes. Financialization transforms the functioning of economic systems at both the macro and micro levels.
Its principal impacts are to (1) elevate the significance of the financial sector relative to the real sector, (2) transfer income from the real sector to the financial sector, and (3) increase income inequality and contribute to wage stagnation. Additionally, there are reasons to believe that financialization may put the economy at risk of debt deflation and prolonged recession."

[245] Cfr. F. ZUNZUNEGUI, *Regulación financeira en una economía globalizada*, cit., p. 27

[246] Aspeto relevante desta ligação dos subsetores é a criação dos chamados conglomerados financeiros, de grande relevo prático. É comum a formação de grupos de sociedades, muitas vezes tendo como cúpula uma SGPS, ou um banco, de entes que atuam nos diversos subsetores financeiros, com maior ou menor grau de especialização. Quando a atividade dominante no grupo é a bancária, sendo em geral a sua cúpula um banco, falamos em grupos bancários. Sobre os conglomerados financeiros, ver, entre nós, J. CALVÃO DA SILVA, *Banca, bolsa e seguros, tomo I, Direito europeu e português*, cit., pp. 31, ss..

valores mobiliários, e o ASF, nos seguros. Há, como se tem vindo a sublinhar, diversas zonas de sobreposição, sendo a coordenação, cooperação e troca de informações entre estas entidades realizada, no âmbito nacional, sem que seja atingida a competência e a autonomia de qualquer delas[247], pelo CNSF[248].

Esta estrutura presta-se hoje a diversas críticas. Recorrendo aos termos do documento de Consulta pública relativa à reforma da supervisão em Portugal[249]: "O modelo tripartido de organização da supervisão financeira está historicamente associado à separação das atividades de intermediação financeira, pelo que a sua adequação e eficácia é questionável no contexto de um crescente surgimento de conglomerados financeiros e, nessa medida, de expansão da banca universal.

Por outro lado, a cada vez maior sofisticação dos produtos financeiros, que podem ser alternativamente qualificados como produtos bancários, valores mobiliários, ou contratos de seguros ou de investimento, dá origem a oportunidades de arbitragem regulatória e, consequentemente, à possibilidade de aplicação de diferentes padrões de protecção a investidores semelhantes."

A tendência tem sido a da sua agregação num único ente, como sucede, em parte, na Alemanha com a BaFin (*Bundesanstalt für Finanzdienstleistun gsaufsicht*)[250].[251]

Entre nós, o assunto está em aberto, sendo ainda assim, sem desenvolvermos aqui a questão, os argumentos no sentido de um supervisor único ponderosos[252].

[247] Art. 1º do Dec.-Lei nº 228/2000, de 23/7.

[248] Estamos a situar-nos, mais uma vez, somente no plano nacional.

[249] *Consulta pública relativa à reforma da supervisão em Portugal*, p. 16, in: www.gpeari.min-financas.pt/arquivo-interno-de-ficheiros/Consulta-publica-reforma-da-supervisao-em-Portugal.pdf.

[250] Cfr. Jen Von Hein, *Financial supervision*, in: *The Max Planck encyclopedia of European private law*, vol. I, Oxford University Press, Oxford, 2012, pp. 707-708.

[251] Em rigor, no âmbito bancário o modelo alemão assenta em duas entidades, o chamado modelo de *twin peaks*. Com efeito, a supervisão a nível macro cabe ao *Bundesbank* e só a supervisão prudencial a nível micro cabe à *BaFin*. Cfr. J. Von Hein, *Financial supervision*, cit., pp. 707-708; Peter Scherer, *The German Banking System*, in: Banking Regulation in Germany (org. Peter Scherer/Sven Zeller), German Law Publishers, Frankfürt am Main, 2009, pp. 9, ss..

[252] Sobre eles, J. Calvão da Silva, *Banca, bolsa e seguros, tomo I, Direito europeu e português*, cit., pp. 91, ss..

9. A disciplina

I. Numa breve súmula: a matéria bancária consiste naquele conjunto de atividades que a caraterizam (intermediação financeira e sistemas de pagamento), as entidades habilitadas a exercê-las, os entes, e a atividade, de regulação e supervisão.[253]-[254] Há, pois, duas partes, uma material e a outra institucional, mas que estão – nos termos assinalados – proximamente ligadas, sendo mesmo complementares. O direito bancário é, nos termos assinalados, composto pelas normas e os princípios que regem essas atividades, e esses entes.

[253] O percurso seguido por: A. Menezes Cordeiro, *Direito bancário, relatório*, cit., e J. Calvão da Silva, *Direito bancário*, cit..

[254] E para o direito dos seguros, de forma paralela, P. Romano Martinez, *Direito dos seguros, relatório*, cit., p. 20, pp. 83, ss., p. 95.

Capítulo II
A constituição da relação bancária. O contrato bancário geral

10. Introdução

I. Um sujeito, pessoa coletiva ou singular (o cliente), celebra um conjunto amplo de contratos bancários. Eles são do maior relevo tanto na vida das empresas como dos consumidores em geral. As relações económicas, mesmo as mais simples, hoje, passam pelo tráfego bancário e fazem-se em moeda escritural. Que estes contratos são centrais, e uma exigência geral, decorre logo dos serviços mínimos que a lei impõe aos bancos, ou seja, a abertura de conta, para que qualquer pessoa possa participar nesse tráfego imposto pela vida moderna.

II. A relação de um sujeito com o banco não se esgota num único contrato de abertura de conta. Ela passa pela celebração de múltiplos contratos, de conta corrente, de cheque, de cartões, de transferências, de crédito, etc..

A questão que se coloca, e que foi, e é, ainda, vivamente discutida na doutrina e jurisprudência alemãs, consiste em determinar se, para além desses contratos singulares, as partes, banco e cliente, não estariam ligados por um contrato, denominado, contrato bancário geral[255], que fundaria a relação de negócios entre eles.

[255] Neste sentido: KLAUS J. HOPT, *Die rechtliche Beziehungen zwischen Bank und Kunden*, in: HERBERT SCHIMANSKI/HERMAN-JOSEF BUNTE/HANS-JÜRGEN LWOWSKI, *Bankrechts-Handbuch*, Band I, 4ª ed., C. H. Beck, Munique, 2011, § 1, pp. 2, ss.; idem, *Bankgeschäfte (mit Börsen- und Kapitalmarktrecht)*, in: BAUMBACH/HOPT, *Handelsgesetzbuch*, 35ª ed., C. H. Beck, Munique, 2012, pp. 1713, ss.; MICHAEL MARTINEK/*Staudingers Kommentar zum*

Negando-se a sua existência, as partes, para além claro dos contratos singulares, estariam unidas por uma relação corrente de negócios (*Geschäftsverbindung*).[256] Essa relação, como é óbvio, não tem base contratual. Tal não obstaria, pelo contrário, a que decorressem para as partes, tendo por base a relação de confiança, um conjunto de deveres laterais, de informação e de proteção.[257]

III. Em 2002, o BGH veio rejeitar a existência do contrato bancário geral, com argumentos de todo o modo discutíveis[258], pelo que o debate não está fechado na Alemanha.

IV. As relações entre os bancos e clientes decorrem de contratos. Pelo que o que há que fazer, a perspetiva metodológica correta, é interpretar e depois qualificar esses contratos[259]. O que passa necessariamente, uma vez que estamos face a contratos celebrados com recurso a cláusulas contratuais gerais, por fazer incidir a nossa análise sobre elas.

Bürgerlichen Gesetzbuch mit Einführungsgesetz und Nebengesetzen, Buch 2, Recht der Schuldverhältnisse §§ 657-704 (Geschäftsbesorgung), Sellier – de Gruyter, Berlim, 2006 (*neubearbeitung* 2006, von Andreas Bergmann, Michael Martinek, Dieter Reuter, Olaf Werner), § 675, p. 388. Para a sua crítica, ver, em particular, C. W. Canaris, *Bankvertragsrecht, Erster Teil*, 3ª ed., Walter de Gruyter, Berlim/Nova Iorque, 1988, pp. 4, ss.. Para uma análise detalhada da questão na doutrina e jurisprudência alemã, ver Franz Häuser, *Geschäftsbeziehung und Bankvertrag*, in: Peter Derleder/Kai-Olivier Knops/Heinz Georg Bamberger, *Handbuch zum deutschen und europäischen Bankrecht*, 2ª ed., Springer, Berlim/Heidelberga, 2009, § 2, pp. 25, ss.. Entre nós, António Pedro de Azevedo Ferreira, *A relação negocial bancária. Conceito e estrutura*, Quid Juris, Lisboa, 2005.

256 Ver C. W. Canaris, *Bankvertragsrecht*, cit., pp. 2, ss., pp. 8, ss.. Este Autor sustenta que se trata de uma relação obrigacional legal sem deveres primários de prestação, donde decorrem deveres laterais. Entre nós, nesse sentido, M. Carneiro da Frada, *Teoria da confiança e responsabilidade civil*, Almedina, Coimbra, 2004, cit., pp. 575, ss, nota 614; idem, *A relação bancária. Reflexões em torno de um conceito chave*, CDP, nº 63, julho-setembro, 2018, pp. 23, ss..

257 Assim, quanto à relação de negócios, Frank Peterek, *Bankmäßige Geschäftsverbindung*, in: S. Kümpel/A. Wittig, *Bank- und Kapitalmarktrecht*, 4ª ed., Otto Verlag, Colónia, 2011, p. 570. Em termos gerais quanto ao debate na doutrina e jurisprudência alemã, ver também F. Peterek, *Bankmäßige Geschäftsverbindung*, cit., pp. 567, ss..

258 Ver para uma crítica, incisiva e certeira, ponto por ponto, dos diversos argumentos a que recorreu o BGH para essa rejeição, K. J. Hopt, *Die rechtliche Beziehungen zwischen Bank und Kunden*, cit., § 1, pp. 7-8.

259 Como refere K. J. Hopt (*Die rechtliche Beziehungen zwischen Bank und Kunden*, cit., § 1, p. 8) saber se há ou não um contrato bancário geral é de interpretação negocial. Claro está que as partes o podem celebrar, a questão é se o fizeram.

Em particular sobre o contrato de abertura de conta, porque é com ele que se inicia essa, digamos assim, série de contratos (ou melhor, potencial série de contratos) entre os bancos e os seus clientes.

Claro está que é possível a celebração de contratos isolados entre o banco e um cliente[260], sem que haja qualquer abertura de conta, como acontece quando alguém pretenda trocar moeda. É evidente também que estão excluídos do campo de análise os contratos que os bancos celebram fora do âmbito específico do comércio bancário[261], como sucede com os negócios que concluem com os seus fornecedores (p. ex., a compra de computadores a um distribuidor). O que nos interessa é aquele que é o relacionamento típico, que é de longa duração (ou se não o for, e em regra será, potencialmente é-o), entre o banco e o seu cliente.

V. Colocada a questão nestes termos, o que há que fazer é partir das condições contratuais gerais que os bancos disponibilizam aos seus clientes aquando do início da relação entre eles. Noutros ordenamentos há regras comuns aprovadas por associações de bancos, como na Alemanha (as *AGB-Banken*)[262] e Itália. Mas isso não acontece entre nós.

Todavia, da análise dos referidos formulários – que devem, nos termos do art. 77º nº 5 RGICSF, conter toda a informação necessária e ser "redigidos de forma clara e precisa"[263] –, verdadeiros contratos de adesão, dos principais bancos nacionais[264] resulta, na essência, uma grande uniformidade de conteúdo. É deles que temos de partir para o apreender o tipo jurídico-estrutural desse contrato entre nós.[265]

260 K. J. Hopt, *Die rechtliche Beziehungen zwischen Bank und Kunden*, cit., p. 6.

261 F. Peterek, *Bankmäßige Geschäftsverbindung*, cit., p. 568.

262 Cfr. F. Peterek, *Allgemeine Geschäftsbedingungen*, in: S. Kümpel/A. Wittig, *Bank- und Kapitalmarktrecht*, 4ª ed., Otto Verlag, Colónia, 2011, p. 571. O que explica a atenção muito pormenorizada que a doutrina lhes devota, ver, p. ex., M. Martinek/*Staudingers Kommentar*, cit., § 675, pp. 389, ss.; H.-P. Schwintowski, *Bankrecht*, cit., pp. 18, ss..

263 Cabendo ao BP estabelecer, por aviso, regras imperativas sobre o conteúdo deles, "tendo em vista garantir a transparência das condições de prestação dos correspondentes serviços." (art. 77º, nº 6 RGICSF).

264 A que tivemos acesso, e sem o qual não poderíamos ter desenvolver esta análise.

265 Quanto a este, ver Karl Larenz, *Metodologia da Ciência do Direito*, 2ª edição (tradução por José Lamego da 5ª edição alemã de *Methodenlehre der Rechtswissenschaft*, 1983), Fundação Calouste Gulbenkian, Lisboa, 1989, pp. 568, ss..

11. Conteúdo

I. No contrato de a abertura de conta, onde constam todos os elementos de identificação do – novo – cliente perante o banco insere-se a conta corrente e alguns dos elementos de mobilização a crédito e a débito da conta: depósitos num sentido amplo, débito direto, cartão de débito e transferências bancárias.

Para além disso, estão aí previstas as condições dos diversos contratos que o banco pode vir, mas não tem que o fazer, a celebrar com os clientes (mas a celebração pode ser realizada de imediato), de cartão de crédito, cheque, transferências, depósitos a prazo, muito frequentemente a abertura de crédito.

Pode também daí decorrer a conta de valores mobiliários.

Alguns destes contratos podem, e muitas vezes, são de imediato concluídos entre o cliente e o banco. O significa que se alarga *ab initio* a amplitude do relacionamento entre as partes.

II. Torna-se assim muito claro que o denominado contrato de abertura de conta tem um conteúdo muito mais extenso do que a constituição de uma conta no banco. É um negócio extremamente amplo e complexo, decorrendo daqui a relação bancária geral.[266] Antes de o analisarmos com mais detalhe[267], é necessário desenvolver, de forma ainda assim limitada nesta sede, a conta bancária.

III. O início do relacionamento entre o banco e o cliente implica o acesso deste à moeda escritural, a que circula pelo sistema bancário. Essa moeda transfere-se de conta para conta. Poucas vezes é transformada em notas.

[266] Entre nós neste sentido: A. MENEZES CORDEIRO, *Direito bancário*, cit., p. 291; ALMENO DE SÁ, *Direito bancário*, Coimbra Editora, Coimbra, 2008, pp. 17, ss.; MARIA RAQUEL GUIMARÃES, *O contrato-quadro no âmbito de utilização de meios de pagamento electrónicos*, Coimbra Editora, Coimbra, 2011, pp. 343, ss., pp. 365, ss.

[267] O que faremos no próximo número em texto. Preferimos começar por uma análise isolada da questão da existência e fundamento da relação bancária geral, o que nos trouxe necessariamente para a abertura de conta, sua configuração e conteúdo. Porém, uma análise mais detalhada deste contrato, que se impõe, será realizada subsequentemente. A ligação estre estas matérias – o contrato é o mesmo – implica, no entanto, que alguns aspetos já expostos venham a ser reefantizados. Mas é o preço que se paga por este enfoque inicial na fonte da relação, que entendemos necessário.

Pelo que o início da relação com a instituição de crédito tem mesmo que passar pela abertura de uma conta.

Esse contrato, ainda que exclusivamente com o referido efeito, mantém-se independentemente de quantos negócios forem depois concluídos entre as partes (que se podem ir celebrando e extinguindo, voltando a celebrar e voltando a extinguir, como, p. ex., os diversos contratos de crédito, os contratos de câmbio, os cartões de crédito, etc.), desde o início da relação, que funda, ao momento é que ela se extingue.

Há, pois, um contrato que tem um efeito de permanência na relação entre as partes e sem o qual os outros não se poderiam concluir. O seu início e o seu fim.

A abertura da conta, mesmo em si, isoladamente considerada, tem um significado constitutivo, porque estabelece a base, o suporte, de todas as outras operações entre o banco e o cliente.

IV. Mas já vimos que não é esse o único efeito do contato inicial. Aí se integram também os contratos de conta corrente, de depósito e alguns serviços de pagamento.[268]

Efetivamente, torna-se necessário para operacionalizar, para ter acesso à conta, regular imediatamente os meios da sua "alimentação", em regra por via de depósitos. Estes, num sentido mais ou menos amplo, têm de resultar logo desse contrato inicial.

Torna-se igualmente necessário regular as formas de movimentação a débito da conta o que implica, pelo menos, o cartão de débito (mas não o cheque), e as transferências (e em regra os débitos diretos)

Por outro lado, para o funcionamento da conta é necessário o recurso à conta corrente, ou uma simples conta corrente contabilística que se limita a registar as variações das disponibilidades em conta, ou uma verdadeira conta corrente, com créditos e contra-créditos, convertendo as diversas relações com o banco num único crédito face a este[269].[270]

[268] Referindo-se ao conteúdo natural do contrato, M. JANUÁRIO COSTA GOMES, *Contratos comerciais*, cit., p. 110.

[269] De facto, todos esses movimentos são aí inscritos nos termos acordados pelas partes. A conta corrente tem nesse aspeto um relevantíssimo papel de enlaçamento das relações entre as partes, convertendo-as num único crédito face ao banco. Cfr. G. MOLLE, *I contratti bancari*, cit., p. 475.

[270] Sobre as modalidades de conta corrente, ver *infra*, número seguinte em texto

Trata-se, cremos, do seu núcleo central.

É evidente que o contrato poderá ter um conteúdo mais restrito (embora seja pouco comum) ou mais extenso (bastante comum), mas estes aspetos pelo menos integrarão o seu mínimo socialmente típico.

V. Para além disso, está previsto o conteúdo de um conjunto bastante amplo de negócios que as partes podem – mas não têm que – vir a celebrar (embora não possa haver uma recusa de celebração do banco que não seja justificada). Banco e cliente, decidindo concluir esses negócios (p. ex., cheques, cartões de crédito), fazem-no por referência a esse contrato inicial, eventualmente completando o seu conteúdo com alguns aspetos que venham depois a acordar.

Mas serão muito poucos.

O banco, a não ser em casos pouco vulgares, não negoceia o conteúdo deste contrato nuclear com os seus clientes (daí o recurso às, muito pormenorizadas e altamente técnicas, cláusulas contratuais gerais).

12. Os deveres de informação e aconselhamento parte do banco integrados na relação bancária

12.1. Enquadramento. Pluralidade de fontes

I. Atendendo à relação de confiança que se cria entre as partes, ou melhor do cliente no banqueiro[271], a quem aquele comete a gestão de grande parte da sua vida patrimonial, decorrem deveres de informação[272]-[273], proteção do património e de aconselhamento.

[271] Sublinhando este aspeto, K. J. Hopt (*Die rechtliche Beziehungen zwischen Bank und Kunden*, cit., pp. 9-10): "Im Bankvertrag vereinbaren Bank und Kunde, die Geschäftsbeziehung als Vertrausensverhältnis zu behandeln." Daqui resulta o este contrato é um contrato de tutela de interesses (*Interessenwahrungsvertrag*), o que tem consequências para a proteção de interesses e o conflito de interesses (*Interessenkonflikte*) dos bancos. (K. J. Hopt, *ob. últ. cit.*, p. 10; idem, *Bankgeschäfte*, in: Baumbach/Hopt, *Handelsgesetzbuch*, 35ª ed., C.H. Beck, Munique, 2012, p. 1714).

[272] Quanto a estes, em geral, entre nós, ver Jorge Sinde Monteiro, *Responsabilidade por conselhos, informações ou recomendações*, Almedina, Coimbra, 1989.

[273] Há diferentes diplomas que consagram deveres de informação específicos. Não são esses aqui objeto da nossa análise, embora lhe vamos fazendo referência ao longo da exposição das diferentes matérias.

II. Alguns deles decorrem logo da lei em termos gerais, como o dever de informação (art. 77º RGICSF[274]), ou em âmbitos mais restritos, como no crédito ao consumo (art. 6º e art. 7º do Dec.-Lei nº 133/2009, de 2/6 – dever de assistência ao consumidor). Por outro lado, o art. 74º RGICSF[275], tem necessariamente que influir – contribuindo para moldar – na relação entre o banco e os seus clientes[276]. Cremos que é aqui especialmente relevante a imposição de "respeito consciencioso dos interesses que lhes estão confiados".

III. Outros decorrem da posição do banco como intermediário financeiro emergindo do CVM. É comum que um sujeito abra uma conta bancária onde se inclui igualmente – ou se venha depois a constituir, mas no quadro da relação base decorrente do contrato bancário geral –, uma conta de valores mobiliários e depois se faça investimentos em valores mobiliários ou noutros instrumentos financeiros, como derivados. Por vezes, um produto bancário, como um empréstimo, pode vir acompanhado por um instrumento financeiro, como um *swap* de taxas de juro. O banco atua quer como instituição de crédito, quer como intermediário financeiro.

Eles dão lugar a contratos distintos com regras específicas. Mas integram-se, como os outros contratos (bancários em sentido estrito), neste quadro específico da relação contratual bancária. Por essa razão, os deveres

[274] Sobre este na jurisprudência, ver, recentemente, o acórdão do STJ de 6/2/2014 (Granja da Fonseca), in: www.dgsi.pt.

[275] Quanto a esta norma, entendendo que se trata de uma "norma incompleta", necessitando de ser complementada com outras, "de natureza legal ou contratual, de modo a darem azo a verdadeiros direitos subjectivos, ou pelo menos de regras precisas de conduta, susceptíveis de, quando violadas, induzirem responsabilidade bancária", A. Menezes Cordeiro, *Direito bancário*, cit., p. 348.

Noutro sentido, L. Menezes Leitão [*Informação bancária e responsabilidade*, in: Estudos em homenagem ao Professor Doutor Inocêncio Galvão Telles, vol. II, Direito bancário (Estudos organizados pelos Professores Doutores António Menezes Cordeiro, Luís Menezes Leitão e Januário da Costa Gomes), Almedina, Coimbra, 2002, p. 229, nota 7], embora face a uma redação anterior do RGICSF, entende que "tem efeito vinculativo imediato para o banqueiro". Cremos ser esta última a posição correta.

[276] A Diretiva 2014/65/UE do Parlamento europeu e do Conselho relativa aos mercados de instrumentos financeiros e que altera a Diretiva 2002/92/CE e a Diretiva 2011/61/EU (JO L 173/346), introduz alterações relevantes nesta matéria.

prévios de informação, avaliação de conhecimento, e outros, tendo fontes específicas, na CVM, vão ainda integrar-se nesta relação base.[277]

12.2. Desenvolvimento

I. Os deveres de informação, aconselhamento e mesmo de proteção do património do cliente, ainda que não estejam diretamente previstos na lei, resultam – ou podem resultar –, de exigências da boa fé, no seio deste contrato[278]-[279]. Na realidade, elas, atendendo à relação de confiança, são particularmente intensas, conduzindo ao nascimento de deveres que, limitando-se, por vezes, simplesmente, a dobrar aqueles que a lei diretamente prevê, permitem, se necessário, em certos casos, chegar onde estes não alcancem. Têm, pois, uma grande flexibilidade.

Note-se, no entanto, que o nascimento e conformação destes deveres dependem das circunstâncias concretas, nomeadamente da duração da relação contratual, dos negócios em si, e, em particular, da qualidade da contraparte do banco. É diverso ser um consumidor[280], e aqui muitas vezes teremos já regras específicas (p. ex., o crédito ao consumo), um pequeno

[277] A responsabilidade do banco por violação de dever de informação como intermediário financeiro tem dado lugar a uma ampla jurisprudência. Ver, recentemente, p. ex., o acórdão do STJ de 30/4/2019 (Maria dos Prazeres Beleza), in: www.dgsi.pt.

[278] Inserindo-os no âmbito da relação de negócios, C. W. CANARIS, *Bankvertragsrecht*, cit., p. 9.

[279] Quanto ao papel da boa fé, ver o recente acórdão do STJ de 25/02/2014 (Maria Clara Sottomayor), in: www.dgsi.pt: "Está ultrapassada a concepção liberal dos contratos, em que cada uma das partes defende, de forma egoística, exclusivamente os seus interesses. Pelo contrário, a boa fé, numa lógica de cooperação e de colaboração, exige que cada uma das partes pense nos interesses da outra." Este dever intensifica-se na relação que estamos a analisar, como resultará da exposição subsequente em texto.

[280] Grande parte dos contratos bancários é celebrada com consumidores, o que tem um enorme relevo para a concretização destes deveres, em tudo o que a lei não preveja já, atendendo a essa qualidade (ver *infra*, p. ex., quanto ao crédito ao consumo). Sublinhando esta vertente, e apontando os principais factores de vulnerabilidade do consumidor – técnica, jurídica e fáctica – BRUNO MIRAGEM, *Direito bancário*, cit., pp. 266, ss..

Mas sublinhe-se, por ora, nos âmbito do crédito ao consumo, o dever de assistência ao consumidor (art. 7º, nº 1 do Dec.-Lei nº 133/2009, de 2/6). O credor e, se for o caso, o intermediário de crédito devem "esclarecer de modo adequado o consumidor", para que este fique em "posição que lhe permita avaliar se o contrato de crédito proposto se adapta às suas necessidades e à sua situação financeira". Eles devem "explicitar as características essenciais dos produtos propostos", assim como "os efeitos específicos deles decorrentes para o consumidor", incluindo, o que é do maior relevo, "as consequências da respetiva falta de pagamento".

comerciante, ou uma sociedade anónima. Neste último caso, os referidos deveres são mais limitados. Esta tem os conhecimentos necessários para se tutelar.[281]

II. Para o demonstrar é necessário destacar alguns aspetos.

A participação de um sujeito não só na vida comercial, mas, na verdade, em quase todos os aspetos do dia-a-dia, passa pelo relacionamento com o banco (num exemplo simples: pagamento com cartão, débito em conta, transferências, etc.).[282]

Pelo que um sujeito, como se viu, necessita mesmo de ter uma relação duradoura com um banco (nada obsta, claro, a que seja mais do que uma com bancos diversos).

Este disponibiliza-lhe um conjunto de serviços financeiros, e é a ele que o cliente se dirige para se informar, para pedir aconselhamento.

É isso que ele espera do banco, e o banco sabe-o. É esse o sentido de ser o "seu" banco. O "seu" especialista no comércio bancário. O cliente espera que o banco o auxilie a defender os seus interesses patrimoniais[283]. Há neste contrato um elemento de tutela de interesses do cliente[284] assente numa relação de confiança intensa.

É nesse quadro que surgem deveres de informação, de aconselhamento, de proteção, para usar os termos da lei, dos "interesses que lhes estão confiados" (art. 74º RGICSF). Mais do que numa simples relação corrente

[281] E, nesse sentido, cremos que, efetivamente, um dever *geral* de aconselhamento, esclarecimento e aviso não existe. Assim, JOACHIM SIOL, *Beratungs-, Warn- und Aufklärungspflichten der Bank, Anlagevermittlung und Propekthaftung*, in: H. SCHIMANSKI/H.-J. BUNTE/H.-J. LWOWSKI, *Bankrechts-Handbuch*, Band I, 4ª ed., C. H. Beck, Munique, 2011, § 43, p. 1051; ANDREAS FANDRICH/THOMAS HOFMANN, *Kreditsvertragsrecht*, in: Münchener Anwalts Handbuch, Bank- und Kapitalmarktrecht (herausgegeben von Andreas Fandrich und Ines Karper), C. H. Beck, Munique, 2012, § 5, pp. 274, ss.. Depende dos elementos do caso em concreto, donde se destaca, como se refere, a contraparte do banco.

[282] A chamada "bancarização" da vida económica atual. Cfr. JOSE MIGUEL EMBID IRUJO, *La cuenta corriente bancaria*, in: Direito bancário (Actas do Congresso comemorativo do 150º aniversário do Banco de Portugal), RFDUL, Coimbra Editora, 1997, p. 70.

[283] Evidentemente: com o *limite nos próprios e legítimos interesses* do banco. Não se espera que um banco conceda crédito a quem não preenche os seus critérios para o efeito, por mais que isso seja no interesse do cliente.

[284] M. MARTINEK/*Staudingers Kommentar*, cit, § 675, p. 388. Como aponta este Autor, o caráter de tutela de interesses de um vínculo bancário tem uma especial intensidade (*Die Interessewahrungscharakter einer Bankverbindung ist von besonder Intensität*).

de negócios[285] entre dois comerciantes. O que tem um enorme relevo na génese e na determinação do conteúdo dos diversos deveres que recaem neste caso sobre o banco.

Acrescente-se que eles não exigem para a sua constituição em concreto uma ação do cliente, mas, muitas vezes, uma iniciativa da instituição de crédito[286]. Em particular, quando esta saiba que o cliente não tem capacidade para tomar as iniciativas necessárias[287].

[285] M. MARTINEK/*Staudingers Kommentar*, cit, § 675, p. 388.

[286] Um caso interessante foi comentado por J. SINDE MONTEIRO/ALMENO DE SÁ, *Concessão de crédito e deveres de informação do banco*, ROA, 1996, pp. 727, ss.. De forma simplificada, e para o que agora diretamente nos interessa, a situação é a seguinte: um banco não informa o cliente de que a sua conta de depósito à ordem tem um saldo positivo, enquanto a sua conta caucionada, donde resulta uma abertura de crédito, tem um débito pelo qual paga juros, sendo certo que o banco tinha solicitado e obtido da outra parte uma autorização que lhe permitia fazer essas transferências entre as contas. Como reforçam estes Autores (*ob. cit.*, pp. 748, ss.), é clara a existência de um dever de informação desses factos (do saldo positivo da conta de depósito à ordem e do débito na conta caucionada, isto é, a utilização do crédito aí disponibilizado), para que o cliente pudesse tomar as devidas medidas (dando ordem de transferência das quantias de uma conta para a outra, isto é, em rigor, satisfazendo a parte do crédito utilizado) para se tutelar, evitando pagar, de forma escusada, juros.

[287] Outra coisa, é saber se existe, como sucede no âmbito da intermediação financeira (sempre que o banco estiver a atuar como tal, como é óbvio, terá de o observar), algum dever de avaliação do caráter adequado do negócio, em termos idênticos ao que está consagrado no CVM.

Com efeito, o intermediário financeiro tem de conhecer o seu cliente (*know your customer principle*), devendo pedir-lhe "informação relativa aos seus conhecimentos e experiência em matéria de investimento no que respeita ao tipo de instrumento financeiro ou ao serviço considerado" (art. 314º nº 1 CVM) (que é mais extensa nos casos do art. 314º-A CVM, ou seja, a gestão de carteiras e consultoria para investimento); com base nessa informação deverá, subsequentemente, avaliar se o cliente compreende os riscos envolvidos (art. 314º nº 1 CVM). Caso conclua que a operação "não é adequada" para esse cliente, deve "adverti-lo, por escrito" desse facto, devendo o "cliente confirmar, por escrito, que recebeu a advertência em causa" (art. 314º nº 2 CVM). Todavia, esse dever pode não existir, dentro de certo quadro, onde se inclui, com destaque, o facto de se tratar de instrumentos financeiros não complexos (art. 314º-D CVM).

Este dever justifica-se, uma vez que, dada a complexidade que normalmente envolve os instrumentos financeiros (embora nem sempre), tornando difícil ao cliente determinar o risco corrido, este não está em posição de julgar do caráter adequado do negócio. Contudo, a situação não tem, em princípio, paralelo com o que se verifica no seio de uma relação bancária simples em que não se verificam necessidades idênticas de complexidade e risco, pelo que, com o conteúdo apontado, esse dever não existe.

Sobre o dever de adequação, ver: PAULO CÂMARA, *O dever de adequação dos intermediários financeiros*, in: Estudos em Honra do Professor Doutor José de Oliveira Ascensão (coordenação

Este aspeto necessita de ser precisado. É que não basta um *déficit* de informação por parte do cliente. Sabendo da sua existência, das suas insuficiências, é ele que deverá procurar as informações[288], e aconselhamento,[289] adequados para formular o seu juízo[290].[291]

Mas se para além desse "desnível de informação" se verificar igualmente uma "particular necessidade de protecção" (Sinde Monteiro)[292],[293]

dos Professores Doutores António Menezes Cordeiro, Pedro Pais de Vasconcelos e Paula Costa e Silva), vol. II, Faculdade de Direito da Universidade de Lisboa, Almedina, Coimbra, 2008, pp. 1307, ss; C. Costa Pina, *Instituições e mercados financeiros*, cit., pp. 337, ss..

Isso não significa que se o banco souber do objetivo visado pelo cliente porque ele lho comunicou e se existir um outro produto mais adequado para o efeito, não lho deva dizer. Assim, p. ex., se um cliente pretender constituir um depósito a prazo a um ano, sendo que acabou de ser comercializado pelo banco um outro depósito semelhante com uma rentabilidade superior, o banco deve informar o cliente desse novo depósito.

288 Assim, J. Sinde Monteiro, *Responsabilidade por conselhos, informações ou recomendações*, cit., p. 360. Na jurisprudência, sublinhado este aspeto, o acórdão do STJ de 9/05/2019 (Maria do Rosário Morgado), in: www.dgsi.pt.: "O dever de prestação de informação que recai sobre o intermediário financeiro não dispensa – em absoluto – o investidor de adotar um comportamento diligente, visando o seu total esclarecimento". E ainda, num caso em que o subscritor dos produtos financeiros era "uma pessoa com formação superior e administrador de empresas, habituado a subscrever produtos financeiro", afastando, bem, a responsabilidade do banco, o acórdão do STJ de 28/03/2019 (Maria do Rosário Morgado), in: www.dgsi.pt .

289 Cfr. J. Siol, *Beratungs–, Warn- und Aufklärungspflichten der Bank, Anlagevermittlung und Propekthaftung*, cit., § 43, p. 1055.

290 Pode tratar-se, eventualmente, de um contrato. A jurisprudência alemã entende que estamos face a um contrato de aconselhamento (*Berantungs- und Auskunftvertrag*) celebrado tacitamente quando o cliente pede um conselho ao banco e é para este reconhecível (*erkennbar*), por um lado, que esse conselho é de considerável importância para aquele e, por outro, que o cliente quer tomar essa informação especializada da instituição de crédito como base para disposições patrimoniais. Cfr. A. Fandrich/T. Hofmann, *Kreditvertragsrecht*, cit., § 5, p. 275.

Temos dúvidas que haja efetivamente aqui um contrato com esse objeto. Cremos que se trata da ficção de um contrato. O que já não temos dúvidas é que nessa circunstâncias o referido dever decorra da boa fé no seio do contrato que vincula as partes.

291 Imposta referir, que como refere J. Sinde Monteiro (*Responsabilidade por conselhos, informações ou recomendações*, cit p. 364) as separações entre a mera informação e o aconselhamento podem ser "ténues", em especial a "*mise en garde*" que "equivalerá muitas vezes a um autêntico conselho".

292 J. Sinde Monteiro, *Responsabilidade por conselhos, informações ou recomendações*, cit., p. 360.

A afirmação deste Autor é realizada no âmbito da responsabilidade pré contratual, mas que cremos ser, por maioria de razão, transponível para este caso, tendo em conta a intensificação que a confiança existente entre as partes neste contrato postula.

293 O desnível de proteção será comum por razões de natureza técnica.

que o impeça de colocar as perguntas adequadas, ou que tal não lhe seja "exigível"[294], é então necessária a iniciativa do banco. Este último ponto é especialmente evidente no que toca a factos de que o cliente, não tem, nem deveria ter, conhecimento[295].[296]

Importa ainda, neste quadro, advertir que uma coisa é a existência destes deveres cuja extensão e intensidade, como se viu, dependem, no caso concreto, de diversos factores, como a duração da relação, os negócios anteriormente celebrados, e, em especial, da situação de maior ou menor debilidade do cliente, outra são as decisões que cada um, cumpridos os deveres do banco (na medida e com a extensão que existam), têm que tomar[297]. Essas são da sua inteira responsabilidade, assim como são seus os riscos que corre.

IV. Um outro aspeto tem a ver com a recusa da celebração de contratos previstos no contrato inicial. O ponto de partida é que não há qualquer dever, tal não resulta do contrato, de celebrar quaisquer dos contratos de

[294] J. Sinde Monteiro, *Responsabilidade por conselhos, informações ou recomendações*, cit., p. 362. Apontando os elementos que há a ponderar nesta sede, em especial a necessidade de proteção "social ou individual", o fim do contrato e o risco para a esfera do cliente (*ob. últ. cit.*, p. 362).

Claro está que, tendo em conta a particular relação de confiança ente as partes – que se tem vindo a sublinhar –, a exigência que recai sobre o banco é maior e, correspetivamente, aquela que incide sobre o cliente menor do que a que resultaria da aplicação destes critérios a uma relação pré-contratual ou a uma relação contratual na qual este elemento não fosse tão intenso.

[295] Um outro exemplo (referido em L. Menezes Leitão, *Informação bancária e responsabilidade*, cit., p. 231) é aquele em que o banco venha a fazer débitos na conta do cliente, débitos esse que este último "razoavelmente" ignorava.

[296] Na jurisprudência, de foma clara, logo no sumário, o acórdão do STJ de 28/02/2019 (Olindo Geraldes), in: www.dgsi.pt: "A densidade do dever de informação resulta tanto das características do produto financeiro que o intermediário financeiro tem, obrigatoriamente, de fornecer ao cliente, como da necessidade de suprimento da insuficiência de conhecimento ou experiência revelada pelo cliente"; o acórdão do STJ de 28/03/2019 (Maria do Rosário Morgado), in: www.dgsi.pt.

[297] E o nível em geral baixo de literacia financeira dos consumidores. Este aspeto é sublinhado no considerando 4 do Diretiva 2014/17/UE do Parlamento europeu e do Conselho de 4 de fevereiro de 2014 relativa aos contratos de crédito aos consumidores para imóveis de habitação e que altera as Diretivas 2008/48/CE e 2013/36/UE e o Regulamento (UE) nº 1093/2010 (in: JO L 60/34).

segundo grau aí previstos. Porém, sendo negócios neutros[298], o banco terá que fundamentar a sua recusa.

Repare-se: as partes já estão vinculadas pelo contrato inicial, esses contratos já estão previstos no referido negócio, havendo por isso uma expetativa daí decorrente na sua celebração, caso o cliente o solicite.

V. Não emergem deste contrato somente deveres para o banco. O cliente, tendo por base essa relação de confiança, vê recair sobre ele um conjunto de deveres de lealdade, de informação. Mais intensos, também, do que se tratasse de uma relação de negócios.

VI. Um último ponto. Diverso é o incumprimento de deveres de informação ou esclarecimento por formação insuficiente dos funcionários bancários – os seus auxiliares. Dada a complexidade de alguns produtos, este será muitas vezes o caso. Caberá demonstrar que os seus funcionários têm a competência necessária para prestarem esse conjunto de informações, tendo em atenção que os produtos, muitas vezes, nem sequer são elaborados pelo próprio banco, mas por terceiros.

Pior ainda, aspeto pouco sublinhado, se a sua remuneração estiver ligada à "venda" de produtos bancários, quando não de forma direta, por via de comissões, por via indireta, ligado à manutenção do seu contrato de trabalho (a apresentação de resultados). Quando assim for, é claro que se está numa situação, para aquele agente, de *conflito de interesses*, havendo que retirar daí as devidas consequências.[299]

[298] K. J. Hopt, *Bankgeschäfte*, cit., p. 1714. Negócios neutros, por contraposição a ativos, em que se gera um crédito para o banco, p.ex., o mútuo, e passivos, quando nasce uma dívida, p. ex., um depósito. Ver, p. ex., António Sousa Franco, *Crédito – Econ.*, Verbo, 6, p. 302.

[299] Detetando este problema, a Diretiva 2014/17/UE do Parlamento europeu e do Conselho de 4 de fevereiro de 2014 relativa aos contratos de crédito aos consumidores para imóveis de habitação e que altera as Diretivas 2008/48/CE e 2013/36/UE e o Regulamento (UE) nº 1093/2010, cit.. Refere-se no Considerando 31: "Um aspeto essencial para garantir essa confiança dos consumidores é a obrigação de assegurar um elevado nível de imparcialidade, honestidade e profissionalismo no setor, *uma gestão adequada de conflitos de interesses, incluindo os que resultam da remuneração*, e a obrigação de defender os interesses do consumidor na consultoria prestada." (itálico nosso). Mais à frente no considerando 35: a "forma como os mutuantes, os intermediários de crédito e os representantes nomeados remuneram o seu pessoal deverá constituir um dos aspetos-chave para garantir a confiança dos consumidores no setor financeiro." A diretiva vem estabelecer "regras de remuneração do pessoal, com o

A lei procura em âmbitos específicos obstar a que se verifiquem conflitos de interesse, impondo ao banco a adoção de medidas de remuneração que os evitem, como sucede no âmbito regime dos contratos de crédito relativos a imóveis[300].[301] Todavia, sempre que eles não existam (ou não sejam respeitados), verificando-se a situação de dependência da remuneração da "venda" de produtos bancários, é legítimo presumir, com base nas regras da experiência, que esse deveres não foram na íntegra respeitados, cabendo depois ao banco demonstrar que o foram.[302]

objetivo de limitar práticas de venda inadequadas e de garantir que a forma de remuneração do pessoal não impede o cumprimento da obrigação de ter em conta os interesses dos consumidores".

[300] Em transposição da Diretiva, o Dec-Lei nº 74-A/2017 veio impor aos mutuantes, no âmbito dos contratos abrangidos pelo diploma, a adopção de políticas de remuneração dos trabalhadores envolvidos na elaboração, comercialização e concessão de contratos de crédito regulados, que não coloquem em causa o cumprimento dos deveres de conduta previstos no artigo 74º do RGICSF e medidas destinadas a evitar conflitos de interesse, nomeadamente estabelecendo que a remuneração, incluindo eventuais comissões, não depende, direta ou indiretamente, de qualquer aspeto relacionado com os pedidos de crédito aprovados ou contratos de crédito celebrados, designadamente do seu número ou percentagem mensal ou anual por trabalhador, montantes, tipo, taxa aplicável [art. 5º, nº 1, als. *a)* e *c)* do Dec-Lei nº 74-A/2017].

Este dever veio depois a ser consagrado de forma genérica no art. 77º-F do RGICSF: de forma a "evitar potenciais prejuízos para os clientes e minimizar o risco de conflitos de interesses, as instituições de crédito adotam uma política de remuneração e de avaliação específica para todos os seus colaboradores, que tenham contacto direto ou indireto com clientes no âmbito da comercialização ao retalho de produtos e instrumentos financeiro", sendo especificamente vedada a "atribuição de qualquer tipo de remuneração ou efetuada qualquer avaliação que tenha por base um qualquer incentivo à comercialização ao retalho de produtos ou instrumentos financeiros específicos" (ns. 1 e 3 do art. 77º-F do RGICSF). Devem as instituições de crédito ainda assegurar que assegurar que as "medidas relativas a remuneração, objetivos de vendas ou de outro tipo não são suscetíveis de incentivar as pessoas em causa a privilegiar os seus próprios interesses ou os interesses das instituições de crédito em detrimento dos interesses dos clientes" (art. 86º-B, nº 2 do RGICSF). Estas últimas normas foram aditadas ao RGICSF pela Lei nº 35/2018, de 20/7, que procedeu à alteração das regras de comercialização de produtos financeiros e de organização dos intermediários financeiros, e transpõe as Diretivas 2014/65, 2016/1034 e 2017/593.

[301] Sobre estes contratos, ver, *infra*, nº 43.11.

[302] Uma outra questão diz respeito à responsabilidade do banco quando ela atua como intermediário financeiro, o que é muito comum. As regras que se aplicam são neste caso as do CVM. Todavia, ela enquadrar-se-á, ainda, estando embora o seu regime previsto num quadrante específico, na relação contratual bancária. Ver, na ampla jurisprudência sobre esta matéria, o acórdão do STJ de 30/4/2019 (Maria dos Prazeres Beleza), in: www.dgsi.pt.

13. O conjunto de contratos bancários

I. Resulta do exposto que o referido contrato bancário geral tem um conteúdo muito amplo, diversificado e complexo. Ele produz de imediato efeitos entre as partes no que toca aos negócios desde logo celebrados e prevê o conteúdo de outros a celebrar. Não decorrem daqui, no entanto, em regra, obrigações de celebrar contratos futuros.

É claramente um contrato organizatório – com grande detalhe e minúcia, até – de todo o relacionamento futuro entre o banco e o cliente.

Este contrato, embora não sendo legalmente típico, é, de forma clara, socialmente típico, tendo em conta, entre outros aspetos, a uniformidade das cláusulas contratuais gerais a que os diversos bancos recorrem.

Resta qualificá-lo, o que se fará no número seguinte.

II. Antes disso importa fazer o ângulo de análise incidir não já exclusivamente sobre o contrato quadro inicial, o núcleo fundador das relações entre as partes, mas no desenvolvimento das mesmas através de uma série sucessiva de contratos que elas vão concluindo a jusante, com mais ou menos intensidade, no desenvolvimento dessa relação.

Com efeito, como se tem destacado, ela aparece enquadrada por esse negócio do qual decorrem como se referiu diferentes efeitos, e que contém em si parte da disciplina de diversos contratos a concluir entre as partes. Todavia, importa enfatizar que o desenvolvimento da relação duradoura entre a instituição de crédito e o cliente se fará através de um complexo de múltiplos contratos que elas irão depois celebrar, como mútuos, aberturas de crédito, cartão de crédito e operação realizadas no seu seio (se puderem ser qualificadas como contratos, como sustenta parte da doutrina).

Alguns deles podem mesmo ser contratos-quadro. É o que sucede, ou pode suceder, com algumas estruturas de contratos de abertura de crédito. De facto, as mobilizações dos fundos disponibilizados podem fazer-se por via de diferentes contratos, como mútuos, ou descontos.

Repare-se: há no seio do contrato bancário (que é ele próprio um contrato-quadro, adiantando já os resultados da qualificação) um segundo contrato-quadro, menos complexo, do qual decorre a celebração de uma série de contratos de segundo grau a ele ligados, e que o projectam.

O contrato-quadro de serviços de pagamento (que, dado seu relevo, analisaremos *infra*) é um bom exemplo dessa ligação (embora se inclua, como se verá, no próprio contrato-quadro inicial).

Pode, por isso, falar-se numa sequência complexa de contratos entre o cliente e o banco. Sequência tanto mais extensa e rica, quanto mais intensas e complexas forem as relações entre o banco e o cliente[303].

14. A qualificação

I. O contrato pode ser analiticamente decomposto em dois elementos. O seu conteúdo mínimo, donde decorre um conjunto de direitos e deveres para as partes, e os conteúdos dos restantes contratos que as partes poderão vir a celebrar (não todos, p. ex., a locação financeira não está aqui incluída): cheque, cartão de crédito, depósitos a prazo, conta de valores mobiliários, descoberto em conta, etc.

II. Quanto ao primeiro aspeto, a conta, a sua mobilização a crédito e débito, a sua forma de funcionamento, podem ser isolados (o que é importante em termos de análise) em contratos *per se*, aqui integram, compõem, o conteúdo de um único contrato.

Só artificialmente se poderia ver aqui a celebração inicial conjunta de vários contratos.

As partes querem celebrar aquele contrato, com aquele conteúdo.

Como esses contratos, a conta, a conta corrente, o cartão de débito, os depósitos, são contratos de prestação de serviços, este contrato inicial, tem um fortíssimo elemento dessa categoria contratual.

Não se limita a eles, porque se integra também no seu seio o elemento normativo.

III. Relativamente a este, para recorrermos à classificação de Messineo[304], estamos face a um contrato normativo bilateral e interno. Dispõe o

[303] Em certa medida, sendo aparentada a uma rede de contratos, embora aqui entre as partes do contato-quadro bancário. Ver, sobre ela, e seu significado, S. Grundmann, *Qual a unidade do direito privado? De uma concepção formal a uma concepção material do direito privado.*, in: Direito privado, constituição e fronteiras. Encontros da associação luso-alemã de juristas no Brasil (organizadores: Stefan Grundmann, Gilmar Mendes, Claudia Lima Marques, Christian Baldus, Manuel Malheiros), 2ª ed., Thomson Reuters, Revista dos tribunais, S. Paulo, 2014, pp. 246, ss..

[304] Francesco Messineo, *Contratto normativo, contratto tipo*, ED, X, pp. 116, ss. F. Messineo (*ob. últ. cit.*, p. 122) distingue entre o contrato normativo bilateral ou interno, em que partes fixam, desde logo, a disciplina das relações jurídicas a estabelecer entre elas, e contrato

conteúdo dos contratos (a celebrar entre as partes) futuros, que são simples execução deste (contratos de execução ou de segundo grau), sem impor a sua celebração. Se as partes os concluírem, o seu conteúdo (eventualmente completado nalguns casos, em pontos deixados em aberto) é este, está predeterminado.

Podem surgir também, em certos termos, deveres de celebrar contratos subsequentes, o que nos leva a um conteúdo mais extenso e rico, em particular, como se verá *infra*, porque parte do seu conteúdo é composto pelos serviços de pagamento.

V. Visto o seu conteúdo, parcialmente qualificado: é um contrato organizatório, complexo, com produção de efeitos imediatos, direitos e obrigações para as partes, correspondentes a tipos de prestação de serviços, com elementos normativos.

Resta a sua qualificação final. Cremos que se trata de um contrato-quadro[305].[306]

VI. Esta categoria negocial foi desenvolvida no âmbito da distribuição comercial, explicando uma relação obrigacional complexa, com conteú-

normativo unilateral ou externo, que é aquele pelo qual as partes estabelecem o regime do contrato a observar entre uma delas e terceiros.

305 Acerca do contrato-quadro, ver: Maria Helena Brito, *O contrato de concessão comercial*, Almedina, Coimbra, 1990, pp. 197, ss.; M. Pestana de Vasconcelos, *Dos contratos de cessão financeira (factoring)*, BFD, Studia Iuridica, Coimbra Editora, Coimbra, 1999, pp. 161, ss.; Maria Raquel Guimarães, *O contrato-quadro no âmbito de utilização de meios de pagamento electrónicos*, cit., pp. 59, ss.; Peter Ulmer, *Der Vertragshändler. Tatsachen und Rechtsfragen kaufmännischer Geschäftsbesorgung beim Absatz von Markenwaren*, C. H. Beck, Munique, 1969, pp. 300, ss.; Roberto Pardolesi, *I contratti di distribuizione*, Jovene, Nápoles, 1979, pp. 269, ss.; Jean Guyenot, *Les contrats de concession commerciale*, Sirey, Paris, 1968, pp. 34, ss..

O contrato quadro é uma figura conhecida, e hoje amplamente tratada, na doutrina, com consagração na lei, tanto nacional [art. 107º nº 4 CIRE, art. 2º. *i)*, art. 89º e segs. RSP], como da União Europeia [Diretiva (UE) 2015/2366/UE do Parlamento Europeu e do Conselho), que justamente regula os contratos-quadro neste âmbito.

306 Esta qualificação é corrente na Alemanha entre aqueles que defendem ao contrato bancário geral. Ver, p. ex.: K. J. Hopt, *Die rechtliche Beziehungen zwischen Bank und Kunden*, cit., p. 17; M. Martinek/*Staudingers Kommentar*, cit, § 675, p. 386; K. Schmidt, *Handelsrecht*, cit., § 20 I, p. 600. Em França, C. Galvada/J. Stoufflet, *Droit bancaire*, cit., p. 199. Entre nós: J. Engrácia Antunes, *Direito dos contratos comerciais*, cit., p. 485, nota 917; M. Januário Costa Gomes, *Contratos comerciais*, cit., p. 112; C. Ferreira de Almeida, *Contratos II*, 2ª ed., Almedina, Coimbra, 2011, p. 143; Quirino Soares, *Contratos bancários*, SI, p. 111.

dos diversos, na qual se inseria a celebração de contratos futuros entre as partes, com conteúdo, pelo menos parcialmente, previsto nesse contrato inicial.

É assim pacífico, hoje, que a concessão[307] e a franquia[308], são contratos-quadro. O mesmo se pode dizer para outras figuras, com especial relevo para a cessão financeira (*factoring*)[309]. Veremos, igualmente, que é esta a estrutura da abertura de crédito[310] e do contrato de serviços de pagamento.[311]

Ele é o contrato organizatório por excelência, dele decorrendo, quer efeitos diretos para as partes, direito e obrigações, quer o conteúdo dos negócios que elas podem estar, ou não, obrigadas a celebrar.

É a categoria dogmática que, apesar revelar por vezes alguns aspetos um pouco fluídos, se caracteriza por ter um núcleo suficientemente definido para de forma adequada permitir enquadrar este contrato, ou melhor, de forma mais precisa, conjunto complexo de contratos.

15. A cessação do contrato

I. As causas de cessação do contrato, que é o contrato de abertura de conta, estão previstas no contrato inicial. Diga-se, de todo o modo, que, sendo este um contrato duradouro, as disposições que se deverão aplicar (com as devidas adaptações), em geral, são aquelas previstas no regime do contrato de agência naquela parte em que traduzem as regras gerais aplicáveis à cessação dos contratos duradouros[312]: o acordo das partes, a

[307] MARIA HELENA BRITO, *O contrato de concessão comercial*, Almedina, Coimbra, 1990, pp. 197, ss.; A. PINTO MONTEIRO, *Direito comercial. Contratos de distribuição comercial*, cit., p. 108; P. ULMER, *Der Vertragshändler*, cit., pp. 302, ss..

[308] A. PINTO MONTEIRO, *Direito comercial. Contratos de distribuição comercial*, cit.,, p. 125; M. PESTANA DE VASCONCELOS, *O contrato de franquia (franchising)*, 2ª ed., Almedina, Coimbra, 2010, pp 72, ss..

[309] M. PESTANA DE VASCONCELOS, *Dos contratos de cessão financeira (factoring)*, cit., 1999, pp. 161, ss..

[310] Pelo menos uma das modalidades de abertura de créditos, que são várias. Ver, *infra*, nº 45.4.2. e nº 45.4.3. Sendo a abertura de crédito celebrada depois da abertura de conta não há dificuldades. É um contrato complexo que é concluído entre as partes no seio da sua relação geral fundada no contrato inicial. Se for concluída com a celebração do contrato inicial, perde a sua autonomia e integra-se no conteúdo deste (assim, K. J. HOPT, *ob. últ. cit.*, p. 13). O mesmo vale para as transferências.

[311] Já de seguida em texto.

[312] Assim, A. PINTO MONTEIRO, *Direito comercial. Contratos de distribuição comercial*, cit., p. 130.

caducidade, a denúncia com pré-aviso, se o contrato tiver sido celebrado por tempo indeterminado, e a resolução com justa causa.

Cessando este contrato cessam igualmente aqueles contratos que lhe estão ligados, que foram celebrados no seu seio, como, p. ex., a convenção de cheque, o depósito, os cartões bancários.

II. De todo o modo, decorre das cláusulas contratuais gerais que estes contratos têm, em regra, duração indeterminada, podendo qualquer das partes, livremente, fazê-los cessar; o cliente, porém, só o poderá fazer se a conta não tiver saldo negativo. A existência de um pré-aviso adequado por parte do banco tem, neste caso, especial relevo, tanto maior quanto a relevância da conta para o cliente.

Apesar de ser este o teor das cláusulas contratuais gerais, entendemos ser uma exigência da boa fé que o banco, para além de ter de fundamentar a cessação, só o poderá fazer, tendo causa objetiva para tal (p. ex., inexistência de saldo, número diminuto de movimentos da conta).

Como se começou por destacar, este contrato constitui a fonte da relação duradoura entre o banco e o seu cliente, no seio da qual tem um especial relevo a boa fé, moldando-a. O dever de fundamentação enquadra-se aí.

16. A relação entre o contrato inicial de abertura de conta e o contrato quadro de prestação de serviços de pagamento

I. Nos termos do art 76º do RSP as operações de pagamento podem ter caráter isolado ou realizar-se no seio de um contrato-quadro[313]. O regime deste vem previsto nos arts. 89º e segs. RSP.

Isto é, no seio do contrato-quadro inicial que constitui a relação jurídica bancária, aparentemente inserir-se-ia um outro contrato-quadro, ou este contrato-quadro seria celebrado em execução do primeiro (sendo, por assim dizer, um contrato-quadro de segundo grau).

II. Mas não é assim. Os serviços de pagamento inserem-se no contrato inicial, fazendo parte do seu conteúdo, e constituem mesmo a parte mais relevante dele. O contrato-quadro, inicial, é único. Simplesmente, parte dele é composto pelos serviços de pagamento.

[313] Desenvolvidamente sobre esta matéria, ver MARIA RAQUEL GUIMARÃES, *O contrato-quadro no âmbito de utilização de meios de pagamento electrónicos*, cit., *passim*.

17. Contratos bancários e cláuslas contratuais gerais

Os contratos bancários, seja o contrato-quadro incial, donde emerge a relação bancária, seja cada um dos dos outros contratos que são concluídos no seu seio, recorrem a cláusulas contratuais gerais, aplicando-se o regime decorrente do Dec.-Lei nº 446/85, de 25/10, diploma que tem um enorme relevo nesta sede.[314]

A recente alteração ao regime das cláusulas contratuais gerais[315] reforçou significativamente o seu controlo, sempre que sejam incluídas em contratos bancários. Na verdade, o legislador atribui competência para a fiscalização do cumprimento do disposto no Dec.-Lei 446/85, de 3/10, assim como a instrução dos respetivos processos de contraordenação e a aplicação das coimas, à entidade reguladora, que é o Banco de Portugal.

Assim sendo, deverá o Banco de Portugal analisar todos os contratos bancários, concluídos com recurso a cláusulas contratuais gerais – que serão quase todos – e verificar da compatibilidade de cada uma delas com

[314] Sobre este diploma, ver, em geral: M. J. ALMEIDA COSTA/A. MENEZES CORDEIRO, *Cláusulas contratuais gerais*, Almedina, Coimbra, 1991; M. J. ALMEIDA COSTA, *Direito das obrigações*, 12ª ed., Almedina, Coimbra, 2009, pp. 254, ss.; A. MENEZES CORDEIRO, *Tratado de direito civil, II, Parte geral, negócio jurídico*, 4ª ed., Almedina, Coimbra, 2014, pp. 357, ss.; idem, *Manual de direito bancário*, cit., pp. 453, ss.; J. ANTUNES VARELA, *Das Obrigações em geral*, vol. I, Almedina, Coimbra, 2000, pp. 258, ss.; J. OLIVEIRA ASCENSÃO, *Direito civil. Teoria geral*, vol. III, *Relações e situações jurídicas*, Coimbra Editora, Coimbra, 2002, pp. 213, ss.; A. PINTO MONTEIRO, *Contratos de adesão – o regime das cláusulas contratuais gerais, instituído pelo D.L. nº 446/85 de 25 de Outubro*, ROA, 1986, pp. 733, ss.; idem, *El problema de las condiciones generales de los contratos y la directiva sobre clausulas abusivas en los contratos com los consumidores*, RDM, 1996, pp. 79, ss.; idem, *La directive "clauses abusives", 5 ans après – a transposição para a ordem jurídica interna da directiva 93/13/CEE*, BFDUC, 1999, pp. 523, ss.; J. CALVÃO DA SILVA, *Banca, bolsa e seguros*, cit., pp. 13, ss.; I. GALVÃO TELLES, *Das condições gerais dos contratos e da directiva europeia sobre as cláusulas abusivas*, Dir., 1995, pp. 297, ss.; idem, *Manual dos contratos em geral*, 4ª ed., Coimbra Editora, Coimbra, 2002, pp. 311, ss.; L. MENEZES LEITÃO, *Direito das obrigações*, vol. I, 11ª ed., Almedina, Coimbra, 2014, pp. 28, ss.; J. SOUSA RIBEIRO, *Cláusulas contratuais gerais e o paradigma do contrato*, BFDUC, suplemento XXXV, Coimbra, 1990, pp. 3, ss.; idem, *Responsabilidade e garantia em cláusulas contratuais gerais*, in: Estudos em homenagem ao Prof. Doutor Ferrer Correia, IV, BFDUC, Coimbra, 1997, pp. 241, ss.; idem, *O problema do contrato. As cláusulas contratuais gerais e o princípio da liberdade contratual*, Almedina, Coimbra, 1999, pp. 11, ss.; ALMENO DE SÁ, *Cláusulas contratuais gerais e directiva sobre cláusulas abusivas*, 2ª ed., Almedina, Coimbra, 2001.

[315] Com o aditamento do art. 34º-C pelo Dec.-Lei nº 109-G/2021, de 10/12.

o regime do Dec.-Lei 446/85, de 3/10. É uma medida da maior importância para a tutela dos clientes bancários[316].

Acrescente-se, por último, que as cláusulas contratuais gerais que se encontrem redigidas com um tamanho de letra inferior a 11 ou a 2,5 milímetros, e com um espaçamento entre linhas inferior a 1,15, foram incluídas no elenco de cláusulas absolutamente proibidas nas relações com os consumidores finais [art. 21º, al. *i)* do Dec.-Lei 446/85, de 3/10][317].

[316] Ao longo da exposição subsequente iremos analisar no âmbito de cada um dos contratos as cláusulas contratuais gerais que sejam abusivas.

[317] Aditado pela Lei nº 32/2021, de 27/5.

Capítulo III
O contrato de conta

Secção I
A conta

18. A conta

I. Pode definir-se conta bancária[318], em sentido técnico, com Conceição Nunes[319], como "um registo, organizado numa base pessoal, cronológico e sintético das operações de entrega e reembolso de fundos, constitutivas, modificativas ou extintivas do crédito unitário ao reembolso".[320]

II. Ela assenta num contrato entre o banco e o cliente celebrado mediante o recurso a cláusulas contratuais gerais que, como se viu no número ante-

[318] Como se acabou de ver no número anterior, o contrato inicial, aquele que funda a relação bancária entre o banco e o cliente, é o contrato de abertura de conta. Trata-se, como se referiu, de um contrato-quadro com um conteúdo bastante complexo. O que agora estamos a ver é a sua vertente de conta em si. Trata-se de um isolamento por razões analíticas de um feixe de efeitos que retrata uma parte do seu conteúdo. Acresce que, embora não seja comum, pode ser simplesmente celebrado um simples contrato de conta articulado com a sua alimentação por via de depósitos, ou transferências de terceiros, sem que seja uma conta de giro.

[319] Fernando Conceição Nunes, *Depósito e conta*, in: *Estudos em homenagem ao Professor Doutor Inocêncio Galvão Telles*, vol. II, *Direito bancário* (organizado pelos Professores Doutores António Menezes Cordeiro, Luís Menezes Leitão e Januário da Costa Gomes), Almedina, Coimbra, 2002, p. 79.

[320] Estamos a analisar a conta de dinheiro, fundos. Há outras contas junto do banco, como a de valores mobiliários." Cfr. J. Simões Patrício, *Direito bancário privado*, cit. p. 136.

rior, funda a relação bancária entre as partes. É, pois, regido pela lei, por estas e pelos usos.[321]-[322] Esse contrato deve conter toda a informação necessária e ser redigido "de forma clara e precisa" (art. 77º, nº 5 RGICSF).

Trata-se de um negócio legalmente atípico, embora socialmente típico.

III. A conta a que nos vamos doravante referir é a chamada conta básica, central, ou numa outra expressão, conta de giro[323] (por vezes designada nas cláusulas contratuais gerais como "conta de referência", por contraposição às outras contas, as "contas associadas"[324]).

O cliente pode ser titular de outras contas que tenham por objeto dinheiro com o banco, desde logo as contas onde se inscrevem depósitos a prazo, relativas a operações de crédito, a cartões de crédito[325]. Os movimentos delas podem depois refletir-se na conta básica. Assim, p. ex., decorrendo o prazo de um depósito, a quantia será creditada na conta básica, o mesmo sucedendo também com a conta de cartão de crédito.

IV. O mecanismo a que se recorre é o da conta corrente em sentido contabilístico[326]. Não há lugar verdadeiramente à constituição de créditos e contra-créditos que possibilitem o recurso à compensação em sentido jurídico (art. 847º nº 1), mas simplesmente de um variar do saldo, por ação, e só, do titular da conta[327].

Pode ir-se, e quase sempre se vai, para além disso e inserir-se nesse contrato uma verdadeira conta corrente (até porque nos contratos o banco se

[321] J. A. Engrácia Antunes, *Direito dos contratos comerciais*, cit., p. 486; A. Menezes Cordeiro, *Da compensação no direito civil e no direito bancário*, cit., p. 202.

[322] Os contratos remetem para a legislação bancária e para os usos em tudo o que não estiver aí regulado. Como refere A. Menezes Cordeiro (*Da compensação no direito civil e no direito bancário*, cit., p. 184, nota 403), a ordem pela qual surjam uma e outra não é "irrelevante para a sua aplicação".

[323] *Girokonto*, cfr. F. Peterek, *Kontobeziehung*, in: S. Kümpel/A. Wittig, *Bank- und Kapitalmarktrecht*, 4ª ed., Otto Verlag, Colónia, 2011, p. 746.

[324] De dinheiro ou não.

[325] Cfr. M. JAnuário Costa Gomes, *Contratos comerciais*, cit., p. 116.

[326] Sobre esta, ver Carlos Ferreira de Almeida, *O contrato de conta corrente e a conta corrente bancária*, in: Estudos em homenagem ao Prof. Doutor José Lebre de Freitas, vol. II, Coimbra Editora, Coimbra, 2013, pp. 37, ss..

[327] Trata-se, como bem refere G. Molle (*I contratti bancari*, cit., p. 539) de "um modo de representar as modificações quantitativas, que sofre uma relação obrigacional no curso do seu desenvolvimento"

reserva o direito de aí debitar a comissão de conta). Mas esse aspeto, em termos analíticos, será visto mais à frente.

V. É a conta (de giro) que permite aos sujeitos participarem no moderno tráfego económico em que a grande generalidade das transações se realizam através do sistema bancário, recorrendo a moeda escritural. Este assenta na existência de uma série de contas, dentro dos mesmos bancos e em bancos diferentes, entre as quais se faz a circulação de dinheiro (moeda escritural).[328]

19. A abertura da conta. Requisitos

I. A instituição de crédito tem deveres de identificação dos clientes e respetivos representantes, nos termos definidos pela Lei de Combate ao Branqueamento de Capitais e ao Financiamento do Terrorismo (Lei nº 83/2017, de 18/8)[329], tendo aqui especial relevo a determinação da identidade dos beneficiários efetivos[330]. Este consiste na "pessoa ou pessoas singulares que, em última instância, detêm a propriedade ou o controlo do cliente e ou a pessoa ou pessoas singulares por conta de quem é realizada uma operação ou atividade, de acordo com os critérios estabelecidos no artigo 30º" da Lei nº 83/2017, de 18/8 [art. 2º, nº 1, al. *h)* da Lei nº 83/2017, de 18/8].

II. Com a abertura de conta é atribuido ao cliente o número da conta de pagamento, o IBAN (*International Bank Account Number*), que consiste

[328] O conteúdo deste contrato já foi exposto no número anterior, para onde remetemos.

[329] Nesta fase, o banco classifica o cliente, o que lhe permite propor-lhe um conjunto específico de produtos que considere adequados a esse perfil: pessoa singular (níveis de instrução, profissão), pessoa coletiva, dimensão patrimonial, pequena média ou grande empresa. (cfr. P. Olavo Cunha, *Cheque e convenção de cheque*, cit., p. 397).

Para além disso, essa caraterização é do maior relevo para a concretização dos deveres de informação, e outros decorrente da boa fé, face a esse particular cliente. Ver, *supra*, número anterior, quanto a este aspeto.

Referindo-se não a cliente, mas a tipologias de clientes, Stefano Cappiello, *I cliente della banca*, in: Lezioni di diritto bancario (raccolte dal Prof. Paolo Ferro-Luzzi), vol. II, *parte speciale. I singoli contratti*, Giappichelli, Turim, 2004, p. 2.

[330] Quanto aos deveres das instituições de crédito (de entre outras entidades obrigadas), nomeadamente o dever de identificação (art. 23º e segs), ver arts. 11º e segs. da da Lei nº 83/2017, de 18/8.

no código internacional de identificação das contas bancárias. Em Portugal, o IBAN tem 25 carateres, iniciando-se com PT50, seguido do NIB (Código de Identificação Bancária) que corresponde o BBAN (*Basic Account Number*) português[331].

II. Um dos aspetos mais relevantes consiste nos instrumentos de acesso à conta que a permitem mobilizar[332]: a assinatura (p. ex., para o saque de cheques) e os mecanismos de acesso eletrónico, hoje até os mais relevantes: os códigos e as palavras passe (*passwords*).

A verificação destes elementos, pelo seu enorme relevo e importância, deve ser *especialmente rigorosa* por parte dos bancos, que de forma alguma se pode bastar com uma "conformidade à primeira vista"[333]. São eles que permitem, reforce-se, o acesso aos bens do cliente (o dinheiro escritural) que ele "guarda".

20. O conteúdo contratual

I. Daqui decorrem um conjunto de direitos e obrigações, definindo-se, entre outros aspetos, aqueles relativos ao registo dos diversos negócios concluídos entre banco e cliente[334]. Conforme se referiu aquando da caraterização do contrato inicial entre o banco e o seu cliente, insere-se nele, também, a disciplina dos serviços de pagamentos, que tem a estrutura de um contrato-quadro e se funde no seio do primeiro. De todo o modo, tem especial relevância o facto de grande parte do regime do contrato ser, nessa medida, de fonte legal.

II. Prevêem-se igualmente as formas à movimentação, a crédito e a débito dessa conta. Todos eestes elementos fazem todos parte de um conjunto, sendo este um contrato complexo (com elementos de depósito, cartão de débito, etc.). Como também já foi referido, daí constam, igualmente, as condições gerais de outros contratos que as partes podem vir a celebrar.

[331] Cfr. www.bportugal.pt/page/iban.

[332] A "chave de acesso à conta" na feliz expressão de M. JANUÁRIO COSTA GOMES, *Contratos comerciais*, cit., p. 113.

[333] Como bem sublinha M. JANUÁRIO COSTA GOMES, *Contratos comerciais*, cit., p. 113. Em sentido contrário, sustentando bastar a "conformidade aparente", C. GALVADA/J. STOUFFLET, *Droit bancaire*, cit., p. 226.

[334] Cfr. P. PAIS DE VASCONCELOS/P. LEITÃO PAIS DE VASCONCELOS, *Direito comercial*, cit., p. 286.

III. O banco obriga-se a registar de forma precisa, ordenada e rigorosa, recorrendo ao instrumento técnico da conta, as diversas operações realizadas entre ele e o cliente, no âmbito específico dessa conta[335] (o cliente pode ser titular de mais do que uma conta, em especial de contas de depósitos a prazo).

Obriga-se igualmente a informar periodicamente a outra parte dos diversos movimentos, a crédito e a débito, de forma discriminada, e do respetivo saldo, através do envio de um extrato onde aparecem todos esses elementos.

IV. As inscrições[336] em conta espelham as operações realizadas previamente entre o banco e o cliente.

Não resulta daí qualquer novação. O direito é o mesmo. A conta espelha-o. Daí retira Conceição Nunes[337], que aqui acompanhamos, quatro corolários: o movimento escritural deverá ser posterior ou coincidente "com a operação real por ele representada", os vícios da operação real refletem-se no registo, impondo sua anulação ou correção, o movimento deve refletir corretamente a operação e todos os movimentos escriturais são causais e não abstratos. A causa é a operação subjacente[338].

V. As inscrições podem ser definitivas ou provisórias. Quando o sejam, integram o chamado saldo não disponível, sujeito ao bom fim da operação que representa, como sucede, p. ex., com valor de um cheque depositado salvo boa cobrança.

Pode também haver um erro na inscrição. Quando o seja, a conta deve ser retificada. Essa retificação, realizada através do lançamento de um valor idêntico de sinal contrário, denomina-se, na prática, estorno.

VI. Como refere Conceição Nunes[339], a "inscrição na conta de uma dada operação não faz presumir" a sua existência, aplicando-se as regras do ónus

335 J. Simões Patrício, *Direito bancário privado*, cit, p. 136, p. 159.

336 Sobre elas, distinguindo entre inscrições declarativas e constitutivas, F. Conceição Nunes, *Depósito e conta*, cit., pp. 81-82. Mas ver a observação crítica, correta, de M. Januário Costa Gomes, *Contratos comerciais*, cit., p. 115.

337 F. Conceição Nunes, *Depósito e conta*, cit., p. 83.

338 Assim, F. Conceição Nunes, *Depósito e conta*, cit., p. 83.

339 F. Conceição Nunes, *Depósito e conta*, cit., p. 84.

da prova. Quando elas estejam definidas no contrato, não podem, nesse caso, violar o art. 21º, nº 1, al. *g)*[340] do Dec-Lei nº 445/86, de 25/11, relativo ao ónus da prova nas relações com os consumidores. Se se puder qualificar a conta como livro de comércio, aplicar-se-á ainda o art. 44º Cód. Comercial nas relações entre comerciantes[341].

VII. Como contrapartida do serviço prestado, o banco tem direito a uma comissão[342], denominada geralmente comissão de manutenção de conta (pode ter um outro nome)[343], que poderá dispensar em determinadas condições.

Passando à qualificação desta vertente do contrato, estamos – isolando-a, por razões de precisão analítica do restante conteúdo do contrato mais amplo que vimos de tratar no número anterior – face a um contrato de prestação de serviços socialmente típico.

21. O extrato

I. Dos diversos movimentos da conta tem o banco que informar periodicamente o cliente (p. ex., uma vez por mês, ou a seguir a um número mínimo de movimentos na conta). Fá-lo através do extrato que lhe envia[344]. O cliente deverá verificar se não há algum erro, devendo comunicar tal facto à instituição de crédito dentro do período de tempo previsto no contrato[345].

[340] São cláusulas absolutamente proibidas nas relações com os consumidores aquelas que "Modifiquem os critérios de repartição do ónus da prova ou restrinjam a utilização de meios probatórios legalmente admitidos".

[341] Neste sentido, M. JANUÁRIO COSTA GOMES, *Contratos comerciais*, cit., pp. 116-117.

[342] Ver a Carta Circular do Banco de Portugal 24/2014/DSC, de 10.03.2014, relativa às "boas práticas a observar pelas instituições de crédito para a simplificação e padronização do comissionamento de contas de depósito à ordem".

[343] Sobre ela, ver M. PESTANA DE VASCONCELOS, *Taxas negativas sobre saldos de contas de depósitos bancários e comissões*, Liber amicorum Pedro Pais de Vasconcelos, Revista de Direito Comercial, 2020 (www.revistadedireitocomercial), pp. 182, ss..

[344] Que lhe está obrigado, por força do art. 7º do Aviso do BP nº 4/2009 (existindo também este dever nos contratos), a enviar. Ver os elementos que tal extrato deve conter nessa mesma disposição.

[345] Sobre este aspeto, ver o relevante Acórdão do STJ de 15/5/2008 (Mota Miranda), in: www.dgsi.pt. Foi aí decidida a declaração de nulidade de uma cláusula contratual geral com o seguinte conteúdo: "O extracto será enviado para a morada do titular indicada na proposta de adesão, considerando-se a dívida reconhecida por ele se não for recebida pela CGD qualquer reclamação por escrito no prazo de sete dias seguidos, contados da data da receção do extrato

Não o fazendo, no que diz respeito à correção das inscrições na conta, o silêncio vale, por acordo das partes, como aprovação.[346]

Este dever está previsto nos contratos, assim como as consequências da não reclamação dentro de um determinado período de tempo (p. ex., 15 dias) após a sua receção[347].

Mas mesmo que não o estivesse, a conta corrente consiste numa modalidade de contrato de prestação de serviços[348], pelo que se deveria aplicar aqui o art. 1161º, al. *d)* e o art. 1163º (art. 1156º), relativo à prestação de contas e aprovação da execução do contrato. A aprovação nestes termos significará o reconhecimento da exatidão das contas[349].

22. Modalidades de contas quanto aos sujeitos e regras de movimentação

I. Podem ser titulares de conta: pessoas singulares ou coletivas, os centros de interesses coletivos sem personalidade jurídica.

II. As contas podem ser singulares, com só um titular, ou coletivas, com mais do que um titular. Estas últimas, em função das condições da sua mobilização, dividem-se em solidárias, conjuntas e mistas. Passa-se à sua análise.

na referida morada", por violação do disposto no art. 19º, al. *d)* do Dec.-Lei 446/85, de 25/11 (cláusula que impõe ficção de receção, aceitação ou de outras manifestações de vontade com base em factos para tal insuficientes), no que toca à receção do extrato.

[346] F. Peterek, *Kontobeziehung*, in: S. Kümpel/A. Wittig, *Bank- und Kapitalmarktrecht*, 4ª ed., Otto Verlag, Colónia, 2011, p. 754, ss.. Qualificando o reconhecimento do saldo pelo cliente como um contrato obrigacional abstrato (*abstrakter Schuldvertrag*), donde decorre uma novação. A fonte do crédito ao saldo passaria a ser essa, e é esse valor que é incluído, com o referido fundamento, na próxima contagem da conta corrente.

Não cremos que exista, entre nós, uma novação, nem aliás qualquer contrato, de que faltam os pressupostos. Todavia, o cliente, tem o ónus apresentar qualquer reclamação no prazo contratualmente fixado das contas apresentadas. Se não o fizer, não poderá depois vir a exigir retificações. Esse efeito decorre do estipulado no contrato inicial entre a instituição de crédito e o cliente.

[347] Trata-se de uma cláusula comum na generalidade dos contratos bancários. Sublinhado este aspeto, para Espanha, J. M. Embid Irujo, *La cuenta corriente bancaria*, cit., p. 81.

[348] Reconduzindo esta parte do contrato bancário geral à conta corrente típica, ver C. Ferreira de Almeida, *O contrato de conta corrente e a conta corrente bancária*, cit., pp. 42-43 (este contrato – o bancário geral – é depois qualificado como "um contrato-quadro normativo misto com traços de contrato de conta corrente e de prestação de serviços", *ob. últ. cit.*, p. 43).

[349] Assim, L. Menezes Leitão, *Direito das obrigações, vol. III, contratos em especial*, 14ª ed., Almedina, Coimbra, 2022, p. 405.

22.1. As contas singulares

São aquelas que têm só um titular. Note-se que se pode tratar de uma titularidade fiduciária devendo essas quantias mais tarde serem transferidas para o fiduciante.

22.2. As contas coletivas

São aquelas que tem mais do que um titular. De entre elas, quanto às suas regras de movimentação, distinguem-se as contas conjuntas, solidárias e mistas.

22.2.1. A conta solidária

I. Esta conta carateriza-se por poder ser movimentada por qualquer dos seus titulares[350]. Trata-se de um caso de solidariedade ativa. A razão de ser da adoção deste regime específico decorre do acordo das partes, a que o banco é, em regra, estranho. Logo que sejam satisfeitas as condições de mobilização da conta, o banco terá de cumprir. Outro aspeto é saber se essa mobilização da conta não consubstancia um incumprimento do acordo interno entre os contitulares. Mas trata-se já de um aspeto específico das relações entre eles.

II. A existência das referidas regras de movimentação de conta não implica, na falta de acordo nesse sentido, que esteja associada a esta figura um regime solidário de responsabilidade por dívidas. Assim, se se verificar um descoberto em conta por ação de um dos contitulares, tolerado pelo banco, só ele (salvo disposição em contrário no contrato) responde por esse valor. Diversa a é hipótese das despesas da conta em si. Nesses casos, parece claro que haverá mesmo uma responsabilidade de ambos os contitulares por essa dívida[351].[352]

[350] Designada *Oder-Konto* (traduzido: conta ou), na doutrina e prática bancaria alemã, cfr. C. W. CANARIS, *Bankvertragsrecht*, cit., p. 152.

[351] Neste sentido, no que toca à responsabilidade dos contitulares por dívidas, PAULA PONCES CAMANHO, *Contrato de depósito bancário. Descoberto em conta, direito do banco que paga o cheque não provisionado. Conta solidária (comentário ao acórdão do Tribunal da Relação de Coimbra de 12 de Maio de 1998)*, in: Estudos em homenagem ao Professor Doutor Inocêncio Galvão Telles, vol. II, Direito bancário (Estudos organizados pelos Professores Doutores António Menezes Cordeiro, Luís Menezes Leitão e Januário da Costa Gomes), Almedina, Coimbra, 2002, pp. 126, ss..

III. As razões que podem justificar o recurso a esta modalidade de conta são as mais diversas. Contudo, um dos traços que a carateriza é o elemento de confiança em que assenta. A conta solidária tem um elemento fiduciário[353] – mais intenso nuns casos que noutros, dependendo da relação interna – bastante vincado, porque qualquer um dos titulares pode proceder ao levantamento da quantia por inteiro, mesmo quando nas relações internas só parte dela lhe pertencer.

Com efeito, uma coisa são as regras de movimentação da conta, outra, a titularidade das quantias. Como refere de forma clara no Acórdão do STJ de 24.10.2004 (Afonso Correia)[354]: "São perfeitamente distintos, o direito de crédito de que é titular cada um dos depositantes solidários – que se traduz num poder de mobilização do saldo – e o direito real que recai sobre o dinheiro, direito que pode pertencer, apenas, a algum ou alguns dos titulares da conta ou, até, a terceiro".

IV. As razões pelas quais as pessoas optam por uma conta solidária são, como se disse, as mais diversas, mas o elemento comum que as atravessa é esse: a confiança muito próxima alicerçada, com grande frequência, em vínculos familiares.

Assim, são extremamente comuns as contas solidárias entre cônjuges, onde depositam os rendimentos comuns que são depois utilizados para pagar as despesas normais da vida familiar, manifestação da solidariedade conjugal. É também bastante frequente o recurso a esta modalidade de contas entre pais e filhos. Normalmente, nessas hipóteses as quantias

[352] Outra questão consiste em saber se, quando a conta solidária disser respeito a um depósito a prazo, qualquer um dos contitulares a pode mobilizar, isto é, exigir o reembolso, a quantia antes do decurso do prazo, com as consequentes penalizações no que diz respeito aos juros. No sentido negativo, Vasco Lobo Xavier/Maria Ângela Coelho Bento Soares, *Depósito bancário a prazo. Levantamento antecipado por um contitular*, RDE, 1988, pp. 289, ss., pp. 306, ss.. Trata-se de uma questão de interpretação do contrato. Parece, de todo o modo, que a mobilização antecipada é um *plus* relativamente à movimentação simples, pelo que, salvo disposição expressa não parece dever ser admitida. Aliás, sublinham os Autores citados (*ob. cit.*, p. 305, p. 313), quando se pretende conferir a um dos contitulares solidários essa faculdade, os contratos consagram-no expressamente.

[353] A. Menezes Cordeiro, *Da compensação no direito civil e no direito bancário*, cit., p. 256.

[354] In: www.dgsi.pt. Em sentido semelhante: o acórdão do STJ de 1/7/2010 (Serra Baptista), in: www.dgsi.pt.; e o acórdão do STJ de 4/6/2013 (Alves Velho), in: www.dgsi.pt. Na doutrina, ver: Paula Ponces Camanho, *Do contrato de depósito bancário*, cit., p. 134, nota 395; Quirino Soares, *Contratos bancários*, cit., p. 115.

pertencem, internamente, só aos pais. O filho, ou filhos, intervém só exatamente para se facilitar a sua movimentação, em especial, se os pais estiverem em situações de debilidade física. Todavia, o filho aqui será já um fiduciário.

V. Há uma aproximação grande à autorização[355] para dispor de um direito ou, em menor grau, a uma procuração irrevogável[356]. A doutrina alemã insere estas duas figuras no âmbito mais vasto do negócio fiduciário. Deste modo, ao lado da *Vollrechtstreuhand*, também se incluiriam a *Ermächtigungstreuhand*[357] e a *Vollmachtstreuhand*[358].

Como dizíamos, a conta solidária no que toca ao elemento de fidúcia que a caracteriza produz resultados semelhantes a essas figuras. O fiduciário[359], embora não só ele, é titular da conta. Pode dispor dela livremente, pelo que este elemento de risco é comum às figuras que acabámos de expor.[360] Ele pode ser mais extenso, relativamente àquelas, se os fundos pertencerem todos ao outro titular devido à presunção do 780º, nº 5 CPC da igualdade de quotas. O que não sucede nos outros casos (os credores do autorizado

[355] Sobre ela e sua admissibilidade, entre nós, ver: A. VAZ SERRA, *Anotação* ao acórdão do STJ de 19/3/76 in RLJ ano 110º, pp. 93-95; FERNANDO PESSOA JORGE, *O mandato sem representação*, Ática limitada, Lisboa, 1961, pp. 387, ss.. Também já o havíamos sustentado, ver M. PESTANA DE VASCONCELOS, *A cessão de créditos em garantia e a insolvência*, cit., pp. 73-74, nota 143. Recentemente, de forma muito desenvolvida sobre a autorização, ver PEDRO LEITÃO PAIS DE VASCONCELOS, *A autorização*, Coimbra Editora, Coimbra, 2012.

[356] Sobre esta, desenvolvidamente, P. LEITÃO PAIS DE VASCONCELOS, *A procuração irrevogável*, Almedina, Coimbra, 2002.

[357] Esta figura consistiria numa autorização concedida a um terceiro para que ele, em nome próprio, mas por conta alheia, pudesse dispor do direito fiduciário, dentro dos limites da referida autorização. Não se operaria a transmissão do direito ao fiduciário, embora este, em virtude dos poderes que lhe foram concedidos, pudesse exercê-lo e dispor dele. Ver, p. ex., C.-W. CANARIS, *Bankvertragsrecht*, vol. I, cit., p. 169; MANFRED WOLF/JÖRG NEUNER, *Allgemeiner Teil des Bürgerlichen Rechts*, 10ª ed., C. H. Beck, Munique, 2012, § 54, pp. 662, ss..

Muito relevante sobre a *Ermächtigungtreuhand* foi a obra WOLFGANG SIEBERT, *Das rechtsgeschäftliche Treuhandverhältnis. Ein dogmatischer und rechtsvergliechender Beitrag zum allgemeinen Treuhandproblem*, N.G. Elwert'sche Verlagsbuchhandlung, G. Braun, Marburg in Hessen, 1933.

[358] Sobre estas figuras, ver, desenvolvidamente (também para as indicações bibliográficas), M. PESTANA DE VASCONCELOS, *A cessão de créditos em garantia e a insolvência*, cit., pp. 72, ss.

[359] Sublinhando este aspeto, M. JANUÁRIO COSTA GOMES, *Contratos comerciais*, cit., p. 139.

[360] Quanto à penhora em ação executiva interposta contra um dos contitulares, existe já um meio de tutela do outro contitular solidário. Ver, *infra*, nº 25.1.

ou do procurador não podem atingir os bens da outra parte, nem parcialmente). Estamos, assim, face a um negócio fiduciário em sentido amplo.

Por isso, numa série de tipos, esta figura está (ou melhor, poderá em certos termos estar) a meio caminho entre os verdadeiros negócios fiduciários e a autorização e procuração irrevogável, mais próximo dos primeiros do que dos segundos. Este aspeto é da maior relevância na determinação do seu regime.

22.2.2. A conta conjunta

I. Só pode ser movimentada por todos os seus titulares[361]. A conta pode ser originariamente conjunta, quando foi logo constituída nesses termos, ou só mais tarde vir a ter estas características, por acordo das partes, ou devido a um outro facto, como, p. ex., a morte do seu titular, sucedendo-lhe mais do que um herdeiro.

22.2.3. A conta mista

A forma de movimentação desta conta depende daquilo que for definido pelas partes. Assim, p. ex., pode a conta ser movimentada conjuntamente por dois dos seus titulares e isoladamente um dos outros titulares.[362]

23. As modalidades especiais de contas previstas na lei

A lei prevê diversos tipos específicos de contas bancárias, como a conta poupança-habitação (Dec.-Lei nº 27/2001, de 3/2), a conta poupança-reforma (Dec.-Lei nº 138/86, de 14/6) e a conta poupança-condomínio (Dec.-Lei nº 269/94 de 26/10). Figuras que não iremos agora analisar em detalhe.

24. A conta bancária fiduciária, em especial

I. Vimos que a conta solidária tinha relevantes elementos fiduciários, podendo haver uma dissociação entre a "pertença económica", decorrente da relação interna, e a posição de um dos seus titulares. O mesmo pode suceder na conta conjunta, embora o risco de abuso aí não se coloque.

[361] Designada *Und-Konto* (traduzido: conta *e*), na doutrina e prática bancaria alemã, cfr. C. W. Canaris, *Bankvertragsrecht*, cit., p. 156.

[362] Assim, p. ex., exigindo-se sempre a assinatura de A *e* B e também a de C *ou* de D. Cfr. José Maria Pires, *Elucidário de direito bancário*, Coimbra Editora, Coimbra, 2002, p. 535.

A verdadeira conta fiduciária, porém, é aquela em que a conta tem um só titular, embora, decorrente da relação interna que este com um outro sujeito (que pode ter fontes diversas), ele se obrigue a geri-la, ou, simplesmente, por vezes, a detê-la, por conta daquele (embora, em nome próprio). Mais tarde deverá entregar a este último o saldo da conta. O primeiro é o fiduciário; o segundo, o fiduciante[363].[364]

Existem aqui todos os elementos que caraterizam o risco fiduciário: o incumprimento da obrigação de retransmissão do direito (ou de entrega das quantias neste caso), a utilização dos fundos depositados em benefício próprio, em incumprimento das obrigações decorrentes do contrato com o fiduciante, a penhora do crédito face ao banco em ação executiva interposta pelos credores deste, e a sua insolvência, com a integração desse crédito na massa[365].

As razões que levam à constituição de uma conta bancária nestes termos são múltiplas. Os interesses que visa satisfazer muito diversos. Desde a gestão dinâmica de bens, à colocação de poupança num outro Estado, à guarda de bens de terceiro. Por vezes, visa fins ilícitos.

II. Nos exemplos apresentados, o fiduciário é um terceiro distinto do banco em que é aberta a conta (terceiro esse que, claro, pode também ser um banco ou outra instituição de crédito), mas, por vezes, o fiduciário será o próprio banco depositário. É o que sucede se realizar um depósito de uma dada quantia numa conta específica para o banco entregar, verificado certo evento (p. ex., o cumprimento da obrigação de um terceiro face ao fiduciante) ao beneficiário. Ou que sirva de garantia do cumprimento de uma dada obrigação do depositante face a um terceiro[366]. Ou ainda que seja depositada no banco para este administrar.

[363] O fiduciante consite no benficiário efetivo para efeitos da lei de branqueamento de capitais (Lei nº 25/2008 de 5/6), art. 2º, nº 5.

[364] Esta figura é extramente comum na Alemanha: denomina-se *Treunhandkonto* (conta fiduciária) e consiste numa conta bancária aberta em nome do fiduciário (cfr. C.-W. Canaris, *Bankvertragsrecht*, cit., pp. 167, ss.). Trata-se de um negócio fiduciário na modalidade de *Vollrechtstreuhand* (embora a *Ermächtigungstreuhand* também seja admitida).

[365] Sobre este, ver desenvolvidamente, M. Pestana de Vasconcelos, *A cessão de créditos em garantia e a insolvência*, cit., pp. 165, ss..

[366] Há aqui uma ligação direta entre o depósito da quantia e a conta constituída para o efeito, onde ela se passa a inserir. Se centrarmos a atenção no depósito, focamos a parte dinâmica da relação, uma vez que aqui se inclui não só a entrega da quantia que passa a ficar "alojada"

III. Recorremos aqui a dois exemplos de contas fiduciárias.

Em primeiro lugar, temos o regime fixado para a detenção de fundos dos clientes ou de terceiros por parte dos advogados, para efetuar o pagamento de despesas por conta daqueles (art. 102º, nº 1 do Estatuto da Ordem dos Advogados – EOA[367]).

Com efeito, os fundos devem ser depositados em conta do advogado ou sociedade de advogados separada (é uma conta fiduciária aberta) e com a designação conta-clientes, aberta para o efeito num banco ou instituição similar autorizada, e aí mantidos até ao pagamento de despesas [art. 102º, nº 1, al. *a)* EOA]. Esses fundos devem ainda ser pagáveis à ordem, a pedido do cliente ou nas condições que este tiver aceite [art. 102º, nº 1, al. *b)* EOA].

O advogado deve manter registos completos e precisos relativos a todas as operações efetuadas com estes fundos, distinguindo-os de outros montantes por ele detidos, e deve manter tais registos à disposição do cliente [art. 102º, nº 1, al. *c)* EOA].[368]

Temos depois os depósitos realizados em bancos, por um gestor, em nome próprio, para administração por conta do cliente, no âmbito de

na conta como a sua restituição ao depositante ou a um terceiro, levando à cessação daquela. Se fizermos a atenção recair na conta em si, privilegiamos a estática.

Preferimos sublinhar o aspeto dinâmico. Por isso, esta matéria, no que diz respeito, tanto ao depósito com finalidade de cumprimento, como relativamente ao depósito em garantia (modalidades do depósito *in escrow*) é tratada no seio dos depósitos, como suas modalidades particulares.

[367] Estas disposições não se aplicam às provisões destinadas a honorários, pelas quais haja sido dada quitação ao cliente (art. 102º, nº 3 EOA).

[368] Em termos similares temos na Alemanha a *Anderkonto*. Ela é criada pelos bancos para determinados grupos profissionais, como advogados e notários, para depositarem aí as somas que fiduciariamente recebem dos seus clientes no decurso da sua atividade, não podendo depositar quantias próprias ou de outros clientes (para os quais devem abrir outra *Anderkonto*).

Assim, p. ex., a entrega da soma correspondente ao preço de compra a um notário para que ele realize o pagamento ao comprador, logo que ele pratique um determinado ato. O cliente destes profissionais é o fiduciante, sendo eles os fiduciários e titulares da conta. Cfr. C.-W. Canaris, *Bankvertragsrecht*, cit., pp. 185, ss.; Hans-Peter Schwintowski, *Bankrecht*, 3ª ed., Carl Heymanns, Colónia, Berlim, Bona, Munique, 2011, § 5, pp. 107-108; Helmut Coing, *Die Treuhand kraft privaten Rechtsgeschäfts*, C. H. Beck, Munique, 1973, pp. 60, ss.. Este tipo de contratos são também comuns em Itália, ver Lodovico Barassi, *Depositi fiduciari di somme o di titoli: fiducia, mandato, agency escrow*, in: Fiducia, trust, mandato ed agency, Convegni di studio, Madonna di Campiglo, Giuffrè, Milão, 1991, pp. 271, ss..

um contrato de mandato[369]. É um contrato fiduciário para administração aberto no seio do qual, *e em sua execução,* se abrem essas contas. Cessado o contrato de administração, o gestor deverá retransmitir ao fiduciante/mandante os resultados da atividade gestória.

Consiste também numa conta fiduciária aberta, se banco depositário souber que aquelas contas abertas o são por conta dos clientes.

IV. Na insolvência[370] e na penhora, se estivermos perante um contrato de mandato ou um outro contrato de administração de bens, não há dúvidas que se pode aplicar, diretamente, o art. 1184º, no que constitui uma defesa eficaz da posição do fiduciante/mandante[371]. A recusa de entrega das quantias, também não revela especiais dificuldades[372]. O risco consiste essencialmente tanto na utilização dessas quantias para outros fins diversos daqueles negocialmente previstos com o fiduciante, ou o recurso às compensações por parte do banco.

O primeiro risco dificilmente será afastável. Mesmo que o banco tenha conhecimento do caráter fiduciário da titularidade, não saberá, ou poderá saber, se a mobilização da conta se insere ou não no cumprimento de deveres decorrente do contrato fiduciário entre as partes.[373]

Diferente é o caso das compensações. Se o banco souber, ou dever saber, que a titularidade é fiduciária, não poderá recorrer à compensação desse crédito com um crédito face ao titular da conta.

[369] Sobre este, desenvolvidamente, P. Pais de Vasconcelos, *Mandato bancário,* in: Estudos em homenagem ao Professor Doutor Inocêncio Galvão Telles, vol. II, Direito bancário (Estudos organizados pelos Professores Doutores António Menezes Cordeiro, Luís Menezes Leitão e Januário da Costa Gomes), Almedina, Coimbra, 2002, pp. 142, ss..

[370] Claro está: se o fiduciante exercer atempadamente os seus meios de defesa.

[371] P. Pais de Vasconcelos, *Mandato bancário,* cit., p. 147, p. 154.

[372] Sobre este regime, ver, muito desenvolvidamente, M. Pestana de Vasconcelos, *A cessão de créditos em garantia e a insolvência,* cit., pp. 231, ss., pp. 251, ss..

[373] À *Treuhandkonto* na Alemanha aplicam-se as regras dos negócios fiduciários traçadas pela doutrina e jurisprudência alemãs para tutela do fiduciante (*Treugeber*): é-lhe concedida a *Drittwiderspruchklage* no caso de penhora da conta (*rectius*: do crédito face ao banco) pelos credores do fiduciário (*Treuhänder*), e de um direito de separação (*Aussonderungsrecht*) na insolvência deste último. Cfr. C.-W. Canaris, *Bankvertragsrecht,* cit., p. 175; H.-P. Schwintowski, *Bankrecht,* cit., pp. 105, ss..

Secção II
O crédito ao saldo

25. O crédito ao saldo como elemento do património do titular da conta

I. Da conta decorre um crédito face ao banco, se esta tiver fundos, ou do banco face ao cliente, se a conta estiver a descoberto[374]. O primeiro variará de acordo com as diversas movimentações, que resultam em movimentos de escrita, a crédito e a débito.

Quando nos referimos aqui a crédito, tal não significa que cada cliente só tenha um crédito, um crédito global, face àquele banco. Na verdade, a cada conta corresponde um crédito. Assim p, ex., um sujeito pode ter uma conta à ordem e outra a prazo. É titular de dois créditos face ao banco, que estão sujeitos a regras diferentes.

II. Sendo uma conta à ordem, o crédito ao saldo é exigível a todo o momento. O que pode passar por uma restituição da quantia, ou de parte dela, ao cliente, ou a sua entrega a terceiro, p. ex., com uma transferência para a conta deste.

Um outro aspeto a sublinhar é que este crédito é especialmente líquido, tendo a sua titularidade um valor económico praticamente idêntico à quantia seu objeto, o que não sucede com a generalidade dos créditos pecuniários. A transmissão, que pode ser feita nos termos gerais, como é evidente, é um meio de transferir (ou empenhar) o dinheiro escritural[375].

[374] M. Januário Costa Gomes, *Contratos comerciais*, cit., pp. 108, ss.; C. W. Canaris, *Bankvertragsrecht*, cit., p. 101.

[375] P. ex., como objeto dos contratos de garantia financeira. Os créditos aí previstos (denominados justamente numerário; há depois os chamados "créditos sobre terceiros" que são diversos destes) são aqueles a saldos de contas bancárias ["ou créditos similares que confiram direito à restituição de dinheiro, tais como depósitos no mercado monetário" art. 5º al. *a)* do Dec.-Lei nº 105/2004, de 8/5], justamente porque se entendeu, bem, que constituem o que existe de mais próximo do próprio dinheiro legal (daí a sua designação). Ver, com mais detalhe sobre este ponto, M. Pestana de Vasconcelos, *A Directiva 2002/47/CE do Parlamento Europeu e do Conselho, de 6/6/02 (alterada pela Directiva 2009/44/CE do Parlamento Europeu e do Conselho de 6/5/09), relativa aos acordos de garantia financeira ou os primeiros passos na harmonização do direito europeu das garantias mobiliárias*, BFD, 2009, pp. 693, ss.. Fenómeno

III. Este crédito (ou créditos[376]) é (são) um dos elementos mais relevantes do património do titular da conta, sendo objeto, em certos casos e dentro de determinadas condições, dada a sua importância económica e social, de uma garantia específica. Como elemento do ativo do sujeito, pode(m) ser penhorado(s) (art. 780º CPC[377]), empenhado(s) e transferido(s)[378] (eventualmente em garantia) e integrar, sendo o caso, a massa insolvente do seu titular.

Vejamos cada um destes atos.

25.1. A penhora[379]

I. São os seguintes, embora de forma resumida, os aspetos mais relevantes a sublinhar nesta sede.

II. A penhora de depósitos bancários está diretamente prevista no art. 780º CPC[380], sendo feita por comunicação eletrónica realizada pelo agente de execução às instituições legalmente autorizadas a receber depósitos nas quais o executado disponha de conta aberta, com expressa menção do processo. (art. 780º, nº 1 CPC).

III. O agente de execução realiza a comunicação, que tem de conter sob pena de nulidade os elementos previstos no art. 780º, nº 3 CPC, por via eletrónica às instituições de crédito que o saldo existente, ou a quota-

próximo é do chamado penhor de conta bancária, ou seja, do crédito do cliente face ao banco ao saldo da conta.

376 Claro está: não só os créditos decorrentes do saldo da conta à ordem, mas das outras contas, em particular as contas dos depósitos a prazo.

377 E art. 17º e segs. da Portaria nº 282/2013 de 29/8. Nos termos do art. 18º nº 3 dessa Portaria: "o agente de execução, através do sistema informático de suporte à atividade dos agentes de execução, efetua o pedido de bloqueio do saldo existente, ou da quota-parte do executado nesse saldo, até ao valor limite da penhora, à instituição de crédito, sendo o mesmo acompanhado dos elementos previstos no nº 3 do artigo 780º do Código de Processo Civil".

378 Cfr. C.-W. Canaris, *Bankvertragsrecht*, cit., pp. 107-108.

379 Ver, em geral (embora para a regime anterior ao atual CPC): Miguel Teixeira de Sousa, *A reforma da acção executiva*, Lex, Lisboa, 2004, pp. 157, ss.; J. Lebre de Freitas/A. Ribeiro Mendes, *Código de processo civil anotado*, vol. 3º, Coimbra Editora, Coimbra, 2003, pp. 467, ss.; Rui Pinto, *Penhora, venda e pagamento*, Lex, Lisboa, 2003, pp. 70, ss.; M. JAnauário Costa Gomes, *Penhora de direitos de crédito. Breves notas*, Themis, 2003, pp. 120, ss..

380 Ver, ainda, arts. 17º e segs. da Portaria nº 282/2013, de 29/8.

-parte do executado nesse saldo, fica bloqueado desde a data do envio da comunicação, só podendo ser movimentado por ele (art. 780º, ns. 2 e 4 CPC). O saldo pode ainda, subsequentemente, sofrer variações, mas só em termos limitados (art. 780º, nº 10 CPC[381]).

IV. O bloqueio abrange somente o montante necessário para o pagamento da dívida exequenda e das despesas previsíveis da execução (735º, nº 3 CPC)[382], não podendo atingir o valor global correspondente ao salário mínimo nacional ou, tratando-se de uma obrigação de alimentos, a quantia prevista equivalente à totalidade da pensão social do regime não contributivo (ns. 4 e 5 do art. 738º, e art. 780º, nº 2 CPC).

V. Quando forem vários os titulares da conta, o bloqueio só incide sobre a quota-parte do executado na conta comum, presumindo-se que as quotas são iguais (art. 780º, nº 5 CPC).

O regime de movimentação não releva para este efeito[383]. A lei abstrai deste e presume que as quantias depositadas pertencem em idêntica medida aos contitulares. Por isso, a penhora só incide sobre a parte, presumida, do executado.

Como se referiu, a conta pode ser coletiva, mas tal não significa que as quantias pertençam em igual medida aos seus contitulares. Na verdade, como também se apontou, podem mesmo pertencer só a um deles, sendo o outro um fiduciário (como sucede na conta solidária). Nessa medida, a presunção pode ser ilidida[384].

O exequente poderá demonstrar que a parte do executado é maior, assim como este, em sede de oposição à penhora [art. 784º, nº 1, al. *a)* CPC], poderá demonstrar que ela é menor[385].

[381] Quer em benefício, quer em prejuízo do exequente.

[382] A lei presume que essas despesas, para o efeito de realização da penhora e sem prejuízo de ulterior liquidação, são no valor de 20%, 10% e 5% do valor da execução, consoante, respetivamente, este caiba na alçada do tribunal da comarca, a exceda, sem exceder o valor de quatro vezes a alçada do tribunal da Relação, ou seja superior a este último valor (art. 735º nº 3 CPC).

[383] M. Teixeira de Sousa, *A reforma da acção executiva*, cit., p. 158.

[384] Ver, sobre este ponto, J. Lebre de Freitas/A. Ribeiro Mendes, *Código de processo civil anotado*, vol. 3º, cit., pp. 471-472.

[385] Cfr. J. Lebre de Freitas/A. Ribeiro Mendes, *Código de processo civil anotado*, vol. 3º, cit., pp. 471-472.

Resta o contitular. O meio processual adequado para ele, cremos, é o recurso aos embargos de terceiro[386]. O contitular não é, em rigor, proprietário das quantias depositadas, mas a situação é, na sua essência, semelhante, tendo em conta as especificidades da moeda bancária.

Este meio de defesa é especialmente relevante quando o executado seja simplesmente um contitular fiduciário (como no caso, já referido, muito comum, da conta bancária solidária em que são titulares pai/mãe e filho/a, mas em que as quantias pertençam só ao primeiro, sendo, p. ex., provenientes da sua pensão de reforma). O risco, nestes casos, dependendo depois sempre da maior ou menor facilidade em afastar a presunção, pode ser – na penhora – consideravelmente reduzido.

VI. Acrescente-se só, por último, que lei estabelece um conjunto de critérios de preferência a seguir pela entidade notificada e pelo agente de execução, na escolha das contas cujos saldos são bloqueados: preferem as contas de que o executado seja único titular, passando-se depois, se necessário, àquelas de que ele seja contitular[387].

25.2. O penhor

I. Trata-se de uma modalidade de penhor de créditos. O devedor do crédito empenhado pode ser um terceiro ou, mesmo, o beneficiário da garantia. Este aspeto é comum nos penhores de créditos aos saldos de contas. Assim, p. ex., um mutuário empenha o seu crédito decorrente de uma conta a prazo ao banco mutuante, onde ela foi aberta.

A forma de satisfação do credor pignoratício, em caso de incumprimento da outra parte (e não antes), consiste num débito em conta da quantia em dívida. Não se trata de uma compensação.

Conforme já explicámos, a esta modalidade de execução da garantia não se opõe a proibição do pacto comissório, porque não é dessa figura

[386] Assim, J. Calvão da Silva, *Direito bancário*, cit., p. 346.

[387] Entre estas preferem "as que têm menor número de titulares àquelas de que o executado é primeiro titular" " [art. 780º, nº 7, al. *a)* CPC – quanto à interpretação deste último critério (que corresponde ao previsto no anterior art. 861º-A, nº 5, al. *a)*, ver, em sentidos diversos: Rui Pinto, *Penhora, venda e pagamento*, cit., pp. 70-71; M. Januário Costa Gomes, *Penhora de direitos de crédito. Breves notas*, cit., p. 128]. Por outro lado, as contas de depósito a prazo preferem às contas de depósito à ordem [art. 780º, nº 7, al. *b)* CPC]. Cfr. J. Lebre de Freitas/A. Ribeiro Mendes, *Código de processo civil anotado*, vol. 3º, cit., pp. 470-471.

que aqui se trata. A natureza do bem (dinheiro) e o facto de só se poder debitar a quantia em dívida obstam a essa qualificação. Não vemos também dificuldades quanto ao mecanismo satisfativo em si.[388]

II. Refira-se, por último, que verificados os requisitos do Dec.-Lei nº 105/2004, de 8/5, o penhor de créditos é um penhor financeiro (o que muitas vezes não se verificará, basta que o devedor, autor do penhor seja uma pessoa singular) com a aplicação do respetivo regime[389], favorável ao credor pignoratício.

Com efeito, um dos objetos da garantia consiste é o "numerário", sendo que este se ao crédito "ao saldo disponível de uma conta bancária (denominada em qualquer moeda)", "ou créditos similares que confiram direito à restituição de dinheiro, tais como depósitos no mercado monetário" [art. 5º al. *a)* do Dec.-Lei nº 105/2004, de 8/5].

25.3. A cessão

I. Nos termos gerais, nada obsta a que este crédito seja transmitido[390]: por venda, em garantia, etc. É quase uma forma de negociar numerário, agora no sentido de notas e moedas, embora sempre sujeito à solvabilidade do banco/devedor.

Aplica-se aqui a disciplina da cessão de créditos, articulada com a do negócio base, a venda, o negócio de garantia, etc. Para além disso, sempre que estivermos perante um contrato de garantia financeira, haverá que ter em conta igualmente esta disciplina específica, com especial relevância no âmbito insolvencial.

[388] Ver, sobre esta matéria, para justificação do que se diz em texto, mas também para o desenvolvimento do seu regime em particular no que toca à disciplina insolvencial, ver M. Pestana de Vasconcelos, *Direito das garantias*, cit., pp. 334, ss..

[389] Sobre ele, desenvolvidamente, ver M. Pestana de Vasconcelos, *Os contratos de garantia financeira. O dealbar do direito europeu das garantias*, cit., pp. 1273, ss..

[390] Por todos, sobre a cessão de créditos, ver M. Pestana de Vasconcelos, *A cessão de créditos em garantia e a insolvência. Em particular sobre a posição do cessionário na insolvência do cedente*, cit., pp. 367, ss..

Secção III
A compensação de créditos

26. A compensação de créditos

I. A relação entre o banco e o seu cliente, que se inicia com o contrato de abertura de conta, é uma relação dinâmica. Sendo o cliente credor da instituição de crédito pelo saldo da conta à ordem e, eventualmente, das contas a prazo, ele também pode ser devedor da instituição, por ter contraído um empréstimo, pelo saldo de uma abertura de crédito, por um descoberto em conta que o banco tenha pontualmente tolerado, etc. Nascem, desta forma, créditos recíprocos provenientes de fontes diversas.

É, por isso, importante definir, se e em que termos, pode o banco recorrer à compensação (claro, também o cliente, mas a primeira hipótese é, de longe, a mais relevante).

É o que abordaremos de seguida.

Começar-se-á por um enquadramento geral da figura, seguido da análise das principais questões que se colocam nesta sede.

26.1. O regime geral[391]

26.1.1. A compensação legal

I. O recurso à compensação legal implica o preenchimento dos requisitos do art. 847º, e segs., que passamos a expor.

Os créditos têm que ser recíprocos (art. 851º)[392], o crédito (o crédito ativo) daquele que recorre à compensação (o compensante) deve ser exigível judicialmente e não proceder contra ele exceção, peremtória ou dilatória, de direito material [art. 847º, nº 1, al. *a)*], assim como ambos os créditos têm de ter por objeto coisas fungíveis da mesma espécie e qualidade [art. 847º, nº 1, al. *b)* – homogeneidade].

Não é necessário que os créditos sejam de igual montante, admitindo-se a compensação parcial, e a iliquidez da dívida não impede que a ela se recorra (art. 847º, ns. 2 e 3).

391 Ver, em geral: A. Vaz Serra, *Compensação,* BMJ nº 31, pp. 13, ss.; J. Antunes Varela, *Das Obrigações em geral,* vol. II, cit., pp. 195, ss.; A. Menezes Cordeiro, *Da compensação no direito civil e no direito bancário,* cit., *passim.*

392 Ver, sobre este requisito, J. Antunes Varela, *Das Obrigações em geral,* vol. II, cit., pp. 200, ss..

O crédito prescrito não impede o recurso a esta causa de extinção das obrigações, se a prescrição não podia ser invocada na data em que os dois créditos se tornaram compensáveis (art. 850º); igualmente, em princípio, a diversidade de lugares de cumprimento, salvo disposição em contrário, não obsta a que se recorra à esta figura (art. 852º).

II. A lei fixa depois um conjunto de exclusões (art. 853º).

Dentro delas têm aqui especial relevo duas hipóteses.

Primeiro, a compensação de créditos impenhoráveis [art. 853º, nº 1, al. *b)*], dado o teor do art. 738º, nº 5 e do art. 739º CPC. Efetivamente, consagra-se no último preceito a impenhorabilidade de depósito bancário que resulte da satisfação de crédito impenhorável, "nos mesmos termos em que o era o crédito originariamente existente".

Por outro lado, temos a inadmissibilidade de compensação se houver o prejuízo de direitos de terceiro, constituídos antes de os créditos se tornarem compensáveis (art. 853º, nº 2). É o que pode suceder com o penhor de créditos (muito comum na prática), relativamente ao crédito empenhado. Recorrendo a um exemplo: se A tiver empenhado o seu crédito ao saldo da conta bancária no banco B a C e se, mais tarde, se vier a constituir um crédito desse banco face a ele, A, a instituição de crédito não poderá compensar, porque atingiria a garantia de C.

III. Note-se que compensação legal não pode ser afastada (tanto nas relações entre empresários ou entidades equiparadas, como naquelas entre estes e os consumidores finais) por via de cláusulas contratuais gerais [cláusula absolutamente proibida, art. 18º, al. *h)* do Dec.-Lei nº 445/86, de 25/10].

IV. Por fim, a compensação efetiva-se mediante declaração de uma das partes à outra (art. 848º) e tem como efeito a extinção dos créditos, desde o momento em que se tornaram compensáveis (art. 854º).

26.1.2. A compensação convencional

I. Na compensação convencional tudo depende do acordado pelas partes, podendo estas afastar alguns dos requisitos da compensação, como a homogeneidade dos créditos ou mesmo a sua reciprocidade, facilitando-a (ou, ao invés, colocando-lhe obstáculos e, nessa medida, dificultando-a)[393].

[393] Cfr. A. Menezes Cordeiro, *Da compensação no direito civil e no direito bancário*, cit., p. 150.

Está nas mãos destas criar mecanismos para que a compensação se possa efetivar rápida e automaticamente em certos casos. É o que se verifica com a conta corrente bancária, acima exposta. Assenta num mecanismo de compensação convencional que atua automaticamente (não carecendo, como na compensação legal, de declaração de uma das partes à outra).

O mecanismo da compensação, contratualmente afeiçoado, pode mesmo permitir de uma forma expedita e rápida a transformação de diversas operações que ligam os contraentes a um único crédito (como sucede com o *close-out netting*[394]).

Estando-se em pelo campo da liberdade contratual, cabe aos contraentes criarem o modo de funcionamento dessas compensações.

26.1.3. O regime insolvencial

I. O recurso à compensação é limitado na insolvência, onde tem uma especial relevância. De facto, se a contraparte do insolvente puder compensar o seu crédito comum sobre a insolvência, com um crédito daquele sujeito integrado nessa fase na massa, irá conseguir a satisfação integral desse seu direito.

II. A figura pode operar se se verificarem, aquando da declaração de insolvência os pressupostos legais da compensação [art. 99º, nº 1, al. *a)* CIRE] ou sempre que o crédito sobre a insolvência tenha preenchido antes do crédito integrado na massa os requisitos do art. 847º [art. 99º, nº 1, al. *b)* CIRE].

Para efeitos das regras acima referidas, não releva a perda do benefício do prazo do art. 780º e o vencimento antecipado e a conversão em dinheiro resultantes do art. 91º nº 1 e do art. 96º CIRE.

Note-se que o CIRE recorre ainda assim a exclusões, não admitindo a compensação nos casos previstos no nº 4 do art. 99º.[395]

[394] Sobre o seu funcionamento que desemboca num único crédito decorrente de uma compensação prévia, ver, *infra*, nº 43.10.7.

[395] Desenvolvidamente sobre esta matéria, centrada na função garantística da compensação, ver M. PESTANA DE VASCONCELOS, *Direito das garantias*, cit., pp. 628, ss..

27. O recurso pelo banco à compensação

27.1. Os créditos decorrentes de fontes diversas

I. O caso mais comum que se enquadra nesta categoria é aquele em que o banco seja credor do cliente em virtude da concessão de crédito (p. ex., mútuo, abertura de crédito, descoberto pontual tolerado, etc). Verificados os requisitos – acima expostos – da compensação legal, nada há a obstar. A diversidade de fontes não o impede.

II. É comum um cliente ter mais do que uma conta num banco. A instituição de crédito pode pretender compensar um crédito emergente de uma conta (o crédito ativo) face ao cliente com um crédito do cliente perante ela, decorrente de uma outra conta. Verificando-se os requisitos da compensação legal, como no caso anterior, poderá fazê-lo. Mas, relembre-se, ela não opera automaticamente: o banco tem de recorrer à declaração, nos termos do art. 848º.

Contudo, os seus requisitos, por vezes, não se verificam[396], em especial quando estivermos face a um crédito emergente de uma conta à ordem e um crédito face ao banco de uma conta de depósito a prazo. Na verdade, nesta última, o prazo ou é estabelecido a favor do credor e do devedor, ou do credor (o depositante/cliente do banco[397]), pelo que o banco está impedido de recorrer à compensação, enquanto a sua obrigação não se vencer.[398]-[399]

Um caso diferente é aquele em que o banco permite a mobilização da conta pelo depositante antes do decurso do prazo, hipótese em que cumpre, de facto, antecipadamente, mas por iniciativa da outra parte, não sua (sem esse pedido, o banco não pode pagar). Aliás, nessa eventualidade, não paga, ou só o faz em parte, os juros (trata-se de uma penalização pela mobilização antes do tempo)[400].

[396] Haverá, ainda assim, que atender às regras de compensação convencional que as partes possam ter gizado (*rectius*, em regra o banco nas cláusulas contratuais gerais a que recorre).

[397] Ver, quanto ao regime e natureza dos depósitos a prazo, *infra*, nº 38.3, segs.

[398] Assim, A. Menezes Cordeiro, *Depósito bancário e compensação*, cit., p. 97; Paula Ponces Camanho, *Do contrato de depósito bancário*, cit., p. 224.

[399] É duvidoso que possa cumprir em data anterior para este efeito, nos termos do art. 1147º, satisfazendo os juros por inteiro. No sentido negativo, Paula Ponces Camanho, *Do contrato de depósito bancário*, cit., p. 225, nota 704. No sentido de que pode: A. Menezes Cordeiro, *Da compensação no direito civil e no direito bancário*, cit., p. 251; M. Januário Costa Gomes, *Contratos comerciais*, cit., p. 189.

[400] Ver, *infra*, nº 38.3, sobre os depósitos a prazo.

27.2. O regime específico da conta solidária

I. Um dos aspetos mais debatidos neste quadro prende-se com a admissibilidade da compensação pelo banco de um crédito face a um dos contitulares de uma conta solidária com o crédito dela emergente.

Resulta das cláusulas contratuais gerais que os bancos têm essa faculdade[401]. Contudo, como decorre do, bem fundado, AUJ nº 2/2016 (Salreta Pereira)[402], "a cláusula contratual geral que autoriza o banco predisponente a compensar o seu crédito sobre um cliente com o saldo de conta colectiva solidária, de que o mesmo cliente seja ou venha a ser contitular" é proibida, e nula, por contrária à boa fé (art. 15º Dec.-Lei 446/85, de 25/10).

O que nos leva, novamente, ao debate que se trava a este propósito. Na doutrina existem duas posições a este respeito, embora mais próximas do que, num primeiro momento, poderia parecer. Vejamos.

II. É pacífico que o regime é o da solidariedade ativa *quanto à mobilização da conta*. Na verdade, qualquer dos titulares da conta pode exigir o cumprimento por inteiro ao devedor, independentemente da sua quota interna, e este tem que cumprir, liberando-se face a ambos. É o cerne desta figura, tal como decorre do art. 512º.

Para uma linha doutrinal, daqui decorreria que se um dos titulares da conta pode exigir a entrega da totalidade das quantias em dívida, parece que nada obstaria a que o banco pudesse, ele próprio, compensar, conduzindo a um resultado em termos materiais idêntico. É o que sustenta Menezes Cordeiro[403].

Contudo, uma outra corrente entende que nas contas solidárias estamos perante um caso específico de solidariedade ativa, diverso daquele do regime geral[404]. Isto, porque o art. 528º, nº 1, nos termos do qual o devedor pode escolher o credor solidário a quem satisfaça a prestação, enquanto

[401] Aqueles que consultamos permitem a compensação também nestes casos.

[402] In: DR, Iª série, nº 4, de 7/01/2016.

[403] A. MENEZES CORDEIRO, *Da compensação no direito civil e no direito bancário*, cit., pp. 251, ss., p. 256. Também, JORGE PINTO FURTADO, *Títulos de crédito*, Almedina, Coimbra, 2000, p. 241.

[404] Neste sentido: PAULA PONCES CAMANHO, *Do contrato de depósito bancário*, cit., pp. 239, ss. Já J. ANTUNES VARELA (*Depósito bancário*, Rev. Ban., 1992, p. 51) considera "pelo menos" duvidosa a aplicação aos depósitos bancários solidários do art. 528º. Recentemente, em linha próxima – mas só em parte – M. JANUÁRIO COSTA GOMES, *Contratos comerciais*, cit., pp. 189-190. Na Alemanha, sublinhado ser esse o sentido da adoção da do regime da solidariedade

não tiver sido judicialmente citado para a respetiva ação por outro credor cujo crédito se ache vencido, não se aplicaria[405].

III. Podemos partir do seguinte: parece não restar dúvidas de que o cliente pode, ele próprio, recorrer à compensação. Assim, p. ex., se um dos contitulares for devedor do banco, porque contraiu um empréstimo e não pagou, pode recorrer, ele, à compensação e extinguir ambos os créditos (independentemente da sua quota interna, que pode mesmo ser inexistente).[406]

IV. Depois, importa ter presente que núcleo da questão tem de ser necessariamente a da interpretação do contrato.

Aqui simplesmente o que haverá que ver é se o que se pretende é a adoção do regime integral da solidariedade ativa, ou tão só um mecanismo célere de movimentar a conta, não se aplicando aquele.

V. Trata-se de interpretar, pois, o contrato. Para esse efeito, parece-nos essencial, num primeiro momento, distinguir consoante o conhecimento que a instituição de crédito tem da titularidade económica do saldo.

Caso o banco saiba que o saldo pertence só a um devedor, sendo o outro um simples fiduciário, terá que se aplicar nesse caso o regime dos negócios fiduciários para obstar à compensação. E, por outro lado, admitir a compensação na integralidade se o crédito do banco for face ao fiduciante[407]. É uma fidúcia aberta.

Não há qualquer expectativa do banco a tutelar, quanto à compensação face ao fiduciário. Desde a data da constituição da conta que sabe a que o saldo pertence a um dos contitulares, pretendendo-se simplesmente conferir ao outro o direito de isoladamente mobilizar o saldo. O sentido da adoção dessa conta é claro.

nos depósitos bancários, K. Larenz, *Lehrbuch des Schuldrechts*, vol. I, 14ª ed., C. H. Beck, Munique, 1987, I § 36, p. 625.

[405] Assim, C. W. Canaris (*Bankvertragsrecht*, cit., p. 152) que se refere aqui a um desvio considerável às regras da solidariedade ativa, porque o banco não pode cumprir a um credor à sua escolha, mas tem que cumprir ao credor que lhe exigir o cumprimento. Em sentido semelhante, K. Larenz, *Lehrbuch des Schuldrechts*, vol. I, cit., I § 36, p. 625.

[406] J. Antunes Varela (*Depósito bancário*, cit., p. 63) sustenta mesmo que pode um dos contitulares solidários exigir, isoladamente, o levantamento antecipado de um depósito a prazo.

[407] Neste sentido, M. Januário Costa Gomes, *Contratos comerciais*, cit., p. 191.

De forma paralela, o mesmo se pode dizer se o banco sabe desde o início quais são as quotas de cada um dos contitulares, ou seja, sabe a quem pertencem as quantias. Nesse caso, o sentido do contrato também só pode ser o de permitir a compensação até esse valor face a cada um deles. Mais uma vez, inexiste qualquer expetativa do banco a ser tutelada desde o início. E mesmo que se afirmasse que tal não resultaria por interpretação do contrato, ainda assim, criava-se uma situação de confiança justificada da não compensação por parte do banco, em mais do que esse valor.

VII. Restam os casos em que o banco não sabe – e esses serão os mais comuns. Aqui, mais uma vez, e esse é o ponto cardinal, haverá que se ver é se o que se pretende é a adoção do regime integral da solidariedade ativa, ou tão só um mecanismo célere de movimentar a conta, não se aplicando aquele.

Embora não exista aqui a clareza da hipótese anterior, cremos que o sentido da solidariedade, também aqui, consiste somente em criar um mecanismo que permita a qualquer dos titulares movimentar isoladamente todo o saldo da conta, geralmente por razões de ordem prática, não o regime da solidariedade ativa na sua totalidade. É o que as partes pretendem.[408]

A solidariedade aqui tem um sentido e um alcance diverso daquela prevista no Código[409]: limita-se a atribuir a qualquer dos contitulares o direito de mobilizarem a totalidade do saldo. Nada mais. Há, note-se, que ter todo o cuidado na aplicação de regimes civilistas ao direito bancário[410].

Agora isso não significa que o banco não possa compensar. Os meios de defesa do banco não podem ser limitados pelo recurso a esta modalidade de movimentação de conta. Acontece que, aqui, a instituição de crédito não sabe o que pertence a cada um dos dois contitulares. Por isso, a solução passa por se estender aqui o regime dos arts. 534º, 1403º, nº 2 e 1404º, que se reflete no art. 780º, nº 5, CPC[411], admitindo-se uma compensação parcial em metade.

[408] Neste sentido, J. Antunes Varela, *Depósito bancário*, cit., p. 51.

[409] Sublinhado este aspeto, A. Menezes Cordeiro, *Da compensação no direito civil e no direito bancário*, cit., p. 254.

[410] A. Menezes Cordeiro, *Da compensação no direito civil e no direito bancário*, cit., p. 254

[411] É o que sustenta M. Januário Costa Gomes, *Contratos comerciais*, cit., p. 190 ["Há que presumir que, na relação entre os contitulares, há uma propriedade (económica) do dinheiro em partes iguais, não sendo, de resto, por acaso dessa presunção que parte o regime do art.

VIII. Temos depois a conta conjunta. Funciona igualmente aqui o regime da anterior no que diz respeito ao caráter coletivo da conta, sendo o saldo presumido como pertencente em metade a cada um dos contitulares. A compensação pelo banco só se pode fazer nessa parte[412]. Todavia, se o banco souber que ele pertence só a um dos contitulares, poderá compensar na integralidade face a este, e ao invés, deixa de o poder fazer perante o contitular a quem saiba que não pertence o saldo.[413]

861-A/ do CPC]. Na jurisprudência, o acórdão do STJ de 6/09/2011 (António Piçarra), in: www.dgsi.pt.

[412] Neste sentido: A. MENEZES CORDEIRO, *Da compensação no direito civil e no direito bancário*, cit., p. 257; M. JANUÁRIO COSTA GOMES, *Contratos comerciais*, cit., p. 191. No sentido de que não pode compensar, PAULA PONCES CAMANHO, *Do contrato de depósito bancário*, cit., p. 235.

[413] Neste sentido, M. JANUÁRIO COSTA GOMES, *Contratos comerciais*, cit., p. 1912.

Capítulo IV
O(s) contrato(s) de depósito bancário

Secção I
O depósito. Regime geral

28. O depósito em geral[414]

I. O depósito é um contrato real *quod constitutionem*, consensual, bilateral imperfeito (ou sinalagmático, se for oneroso[415]), de prestação de serviços, pelo qual uma das partes, o depositário, se obriga a guardar uma coisa móvel ou imóvel que lhe é entregue para esse efeito pela outra (o depositante). O contrato pode ser gratuito ou oneroso, presumindo-se gratuito a não ser que tenha por objeto atos que o depositário pratique por profissão, hipótese em que se presume oneroso (arts. 1186º e 1158º). O depósito comercial é oneroso, salvo convenção expressa em contrário (art. 404º do Código Comercial).

II. A guarda da coisa constitui no depósito a prestação principal, ao contrário de outros contratos, como, p. ex., o mandato e o comodato, em que é uma prestação secundária e, noutros casos, um simples dever lateral[416]. Entende-se por guarda a sua "conservação material", ou seja, man-

[414] Ver sobre esta matéria, desenvolvidamente, o nosso, M. PESTANA DE VASCONCELOS, *Dos contratos de depósito bancário*, RFDUP, 2009, pp. 141, ss.. Texto sobre o qual esta exposição, em grande parte, assenta e na generalidade se segue.

[415] Cfr. W. FIKENTSCHER/A. HEINEMANN, *Schuldrecht*, cit., § 90 I, p. 645.

[416] Ver, desenvolvidamente, sobre este ponto JOSÉ CARLOS BRANDÃO PROENÇA, *Do dever de guarda do depositário e de outros detentores precários: âmbito e função, critério de apreciação da culpa e impossibilidade de restituição*, DJ, tomo 2, 1994, pp. 45, ss.; DJ, tomo 1, 1995, pp. 47, ss..

ter a coisa "no estado em que foi recebida, defendendo-a dos perigos de subtração, destruição ou dano".[417]

As partes podem convencionar a forma como se fará a guarda da coisa. O depositário, no entanto, poderá afastar-se do acordado e este respeito, "quando haja razões para supor que o depositante aprovaria as alterações, se conhecesse as circunstâncias que a fundamentam". Nessa eventualidade, terá de o avisar logo que possível (art. 1190º).

Sublinhe-se que o depositário não pode usar a coisa depositada, a não ser que o depositante o tenha autorizado (art. 1189º).

III. Por outro lado, tendo sido fixado prazo, ele é a favor do depositante, o que significa que este poderá exigir a restituição da coisa a qualquer momento (mas se o depósito for oneroso terá que pagar a retribuição por inteiro, salvo se tiver justa causa[418] – art. 1194º), embora o depositário só a possa restituir decorrido o prazo. Não tendo sido fixado o prazo, a obrigação de restituição é pura, podendo o depositário restitui-la a todo o tempo (art. 1201º) e tendo de o fazer quando o depositante, interpelando-o, o exigir.

V. Como se referiu, a obrigação de guarda do depositário é marcante deste contrato, constituindo o dever principal de prestação. Para além dela, como acabámos de ver, integra a relação obrigacional o dever de restituir a coisa[419] com os seus frutos, assim como o dever de avisar imediatamente o depositante quando saiba que algum perigo ameaça a coisa ou que um terceiro se arroga direitos em relação a ela, desde que o facto seja desconhecido da outra parte [art. 1187º, als. *b)* e *c)*].

Sobre depositante recai dever de pagar a retribuição, sempre que o depósito for oneroso, hipótese em que o contrato é sinalagmático, inte-

[417] FIORENTINO, *apud* PIRES DE LIMA/ANTUNES VARELA, *Código civil anotado*, vol. II, cit., p. 837.

[418] Trata-se aqui de uma resolução com justa causa, ver P. ROMANO MARTINEZ, *Da cessação do contrato*, cit., p. 548.

[419] A obrigação de restituir no depósito aproxima-se daquela que se verifica na locação, no comodato, no transporte e no penhor. Ver, para a análise destas obrigações de restituição e sua distinção das obrigações que tenham por objeto prestações principais de coisa, PEDRO MÚRIAS/MARIA DE LURDES PEREIRA, *Prestações de coisa: transferência de risco e obrigações de reddere*, CDP, 2008, pp. 11, ss..

grando este dever no sinalagma, onde se articula com o dever de guarda (por parte do depositante)[420].[421]

VI. O depósito pode ser realizado também no interesse de terceiro[422]. Nessa eventualidade, se o terceiro tiver comunicado ao depositário a sua adesão, o depositário só se exonera restituindo a coisa ao depositante com o consentimento do terceiro (art. 1193º).

Não se trata de um contrato a favor de terceiro. Para tal seria necessário que resultasse do contrato a atribuição ao terceiro do direito à restituição, que teria, pois, que lhe ser feita a ele. Não é o que sucede no caso previsto na lei.

Tal não obsta, no entanto, a que as partes celebrem um verdadeiro contrato a favor de terceiro, nos termos gerais (art. 443º), do qual decorra para este último o direito à entrega da coisa[423]. A adesão, nesta hipótese, teria que se fazer face ao depositante e ao depositário (art. 447º, nº 3).

29. O depósito irregular

I. A lei trata o depósito irregular[424] como uma modalidade de depósito que tem por objeto coisas fungíveis (art. 1205º), sendo o seu regime determinado, por força da remissão do art. 1206º, "na medida do possível", pelas regras do mútuo. Vejamos.

Aplicam-se ao depósito (de dinheiro), desde logo, as normas relativas à forma (art. 1143º – mas, sendo um deposito bancário, a remissão é para

[420] Cfr. J. Ribeiro de Faria, *Direito das obrigações*, vol. I, 2.ª ed., por Miguel Pestana de Vasconcelos e Rute Teixeira Pedro), cit., p. 247.

[421] W. Fikentscher/A. Heinemann, *Schuldrecht*, cit., § 90 I, p. 645.

[422] Sobre este, ver João Tiago Morais Antunes, *Do contrato de depósito escrow*, Almedina, Coimbra, 2007, pp. 72, ss..

[423] Ver Pires de Lima/Antunes Varela, *Código civil anotado*, vol. II, cit., p. 847.

[424] Quanto a este, ver: Pires de Lima/Antunes Varela, *Código civil anotado*, vol. II, cit., p. 859; A. Menezes Cordeiro, *Direito bancário*, cit., pp. 616, ss.; Paula Ponces Camanho, *Do contrato de depósito bancário*, cit., pp. 179, ss.; Carlos Lacerda Barata, *Contrato de depósito bancário*, in: Estudos em homenagem ao Professor Doutor Inocêncio Galvão Telles, vol. II, Direito bancário (Estudos organizados pelos Professores Doutores António Menezes Cordeiro, Luís Menezes Leitão e Januário da Costa Gomes), Almedina, Coimbra, 2002, pp. 41, ss.; Arturo Dalmartello/Giuseppe B. Portale, *Deposito (diritto vigente)*, ED, XII, pp. 269, ss.; E. Simonetto, *Deposito irregulare*, DDP, sezione civile, V, pp. 279, ss.; Dieter Medicus/Stephen Lorenz *Schuldrecht II, Besonderer Teil*, 15ª, C. H. Beck, Munique, 2010, § 98, p. 198, pp. 306-307; W. Fikentscher/A. Heinemann, *Schuldrecht*, cit., § 90 III, p. 646.

as disposições do mútuo bancário), as relativas à transferência da propriedade (art. 1144º) e ao risco (art. 796º).[425]

Não podem ser aplicadas as disposições do mútuo relativas ao benefício do prazo (art. 1147º), que no depósito é sempre a favor do credor, bem como a presunção de onerosidade (art. 1145º nº 1).

II. Coloca-se questão de saber qual a verdadeira natureza jurídica do depósito irregular: se se trata ainda de um depósito – um subtipo do depósito[426] –, se é antes um contrato de mútuo[427], ou, mesmo, um contrato misto de depósito e de mútuo[428].[429]-[430]

Obsta-se à qualificação do depósito irregular como um subtipo de depósito, marcado pelas especificidades das coisas seu objeto, porque não existe aquele que é o dever marcante do contrato de depósito: o dever de guarda[431].[432]

[425] Pires de Lima/Antunes Varela (*Código civil anotado*, vol. II, cit., p. 862; posição a que adere A. Menezes Cordeiro, *Direito bancário*, cit., p. 618) sustentam a aplicação do art. 1148º, nº 1, uma vez que este, com o prazo de 30 dias, teria sido fixado em atenção ao carácter fungível dos bens. Não cremos que seja assim. O depósito irregular, como se verá já de seguida em texto, distingue-se do mútuo pela permanente disponibilidade dos bens, mesmo quando tenha sido fixado prazo, uma vez que este é a favor do depositante. Não faria sentido conceder este prazo de trinta dias ao depositário quando não tenha sido fixado prazo. A norma faz sentido no mútuo, onde é essencial a existência de uma dilação temporal, mesmo que reduzida, a favor do mutuário, mas já não, pelo motivo apontado, no depósito irregular.

[426] Neste sentido, C. Lacerda Barata, *Contrato de depósito bancário*, cit., pp. 41, ss., p. 46; E. Simonetto, *Deposito irregulare*, cit., p. 281.

[427] Neste sentido: José Dias Marques, *Noções elementares de direito civil* (com a colaboração de Paulo Almeida), Lisboa, 1992, p. 262; João de Castro Mendes, *Teoria geral do direito civil*, vol. I, AAFDL, Lisboa, 1978, p. 409; Heinrich E. Hörster, *A parte geral do código civil português*, Almedina, Coimbra, 1992, p. 186.

[428] A. Menezes Cordeiro, *Direito bancário*, cit., p. 618.

[429] Os Autores do projeto do Código sabiam da divergência doutrinal e escolheram, e bem, não tomar partido, limitando-se a fixar o regime do contrato. Ver I. Galvão Telles, *Contratos civis, exposição de motivos*, RFDUL, 1953, p. 215.

[430] A questão era já debatida em Roma. Como refere A. Santos Justo [*As acções do pretor (actiones praetoriae)*, Separata do vol. LXV do BFDUC, Coimbra, 1989, p. 25]: "o depósito de *res* fungíveis – dito *depositum irregulare* ou bancário –, considerado pela doutrina clássica um mútuo e por Justiniano um verdadeiro depósito."

[431] Cfr. A. Menezes Cordeiro, *Direito bancário*, cit., p. 618.

[432] C. Ferreira de Almeida (*Contratos II*, cit., p. 144) sustenta que o depósito "não prescinde, em nenhum das suas modalidades de um elemento de guarda que só é compatível

Efetivamente, no depósito irregular as coisas tornam-se propriedade do depositário que tem tão só que restituir outras tantas do mesmo género, podendo, pois, livremente dispor daquelas que o depositante lhe tenha entregado, ou, mesmo que conte restituir essas coisas, ter que o fazer com outras se as primeiras perecerem ou se deteriorarem.

Esta crítica parece em grande parte correta. O dever de guarda com a configuração que tem no depósito (regular) não existe no depósito irregular. As coisas depositadas passam a ser do depositário. A obrigação deste é genérica, tendo meramente que restituir coisas do mesmo género e quantidade. Não se pode falar num dever de conservação material das coisas depositadas, com o conteúdo que tem no depósito regular.

Contudo, desta forma, embora sem recurso ao dever de guarda tal qual ele existe no depósito regular, obtém-se igualmente a custódia, porque o credor não está interessado na restituição daqueles bens específicos, que deposita, mas de bens do mesmo género e quantidade. Desinteressa-se do destino dos primeiros, porque, sendo fungíveis, vê sempre assegurada a restituição de outros do mesmo género e quantidade (e que estão na permanente disponibilidade do depositante: quer a obrigação de restituição seja a prazo, quer seja pura).

Existe mesmo uma tutela do risco de perda ou de deterioração das coisas depositadas, uma vez que mesmo que aquelas entregues tenham perecido ou se tenham deteriorado por facto não imputável ao depositário, este terá sempre, por força do disposto no art. 540º, que entregar outras do mesmo género,[433] ao contrário do que se verifica no depósito regular em que tendo perecido as coisas entregues, pertencentes ao depositante, por facto não imputável ao depositário, extingue-se a obrigação de restituição. O que significa que o interesse do depositante em re-obter as coisas depositadas (aquelas ou outras, uma vez que são fungíveis) é tutelado de uma forma mais extensa do que no depósito regular.

Por essa razão, ainda que por outra via, o depósito irregular insere-se na categoria mais ampla, onde se inclui igualmente o depósito regular, dos contratos de custódia. O que permite aplicar aqui algumas disposi-

com as coisas corpóreas". Razão pela qual entende que sempre que se trate de moeda escritural, faltando a natureza corpórea, não estariam preenchidos os requisitos da obrigação de guarda.

Como se verá pela exposição que se faz de seguida em texto, não podemos, com a devida vénia, acompanhar este prestigiado Autor.

433 A. Dalmartello/G. B. Portale, *Deposito (diritto vigente)*, cit., p. 270.

ções do depósito (regular) que não digam respeito ao dever de guarda, tal como ele é configurado nesse contrato, mas com a função de custódia[434]. Assim, o art. 1194º relativo ao benefício do prazo da obrigação de restituição – a favor do credor.

Decorre ainda do exposto que não se adere à tese que sustenta tratar-se de um verdadeiro contrato de mútuo. Estruturalmente, tal como no mútuo, há a transmissão dos bens à outra parte que fica obrigada a restituir não esses bens, mas outros do mesmo género e quantidade.

Todavia, enquanto no depósito, mesmo no irregular, há uma permanente disponibilidade da coisa por parte do depositante, o mesmo não sucede no mútuo relativamente ao mutuante. Pelo contrário, como contrato de crédito, a existência de uma dilação temporal a favor da contraparte deste último é essencial[435].

Repare-se que, no mútuo gratuito sem estipulação de prazo, a obrigação de restituição do mutuário só se vence trinta dias depois da exigência do seu cumprimento. E se o mútuo for oneroso, embora qualquer das partes lhe possa pôr termo, tem de o denunciar com uma antecedência mínima de trinta dias (ns. 1 e 2 do art. 1148º).

Ainda, o interesse prevalecente no depósito é o do depositante, enquanto no mútuo é o do mutuário[436].

Acresce que o mútuo desempenha uma função de crédito, o depósito irregular a de custódia.[437]

Também não nos parece que deve proceder, em princípio, a qualificação do depósito irregular como um contrato misto com elementos de depósito e de mútuo. O contrato é estruturalmente composto por elementos do mútuo por força da remissão do art. 1206º, tendo em conta o seu objeto. Mas, como se acabou de destacar, a função de ambos os contratos é bem diversa.

Além disso, o depositário não poderá dispor da coisa depositada, ou só o poderá fazer de uma forma muito limitada. De facto, essa disposição conflituaria com a permanente disponibilidade que o depositante tem sobre

[434] Cfr. PAULA PONCES CAMANHO, *Do contrato de depósito bancário*, cit. p. 180.

[435] Ver, *infra*.

[436] C. LACERDA BARATA, *Contrato de depósito bancário*, cit., p. 45; D. MEDICUS, *Schuldrecht II, Besonderer Teil*, cit., § 107, p. 218; M. FRAGALI, *Del mutuo*, cit., p. 332.

[437] M. FRAGALI, *Del mutuo*, cit., p. 329.

ela, dado que a pode exigir, e na totalidade, a qualquer momento. Ora se o depositário dispuser da coisa,[438] ele não estará em posição de cumprir o seu dever de restituir.

Para além disso, o depositário não pode retirar quaisquer utilidades do bem que está obrigado a guardar. Estas pertencem ao depositante, mesmo não sendo o seu proprietário (juridicamente; poderá falar-se numa "propriedade económica" do depositante, mas tal tem somente o valor de uma imagem com que se procura traduzir a realidade jurídica).

III. Se o depositário retribuir o depósito através do pagamento de juros, há uma alteração mais intensa na constelação de interesses. Não é só o depositante que tem interesse na guarda (já vimos que de forma diversa da do depósito regular, sem que exista este dever específico) e disponibilidade permanente da totalidade da quantia, mas é igualmente o depositário que tem interesse em poder dispor da mesma, embora sem ser durante um determinado período de tempo.

Saímos aqui do âmbito do depósito irregular[439].

Efetivamente, no depósito irregular oneroso o pagamento é realizado pelo depositante ao depositário exatamente como contrapartida do serviço prestado[440].

Contudo, se for o depositário que paga ao depositante uma remuneração pela disponibilidade das coisas, altera-se a equação económica. Embora o contrato desempenhe, nos termos acima apontados, uma função de custódia, ao mesmo tempo permite ao depositário a disposição dessas coisas, no interesse e por conta deste, sendo-lhe transmitida para esse efeito

[438] Salvo os casos do comércio bancário, e mesmo aí com limites.

[439] Noutro sentido, entendendo que não saímos do campo do depósito irregular: PIRES DE LIMA/ANTUNES VARELA, *Código civil anotado*, vol. II, cit., p. 862. Acrescente-se que, o contrário do que sustentam os ilustres Autores (*ob. cit., ibidem*), não se trata de uma "possibilidade mais teórica do que real". É mesmo muito comum, como se verifica no depósito bancário à ordem. Mas este, conforme se verá, *infra*, nº 38.2., não é um (puro) depósito irregular.

[440] Como foi anteriormente observado, a permanente disponibilidade das coisas por parte do depositante implica que o depositário tenha sempre de ter na sua disponibilidade coisas do mesmo género e quantidade para poder, a qualquer momento, satisfazer o pedido de reembolso (tratando-se de dinheiro, terá sempre que ter a totalidade da quantia no seu património, ou a possibilidade de a obter a todo o momento, para a qualquer altura a poder entregar ao depositante).

a propriedade delas[441]. Daí a remuneração. Ora, estes são elementos de mútuo oneroso.

Nesse aspeto, cremos que se poderá afirmar a existência de elementos de mútuo oneroso[442] e estaremos, então, face a um contrato misto de depósito irregular e mútuo oneroso.

IV. Em qualquer caso, o depósito irregular de dinheiro é constituído por uma estrutura fiduciária[443], embora o risco daí decorrente para o depositante/fiduciante seja, atendendo ao seu objeto, mais diminuto do que no conjunto dos negócios fiduciários. Vejamos então em que medida este contrato se aproxima dos negócios fiduciários.

Como elementos de confluência, temos a estrutura adotada e a própria finalidade, que permite incluir este contrato no seio da *fiducia cum amico.*[444]

Contudo, o depósito irregular diverge já da categoria dos negócios fiduciários nos seguintes aspetos.

Como se frisou, a natureza do bem e os meios de tutela executiva permitem afastar o risco fiduciário traduzido na recusa de restituição da quantia, transmissão desta a terceiro e sua penhora em ação executiva interposta pelos credores do depositário. Enquanto o depositário tiver património, será sempre possível, por essa via, ao depositante recuperar o dinheiro depositado.

O mesmo não sucede já na insolvência do depositário dada a normal insuficiência dos bens que integram a massa para satisfazerem (por inteiro) o conjunto dos credores do insolvente. Este risco, decorrente da estrutura adotada, com a transmissão dos bens ao depositário (sendo substituídos no património do depositante pelo crédito à sua restituição), é um dos mais relevantes aspetos que compõem o risco fiduciário e o depositante, em princípio[445], não tem meio de o evitar.

[441] Esta dupla disponibilidade só é possível, adiante-se já, dadas as particularidades do comércio bancário. Não fosse, assim, seria muito difícil ao depositante dispor das coisas e ao mesmo tempo poder restitui-las a qualquer momento do depositante.

[442] Mas não só de mútuo, pelas razões antes expostas.

[443] Sublinhando este aspeto, E. Simonetto, *Deposito irregulare*, cit., p. 290.

[444] Sobre a *fiducia cum amico*, ver M. Pestana de Vasconcelos, *A cessão de créditos em garantia e a insolvência, Em particular da posição do cessionário na insolvência do cedente*, cit., pp. 48, ss..

[445] Ver M. Pestana de Vasconcelos, *A cessão de créditos em garantia e a insolvência. Em particular da posição do cessionário na insolvência do cedente*, cit., pp. 237, ss., nota 512.

30. Os depósitos bancários. Principais modalidades

I. Quando o depósito é realizado junto de um banco, estamos perante um depósito bancário[446].

O depósito pode ser pecuniário, aquele tem por objeto dinheiro, que passa a ser propriedade do banco. Na maior parte das vezes o depósito terá por objeto moeda escritural e, portanto, não há transmissão da propriedade de coisas corpóreas, como as notas. Consiste, simplesmente, numa variação de saldos, ou, de forma mais precisa, do(s) crédito(s), pecuniário(s) face ao banco(s).

Ainda no âmbito do depósito em dinheiro, podemos distinguir os depósitos comuns ou simples (de longe os mais relevantes) das suas modalidades especiais

[446] Quanto ao depósito bancário, ver: J. G. PINTO COELHO, *Operações de banco*, cit., pp. 19, ss.; J. ANTUNES VARELA, *Depósito bancário*, cit., pp. 43, ss; V. LOBO XAVIER/M. A. COELHO BENTO SOARES, *Depósito bancário a prazo. Levantamento antecipado por um contitular*, cit., pp. 289, ss:, A. MENEZES CORDEIRO, *Direito bancário*, cit., pp. 620, ss.; idem, *Da compensação no direito civil e no direito bancário*, cit., pp. 213, ss., pp. 221, ss.; J. CALVÃO DA SILVA, *Direito bancário*, cit., pp. 346, ss.; JOSÉ ENGRÁCIA ANTUNES, *Direito dos contratos comerciais*, cit., pp. 492, ss.; C. FERREIRA DE ALMEIDA, *Contratos II*, cit., pp. 140, ss.; C. LACERDA BARATA, *Contrato de depósito bancário*, cit., pp. 47, ss.; PAULA PONCES CAMANHO, *Do contrato de depósito bancário*, cit., pp. 69, ss.; AUGUSTO DE ATHAÍDE/LUÍS BRANCO, *Operações bancárias*, in: Direito das empresas (organizado por Diogo Leite de Campos), INA, Lisboa, 1990, pp. 320, ss.; J. SIMÕES PATRÍCIO, *A operação bancária de depósito*, Elcla, Porto, 1994; P. OLAVO CUNHA, *Cheque e convenção de cheque*, Almedina, UCP, Coimbra, 2009, pp. 402, ss.; idem, *Lições de direito comercial*, Almedina, Coimbra, 2011, p. 227; J. M. PIRES, *Elucidário de direito bancário*, Coimbra Editora, Coimbra, 2002, pp. 527, ss.; ANTÓNIO PEDRO A. FERREIRA, *Direito bancário*, cit., pp. 663, ss.; G. FERRI, *Deposito bancário*, ED, XLI, pp. 278, ss.; L. GUGLIELMUCCI, *Deposito bancário*, DDP, *sezione commerciale*, IV, pp. 255, ss.; G. MOLLE, *I contratti bancari*, cit., pp. 97, ss.; G. MOLLE/L. DESIDERIO, *Manuale di diritto bancário e dell'intermediazione finanziaria*, cit., pp. 163, ss.; F. GIORGIANNI/C.-M. TARDIVO, *Manuale di diritto bancario*, cit., pp. 227, ss; J.-L. RIVES-LANGE/M. CONTAMINE-RAYNAUD, *Droit bancarire*, cit., pp. 267, ss.; THOMAS SCHÜRMANN, *Einlagengeschäft*, in: H. SCHIMANSKY/H.-J. BUNTE/H.-J. LWOWSKY, *Bankrechts-Handbuch*, Band I, 4ª ed., C. H. Beck, Munique, 2011, pp. 2041, ss.; H.-P. SCHWINTOWSKI, *Bankrecht.*, cit., pp. 87, ss.; F. PETEREK, *Einlagen- und Spargeschäft*, in: S. KÜMPEL/A. WITTIG, *Bank- und Kapitalmarktrecht*, 4ª ed. Otto Schmidt, Colónia, 2011, pp. 1151, ss.; JOSE LUIS GARCIA-PITA Y LASTRES, *El deposito bancario de efectivo*, in: *Contratos bancarios y para bancarios* (dirigido por Ubaldo Nieto Carol), Lex Nova, Valladolid, 1998, pp. 891, ss.. Na jurisprudência: o acórdão do STJ de 21.10.1999 (Simões Freire), in: www.dgsi.pt; o acórdão do STJ de 10/11/2011 (Anjos Catarino), in: www.dgsi.pt.; o acórdão do STJ de 29/04/2004 (Araújo Barros), in: www.dgsi.pt; o acórdão do STJ de 14/07/2016 (Tomé Gomes), in: www.dgsi.pt.

O depósito bancário pode também dizer respeito a outros bens de valor. Podemos aqui podemos distinguir diversas figuras como o depósito de títulos, depósito de valores em cofres-fortes e o depósito cerrado[447].

Vejamos cada uma destas figuras, começando pelos depósitos não pecuniários e, de seguida, os depósitos pecuniários. Nesta última sede tem, naturalmente, uma especial relevância o depósito simples de dinheiro e será sobre ele que recairá grande parte da nossa atenção.

31. Os depósitos não pecuniários

31.1. O depósito em cofre-forte[448]

I. Faz parte das atividades permitidas aos bancos o aluguer de cofres e guarda de valores [art. 4º, nº 1, al. *o)* RGICSF]. Esta instituição de crédito tem nas suas instalações salas rodeadas de elevadas condições de segurança, com portas blindadas, compostas por pequenos cofres cuja abertura se faz com duas chaves e um código.

Os cofres são colocados à disposição dos clientes para eles aí colocarem bens, em regra de elevado valor, mediante o pagamento de uma determinada comissão. Ao cliente é atribuída uma chave do cofre e o código de abertura.

O acesso aos cofres só se pode fazer com um funcionário do banco que abre a porta blindada da sala, e abre na sua parte o cofre, saindo depois da sala. O cliente então pode recorrendo à sua chave e ao código abrir o cofre e colocar ou retirar de lá bens. Só ele sabe quais são os bens que coloca no cofre.

II. Discute-se a natureza deste contrato[449]. As diversas correntes podem sistematizar-se em três grupos. Contrato de depósito regular, contrato de locação e contrato misto de locação e de depósito[450]. Parece-nos que claro

[447] Sobre estes, ver Paula Ponces Camanho, *Do contrato de depósito bancário*, cit., pp. 71, ss..

[448] Ver Paula Ponces Camanho, *Do contrato de depósito bancário*, cit., pp. 73, ss.; J. C. Brandão Proença, *Do dever de guarda do depositário e de outros detentores precários: âmbito e função, critério de apreciação da culpa e impossibilidade de restituição*, DJ, 1994, t. 2, pp. 69, ss.; M. Januário Costa Gomes, *Contratos comerciais*, cit., pp. 179, ss.; G. Molle, *I contrati bancari*, cit., pp. 787, ss..

[449] Desenvolvidamente sobre esta questão, ver G. Molle, *I contrati bancari*, cit., pp. 791, ss..

[450] J. Antunes Varela, *Contratos mistos*, BFD, 1968, pp. 151-152.

que o primeiro não pode ser[451]. O depósito é um contrato real quanto à constituição e este específico negócio conclui-se mesmo que o sujeito nada coloque no cofre, sendo certo também que ele nada entrega ao banco para este vigiar. A instituição de crédito nem sabe, geralmente, qual o bem que é colocado no cofre[452], sendo certo, porém, que o cliente não pode colocar aí objetos ilícitos.

A locação parece tocar a essência do negócio: o banco obriga-se a proporcionar ao cliente o gozo temporário do cofre, mediante retribuição[453]. Mas reconduzir esta figura a uma simples locação não parece correto, porque esquece as elevadas condições de segurança dos cofres que o banco assegura. E é esse elemento que leva as partes a concluírem esse contrato. Há, pois, também aqui, um elemento de guarda[454].

III. Diferente é a chamada guarda de valores. Aqui o cliente entrega mesmo ao banco um determinado bem (p. ex., ouro, jóias) para que este o guarde e restitua, sendo assim um verdadeiro depósito regular. O depósito pode ser aberto ou fechado. No primeiro caso, os bens, p. ex., são entregues como tal ao banco; na segunda hipótese, o que é entregue ao banco é um invólucro, como uma caixa ou um envelope fechado, dentro do qual se encontram bens (depósito cerrado, art. 1191º).[455] Tem hoje um relevo muito limitado face ao primeiro. Esse, pelo contrário, é, de facto, importante. Especialmente em momentos de grande incerteza, política ou económica.

[451] Neste sentido, Paula Ponces Camanho, *Do contrato de depósito bancário*, cit., pp. 79, ss.. O acórdão do STJ de 19/09/2019 (Rosa Tching), in: www.dgsi.pt.

[452] G. Molle, *I contrati bancari*, cit., p. 795.

[453] Sublinhando a preponderância dos elementos locativos, J. C. Brandão Proença, *Do dever de guarda do depositário e de outros detentores precários: âmbito e função, critério de apreciação da culpa e impossibilidade de restituição*, cit., p. 71.

[454] Neste sentido, G. Molle, *I contrati bancari*, cit., p. 796; Paula Ponces Camanho, *Do contrato de depósito bancário*, cit., p. 81; J. A. Engrácia Antunes, *Direito dos contratos comerciais*, cit., p. 564; M. Januário Costa Gomes, *Contratos comerciais*, cit., p. 181. Na jurisprudência, o acórdão do STJ de 8/3/2018 (António Joaquim Piçarra), in: www.dgsi.pt.

[455] Diverso é o depósito de valores mobiliários titulados. Trata-se de uma matéria de interseção com o Direito dos valores mobiliários, mas mais deste do que de Direito bancário, pelo que não a abordaremos aqui. Ver, sobre ele: Paula Ponces Camanho, *Do contrato de depósito bancário*, cit., pp. 86, ss.; J. A. Engrácia Antunes, *Direito dos contratos comerciais*, cit., pp. 602, ss.; G. Molle, *I contrati bancari*, cit., pp. 770, ss.. Ver, ainda, com interesse sobre esta matéria, André Figueiredo, *O negócio fiduciário perante terceiros. Com aplicação especial na gestão de valores mobiliários*, Almedina, Coimbra, 2012, pp. 363, ss..

31.2. O depósito de cheque

I. Tem já bastante relevo o depósito de cheques[456] realizados pelo cliente junto do seu banco, quando eles foram sacados sobre uma outra instituição de crédito[457]. Cabe à contraparte do cliente, que deve proceder a uma fiscalização cuidadosa da regularidade formal do título,[458] proceder depois a sua cobrança, o que se verifica através da sua apresentação à compensação (art. 31º LUch). Sendo o cheque pago, será esse valor creditado em conta; se o cheque não tiver provisão, o banco sacado recusa o pagamento e o banco depositário devolve o cheque com essa menção.

Secção II
Os depósitos pecuniários

Subsecção I
Os depósitos pecuniários

32. Os depósitos pecuniários

I. Comece por se dizer que depósito bancário se encontra previsto no Código Comercial. Com efeito, dispõe o art. 407º Cod. Com. que "os depósitos feitos em bancos ou em sociedades reger-se-ão pelos respetivos estatutos em tudo o que não se ache prevenido neste capítulo e mais disposições aplicáveis."[459].

[456] Sobre o depósito de cheques, no que diz respeito à atribuição da sua data valor, ver o art. 5º do Dec.-Lei nº 18/2007, de 22/1.

[457] Sobre eles, ver o acórdão do STJ de 18/1/2008 (Santos Bernardino), in: www.dgsi.pt.

[458] P. OLAVO CUNHA, *Cheque e convenção de cheque*, cit., p. 529.

[459] As disposições do depósito mercantil não têm aplicação a este contrato, pelo seguinte. Em primeiro lugar, porque a lei comercial o autonomiza no art. 407º (J. G. PINTO COELHO, *Operações de banco*, cit., p. 146), depois porque as disposições deste contrato não se adequam ao depósito bancário. Com efeito, não há neste contrato "permissão expressa do depositante para o depositário se servir da cousa, já para si ou seus negócios...". Ela não é aqui necessária, uma vez que a propriedade do dinheiro passa para o depositário, que naturalmente a utilizará para os seus negócios. Cfr. C. LACERDA BARATA, *Contrato de depósito bancário*, cit., p. 21. Acresce que muitas vezes não haverá qualquer remuneração ao depositário pelo depósito.

Porém, como se vê, esta disposição pouco adianta relativamente à caraterização do contrato: esta será aquela que da lei (bancária, como se verá já de seguida), das cláusulas contratuais gerais[460] a que os bancos recorrem (trata-se de uma contratação em massa) e dos usos bancários[461] decorrer[462].[463]

32.1. Modalidades de depósitos pecuniários. Depósitos simples e depósitos estruturados

I. Podemos distinguir entre os depósitos pecuniários simples e os depósitos estruturados.

Os primeiros, os mais comuns, tem a sua remuneração, quando for o caso, sempre associada a uma taxa de juros fixa, variável ou mista. Neste último caso, ela deve assentar num índice de taxa de juro independente do banco[464], que corresponde, em regra, à Euribor. Eles depois são classificados em depósitos à ordem e a prazo, que analisaremos nos números seguintes em texto.

É importante destacar que a remuneração destes depósitos nunca pode ser negativa (art. 3º, nº 4, e art. 4º do aviso do BP 6/2009). Este aspeto tem uma especial relevância sempre que os juros estejam indexados a uma taxa Euribor e esta atinja um valor negativo. O que significa que a lei impede que os créditos do cliente sobre o banco emergente dos contratos de depósitos, que são contratos de crédito – e, em regra, mútuos, como se verá –, possam ser reduzidos. O mesmo deve acontecer no caso simétrico em que sejam os bancos a conceder crédito, salvo no âmbito da exceção legal do art. 21º-A do Dec.-Lei nº 74-A/2017, de 23/6.[465]

460 Há aqui um fenómeno de tipicidade social. Temos sublinhado este aspeto – logo na constituição da relação bancária -. Para efeitos da análise realizada em texto, recorremos a alguns modelos contratuais, verdadeiros contratos a celebrar por adesão, de alguns bancos nacionais. Efetivamente, é daqui que se tem que partir para, articulando com o regime legal, caracterizarmos e qualificarmos este, ou estes, contrato(s) de depósito.

461 É neste sentido que a doutrina entende "estatutos", como, *supra*, já se referiu, cfr. V. Lobo Xavier/Mª Ângela Bento Soares, *Depósito bancário a prazo. Levantamento antecipado por um contitular*, cit., p. 301.

462 Em Itália, pelo contrário, o depósito bancário aparece regulado no *Codice Civile* no seio dos contratos bancários (arts. 1834 e segs.), sendo assim um negócio legalmente típico.

463 Os deveres de informação a prestar pelas instituições de crédito no âmbito da atividade de receção, do público, de depósitos bancários simples, decorrem do aviso do BP nº 4/2009.

464 Art. 3º do Aviso do Banco de Portugal nº 6/2009.

465 Ver desenvolvidamente sobre esta matéria, *infra*, quanto aos juros negativos.

II. Temos depois os depósitos estruturados, estando previstos e regulados no Regime jurídico da conceção, comercialização e prestação de serviços de consultoria relativamente a depósitos estruturados, que consta do anexo I à Lei nº 35/2018, de 20/7.

Consistem em depósitos "cuja rendibilidade está associada, total ou parcialmente, à evolução de instrumentos financeiros ou de outras variáveis financeiras ou económicas relevantes".

A lei recorre depois a um elenco exemplificativo de variáveis financeiras ou económicas relevantes. Aí se incluem um índice ou uma combinação de índices, com exclusão, no entanto, dos índices de taxas como a Euribor, que caracteriza os depósitos simples (i); um instrumento financeiro ou uma combinação de instrumentos financeiros (ii); uma mercadoria ou uma combinação de mercadorias ou outros ativos não fungíveis físicos ou não físicos (iii); ou ma taxa de câmbio de divisas ou uma combinação (iv).

33. Os depósitos pecuniários simples em especial

I. A este propósito podemos fazer as seguintes distinções: uma noção muito ampla **(i)**, uma intermédia **(ii)** e uma última, bastante restrita **(iii)**.[466]

(i) O depósito abrange quaisquer entregas de moeda legal ou escritural, que são inscritas numa conta, sendo realizadas quer por um seu titular quer por terceiros. Trata-se daquela que é em geral usada pelos economistas[467], e que se encontra no art. 155º nº 4 do RGICSF, relativo ao Fundo de Garantia de Depósitos[468], assim como pelo art. 1º-A, nº 1 da RGICSF[469].

[466] Distinguindo igualmente um conceito de depósito para efeitos da KWG (*Kreditwesengesetz*) da noção civilística e, por fim, da prática bancária, H.-P. Schwintowski, *Bankrecht*, cit., pp. 87, ss..

[467] Cfr. J.-L. Rives-Lange/M. Contamine-Raynaud, *Droit bancarire*, cit., p. 268; J. L. Garcia-Pita y Lastres, *El deposito bancario de efectivo*, cit., p. 910.

[468] E a que recorre igualmente na doutrina F. Conceição Nunes, *Depósito e conta*, cit., p. 75-76. De forma próxima, também, P. Olavo Cunha, *Lições de direito comercial*, cit., p. 227, notas 399 e 400. Parecem igualmente subscrever esta posição, Augusto de Athayde, *et alia*, *Curso de direito bancário*, vol. I, cit., p. 151.

[469] Os depósitos a que alude esta disposição são, na expressão de F. Conceição Nunes [*Recepção de depósitos e outros fundos reembolsáveis*, in: Direito bancário, Actas do Congresso comemorativo do 150º aniversário do Banco de Portugal (22-25 de Outubro de 1996), RFDUL, Coimbra Editora, Coimbra, 1997, p. 63], "depósitos-fundos", ou seja, "disponibilidades monetárias cuja recepção origina a constituição de um dever de restituir a cargo da instituição

Nestes últimos casos, a sua amplitude justifica-se pela teleologia de ambas as disposições.

Esta conceção alargada do depósito (além de ter, principalmente, em vista os depósitos à ordem) abrange no seu seio quaisquer entregas de fundos (realizada pelo cliente/titular da conta, por terceiros ou o próprio banco, tendo subjacentes as mais diversas figuras – os denominados "contratos de receção de depósitos"[470] –, como sucede com a inscrição em conta de um empréstimo, de um desconto de uma letra, etc.)[471] que venham a ser creditadas numa conta (numerário ou moeda escritural[472]).

O depósito aqui traduz-se numa entrega (ou transferência) de fundos para uma conta (por isso denominada conta depósito à ordem[473]), independentemente de quem a realize e do ato a que se recorre para o efeito (entrega de numerário, transferência, cheque).

A restituição, neste caso, também mais não é do que o débito da conta, que se pode fazer através de um conjunto também bastante diverso de operações realizadas pelo depositante, podendo os fundos tê-lo como destinatário (p. ex., transferência para uma conta a prazo do depositário, ou levantamento de numerário) ou ser entregues a um terceiro por determinação sua (p. ex., transferência bancária para terceiro)[474].

Esta noção tem grande relevância, tanto por se encontra espelhada em relevantes disposições legais – e cuja amplitude se explica pela teleologia dessas normas –, como por traduzir a "realidade económica, contabilística e psicológica"[475]. Todavia, dada a sua extensão, perde na mesma medida em precisão analítica. Nessa medida, torna-se necessário para cada operação de entrega de fundos determinar o ato a que se recorre para o efeito.

de crédito receptora, expresso pelo saldo credor de uma conta aberta mediante contrato celebrado com o cliente".

[470] F. Conceição Nunes, *Depósito e conta*, cit., p. 76. Numa perspetiva semelhante, C. Galvada/J. Stoufflet, *Droit bancaire*, cit., p. 167.

[471] Para F. Conceição Nunes (*Depósito e conta*, cit., p. 75), na linha apontada, "o depósito caracteriza-se por o crédito à restituição dos fundos ser representado pelo saldo credor de uma conta aberta junto de uma instituição de crédito receptora."

[472] Resultante, p. ex., de uma transferência de uma conta noutro banco. Cfr. Maria Raquel Guimarães, *As transferências electrónicas de fundos e os cartões de débito*, cit, p. 40; C. Lacerda Barata, *Contrato de depósito bancário*, cit., p. 48, nota 135.

[473] Como o fazem a generalidade dos contratos de abertura de conta que consultámos.

[474] Que será o desenvolvimento mais comum. Nessa medida, a restituição ao titular da conta apresenta, muitas vezes, um carácter residual (pelo menos, no que diz respeito aos valores).

[475] J.-L. Rives-Lange/M. Contamine-Raynaud, *Droit bancarire*, cit., p. 268.

(ii) De uma forma mais limitada, o depósito bancário pode compreender simplesmente entrega ao banco por um cliente de uma quantia em moeda legal (numerário) ou – como será até a regra – escritural, cujo valor é inscrito a crédito numa conta de que é titular, obrigando-se a instituição de crédito a restituir, mediante solicitação, nos termos negocialmente fixados, essa quantia.[476] A entrega pode fazer-se por ato do depositante, recorrendo para o efeito a um conjunto de figuras diversas, à semelhança do que se viu acima.

(iii) No sentido mais restrito de todos, pode limitar-se o depósito à entrega de numerário, excluindo a moeda escritural. A transferência de uma conta para a outra está afastada. O depósito de numerário (e de cheque, o que implica mesmo neste caso a circulação, nesta última hipótese de moeda escritural)[477], sendo contraposto, como forma de movimentar a conta a crédito, às transferências bancárias. Historicamente, consiste na primeira modalidade do contrato.[478]

IV. Como estamos no âmbito da liberdade contratual, a conformação do conteúdo do contrato (do prisma do tipo contratual que se retira da contratação bancária[479]) em cada caso resultará das cláusulas contratu-

[476] Em geral, no último sentido referido, ver: Augusto de Athaíde/Luís Branco, *Operações bancárias*, cit. p. 320; António Pedro A. Ferreira, *Direito bancário*, cit., p. 663.

[477] A distinção entre o depósito de numerário e cheque e as transferências bancárias tem base na lei. Com efeito, o Dec.-Lei nº 18/2007, de 22/1, que estabelece a data valor de qualquer movimento de depósitos à ordem e transferências efetuados em euros, distingue os "depósitos de numerário, de cheques e de outros valores" [art. 2º nº 1 al. *a)*] e as "transferências intrabancárias e interbancárias" [art. 2º nº 1 al. *b)*].

[478] Esta conceção limitada é, na nossa perspetiva, a mais sujeita a críticas. Efetivamente, em regra, do prisma do depositante há uma equivalência entre a moeda legal e a escritural. O numerário começa por ser depositado para depois circular ente contas no seio do sistema bancário, e uma quantia depositada sob forma de moeda escritural pode (a qualquer momento, no depósito à ordem, ou nas condições fixadas, nas outras modalidades de depósito) ser convertida em moeda legal (salvo numa situação de crise bancária).

Além disso, a constituição de um depósito a prazo faz-se, em regra (constando mesmo esse procedimento de algumas cláusulas contratuais bancárias), por transferência de uma conta à ordem. Portanto, necessariamente, por circulação de moeda escritural. Simplesmente, neste caso, a transferência é já uma forma de entrega da quantia, da moeda escritural.

[479] Para efeitos do RGICSF, a noção é mais ampla, como acima se referiu, e compreende figuras que possam estar afastadas do desenho do contrato, tal como decorre das cláusulas contratuais gerais bancárias.

ais gerais elaboradas pelos bancos em articulação com a lei que rege estes contratos[480]. O mesmo sucede quanto à sua forma.

E daí podemos retirar o seguinte.

A questão coloca-se, embora nem sempre se faça esta restrição, para os depósitos à ordem. No que diz respeito aos depósitos a prazo, a sua constituição será, em regra, realizada através de moeda escritural por via de uma transferência da conta à ordem para a conta a prazo, onde é constituído esse depósito, por ato do cliente do banco, o titular de ambas as contas.

Nos depósitos à ordem, constituídos em contas à ordem, as cláusulas contratuais dos bancos permitem que a movimentação a crédito da conta, portanto também por via de depósitos, seja realizada pelo seu titular ou por terceiro. Não há limitação a uma única entrega, mas, pelo contrário, pressupõe-se mais do que uma entrega. De facto, um conjunto indeterminado de entregas e levantamentos.

Depois, nalguns casos, distingue-se conforme a entrega, ou movimentação a crédito, se faça por transferência, ou por depósito de numerário (ou cheque).

Claro está que, sempre que se faça essa distinção, o depósito face à transferência ficará fortemente limitado, restringindo-se na maioria dos casos à entrega de dinheiro pelo depositante e, aproximando-se, nessa medida, da noção mais limitada da figura.

Quando se recorra a uma noção de depósito em sentido amplo, como nalguns casos sucede, do prisma analítico é não só conveniente, mas mesmo necessário, distinguir a realização de depósitos através da entrega de numerário, a constituição de depósitos através de recurso a moeda escritural e, dentro destes, os instrumentos, que são outras figuras bancárias, a que se recorre para a sua realização, como a transferência e o cheque.

Em todo o caso, qualquer que seja o recorte, mais amplo ou mais restrito, a que os bancos recorram, o que se pode constatar, desde já, é que estamos face a uma figura que se afasta dos modelos civilistas de depósitos: não só do de depósito regular, o que é muito claro, mas também do de depósito irregular.

[480] Estes dois aspetos (em particular, o primeiro, uma vez que não há qualquer caracterização legal do depósito bancário em si, apenas uma regulação para certos tipos de depósitos) são fulcrais para se apreender o tipo jurídico-estrutural do contrato. Quanto a este, ver K. LARENZ, *Metodologia da Ciência do Direito*, cit., pp. 568, ss..

Contudo, sendo embora contratos diferentes, tal não significa que não possam recolher no seu seio elementos destes (*in casu*, do depósito irregular).

34. As modalidades de depósitos simples

I. A lei bancária prevê diversas modalidades de depósito. Nos termos do Dec.-Lei nº 430/91, de 2/11[481], temos: os depósitos à ordem (art. 1º nº 2 do Dec.-Lei nº 430/91, de 2/11), os depósitos com pré-aviso, depósitos a prazo, depósitos a prazo não mobilizáveis antecipadamente e depósitos constituídos em regime especial[482] (art. 1º, nº 1 do Dec.-Lei nº 430/91, de 2/11). Só estes, ou uma combinação deles, podem ser denominados depósitos [art. 2º, al. *a)* do Aviso do Banco de Portugal nº 6/2009].

II. Os depósitos à ordem, aqueles que podem ser exigidos a todo o tempo.

Os depósitos com pré-aviso apenas são exigíveis depois de prevenido o depositário por escrito, com a antecipação fixada na cláusula de pré-aviso, livremente negociada entre as partes (art. 1º, nº 3 do Dec.-Lei nº 430/91, de 2/11).

Os depósitos a prazo são exigíveis no fim do prazo por que foram constituídos, contudo, as instituições de crédito podem conceder aos seus depositantes, nas condições acordadas, a mobilização antecipada (art. 1º, nº 4 do Dec.-Lei nº 430/91, de 2/11).

Os depósitos a prazo não mobilizáveis antecipadamente são apenas exigíveis no fim do prazo por que foram constituídos, não podendo ser reembolsados antes do decurso desse período de tempo (art. 1º, nº 5 do Dec.-Lei nº 430/91, de 2/11).

Passamos a analisar cada uma destas modalidades de depósitos, não sem antes sublinhar que em qualquer uma delas o cálculo dos juros (quando previstos) deve adoptar a convenção de mercado actual/360, correspondente ao número de dias efetivamente decorridos no período a que se

[481] Os depósitos são ainda regulados pelo Aviso do Banco de Portugal nº 6/2009, que se estabelece um conjunto de disposições a que devem obedecer os depósitos bancários, e pelo Aviso do Banco de Portugal nº 4/2009 (quanto aos deveres de informação a prestar pelas instituições de crédito no âmbito da atividade de receção, do público, de depósitos bancários simples).

[482] Interessam-nos agora as quatro primeiras modalidades e não estes últimos.

refere o cálculo do juro corrido do depósito e a um ano de 360 dias (art. 3º, nº 4 do Dec.-Lei nº 430/91, de 2/11)[483].

35. O depósito à ordem

35.1. Caracterização

I. Contrato pelo qual o cliente (ou terceiro) entrega uma quantia pecuniária (moeda legal ou escritural) a um banco que a inscreve a crédito numa conta (designada na prática bancária como conta depósito à ordem), obrigando-se a receber outras entregas, também a inscrever a crédito, e devendo restituir ao cliente, no todo ou em parte, a qualquer momento, o saldo dessa conta, ou mobilizá-lo de outra forma acordada com ele, p. ex., através de cheque ou de transferência bancária.[484]

II. Não existem tantos contratos de depósito quantas as entregas (pelo cliente titular da conta ou terceiro) que vão sendo feitas ao banco. Há só um contrato de depósito ao abrigo (em sua execução) do qual se vão fazendo diversas entregas e levantamentos[485] (*rectius*: mobilizações totais ou parciais dos saldos da conta) que contribuem[486] para a variação do saldo da conta.

O banco está obrigado por força da convenção de depósito a receber as diversas entregas que lhe vão sendo realizadas, quer pela sua contraparte negocial, quer por terceiro, creditando-as na conta. Está igualmente com base na mesma convenção vinculado restituir o saldo, ou parte do saldo, positivo da conta, ao titular desta ou a terceiro por indicação daquele.

Além disso, num aspeto que é característico deste contrato de depósito bancário, muitas vezes não há uma restituição ao depositante, mas simplesmente a transferência dessas quantias para terceiro, por via da mobilização da conta por ato do seu titular (cheque, transferência, cartões de débito e de crédito associados à conta[487])[488]. O que significa que nesta modalidade de a restituição ao credor será simplesmente eventual.

[483] Aditado pelo Dec.-Lei nº 88/2008, de 28/5 (art. 3º).

[484] Ver em sentido próximo o Acórdão do STJ de 17/10/2019 (Henrique Araújo), in: www.dgsi.pt.

[485] PAULA PONCES CAMANHO, *Do contrato de depósito bancário*, cit., pp. 96-97, em nota.

[486] Mas não são os únicos movimentos, tanto a débito, como a crédito que, como vimos, esta regista.

[487] Ver sobre os meios de pagamento, *infra*, Capítulo VIII.

[488] Insere-se aí também, p. ex., o pagamento de comissões pelos serviços prestados pelo banco, ou impostos devidos pelo cliente (imposto de selo).

35.2. A ligação à conta

I. Existe uma ligação próxima entre a conta[489] e o depósito. Aliás, a própria conta é designada na prática bancária como conta depósito à ordem.

No entanto, não se confundem. Não é despiciendo sublinhar aqui este aspeto, dada a necessidade de ligar as matérias, sem entrarmos numa exposição demasiado analítica que perca de vista as ligações, muito próximas, entre as figuras, a ponto de muitas vezes se confundirem.

II. Na conta de giro são registados a crédito os diversos movimentos, decorrentes das entregas de moeda, legal ou escritural, que o banco está vinculado a aceitar, e a débito os levantamentos, ou mobilizações que o titular da conta faça nos termos negocialmente definidos.

Ora, mesmo que haja uma coincidência entre as movimentações a crédito e as diversas entregas, realizadas pelo titular da conta ou por terceiro, de moeda legal ou escritural – o que efetivamente sucede quando se adote nos contratos uma conceção muito ampla deste contrato –, o depósito diz respeito às entregas que são inscritas em conta e às mobilizações das quantias aí registadas.

III. Portanto: o depósito está ao mesmo tempo *antes* da conta, uma vez que as entregas feitas no seu âmbito, em sua execução, terão que ser aí inscritas (a instituição de crédito, como se referiu, está vinculada a aceitá-las e a inscrevê-las em conta), e estão sujeitas à própria disciplina dessa conta (em regra, com a convenção de conta corrente), e *depois* dela, porque as movimentações a débito dessa conta são atos realizados em seu cumprimento (as restituição ao titular ou transferências para terceiro por ordem daquele). Claro está que estas movimentações decorrem, desde logo, do saldo apurado em conta, de acordo com as regras desta.

Quando não haja uma coincidência entre as movimentações a crédito e os atos de execução do depósito, fazendo os contratos essa distinção (delimitando de forma mais restritiva este contrato), haverá que diferenciar entre as entregas no âmbito do depósito e as outras movimentações a crédito na conta (que podem consistir em atos do próprio banco – p. ex., juros que a instituição de crédito paga pelos depósitos a prazo – ou de terceiros – transferência realizada por terceiros).

[489] Sobre ela, ver *supra*, nº 25.

IV. Por isso, o depósito à ordem deve ser visto de uma forma dinâmica no âmbito de uma conta[490], regendo as entregas (a "alimentação" a crédito da conta) e as restituições ou transferências para terceiros. Conforme já foi antes sublinhado[491], é o saldo dessa conta, para o qual contribuem nos termos assinalados os diversos atos de execução do depósito, que tem relevo e sobre o qual se calculam os juros (quando sejam pactuados).[492]

36. Os depósitos a prazo

36.1. Caracterização

I. Os depósitos a prazo são remunerados mediante o pagamento de juros e só são exigíveis no fim do prazo por que foram constituídos; contudo, as instituições de crédito podem conceder aos seus depositantes, nas condições acordadas (ou melhor: no que decorrer das cláusulas contratuais gerais a que o banco recorre), a mobilização antecipada (art. 1º, nº 4 do Dec-Lei nº 430/91, de 2/11), sofrendo penalizações, que consistem, em regra, na perda, total ou parcial, dos juros devidos. O capital está sempre garantido.[493] Eventuais descidas das taxas Euribor para valores negativos, que conduzam a que a própria taxa de juro do depósito entre em valores

[490] Sublinhando que é "redutor circunscrever o depósito a uma relação singular, ocultando na sombra o fluxo de múltiplas e simultâneas relações solidárias e fungíveis, que corresponde o exercício da actividade de receção de fundos reembolsáveis, do público, para utilização por conta própria, exclusiva de certas instituições de crédito", F. CONCEIÇÃO NUNES, *Depósito e conta*, cit., p. 67.

É de facto redutor, e daí a precisão que é realizada. No entanto, colocando as coisas no contexto a que nos referimos em texto, tal não retira nada à utilidade da determinação da natureza do depósito bancário de dinheiro.

[491] Ver, *supra*, nº 20.

[492] É também, muitas vezes, este valor em termos médios que permite ao banco decidir se remunera ou não o dinheiro depositado. Se esse valor for baixo, o banco não pagará qualquer remuneração. De facto, em termos económicos, a vantagem de disposição dessas quantias por parte da instituição de crédito é compensada pelo benefício atribuído ao cliente de custódia dessas mesmas quantias (bem como do recurso ao serviço de caixa do banco, embora, na verdade, grande parte das vezes esses serviços são isoladamente pagos através de uma comissão, p. ex., as transferências bancárias). Quando o montante do saldo for bastante baixo, o custo para o banco pelo serviço que presta é superior ao proveito que retira da disponibilidade (bastante reduzida, já se vê) das quantias e pode mesmo cobrar uma comissão por ele. Como sucede hoje, dado o baixo custo da obtenção de crédito no mercado interbancário. O cliente paga então pelo serviço prestado.

[493] Art. 4º do Aviso do Banco de Portugal nº 6/2009.

negativos nunca podem conduzir à ao pagamento pelo depositante de uma quantia ao banco. O limite para a diminuição da taxa é um valor acima de zero (art. 3º, nº 4, e art. 4º do aviso do BP nº 6/2009).

Os seus montantes são inscritos a crédito em conta própria, denominada conta de depósito a prazo. Em regra, para a sua constituição é necessária a constituição prévia de uma conta de depósito à ordem, donde se transfere depois[494] a quantia aí depositada.[495]

II. O banco recorrerá a estas quantias para as suas operações ativas.

Esta modalidade de depósitos é particularmente relevante no financiamento bancário, porque o banco sabe que elas só terão que ser colocadas na disponibilidade do depositante decorrido o prazo.[496]

Contudo, o banco atua sempre em nome e por conta própria na aplicação desta quantia nas suas operações ativas. O que significa que o lucro que retire das mesmas é só seu, assim como é só seu um eventual prejuízo que daí advenha. Independentemente dos resultados das referidas operações, é sempre devedor do capital depositado, e dos juros, face ao depositante.

Só não seria assim se as quantias fossem depositadas para que o banco as gerisse em nome próprio, mas por conta do depositante, que definiria os termos da gestão a realizar pela instituição de crédito. O risco dessas operações, nesse caso, mas também só nesse caso, correria por conta do depositante. Tanto o lucro, como o eventual prejuízo. Seria ele que correria o risco. As contrapartidas patrimoniais do banco, nessa eventualidade, são as comissões cobradas pela gestão. Tratar-se-ia de um depósito para administração, sendo a relação contratual que se estabelece entre o depositante e o banco de mandato[497].

[494] Quando assim é, o "respectivo montante não poderá ser considerado como indisponível na conta de origem antes da data-valor da constituição ou reforço [do depósito não à ordem], salvo instrução expressa emitida pelo depositante...". art. 5º, nº 4 do Aviso do Banco de Portugal nº 6/2009.

[495] E vice-versa. Note-se que, nos termos do art. 5º, nº 1, do Aviso do Banco de Portugal nº 6/2009, "o lançamento a crédito do reembolso no vencimento dos depósitos não à ordem, deve ser realizado com data-valor e data de disponibilização no próprio dia."

[496] Ou, como já se verá, sempre que a instituição de crédito permitir a sua mobilização antecipada ela poderá calcular os montantes previsíveis de que tem que ter disponibilidade imediata para satisfazer essa preferência pela liquidez (e que serão relativamente baixos, dadas as penalizações que a mobilização antecipada, contratualmente, impõe).

[497] De forma mais completa para a sua qualificação, ver M. PESTANA DE VASCONCELOS, *Modalidades especiais de depósitos. O depósito com finalidade de cumprimento, o depósito para admi-*

III. Refira-se ainda que os bancos têm que emitir um título nominativo representativo dos depósitos a prazo (art. 3º nº 1 do Dec-Lei nº 430/91, de 2/11).[498] Estes títulos não podem ser transmitidos por ato entre vivos, salvo a favor da instituição emitente em situações de mobilização antecipada, nos casos em que ela é admitida (art. 3º nº 2 do Dec-Lei nº 430/91, de 2/11).[499]

nistração, o depósito em garantia e seus regimes insolvenciais, in: Estudos em Homenagem ao Prof. Doutor Heinrich Ewald Hörster, Almedina, Coimbra, 2012, pp. 725, ss..

[498] Desse título devem constar (art. 3º, nº 3 do Dec-Lei nº 430/91, de 2/11) os elementos essenciais da operação, nomeadamente, o valor do depósito, em algarismos e por extenso [art. 3º, nº 3, al. *a)* do Dec-Lei nº 430/91, de 2/11], o prazo por que foi constituído e a data de vencimento [art. 3º, nº 3, al. *b)* do Dec-Lei nº 430/91, de 2/11], as condições em que o depósito pode ser movimentado antes da data de vencimento, se for caso disso [art. 3º, nº 3, al. *c)* do Dec-Lei nº 430/91, de 2/11], a taxa de juros convencionada, incluindo a taxa aplicável nas situações de reembolso antecipado, se for caso disso [art. 3º, nº 3, al. *d)* do Dec-Lei nº 430/91, de 2/11], a forma e o calendário do pagamento dos juros [art. 3º, nº 3, al. *e)* do Dec-Lei nº 430/91, de 2/11], e as condições em que o depósito pode ser renovado, na ausência de declaração do depositante, se for caso disso [art. 3º, nº 3, al. *f)* do Dec-Lei nº 430/91, de 2/11].

[499] A este propósito, diga-se, ainda, que as instituições de crédito podem emitir certificados de depósito, nos termos do Dec.-Lei nº 372/91, de 8/10 em representação de depósitos a prazo (estabelecido este pelos contraentes) que, para o efeito, sejam nelas constituídos, em euros ou em moeda estrangeira (art. 1º e art. 3º do Dec.-Lei nº 372/91, de 8/10).

Estes títulos são nominativos e transmissíveis por endosso, nos termos gerais, com eles se transferindo todos os direitos relativos aos depósitos que representam. (art. 2º, nº 1 do Dec.-Lei nº 372/91).

Eles devem conter, obrigatoriamente (art. 6º do Dec.-Lei nº 372/91, de 8/10): o nome e a sigla ou logotipo da instituição de crédito emitente [art. 6º, al. *a)* do Dec.-Lei nº 372/91, de 8/10]; o número do certificado [art. 6º, al. *b)* do Dec.-Lei nº 372/91, de 8/10]; o número de série, se adotado pela instituição emitente [art. 6º, al. *c)* do Dec.-Lei nº 372/91, de 8/10]; o valor nominal do certificado de depósito, em algarismos e por extenso [art. 6º, al. *d)* do Dec.-Lei nº 372/91, de 8/10]; o prazo por que foi constituído o depósito representado pelo certificado e respetiva data de vencimento [art. 6º, al. *e)* do Dec.-Lei nº 372/91, de 8/10]; o regime de taxas de juro do certificado e a forma de pagamento dos respetivos juros [art. 6º, al. *f)* do Dec.-Lei nº 372/91, de 8/10]; a taxa de juro nominal do depósito que o certificado representa [art. 6º, al. *g)* do Dec.-Lei nº 372/91, de 8/10]; o nome do titular do certificado de depósito [art. 6º, al. *h)* do Dec.-Lei nº 372/91, de 8/10]; os elementos de controlo de autenticidade do certificado, entre os quais o selo branco da instituição emitente e assinaturas manuscritas de quem a represente. [art. 6º, al. *i)* do Dec.-Lei nº 372/91, de 8/10]. Sobre eles, ver J. ENGRÁCIA ANTUNES, *Os títulos de crédito. Uma introdução*, cit., pp. 133-134.

37. Depósito com pré-aviso

37.1. Caracterização

I. O depósito com pré-aviso apenas é exigível depois de prevenido o depositário por escrito, com a antecipação fixada na cláusula de pré-aviso, livremente negociada entre as partes (art. 1º, nº 3, do Dec-Lei nº 430/91, de 2/11). A este depósito corresponde uma conta própria, além de ser, em regra, remunerado. O capital está sempre garantido.[500]

Os seus montantes são inscritos a crédito em conta própria, denominada conta de depósito com pré-aviso.

Subsecção II
A(s) natureza(s) jurídica(s) do(s) contrato(s) de depósito bancário

38. A(s) natureza(s) jurídica(s) do(s) contrato(s) de depósito bancário

38.1. Introdução

I. A natureza do depósito bancário é discutida, havendo quem entenda estarmos perante um verdadeiro depósito irregular[501], outros sustentam

[500] Art. 4º do Aviso do Banco de Portugal nº 6/2009.

[501] No sentido de que se trata de um verdadeiro depósito irregular: PIRES DE LIMA/ANTUNES VARELA, *Código civil anotado*, vol. II, cit., p. 863; J. ANTUNES VARELA, *Depósito bancário*, cit., p. 66; L. MENEZES LEITÃO, *Direito das obrigações, vol. III, Contratos em especial*, cit., pp. 447; J. CALVÃO DA SILVA, *Direito bancário*, cit., p. 349. É a posição prevalecente em Itália, ver L. GUGLIELMUCCI, *Deposito bancário*, cit., p. 256. Neste sentido, na Alemanha: T. SCHÜRMANN, *Einlagengeschäft*, cit., p. 2052 (porém, só para os *Sichteinlagen* ou depósitos à ordem); H.-P. SCHWINTOWSKI, *Bankrecht*, cit., p. 91 (também para os *Sichteinlagen* ou depósitos à ordem); F. PETEREK, *Einlagen- und Spargeschäft*, cit., p. 1156 (igualmente para os *Sichteinlagen* ou depósitos à ordem).

Na jurisprudência, ver, p. ex.: o Acórdão do STJ de 10/1/1995 (Cura Mariano), in: www.dgsi.pt. (qualificando o depósito bancário como depósito irregular); o Acórdão do STJ de 27/5/2003 (Abílio Vasconcelos), in: www.dgsi.pt. ("O depósito bancário constitui um depósito irregular, a que se aplicam as regras do mútuo na medida em que sejam compatíveis com a função específica do depósito, mais as normas do depósito que não colidam com o efeito real da transferência da propriedade do dinheiro depositado."); o Acórdão do STJ de 7/5/2009 (Sebastião Póvoas), in: www.dgsi.pt ("depósito bancário tem como matriz o contrato de

que se trata de um mútuo[502] e outros ainda que estaremos perante uma figura autónoma[503].

Como se verá, cremos que o depósito bancário de dinheiro não tem uma natureza unitária. Em rigor, não há *um* contrato de depósito bancário, mas *diversos* contratos de depósito bancário. Não se deve, mesmo, falar de depósito bancário, como se de um único negócio se tratasse, mas em depósitos: à ordem, a prazo, com pré-aviso.

II. Na realidade, pese embora os aspetos comuns aos diferentes depósitos, como seja a sua ligação a uma conta, a sua inserção no comércio bancário, com as suas regras específicas de funcionamento, a tutela que é concedida pelos órgãos públicos, tanto por via do Fundo de Garantia de Depósitos, como pelo enquadramento normativo em que os bancos atuam (regulação e supervisão bancária), o seu papel económico central de instrumento financiador dos bancos[504] e, dado o papel de intermediação financeira que estes desempenham, também da economia, há relevantes diferenças entre eles. Este aspeto será melhor demonstrado na análise subsequente.

depósito previsto na lei civil, de natureza irregular, aplicando-se-lhe, subsidiariamente, e se compatíveis com a função especifica do depósito, as regras do mútuo"); o Acórdão do TRL de 13/12/2007 (Rui Vouga) in: www.dgsi.pt.

Ainda na jurisprudência, mas agora entendendo que se trata de "um contrato atípico, que reúne elementos comuns da conta corrente mercantil (art. 347º do C. Comercial) e de contrato de mandato (art. 1157º do CC.), e cujo objecto se desdobra em actividades próximas do mútuo oneroso (1142º e ss.) e do depósito (art. 1185º).", o Acórdão do STJ de 9/6/2009 (Mário Cruz), in: www.dgsi.pt

502 J. G. Pinto Coelho, *Operações de banco*, cit., p. 22 ("Assim se vê claramente que o depósito bancário de dinheiro, quer à ordem, quer a prazo, de "depósito" só tem o nome, e não é mais do que um *empréstimo* de dinheiro, que se qualifica como mútuo ou como usura, conforme é gratuito ou produtivo de juros" – itálico no original"); Paula Ponces Camanho, *Do contrato de depósito bancário*, cit., pp. 197, ss.; C. Ferreira de Almeida, *Contratos II*, cit., p. 144 (admitindo que o contrato de depósito à ordem pode ser um contrato misto de mútuo e de prestação de serviços); E. P. Erllinger/E. Lomnicka/R. J. A. Hooley, *Erllinger's modern banking law*, cit., p. 203.

503 V. Lobo Xavier/Mª Ângela Bento Soares, *Depósito bancário a prazo. Levantamento antecipado por um contitular*, cit., p. 300; A. Menezes Cordeiro, *Direito bancário*, cit., p. 624; A. Athaíde/L. Branco, *Operações bancárias*, cit., p. 323; J. Simões Patrício, *A operação bancária de depósito*, cit., pp. 29, ss.; G. Molle, *I contratti bancari*, cit., p. 121; F. Giorgianni/C.-M. Tardivo, *Manuale di diritto bancário*, cit., p. 231.

504 Conforme já apontámos, no segundo trimestre de 2013 essa percentagem era de 53% (*Sistema bancário português, desenvolvimentos recentes. Atualização: 2T 2013*, cit., p. 8).

Cremos ser essencial distinguir, nos termos da lei, os depósitos à ordem [a)], dos depósitos com pré-aviso [c)], e os depósitos a prazo [b)].[505]

Tendo-os já devidamente caracterizado, podemos agora – e só neste momento – proceder à determinação da sua natureza jurídica.

III. Este último passo é de grande importância. Só ele, e em especial o esforço de precisão que implica, confrontando as figuras com os seus limites e as suas linhas de fronteira, permite um conhecimento mais profundo de cada uma delas (perspetivando o objeto de análise sob diversos prismas como que "iluminando-o"). Sem esse conhecimento mais preciso da figura será bem mais difícil, e já agora bem menos preciso, qualquer esforço de resolução de problemas de regime que possam surgir.

Ao mesmo tempo, permite também conhecer melhor o papel que cada uma destas figuras desempenha no seio do comércio bancário.

Como se verá, os depósitos à ordem inserem-se essencialmente no âmbito da guarda do dinheiro e do serviço de caixa prestado pelos bancos, isto é, quanto a este último aspeto, no seio da função de intermediário nos pagamentos dos bancos, e os depósitos a prazo e com pré-aviso, no âmbito do financiamento bancário, portanto na sua função de intermediação financeira.

38.2. O depósito à ordem

I. Haverá que distinguir consoante o depositário pague ou não juros pela disponibilidade das quantias. Começamos pela primeira hipótese.

II. Como sublinhámos a acerca do depósito irregular, um dos interesses (mas não o único, e, por vezes, nem sequer o mais relevante) que esta modalidade de depósito serve é ainda o do depositante na guarda do dinheiro (mas não só, porque a ela se liga também a utilização do serviço de caixa prestado pelo banco), mas em termos tais que mantenha sobre ela uma constante disponibilidade, podendo exigir a sua restituição a qualquer momento. Ora esta permanente disponibilidade do dinheiro depo-

[505] Sustentando, na linha por nós seguida, que as particularidades das várias modalidades de depósitos impedem uma qualificação unitária, F. PETEREK, *Einlagen- und Spargeschäft*, cit., p. 1155. Noutro sentido, PAULA PONCES CAMANHO, *Do contrato de depósito bancário*, cit., p 173.

sitado, que é característica do depósito, não é compatível com o mútuo, como decorre do art. 1148º.[506]

III. Todavia, a existência de juros (mesmo baixos) também não é compatível com o depósito. No depósito oneroso é o depositante que paga ao prestador de serviços, o depositário. Neste caso, é o depositário que paga ao depositante: trata-se da retribuição pela disponibilidade da coisa e esse elemento é já característico do mútuo[507].

À primeira vista parece um pouco estranho pagar-se pela disponibilidade de um bem quando não há um prazo, mesmo que mínimo, para o gozar.

Porém, os juros só são pagos pelo período em que a quantia esteve na disponibilidade do banco. E no comércio bancário, em que se lida não com um único de depósito, mas com uma massa de depósitos[508], a instituição de crédito afetará a operações de crédito grande parte das quantias pecuniárias depositadas à ordem[509].

Com efeito, o banco só retém uma percentagem dessas quantias pecuniárias sob a forma de "reservas" para satisfazer os pedidos de levantamento em numerário ou moeda legal dos clientes[510]. Dessa forma, saberá qual o montante que terá que ter permanentemente à disposição para ser restituído aos depositantes e qual pode utilizar.

Ora, é por haver essa necessidade de imobilização de parte das quantias (que não podem ser usadas pelo banco), e o benefício que resulta para o depositante da custódia e permanente disponibilidade do dinheiro (traduzido no serviço que dessa forma o banco lhe presta), assim como a possibilidade de recorrer aos serviços de caixa do banco, que a taxa de juros

[506] Quanto à necessidade do deferimento no mútuo, ver, *infra*, nº 43.2.

[507] Como refere PAULA PONCES CAMANHO (*Do contrato de depósito bancário*, cit., p. 188): "o banco recebe o dinheiro para poder usá-lo, tal como acontece com o mutuário."

[508] Sublinhando correctamente que o depósito se deve inserir no "fenómeno das operações comerciais em massa", F. GIORGIANNI/C.-M. TARDIVO, *Manuale di diritto bancario*, cit., p. 227. É este aspecto que permite explicar que o banco possa usar (só em parte, como já se verá) os montantes depositados, ao mesmo tempo que se mantém a permanente disponibilidade das quantias depositadas para o depositante. (F. GIORGIANNI/C.-M. TARDIVO, *ob. cit.*, *ibidem*).

[509] E esta afirmação vale, como é claro, para qualquer modalidade de depósito.

[510] Cfr. J. SIMÕES PATRÍCIO, *A operação bancária de depósito*, cit., p. 21. As reservas constituem uma pequena fração dos depósitos bancários. Ver sobre as reservas bancárias, desenvolvidamente, M. LOPES PORTO, *Economia. Um texto introdutório*, cit., pp. 329-330. Ver, *supra*, nº 4.1.

destes depósitos tem um valor mais reduzido (substancialmente mais reduzido, ao ponto de se tornar quase, por vezes, simbólica) do que sucede com os depósitos a prazo.[511]

IV. Como foi referido, o aprovisionamento da conta por via de entregas no âmbito do depósito é essencial para que o seu titular possa participar, ativamente[512], no tráfego bancário. Isto é: para fazer pagamentos com o cartão de débito, transferências, sacar cheques necessita sempre de ter a conta aprovisionada. Por isso, a realização de entregas de dinheiro no seio do depósito visará muitas vezes, principalmente, a disponibilização de meios para se participar nesse tráfego, afastando-se, nesse ponto, do conjunto de interesses subjacente ao depósito irregular[513] e ao mútuo.

De facto, vistas as coisas deste ângulo, o depósito bancário à ordem consiste num instrumento necessário para se realizarem essas operações, e, sempre que estas se analisem em mandatos (ou, mesmo não o sendo, por força do art. 1156º), um ato de cumprimento dos mesmos por parte do mandante[514] [no que diz respeito à colocação de meios à disposição do mandatário para este praticar os atos jurídicos a que está obrigado – art. 1167º al. *a)*].

[511] PAULA PONCES CAMANHO (*Do contrato de depósito bancário*, cit., pp. 197, ss.) defende a tese do mútuo, porque, na sua perspetiva, este contrato é conciliável com a exigibilidade à vista, sustentando que, sendo o art. 1148º "uma norma supletiva, só se aplicará na ausência de manifestação de vontade das partes." (*ob. cit.*, p. 198). Neste ponto, pelas razões apontadas em texto, não acompanhamos a Autora. Ressalve-se, porém, que é correto – e neste ponto já acompanhamos a Autora – o sublinhar a incongruência na tese do depósito irregular que consiste no pagamento de juros por parte do depositário, que o faz porque tem um evidente interesse na disponibilidade da quantia.

Acrescente-se ainda que tese semelhante era sustentada no âmbito do Direito anterior ao Código de 1966 por J. G. PINTO COELHO, *Operações de banco*, cit., p. 100. Escrevia este Autor (*ob. cit., ibidem*): "Não afecta nem afasta a qualificação do depósito como empréstimo (mútuo) – queremos acentuá-lo aqui – o facto de não haver prazo determinado para o reembolso, e poder o credor reclamá-lo a qualquer tempo (à vista). O prazo ou termo não é elemento essencial, mas acidental, do empréstimo."

[512] De forma passiva, como simples destinatário dos fundos transferidos por terceiros, bastaria a simples abertura de conta.

[513] Sublinhavam já este aspecto V. LOBO XAVIER/Mª ÂNGELA BENTO SOARES, *Depósito bancário a prazo. Levantamento antecipado por um contitular*, cit., p. 293, nota 5.

[514] Pelo menos, sempre que seja este a realizá-los.

V. Podemos assim concluir que o contrato de depósito bancário à ordem, nesta primeira modalidade, é um contrato atípico, tendo um *núcleo misto* composto por elementos de depósito irregular e mútuo. Esta qualificação traduz a essência da figura. Mas ela na sua conformação vai para além desses elementos.

Na verdade, a entrega das quantias, conforme se tem sublinhado, pode fazer-se tanto pelo cliente, titular da conta, como por terceiro. Não tem que ser realizada pelo depositante, variando os instrumentos a que se recorre para esse efeito (entrega de numerário[515], transferência).

Acresce que, como tem igualmente apontado, a restituição das quantias ao depositante poucas vezes se verifica[516]. Os serviços de caixa que o banco presta implicam na maior parte das vezes a entrega dessas quantias não ao titular da conta, mas a terceiro por determinação daquele (veja-se, p. ex., o recurso ao pagamento com cartão de débito).

Para além disso, o contrato não abrange uma única entrega, mas um conjunto sucessivo, em massa, de entregas, o que não é a figura que os modelos dos contratos de depósito irregular e de mútuo tomam por base.

Isto dito, pelas razões apontadas, o *núcleo* da figura é composto por elementos do mútuo e do depósito irregular. Porém, este contrato de depósito bancário vai para além deles, sendo é diferente e mais complexo do que daí resulta. Nessa medida, estamos perante um contrato atípico, socialmente típico.

VI. A situação é aparentemente diversa quando não haja pagamento de juros. O interesse aqui seria todo do depositante na custódia, no sentido assinalado, e permanente disponibilidade das quantias.

O depositário, tendo a todo o tempo que estar preparado para as restituir por inteiro, não poderia beneficiar da disponibilidade delas. Sabemos, no entanto, que no comércio bancário não é assim. O banco mantém só uma fração das quantias pecuniárias aí depositadas à ordem. O que significa que pode, e assim o fará, recorrer às outras quantias pecuniárias

[515] Como referimos *supra*, a conformação dos depósitos pelos bancos nos contratos pode afastar do âmbito do depósito as transferências.

[516] A situação é diversa da do depósito a favor de terceiro, porque para que assim fosse era necessário que do contrato resultasse a atribuição do crédito à restituição a outrem, o terceiro. Não é o que aqui se verifica. O cumprimento é que se realiza por ordem do depositante, em regra, a um terceiro.

para as suas operações ativas de crédito. Tal só não acontecerá se os valores forem muito diminutos.

Verifica-se, pois, ainda neste caso, a dupla disponibilidade da quantia (embora meramente parcial para o depositário)[517], mas o depositário não remunera o depositante por essa vantagem através de juros. No entanto, ela é – ou deve ser – tida em conta para o depositário cobrar ou não uma remuneração pelo seu serviço, a comissão[518].

Há, assim, uma alteração do equilíbrio de interesses. O interesse central passa a ser o do depositante na custódia dos fundos de que mantém a total disponibilidade e no recurso ao serviço de caixa do banco, enquanto a disponibilidade destes, agora por parte da instituição de crédito, continua a ser tida em conta na equação económica do contrato, embora assumindo um relevo de segundo plano (em certos casos, mesmo, dados os diminutos valores envolvidos, inexistente).

Nessa medida, este contrato, indo para além deles, e conformando-os em diversos pontos (como acima se viu), tem no seu *núcleo* elementos de depósito irregular e mútuo (de forma bastante limitada e, em certos casos, mesmo, inexistente, como se assinalou), sendo agora o *primeiro* o elemento dominante. Pelas razões antes apontadas, continuamos a estar face a um contrato atípico, socialmente típico.

38.3. Os depósitos a prazo

I. Nestas modalidades de depósitos, o aspeto relevante para o depositante consiste nos juros do dinheiro que coloca na disponibilidade do banco durante o período de tempo acordado. Não há aqui uma dupla disponibilidade, como no depósito à ordem. Mesmo no depósito a prazo em que os bancos podem permitir a sua mobilização antecipada, tal implica, como se disse, consequências negativas para o depositante, geralmente sob a forma de perda de juros.

[517] O que não se verificará nos outros casos de depósito irregular de dinheiro fora do comércio bancário. Aí, conforme se viu no número anterior, o depositário não tem a disponibilidade das quantias (ou será muito limitada), uma vez que tem que estar sempre preparado para as restituir, logo que exigidas, por inteiro. O interesse é só, nos termos apontados, do depositante que poderá mesmo remunerar a outra parte pelo serviço que ela lhe presta.

[518] A comissão pela manutenção, que o banco poderá, ou não, cobrar. Note-se, porém, o BP entende não ser "adequada, a prática comercial de fazer variar o montante da comissão em função de saldos médios em contas de depósito à ordem." (Carta-circular nº 24/2014/DSC).

II. Para o banco, estes depósitos são um instrumento clássico do seu financiamento, recorrendo a eles para poderem, depois, conceder crédito[519]. A atividade tradicional dos bancos consiste, na essência, como se tem vindo a sublinhar, na recolha das poupanças do público sob a forma de depósitos a prazo (operações passivas)[520], remunerando-os a uma determinada taxa, para depois poderem conceder por conta própria crédito (operações ativas) a quem dele carece a uma taxa mais elevada, sendo o ganho do banco a diferença entre as duas taxas. É o cerne da intermediação financeira.[521]-[522]

III. Parece claro que, para o banco, são contratos de crédito. Resta saber se são mútuos, o que se prende com a regra do art. 1147º nos termos da qual "no mútuo oneroso o prazo presume-se estipulado a favor de ambas as partes, mas o mutuário pode antecipar o pagamento desde que o faça por inteiro."

Os depósitos a prazo não mobilizáveis antecipadamente correspondem à primeira parte desta disposição, gerando meramente um desvio no que toca à última parte da norma. No entanto, não vemos motivo algum que impeça o afastamento desta regra. É inexistente, a nosso ver, qualquer interesse específico do mútuo que impeça a exclusão da faculdade de o mutuário pagar antecipadamente, satisfazendo os juros por inteiro. Daí que esta modalidade de depósito a prazo seja efetivamente um mútuo.

IV. A situação é diversa no caso dos depósitos a prazo em que as instituições de crédito podem conceder aos seus depositantes, nas condições acordadas, a mobilização antecipada.

É claro que não se trata de um depósito irregular, porque as quantias não são entregues para que o banco exerça a custódia, nem para aceder ao serviço de caixa que não existe nesta conta. Se fosse esse o objetivo, seria celebrado um depósito à ordem.

O que o depositante quer obter é o juro, a contrapartida da disponibilidade de fundos que nesse período de tempo concede ao banco (reservando-se, porém, ao mesmo tempo, a possibilidade de reaver essas quantias se durante o prazo acordado necessitar delas). A instituição de crédito,

[519] Os depósitos à ordem também podem ser utilizados para este fim, como decorre do anteriormente exposto, mas, como se compreende, com uma relevância muito menor.

[520] Mas também, embora em menor medida, pelos depósitos à ordem.

[521] L. Guglielmucci, *Deposito bancário*, cit., p. 256.

[522] Desenvolvidamente, ver, *supra*, nº 4.1.

por seu lado, pretende a disponibilidade destes fundos, que remunera, dinheiro a ser utilizado depois nas suas operações ativas. Trata-se, desta forma, de um contrato de crédito.

A sua natureza precisa dependerá sempre do que vier a ser acordado pelas partes no que diz respeito à sua mobilização antecipada[523].

Porém, se ela se puder fazer a todo o momento, já não estamos face a um mútuo.

Tratar-se-á então de um contrato de crédito atípico, próximo do mútuo e só explicável no seio do comércio bancário.

Aí a lei dos grandes números (estamos não face a um depósito, mas a uma *massa de depósitos*) permite à instituição de crédito calcular a percentagem de depósitos que serão mobilizados antecipadamente e, com base nesses dados, tomar as devidas medidas de cautela, relacionadas com a necessidade de ter permanentemente meios líquidos para satisfazer essas mobilizações, podendo afetar com segurança os outros montantes ao crédito (ou a outras operações ativas).

38.4. Depósitos com pré-aviso

I. Esta modalidade de depósito está a "meio caminho" entre os depósitos à ordem e os depósitos a prazo. Na realidade, ao contrário do que sucede com estes últimos, não existe um prazo para o vencimento da obrigação de restituir.

Mas, da mesma forma, diferentemente do que sucede com os depósitos à ordem, não se pode falar de uma disponibilidade imediata da quantia por parte do depositante. Haverá que respeitar o prazo de pré-aviso. O banco beneficia sempre de um período mínimo de gozo da coisa.

Nessa medida, atendendo ao disposto no art. 1148º, donde decorre que este período de tempo pode ser bastante reduzido (trinta dias), estaremos perante um mútuo; pelo menos, sempre que o prazo de pré-aviso seja de trinta dias[524].[525]

[523] No sentido de que os depósitos a prazo são mútuos, C. Lacerda Barata, *Contrato de depósito bancário*, cit., p. 29, pp. 50-51. Também: T. Schürmann, *Einlagengeschäft*, cit., § 70, p. 2053; H.-P. Schwintowski, *Bankrecht*, cit., p. 92.

[524] Noutro sentido, sustentado tratar-se de um depósito irregular, C. Lacerda Barata, *Contrato de depósito bancário*, cit., p. 29.

[525] Na Alemanha, no âmbito dos *Termineilagen*, distinguem-se os *Festgelder*, que consistem em depósitos a prazo, dos *Kündigungsgelder*. Estes últimos são contratos celebrados por

38.5. Conclusão

I. O contrato de depósito bancário não tem natureza unitária, devendo antes falar-se em contratos, diferentes entre si, de depósito bancário.

A distinção central é entre depósitos à ordem e depósitos a prazo e com pré-aviso.

Os primeiros têm, essencialmente, por função a guarda do dinheiro dos clientes e permitir (forma de "alimentação" da conta que é) que estes possam recorrer ao serviço de caixa do banco, central para a via moderna, que se realiza hoje em moeda escritural pelas veias do sistema bancário[526].

Os segundos correspondem à função tradicional do banco de intermediação no dinheiro e consistem para quem a eles recorre numa forma – face às alternativas, segura – de rentabilizar um capital mediante a perceção – hoje mínima – de juros.

Subsecção III
Modalidades particulares de depósitos

39. O depósito em garantia[527]

I. Trata-se do recurso ao depósito bancário como instrumento de garantia de uma obrigação. A operação, porque assenta em mais do que um contrato, tem geralmente os seguintes contornos[528]. Celebrando dois sujeitos um contrato de natureza diversa, o devedor de uma das obrigações daí emergente, como forma de assegurar o crédito da sua contraparte, celebra com um banco um contrato de depósito, nos termos do qual a institui-

tempo indeterminado que cessam por denúncia com pré-aviso. Quando este for de um mês, denominam-se *Monatsgeld*. São assim semelhantes aos nossos depósitos com pré-aviso. Em ambos os casos, o entendimento doutrinal é que estamos perante mútuos pecuniários. Cfr. H.-P. Schwintowski, *Bankrecht*, cit., p. 96.

[526] E, do ponto de vista do banco, seja também, embora de forma limitada, um instrumento de financiamento bancário

[527] Amplamente sobre este contrato (que se expõe de forma bastante resumida em texto), distinção de figuras próximas e regime desenvolvido, em particular o regime insolvencial, ver M. Pestana de Vasconcelos, *O depósito com finalidade de cumprimento, o depósito para administração, o depósito em garantia e os seus regimes insolvenciais*, cit., pp. 743, ss..

[528] Poderá ter outros, claro: liberdade contratual.

ção de crédito deverá entregar a quantia ao credor garantido, se o garante incumprir a sua obrigação. Em caso de cumprimento da obrigação garantida, o banco deverá restituir ao depositante a quantia.[529]

II. A conta simples (sem cláusula de conta corrente), de caráter fiduciário, é aberta para se realizar esse depósito e os únicos movimentos a débito (a favor do garante ou do garantido, conforme tenha havido, ou não, cumprimento da obrigação garantida) que admite são os acima mencionados, verificando-se os eventos referidos (cumprimento, caso em que o garante pode exigir a restituição das quantias depositadas; incumprimento, podendo exigi-las o garantido).

Estes o serão, em regra, devidamente – por vezes de forma exaustiva – definidos no contrato para que o depositário/banco se veja o mais possível afastado das relações entre as partes e saiba sempre, de forma clara, face a quem cumprir. A contrapartida do banco consiste na comissão.

III. Há uma ligação umbilical entre este contrato e o negócio donde decorre a obrigação garantida. Integram ambos a estrutura jurídica adotada para se dar corpo a uma operação económica una da qual faz parte a especial tutela que o crédito de uma das partes através desta garantia obtém.

A ligação entre os contratos pode ser estabelecida de maneira diversa. Assim, a obrigação de celebrar o depósito em garantia pode emergir logo do contrato fonte da obrigação a garantir, ou, mesmo, os efeitos deste ficarem suspensos à celebração do negócio de garantia.

Geneticamente, pois, o contrato de garantia está dependente do contrato do qual decorre a obrigação garantida, mantendo-se o nexo ao longo da duração dos contratos. Deste modo, se o segundo for nulo ou anulado, cessa o primeiro. Por outro lado, extinguindo-se por cumprimento a obrigação garantida, o devedor/garante poderá exigir a restituição da quantia depositada, o que conduz à cessação deste contrato de depósito. Nessa medida se pode falar no carácter acessório da garantia relativamente à obrigação garantida.

[529] Ver sobre este na jurisprudência (tendo por objeto ações), o acórdão do STJ de 10/11/2011 (Gregório Silva Jesus), in: www.dgsi.pt.

40. O depósito com finalidade de cumprimento[530]

I. Este contrato pode, tal como o depósito em garantia, inserir-se na modalidade mais ampla do depósito *in escrow*[531].[532] Achamos, no entanto, que, por uma questão de precisão analítica, se deve fazer a destrinça entre as espécies deste género.

II. Numa breve caraterização inicial, o depositante entrega ao depositário uma quantia, ou outro bem (como valores mobiliários) que o depositário deve guardar e, no todo ou em parte, entregar ao beneficiário (ou ao depositante), logo que se verifiquem determinados factos previstos no contrato.

O caso que nos interessa é aquele em que o bem depositado seja dinheiro. Para a realização do depósito, sempre que o depositário for um banco[533], o que será o mais comum, será aberta uma conta (fiduciária), sem cláusula de conta corrente, com essa finalidade específica. Não há outros movimentos a crédito na conta. Os únicos movimentos admitidos são a débito, a favor do beneficiário ou a favor do depositante. Operando eles, cessa a conta. Como contrapartida dos seus serviços, o depositário cobra uma comissão.

[530] Amplamente sobre este contrato (que aqui se aborda de forma muito sumária), com o regime muito desenvolvido, em particular o regime insolvencial, ver M. Pestana de Vasconcelos, *O depósito com finalidade de cumprimento, o depósito para administração, o depósito em garantia e os seus regimes insolvenciais.*, cit., pp. 728, ss..

[531] O depósito *in escrow* é muito utilizado nas relações comerciais nos países anglo-saxónicos, tendo a sua origem na prática de entregar um bem (dinheiro, um documento, uma outra coisa móvel) a um terceiro (o *escrow holder*) para que este, verificando dado condicionalismo, o entregue à pessoa designada. É particularmente utilizado na venda de empresas, tendo por objeto parte do preço. Sobre este contrato, ver: João Tiago Morais Antunes, *Do contrato de depósito escrow*, Almedina, Coimbra, 2007, p. 173; M. Januário Costa Gomes, *Contratos comerciais*, cit., pp. 182-183; Gabriella Provaggi, *Agency escrow*, in: Fiducia, trust, mandato ed agency, Convegni di studio, Madonna di Campiglo, Giuffrè, Milão, 1991, pp. 291, ss.; Ángel Carrasco Perera/Encarna Cordero Lobato/Manuel Jesús Marín López, *Tratado de los derechos de garantia, tomo II, Garantías mobiliárias*, Thomson/Arazandi, Pamplona, 2008, p. 293..

[532] Sobre ele, e as potencialidades decorrentes da tecnologia dos *smart contracts* para a sua execução, ver Mariana Fontes da Costa, *O impacto dos smart contracts na redefinição de operações bancárias: o exemplo do depósito escrow*, in: IV congresso de direito bancário (coord. Miguel Pestana de Vasconcelos), Almedina, Coimbra, 2021, pp. 115, ss..

[533] Com o se referiu já, estes contratos são hoje celebrados quase sempre com bancos, sendo esse o caso que termos principalmente debaixo dos olhos na exposição em texto. De todo o modo, o que se diz a esse propósito é aplicável, como é evidente, com algumas, reduzidas, adaptações, às hipóteses em que o depositário não seja uma instituição de crédito.

III. Recorrendo a dois exemplos: celebrado entre o depositante e o beneficiário um contrato de compra e venda (em que o primeiro seja o comprador e este último o vendedor), deposita-se o preço que será pago depois da entrega das mercadorias pelo vendedor; ou então, se o contrato entre os mesmos sujeitos for um contrato-promessa de compra e venda de determinados bens (p. ex., ações tituladas ao portador) em que o preço tenha já sido entregue ao promitente-vendedor, depositam-se os referidos bens para serem entregues aquando da celebração do contrato de compra e venda[534].

IV. Este depósito adota, em regra, uma estrutura trilateral[535], sendo concluído entre depositante, depositário e beneficiário, embora possa ser um contrato bilateral celebrado entre o depositante e o depositário.

A entrega das quantias depositadas deverá fazer-se logo que se verifiquem os factos contratualmente previstos, sendo o depositário instruído pelas outras partes para o efeito[536].

Como o depositário, aqui, é instituição de crédito, embora se possa pactuar que ela desempenhe funções de acompanhamento do contrato entre o beneficiário e o depositante – o que significa assumir um papel de árbitro relativamente a esse negócio –, poucas vezes se convencionará essa obrigação dada a dificuldade do banco acompanhar o contrato onde não se pretende sequer imiscuir.[537]

De todo o modo, como se disse, pelos seus serviços o depositário receberá uma remuneração, negocialmente fixada.

41. O depósito para administração[538]

I. Figura distinta da anterior é aquela em que se realiza um depósito de dinheiro[539] numa conta bancária aberta em nome do cliente ou da enti-

[534] Cfr. Rosella Voiello, *Depositi fiduciari*, in: *Fiducia, trust, mandato ed agency*, Convegni di studio, Madonna di Campiglo, Giuffrè, Milão, 1991, p. 286.

[535] Pedro Romano Martinez/Pedro Fuzeta da Ponte, *Garantias de cumprimento*, 5ª ed., Almedina, Coimbra, 2006, p. 65.

[536] Cfr. J. T. Morais Antunes, *Do contrato de depósito escrow*, cit., p. 166.

[537] Cfr. P. Romano Martinez/P. Fuzeta da Ponte, *Garantias de cumprimento*, cit., p. 66.

[538] Sobre esta modalidade de depósito, ver, desenvolvidamente, em especial quanto ao regime insolvencial, M. Pestana de Vasconcelos, *O depósito com finalidade de cumprimento, o depósito para administração, o depósito em garantia e os seus regimes insolvenciais.*, cit., pp. 739, ss..

[539] Ou valores mobiliários. Estamos a focar em texto a primeira hipótese.

dade gestora numa instituição de crédito, para que os fundos sejam aplicados por esta última na aquisição de determinados bens, como, p. ex., valores mobiliários, numa perspetiva do seu incremento, de valorização do acervo patrimonial.

II. Para o efeito, é celebrado um contrato de mandato que regulará a administração em concreto. Os fundos devem ser depositados numa conta bancária aberta em nome do cliente ou em nome da sociedade gestora por conta do cliente e os bens adquiridos com esses fundos por conta do mandante deverão ser depositados nessas mesmas contas, uma vez que pertencem ao cliente. Como, normalmente, a gestão será dinâmica, traduzindo-se num movimento constante de compras e vendas, os bens incluídos nas contas podem ser movimentados para diversas operações, devendo depois ser aí depositado o resultado delas (que, por sua vez, será utilizado para novas operações).

III. Sendo a administração de patrimónios, neste caso de fundos, realizada por um banco [art. 4º, nº 1, al. *i)* RGICSF], o banco torna-se titular fiduciário das quantias. Neste caso, não estamos face a dois contratos, mas a um contrato misto de depósito bancário[540] e mandato, sendo o mandato o elemento dominante do contrato. Repare-se que o depósito tem um carácter instrumental: é a forma de entregar as quantias ao banco.

V. De forma idêntica, neste aspeto, à figura antes analisada, também aqui este depósito se insere na atividade de prestação de serviços do banco, sendo a instituição de crédito remunerada mediante uma comissão[541].

[540] No sentido, já antes referido, de depositado junto de um banco. Este depósito tem características próprias.

[541] Ao contrário dos outros fundos recebidos por meio dos "comuns" depósitos à ordem ou a prazo, estes fundos, objecto de administração, não são entregues para que o banco os utilize por conta própria, mas simplesmente por conta alheia. Eles não se incluem, pois, no núcleo central da atividade bancária.

Capítulo V
Os contratos de crédito

Secção I
Os contratos de crédito em especial

42. Categoria geral? Indicação de sequência

I. O crédito, em termos económicos, pode ser definido, recorrendo a três elementos: dilação, obrigação de restituir e confiança.[542]

Contudo, em termos jurídicos torna-se difícil a construção da figura do contrato de crédito. Este aspeto é mais claro se atentarmos em algumas noções decorrentes da lei. Assim, p. ex., o *Code monétaire et financier* (Art. L 313 – 1)[543] contem uma definição de operação de crédito no seguinte termos: "Constitue une opération de crédit tout acte par lequel une personne agissant à titre onéreux met ou promet de mettre des fonds à la disposition d'une autre personne ou prend, dans l'intérêt de celle-ci, un engagement par signature tel qu'un aval, un cautionnement, ou une garantie.

Sont assimilés à des opérations de crédit le crédit-bail, et, de manière générale, toute opération de location assortie d'une option d'achat."

A esta definição podem ser dirigidas diversas críticas.

[542] Nesta linha: A. Sousa Franco, *Crédito – Econ.*, cit., p. 299; Virgílio Rapaz, *Crédito*, Pólis, Enciclopédia Verbo da Sociedade e do Estado, 1, Tipografia Guerra, Viseu, 1983, p. 1354 (acrescenta ainda o risco); J. Simões Patrício, *Direito do crédito, introdução*, Lex, Lisboa, 1994, pp. 39, ss. (o Autor acrescenta a remuneração); Paula Ponces Camanho, *Do contrato de depósito bancário*, cit., pp. 20-23 (em sentido "económico-jurídico); Alfredo Galasso, *Credito (contratti di)*, DDP, sezione civile, V, pp. 25, ss

[543] Sobre ele, P. Bonneau, *Droit bancaire*, cit., pp. 44, ss..

Em primeiro lugar, tendo embora uma grande amplitude, não inclui a locação financeira e a locação com opção de compra, uma vez que as considera simplesmente operações "assimiladas". Ora, qualquer noção de operação de crédito que não inclua a locação financeira, um dos contratos de crédito mais importantes, é, de forma clara, deficiente.

Por outro lado, deixa de fora outras figuras que são igualmente, ou podem ser, instrumentos de crédito, mas que assentam estruturalmente numa ou mais vendas, integradas num negócio mais complexo, tanto típicas como atípicas.

É o que sucede no primeiro caso com a venda a retro, a venda a prestações com reserva de propriedade (figura nuclear de concessão do chamado "crédito comercial") e o reporte. Se a venda a retro é hoje pouco relevante, este último (ou o *repo*) tem uma importância muitíssimo grande como mecanismo de concessão de crédito nos mercados de capitais.

No segundo grupo incluem-se figuras legalmente atípicas que têm, ou podem ter, no seu núcleo uma ou mais vendas. É o que sucede com o *forfaiting*.

Como é óbvio, a liberdade contratual há-de continuar a criar, em função das necessidades económico-financeiras (e do engenho do jurista), novas figuras com essa finalidade.

II. Por isso, entendermos que, nestes termos, não existindo ela na lei, a construção dessa categoria, em termos genéricos[544], é desnecessária[545] e mesmo indesejável. Com efeito, ela obscureceria mais do que auxiliaria, porque é demasiado ampla, englobando figuras bastante diversas, sendo que é difícil retirar daqui elementos comuns.

Para além disso, é também, como se refere, desnecessária. É que a lei determina para cada caso os contratos de crédito abrangidos, e, quando não se recorra a uma tipicidade taxativa, cabe, sempre que necessário, ao intérprete para cada um desses quadrantes, atendendo aos interesses aí presentes e à teleologia da regulação, para esse efeito, construi-la.

[544] Resta saber se seria alcançável. Na Alemanha, os esforços para se a construção de o conceito jurídico unitário de de crédito não tiverem até hoje sucesso. Cfr. FELIX STEFFEK, *Einführung zum Kreditrecht vor §§ 488ff. BGB*, in: Bankrechts-Kommentar (herausgegeben von KATJA LAGENBUCHER/DIRK BLIESENER/GERALD SPINDLER), C. H. Beck, Munique, 2013, p. 701.

[545] Assim, C. W. CANARIS, *Bankvertragsrecht*, Walter de Gruyter, Berlim, Nova Iorque, 1975, p. 864. Este Autor entende mesmo que o conceito de negócio de crédito é perigoso.

Na verdade, a lei recorre a noções mais ou menos amplas de crédito e é em cada uma delas que nos devemos focar. Assim, temos – quase a sua extensão máxima – o art. 559º-A ("...negócios ou actos de concessão, outorga...de um crédito..."), o art. 2º, al. *b)*, Dec.-Lei nº 220/94, de 23/8[546], o Dec.-Lei nº 133/2009, de 2/6 (crédito ao consumo) e o Dec.-Lei nº 58/2013, de 8/5 (incluiem-se aqui, exemplificativamente, o desconto, a abertura de crédito, empréstimos em conta corrente)[547].

III. Outra questão, com mais interesse, é destacar o papel central do mútuo pecuniário oneroso no seio dos contratos de crédito[548]. De forma significativa, e com enorme relevância prática, a lei estende o regime dos juros usurários previsto no mútuo a toda concessão[549] de crédito previsto de forma amplíssima no art. 559º-A[550].

Este aspeto poderá ser menos visível, porque este contrato foi consagrado como real quanto à sua constituição (embora seja admitido um mútuo consensual, como contrato atípico[551]). Mas, se bem virmos, indo mais fundo na análise, a generalidade dos outros contratos de crédito assentam ou em elementos de mútuo ou são autênticos mútuos[552].

Assim (a benefício de demonstração posterior), a antecipação bancária que é um contrato misto, com elementos de mútuo; na abertura de crédito, as mobilizações de capital podem fazer-se por meio de mútuos, ou contratos próximos deste; o desconto é um contrato misto onde se articulam

[546] Este diploma, procura definir, para determinar o seu âmbito de aplicação, "operações de crédito [art. 2º, al. *a)*]: "todos os contratos de concessão de crédito, seja qual for a modalidade que revistam, incluindo os descobertos em conta, mas com exclusão da locação financeira, do factoring e da prestação de garantias". As exclusões da segunda parte da norma restringem bastante a extensão, aparente, nessa medida, da sua primeira parte, onde crédito aparece com um sentido muito amplo.

[547] Ver também o caso específico do Dec.-Lei nº 227/2012, de 25/10, que define os contratos de crédito aí previstos [art. 1º, nº 1, als. *a)* e *b)*, e art. 2º].

[548] Cfr. C.W. Canaris, *Bankvertragsrecht*, cit., 1975, pp. 864-865.

[549] Entendida esta, também, em sentido muito amplo.

[550] "...negócios ou actos de concessão, outorga, renovação, desconto ou prorrogação do prazo de pagamento de um crédito e em outros análogos." Trata-se, não só de juros, mas também a "estipulação de (...) quaisquer outras vantagens." Sobre esta norma, ver, desenvolvidamente, no âmbito dos juros, *infra*, ns. 60 e 61.

[551] Como se verá já de seguida, no próximo número.

[552] Sublinhado este aspeto, A. Menezes Cordeiro, *Direito bancário*, cit., p. 669 ("tipo clássico do crédito bancário").

elementos de mútuo com um mandato para cobrança; o *factoring*, em que os contratos de segundo grau pelas quais seja concedido crédito à contraparte do factor são negócios mistos com elementos de mútuo; os depósitos a prazo que constituem um dos elementos centrais na concessão de crédito à banca, ou são mútuos, ou são contratos de crédito próximos deste.[553]

IV. Por isso, no plano de exposição desta matéria, não recorremos à construção de uma categoria geral de contrato de crédito. A nossa análise partirá do contrato de mútuo, como elemento nuclear da categoria, passando-se em seguida àqueles negócios que mais claramente comungam de elementos seus, como a antecipação bancária, a abertura de crédito, o desconto e, de uma forma mais limitada, a cessão financeira ou *factoring*.

Num segundo grupo, ou se se preferir num halo exterior da categoria, incluímos aqueles contratos de crédito que não recorrem a quaisquer elementos de mútuo, como o *forfaiting*, a locação financeira e o reporte financeiro (este de forma limitada).

Vistos os principais contratos de crédito, passaremos ao regime do crédito ao consumo. Cremos mais ajustado, e mais claro, tratar esta matéria num número próprio, subsequente à análise daqueles. Atenta a ampla noção de crédito ai adoptada, torna-se mais fácil explicar quais as especialidades que a lei, com vista à tutela do consumidor, introduz para – alguns – destes negócios[554].

Por último, tratamos a contrapartida do crédito, os juros. Eles poderiam ter sido incluídos no âmbito do mútuo. A verdade, porém, é que, por um lado, se trata de uma matéria demasiado extensa, que exige uma atenção especial, por outro, eles fazem parte de todos estes contratos, pelo que há vantagem em analisá-los em separado.[555]

[553] Ver sobre todas estas figuras, ver desenvolvidamente em texto.

[554] Quanto ao recurso aos smart contracts, com base na tecnologia blockchain, para a concessão de crédito, ver JOANA FARRAJOTA, *Crédio inteligente?* in: IV Congresso de direito bancário (coord. Miguel Pestana de Vasconcelos), Almedina, Coimbra, 2021, pp. 53, ss..

[555] Merece referência a figura do mediador de crédito (Dec.-Lei nº 144/2009, de 17/6), criado junto do Banco de Portugal. Ele tem "por missão defesa e a promoção dos direitos, garantias e interesses legítimos de quaisquer pessoas ou entidades que sejam parte em relações de crédito, bem como contribuir para melhorar o acesso ao crédito junto do sistema financeiro." (art. 1º do Dec.-Lei nº 144/2009, de 17/6). Inspira-se noutras figuras dos direitos inglês, italiano e alemão, onde existem os chamados *Ombusdman*. Cfr. ANTÓNIO PEDRO A. FERREIRA, *Direito bancário*, 2ª ed., Quid Juris, Lisboa, 2009, pp. 576, ss..

43. O mútuo pecuniário[556]

43.1. Introdução

I. A exposição está dividida da seguinte forma: começa-se pelo regime do mútuo de dinheiro oneroso civil, núcleo central de todos os outros, passando-se depois ao mútuo mercantil e, por fim, ao mútuo bancário.

É no contexto deste último que serão tratadas algumas cláusulas que se ligam aos contratos de empréstimo pecuniário celebrados por bancos e que lhes conferem uma fisionomia própria.

Veremos igualmente alguns casos desta modalidade de contrato especialmente regulados, como sucede com o mútuo bancário para habitação.

[556] Sobre o mútuo, ver: PIRES DE LIMA/ANTUNES VARELA, *Código civil anotado*, vol. II, cit., pp. 761, ss.; I. GALVÃO TELLES, *Contratos civis (Projecto completo de um título do futuro Código Civil português e exposição de motivos)*, BMJ nº 83, pp. 162-163; A. MENEZES CORDEIRO, *Direito bancário*, cit., pp. 672, ss.; JOÃO REDINHA, *Contrato de mútuo*, in: *Direito das obrigações*, 3º vol., 2ª ed. (coordenado por António Menezes Cordeiro), AAFDL, Lisboa, 1991, pp. 187, ss.; L. MENEZES LEITÃO, *Direito das obrigações, vol. III, contratos em especial*, cit., pp. 347, ss.; CARLOS FERREIRA DE ALMEIDA, *Direito dos contratos, II*, cit., pp. 138, ss.; JOSÉ JOÃO ABRANTES, *Algumas notas sobre o contrato de mútuo*, in: Nos 20 anos do Código das Sociedades Comerciais, homenagem aos Profs. Doutores A. Ferrer Correia, Orlando de Carvalho e Vasco Lobo Xavier (coordenação do Professor Doutor António Pinto Monteiro), vol. III, vária, Faculdade de Direito da Universidade de Coimbra, Coimbra Editora, Coimbra, 2007, pp. 1057, ss.; M. JANUÁRIO DA COSTA GOMES, *Contratos comerciais*, Almedina, Coimbra, 2012, pp. 315, ss.; MIGUEL BRITO BASTOS, *O mútuo bancário*, Coimbra Editora, Coimbra, 2015; FRANCISCO MENDES CORREIA, *O contrato de mútuo: questões antigas e desenvolvimento recentes*, in: Código Civil, Livro do cinquentenário (coord. António Menezes Cordeiro), Almedina, Coimbra, 2019, pp. 527, ss..

Ver ainda: MICHELE FRAGALI, *Del mutuo*, in: Commentario del Codice Civile (a cura de Antonio Scialoja e Giuseppe Branca), IV, Delle Obbligazioni, Zanichelli/Soc. Ed. Del "Foro italiano", Bolonha/Roma, 1953, pp. 244, ss.; GIORGIO GIAMPICCOLO, *Mutuo (diritto privato)*, ED, XXVII, pp. 444, ss.; A. LUMINOSO, *I contratti tipici e atipici*, cit., pp. 678, ss.; BIANCA G. TEDESCHI, *Mutuo (contratto di)*, DDP, sezione civile, XI, pp. 537, ss.; PAOLO GALLO, *Mutuo in diritto comparato*, DDP, sezione civile, XI, pp. 580, ss.; HANS BROX/WOLF-DIETRICH WALKER, *Besonderes Schuldrecht*, 35ª, C. H. Beck, Munique, 2011, § 17, pp. 206, ss.; D. MEDICUS/S. LORENZ, *Schuldrecht II, Besonderer Teil*, cit. § 93, pp. 198, ss.; NILS-CHRISTIAN WUNDERLICH, *Darlehensvertrag*, in: HERBERT SCHIMANSKI/HERMAN-JOSEF BUNTE/HANS-JÜRGEN LWOWSKI, *Bankrechts-Handbuch*, Band I, 4ª ed., C. H. Beck, Munique, 2011, § 76, pp. 2176, ss.; ORLANDO GOMES, *Contratos*, 26ª ed. (atualizada por: ANTONIO JUNQUEIRA DE AZEVEDO e FRANCISCO PAULO DE CRESCENZO MARINO), Editora forense, Rio de Janeiro, 2008, pp. 389, ss..

43.2. O mútuo em geral. O mútuo civil

I. O mútuo é o modelo básico dos contratos de crédito. Tal como está previsto e regulado no Código Civil carateriza-se por ser um contrato unilateral, real quanto à constituição "pelo qual uma das partes empresta à outra dinheiro ou outra coisa fungível, ficando a segunda obrigada a restituir outro tanto do mesmo género e qualidade." (art. 1142º).

O seu objeto são coisas fungíveis. Dentre estas, a mais relevante é sem qualquer dúvida o dinheiro, e será o mútuo pecuniário aquele que será doravante objeto de análise.

II. O mútuo pode ser gratuito ou oneroso, consoante seja retribuído ou não.

O mútuo gratuito tem uma importância prática relevante, gozando de grande difusão nas relações de solidariedade entre pessoas próximas: relações familiares, de amizade.

Quando for retribuído, trata-se de um contrato oneroso. A retribuição será feita sob a forma de juros (art. 1145º, nº 1).[557]

Contudo, estão ainda dentro dos limites do mútuo aqueles casos em que as retribuições não constituam juros. A retribuição do mutuante pode consistir em parte dos lucros decorrentes da utilização da quantia pelo mutuário (p. ex., nas operações de *project finance* quanto aos lucros da sociedade veículo, ou da sociedade cuja recuperação se financia[558]). Trata-se de uma prestação retributória atípica. Estamos face a uma modalidade de negócio parciário[559]. Consiste um mútuo comercial.

III. Este contrato presume-se oneroso. Não se percebe porquê[560]. A realidade que a regular, no âmbito civil, apresenta contornos diversos da que se verifica no âmbito mercantil, para o qual essa presunção seria adequada. Cremos que se deverá interpretar esta norma restritivamente quando se tratar de familiares próximos, como descendentes ou ascendentes no primeiro grau da linha reta, ou colaterais no segundo grau. Aí já não vale a

[557] Ver, sobre eles, *infra*, nº 52.

[558] Cfr. M. Brito Bastos, *O mútuo bancário*, cit., pp. 164, ss..

[559] F. Setefek, *Bankrechts-Kommentar*, 2 ed., C. H. Beck, Munique, 2013, *Einführung zum Kreditrecht vor §§ 488ff. BGB*, p. 706.

[560] Como refere A. Menezes Cordeiro, *Direito bancário*, cit., p. 673-674.

presunção[561]. No âmbito comercial, evidentemente, a realidade é diversa, mas nesse campo há norma própria.

A modalidade do mútuo que nos interessa é a primeira, ou seja o mútuo oneroso, e é pois o *mútuo pecuniário oneroso* que será objeto da nossa atenção.

IV. O mútuo pode ou não ser garantido, ou melhor, o crédito à restituição do capital e, eventualmente, ao pagamento de juros, pode estar tutelado por uma garantia. Esta pode ser pessoal (p. ex., uma fiança), real (p. ex., penhor ou hipoteca) ou assente na titularidade de um direito (p. ex., a cessão de créditos em garantia).

V. O mútuo pode ser simples ou de escopo. Estamos face ao primeiro quando o mutuário não assume qualquer dever quanto ao destino da quantia emprestada. O mútuo é já de escopo quando a contraparte do mutuante se obriga a empregar essa quantia para determinado fim[562]. É uma figura comum no âmbito bancário e será nessa sede analisada.

VI. Como se começou por dizer, o mútuo tal como a nossa lei o prevê é um contrato real quanto à constituição, o que significa que ele não está concluído enquanto, para além das declarações de vontade, não for também feita a entrega da coisa, do dinheiro, ao mutuário.[563]-[564] Por isso, não

[561] PIRES DE LIMA/ANTUNES VARELA (*Código civil anotado*, vol. II, cit., p. 768) sustentam que o afastamento da presunção, decorrente de um "pacto de gratuitidade" pode resultar "das circunstâncias do contrato ou até da qualidade das pessoas dos contraentes". Substancialmente conduzir-se-á, cremos, ao mesmo resultado, mas esta solução é artificial. Onde cessa a razão de ser da norma, cessa o seu alcance, pelo que nos casos apontados nem a presunção funcionará.

[562] Dintinguindo entre o mútuo de escopo legal, o mútuo de escopo legal facilitado e o mútuo de escopo voluntário, L. MENEZES LEITÃO, *Direito das obrigações, vol. III, contratos em especial*, cit., p. 379

[563] Apontando que a entrega pode ser feita de forma rateada, B. G. TEDESCHI, *Mutuo (contratto di)*, cit., p. 546.

[564] Sem a entrega, o contrato não se perfeciona, sendo certo que, se ela não se verificar, o mutuário não a pode impor, uma vez que não existe uma obrigação prévia. Contudo, convém não esquecer que estamos numa relação pré-contratual em que a confiança de uma das partes é especialmente intensa, porque já se verificou o acordo. Por isso, se não se verificar a entrega, ou o pré-mutuário não a aceitar, haverá um dever de indemnizar a outra com base em responsabilidade pré-contratual. Aproximando os casos de promessa de mútuo (real) e de acordo preliminar antes da entrega, donde decorreria o dever de indemnizar para o inadimplente, A. LUMINOSO, *Contratti tipici e atipici*, cit., p. 695.

há nesta modalidade de mútuo uma obrigação de entrega da quantia. Concluído o contrato, mesmo que se tenham acordado juros, as obrigações daí decorrentes estão unicamente a cargo do mutuário: pagar os juros, e restituir o capital. Daí ser um contrato unilateral.

Nada obsta, porém, a que se celebre um contrato de mútuo consensual, atípico[565]. Nesse caso, será já um contrato bilateral, sinalagmático. Obtido o acordo, o contrato conclui-se, daí decorrendo a obrigação para o mutuante de entregar o capital. Caso não o faça, a outra parte pode recorrer à ação de cumprimento. O que fortalece a sua posição face ao mútuo real, em que a defesa dos interesses do mutuário antes da entrega é bastante mais ténue.

Note-se que o crédito em conta realizado *pelo banco* na conta do mutuário, no âmbito do mútuo bancário, constitui entrega[566]. O que estará em jogo nesses casos é só moeda escritural, sendo ela o objeto do contrato. Não faria qualquer sentido, salvo acordo em contrário, para além do mais, obrigar à entrega de moeda legal[567], que o cliente, na esmagadora maioria dos casos, voltaria a depositar. Até porque, ao invés, o credor poderá rapidamente transformar a moeda escritural em moeda legal.[568]

[565] O mútuo típico é um contrato real *quoad constitutionem* (contudo, J. Castro Mendes, *Teoria geral do direito civil*, II, pp. 309-310, com "muitas dúvidas"). A maioria da doutrina, no entanto, admite a celebração de um contrato de mútuo consensual. Nessa linha: A. Vaz Serra, *Notas acerca do contrato de mútuo*, cit., p. 67, *passim*; C. Mota Pinto, *Cessão da posição contratual*, cit., p. 14 em nota; idem, *Teoria geral do direito civil*, 4ª ed., por António Pinto Monteiro e Paulo Mota Pinto, cit., p. 396; A. Menezes Cordeiro, *Direito bancário*, cit., p. 674; C. Ferreira de Almeida, *Contratos II*, cit.p. 139; J. Redinha, *Contrato de mútuo*, cit., pp. 207, ss.; M. Januário Costa Gomes, *Contratos comerciais*, cit., p. 317. Já o havíamos também defendido em M. Pestana de Vasconcelos, *Dos contratos de cessão financeira (factoring)*, Studia iuridica, Coimbra Editora, Coimbra, 1999, p. 374. Na jurisprudência: Acórdão do STJ de 20/10/1998 (Torres Paulo), in: www.dgsi.pt.; Acórdão do STJ de 25/1/2011 (Hélder Roque), in: www.dgsi.pt.

Na Alemanha, a modernização do direito das obrigações levou à divisão do mútuo em várias modalidades, dentro das quais, com maior relevância, o mútuo pecuniário (§ 488 BGB) que é hoje um contrato consensual e não real quanto à constituição. Ver, por todos, N.-C. Wunderlich, *Darlehensvertrag*, in: H. Schimanski/H.-J. Bunte/H.-J. Lwowski, *Bankrechts-Handbuch*, Band I, cit., § 76, p. 2178. Quanto ao mútuo bancário, ver, *infra*, n.º 43.10.

[566] Neste sentido L. Menezes Leitão, *Direito das obrigações, vol. III, contratos em especial*, cit., p. 353, p. 360. Quanto à flexibilidade da doutrina italiana neste ponto, ver A. Luminoso, *I contratti tipici e atipici*, cit., pp. 702-703. Na jurisprudência, sobre o ponto, ver o acórdão do STJ de 17/11/2020 (Maria João Vaz Tomé), in: www.dgsi.pt.

[567] Para se constitua o mútuo bancário ou para que, sendo o mútuo consensual, se cumpra a obrigação de entrega.

[568] Note-se que com a modernização do direito das obrigações na Alemanha no âmbito do mútuo pecuniário o objeto do contrato é uma dada quantia pecuniária (*Geldbetrag*) que tem

VII. Diferente, tanto do contrato de mútuo típico, como do contrato de mútuo consensual é o contrato-promessa de mútuo. Nos dois primeiros casos temos um contrato definitivo, enquanto aqui as partes se vinculam só no futuro a celebrar um contrato de mútuo (típico ou atípico).

Note-se, contudo, que não é admitido o recurso à execução específica no caso de incumprimento por parte do mutuário[569]. Com efeito, a lei configura o mútuo como um contrato real, exigindo para a celebração do contrato a entrega pelo mutuante da coisa, sendo por isso um ato livre.

Contudo, não se pode dizer que a recusa da entrega seja despida de consequências. Na verdade, se ela não se realizar, ou não for aceite, haverá responsabilidade pré-contratual[570], mas, ainda assim, não pode haver substituição do tribunal ao mutuante. Acresce que execução específica, tal

que ser colocada à disposição da outra parte [§ 488 (1) – *Durch den Darlehensvertrag wird der Darlehensgeber verpflichtet, dem Darlehensnehmer einen Geldbetrag in der vereinbarten Höhe zur Verfügung zu stellen*] o que permite abranger não só moeda legal, como moeda escritural, por via de crédito em conta. Cfr. Hans-Peter Schwintowsky, in: Herberger/Martinek/Rüβmann/Werth/*Juris Praxiskommentar BGB, Schuldrecht*, Band 2, 5ª ed., juris GmbH, Saarbrücken, 2010, § 488, pp. 371, ss..

A questão é discutida, nos termos mais gerais das obrigações pecuniárias. Ver Stefan Werner, *Bargeldloser Zahlungsverkehr (Girogeschäft)*, in: Siegfried Kümpel/Arne Wittig, *Bank- und Kapitalmarktrecht*, 4ª ed., Verlag Dr. Otto Schmidt Colónia, 2011, pp. 838-839.

Cremos que, em termos gerais, só o pagamento em moeda legal é liberatório, a não ser no comércio bancário. Na esmagadora maioria dos casos haverá, no entanto, acordo expresso ou tácito nesse sentido (p. ex., o pedido e entrega do IBAN para se fazer uma transferência). Noutros ainda, cada vez mais comuns, pode ser a própria lei, com objetivos diveros, a impor que o cumprimento, se faça por essa via, como sucede com a obrigação de pagamento por transferências bancárias. E que impeça o pagamento em moeda legal. Ver, *supra*, nº 2.2.1.

[569] Quanto à inadmissibilidade de execução específica do contrato promessa de mútuo típico, os fundamentos são diversos. Por um lado, sustenta-se que a entrega do dinheiro será um ato de confiança no qual o tribunal não se deveria substituir às partes. Cfr. J. Ribeiro de Faria, *Direito das obrigações*, vol. I, 2ª ed., revista e ampliada por Miguel Pestana de Vasconcelos e Rute Teixeira Pedro, Almedina, Coimbra, 2020, p. 288; J. Antunes Varela, *Das Obrigações em geral*, 10ª ed., Almedina, Coimbra, 2000, p. 366. Por outro, por o tribunal se poder substituir ao mutuante na emissão da declaração negocial, mas não o poder fazer relativamente à entrega da coisa. Cfr. L. Menezes Leitão, *Direito das obrigações, vol. III, contratos em especial*, cit., p. 365; J. Redinha, *Contrato de mútuo*, cit., pp. 216-217. É esta a posição da jurisprudência italiana. Cfr. B. G. Tedeschi, *Mutuo (contratto di)*, cit., p. 541. Em sentido contrário: A. Menezes Cordeiro, *Tratado de direito civil português, II, Direito das obrigações, tomo II*, Almedina, Coimbra, 2010, p. 427.

[570] Sustentando que existe aqui já um contrato preliminar, M. Januário Costa Gomes, *Contratos comerciais*, cit., p. 317.

como prevista no art. 830º, não permite obter esse resultado. Os meios de reação do promitente-mutuário estão limitados à indemnização.

Quando se tratar de um contrato de mútuo atípico, nada obstará à execução específica[571]. Celebrado o contrato definitivo, se o mutuante não cumprir a outra parte poderá recorrer à via executiva.

IX. No que diz respeito à forma, se prejuízo de lei especial, o mútuo civil de valor superior a € 25 000 só é válido se for celebrado por escritura pública ou por documento particular autenticado[572] e o de valor superior a € 2500 se o for por documento assinado pelo mutuário (art. 1143º)[573]. Abaixo destes valores, não há qualquer exigência de forma. De todo o modo, se se tratar de um mútuo oneroso e se acordar juros superiores à taxa legal, essa convenção tem que ser reduzida a escrito, sob pena de só serem devidos os juros legais (art. 559º nº 2).

X. Aspeto nuclear no regime do mútuo é a transmissão da propriedade das coisas mutuadas para o mutuário (art. 1144º[574]). Isto é: o credor deixa de ser titular das quantias e passa a ser simplesmente titular de um crédito à restituição das quantias. É esse elemento, o crédito, que substitui as coisas, o dinheiro, no seu património. Daqui resulta uma maior vulnerabilidade do credor, que enforma vários aspetos do regime do mútuo. Na verdade, é um contrato fiduciário, como demonstraremos mais à frente.

IX. Faz parte do mútuo, é da sua essência, a existência de um período mínimo de tempo de gozo do bem por parte do mutuário[575]. A constelação de interesses do mútuo é diferente da do depósito irregular ao qual se

[571] Neste sentido, A. Menezes Cordeiro, *Tratado de direito civil português, II, Direito das obrigações, tomo II*, cit., p. 427, nota 1595; A. Luminoso, *Contratti tipici e atipici*, cit., p. 735-736.

[572] Quanto aos efeitos da nulidade do contrato, ver o acórdão do STJ de 28/11/2002 (Ferreira de Almeida), in www.dgsi.pt.

[573] Basta para o efeito um cheque subscrito pelo devedor. Assim, o acórdão do STJ de 5/07/2018 (Sousa Lameira), in: www.dgsi.pt.

[574] Tal como no *Codice Civile*, art. 1814º.

[575] Quanto à necessidade do diferimento no mútuo: Pires de Lima/Antunes Varela, *Código civil anotado*, vol. II, cit., p. 772; Giorgio Giampiccolo, *Mutuo (diritto privato)*, ED, XXVII, p. 445; F. Giorgianni/C.-M. Tardivo, *Manuale di diritto bancario*, cit., p. 221; G. Molle/L. Desiderio, *Manuale di diritto bancário e dell'intermediazione finanziaria*, cit., p. 164; G. Molle, *I contratti bancari*, cit., p. 116.

aplicam também, "na medida do possível", as regras do mútuo (art. 1206º). A quantia é transmitida não para que o mutuário a guarde, mas para que a utilize em seu benefício. Para tal, torna-se necessário que lhe seja garantido um prazo mínimo de gozo, que, atendendo ao que se retira do art. 1148º ns. 1 e 2, deverá ser de trinta dias.

O mútuo não poderia cumprir a sua função, isto é, propiciar ao mutuário o gozo das quantias, o que passa quase sempre pela sua aplicação, se este tivesse sempre que as ter à disposição da outra parte: não as poderia usar. Pelo que para este contrato desempenhar a sua função é necessária a existência de um período mínimo de gozo das referidas quantias pecuniárias.

Isto não significa que não sejam admissíveis contratos em que o credor poderá a todo o tempo exigir de imediato a restituição das somas. Muitas vezes contra a perda total de juros. Não há dúvida que se trata de contratos de crédito, embora muito diminuídos face aos outros contratos da mesma natureza, e se explicam no seio do comércio bancário e suas particularidades. Não são é mútuos. Deverão ser qualificados como contratos de crédito atípicos[576]-[577]

43.3. Figuras próximas. Os suprimentos

I. Figura próxima são os suprimentos. Trata-se de uma figura legalmente típica prevista e regulada no Código das Sociedades Comerciais, arts. 243º, e segs. Consistem em empréstimos realizados pelo sócio à sociedade de dinheiro ou de outra coisa fungível, ficando esta obrigada a restituir outro tanto do mesmo género e qualidade ou o contrato pelo qual "o sócio convenciona com a sociedade o diferimento do vencimento de créditos seus sobre ela". (art. 243º nº 1 CSC). Em ambos os casos, para estarmos perante um suprimento, o crédito tem que ter caráter de permanência (art. 243º nº 1 CSC).

Interessa-nos agora somente a sua primeira modalidade.

[576] Há outros contratos que a doutrina qualifica como verdadeiros mútuos. É o que sucede com as operações de capitalização (sobre elas, ver, *supra*, nº 10. Ver C. FERREIRA DE ALMEIDA, *Contratos, III, contratos de liberalidade, de cooperação e de risco*, Almedina, Coimbra, 2012, p. 260.

[577] É ainda necessário distinguir os mútuos, em si, dos empréstimos obrigacionistas, que têm relevantes especificidades. Ver, para esta distinção, C. FERREIRA DE ALMEIDA, *Contratos*, II, cit., pp. 144, ss..

II. São índices de permanência o estabelecimento de um prazo superior a um ano para o vencimento da obrigação de reembolsar as quantias emprestadas, assim como "a não utilização da faculdade de exigir o reembolso devido pela sociedade durante um ano, contado da constituição do crédito, quer não tenha sido estipulado prazo, quer tenha sido convencionado prazo inferior." (art. 243º, ns. 2 e 3 CSC).

Os suprimentos desempenham, economicamente, a função de capital próprio. Ou seja, os sócios em vez de dotarem a sociedade do capital necessário para desenvolver a sua atividade, proporcionam-lhe meios através de empréstimos para esse fim. Substituem assim as novas entradas que não realizam. A sua flexibilidade é muito maior porque os sócios podem obter a restituição dessas quantias através do cumprimento pela sociedade da obrigação de reembolso. O que de outra forma não poderia acontecer. Além do que, colocando-se na posição de credores, externalizam o risco social. Já não são suprimentos, mas empréstimos sujeitos ao regime geral, simples cedências de liquidez de curto prazo, de caráter transitório, realizadas pelos sócios à sociedade. Não desempenham esse papel de substituição de entradas de capital.[578]

Os índices do art. 243º nº 2 CSC são presunções ilidíveis, podendo ser afastadas pelos sócios, se eles demonstrarem que o diferimento de créditos corresponde a circunstâncias relativas a negócios celebrados com a sociedade, independentemente da qualidade de sócio; os credores sociais, por seu lado, podem provar o carácter de permanência, ainda que o reembolso tenha sido efetuado antes de decorrido o prazo de um ano (art. 243º nº 4 CSC), ou, para além destes casos, se ainda se demonstrarem que essas quantias visam suprir capital insuficiente da sociedade, equivalendo "economicamente a nova entrada".[579]

III. Estamos, dessa forma, face a contratos específicos do âmbito societário, previstos diretamente no regime das sociedades por quotas, mas aplicável igualmente, pelo menos em certos casos, às sociedades anónimas, com um regime diverso dos mútuos típicos.[580]

[578] Cfr., muito desenvolvidamente, ALEXANDRE MOTA PINTO, *Do contrato de suprimento. O financiamento da sociedade entre capital próprio e capital alheio*, Almedina, Coimbra, 2002, pp. 319, ss..

[579] Assim, J. COUTINHO DE ABREU, *Curso de direito comercial, vol. II, das sociedades*, 3ª ed., Almedina, Coimbra, 2009, pp. 338-339, p. 338.

[580] Cfr. PEDRO PAIS DE VASCONCELOS, *A participação social nas sociedades comerciais*, Almedina, Coimbra, 2005, p. 265; RUI PINTO DUARTE, *Suprimentos, prestações acessórias e prestações*

Para além disso, o regime é moldado para proteger os credores sociais. Aspetos centrais da sua disciplina quanto a este aspeto são os seguintes: no caso de dissolução ou de insolvência da sociedade, os suprimentos só podem ser satisfeitos depois de satisfeitas as obrigações da sociedade para com terceiros [art. 245º, nº 1, al. *a)* CSC, sendo qualificados como créditos subordinados na insolvência, art. 48º, al. *g)* CIRE]; a resolubilidade do seu reembolso realizado dentro do ano anterior ao início do processo de insolvência [art. 121º, nº 1, al. *i)* CIRE]; a nulidade das garantias reais (assim como as transmissões de bens da sociedade em garantia, por interpretação extensiva da mesma disposição) prestadas pela sociedade para tutela das obrigações ao seu reembolso, assim como a extinção daquelas que tutelem obrigações que venham a ficar sujeitas a este regime (art. 245º nº 6 CSC); a não admissibilidade da compensação de créditos da sociedade com créditos de suprimentos depois de ter sido declarada a sua insolvência ou ser dissolvida por qualquer causa [art. 245º, nº 3, al. *b)* CSC]; a não admissibilidade de os credores por suprimentos requerem, por esses créditos, a declaração de insolvência da sociedade [art. 245º, nº 2 CSC].

Daqui decorre que estão a meio caminho entre o capital próprio e o capital alheio da sociedade, falando-se por isso em capital quase próprio.[581]

IV. Esta específica modalidade de suprimento, como se começou por dizer, é diferente do mútuo. Afasta-se dele, tanto no que diz respeito às qualidades das partes – sócio, sociedade – que necessariamente integram o tipo, como quanto à função desempenhada, o que é muito claro no seu regime específico, muito diverso daquele do mútuo, marcado pela necessidade de tutelar certos terceiros, os credores sociais. Cremos que será correto qualificá-lo [582]como um "contrato de financiamento autónomo, pelo qual os sócios fornecem à sociedade capital alheio em substituição do necessário capital próprio".

suplementares – notas e questões –, Problemas do Direito das sociedades, IDET, Almedina, Coimbra, 2002, p. 269 (de forma mais restritiva). Não se trata aqui de contratos reais quanto à constituição e não estão sujeitos a forma especial (art. 243º nº 6 CSC). Cfr. J. Coutinho de Abreu, *Curso de direito comercial, vol. II, das sociedades*, cit., p. 341; Paulo Olavo Cunha, *Direito das sociedades comerciais*, 4ª ed., Almedina, Coimbra, 2010, p. 479.

[581] Cfr. A. Mota Pinto, *Do contrato de suprimento. O financiamento da sociedade entre capital próprio e capital alheio*, cit., p. 56

[582] Neste sentido, A. Mota Pinto, *Do contrato de suprimento*, cit., p. 388.

Todavia, tal não nos deve fazer esquecer as semelhanças que em termos estruturais, no seu núcleo central, tem com o mútuo (empréstimo pecuniário, com a transmissão das quantias para o património da outra parte, com o dever de reembolso, por banda desta). Mas tal não nos deve também causar qualquer espanto, porque o mútuo é o modelo dos outros contratos de crédito, sem que com eles se confunda.

43.4. A natureza das obrigações do mutuário no mútuo oneroso

I. O mutuário está obrigado a pagar os juros e a restituir o capital (decorrido o prazo contratual, denunciado o contrato, resolvido o contrato, vencida antecipadamente a sua obrigação de restituição).

A primeira é uma obrigação com prestação instantânea. Muitas vezes, fraciona-se esta prestação, amortizando-se o capital ao longo do tempo.

As obrigações de juro têm por objeto prestações duradouras, reiteradas. Elas vão-se constituindo com o decurso do tempo. Visam remunerar a cedência de um certo montante de capital por um determinado período de tempo.

Daí que se o devedor incumprir e se o contrato for resolvido não há lugar a qualquer restituição dos juros já recebidos (art. 434º nº 2)[583]. Igualmente, não há perda do benefício do prazo relativamente aos restantes juros que ainda não se constituíram, como decorre do AUJ de 25/3/2009 (Cardoso de Albuquerque)[584], nos termos do qual: "No contrato de mútuo oneroso liquidável em prestações, o vencimento imediato destas ao abrigo de cláusula de redacção conforme ao artº 781º do Código Civil não implica a obrigação de pagamento dos juros remuneratórios nelas incorporados."

Dada a controvérsia que causada pelo referido acórdão, e do seu relevo no seio deste contrato, ela será, depois, analisada com mais detalhe.

De todo o modo, podemos já assentar em que, efetivamente, os juros relativamente a períodos futuros não são devidos, porque se referem a períodos de tempo que ainda não decorreram. Ou seja, os juros constituem a contrapartida por banda do mutuário da utilização dessa quantia por esse período de tempo a que se encontram ligados (p. ex., um ano, nos juros anuais). Se ainda não decorreu, não se constituíram e não são devidos *a esse título*.

[583] Como se verá melhor, *infra*, no número seguinte em texto.

[584] In: www.dgsi.pt.

43.5. O prazo

I. As partes podem ter acordado num prazo ou ter concluído o contrato sem prazo.

Na primeira hipótese, se o mútuo for oneroso, o prazo presume-se estipulado a favor de ambas as partes. Permite-se, porém, que o mutuário antecipe o pagamento, desde que satisfaça os juros por inteiro (art. 1147º), o que tutela o interesse do credor à sua perceção.

A presunção é ilidível, pelo que nada obsta a que se convencione o pagamento antecipado do capital e, somente, dos juros corridos até esse momento.

Pelo contrário, também se poderá acordar que nem com o pagamento antecipado de juros o devedor pode cumprir antes de ter decorrido o prazo[585].

Uma outra hipótese, também admissível, consiste na imposição de um prazo mínimo de duração do contrato, dentro do qual o mutuário não poderá pagar o capital em dívida. Escoado este, poderá fazê-lo, dependendo depois do acordado se tem ou não que satisfazer os juros por inteiro (nesta hipótese, decorrido esse período de tempo, o benefício do prazo é só do mutuário).

Por último, também nos parece admissível a fixação, dentro do prazo do contrato, de um período mínimo dentro do qual o credor não pode exigir a restituição do capital, embora o possa vir a fazer decorrido esse espaço temporal (o benefício do prazo, decorrido esse período de tempo, é do credor). Neste caso, ainda assim, será de exigir um período de pré-aviso adequado, nomeadamente, tendo em conta a duração do contrato e as quantias envolvidas.

II. Se não se tiver fixado prazo,[586] decorre do art. 1148º que, se se tratar de um mútuo gratuito, a obrigação se vence decorridos trinta dias após a exigência do seu cumprimento. Cumprida a obrigação, extingue-se o contrato.

[585] Como se viu *supra* (nº 38.3), é assim que funciona uma das modalidades de depósito a prazo que é, na verdade, um verdadeiro mútuo.

[586] Pode dar-se o caso de não se ter fixado um prazo para o mútuo, mas que ele seja necessário em virtude das circunstâncias que determinaram a prestação, ou por força dos usos. Nessa eventualidade, se as partes não chegarem posteriormente a acordo sobre ele, terá que se recorrer à sua fixação judicial, nos termos do art. 777º nº 2 (cfr. PIRES DE LIMA/ANTUNES VARELA, *Código civil anotado*, vol. II, cit., p. 774)

Sendo um mútuo oneroso sem fixação de prazo, "qualquer das partes pode pôr termo ao contrato, desde que o denuncie com uma antecipação mínima de trinta dias." (art. 1148º nº 2). O que cessa neste caso é o contrato, ao contrário do que se verifica na hipótese anterior[587]. O prazo é mínimo, pelo que as partes podem fixar prazos superiores. O que é evidentemente recomendável, se se tratar de valores elevados.

Porém, mesmo naqueles casos em que as partes não tenham convencionado esse prazo mais extenso, pode vir a ser imposto pela boa fé um pré-aviso de duração superior aos trinta dias.

Na verdade, quando o contrato dure há já vários anos, os montantes sejam elevados e difíceis de obter num prazo curto, em especial quando o credor saiba que o mutuário investiu o dinheiro e não o poderá recuperar nesse período de tempo de trinta dias, de todo, ou pelo menos sem sofrer perdas assinaláveis pela venda de bens por um montante abaixo do seu valor devido à necessidade urgente de capital, se for cumprido meramente o prazo legal de denúncia o devedor ficará em sérias dificuldades. A boa fé exige nestas circunstâncias que se observe um prazo mais extenso.

43.6. O regime do cumprimento antecipado e do vencimento antecipado da obrigação de restituir o capital por parte do mutuante

I. Conforme se referiu, nos termos do art. 1147º o mutuário só pode restituir a quantia emprestada antecipadamente se satisfizer os juros por inteiro, portanto também os juros relativos ao período de tempo não decorrido.

Vimos também que, no mútuo oneroso liquidável em prestações, se mutuante incumprir e a outra parte exigir nos termos do art. 781º o cumprimento antecipado da parte do capital ainda em dívida, não poderiam ser exigidos pelo primeiro os juros relativos ao período de tempo ainda não decorrido. É o que resulta – e bem, a nosso ver – do AUJ de 25/3/2009.[588]

Por outro lado, há um conjunto de normas de tutela que permitem a determinado sujeito cumprir antecipadamente a obrigação de capital sem ter que satisfazer os juros ainda por constituir. Assim: no regime jurídico de concessão de crédito à habitação própria (art. 3º, nº 2 do Dec-Lei nº 349/98, de 11/11), bem como naquele dos contratos de crédito aos consu-

[587] Para estes dois regimes, ver: P. Romano Martinez, *A cessação do contrato*, cit., pp. 372, ss.; M. Januário Costa Gomes, *Contratos comerciais*, cit., p. 320.

[588] Também o acórdão do STJ de 9.12.2008 (Garcia Calejo), in: www.dgsi.pt.

midores (art. 19º Dec.-Lei nº 133/2009, de 2 de Junho – regime do crédito ao consumo[589]).

Estas normas (que abrangem alguns dos mútuos mais importantes do ponto vista económico-social) saem já do nosso campo de análise, mas aparentemente delas se poderia concluir que visam justamente constituir uma exceção ao art. 1147º, concedendo ao consumidor o direito de cumprir antecipadamente sem ter que satisfazer os juros por inteiro.

A questão foi recentemente objeto de análise detida por Januário da Costa Gomes[590], que procurou articular a solução do art. 1147º com aquela decorrente do AUJ.

II. Na apreciação desse ponto importa por começar por dizer o seguinte.

É, efetivamente, dentre certos termos – mas menos do que aparentemente se pensaria –, necessário articular o regime do art. 1147º com o do AUJ.

Na verdade, estaria, à primeira vista, a colocar-se o mutuário que não cumpre uma das prestações do capital, exigindo-lhe o mutuante o cumprimento antecipado, em melhor situação do que se, sem incumprir, pretendesse simplesmente pagar antecipadamente as restantes prestações em dívida, ainda não vencidas. No primeiro caso não teria que pagar os juros futuros, enquanto nesta última hipótese já o teria que fazer.

Poderia mesmo essa solução incentivar uma fraude: o mutuário que, pretendendo pagar antecipadamente, mas sem ter que pagar a parte restante dos juros, acabaria por gerar uma situação de incumprimento[591].

[589] O consumidor tem o direito de, a todo o tempo, mediante pré-aviso ao credor (que não pode ser inferior a 30 dias de calendário e deve ser exercido através de comunicação ao credor, em papel ou noutro suporte duradouro), "cumprir antecipadamente, parcial ou totalmente, o contrato de crédito, com correspondente redução do custo total do crédito, por via da redução dos juros e dos encargos do período remanescente do contrato." (art. 19º ns. 1 e 2).

Haverá, todavia, que pagar uma comissão, desde que o reembolso ocorra num período em que a taxa nominal aplicável seja fixa. Esta tem limites: não pode exceder 0,5% do montante do capital reembolsado antecipadamente se o período decorrido entre o reembolso antecipado e a data estipulada para o termo do contrato de crédito for superior a um ano, e 0,25 % do montante do crédito reembolsado antecipadamente, se o mencionado período for inferior ou igual a um ano (art. 19º, nº 3).

O nº 5 da mesma disposição fixa depois os casos em que a comissão não é devida.

[590] M. Januário Costa Gomes, *Contratos comerciais*, cit., pp. 297, ss..

[591] Assim, M. Januário Costa Gomes, *Contratos comerciais*, cit., p. 300.

III. Comece por se observar que a análise da posição do mutuante no caso de incumprimento é limitada em termos de ângulo de visão, uma vez que ele está mais tutelado do que há primeira vista parecerá.

Com efeito, não pagando o montante em dívida que resulta do vencimento antecipado, o mutuante pode, recorrendo à interpelação cominatória, colocá-lo em incumprimento definitivo, exigindo depois a indemnização pelo interesse contratual positivo, onde se incluem os ganhos que teria obtido no caso de cumprimento integral do contrato. Sendo que essa indemnização pode mesmo corresponder à totalidade dos juros, se não for possível ao mutuante rentabilizar o capital, antecipadamente recebido, nesse período de tempo.

Em segundo lugar, tem peso, nalguns casos, o argumento do STJ de que é diferente a posição do banco que opta por exigir o cumprimento e a do mutuário, quando é ele que escolhe cumprir antecipadamente.

Na verdade, nem todas as vezes a escolha do mutuante – que existe sempre – será óbvia. Face ao incumprimento da contraparte, o credor poderá optar por não exigir o cumprimento antecipado. Decorrido o prazo contratual, seguramente poderá exigir os juros por inteiro. E se os seus créditos ao capital e os seus créditos aos juros estiverem devidamente assegurados, com uma garantia sólida, nada terá, em princípio, a temer.

Claro está que, se não se seguisse a posição do STJ nesta hipótese, teria que se admitir que o mutuante poderia, sem ter necessidade disso para tutelar a sua posição, exigir o cumprimento antecipado da parte restante do capital e os juros por inteiro. Para além do mais, em particular se fosse um creditante profissional, poderia empregar de novo essa quantia no período de tempo que medeia entre o pagamento antecipado e o prazo contratual.

Sempre se poderia dizer que nada haveria a obstar, pois essa seria a solução que, de todo o modo, resultaria do art. 1147.º[592].

Daí que o ângulo de análise se tenha de focar então nesta norma. É o que passamos a fazer.

IV. Já vimos que o prazo, sendo o mútuo oneroso, é em benefício do credor e do devedor. Dessa forma se tutela o interesse do primeiro a rece-

[592] A aplicação desta norma significa que as partes nada dispuseram em contrário, ou fixando contratualmente em que circunstâncias – e com que consequências – o mutuário poderia cumprir antecipadamente, ou, simplesmente, afastando a presunção, sendo o prazo fixado só a favor do devedor.

ber os juros por inteiro, e do segundo a utilizar a quantia nesse período de tempo. Daí que resulta quase evidente a solução da norma: o mutuário pode pagar antes, mas para salvaguardar o interesse da outra parte à perceção dos juros – a contrapartida do uso do capital –, eles teriam que ser satisfeitos por inteiro.

Analisada a disposição torna-se claro o caso típico que lhe subjaz: aquele em que o mutuante não poderá fazer outro uso do capital durante esse período de tempo. A finalidade da norma, note-se, é assegurar-lhe essa quantia, esse valor de uso do capital por outrem definido nos termos negociais. Não é sancionar o mutuário pelo cumprimento antecipado, que nem sequer é ilícito. Não é, repisa-se, uma sanção: é o correlato, em termos de tutela de interesse do mutuante, da vantagem que se concede ao mutuário.

Daí que essa tutela só deva ir até onde ela é necessária: quando o mutuante não possa naquele período de tempo aplicar produtivamente essa quantia, nomeadamente colocando-a a juros.

O que está aqui em jogo são interesses estritamente civis (e, mesmo esses, bastante limitados) e não aqueles do comércio bancário em que a instituição de crédito pode sempre rentabilizar esse capital no referido período de tempo, quanto mais não seja disponibilizando-o no mercado interbancário a outro banco[593].

Nessa medida, será necessário interpretar restritivamente a norma para a ajustar à sua *ratio*.[594] Por isso, sempre que o mutuante possa rentabilizar a quantia antecipadamente paga no período de tempo que vai dessa data à data em que a obrigação de restituição se venceria, nos termos acordados, o mutuário só terá que lhe entregar os juros decorrentes da diferença de taxas (a acordada nesse contrato, e aquela a que o mutuante aplicou a quantia) pelo período de tempo em falta.

Tratando-se de um banco, haverá que ter em conta a taxa média aplicada por aquele banco aos mútuos com os sujeitos em situação semelhante à daquele mutuário nesse período de tempo, caso ele tivesse podido fazer essa aplicação, ou em última instância, se tal não for possível, pelo menos

[593] Sublinhado que o art. 1147º "não parece considerar a situação especial em que o mutuante é um profissional do dinheiro e do crédito – situação esta em que, logicamente, o capital antecipadamente amortizado gera ou destina-se a gerar novos frutos através de novas concessões de crédito." M. Januário Costa Gomes, *Contratos comerciais*, cit., p. 299.

[594] Sustentando uma "redução teleológica na interpretação e aplicação desta norma", M. Januário Costa Gomes, *Contratos comerciais*, cit., p. 301.

com a taxa pela qual os bancos emprestam entre si[595]; se se tratar de um ente não bancário, um depósito a prazo nesse período de tempo. Na eventualidade de não haver diferença de taxas, nada haverá a pagar[596].

Assim, p. ex., se o banco emprestar à taxa de 6% ao ano, por um ano, e decorridos seis meses o mutuário pagar o capital por inteiro, se a taxa de empréstimo a sujeitos numa situação idêntica à do mutuário nesse período for de 4,5% só haverá que pagar os juros correspondentes a uma taxa de 1,5%, incidindo sobre o capital nesses seis meses em falta.

A *ratio* da norma é integralmente realizada. Mesmo que o mutuário pague antecipadamente, o mutuante obterá sempre o montante que teria obtido se o primeiro só tivesse cumprido na data prevista no contrato para o vencimento dessa obrigação.[597]

[595] A não ser que os mercados interbancários estejam "fechados".

[596] Terá ainda que acrescer ao valor final dos juros os eventuais custos decorrentes para o credor do cumprimento antecipado.

[597] A interpretação proposta do art. 1147º é igualmente necessária para a resolução do caso da expurgação da hipoteca.

Numa primeira análise – numa aplicação mecânica das regras do art. 721º al. *a)* e do art. 1147º –, poderia afirmar-se que, caso a coisa onerada com a hipoteca fosse transmitida a terceiro, e este depois procedesse à expurgação dessa garantia [art. 721º, al. *a)*], a obrigação de reembolso da quantia mutuada cessaria antecipadamente sem que os juros tivessem que ser satisfeitos, nos termos do art. 1147º.

Parece claro que o adquirente do bem não terá que satisfazer esses valores, uma vez que não é parte no contrato de mútuo e, além do mais, os créditos aos juros ainda nem sequer se constituíram. É a posição sustentada por: Pires de Lima/Antunes Varela [*Código civil anotado*, vol. I (com a colaboração de M. Henrique Mesquita), 4ª ed., Coimbra Editora, Coimbra, 1987, p. 742; Paulo Soares do Nascimento, *Redução por inoficiosidade e expurgação da hipoteca. Reflexões sobre os arts. 722º e 275 do Código Civil*, in: Estudos em Memória ao Professor Doutor José Dias Marques (coordenação dos Professores Doutores Ruy de Albuquerque e António Menezes Cordeiro), Almedina, Coimbra, 2007, pp. 742-743.

No entanto, não é a posição correta.

Na verdade, da interpretação conjugada do art. 721º al. *a)* com o art. 1147º resulta que o mutuário terá, se o adquirente do bem expurgar a hipoteca, que pagar os juros, não ficando, pois, o credor garantido prejudicado com o cumprimento antecipado, perdendo os juros que, de outra forma, auferiria.

A extinção da hipoteca, através do cumprimento antecipado pelo terceiro (ficando depois este sub-rogado face ao devedor nos termos do art. 592º), resulta da venda do bem pelo mutuário que, ao fazê-lo, dá lugar ao exercício do direito potestativo pelo adquirente. Este resultado é evitável se o alienante acordar com este último o não exercício do direito durante o período de tempo do contrato de mútuo, ou atribuir-lhe uma qualquer vantagem económica em troco da renúncia ao direito de expurgação (a renúncia será lícita – assim, A. Vaz Serra, *Hipoteca*, BMJ, nº 63, ano 1957, p. 258). Tem mesmo o dever de celebrar esse acordo.

A solução para o caso do pagamento antecipado, na hipótese que começámos por analisar, não pode ser diferente.

V. A solução do crédito ao consumo e dos contratos de crédito para aquisição e construção de casa própria justifica-se. A vantagem os estes devedores que cumpram antecipadamente reside em não terem que satisfazer quaisquer juros futuros, mesmo os calculados só pela diferença de taxas (embora tenha que pagar, nos casos definidos nesses diplomas, uma compensação).[598]

Por isso, no que toca ao mutuante garantido, tudo se deverá passar como se o pagamento tivesse sido realizado pelo devedor, podendo, pois, exigir-lhe o remanescente dos juros. Trata-se da restauração natural.

Aliás, se não fosse desta forma, estava criado um expediente relativamente simples, em especial tendo em conta a frequência de ligação de uma garantia real ao crédito do mutuante, para se cumprir antecipadamente, evitando as consequências do art. 1147º.

Agora, e esse é o segundo aspeto, se não há qualquer razão para prejudicar o credor, também seguramente não há para o beneficiar. Por isso, esse pagamento pelo mutuário não deverá ser da totalidade dos juros, mas, simplesmente, nos termos e com os fundamentos sustentados em texto, pela diferença de taxas, quando o mutuante possa rentabilizar essa quantia pelo período de tempo que vai do pagamento à data de vencimento da obrigação de reembolso.

[598] Como referimos, este problema foi equacionado por M. Januário Costa Gomes, *Contratos comerciais*, cit., pp. 297, ss.) que conclui também pela limitação do âmbito de aplicação do art. 1147º.

Divergimos deste Autor no seguinte.

Em primeiro lugar, cremos que importa ter presente que o vencimento antecipado decorre do incumprimento pelo devedor, tendo o credor direito a ser indemnizado. O que permite abarcar parte juros não constituídos.

Em segundo lugar, limitamos mais o âmbito de aplicação do art. 1147º: daí não estão afastados somente os casos em que o mutuante seja um profissional do dinheiro, mas também aqueles em que o mutuário possa rentabilizar o capital recebido nesse período de tempo – entre o pagamento e o prazo contratualmente previsto –, o que acontecerá na generalidade das vezes através de um depósito a prazo nesse período de tempo. Só quando tal não for possível, p. ex., por não se poder celebrar um depósito a prazo só por esse período de tempo, é que os juros teriam que ser pagos por inteiro.

Por fim, não cremos que os juros a pagar por força do art. 1147º possam ser "equiparados a uma pena" que os tribunais poderiam reduzir, tendo em conta o "lugar paralelo do art. 812º" e ponderando fatores de diversa natureza, "com destaque para o mercado de crédito em geral" (*ob. últ. cit.*, p. 301). O que nos parece é que em rigor nós não estamos perante uma pena, mas uma indemnização por um ato lícito: a antecipação do cumprimento. Essa indemnização deverá cobrir o dano que daí decorre para o mutuante.

43.7. O regime geral da cessação do contrato de mútuo

I. Para além dos casos específicos acima referidos, em que se trata de um mútuo ao qual não tenha sido fixado prazo, o contrato pode cessar nos termos gerais, por cumprimento, por uma causa de extinção das obrigações além do cumprimento, acordo das partes, decurso do prazo ou resolução.

43.7.1. Causas de extinção além do cumprimento: e a compensação e a dação em função do cumprimento

I. Vencida a obrigação de restituição de capital, assim, como os juros, com ela, ou antes, dela, o mutuário, terá que realizar o pagamento. Porém, muitas vezes, a extinção dessas obrigações dá-se simplesmente por compensação. O banco inscreve a débito na conta-corrente do mutuário, de cujo saldo este é credor face à instituição de crédito, o valor da quantia em dívida (ou quantias, capital e juros), operando-se a compensação.

Noutras vezes, o mutuário recorrerá a um crédito sobre terceiro para extinguir o seu crédito face ao banco (art. 840º, dação em função do cumprimento). Podermos estar aqui inicialmente face a um contato misto de mútuo e mandato – como se verá melhor a propósito do desconto e da cessão financeira – ou ao recurso, subsequente, a este instrumento para extinguir a obrigação. O devedor do crédito cedido ao pagar face ao banco leva também à extinção do crédito deste face ao mutuário.

43.7.2. A caducidade

I. Decorrido o prazo, o contrato cessa e o mutuário terá que restituir o capital e pagar os juros, quando for o caso.

Para ser apurado importa saber entre outros aspetos, qual é a pessoa do mutuante, o período de antecipação e as possibilidades de rentabilizar essa quantia de forma rápida e segura nesse espaço temporal.

Teremos que abater as vantagens que o mutuante possa de forma segura auferir. Para o efeito, tratando-se de um banco, *pelo menos* terá que se deduzir a quantia correspondente à aplicação da taxa de juros inter-bancária ao montante do capital antecipadamente recebido nesse período de tempo (como valor mínimo), mas só se não for possível determinar o valor médio dos mútuos que o banco celebre com a sujeitos em situação semelhante ao daquele mutuário nesse período de tempo (se essa aplicação pudesse ser feita). Calcula-se assim de uma forma muito mais apurada, e dogmaticamente correta, o valor a entregar pelo mutuário que cumpriu antecipadamente.

Nada obsta a que as partes acordem a prorrogação do contrato pelo mesmo prazo se nenhuma delas se opuser a essa prorrogação dentro de um período de tempo contratualmente fixado. Depois dele decorrer, deixam de o poder fazer.

É admissível, e será até comum, recorrer-se aqui à "denúncia-modificação" do contrato[599], ou, talvez melhor, oposição à prorrogação-modificação do contrato. Uma das partes, em regra o mutuante, opõe-se à continuação do contrato se a alteração apresentada não for aceite pela outra parte (e, aceitando-a, o conteúdo do contrato alterar-se-ia, embora este nunca tivesse cessado), ou que seja apresentada ao mesmo tempo da oposição à renovação uma nova proposta de contrato[600]. O contrato cessa e é celebrado um outro contrato, se a proposta for aceite.

Assim, p. ex., a redução do prazo do contrato ou o aumento da taxa de juro (ou o contrário, se se tratar do mutuário).

II. Muitas vezes os contratos de mútuo são celebrados por períodos de tempo curtos (seis meses, um ano), prorrogando-se automaticamente decorrido esse prazo se nenhuma das partes se opuser à prorrogação num determinado período de tempo antes de este expirar, como se acabou de ver[601]. Poderão essas prorrogações ter um limite, ou ele não ser estabelecido.

[599] Esta figura é, entre nós, amplamente tratada por A. PINTO MONTEIRO, *Anotação* ao Acórdão do Tribunal da Relação do Porto de 27 de junho de 1995, RLJ ano 130º, pp. 125, ss. (=*Denúncia de um contrato de concessão comercial*, Coimbra Editora, Coimbra, 1998). Este Autor (*ob. últ. cit.*, p. 125) distingue, no âmbito da denúncia-modificação, a "denúncia salvo modificação" da "denúncia seguida ou acompanhada de proposta de modificação" (...) "no primeiro caso o contrato só se extingue, por denúncia, se a modificação não for aceite; no segundo, a denúncia é incondicional, o contrato extingue-se sempre, mas surge um novo contrato se a modificação proposta for aceite." (e também para uma figura próxima, a resolução-modificação, pp. 126, ss..). Estas duas modalidades, agora aplicadas à oposição à renovação, estão refletidas no texto.

Sobre a denúncia-modificação, ver ainda, entre nós: J. BAPTISTA MACHADO, *Anotação* ao Acórdão do STJ de 17 de Abril de 1986, "denúncia-modificação" de um contrato de agência, RLJ ano 120º, p. 188; P. ROMANO MARTINEZ, *Da cessação do contrato*, 2ª ed., Almedina, Coimbra, 2006, p. 117.

[600] Cfr. A. PINTO MONTEIRO, *Anotação* ao Acórdão do Tribunal da Relação do Porto de 27 de junho de 1995, cit., p. 126.

[601] Ao contrário da renovação, na mera prorrogação do prazo, não há um outro contrato, antes este permanece o mesmo, só o prazo, sucessivamente, se alterando. Cfr., para a distinção, FERNANDO PESSOA JORGE, *Lições de direito das obrigações*, Edição da Associação Académica,

Daí que mesmo face a prorrogações sucessivas, nada a haveria a obstar se o credor decidisse, dentro desse período de tempo contratualmente previsto fazer cessar o contrato. Só não seria assim se estivéssemos face a um abuso de direito, sob a forma de um *venire contra factum proprio.*

Esta, no entanto, não parece ser a solução mais adequada quando o contrato se estenda já nestes termos por um período lato de tempo, com prorrogações sucessivas. É que passa a aproximar-se muito de um contrato por tempo indeterminado[602].

Parece assim que se pode defender também aqui que se o credor pretender opor-se à prorrogação deverá observar avisar um período de tempo adequado, atendendo, quer à duração da relação entre as partes, quer ao montante do crédito e ao destino que este sabe que a outra parte lhe deu[603].

Trata-se de um dever decorrente da boa fé, intensificada nestes contratos que assentam numa relação de confiança. Se se opuser sem respeitar este prazo, o contrato cessa, mas o credor terá que indemnizar a outra parte pelo prejuízo que o incumprimento desse dever lhe causou.

43.7.3. A resolução

I. Do contrato de mútuo oneroso, tal como a nossa lei o regula, decorrem duas obrigações para o mutuário: restituir o capital e pagar os juros[604].

Estas obrigações têm, como se viu, uma natureza diversa e estão sujeitas a regimes diferentes. A primeira é, relembre-se, uma obrigação que

Lisboa, 1975-76, p. 213. Este aspeto é importante, em particular por causa das garantias, que, numa mera prorrogação, se mantém.

602 Neste sentido, quanto "cláusula de prorrogação por períodos sucessivos", A. PINTO MONTEIRO, *Direito comercial. Contratos de duração comercial*, cit., p. 133. Refere o Autor: "independentemente das implicações que possa ter na qualificação temporal do contrato, leva a que a oposição de qualquer das partes à prorrogação do mesmo deva ser comunicada à outra com a *antecedência mínima* prevista para a denúncia". (itálico no original). E, mais desenvolvidamente, *Contrato de agência. Anotação*, cit., pp. 124-125.

603 Como refere A. PINTO MONTEIRO (*Contrato de agência. Anotação*, cit., p. 125): "independentemente de saber se o contrato não será já por tempo indeterminado (...), o certo é que deve entender-se que a declaração pela qual se faz cessar o contrato está sujeita à mesma antecedência mínima estabelecida no art. 28º [do diploma da agência] por argumento "a pari" ou de indentidade de razão".

604 Não há dúvidas, hoje, que a resolução se aplica também ao mútuo oneroso, pese embora o seu caráter unilateral (sendo certo que este pode ser, como se referiu, bilateral, se se tratar de um mútuo atípico). Ver P. ROMANO MARTINEZ, *Da cessação do contrato*, cit., p. 374.

tem por objecto uma prestação instantânea, eventualmente fracionada; a segunda, uma obrigação com prestação duradoura reiterada.

Assim, se for incumprida a obrigação de capital, o credor terá que recorrer, nos termos gerais, à interpelação cominatória do art. 808º. Se se tratar de uma prestação fracionada, o incumprimento de uma prestação dará lugar à exigibilidade antecipada das outras (art.781º). Resolvido contrato, operam-se os efeitos retroativos, tendo de ser restituídas as prestações que o mutuante já recebeu (art. 434º, nº 1). Sendo a prestação fracionada, só haverá direito à resolução se se passar o crivo do art. 802º, nº 2.

II. No que diz respeito às obrigações de juros, está prevista no art. 1150º uma norma excecional[605], não sendo necessário recorrer à interpelação cominatória para se resolver depois o contrato. Basta a mora.

O fundamento apresentado radica na posição de debilidade do mutuante face ao mutuário, uma vez que este passa a ser o titular do dinheiro, passando a outra parte a ter um simples crédito à restituição. Ora, na insolvência o referido direito poderá ser objeto de um pagamento muito limitado. Daí a especial sensibilidade do credor face ao incumprimento do devedor e a "sinalização" de debilidade patrimonial daí decorrente[606]. É tendo em conta esse aspeto que a lei, afastando-se das regras gerais a este propósito, permite a resolução imediata do contrato.

Ponto é que não se verifique aqui o princípio que se retira do art. 802º nº 2[607,608] obstando a resolução quando o incumprimento tiver, atendendo ao seu interesse, escassa importância.

Ainda, tendo presente a razão de ser da norma, o seu regime não se deve estender àqueles casos em que tal não se verifique, isto é, quando o mutuante não se encontre na posição típica de fragilidade decorrente do

[605] PIRES DE LIMA/ANTUNES VARELA, *Código civil anotado*, vol. II, cit., p. 776; J. ANTUNES VARELA, *Das Obrigações em geral*, vol. I, cit., p. 361.

[606] Sublinhando este aspeto, J. ANTUNES VARELA, *Das Obrigações em geral*, vol. I, cit., pp. 361-362. Aponta "falta de confiança do credor na situação patrimonial do devedor", aspeto que merece neste contrato um "especial relevo". Todavia, de forma dubitativa quanto a este ponto, J. REDINHA, *Contrato de mútuo*, cit., p. 239.

[607] Neste sentido, J. C. BRANDÃO PROENÇA, *A resolução do contrato no direito civil*, cit., pp. 327-328.

[608] Neste sentido, em Itália, M. FRAGALI, *Del mutuo*, cit., p. 368; G. GIAMPICCOLO, *Mutuo (diritto privato)*, cit., p. 468.

mútuo. É o que sucede quando este seja titular de uma garantia sólida: pessoal, real, assente na titularidade de um direito[609].

Nestes casos deverá interpretar-se o art. 1150º restritivamente, afastando do seu âmbito os casos de créditos de juros decorrentes do mútuo suficientemente garantidos. Para esses casos vale o regime geral, tendo o credor, em, regra, que recorrer à interpelação cominatória antes de resolver o contrato.

43.8. O mútuo como contrato fiduciário em sentido amplo

I. O contrato de mútuo assenta sempre numa relação de confiança entre as partes, confiança essa que se terá que manter durante a duração do contrato. Há, nessa medida, uma relação inicial e subsequente à celebração do contrato de fidúcia entre as partes.

II. Mas mais do que isso.

O mútuo apresenta uma estrutura que o aproxima daquela dos contratos fiduciários em sentido estrito, ou seja, a transmissão plena de um direito a um sujeito, que este está obrigado a exercer de determinada forma e, posteriormente, verificando-se determinadas circunstâncias, a retransmitir.

O elemento de aproximação entre este contrato e essa categoria negocial verifica-se naquele que é o aspeto mais sensível de todos: a insolvência do mutuário. Esse é o risco central que o mutuante corre. Declarada a insolvência do mutuário, o creditante não pode exigir a separação do dinheiro que lhe entregou. Ele já pertence ao creditado e, portanto, integra a massa. Resta-lhe reclamar o seu crédito, sendo a margem de segurança deste determinada pela existência ou não de garantias.

III. Temos, pois, que o mútuo é um contrato com aspetos fiduciários vincados que são mais ou menos intensos conforme a existência ou não de uma garantia para assegurar o crédito à restituição do capital e aos juros (a extensão do risco dependerá também da solidez da própria garantia, assim, p. ex., se for uma hipoteca sobre o imóvel corre o risco da queda no mercado imobiliário, sendo que o credor poderá contratualmente limitar esse risco, estabelecendo margens entre os valores emprestados e os do referido imóvel).

[609] Cfr. M. Pestana de Vasconcelos, *A cessão de créditos em garantia e a insolvência*, cit., p. 651.

Este elemento – a integração nos termos apontados nesta categoria dogmática – marca o seu regime, permitindo-nos apurá-lo.

43.9. O mútuo comercial

I. O mútuo comercial[610] denomina-se empréstimo mercantil e está previsto no Código Comercial. A sua regulação aí, porém, é escassa. Limita-se ao carácter retribuído do mútuo e à forma.

Em primeiro lugar, o mútuo é comercial quando coisa cedida, aqui o dinheiro, "seja destinada a qualquer ato mercantil." (art. 394º CCom[611]).

Não é necessário que o mutuante seja comerciante. Em rigor, o mutuário também não. Tal sucede se, p. ex., ele pretender essa quantia para comprar para revenda (art. 463º CCom.)[612]. A compra e venda é um ato objetivamente mercantil, embora neste caso não o seja, nem precisa de ser, subjetivamente comercial.

Depois, determina-se que o empréstimo é sempre retribuído (art. 395º CCom.)[613]. Na falta de previsão de taxa, aplica-se a taxa legal (art. 395 § único CCom.).

Por fim, o empréstimo mercantil, mas agora se for *entre comerciantes*,[614] admite, seja qual for o seu valor, todo o género de prova[615] (art. 396º CCom.).

[610] Ver, por todos, J. ENGRÁCIA ANTUNES, *Direito dos contratos comerciais*, Almedina, Coimbra, 2009, pp. 368, ss.. na jurisprudência o Acórdão do STJ de 26/05/2009 (Moreira Camilo), in: www.dgsi.pt.

[611] É um ato de comércio acessório. Mas o empréstimo bancário é já um ato comercial autónomo, por força do art. 362º CCom. Assim, J. COUTINHO DE ABREU, *Curso de direito comercial*, vol. I, cit., p. 104, nota 206.

[612] Para este regime, ver J. COUTINHO DE ABREU, *Curso de direito comercial*, vol. I, cit., pp. 104-105.

[613] A. MENEZES CORDEIRO (*Direito bancário*, cit., p. 676) sustenta tratar-se de uma simples presunção, podendo os "comerciantes e no exercício do seu comércio" celebrar mútuos gratuitos. Adere a este entendimento L. MENEZES LEITÃO, *Direito das obrigações, vol. III, contratos em especial*, cit., p. 375.

[614] Para a interpretação desta norma, ver PEDRO MAIA, *A qualificação e a forma dos empréstimos efectuados por sócios a sociedades por quotas. Anotação ao Acórdão do STJ de 13 de outubro de 2011*, RLJ, ano 142º, pp. 212, ss..

[615] Deve entender-se que se trata em rigor de liberdade de forma, como refere A. MENEZES CORDEIRO, *Direito bancário*, cit., p. 676.

43.10. O mútuo bancário[616]

43.10.1. Introdução

I. O mútuo é o um dos negócios centrais da atividade bancária, constituindo um ato comercial autónomo (art. 362º CCom). Ele é o modelo da concessão de crédito, sendo celebrado em massa, de forma profissional, pelos bancos. Face a este tipo específico do contrato, as outras modalidades de mútuo, o civil e o comercial, têm uma importância bastante limitada.

Ele é composto pelas disposições do regime geral do mútuo civil oneroso e que tenha por objeto dinheiro[617], que são "atraídas" para o direito bancário, integrando-se – também – nesta disciplina[618] e também, se aplicáveis, pelas regras, que acabámos de ver, do empréstimo mercantil e do empréstimo bancário em si (art. 362º CCom – carácter oneroso).

É o regime específico decorrente daquelas disposições que regulam diretamente o mútuo quando celebrado por um banco, que passamos a analisar. De seguida, veremos as modalidades de empréstimos bancários e algumas cláusulas específicas desta modalidade contratual.

Por último a nossa atenção recairá sobre alguns contratos de mútuo bancário especialmente regulados, com incidência no regime crédito à habitação, dada o seu relevo económico-social.

43.10.2. Aspetos gerais

I. Sendo o mutuante um banco (ou outra instituição de crédito[619]), aplica-se o artigo único do Dec.-Lei nº 32 765, de 29/4/1943, que aligeira os requisitos de forma, bastando o escrito particular, mesmo quando a outra parte não seja comerciante, independentemente do seu valor.

Aqui, como aliás em regra nos outros mútuos, está em jogo moeda bancária que circula de conta em conta, o que tem por efeito alterar o objeto do seu crédito face ao banco na mesma extensão da quantia mutuada.

[616] Sobre ele, ver J. Engrácia Antunes, *Direito dos contratos comerciais*, cit., pp. 497, ss.

[617] Mas não todas. Não se trata ao contrário do que sucede com o mútuo civil, de um contrato real quanto à sua constituição, mas sim um mútuo consensual. Ver, *infra*, no ponto seguinte em texto.

[618] Ver, *supra*, com mais detalhe sobre este ponto, nº 5.

[619] Que "nos termos dos seus estatutos e do RGICSF, tenha capacidade para conceder crédito", M. Januário Costa Gomes, *Contratos comerciais*, cit., p. 321.

III. Como se disse, o empréstimo comercial não carece de forma, mas para tal é necessário que seja celebrado *entre comerciantes* – arts. 394º e 396º do CCom[620].

Esta norma continua a ser aplicável, sempre que o contrato de empréstimo mercantil tenha sido celebrado pelo banco com um comerciante.

O objetivo visado com a referida disposição de 1943 era o de simplificar a forma dos contratos desta natureza, sempre que fossem celebrados por bancos, face à forma mais pesada do regime civil. Consequentemente, sempre que do regime comercial – empréstimo mercantil entre comerciantes – resulte uma forma menos exigente, será essa a forma exigível para o mútuo bancário[621].

Ou seja: o regime decorrente do artigo único do Dec.-Lei nº 32 765, de 29/4/1943, sendo uma norma criada em benefício dos bancos, aligeira a forma do mútuo bancário quando da aplicação da lei civil resultar a exigência de uma forma mais pesada.

Não impõe essa mesma forma quando da lei comercial ou da própria lei civil resultar uma exigência menor[622].

IV. Não se trata, ao contrário do que sucede com o mútuo civil, de um contrato real quanto à sua constituição, mas sim um mútuo consensual socialmente típico no comércio bancário. De facto, é nesse sentido que deverão ser interpretados os contratos de empréstimo celebrados entre o banco e o cliente. O que as partes pretendem é que, tendo sido alcançado o acordo, o banco fique desde logo vinculado à entrega da quantia, obrigação que ele cumpre por crédito em conta. Os interesses aqui, em que o mutuante é um banco – um mutante profissional –, são diferentes daqueles do mútuo civil.[623]

620 Cfr. Luiz da Cunha Gonçalves, *Comentário ao código commercial português*, vol. II, Editora José Bastos, Lisboa, 1916, p. 459.

621 Nesse sentido, A. Vaz Serra, *Anotação* ao acórdão do STJ de 6/12/1978, RLJ ano 112º, pp. 155-156.

622 Cfr. M. Pestana de Vasconcelos, *A cessão de créditos em garantia e a insolvência*, cit., p. 998, nota 1808.

623 Neste sentido, entendendo que o mútuo bancário é um contrato consensual, porque o tipo legal corresponde ao "mútuo civil puro", além do que no "campo bancário está implementada a prática de dispensar a entrega do dinheiro mutuado como requisito para que o contrato se considere celebrado", M. Januário Costa Gomes, *Contratos comerciais*, cit., respetivamente, p. 317 e p. 323.

43.10.3. Modalidades de empréstimos bancários[624]

I. Podemos estabelecer as seguintes classificações de empréstimos bancários.

Quanto ao prazo: empréstimos de curto, quando o prazo de vencimento não exceda um ano, de médio prazo, quando o prazo de vencimento seja superior a um ano, mas não exceda cinco anos, e de longo prazo, se o prazo de vencimento for superior a cinco anos (art. 4º, ns. 1 e 2 do Dec.-Lei nº 58/2013, de 8/5).

Quanto às garantias, podem ser garantidos ou a descoberto, consoante o mutuante beneficie os não de garantias dos seus créditos, sejam elas de natureza real, pessoal, assentes na titularidade de um direito, ou de outra natureza.

Quanto ao mutuário, crédito ao consumo ou crédito empresarial, este concedido às empresas.[625]

Quanto ao número de mutuantes, simples ou sindicados[626].

Quanto à vinculação do mutuário em utilizar o capital emprestado para um fim convencionalmente determinado: simples e de escopo[627].

II. Esta última modalidade merece um desenvolvimento adicional.

O banco poderá inserir nos contratos cláusulas que vinculam o creditado a dar um determinado destino às somas emprestadas. Tal pode decorrer, desde logo, da modalidade de empréstimo, p. ex., no crédito à habitação, mas igualmente estar ligado a razões de proteção do banco[628].

A instiuição de crédito pode estar interessada em financiar um determinado projeto do mutuário, em cuja viabilidade económica acredita e

[624] Ver J. Engrácia Antunes, *Direito dos contratos comerciais*, cit., p. 499.

[625] Cfr. N.-C. Wunderlich, *Kreditvertrag*, in: H. Schimanski/H.-J. Bunte/H.-J. Lwowski, *Bankrechts-Handbuch*, Band I, 4ª ed., C. H. Beck, Munique, 2011, § 75, p. 2167.

[626] Ver, sobre esta última modalidade: C. Galvada/J. Stoufflet, *Droit bancaire*, cit., pp. 331, ss.; F. Steffek, *Einführung zum Kreditrecht vor §§ 488ff. BGB*, in: Bankrechts-Kommentar, cit., p. 707-708. Entre nós, sobre o crédito sindicado, ver, desenvolvidamente, Luís Vasconcelos Abreu, *Os sindicatos bancários no direito português*, in: Estudos em homenagem ao Professor Doutor Inocêncio Galvão Telles, vol. II, Direito bancário (Estudos organizados pelos Professores Doutores António Menezes Cordeiro, Luís Menezes Leitão e Januário da Costa Gomes), Almedina, Coimbra, 2002, pp. 519, ss..

[627] Sobre este, ver o acórdão do STJ de 6/11/2007 (Mário Cruz), in: www.dgsi.pt.

[628] Quanto ao mútuo de escopo, ver A. Menezes Cordeiro, *Direito bancário*, cit., pp. 690, ss.; L. Menezes Leitão, *Direito das obrigações, vol. III, contratos em especial*, cit., pp. 421, ss..

também cujo desenvolvimento possa acompanhar de perto, "monitorizando" o seu andamento (podendo a entrega das quantias estar dividida em diversas parcelas, ou "tranches", de acordo com as fases do projeto), mas não pretender financiar a atividade deste em geral.

Se se verificar um incumprimento da obrigação do mutuário (aliás, frequentemente previsto numa cláusula resolutiva), estaremos face a um incumprimento grave que fundamenta o direito de resolução do contrato.

43.10.4. Modalidades de prestações de restituição do capital e dos juros

I. A restituição do capital, como se viu, pode ser realizada num só momento, decorrido o prazo do empréstimo (*bullet repayment*), ou a quantia ser amortizada ao longo do tempo, podendo as prestações serem constantes (*amortized repayment*), crescentes (*balloon repayment*[629]) ou decrescentes. Os juros serão pagos decorrido um determinado período de tempo que as partes tenham acordado.

II. É ainda comum, em particular em alguns empréstimos, com ênfase nos empréstimos para habitação que as prestações de capital sejam repartidas e que se fixe um valor a ser pago mensalmente, que é composto em proporções diversas à medida que elas vão sendo satisfeitas, por capital e juros. São prestações compósitas[630], cujo regime já foi exposto.[631]

43.10.5. A garantia dos mútuos. A sobregarantia

I. Qualquer mútuo, como se viu, pode ou não ser garantido. É até comum no mútuo civil entre familiares que o crédito à restituição, e, eventualmente, aos juros, não esteja assegurado.

No âmbito bancário, a instituição de crédito concede empréstimos que obteve, em particular através de depósitos, mas não só, para esse fim. Tem que se colocar numa posição em que os seus créditos venham com forte probabilidade a ser satisfeitos, limitando a sua vulnerabilidade face ao

[629] Cfr. E.P. Erlinger/E. Lomnicka/C.V.M. Hare, *Erlinger's modern banking law*, 5ª ed., Oxford, Oxford University Press, 2011, p. 773.

[630] O mesmo sucede, aliás, na locação financeira e na venda com reserva de propriedade sempre que o bem for adquirido pelo banco para o revender depois com reserva de propriedade e às prestações ao financiado (que o escolhe).

[631] Ver, *supra*, 41.2.2.

incumprimento do creditado e, em particular, à sua insolvência. Pelo que exigirá garantias. Pode mesmo condicionar a concessão do crfédito à prestação prévia da garantia.

Sublinhe-se que exigência de garantias é imposta por um dever de boa gestão por parte das instituições de crédito. A concessão de mútuos (ou créditos de outra natureza) avultados sem garantias que sejam adequadas a cobrir de forma eficaz os riscos é, em princípio, atendendo ao critério do art. 75º RGICSF[632], um ato de má gestão[633].

II. Quando possível o banco recorre, não a uma, mas a mais garantias pelo mesmo crédito, articulando garantias reais, ou assentes na titularidade de um direito com garantias pessoais. Assim, p. ex., para garantir o crédito decorrente de um mútuo a uma sociedade, o credor exigirá um penhor de créditos que esta seja titular face aos seus clientes e, ao mesmo tempo, uma fiança do sócio gerente ou um aval[634] numa livrança subscrita pela sociedade.

III. Contudo, tal pode conduzir mesmo ao fenómeno da sobregarantia, ou garantia em excesso (*Übersicherung*)[635]-[636]. Ela existe quando as garantias não se mantenham dentro de limites razoáveis justificados por reais necessidades de segurança do credor garantido.[637]

632 "Os membros dos órgãos de administração das instituições de crédito, bem como as pessoas que nelas exerçam cargos de direcção, gerência, chefia ou similares, devem proceder nas suas funções com a *diligência de um gestor criterioso e ordenado, de acordo com o princípio da repartição de riscos e da segurança das aplicações* e ter em conta o interesse dos depositantes, dos investidores, dos demais credores e de todos os clientes em geral." (itálico nosso).

633 Quanto à concessão de crédito para adquirir valores mobiliários, sendo a garantia desses créditos os próprios valores mobiliários a adquirir, ver C.W. Canaris, *Bankvertragsrecht*, 1975, p. 895. Sublinha-se que o negócio, apesar dos riscos que comporta e da especulação não séria a que pode conduzir, não chega a ser contrário os bons costumes. A questão, tal como a colocamos em texto, é menos sobre a licitude do negócio em si, e mais sobre o que significa em termos de conduta do banco ao celebrá-lo, com as devidas consequências.

634 Em regra um aval geral. Ver, sobre ele, M. Pestana de Vasconcelos, *Direito das garantias*, cit., pp. 122, ss..

635 Entre nós, quanto à sobregarantia, cfr. M. Januário Costa Gomes, *Assunção fidejussória de dívida*, cit., pp. 829, ss..

636 A exigência de garantias excessivas configurará, como aponta D. Leite de Campos (*Da responsabilidade do credor na fase de incumprimento*, ROA, 1992, p. 863), "eventualmente", a "violação de um dever de boa fé na fase da negociação".

637 Cfr. M. Pestana de Vasconcelos, *A cessão de créditos em garantia e a insolvência*, cit., pp. 536, ss..

Nesse caso, será limitada depois a própria possibilidade de o devedor obter crédito adicional, porque não poderá recorrer a esses bens para o assegurar (e o crédito será quase sempre contra garantias), o que lhe poderá vir a causar – se vier a carecer desse mesmo crédito – um prejuízo.

Sendo uma sobregarantia inicial, quando essa cláusula caia sobre a alçada do Dec.-Lei nº 446/85, de 25/10, tratando-se de relações com consumidores finais, aplica-se o art. 22º, nº 1, al. *m)* do Dec.-Lei nº 445/86, de 25/10, onde se incluem, no seio das cláusulas relativamente proibidas, aquelas que "estabeleçam garantias demasiado elevadas ou excessivamente onerosas em face do valor a assegurar."

Quando a contraparte não seja um consumidor final, ainda assim terá que passar pelo crivo dos arts. 15º e 16º do Dec.-Lei nº 445/86, de 25/10, sendo contrárias à boa fé aquelas que sejam excessivas, não sendo justificadas por reais necessidades do devedor.

Mas mesmo sendo individualmente negociadas, mas aqui só em casos limite, se foram "desmedidamente limitadores"[638] da liberdade económica da outra parte, poderemos estar face a cláusulas opressivas (será uma *Kneblung*), "amordaçantes".[639] Nessa eventualidade – *extrema*, como se referiu – seriam nulas por violação da ordem pública (art. 280º).

Caso o excesso seja superveniente, haverá o dever, por parte do credor, de fazer cessar esse excesso. Para se constituía este dever, decorrente da boa fé, porém, torna-se necessário[640] não só que subsequentemente se tenha vindo a constituir uma situação de sobregarantia "efectiva", com uma "clara e segura desproproção entre o valor do crédito e o valor dos bens responsáveis", mas também que não se trate de um situação provisória, mas sim permanente.[641] O que não acontece, p. ex., se se tratar de bens sujeitos a flutuações, por vezes bruscas e inesperadas.

[638] C. Mota Pinto, *Teoria geral do direito civil* (por António Pinto Monteiro e Paulo Mota Pinto), cit., p. 558. Também, J. Baptista Machado, *Do princípio da liberdade contratual*, in: João Baptista Machado, Obra dispersa, vol. I, Scientia Iuridica, Braga, 1991, p. 644.

[639] C. Mota Pinto, *Teoria geral do direito civil* (por António Pinto Monteiro e Paulo Mota Pinto), cit., p. 558.

[640] Como aponta M. JAnuário Costa Gomes, *Assunção fidejussória de dívida*, cit., p. 834.

[641] Assim, M. Januário Costa Gomes, *Assunção fidejussória de dívida*, cit., p. 834.

43.10.6. Os *covenants*

I. No âmbito empresarial, o pagamento do empréstimo (em especial, nos casos de médio e longo prazo) irá depender da capacidade económica e financeira do mutuário, capacidade essa que pode sofrer diversas alterações no decurso do tempo, o que é um risco acrescido quando o período pelo qual se concede o empréstimo seja longo, ou muito longo.

Por isso, o banco não se desinteressa dela, pretende acompanhá-la para poder a cada momento determinar o risco que corre, assim como, ao mesmo tempo dotar-se de instrumentos que, por um lado, lhe confiram algum poder de controlo sobre o devedor, evitando que a sua situação patrimonial se deteriore, e, por outro, lhe permitam fazer cessar o empréstimo se o risco se agravar.[642] O conjunto, variado, de instrumentos acordado pelas partes para o referido fim faz parte dos *covenants*.[643]

Aqui se incluem as obrigações de prestar informação, em particular de caráter financeiro[644], a manutenção de certos *ratios* financeiros e restrições à disposição de bens.

Fazem (*rectius*, podem fazer) também parte destes acordos cláusulas de *negative pledge* ou cláusulas de *pari passu*. Das primeiras decorrem limitações à prestação de garantias a outros credores sem o consentimento do beneficiário da cláusula. Pelas segundas, o devedor obriga-se a que o crédito da outra parte nunca possa vir a ser graduado depois daqueles dos

[642] Assim, E.P. Erlinger/E. Lomnicka/C.V.M. Hare, *Erlinger's modern banking law*, cit., p. 774.

[643] Em alemão, *Vertragsklausel/Zusicherungen*, cfr. Bruchner/Krepold, *Kündigungsrecht*, in: H. Schimanski/H.-J. Bunte/H.-J. Lwowski, *Bankrechts-Handbuch*, Band I, cit., § 79, p. 2327. Sobre os *covenants*, ver, desenvolvidamente: Julia C. Runge, *Covenants in Kreditverträgen. Grenzen der Einflussnahme von Kreditgebern*, RWS, Colónia, 2010, *passim*; Robert Freitag/ *Staudingers Kommentar zum Bürgerlichen Gesetzbuch mit Einführungsgesetz und Nebengesetzen, Buch 2, Recht der Schuldverhältnisse §§ 488-490*, 607-609 (*Darlehensrecht*), Sellier – de Gruyter, Berlim, 2011 (*neubearbeitung* Robert Freitag e Peter O. Mülbert), *§§ 488-490*, 607-609 (*Darlehensrecht*), § 488, pp. 159, ss..

[644] Outro aspeto, relacionado com o risco que corre o creditante no âmbito do recurso – muito comum no financiamento societário, no âmbito dos grupos – às cartas de conforto ou de patrocínio, está ligado à eventual afirmação dos deveres de informação relativos à deterioração da situação financeira do devedor, por parte do patrocinante. Sobre este ponto, ver J. Sinde Monteiro/Filipe Cassiano dos Santos, *Carta de patrocínio, relação de grupo e providências de recuperação da empresa*, RLJ ano 137º, p. 70.

seus outros credores[645], pelo que, se lhes conceder garantias, terá que conceder uma garantia idêntica ao credor que beneficia dessa cláusula[646].[647]

II. Podemos distinguir entre o *negative covenants*, os *afirmative covenants*, os *financial covenants*,[648] e, também, os *covenants* relativos ao cumprimento por parte do devedor do empréstimo (*covenants as to the borrower's performance*)[649], sendo certo que nada obsta, e é até bastante comum, que num mesmo contrato se prevejam cláusulas pertencentes a qualquer destas modalidades[650].

Os primeiros dizem respeito a prestação de garantias a terceiros, a alienação de bens, assim como as cláusulas *pari passu*.

Os segundos têm por objeto, dentre outros, o dever de celebração de contratos de seguro, o dever de pagamento pontual dos prémios, o dever de proteger os seus direitos de propriedade intelectual.

Os *financial covenants* contêm deveres de prestação de informações quanto à situação económico-financeira do devedor, limites ao endividamento, deveres de manutenção de níveis de liquidez, etc.[651] Eles funcionam como "sistema de aviso prévio" da deterioração das condições do devedor.

Os últimos contêm disposições quanto ao cumprimento dos contratos.

III. Os *covenants*, em particular os *financial covenants*, não conferem, em regra, logo, se se verificar o incumprimento, direito à resolução do contrato. É comum as partes acordarem um conjunto de medidas prévias, com caráter progressivo, com vista a tutelar o credor e evitar o recurso a essa medida; assim: aumento do capital, aumento das taxas de juros do banco,

[645] Assim, quando ao conteúdo dos *covenants*, E.P. Erlinger/E. Lomnicka/C.V.M. Hare, *Erlinger's modern banking law*, cit., p. 774.

[646] R. Goode, *Security interests in movables under english law*, cit., p. 53.

[647] Trata-se de modalidades de cláusulas de garantia ou segurança. Sobre elas, ver M. Pestana de Vasconcelos, *Direito das garantias*, cit., pp. 647, ss..

[648] Cfr. Brucher/Krepold, *Kündigungsrecht*, in: H. Schimanski/H.-J. Bunte/H.-J. Lwowski, *Bankrechts-Handbuch*, § 79, cit., p. 2328.

[649] Cfr. A. Hudson, *The law of finance*, cit., pp. 875, ss..

[650] Ver, desenvolvidamente, J. C. Runge, *Covenants in Kreditverträgen. Grenzen der Einflussnahme von Kreditgebern*, cit., pp. 12, ss..

[651] Muito desenvolvidamente sobre todas estas cláusulas de controlo financeiro do devedor, ver J. C. Runge, *Covenants in Kreditverträgen. Grenzen der Einflussnahme von Kreditgebern*, cit., pp. 30, ss..

como forma de compensar o risco acrescido; dever de reforçar ou de prestar garantias adicionais. A resolução é, em regra, o último recurso[652].

IV. Um último ponto para sublinhar que os *covenants*, decorrendo de contratos, têm – *it goes without saying* – que respeitar os limites que lhes são impostos pelo ordenamento jurídico. Particular relevo tem aqui o abuso do direito (art. 334º), a boa fé (art. 762º, nº 2), os limites do art. 280º, o art. 802º, nº 2 e as cláusulas contratuais gerais.

V. É ainda necessário ter em conta as regras societárias.

Quanto a estas últimas, terá que se aferir a validade das cláusulas, comuns, pelas quais a sociedade, por via do órgão de administração, se obriga, em determinadas circunstâncias aí delimitadas, a não distribuir lucros[653].

No nosso sistema, a competência para a distribuição de lucros é, por força da lei, da assembleia geral. Por isso, esse contrato será ineficaz face à sociedade (art. 260º, nº 1 e art. 409º, nº 1 CSC)[654]. Para que não o fosse, e produzisse o necessário efeito de proteção dos credores, impedindo uma deliberação posterior em sentido contrário dos sócios, seria necessária a alteração do pacto social[655].

VI. Por fim, os *convenants* integrarão os *events of default* previstos pelas partes. Que passamos, em termos genéricos, a analisar, de seguida.

43.10.7. O vencimento antecipado. Os *events of default*

I. Nos contratos de elevados montantes é muito comum as partes preverem um conjunto de factos que qualificam como *events of default*,[656] onde se inclui, p. ex., o incumprimento da obrigação principal, de juros, de outras

[652] Cfr. BRUCHER/KREPOLD, *Kündigungsrecht*, in: H. SCHIMANSKI/H.-J. BUNTE/H.-J. LWOWSKI, *Bankrechts-Handbuch*, Band I, cit., § 79, p. 2328.

[653] Cfr. LOUISE GULLIFER/JENNIFER PAYNE, *Corporate finance law. Principles and policy*, Hart publishing, Oxford and Portland, Oregon, 2011, p. 157.

[654] Neste sentido, PAULO DE TARSO DOMINGUES, *Variações sobre o capital social*, Almedina, Coimbra, 2009, p. 290.

[655] Assim, P. TARSO DOMINGUES, *Variações sobre o capital social*, cit., p. 292. Sustenta ainda este Autor (*ob. últ. cit., ibidem*) que para a sua alteração seria necessário o consentimento de terceiro.

[656] Quanto a estes, ver A. HUDSON, *The law of finance*, cit., pp. 1175, ss..

obrigações, ou, mais em geral, outros eventos não imputáveis ao devedor previstos nos *covenants*[657].

Verificando-se um deles, ou se vence de imediato a obrigação de pagar (por vezes, logo extinta através do recurso ao *close-out netting*) ou, alternativamente, gera-se uma situação de exigibilidade antecipada.[658]

A distinção é da maior importância, porque o credor poderá neste último caso decidir se "acelera" ou não o contrato. O que tem todo o relevo, uma vez que a "aceleração" do contrato, com o vencimento da obrigação, levará, como veremos já de seguida, a acionar as cláusulas de garantia, por via do *close-out netting* (a que se fará referência de seguida), e poderá ter feitos nos outros contratos entre essas partes, e entre elas e terceiros, por via das cláusulas de *cross default.*[659]

Nem sempre, no entanto, os *events of default* conferem ao credor o direito de exigir de imediato o cumprimento da obrigação de restituir o capital ou provocam o seu vencimento imediato. São, muitas vezes, inseridas nesses contratos cláusulas pelas quais se concede ao devedor um prazo adicional para repor a situação (p. ex., fazer o pagamento em atraso). Só subsequentemente se verificará, incumprindo o devedor, o *event of default.*[660]

II. Muito comuns, e especialmente gravosas, são as cláusulas de *cross default.*[661] Podendo embora ter um conteúdo mais ou menos amplo, pode dizer-se, em termos gerais, que elas conferem ao mutuante o direito de exigir o cumprimento imediato da obrigação (a chamada "aceleração" do contrato) de um determinado contrato, se o devedor incumprir uma obri-

[657] JOANNA BENJAMIN, *Financial law*, cit., p. 169.

[658] Há uma grande variabilidade de cláusulas, comuns nos contratos de crédito internacionais, que não podemos analisar na economia deste trabalho, limitando-nos a apenas algumas modalidades mais comuns. Ver, sobre esta matéria, BRUNO FERREIRA, *Contratos de crédito bancário e exigibilidade antecipada*, Almedina, Coimbra, 2011, pp. 216, ss..

[659] Sublinhando a distinção e o relevo de se pactuarem cláusulas de *automatic termination* ou de *termination by notice*, A. HUDSON, *The law of finance*, cit., p. 1174.

[660] E. P. ERLINGER/E. LOMNICKA/C. V. M. HARE, *Erlinger's modern banking law*, cit., p. 776.

[661] Sobre estas, ver: JOANA PEREIRA DIAS, *Contributo para o estudo dos actuais paradigmas das cláusulas de garantia e/ou segurança: a pari passu, a negative pledge e a cross default*, in: Estudos em homenagem ao Professor Doutor Inocêncio Galvão Telles, IV – Novos estudos de Direito Privado (organizados pelos Professores Doutores António Menezes Cordeiro, Luís Menezes Leitão e Januário da Costa Gomes), Almedina, Coimbra, 2003, pp. 879, ss.; A. HUDSON, *The law of finance*, cit., p. 460.

gação decorrente de um *outro contrato*, celebrado com ele ou com terceiro. A cláusula pode ser alargada ao incumprimento de obrigações, não só pelo próprio devedor, mas também de sociedades por ele detidas[662].

Nessa medida, o incumprimento de um contrato (ou melhor, a verificação de um *event of default*, que, como vimos, pode não se tratar de um incumprimento do devedor) tem efeitos imediatos, por força da cláusula *cross default*, noutro ou noutros contratos com o mesmo ou com diferentes credores, provocando (ou podendo provocar) um verdadeiro "efeito dominó" sobre todas as relações contratuais entre esses sujeitos, eventualmente alargada às relações entre o devedor e terceiros.

Recorrendo a um exemplo simples: A celebra um contrato de mútuo com B e outro com C, com vencimentos diversos. Verificando-se o incumprimento da obrigação de restituir a quantia, ou de pagar os juros do contrato celebrado com B, esse incumprimento, devido à existência da cláusula de *cross default* no outro contrato, confere ao credor (C) o direito de exigir o cumprimento imediato da obrigação de restituição daí emergente (ou, conforme o acordado, o vencimento imediato dessa obrigação).

A razão de ser é clara: se já incumpriu outros contratos de mútuo, a probabilidade de incumprir também aquele é bastante elevada, não pretendendo esse credor ficar em pior situação que os outros no caso de um incumprimento posterior. Por outro lado, funciona, dadas suas consequências, como um meio dissuasório muito eficaz de incumprimento[663].

III. De todo o modo, a "aceleração" ilícita de um outro contrato, com base num *event of default* inexistente, não permite, que um outro mutuante venha, por sua vez, a acionar a cláusula de *cross default*.[664]

Claro está que para os outros contraentes será difícil saber se a exigência de cumprimento no primeiro contrato é ou não lícita. Havendo dúvidas, dado o caráter extremamente gravoso da cláusula, em regra, deverão abster-se de o fazer antes de a situação se clarificar, o que significa poder-se afirmar com um adequado nível de certeza que se verificou esse *event of default*.

É, uma exigência decorrente da boa fé.

[662] Cfr. Joana Pereira Dias, *Contributo para o estudo dos actuais paradigmas das cláusulas de garantia e/ou segurança: a pari passu, a negative pledge e a cross default*, cit., p. 980.

[663] Cfr. L. Gullifer/J. Payne, *Corporate finance law. Principles and policy*, cit., p. 160.

[664] Cfr. A. McKnight, *The law of international finance*, cit., p. 159.

Parece igualmente óbvio que a invocação ilícita de um *event of default* para exigir o vencimento antecipado da obrigação pode dar lugar, devido a estas cláusulas de *cross default* incluídas nos outros contratos do mesmo devedor, a danos enormíssimos ao devedor: a serem indemnizados.

Aliás, justamente porque a invocação de um *event of default*, representa a "sentença de morte financeira"[665] do devedor, dada generalização de cláusulas de *cross default*, ela é utilizada, em regra, pelo mutuante somente como base para uma renegociação do contrato, numa posição de superioridade, dada a ameaça do seu exercício[666].

Um outro aspeto tem a ver com a conformação específica destas cláusulas. Como temos vindo a sublinhar, elas decorrem da liberdade contratual, podendo ser mais ou menos gravosas (por vezes, muitíssimo gravosas).

Neste quadro, constitui um aspeto muito relevante que a cláusula não possa ser acionada quando, embora se tenha verificado um *event of default* num outro contrato (nos termos nele definidos), esse credor não tenha optado por recorrer a ela para provocar a "aceleração" do contrato, exigindo o cumprimento imediato da obrigação daí decorrente.

Com efeito, ele pode contentar-se com a manutenção da situação de incumprimento do devedor sem provocar esse efeito[667]. Por isso, neste circunstancialismo, o *event of default* não se estende aos outros contratos, não sendo acionadas as cláusulas de *cross default* aí inseridas.

IV. Estas cláusulas de *cross default* são típicas da relação banca/empresas, pelo que a sua adaptação a contratos com consumidores será, na generalidade dos casos (admite-se que possa haver alguma circunstância excecional que justifica uma das suas modalidades menos gravosas) de afastar.

Terá ainda que se ter em conta as necessidades específicas de quem recorre a estas cláusulas, nomeadamente a existência de garantias que assegurem já suficientemente a posição do credor. Por fim, os próprios setores de atividade. Elas encontram, em especial as mais gravosas, espaço no âmbito dos mercados financeiros ou em operações de financiamento bancário complexo. Com efeito, mandam exigências da boa fé que nos

[665] JOANNA BENJAMIN, *Financial law*, cit., p. 169 ("The existence of cross default clauses in other financing documents of the borrower, and the reliance of market participants on credit rating and reputation, mean that calling a default may be equal to a financial death sentence.").

[666] Cfr. JOANNA BENJAMIN, *Financial law*, cit., p. 169.

[667] Cfr. A. MCKNIGHT, *The law of international finance*, cit., p. 159.

outros casos se conceda pelo menos um período de tempo razoável para a contraparte repor a situação, caso o possa fazer.

V. Tal como sucede com os *covenants*, cada um destas cláusulas tem que ser filtrada, antendendo aos diferentes vetores que acabámos de referir, pelos diversos instrumentos de controlo do sistema.

Deste modo, sempre que estejamos perante cláusulas contratuais gerais, o que nem sempre sucederá nos contratos com valores mais elevados, em que as partes negociarão estas cláusulas ponto a ponto, elas terão de passar pelo crivo do Dec.-Lei nº 446/85, de 25/10.

Nesse quadro uma cláusula de *cross default* muito abrangente, que não seja indiscutivelmente exigida pelas especificidades próprias daquele particular contrato, dado o seu caráter excessivo e não necessário para a consecução da finalidade do negócio, gera sérias dúvidas quanto à sua validade.

Haverá ainda, em termos gerais, que tomar em conta os limites do objeto (art. 280º), do exercício do direito (art. 334º) e, claro, da boa fé (art. 762º, nº 2).

VI. Acrescente-se ainda que nestes contratos a obrigação de restituição do capital (e a dos juros) estará, na generalidade das vezes, garantida, sendo comum as partes recorrerem a cláusulas de *close-out netting*.

Funcionam da seguinte forma: o *event of default*[668] (facto que desencadeia a execução: o não cumprimento do contrato ou "qualquer outro facto a que as partes atribuem efeito análogo" – art. 12º nº 2 do Dec.-Lei nº 105/2004, de 8/5) provoca uma "aceleração" das obrigações desse (*acceleration of obligations*) desse contrato[669], ou seja, para além do vencimento antecipado da obrigação de restituir o capital, vence-se igualmente a obrigação de restituição do valor da garantia[670] e extinguem-se ambos os créditos por compensação.

Esta figura, de grande relevo prático, encontra-se prevista, hoje, no regime dos contratos de garantia financeira (art. 12º do Dec.-Lei nº 105/2004, de 8/5).

[668] Quanto a estes, ver FILIPPO ANNUNZIATA, *Verso una disciplina comune delle garanzie finanziarie. Dalla convenzione dell'Aja alla Collateral Diretive (Direttiva 2002/47/CE)*, BBTC, 2003, p. 210.

[669] Cfr. A. HUDSON, *The law of finance*, cit., p. 460.

[670] O que implica que a obrigação de restituição seja nessa data convertida numa obrigação pecuniária, através da determinação do valor de mercado da garantia.

43.11. Os contratos de mútuo bancário especialmente regulados. O regime dos contratos de crédito relativos a imóveis (aprovado pelo Dec.-Lei nº 74-A/2017, de 23/6)

I. Dada a importância económica e social de algumas modalidades de mútuo bancário, a lei criou regimes especiais para esses casos. Os referidos regimes, enformados pela necessidade de proteção do mutuário – que nos tempos mais recentes foi consideravelmente reforçada –, consagram um conjunto de regras que são excecionais relativamente à disciplina geral desta figura. O mais completo e relevante em termos económicos[671] é, hoje, o regime dos contratos de crédito relativos a imóveis (aprovado pelo Dec.-Lei nº 74-A/2017, de 23/6), que resulta de transposição parcial da Diretiva nº 2014/17/UE, do Parlamento Europeu e do Conselho, de 4 de fevereiro de 2014[672].[673]

Este diploma revogou em grande parte regime do crédito à habitação própria (Dec.-Lei nº 349/98, de 11/11) que, nessa medida, com um campo de aplicação mais restrito[674],[675] se mantém – embora de forma quase residual[676] – em vigor.[677]

671 Em agosto de 2016, o crédito à habitação consistia em 81% do crédito a particulares. Por outro lado, a maior parte do crédito a sociedades não financeiras (28%) dirigia-se ao setor da construção e imobiliário, sendo superior à média da zona Euro. Ver: associação portuguesa de bancos, *Overview do sistema bancário português*, agosto de 2016, p. 21 (in: http://www.apb.pt/content/files/Agosto_-_Overview_do_Sistema_Portugus_PT.pdf).

672 Que altera as Diretivas ns. 2008/48/CE e 2013/36/UE e o Regulamento (UE) nº 1093/2010, alterada pelo Regulamento (UE) nº 2016/1011, do Parlamento Europeu e do Conselho, de 8 de junho de 2016, alterada pelo Regulamento (UE) nº 2016/1011, do Parlamento Europeu e do Conselho, de 8 de junho de 2016. O regime foi depois regulamentado pelo Aviso do Banco de Portugal nº 4/2017 e pelo Aviso do Banco de Portugal nº 5/2017.

673 A restante transposição da diretiva foi realizada Dec.-Lei nº 81-C/2017, de 7/7, que define os requisitos de acesso e de exercício da atividade de intermediário de crédito e da prestação de serviços de consultoria relativamente a contratos de crédito.

674 O diploma aplica-se concessão de crédito à aquisição, construção e realização de obras de conservação ordinária, extraordinária e de beneficiação de habitação própria permanente, secundária ou para arrendamento, assim como à aquisição de terreno para construção de habitação própria permanente [art. 1º, als. *a)* e *b)* do Dec.-Lei nº 349/98, de 11/11]. Claro está que, destes, o caso social e economicamente mais relevante é do crédito, sob a forma de mútuo, para aquisição de habitação própria permanente, sendo que algumas das suas regras só se aplicam mesmo a este contrato (arts 7º-A e 7º-B, nº 1 do Dec.-Lei nº 349/98, de 11/11).

675 A lei refere-se no art. 1º do Dec.-Lei nº 349/98, de 11/11, a crédito, o que abrange um elenco mais amplo de contratos do que o mútuo, como, p. ex., no que toca à habitação, a locação financeira imobiliária. Todavia, da análise do restante regime decorre que o que se tem em

II. O caso mais importante que vem aqui regulado é o do mútuo com hipoteca para habitação própria do mutuário. É certo que, como vermos de seguida, se enquadram no seu âmbito outros contratos de crédito relativos a imóveis com consumidores.

Todavia, a compra de um imóvel para habitação própria com recurso ao crédito bancário, dando esse bem como garantia, é aquele que tem maior relevo económico-social, e relevância bancária.

Consiste mesmo na generalidade dos casos da decisão mais importante em termos económicos que um sujeito toma. Desde logo, porque visa satisfazer uma necessidade essencial, sua e da sua família; depois, porque é um contrato de longuíssimo prazo, que se irá estender durante de grande parte da sua vida (é um *life term contract*), consumindo uma parte, por vezes muito relevante, dos seus rendimentos mensais; em terceiro lugar, é muito

vista é exclusivamente o mútuo. Assim, p. ex., no art. 3º do Dec.-Lei nº 349/98, de 11/11, a lei refere-se, no nº 1, ao prazo "dos empréstimos" e no nº 2 relativo à amortização antecipada por parte do "mutuário", do "empréstimo". O mesmo sucede no art. 4º, al. *i)* do Dec.-Lei nº 349/98, de 11/11, respeitante à taxa de esforço, do "empréstimo" ("relação entre a prestação mensal relativa ao 1º ano de vida do empréstimo correspondente à amortização do capital e juros em dívida...").

[676] Foram revogados os arts. 5º, 6º, 7º-A, 7º-B, 18º a 22º, 23º-B, 24º, 28º-A e 30º-A [art. 46º, nº 1, al. *a)* do Dec.-Lei nº 74-A/2017, de 23/6].

[677] Foram igualmente revogados outros diplomas cujas soluções fora em grande parte integradas no novo regime [art. 46º, nº 1, als. *b), c), d) e) e f)* Dec.-Lei nº 74-A/2017, de 23/6]: o Dec.-Lei nº 240/2006, de 22 de dezembro (referente as regras a que deve obedecer o arredondamento da taxa de juro quando aplicado aos contratos de crédito para aquisição, construção e realização de obras em habitação própria permanente, secundária ou para arrendamento e para aquisição de terrenos para construção de habitação própria celebrados entre as instituições de crédito e os seus clientes); o Dec.-Lei nº 51/2007, de 7/3 (que regulava as práticas comerciais das instituições de crédito e assegurava a transparência da informação por estas prestada no âmbito da celebração de contratos de crédito para aquisição, construção e realização de obras em habitação própria permanente, secundária ou para arrendamento, bem como para aquisição de terrenos para construção de habitação própria); o Dec.-Lei nº 171/2008, de 26 de agosto (que diz respeito medidas de tutela do mutuário no crédito à habitação respeitantes à renegociação das condições dos empréstimos e à respetiva mobilidade); o Dec.-Lei nº 192/2009, de 17/8 (regulava as práticas bancárias na concessão do crédito à habitação, estendendo o seu regime a outros contratos de crédito garantidos pelo mesmo imóvel e reforçando o direito do consumidor à informação, e procede à extensão do regime estabelecido pelo Decreto-Lei nº 171/2008, de 26 de agosto, a este tipo de créditos); e o Dec.-Lei nº 226/2012, de 18/10 (extensão do âmbito de aplicação do Decreto-Lei nº 51/2007, de 07 de março, aos demais contratos de crédito garantidos por hipoteca, ou por outro direito sobre imóvel, e celebrados com clientes bancários particulares).

sensível a alterações da conjuntura económica em que a decisão inicial assentou e em vicissitudes da vida pessoal e profissional dos mutuários.

As características do contrato, as condições acordadas e a sua extensão temporal são nessa medida fulcrais. Basta ver o reflexo que uma taxa variável pode ter na variação das prestações mensais a pagar.

III. Do prisma dos bancos, trata-se igualmente um contrato essencial. Uma percentagem esmagadora do crédito bancário a particulares dirige-se ao financiamento de aquisição de habitação própria, com garantia hipotecária. Por essa razão, grande parte das carteiras de créditos, o cerne do património dos bancos, é composto por créditos a longo prazo desta natureza. O que explica as consequências que para os bancos têm igualmente uma variação do indexante, ou uma quebra acentuada do mercado imobiliário. A crise financeira de 2007-2008 começou justamente devido a más práticas na concessão de crédito hipotecário.

Por isso, se pode dizer que muitos dos elementos de proteção criados pela diretiva, e transpostos depois para a lei nacional, são igualmente no interesse dos bancos. As regras, que se prendem rigorosas, tanto de avaliação do imóvel, como de determinação da solvabilidade do potencial mutuário, são essenciais a assegurar o próprio crédito do banco. De pouco vale ao banco um mutuário a prazo insolvente, ou a concessão de um crédito muito próximo do valor de mercado do imóvel hipotecado, que ao longo dos anos poderá desvalorizar, por força de flutuações do próprio mercado.

Isto numa perspetiva de médio prazo. Porque, a curto prazo, a concessão de crédito hipotecário sem um critério rigoroso melhora os resultados bancários. As imparidades ficam para depois. O que justifica – *rectius*, impõe – uma atuação muito presente e cautelosa do Banco de Portugal, no âmbito das extensíssimas competências que a lei bancária lhe confere para o efeito.

IV. Não causa, pois, qualquer surpresa que esta matéria tenha sido objeto de uma regulamentação detalhada, que tem como finalidade principal, como se disse, a proteção do consumidor, visto como a parte mais fraca da relação. Quer concedendo-lhe todas as informações necessárias para tomar uma decisão esclarecida, quer colocando diversos limites ao funcionamento da autonomia privada. Proteção que a lei nacional – bem! – alargou para além do que lhe era imposto pela diretiva.

É este regime, cujos traços considerados para este efeito como mais relevantes, no que diz respeito às vicissitudes do contrato, se expõem de forma sumária[678]-[679].[680]

[678] Sobre este regime, ver, detalhadamente, RUI PINTO DUARTE, *O novo regime do crédito imobiliário a consumidores (Dec.-Lei 74-A/2017) – uma apresentação*, in: III congresso de direito bancário (coord. Miguel Pestana de Vasconcelos), Almedina, Coimbra, 2018, pp. 311, ss.; SANDRA PASSINHAS, *O novo regime do crédito aos consumidores para imóveis de habitação*, in: Estudos de direito do consumidor, nº 14/2018, pp. 415, ss.

[679] Há a destacar, também, no seio de uma tessitura normativa cada vez mais densa, dado o número de pessoas em grandes dificuldades económicas, em especial pelo aumento crescente e dramático do desemprego, o regime extraordinário de proteção dos devedores de crédito à habitação que se encontrem em situação económica muito difícil (Lei nº 58/2012, de 9/11). Sobre ele, ver JOÃO LABAREDA, *Reflexões acerca do regime extraordinário de protecção de devedores de crédito à habitação em situação económica muito difícil*, in: II Congresso do direito da insolvência (coordenação Catarina Serra), Almedina, Coimbra, 2014, pp. 281, ss..

Temos, ainda, neste quadro, embora com um âmbito de aplicação objetivo mais lato, o Dec.-Lei nº 227/2012, de 25/10 (alterado recentemente pelo Dec.-Lei nº 70-B/2021, de 6/8), que estabelece os princípios e as regras a observar pelas instituições de crédito no acompanhamento e gestão de situações de risco de incumprimento e na regularização extrajudicial das situações de incumprimento das obrigações de reembolso do capital ou de pagamento de juros remuneratórios por parte dos clientes bancários, respeitantes aos contratos de crédito aí previstos [art. 1º, nº 1, als. *a)* e *b)*, e art. 2º, para os contratos de crédito a que se aplica este regime], nos quais se incluem os contratos de crédito relativos a imóveis abrangidos pelo Decreto-Lei 74-A/2017, de 23/6 [art. 2º, nº 1, al. *a)*]. O diploma estabelece, ainda, a criação de uma rede de apoio a clientes bancários no âmbito da prevenção do incumprimento e da regularização extrajudicial das situações de incumprimento de contratos de crédito (art. 1º, nº 2). Cliente bancário para efeitos deste diploma é um consumidor, na aceção dada pelo nº 1 do artigo 2º da Lei de Defesa do Consumidor, que intervenha como mutuário em contrato de crédito [art. 3º, al. *a)*].

[680] O Banco de Portugal emitiu uma recomendação (in: www.bportugal.pt/sites/default/files/recomendacao_contratoscredito.pdf) no âmbito dos novos contratos de crédito celebrados com consumidores que se aplica tanto aos contratos de crédito regulados pelo Dec.-Lei nº 74-A/2017 e pelo Dec.-Lei nº 133/2009, de 2/6, relativo ao crédito ao consumo, celebrados a partir 1 de julho de 2018. As regras aí previstas são da maior importância para a proteção dos mutuários e obstar aos riscos de incumprimentos futuros, logo que haja uma subida da taxa de juro, a deterioração da envolvente económica e/ou haja uma queda do mercado imobiliário. Mas o Banco de Portugal não está limitado a fazer recomendações. Pode também recorrer a determinações [art. 16º- A, nº 2 da LOBP]. E, nesta matéria, dado o seu relevo fulcaral, deveria, cremos, ter procedido dessa forma.

43.11.1. O âmbito de aplicação

I. A lei aplica-se a determinados contratos de crédito concluídos com consumidores. Há, pois, elementos objetivos e subjetivos que definem o seu alcance.

II. Relativamente aos primeiros, começa por se definir em termos latos o que são contratos de crédito para este efeito, sendo depois a sua delimitação realizada através de estabelecimento de um elenco de contratos excluídos, recortando agora pela negativa, o âmbito objetivo.

III. Contratos de crédito, para este efeito, seguindo aliás de forma próxima, também aqui, as regras do regime do crédito ao consumo [art. 4º, nº 1, al. *c)* do Dec.-Lei nº 133/2009, de 2/6][681], um "contrato pelo qual um mutuante concede ou promete conceder a um consumidor um crédito sob a forma de mútuo, abertura de crédito, diferimento de pagamento ou qualquer outro acordo de financiamento semelhante, designadamente locação financeira, abrangido pelas disposições do presente decreto-lei[682]" [art. 4º, nº 1, al. *e)* do Dec.-Lei nº 74-A/2017, de 23/6]. O caso mais importante é o do mútuo, razão pela qual o legislador acabou por recorrer ao termo mutante para designado o que deveria ter sido, em rigor, o concedente de crédito.[683]

IV. Determina-se de seguida, dentro dos contratos de crédito, aqueles a que se aplica o diploma: os contratos de crédito para a aquisição ou construção de habitação própria permanente, secundária ou para arrendamento [art. 2º, nº 1 do Dec.-Lei nº 74-A/2017, de 23/6]; aos contratos de crédito para aquisição ou manutenção de direitos de propriedade sobre terrenos ou edifícios já existentes ou projetados [art. 2º, nº 1 al. *b)* do Dec.-Lei nº 74-A/2017, de 23/6]; aos contratos de crédito que, independentemente da finalidade, estejam garantidos por hipoteca ou por outra garantia equivalente habitualmente utilizada sobre imóveis, ou garantidos por um direito relativo a imóveis [art. 2º, nº 1, al. *c)* do Dec.-Lei nº 74-A/2017, de 23/6].

[681] Que é para onde remete a própria diretiva – art. 4º, nº 1.

[682] A lie inclui na noção de contrato de crédito a locação financeira, claramente para abarcar. Contudo, essa extensão e respetiva delimitação resultavam já do alargamento do art. 2º, nº 2.

[683] Já vem da diretiva (art. 4º, nº 2) que recorreu, como na versão francesa, ao termo a mutuante. Na versão alemã recorre-se já a *Kreditgeber*, e na versão italiana a *creditore*.

V. O conjunto de contratos é alargando depois o seu âmbito também aos contratos de locação financeira imobiliária para habitação própria permanente, secundária ou para arrendamento (art. 2º, nº 2 do Dec.-Lei nº 74-A/2017, de 23/6)[684]. Estes contratos já estavam previstos na definição de contratos de crédito. Pelo que o que aqui efetivamente se faz é delimitar os contratos de locação financeira aos quais o regime se aplica.

VI. Em termos subjetivos, estes contratos terão que ser celebrados entre os mutuantes, que são definidos como "qualquer entidade habilitada a exercer, a título profissional, a atividade de concessão de crédito em Portugal, nos termos do Regime Geral das Instituições de Crédito e Sociedades Financeiras, aprovado pelo Decreto-Lei nº 298/92, de 31 de dezembro (RGICSF), e das demais normas legais e regulamentares que regem a respetiva atividade." [art. 4º, nº 1, al. *o)* do Dec.-Lei nº 74-A/2017, de 23/6], e consumidores. sendo estes definido em termos restritos, tal como no regime do crédito aos consumidores [art. 4º, nº 1, al. *a)* RCC][685], como "pessoa singular que, nos negócios jurídicos abrangidos pelo presente decreto-lei, atua com objetivos alheios à sua atividade comercial ou profissional" [art. 4º, nº 1, al. *d)* do Dec.-Lei nº 74-A/2017, de 23/6].

O regime insere-se assim também no âmbito específico do crédito ao consumo, embora aqui com caraterísticas específicas, atendendo à natureza do bem, e à sua duração.

VII. O âmbito de aplicação da disciplina é bastante extenso, indo-se para além do que impunha a diretiva, e seguramente bastante para além do caso mais comum do mútuo para habitação própria com hipoteca.[686]

Repare-se que estão igualmente aqui incluídos os contratos de crédito não hipotecário, desde que seja para aquisição ou construção de habitação própria permanente, secundária ou, mesmo, para arrendamento; e de crédito hipotecário, ou seja garantido por hipoteca, mas agora para quaisquer fins.

684 Com exceção do disposto no nº 3 do artigo 14º, na al. *a)* do nº 2 e nos ns. 6 e 7 do artigo 25º e no artigo 28º (art. 2º, nº 2 do Dec.-Lei nº 74-A/2017, de 23/6).

685 Sobre ele, ver, *infra*.

686 Cfr. Rui Pinto Duarte, *O novo regime do crédito imobiliário a consumidores (Dec.-Lei 74-A/2017) – uma apresentação*, cit., p. 315.

Passamos aos traços mais relevantes de regime.[687]

43.11.2. As condições de empréstimo

I. A taxa de juro contratual aplicável será aquela resultante da livre negociação estre as partes, não havendo regra específico sobre esta matéria, sendo aliás também o que resulta do art. 7º, nº 1 do Dec.-Lei nº 349/98, de 11/11[688]. Isto não significa que não existam limites para a taxa de juros. Eles decorrem, como melhor se justificará, mais adiante em texto, do art. 1146º[689]. Só dentro deles se pode fixar, livremente, a taxa de juro destes empréstimos.

Por outro lado, sem prejuízo de quaisquer outros sistemas de amortização dos empréstimos, devem as instituições de crédito competentes apresentar aos interessados o sistema de prestações constantes (art. 7º, nº 2 do Dec.-Lei nº 349/98, de 11/11).

43.11.3. O reembolso antecipado

I. O consumidor tem o direito de reembolsar antecipadamente, total ou parcialmente, a obrigação em dívida, com a respetiva redução do custo total do crédito, correspondente à redução dos juros e dos encargos relativos ao período remanescente do contrato (art. 23º, nº 1 do Dec.-Lei nº 74-A/2017, de 23/6).[690]

[687] Ver neste contexto ainda o aviso do BP nº 2/2010 (alterado pelo aviso do BP nº 16/2012) que estabelece deveres mínimos de informação a observar pelas instituições de crédito com sede ou sucursal em território nacional na negociação, celebração e vigência de contratos de crédito à habitação, de crédito conexo e de outro crédito hipotecário.

[688] Note-se que tem acesso ao regime geral de crédito os agregados familiares que afetem o produto dos empréstimos à aquisição, construção e realização de obras de conservação ordinária, extraordinária e de beneficiação em fogo ou em partes comuns de edifício destinado a habitação permanente, secundária ou para arrendamento. (art. 5º do Dec.-Lei nº 349/98, de 11/11).

[689] Sustentado idêntica posição, MARIANA FONTES DA COSTA, *A proteção do consumidor-mutuário no crédito à habitação a taxa de juro variável*, RED, 2018, p. 92. A Autora, relativamente ao art. 7º, nº 1 do Dec.-Lei nº 349/98, de 11/11 (que não consta sequer, depois, para os contratos do Dec.-Lei nº 74-A/2017, de 23/6), entende, corretamente, que o que esta norma pretende é salvaguardar a possibilidade "que é conferida ao consumidor mutuário a possibilidade de negociar com a entidade bancária (em sentido lato) qual a *modalidade de taxa de juro* aplicável ao seu contrato". (itálico no original).

[690] A solução em grande parte decorria já do art. 3º, nº 2 do Dec-Lei nº 349/98, de 11/11 e do art. 6º do Dec.-Lei nº 51/2007, de 7/3 (com um âmbito de aplicação mais amplo). Sobre ela, e

Não fosse esta regra, nos termos do art. 1147º, o mutuário teria que pagar os restantes juros ou, na solução que sustentamos[691], o valor resultante da aplicação da taxa decorrente da diferença entre a taxa acordada e a taxa alternativa a que o banco pode aplicar a quantia ao montante pago antecipadamente, no período de tempo em falta para o decurso do prazo contratual.

II. O reembolso antecipado parcial pode ser realizado em qualquer momento da duração do contrato, qualquer que seja o do capital a reembolsar, mas tem que ser efetuado em data coincidente com o vencimento das prestações e mediante pré-aviso de sete dias úteis ao mutuante. (art. 23º, nº 2 do Dec.-Lei nº 74-A/2017, de 23/6). Por seu lado, o reembolso do remanescente do capital em dívida pode igualmente ser realizado, em qualquer momento da duração do contrato, mediante o pré-aviso de dez dias úteis ao mutuante (art. 23º, nº 3 do Dec.-Lei nº 74-A/2017, de 23/6).

Em qualquer dos casos referidos, o banco terá que lhe prestar, "sem demora", de seguida à receção do pedido, em papel ou noutro suporte, as "informações sobre o impacto do reembolso do crédito para o consumidor, descrevendo para o efeito os pressupostos utilizados." (art. 23º, nº 4 do Dec.-Lei nº 74-A/2017, de 23/6).

II. A amortização do valor em dívida, seja total ou parcial, pode implicar a realização de um pagamento de uma comissão, de valor compensatório, ao banco. Este evidentemente deixará de auferir dos juros pelo capital antecipadamente restituído, o que justifica o estabelecimento desses valores. Eles têm que constar expressamente e de forma clara no contrato (art. 23º, nº 5 do Dec.-Lei nº 74-A/2017, de 23/6).

A lei impõe-lhe limites máximos (nada obsta, claro, a que sejam acordadas comissões inferiores, ou mesmo a sua isenção, como resulta do art. 23º, nº 6 do Dec.-Lei nº 74-A/2017, de 23/6), que variam consoante o a taxa acordada seja variável ou fixa.

Assim, elas não podem exceder: 0,5 % a aplicar sobre o capital que é reembolsado, no caso de o reembolso ocorrer num período em que é apli-

a evolução do regime, ver J. Calvão da Silva, *Direito ao cumprimento antecipado pelo mutuário de crédito à habitação: da auto-regulação no Decreto-Lei 349/98 à hetero-regulação impositiva pelo Decreto-Lei nº 51/2007*, RLJ, ano 136º, pp. 265, ss..

[691] Ver *supra*., nº 42.6.

cável o regime de taxa variável [art. 23º, nº 5, al. *a)* do Dec.-Lei nº 74-A/2017, de 23/6]; 2% a aplicar sobre o capital que é reembolsado, no caso de o reembolso ocorrer num período em que é aplicável o regime de taxa fixa [art. 23, nº 5, al. *b)* do Dec.-Lei nº 74-A/2017, de 23/6].

IV. Não são admitidas outras comissões adicionais. Porém, podem adicionalmente ser exigíveis despesas decorrentes de encargos suportados pelo concedente de crédito que lhes sejam exigíveis por terceiros, e repercutíveis nos consumidores, nomeadamente os pagamentos a conservatórias e cartórios notariais, ou que tenham natureza fiscal, mediante justificação documental das respetivas despesas ao consumidor (art. 23º, nº 8 do Dec.-Lei nº 74-A/2017, de 23/6). A razão de ser destes encargos adicionais é diversa, resultando de custos, externos ao concedente de crédito, decorrentes da amortização realizada pelo consumidor. É sobre ele que devem recair.[692]

V. Em certos casos, não é possível exigir de todo qualquer comissão. É o que sucede em função quer do tipo contratual, quer do motivo do reembolso. Deste modo, quando se trate da restituição de crédito concedido no âmbito de facilidade de descoberto com garantia hipotecária, ou quando o reembolso tenha por motivo a morte, desemprego ou deslocação profissional, não podem ser aplicadas comissões de reembolso antecipado (art. 23º, nº 7 e nº 9, respetivamente do Dec.-Lei nº 74-A/2017, de 23/6).

A lei delimita, de seguida, o que deve ser considerada uma situação de desemprego para este efeito. Considera-se "estar em situação de desemprego quem, tendo sido trabalhador por conta de outrem ou por conta própria, se encontre inscrito como tal em centro de emprego há mais de três meses, constituindo prova da situação de desemprego a exibição de declaração do Instituto do Emprego e Formação Profissional." (art. 23º, nº 10 do Dec.-Lei nº 74-A/2017, de 23/6).

O mesmo sucede para a deslocação profissional: "considera-se como deslocação profissional a mudança do local de trabalho do consumidor ou de outro membro do agregado familiar, à exceção dos descendentes, para um local cuja distância do imóvel seja superior a 50 km em linha reta, e

[692] A lei (Lei nº 44/2020, de 19/8) veio acrescentar um conjunto de casos em que o creditante está impedido de cobrar comissões – art. 28º-A.

que implique a mudança da habitação permanente do agregado familiar, constituindo prova da deslocação profissional a exibição do respetivo contrato de trabalho ou de declaração do empregador (art. 23º, nº 11 do Dec.-Lei nº 74-A/2017, de 23/6).[693]

VI. Muitas vezes, o reembolso antecipado visa a transferência do crédito para uma outra instituição de crédito que ofereceu melhores condições. Também aqui não podem ser cobradas outras comissões.

A lei procura estabelecer mecanismos que facilitem esta transferência (art. 24º, nº 1 do Dec.-Lei nº 74-A/2017, de 23/6). Para o efeito, o creditante terá que facultar, no prazo de 10 dias úteis, ao novo creditante "todas as informações e elementos necessários à realização desta operação, designadamente o valor do capital em dívida e o período de tempo de empréstimo já decorrido."

Claro está que a operação, nos termos utilizados pela lei, consiste na celebração de um novo contrato de crédito, *maxime* um mútuo hipotecário relativamente ao capital em dívida as novas condições acordadas pelas partes. O outro contrato cessa com o integral pagamento da quantia em dívida.

VII. A cessação de um contrato, e a celebração de um outro, não tem efeitos no contrato de seguro (inicialmente) celebrado para garantir o cumprimento (art. 24º, nº 1 do Dec.-Lei nº 74-A/2017, de 23/6). Ele mantém-se com a substituição do beneficiário (em rigor, trata-se uma transferência da posição contratual), mas, claro, em condições que não afetem os riscos abrangidos pelo contrato de seguro (art. 24º, nº 2 do Dec.-Lei nº 74-A/2017, de 23/6). Neste último caso, o segurador poderá opor-se.

É vedada a inclusão de qualquer cláusula contratual que afaste esse efeito sobre os contratos de seguro, nomeadamente, fazendo-os cessar, ou que de alguma forma agrave a posição do segurado ou do consumidor devido à transferência do crédito. (art. 24º, nº 3 do Dec.-Lei nº 74-A/2017, de 23/6). O que obstaculizaria o objetivo visado.

[693] A Lei nº 57/2020, de 28/8, introduziu restrições adcionais quanto à cobrança de comissões de pelos bancos nesta modalidade dcontratual. Assim, nos termos do art. 22º, nº 4, no prazo máximo de 14 dias úteis após o termo do contrato, tem o credor a obrigação de emitir e enviar ao consumidor o respetivo distrate, não havendo lugar à cobrança de comissão adicional por esse ato, verificado o cumprimento integral das obrigações contratuais. Aditou ainda o art. 28º-A, que impõe limitações à cobrança de um conjunto de comissões aí definidas.

43.11.4. As limitações à perda do benefício do prazo e à resolução do contrato

I. Cria-se neste quadro um regime mais apertado, tanto para a perda do benefício do prazo, como para a resolução do contrato por incumprimento pelo consumidor. De facto, o creditante só pode invocar a perda do benefício do prazo ou a resolução do contrato se cumulativamente: o consumidor não tiver cumprido de três prestações sucessivas **(i)**; e lhe tenha sido concedido um prazo suplementar mínimo de 30 dias para pagar as prestações em atraso, com a expressa advertência dos efeitos da perda do benefício do prazo ou da resolução do contrato, sem que este o faça **(ii)** [art. 27º, nº 1 als. *a)* e *b)* do Dec.-Lei nº 74-A/2017, de 23/6].

O incumprimento parcial da prestação não é considerado para este efeito, se o consumidor pagar o montante em dívida e dos juros de mora, eventualmente devidos até ao momento da prestação seguinte [art. 27º, nº 1 als. *a)* e *b)* do Dec.-Lei nº 74-A/2017, de 23/6].

43.11.5. A extinção da dívida com a venda executiva ou a dação em pagamento

I. Foi instituído um regime especial, decorrente de acordo das partes quanto à extinção do montante em dívida em caso de incumprimento pelo mutuário [art. 14º, nº 3, al. *b)* do Dec.-Lei nº 74-A/2017, de 23/6[694]].

Com efeito, nesse caso, a venda executiva ou dação em cumprimento exoneram-no integralmente e extinguem as respetivas obrigações no âmbito do contrato de empréstimo, independentemente do produto da venda executiva ou do valor atribuído ao imóvel para efeitos da dação em cumprimento ou negócio alternativo.

Nos termos do regime geral, como se sabe, o mutuário continua a responder pela parte da dívida não satisfeita no caso da venda executiva.

E a dação em pagamento exige o acordo do credor (art. 837º), não podendo o mutuário simplesmente recorrer a ela para extinguir o montante em dívida.

Este regime específico, agora consagrado, atribui ao mutuante um direito potestativo de realizar a dação em pagamento com extinção inte-

[694] Que amplia a regra do art. 23º-A, nº 1, al. *b)* Dec.-Lei nº 349/98, de 11/11, aditada pelo Dec.-Lei nº 59/2012, de 9/11 (art. 2º).

gral do montante em dívida. Se o valor do bem não for suficiente para cobrir a totalidade do referido montante devido a uma desvalorização acentuada do seu valor, esse risco é já corrido pelo mutuante, e não, como sucede nos termos gerais, pelo mutuário.

II. Note-se que o regime em análise terá de decorrer de acordo entre mutuante e mutuário, embora o primeiro, na negociação de qualquer contrato de crédito à habitação, tenha o dever de informar a outra parte da existência deste regime especial e das respetivas regras (art. 23º-A, nº 2, do Dec.-Lei nº 349/98, de 11/11)[695].

A lei impõe ao creditante que informe o consumidor desta possibilidade (art. 14º, nº 3). Não se dispensa, claro está, o acordo do banco, que não tem interesse na sua adoção, pelo que a sua relevância concreta é diminuta[696] e poucas vezes será prevista.

43.11.6. A retoma do contrato de crédito

I. A figura[697] visa permitir que o consumidor, tendo já a outra parte resolvido o contrato, possa, ainda assim, fazê-lo "renascer" retroativamente (fazendo cessar os efeitos da resolução). A resolução, fica "sem efeitos", por isso se mantem o contrato exatamente nos termos em que foi celebrado, com eventuais alterações introduzidas. Não estamos, pois, como a lei se apressa a sublinhar, perante uma novação e as eventuais garantias preexistentes mantém-se (art. 28º, nº 2 do Dec.-Lei nº 74-A/2017, de 23/6). Note-se que esta faculdade não se estende a todos os contratos abrangidos pelo diploma, mas depende da sua finalidade: só os créditos à habitação.

Para tal, o consumidor, no prazo para a oposição à execução, ou até à venda executiva do imóvel sobre o qual incide a hipoteca, se não tiver havido lugar a reclamação de créditos por outros credores, tem que pagar as prestações vencidas, bem como os juros de mora e as despesas em que

695 Em termos semelhantes, as partes podem acordar que em reforço da garantia de hipoteca da habitação adquirida, construída ou objeto das obras financiadas, incluindo o terreno, apenas pode ser constituído seguro de vida do mutuário e cônjuge e seguro sobre o imóvel [art. 23º-A, nº 1, al. *a)* do Dec.-Lei nº 349/98, de 11/11]

696 Como acontecia já com a norma inspiradora. Como apontava L. MENEZES LEITÃO, *O impacto da crise financeira no regime do crédito à habitação*, in: I congresso de direito bancário (coord. L. Miguel Pestana de Vasconcelos), Almedina, Coimbra, 2015, p. 26.

697 Que corresponde essencialmente ao art. 23º-B do Dec.-Lei nº 349/98, de 11/11.

a outra parte tenha incorrido, quando documentalmente justificadas. (art. 28º, nº 1 do Dec.-Lei nº 74-A/2017, de 23/6).

Compreensivelmente, este direito só pode ser exercido duas vezes (art. 28º, nº 3 do Dec.-Lei nº 74-A/2017, de 23/6).

Desta forma, a resolução destes contratos de crédito só se consolida efetivamente depois de decorrido o prazo em que o consumidor, nos termos apontados, pode gerar a sua ineficácia.

43.11.7. Regras de imputação do cumprimento

I. A lei permite que seja o consumidor a designar a prestação correspondente ao crédito, para efeitos do disposto no nº 1 do artigo 783º do Código Civil (art. 26º, nº 1 do Dec.-Lei nº 74-A/2017, de 23/6). O mutuante deve informar o consumidor, em linguagem simples e clara, das regras de imputação aplicáveis na falta da designação prevista no número anterior. Após prestar o esclarecimento previsto no número anterior, o mutuante interpela consumidor para fazer a designação nos prevista no art. 26º, nº 1 (art. 26º, ns. 2 e 3 do Dec.-Lei nº 74-A/2017, de 23/6).

44. A antecipação bancária

44.1. Caracterização

I. Este contrato caracteriza-se por ser um empréstimo pecuniário, em regra de curto prazo[698], cujo montante está em permanente relação com o valor de uma garantia, cujo objeto são direitos ou bens móveis corpóreos[699], que lhe está ligada. Entre nós, não corresponde a um tipo legal[700] (ao contrário do que sucede em Itália[701]).

[698] JOCHEN HOFFMANN, *Mezzanine und andere Finanzierungsformen*, § 24, in: *Handbuch zum deutschen und europäischen Bankrecht*, de PETER DERLEDER/KAI-OLIVER KNOPS/HEINZ GEORG BAMBERGER, vol. 1, 3ª ed., Springer, Berlim, Heidelberg, 2009, pp. 1137, ss..

[699] Distinguindo ambas as modalidades, KLAUS J. HOPT/PETER O. MÜLBERT, *Kreditrecht, Bankkredit und Darlehen im deutschen Recht*, J. Schweitzer verlag, Walter de Gruyter, Berlim, 1989, Vorbem zu §§ 606, p. 176

[700] Ver, sobre ela, M. PESTANA DE VASCONCELOS, *A cessão de créditos em garantia e a insolvência*, cit., pp. 655, ss.; A. MENEZES CORDEIRO, *Direito bancário*, cit., pp. 699-700; JOSÉ MARIA PIRES, *Direito bancário, vol. II, as operações bancárias*, Rei dos Livros, Lisboa, 1995, pp. 243-244; J. ENGRÁCIA ANTUNES, *Direito dos contratos comerciais*, cit., pp. 508, ss.; M. JANUÁRIO COSTA GOMES, *Contratos comerciais*, cit., pp. 334, ss.. Na jurisprudência, ver o acórdão do STJ de 23.10.2008 (Garcia Calejo), in: www.dgsi.pt.

A manutenção de uma margem, ou uma "rigorosa proporcionalidade"[702] entre a quantia emprestada e a garantia é essencial, tendo que se manter ao longo de toda a relação contratual. Por isso, se o valor da garantia diminuir, o banco poderá exigir a sua reposição, e, por outro lado, se a outra parte realizar restituições parciais do montante do empréstimo, ela poderá exigir a diminuição da garantia para que se mantenha essa relação entre esta e a quantia emprestada.

A contraparte do banco poderá mesmo fazer cessar o contrato ainda antes do decurso do prazo, pagando o montante antecipado e exigindo a entrega dos bens dados em garantia. Como forma de compensar o outro contraente por aquilo que deixou de ganhar sob a forma de juros pela cessação antecipada do contrato é, por vezes, fixada uma comissão para esses casos.

II. Podem distinguir-se diferentes modalidades de antecipação bancária (denominada *Lombardkreditgeschäft* na prática jurídica alemã). A antecipação em sentido estrito, cujo contrato de garantia é um penhor, e abertura de crédito em sentido amplo, quando a garantia seja uma transmissão fiduciária de um direito[703]. Quanto à modalidade de crédito, distingue-se entre

[701] Art. 1846º a art. 1851º do *Codice Civile*. Ver sobre esta em Itália: G. MOLLE, *I contratti bancari*, cit., pp. 291, ss. (desenvolvidamente); G. FERRI, *Manuale di diritto commerciale*, 12ª ed. (a cura de C. Angelici e G.B. Ferri), Utet, Turim, 2006, pp. 823, ss.; idem, *Anticipazione bancaria*, ED, II, pp. 523, ss.; RAFFAELO TETI/PIERPAOLO MARANO, *I contratti bancari. Apertura dei credito – antecipazione – sconto*, Giuffrè, Milão, 1999, pp. 311, ss. (o texto é de P. Marano); GIUSEPPE FAUCELIA, *I contratti bancari*, in: Trattato di diritto commerciale direto di Vicenzo Buonocore, sezione III, tomo 2. Giappichelli, Turim, 2009, pp. 354, ss.; F. MESSINEO, *Anticipazione bancaria*, NovissDI, I, pp. 647, ss; ANTONIO SERRA, *Anticipazione bancaria*, DDP, sezione commerciale, I, p. pp. 123, ss.; MARIO PORZIO, *La concessione del credito*, in: I contratti delle banche (de Carlo Angelici, Franco Belli, Gian Luca Greco, Mario Porzio, Marilena Rispoli Farina), Utet, Turim, 2002, pp. 115-116.
Por seu lado, na Alemanha, onde é um contrato atípico, ver C.W. CANARIS, *Bankvertragsrecht*, 1975, cit., pp. 894, ss.; K. J. HOPT/P. O. MÜLBERT, *Kreditrecht, Bankkredit und Darlehen im deutschen Recht*, cit., pp. 176, ss.; THOMAS MANG, *Kursfristige Fremdfinanzierung durch Kreditinstitute*, in: Handbuch Finanzierung (ed. lit. Rolf-E. Breuer), Gabler, Wiesbaden, 2001, pp. 189, ss.; J. HOFFMANN, *Mezzanine und andere Finanzierungsformen*, § 24, cit., pp. 1137, ss.

[702] G. FERRI, *Anticipazione bancaria*, cit., p. 523.

[703] Em Itália designa-se esta modalidade de antecipação bancária como imprópria, sendo a própria aquela em que a garantia seja construída por um penhor. Cfr. G. MOLLE, *I contratti bancari*, cit., p. 298; R. TETI/P. MARANO, *I contratti bancari. Apertura dei credito – antecipazione – sconto*, cit., pp. 554, ss.; F. MESSINEO, *Anticipazione bancaria*, cit., p. 651. Percebe-se porque

a antecipação em sentido estrito, em que a soma objeto do contrato pode restituida no todo ou em prestações dentro do prazo negocial, da antecipação imprópria em que lhe está associada uma cláusula de conta corrente, podendo o creditado ir repondo a disponibilidade, sempre dentro da margem, no período contratual[704].

Em Itália (onde, como se disse, a antecipação bancária é uma figura típica) está prevista uma outra modalidade da figura[705] em que se concede meramente ao banco a faculdade de disposição dos bens objeto da garantia[706]. O creditante só terá que restituir ao creditado o dinheiro, ou a parte das mercadorias ou dos títulos que excedam o crédito. Os bens objeto da garantia terão que ser avaliados na data do vencimento do crédito garantido para se calcular o excesso daqueles relativamente a este.[707] Trata-se de um crédito associado a uma modalidade específica de penhor irregular[708], sendo também, agora ao abrigo da liberdade contratual, admissível entre nós, mas fora do objeto de análise, pela sua especificidade, neste trabalho.

III. Visa-se, recorrendo a esta figura, tutelar os interesses de segurança daquele que concede crédito, enquanto se protegem os interesses de quem necessita de um capital durante um determinado período de tempo, mas que contempla, e quer salvaguardar, a possibilidade de extinguir o contrato antes do vencimento da obrigação de restituir, ou, pelo menos, de vir a realizar uma restituição parcial, recuperando na mesma medida parte das garantias prestadas.

a garantia prevista no tipo contratual é o penhor. Entre nós, esta distinção não se aplica, tratando-se, em ambos os casos, de modalidades da mesma figura.

[704] Para esta distinção, entre a antecipação em sentido estrito e em sentido amplo, bem como a antecipação própria ou verdadeira (*echtes*) e imprópria (*unechtes*), na doutrina alemã, ver: C. W. Canaris, *Bankvertragsrecht*, 1975, cit., pp. 894-895; J. Hoffmann, *Mezzanine und andere Finanzierungsformen*, § 22, cit., pp. 697-698.

[705] Sendo esta depósitos de dinheiro, mercadorias ou títulos não individualizados.

[706] Que se denomina "pegno irregolare a garanzia di anticipazione" (art. 1851º do *Codice Civile*).

[707] Cfr. G. Ferri, *Anticipazione bancaria*, cit., pp. 527-528; G. Molle, *I contratti bancari*, cit., p. 298, ss., pp. 316, ss.; F. Messineo *Anticipazione bancaria*, cit., pp. 651-652; A. Serra, *Anticipazione bancaria*, cit., pp. 134-135

[708] Há duas modalidades de penhor irregular: aquele em que os bens são transmitidos ao creditante e aquela outra em que se confere a este último simplesmente o poder de dispor dos bens. A primeira modalidade (que não é aquela a que nossa referimos em texto) é objeto de análise em M. Pestana de Vasconcelos, *Direito das garantias*, cit., pp. 347, ss..

IV. Estamos, assim, face a um contrato complexo com duas variantes, consoante a restituição permita repor, ou não, a quantia inicial e do qual decorre em ambos os casos o crédito garantido. Esta parte do contrato, o elemento de crédito, tem elementos de mútuo, ou de abertura de crédito. Como segundo elemento estrutural, temos a garantia qualitativa, sob a forma de penhor ou transmissão fiduciária, cujo objeto serão, em regra, valores mobiliários. Os bens objeto do contrato deverão ser especialmente líquidos para se poderem facialmente transacionar em caso de incumprimento pelo creditado[709]. Em terceiro lugar, o nexo de proporcionalidade, a margem, entre aqueles dois valores que tem que se manter ao longo do período de vigência do contrato. Por último, a faculdade de cumprimento parcial ou total do creditado antes do decurso do prazo (sem ter que pagar os juros por inteiro). Os bens objeto do contrato deverão ser especialmente líquidos para se poderem facialmente transacionar em caso de incumprimento pelo creditado.

Vejamos os elementos de garantia e depois a componente de crédito.

V. Poderá, na componente de garantia, ser um penhor (financeiro), ou uma alienação em garantia[710], na eventualidade de estarem preenchidos os requisitos de requisitos previstos nos arts. 3º a 7º (art. 2º, nº 1) do Dec.-Lei nº 105/2004, de 8/5, o que sucederá com grande frequência dado o seu objeto mais comum, os valores mobiliários, de elas serem prestadas entre entes previstos no art. 3º do Dec.-Lei nº 105/2004, de 8/5, e da obrigação garantida, uma obrigação pecuniária. Nestes casos, existe já um regime específico em que haverá lugar por vezes à retirada de parte do objeto da garantia, se se verificar um aumento do valor dos bens objeto da garantia, ou uma diminuição das obrigações garantidas.

Ao invés, poderá ter que ser prestada uma nova garantia, na eventualidade de variação do montante das obrigações financeiras garantidas (aqui, o seu aumento), ou a prestação de uma garantia financeira suplementar (*top-up collateral*) se variar o valor, diminuindo, da garantia financeira.

É comum, igualmente, estabelecerem-se cláusulas de rotação dos bens objeto da garantia, ou seja, a sua substituição por bens equivalente, determinados por acordo das partes.

[709] T. Mang, *Kursfristige Fremdfinanzierung durch Kreditinstitute*, cit., p. 190.

[710] O reporte financeiro, tendo embora um conjunto de similaridades com esta figura, é um contrato típico que recorre a uma estrutura diversa, assente em duas compras e vendas de sinal contrário. Ver, sobre este, *infra*, nº 50.

V. O elemento de crédito aqui previsto será um mútuo, ou uma abertura de crédito[711].

O primeiro, sobre o qual agora nos focaremos, tem caraterísticas que divergem do figurino do tipo legal de mútuo, embora sem o descaraterizar como tal[712].

No regime geral do mútuo garantido por penhor, aplica-se o art. 701º, por força do art. 678º. Na antecipação a disciplina é diversa. Não é necessário para que o credor possa exigir o reforço ou a substituição da garantia, que ela seja insuficiente para assegurar a obrigação, mas basta que seja atingida a proporcionalidade entre o montante em dívida e a garantia. Mesmo que esta ainda seja suficiente para assegurar o cumprimento.

Haverá, pois, que reconstituir a margem, reforçando-se a garantia, ou, alternativamente, reduzindo-se o crédito através de um reembolso do capital necessário para esse efeito. Em caso de incumprimento, o credor poderá exigir a restituição do capital em dívida por inteiro, acrescido dos juros corridos.

Pelo contrário, a outra parte poderá optar entre exigir o cumprimento imediato da obrigação e o reforço da garantia, se esta diminuir por facto imputável ao credor, isto, mesmo que não seja atingida a relação de proporcionalidade[713].

VI. Ao invés do que sucede no regime geral do mútuo, em que se aplica a presunção do art. 1147º[714], só podendo o mutuário pode restituir antecipadamente a quantia objeto do contrato se satisfizer os juros, na antecipão bancária é possível, como se viu, pagar antecipadamente, pagando só os juros devidos até esse momento.

O pagamento pode ser total ou parcial, uma vez que o beneficiário do prazo é o devedor. Neste último caso, afasta-se o regime regra do art. 763º, nº 1.

Nada obsta, claro, a que negocialmente se modele este pagamento, estabelecendo-se um perído mínimo dentro qual não se podem fazer restitui-

[711] Cfr. K. J. Hopt/P. O. Mülbert, *Kreditrecht, Bankkredit und Darlehen im deutschen Recht*, cit., p. 177.

[712] Ver M. Pestana de Vasconcelos, *A cessão de créditos em garantia e a insolvência*, cit., pp. 659, ss.

[713] G. Molle, *Contratti bancari*, cit., p. 352.

[714] Já vimos, *supra*, como interpretar esta disposição.

ções quantias mínimas ou máximas para a restituição ou penalizações na eventualidade de pagamento antecipado.

Estas diferenças, implicam somente uma articulação de interesses diversa da do mútuo típico, mantendo-se, no entanto, claramente dentro dentro das margens deste.

Tudo visto, podemos proceder à qualificação: trata-se de um contrato misto de mútuo ou – na segunda variante – de abertura de crédito, com penhor ou alienação em garantia[715].

44.2. O regime insolvencial

I. Vejamos, de forma breve, o regime insolvencial.

Declarada a insolvência do creditado, vence-se imediatamente, nos termos gerais, a obrigação garantida. O credor terá que reclamar o crédito no processo insolvencial como crédito garantido.

Todavia, se se tratar de uma alienação em garantia, o regime a aplicar será já o dos negócios em curso do art. 104º CIRE, por analogia.[716]

Naqueles casos em que estejamos face a um contrato de garantia financeira, quer se trate de um penhor ou de uma alienação em garantia, a disciplina decorre já do disposto no art. 18º, nº 1, do Dec.-Lei 105/2004, 8/5: o administrador terá que cumprir o contrato, pagando o valor em dívida.

II. Resta o risco de as garantias poderem cessar se constituídas num determinado prazo antes do início do processo insolvencial. Tratando-se de garantias financeiras tal não pode suceder, em virtude do regime insolvencial específico de que gozam (art. 17º do Dec.-Lei nº 105/2004, de 8/5). Contudo, quando assim não for, se for constituída uma garantia suplementar para se manter a relação de proporção, aplica-se o art. 121º, nº 1, al. *c)* CIRE, o que significa ficar sujeita à resolução incondicional por parte do administrador nos seis meses anteriores à data do início do processo de insolvência.

[715] No sentido de que se trata de um contrato misto de mútuo e penhor. Ver A. Menezes Cordeiro, *Direito bancário*, cit., p. 700; M. Januário Costa Gomes, *Contratos comerciais*, cit., p 337.

[716] Ver M. Pestana de Vasconcelos, *Direito das garantias*, cit., pp. 583, ss..

45. A abertura de crédito

45.1. Caracterização

I. A abertura de crédito é um dos contratos mais celebrados no comércio bancário. Trata-se[717] um contrato nominado, integrado nas operações

[717] Sobre ela, ver: M. Pestana de Vasconcelos, *A cessão de créditos em garantia e a insolvência*, cit., pp. 664, ss.; José Gabriel Pinto Coelho, *Operações de banco*, RLJ ano 82º, pp. 193, ss. (naquele que ainda é o mais importante e completo estudo sobre este tema em Portugal); A. Vaz Serra, *Notas acerca do contrato de mútuo*, cit., pp. 178, ss.; idem, *Anotação* ao acórdão do STJ de 2/5/79, RLJ ano 112º, pp. 320, ss.; J. Antunes Varela, *Anotação* ao Acórdão do STJ de 21/4/80, RLJ ano 114º, pp. 114-117; A. Menezes Cordeiro, *Direito bancário*, cit., pp. 693, ss.; J. Calvão da Silva, *Direito bancário*, cit., pp. 365, ss.; P. Pais de Vasconcelos / P. Leitão Pais de Vasconcelos, *Direito comercial*, cit., pp. 287-288; Augusto de Athaíde/Luís Branco, *Operações bancárias*, in: Direito das empresas (coordenado por Diogo Leite de Campos), INA, 1990, pp. 331, ss.; J. M. Pires, *Direito bancário, vol. II, as operações bancárias*, cit., pp. 207, ss.; idem, *Elucidário de direito bancário*, cit. pp. 623, ss.; J. Engrácia Antunes, *Direito dos contratos comerciais*, cit., pp. 501, ss.; C. Ferreira de Almeida, *Direito dos contratos, II*, cit., pp. 146, ss.; M. Januário Costa Gomes, *Contratos comerciais*, cit., pp. 324, ss.; Sofia Gouveia Pereira, *O contrato de abertura de crédito bancário*, Principia, Estoril, 2000; Quirino Soares, *Contratos bancários*, cit., pp. 116, ss..

Ver ainda: Orlando Gomes, *Contratos*, cit., pp. 400, ss.; Adriano Fiorentino, *Apertura di credito bancario*, NovissDI, I, pp. 675, ss.; idem, *Dei contratti bancari*, in: Commentario del Codice Civile (a cura di Antonio Scialoja e Giuseppe Branca), Libro quarto, Delle Obbligazioni, art. 1754-1860, Zanichelli editore, Soc. ed. del "Foro italiano", Bolonha, Roma, 1953, pp. 464, ss.; G. Faucelia, *I contratti bancari*, cit., pp. 331, ss.; Antonio Serra, *Apertura di credito bancario*, DDP, sezione commerciale, I, pp. 155, ss.; G. Molle, *I contratti bancari*, cit., pp. 185, ss. (com amplo desenvolvimento); R. Teti/P. Marano, *I contratti bancari. Apertura dei credito – antecipazione – sconto*, cit., pp. 11, ss. (o texto é de R. Teti); G. Ferri, *Manuale di diritto commerciale*, cit., pp. 915, ss.; idem, *Apertura di credito*, ED, II, pp. 596, ss.; B. G. Tedeschi, *Mutuo (contratto di)*, cit., p. 555; M. Porzio, *La concessione del credito*, cit., pp. 106, ss.; C. Galvada/J. Stoufflet, *Droit bancaire*, cit., p. 252; J.-L. Rives-Lange/M. Contamine-Raynaud, *Droit bancaire*, cit., pp. 445, ss.; F. C. Dutilleul/P. Delebecque, *Contrats civils et commerciaux*, cit., p. 759-760; C. W. Canaris, *Bankvertragsrecht*, 1975, cit., pp. 866, ss.; F. Graf Von Westphalen, *Kreditbestätigungsschreiben*, in: *Münchener Vertragshandbuch*, Band 2, *Wirtschaftsrecht* I. (herausgegeben von Rolf A. Schütze, Luz Weipert), 6ª ed., C. H. Beck, Munique, 2009, III 12, pp. 380, ss.; H.-P. Schwintowski, *Bankrecht*, § 12, cit., pp. 391, ss.; Oliver Rossbach, in: S. Kümpel/A. Wittig, *Bank- und Kapitalmarktrecht*, cit., pp. 1363, ss.; N.-C. Wunderlich, *Krediteröffnungsvertrag*, in: H. Schimanski/H.-J. Bunte/H.-J. Lwowski, *Bankrechts-Handbuch*, 4ª ed., C. H. Beck, Munique, 2011, § 77, pp. 2211, ss.; Peter O. Mülbert/*Staudingers Kommentar zum Bürgerlichen Gesetzbuch mit Einführungsgesetz und Nebengesetzen, Buch 2, Recht der Schuldverhältnisse §§ 488-490*, 607-609 (*Darlehensrecht*), Sellier – de Gruyter, Berlim, 2011 (*neubearbeitung* Robert Freitag e Peter O. Mülbert), § 488, pp. 238, ss.. Na jurisprudência, ver, recentemente, o acórdão do STJ de 08/06/2021 (Maria Clara Sottomayor), in: www.dgsi.pt.

de banco (art. 362º do Código Comercial), em regra, legalmente atípico[718], mas socialmente típico.[719] O único aspeto do contrato em geral previsto na lei é o cálculo dos juros. Com efeito, de acordo com o art. 6º, nº 2 do Dec.-Lei nº 58/2013, de 8/5, os juros relativos às "operações de abertura de crédito, empréstimos em conta corrente ou outras de natureza similar serão calculados em função dos montantes e períodos de utilização efetiva dos fundos pelo beneficiário...". Há, porém, algumas modalidades específicas de aberturas de crédito previstas e reguladas na lei.

Em termos de qualificação, trata-se de um contrato bilateral, sinalagmático, consensual, duradouro, em regra oneroso.

II. A abertura de crédito, em si, poderá ser definida como o contrato pelo qual o banco (o creditante) coloca à disposição da outra parte, o beneficiário (ou creditado) uma quantia pecuniária que este tem o direito, nos termos aí definidos, de utilizar pelo período de tempo acordado ou por tempo indeterminado[720].

Se o no contrato se estabelecer uma obrigação do creditado de utilizar a quantia que lhe é disponibilizada, não estaremos já face a uma abertura de crédito, mas a um outro contrato de crédito próximo[721]. O direito, mas não, como se refere o dever, é essencial neste negócio.

De uma forma mais ampla, a abertura de crédito abrange igualmente os subsequentes atos de utilização do crédito – embora eles possam no caso concreto não existir, se o beneficiário a ela não recorrer. Com efeito, ela define as condições é que a soma que disponibiliza poderám ser utilizada.

As estruturas que se pode recorrer para este efeito – como se verá com detalhe *infra* – são diversas. Na verdade, tanto podemos estar face a um único contrato, no seio do qual a utilização do crédito não tem autonomia, como perante negócios subsequentes bilaterais (p. ex., mútuos), ou unilaterais (p. ex., o aval), cujo conteúdo está já determinado pelo contrato inicial de abertura de crédito. Por outro lado, a utilização do crédito

[718] Como veremos, há casos de aberturas de crédito legalmente típicas entre nós. Em Itália, é um contrato típico. (art. 1842º *Codice Civile*).

[719] Este aspeto é posto em destaque por MENEZES CORDEIRO, *Direito bancário*, cit., p. 697. Esta tipicidade aparece, sublinha o Autor, "sedimentado nos usos e nas cláusulas contratuais gerais".

[720] Em sentido próximo, C. W. CANARIS, *Bankvertragsrecht*, cit., 1975, p. 866.

[721] C. W. CANARIS, *Bankvertragsrecht*, cit., 1975, p. 866.

pode fazer-se de forma direta (p. ex., um negócio de crédito), ou indireta (p. ex., a prestação de uma garantia)[722].

III. Do ponto de vista económico, esta figura tem a grande vantagem para o creditado de lhe assegurar crédito até um determinado montante (aspeto central para o planeamento da sua atividade económica, embora a este contrato se estenda hoje, também, ao crédito ao consumo) durante um certo período de tempo ou por tempo indeterminado, sem que ele tenha que o utilizar, pagando o respetivo preço, ou seja os juros, ou só em parte, e pelo tempo que necessitar.

IV. A abertura de crédito poderá ser onerosa ou gratuita, consoante o beneficiário pague, ou não, uma contrapartida pela disponibilidade da quantia. Esta denomina-se comissão de abertura de crédito, sendo em regra calculada de forma percentual sobre o valor do crédito aberto, podendo, no entanto, as partes acordar uma outra fórmula de cálculo.

Quando não se fixe qualquer comissão pela disponibilidade dessa quantia (p. ex., o descoberto autorizado), a abertura de crédito será gratuita[723]. Nesta eventualidade, o banco, embora não veja a disponibilidade de dinheiro remunerada, pretende a utilização dessa quantia, ou de parte dela, para auferir os juros.

Estes são, porém, a contrapartida da utilização em concreto do crédito e não da disponibilidade, por isso se diz que essa abertura de crédito (mas não o crédito em si) é gratuita[724]. Em suma: a *disponibilização* do crédito não é remunerada, mas a *efetiva* utilização do crédito já o é.

V. Quando a abertura de crédito for onerosa, a remuneração do creditante é dupla: a comissão de abertura e os juros, calculados sobre o montante e o período de utilização efetiva do crédito (à taxa fixada).

Tornam-se assim claras as duas funções que este contrato visa realizar.

A primeira é a de segurança, que se traduz no facto de o banco se obrigar perante o creditado a conceder-lhe crédito, até ao montante previsto,

[722] Todos estes aspetos serão vistos de forma desenvolvida em texto.

[723] No sentido da sua admissibilidade, C. W. CANARIS, *Bankvertragsrecht*, cit., 1975, p. 866.

[724] Cfr. M. PESTANA DE VASCONCELOS, *A cessão de créditos em garantia e a insolvência*, cit., pp. 665-666, e nota 1289.

mobilizável na forma acordada durante um certo período de tempo[725]. A contrapartida dessa disponibilidade (quando tenha sido acordada) é, como se acabou de ver, a comissão de abertura de crédito. Da sua parte, o creditado não assume qualquer obrigação de utilizar o crédito, mas tem direito a essa utilização e esse aspeto é fundamental na condução (e planeamento) da sua atividade.

A segunda é a de crédito em si mesmo considerado. É o que sucede sempre o creditado utilize no todo ou em parte a quantia disponibilizada. A sua contrapartida é, como se acabou de observar, os juros. Trata-se de uma função meramente eventual.

45.2. Modalidades

I. De acordo com o critério da reposição da disponibilidade do crédito, a abertura de crédito poderá ser simples ou em conta-corrente[726].

No primeiro caso, o beneficiário poderá utilizar o crédito[727], uma vez, na sua totalidade, ou recorrer a utilizações parciais (que podem ser *tranches* pré-determinadas) até se atingir o limite fixado no contrato. Contudo, as restituições, no todo o em parte das quantias movimentadas, não permitem repor o valor inicial.

Pelo contrário, na abertura de crédito em conta-corrente, as restituições que o beneficiário faça das quantias utilizadas (e também dos juros a elas correspondentes) permitem repor – no todo ou em parte, de acordo com o valor restituido – a disponibilidade (é uma abertura de crédito *revolving*)[728].

II. Quanto ao tempo, a abertura de crédito pode ser celebrada a termo certo, em regra, por prazos automaticamente prorrogáveis, salvo oposição, ou por tempo indeterminado, hipóteses menos comuns. Neste último caso, o contrato cessa por denúncia[729].

[725] Um "negócio de segurança", na expressão de J. G. Pinto Coelho, *Operações de banco*, cit., p. 197.

[726] Cfr. G. Faucelia, *I contratti bancari*, cit., p. 336.

[727] Quanto aà forma do pedido de utilização do crédito e sua definição convencional, ver o Acórdão do STJ de 25/3/2021 (Maria da Graça Trigo), in: www.dgsi.pt.

[728] Cfr. A. Fiorentino, *Apertura di credito bancario*, cit., pp. 676-677. Na jurisprudência, o acórdão do STJ de 4/12/2007 (Salvador da Costa), in: www.dgsi.pt.

[729] Ver, *infra*, nº 45.5. quanto à cessação do contrato.

III. Quanto à finalidade, e em termos semelhantes ao mútuo, o crédito pode estar destinado, por força de cláusula contratual, a um determiando fim (p. ex., um determinado empreendimento), ou ser livremente utilizado pelo beneficiário na sua atividade.

IV. A abertura de crédito poderá ser garantida, caso o banco beneficie de uma garantia que assegure os seus créditos à restituição das quantias utilizadas e aos juros, ou a descoberto, quando tal não sucede[730]. O crédito assegurado pela garantia é o do saldo final, decorrente ou do decurso do prazo (se for a termo) ou da sua cessação antecipada. Tal não obsta a que se possa convencionar, só ou em conjunto, a prestação de uma garantia para cada mobilização de capital.

A garantia pode ser de natureza muito diversa: real (p. ex., a hipoteca), assente na titularidade (p. ex., a cessão de créditos em garantia[731]) ou pessoal (p. ex., uma fiança).

Muito comum, na prática, é a prestação de uma fiança geral ou "omnibus" pelos sócios, ou só o sócio gerente, da sociedade com quem se celebra o contrato de crédito, abrangendo as quantias que forem utilizadas. O objecto do negócio está suficientemente determinado pela fonte e o valor do *plafond*. É também corrente o recurso uma livrança em branco, com pacto de preenchimento, subscrita pela sociedade creditada e avalizada pelos sócios desta e, mesmo, por vezes, pelos seus cônjuges.

V. A abertura de crédito, como se começou logo por referir, é um contrato legalmente atípico. É assim em geral. Há, porém, como se referiu igualmente logo de início, casos de aberturas de crédito legalmente típicas, como sucede no âmbito do regime do crédito ao consumo, onde se encontram previstas a facilidade de descoberto e a ultrapassagem de crédito.

O primeiro é definido como "contrato expresso pelo qual um credor permite a um consumidor dispor de fundos que excedem o saldo da sua

[730] Ver, para um caso de uma abertura de crédito em conta corrente com garantia hipotecária, o acórdão do STJ de 10/3/2021 (Rijo Ferreira), in: www.dgsi.pt. Para uma abertura de crédito garantia por aval prestado na livrança em branco sobrescrita pelos sócios, ver o acórdão do STJ de 05/01/2016 (Nuno Cameira), in: www.dgsi.pt.

[731] Quanto à forma de articular a abertura de crédito com a cessão de créditos em garantia, ver, desenvolvidamente, M. Pestana de Vasconcelos, *A cessão de créditos em garantia e a insolvência*, cit., pp. 667, ss..

conta de depósito à ordem"; o segundo, como "o descoberto aceite tacitamente pelo credor permitindo a um consumidor dispor de fundos que excedem o saldo da sua conta de depósito à ordem ou da facilidade de descoberto acordada" [respetivamente, als. *d)* e *e)* do nº 1 do art. 4º do Dec.-Lei nº 133/2009, de 2/6].

São contratos em que se permite ao consumidor utilizar fundos que ultrapassem o saldo da sua conta de depósito à ordem, o que, não fosse este contrato, não seria concedido (salvo tolerância do banco, mas aí não há contrato). A facilidade de descoberto tem que ser celebrada expressamente e é bastante vulgar sob a forma, p. ex., de conta ordenado. Já a ultrapassagem de crédito assenta num acordo tácito que permite que o consumidor ultrapasse, como no caso anterior, o saldo da sua conta de depósito à ordem, ou o próprio descoberto autorizado.

Ambos os contratos têm disciplinas específicas, devidamente recortadas, no âmbito do crédito ao consumo. Deste modo, a facilidade de descoberto está regulada pelo disposto no art. 2º, ns. 2 e 3 (exclusão parcial), e no art. 15º do Dec.-Lei nº 133/2009, de 2/6; a ultrapassagem de crédito, por sua vez, rege-se pelo art. 2º, nº 4, art. 23º do mesmo diploma, apenas se lhe aplicando algumas das suas disposições (arts. 1º a 4º, o art. 23º e os arts. 26º e segs).

VI. A utilização do crédito pode ser realizada de forma direta, recorrendo-se a mecanismos e figuras diversas (p. ex., mútuo, desconto[732], cessões com adiantamento *factoring*) ou indireta.

Neste último caso, realizar-se-á através da prestação de garantias ao beneficiário até ao montante acordado, para que este possa obter essa quantia pecuniária junto de terceiro.

É o que acontece se o banco se obrigar a celebrar negócios jurídicos cambiários (aceite, aval) que permitam ao creditado descontar esses títulos junto de outro banco[733]. O banco creditante só terá que conceder crédito

[732] O denominado em Itália *castelletto di sconto*. Note-se que este não é necessariamente uma abertura de crédito. Pode tratar-se de um simples notação interna da capacidade de crédito que se reconhece a um cliente, de um contrato normativo ou, em certos casos, de um contrato-promessa. Tudo depende do convencionado. Cfr. Giorgio Tarzia, *I contratti bancari di credito tipici e atipici*, I contratti, nº 3, 2005, pp. 305, ss..

[733] Na Alemanha denominado *Haftungskredite*, cfr. Andreas Fandrich/Thomas Hofmann, *Kreditsvertragsrecht*, in: Münchener Anwalts Handbuch, Bank- und Kapitalmarktrecht

de forma direta caso venha a ser acionado, nos termos cambiários, pelo último banco[734]. A prática designa esta figura como "abertura de crédito por assinatura"[735].

Podemos estar ainda face a uma abertura de crédito mista, no sentido de poder ser utilizada até certo limite sem mais (*per cassa*), e a partir deste e até uma determinada fasquia mediante o recurso a títulos de crédito (*contro presentazione di titoli*).[736]

VII. A abertura de crédito pode ser realizada isoladamente ou integrada num outro contrato. É o que pode suceder nos contratos de cessão financeira ou de *factoring*, em que a concessão de crédito se faz mediante a prestação de adiantamentos calculados sobre o valor nominal dos créditos, ou com o desconto de letras de câmbio[737].

No contrato inicial, no contrato-quadro, fixam-se dois *plafonds*, um por devedor cedido e outro, global, atribuído ao próprio faturizado, dentro dos quais o factor se poderá obrigar realizar esse financiamento. Quando assim seja, quando o factor se obrigue, teremos uma abertura de crédito integrada nesse contrato.

A utilização do mesmo far-se-á nos termos aí definidos, isto é, através dos negócios base que tem como efeito, de entre outros, ceder os créditos. Neste caso, a contrapartida do factor são somente os juros pelas quantias adiantadas, uma vez que não está prevista no contrato uma comissão pela disponibilidade da quantia em si.

45.3. A forma

I. A abertura de crédito em si, sendo um contrato atípico legalmente, não está sujeita a forma, a não ser quando a lei o imponha. Não se lhe podem aplicar as disposições do mútuo, porque se trata de contratos substancialmente diferentes, como decorre da exposição anterior[738].

(herausgegeben von Andreas Fandrich und Ines Karper), C. H. Beck, Munique, 2012, § 5, pp. 269, ss..

[734] J. G. PINTO COELHO, *Operações de banco*, cit., p. 260.

[735] Ver MÔNICA LEITE DE CAMPOS, *Crédito por assinatura*, ROA, 2000, pp. 703, ss..

[736] Cfr. G. TARZIA, *I contratti bancari di credito tipici e atipici*, cit., pp. 305, ss..

[737] Sobre este, ver *infra*, nº 46.

[738] Em sentido contrário, A. MENEZES CORDEIRO, *Direito bancário*, cit., p. 694.

Outro aspeto são as mobilizações de crédito que se aproximam, e podem por vezes ser, verdadeiros mútuos. Quando o sejam, valem aqui as regras acima expostas. Se a contraparte do banco não for um comerciante, temos de respeitar as regras do mútuo bancário. Caso se trate de um comerciante, admite-se, de acordo com o sustentado, qualquer meio de prova.

45.4. A estrutura

45.4.1. Aspetos iniciais

I. Um dos aspetos mais debatidos desta figura, consiste na sua estrutura. Entre nós, tem especial relevo, pelo seu desenvolvimento, a posição de Antunes Varela[739]. Este Autor sustenta que estaríamos necessariamente perante um só contrato, o de abertura de crédito, donde emergiria "um direito potestativo sobre o creditante", ficando este, depois de o creditado o ter exercitado, "obrigado desde logo a entregar a quantia contra ele sacada"[740], gerando-se uma relação obrigacional de mútuo.[741]

Nada temos a obstar à construção de Antunes Varela[742], mas só como uma possível forma – que não a única – de estruturar a abertura de crédito. É perfeitamente admissível, e muito comum, a celebração de um contrato inicial (em regra, um contrato-quadro), donde decorre o dever de o banco celebrar contratos posteriores de mobilização das quantias, cujo regime, antecipadamente, fixa. É desses negócios subsequentes, pelos quais se procede à efectiva mobilização do crédito disponibilizado, que nascem as obrigações de restituição do capital utilizado e de pagamento dos juros.

II. Temos assim que podem as partes, naturalmente, no âmbito da liberdade contratual, estruturar de diversas formas a abertura de crédito: ou recorrendo a um único contrato do qual decorre o direito potestativo de utilização do crédito nos termos aí definidos, a que chamaríamos, uma estrutura unitária, ou a um contrato inicial seguido de posteriores contratos,

[739] J. ANTUNES VARELA, *Anotação* ao acórdão do STJ de 21/4/80, cit., pp. 115-117.

[740] J. ANTUNES VARELA, *Anotação* ao acórdão do STJ de 21/4/80, cit., p. 116. Em sentido idêntico: P. PAIS DE VASCONCELOS/P. LEITÃO PAIS DE VASCONCELOS, *Direito comercial*, cit., pp. 287-288.

[741] J. ANTUNES VARELA, *Anotação* ao acórdão do STJ de 21/4/80, cit., p. 116.

[742] Para a crítica à posição de ANTUNES VARELA, ver, de forma desenvolvida, M. PESTANA DE VASCONCELOS, *A cessão de créditos em garantia e a insolvência*, cit., p. 670, nota 1300.

que podem ter natureza diversa entre si, e pelos quais se faria a mobilização do crédito, denominada estrutura plural.

III. A determinação da estrutura adotada decorre naturalmente da interpretação contratual. Tratando-se uma cláusula contratual geral ambígua, a interpretação mais favorável ao aderente é a da estrutura unitária (art. 14º, nº 2 do Dec.-Lei 445/86, de 25/10), pelo que deve ser essa a seguir-se. Quando nada se possa retirar por via da interpretação, estaremos perante uma lacuna. Nesse caso, é de sustentar que a vontade hipotética das partes, moldada pela boa fé teria sido, também, no sentido a estrutura unitária[743]. Disponibilizado o crédito, o benficiário poderá utilizá-lo através do exercício de um direito potestativo, integrando-se esse direito no contrato de abertura de crédito em si.

Vejamos então, de seguida, cada uma dessas estruturas.

45.4.2. A estrutura plural

I. O banco celebra com o beneficiário um contrato inicial, que consite no contrato de abertura de crédito em si, disponibilizando-lhe uma dada soma por um determinado período de tempo ou por tempo indeterminado.

Esse valor é calculado, tendo capacidade patrimonial que o banco reconhece ao cliente, bem como, muito em particular, a garantia concedida pela outra parte, que em regra aquele lhe exigirá. Ela pode ser prestada aquando da celebração do contrato, assegurando o crédito futuro ao saldo final (p. ex., uma hipoteca, uma fiança, um aval).

É possível que de forma isolada ou em articulação com a garantia inicial o benficiário preste uma garantia que assegure cada um dos negócios de execução do contrato, p. ex., sendo cedidos em garantia com cada utilização de crédito, créditos que assegurem a restituição dessa soma (em seguida ao cumprimento das obrigações asseguradas por esse direito, o banco teria que retransmitir o crédito – ou créditos – cedido(s)).

II. Temos assim um contrato inicial donde decorrerão as obrigações do banco de disponibilizar a soma convencionada pelo prazo acordado, contra o pagamento da comissão de abertura de crédito. Decorre igualmente

[743] Neste sentido, C. W. CANARIS, *Bankvertragsrecht*, 1975, p. 868.

desse contrato o dever do banco de celebrar os contratos de mobilização do crédito, os contratos de crédito em si.

Este contrato prevê e regula os diversos nergócios a realizaçar para a mobilização do crédito, o *plafond*, as garantias, tanto as prestadas com a sua celebração, como aquelas a prestar mais tarde. Pode igualmente estar previsto o valor máximo que o creditado poderá utilizar em cada mobilização, a taxa de juro aplicável, bem como a própria cláusula de conta corrente que permite ao benficiário ir repondo a sua disponibilidade.

III. A correta qualificação deste negócio é a de contrato-quadro[744]. Na verdade, do seu conteúdo decorre o dever do creditante de disponibilizar à outra parte uma dada quantia pecuniária, tendo pois de imobilizar o capital necessário para o efeito, e, como contrapartida, o dever do beneficiário de pagar a comissão. Daí resulta, ainda, a obrigação do creditante de celebrar os contratos de segundo grau que permitam a mobilização do crédito e o conteúdo dos mesmos[745]. Estes podem ter uma natureza diversa: mútuo, desconto, contratos de *factoring* de segundo grau, etc.

A abertura de crédito está, nesta medida, genética e funcionalmente coligada (jurídica e economicamente) a esse conjunto de negócios jurídicos, por ela regulados, e que o banco é obrigado a celebrar, se o beneficiário decidir utilizar os montantes pecuniários que esta última se dispôs a conceder-lhe.

45.4.2.1. Os contratos de segundo grau

I. Os negócios de execução do contrato inicial ser típicos, legal ou socialmente (como o desconto), ou atípicos.

A mobilização da quantia pode fazer-se simplesmente através de um contrato de mútuo, embora com particularidades face àquele que é o regime geral deste contrato. Passamos a caracterizá-lo de forma breve.

[744] Cfr. na doutrina alemã: O. Rossbach, in: S. Kümpel/A. Wittig, *Bank- und Kapitalmarktrecht*, cit., p. 1363; H.-P. Schwintowski, *Bankrecht*, cit., § 12, p. 392; N.-C. Wunderlich, *Krediteröffnungsvertrag* in: H. Schimanski/H.-J. Bunte/H.-J. Lwowski, *Bankrechts-Handbuch*, Band I, cit., § 77, p. 224. Já antes tinhamos sustentado esta qualificação, ver M. Pestana de Vasconcelos, *A cessão de créditos em garantia e a insolvência*, cit., pp. 668-669.

[745] Ver para a ligação entre o contrato-quadro de abertura de crédito em si e os contratos subsequentes de mútuo, H.-P. SCHWINTOWSKI, *Bankrecht*, cit., § 12, p. 392.

II. O pedido de uma parte, ou "tranche" do crédito configurará uma proposta negocial (cujos termos precisos e a forma estarão muitas vezes previstos no contrato inicial), que o banco está vinculado a aceitar[746]. Muitas vezes, com o crédito da quantia na conta do beneficiário.

III. Concluído o contrato, o beneficiário fica obrigado a restituir o capital (o montante utilizado) e os juros. O prazo de restituição está estabelecido em benefício do devedor (afasta-se aqui a presunção do art. 1147º relativa ao benefício do prazo).

Por isso, como sucede na antecipação bancária, o creditado poderá realizar esse pagamento ainda antes de decorrido o prazo, pagando juros referentes só ao montante utilizado e pelo tempo em que se verificou essa utilização, agora com o efeito adicional de a disponibilidade de crédito ser, nesse valor, reposta.

Todavia, ao contrário dessa mesma antecipação bancária (que pode ser, ela própria, acordada como mecanismo de "mobilização" do crédito), não tem que se manter a relação de proporcionalidade necessária entre o montante em dívida e o valor da garantia, sempre que essa mobilização do crédito seja acompanhada por uma garantia específica respeitante só a esse montante.

O que significará que, se as partes não tiverem convencionado a referida proporcionalidade[747],[748] face a uma diminuição da garantia por facto não imputável ao devedor, o credor só se poderá valer do art. 701º nº 1 (art. 678º, sendo um penhor) para, dentro do condicionalismo aí fixado (insufi-

[746] Há um outro entendimento admissível, articulável com a estrutura plural de contrato-quadro seguido de posteriores contratos (*Einzelkreditverträge*). O beneficiário seria titular de um direito potestativo cujo exercício geraria os contratos subsequentes de crédito. Cfr. N.-C. Wunderlich, *Krediteröffnungsvertrag*, in: H. Schimanski/H.-J. Bunte/H.-J. Lwowski, *Bankrechts-Handbuch*, Band I, cit., § 77, p. 2211. Nada obsta a esta configuração. Depende sempre do que as partes acordarem. Nalguns casos, porém, como se viu, é sempre necessário a aceitação do banco para se celebrar este contrato de segundo grau não sendo o direito do beneficiário um direito potestativo. Mas um mesmo contrato pode prever diferentes mecanismos da sua execução e que conduzam à celebração dos contratos de segundo grau.

[747] O credor terá todo o interesse em estabelecer para se manter a margem de segurança.

[748] Não nos estamos a referir à proporcionalidade entre o valor da garantia e o montante máximo do crédito disponibilizado pelo contrato de abertura de crédito em si; o que, evidentemente, se pode pactuar.

ciência da garantia para a segurança da obrigação), exigir o reforço dessa mesma garantia.

IV. Podemos, pois, afirmar que regime deste contrato, numa série de tipos, está entre o regime dos outros dois contratos de crédito, mútuo (típico em termos sociais, na medida em que não se afasta aí a presunção legal) e antecipação bancária. Quando for acordada a relação de proporcionalidade, no sentido referido, estes contratos de segundo grau aproximam-se mais destas últimas.

V. Os diversos contratos de segundo grau que estamos a analisar articulam-se necessariamente entre si e com o contrato de abertura de crédito, a que, como vimos, dão execução e projetam funcionalmente (permitindo a mobilização do crédito que o creditante disponibiliza nesse contrato), o que assume particular relevo no que toca à reposição da disponibilidade do capital em resultado das entregas que sejam feitas ao creditante em cumprimento das obrigações de restituição decorrentes dos contratos subsequentes.

Mas, também, dentre outros aspectos, no que diz respeito aos efeitos da cessação do contrato-quadro: levam imediatamente à cessação dos contratos de utilização do crédito, de forma a apurar-se o saldo final[749].

45.4.3. A estrutura unitária

I. Sempre que for adoptada esta estrutura, não são concluídos contratos subsequentes de mobilização do crédito. A contraparte do banco é titular de um direito potestativo cujo exercício gera a obrigação de entrega da quantia por parte do banco (através do seu crédito em conta-corrente), sendo possível, na eventualidade de o banco não cumprir, o recurso a uma acção de cumprimento.

Noutros casos, o exercício do direito permite de imediato o acesso à quantia, como sucede com o descoberto em conta a que o beneficiário pode recorrer dentro dos valores definidos na abertura inicial de crédito. Poderá, depois, ir repondo a disponibilidade através de entregas subsequentes que lhe são creditadas na sua conta e voltar a utilizá-la.

[749] Seguimos nestes últimos três pontos, M. Pestana de Vasconcelos, *A cessão de créditos em garantia e a insolvência*, cit., pp. 672-674.

A técnica aqui utilizada é a de o banco permitir um saldo devedor de conta até um determinado montante[750]-[751] previsto no contrato. O valor global pode ser igualmente garantido, ou não[752].

II. Conforme decorre do que acabámos de ver, incluímos o descoberto contratado[753] em conta no seio da abertura de crédito[754] em que se recorre a uma estrutura unitária, sendo especialmente simples a mobilização das quantias previstas na mesma. Trata-se de um descoberto em conta corrente em que o banco permite ao creditado dispor de fundos que, dentro de um *plafond* fixado, excedam o seu saldo. Como vimos, a lei do crédito ao consumo prevê duas dessas figuras para as quais fixa um regime próprio: a facilidade de descoberto e a ultrapassagem de crédito [art. 4º, nº 1, als. *d)* e *e)* do Dec.-Lei nº 133/2009, de 2/6].

É certo que a figura tem tipicidade (legal, no caso do crédito ao consumo) social. Contudo, tal não deve levar-nos a esquecer que, valendo-se embora de uma técnica específica que recorre ao mecanismo da conta corrente, se trata aqui de uma disponibilidade de crédito até certo limite, determinado pelo saldo negativo que se aceita na conta, seguido de juros pelas utilizações em concreto desse valor, pelo período do recurso ao mesmo: as duas características centrais da abertura de crédito[755]. Nessa

[750] Quanto ao descoberto em conta, ver C. Galvada/J. Stoufflet, *Droit bancaire*, cit., pp. 412-413.

[751] *Overdraft*. Ver E.P. Erlinger/E. Lomnicka/C. V. M. Hare, *Erlinger's modern banking law*, 5ª ed., Oxford, Oxford University Press, 2011, pp. 755, ss..

[752] Hipoteca, penhor, transmissão global de créditos futuros em garantia. Esta última muito vulgar na prática bancária alemã. Cfr. Hans Gerhard Ganter, *Sicherungsabtretung*, in: H. Schimanski/H.-J. Bunte/H.-J. Lwowski, *Bankrechts-Handbuch*, Band II, 5ª ed., Beck, Munique, 2017, § 96, pp. 712, ss.; R. Serick, *Eigentumsvorbehalt und Sicherungsübertragung, Band II, Die einfache Sicherungsübertragung – Erster Teil*, cit., § 24 I 4, pp. 273, ss..

[753] Quanto a este, ver: Paula Ponces Camanho, *Contrato de depósito bancário. Descoberto em conta, direito do banco que paga o cheque não provisionado. Conta solidária (comentário ao acórdão do Tribunal da Relação de Coimbra de 12 de Maio de 1998)*, in: Estudos em homenagem ao Professor Doutor Inocêncio Galvão Telles, vol. II, Direito bancário (Estudos organizados pelos Professores Doutores António Menezes Cordeiro, Luís Menezes Leitão e Januário da Costa Gomes), Almedina, Coimbra, 2002, pp. 112, ss.; R. Freitag/*Staudingers Kommentar, Buch 2, Recht der Schuldverhältnisse §§ 488-490*, 607-609 (*Darlehensrecht*), cit., § 488, pp. 52, ss..

[754] P. O. Mülbert/*Staudingers Kommentar, Buch 2, Recht der Schuldverhältnisse §§ 488-490*, 607-609 (*Darlehensrecht*), cit., § 488, p. 261.

[755] Considerando que no descoberto contratado se estará geralmente face a uma abertura de crédito, mas tratando separadamente as figuras, M. Januário Costa Gomes, *Contratos comerciais*, cit., pp. 321, ss., p. 322.

medida, o mais correto é incluir este mecanismo no seio de uma das estruturas possíveis da figura em análise.[756]

III. Um caso diverso é o do descoberto tolerado. Não há contrato, mas o banco admite, ou vai admitindo, que o cliente continue a movimentar a conta, mesmo quando esta não tenha já saldo positivo, por curtos períodos de tempo, para debelar uma necessidade momentânea. O banco não assume qualquer obrigação, pelo que poderá a todo o momento exigir a reposição do saldo da conta (a valores positivos, ou, pelo menos, a zero)[757].

Todavia, se o banco vier a admitir de forma consecutiva facilidades de caixa[758] a um seu cliente ao longo do tempo, gerando uma confiança justificada[759] na manutenção dessa situação, exige a boa fé que, caso queira deixar de o fazer, deverá informá-lo com uma antecedência determinada, dentre outras circunstâncias, pelos valores em causa, o período de tempo ao longo do qual foi admitindo esse recurso, e, se se tratou de uma avaliação, caso a caso, ou se se fez de forma repetida, sem uma avaliação casuística.[760]-[761]

Embora não haja um contrato de abertura de crédito, as partes não deixam de estar ligadas pelo contrato-quadro de abertura de conta, da qual emerge a relação bancária geral que as une. Neste seio, como foi observado, pontificam, com uma especial intensidade, deveres de boa fé.

[756] Diferente é a concessão unilateral de uma linha de crédito pelo banco. Não há acordo entre as partes, podendo o cliente mobilizá-la. Se o fizer, pagará juros por esse período de tempo de utilização do capital. Cfr. R. Freitag/*Staudingers Kommentar Buch 2, Recht der Schuldverhältnisse §§ 488-490*, 607-609 (*Darlehensrecht*), § 488, cit., p. 53.

[757] Ver o acórdão do STJ de 28.05.2015 (Salazar Casanova), in: www.dgsi.pt. Não será assim se o banco deixar a situação prolongar-se no tempo em termos de gerar um justificada confiança à outra parte na não exigência imediata de pagamento dessa quantia. Nesse caso, exigirá a boa fé que o faça com pré-aviso adequado. Cfr. N.-C. Wunderlich, *Krediteröffnungsvertrag*, in: H. Schimanski/H.-J. Bunte/H.-J. Lwowski, *Bankrechts-Handbuch*, Band I, cit., § 77, p. 2213.

[758] Cfr. C. Galvada/J. Stoufflet, *Droit bancaire*, cit., p. 413

[759] Em certos casos poderemos estar face a verdadeiros "descobertos em conta por factos concludentes". Assim, J. Calvão da Silva, *Direito bancário*, cit., p. 367. Entendendo que estes casos devem ser tratados como descobertos contratados, M. Januário Costa Gomes, *Contratos comerciais*, cit., pp. 332-333.

[760] Sublinhando que o "corte de forma abrupta, injustificado ou não fundamentado" atingiria o princípio da boa fé, atentando contra a confiança "legitimamente esperada, o que levaria ao banco que assim atuasse a ter que indemnizar pelos danos decorrentes desse *venire contra factum próprio*", J. Calvão da Silva, *Direito bancário*, cit., p. 367.

[761] Ver E.P. Erlinger/E. Lomnicka/C. V. M Hare – *Erlinger's modern banking law*, cit., p. 756.

Não se trata, porém, de um caso idêntico ao da abertura de crédito por tempo indeterminado que cessa por denúncia, acompanhada por um pré-aviso adequado, decorrente da boa fé. O banco não quis aqui celebrar um contrato, vinculando-se à concessão de crédito, ou o cliente não o quis, para não ter que pagar a comissão, ou ambos não o quiseram. As exigências a cargo do banco terão assim igualmente que ser menores, nomeadamente o pré-aviso ser mais curto.

IV. Outra questão, ligada à anterior, é saber quando é que estamos face a uma verdadeira abertura de crédito e não face a uma simples tolerância do banco que se prolonga no tempo. O contrato pode ser celebrado não só expressa, mas também tacitamente (p. ex., a já referida "ultrapassagem de crédito").

Contudo, uma declaração tácita do banco poucas vezes se verificará, porque este não se quererá vincular a uma abertura de crédito, pretendendo manter a sua liberdade de ação para o futuro, ou seja, de decidir em concreto se, naquele caso, concede ou não crédito[762], até porque ela está ligada ao seu próprio financiamento, e respectivo custo. Aliás, mesmo que assim fosse, caso não se fixasse um montante máximo, o contrato seria nulo, por indeterminabilidade do objecto (art. 280º).

Caso diverso é aquele em que a abertura de crédito esteja já prevista no contrato inicial, do qual decorre a relação entre as partes. Se o banco, embora a isso não esteja obrigado, permitir a utilização de crédito, estará a concluir esse contrato (a solicitação do cliente vale como proposta).

45.5. A cessação do contrato

I. O contrato de abertura de crédito, em si, é um contrato comercial duradouro, sendo por isso suas causas de cessação, na sua essência, as destes[763].

[762] Cfr. N.-C. Wunderlich, *Krediteröffnungsvertrag*, in: H. Schimanski/H.-J. Bunte/H.-J. Lwowski, *Bankrechts-Handbuch*, Band I, cit., § 77, p. 2215; H.-P. Schwintowski, *Bankrecht*, cit., § 12, p 394; C. W. Canaris, *Bankvertragsrecht*, cit., p. 869 (sustentando que por essa razão na dúvida se deve entender que não há celebração do contrato, p. 869). Para a questão na jurisprudência italiana, que foi sofrendo oscilações, mas, em regra, no sentido negativo, ver R. Teti/P. Marano, *I contratti bancari. Apertura dei credito – antecipazione – sconto*, cit., pp. 76, ss. (embora só até ao fim do século passado).

[763] Cfr. N.-C. Wunderlich, *Krediteröffnungsvertrag*, in: H. Schimanski/H.-J. Bunte/H.-J. Lwowski, *Bankrechts-Handbuch*, Band I, cit., § 77, p. 2217.

O que significa que, com as devidas adaptações, se aplicam aqui as regras consagradas no Dec-Lei nº 178/86, de 3/7, naquela parte em que traduzem as regras gerais aplicáveis à cessação dos contratos duradouros[764]: a denúncia com pré-aviso adequado, no contrato por tempo indeterminado, o decurso do prazo, a oposição à prorrogação, a resolução com justa causa e, evidentemente, a cessação por acordo das partes.

II. Quanto à denúncia, o prazo de pré-aviso, de acordo com a boa fé, terá que ser o adequado. Para a sua determinação em concreto deve ter-se em conta, dentre outras circunstâncias, a duração do contrato, o *plafond*, a sua importância para o beneficiário, os montantes utilizados.

A cessação de um contrato de abertura de crédito, que é da maior importância para o devedor planear a sua atividade empresarial, ligado à necessidade de obter refinanciamento para restituir o saldo a apurar, torna este dever especialmente exigente.

III. Outra causa de cessação é a oposição à prorrogação. Mantém-se o que se disse no que toca ao mútuo, acerca da oposição à prorrogação-modificação, bem como de, prolongando-se o contrato com prorrogações sucessivas há já um período amplo de tempo, se realizar um pré-aviso adequado.

É comum a celebração de aberturas de crédito por períodos curtos de tempo. O banco pretenderá manter a liberdade de ponderar dentro de um curto período de tempo se continua, ou não, e dentro de que limite (que dessa forma pode ser periodicamente ajustado), a conceder crédito. Nada a obstar a essa prática, que se articulará com prorrogações automáticas, salvo se algum das partes se opuser dentro de um determinado período de tempo contratualmente fixado[765].

IV. Temos, por fim, a resolução. Não basta aqui um qualquer incumprimento para se constituir o direito de resolução do contrato. É necessário que uma das partes incumpra as suas obrigações, quando, "pela sua gravidade ou reiteração, não seja exigível a subsistência do vínculo contratual" [art. 30º, al. *a)* do Dec.-Lei 178/86, de 3/7]. Portanto: que se trate de

[764] A. Pinto Monteiro, *Direito comercial. Contratos de distribuição comercial*, Almedina, Coimbra, 2002, p. 130.

[765] Ver sobre estas cláusulas, *supra*, nº 46.3.2.

um incumprimento grave ou reiterado e que daí resulte a inexigibilidade de manutenção do contrato.

Tendo presente que este contrato duradouro assenta numa relação de confiança entre as partes, a gravidade do(s) incumprimento(s) que se venha(m) a verificar terá(ão) que ser perspetivado(s), tendo em conta o seu impacto naquela[766].

Se em virtude desse inadimplemento desaparecer a confiança no regular cumprimento futuro do negócio por banda desse contraente, verificar-se-á uma justa causa de resolução[767]. Assim, p. ex., o incumprimento do dever de reforçar das garantias, quando o seu objeto sofrer uma desvalorização, mesmo que o valor em si ainda permita cobrir o crédito pactuado.

Claro está que podem ter sido fixadas cláusulas resolutivas expressas,[768] que, uma vez verificadas, permitam desde logo à outra parte resolver o contrato.

V. Em qualquer dos casos, e para além doutros efeitos, nomeadamente indemnizatórios, cessando o contrato, terá de se apurar o saldo, vencendo-se, nesse momento, a obrigação de o entregar.[769]

45.6. A insolvência do creditado/beneficiário

I. Não estamos face a um contrato bilateral não integralmente cumprido nem pelo insolvente nem pela outra parte, o que levaria à aplicação do art.

[766] Sublinhado este aspeto A. PINTO MONTEIRO, *Contrato de agência (anteprojecto)*, BMJ nº 360, p. 111. Referindo-se aqui ao "caráter sintomático" do incumprimento, J. BAPTISTA MACHADO, *Pressupostos da resolução por incumprimento* in: João Baptista Machado, Obra dispersa, vol. I, Scientia Iuridica, Braga, 1991, p. 141. Destacando também o ponto referido: J. RIBEIRO DE FARIA, *Direito das obrigações*, vol. I, Almedina, Coimbra, 1990, pp. 88-90; P. ROMANO MARTINEZ, *Da cessação do contrato*, cit., pp. 236, ss.. Ver ainda, para a cessação *aus wichtigem Grund:* K. LARENZ, *Lehrbuch des Schuldrechts*, vol. I, 14ª ed., C.H. Beck, Munique, 1987, § 2 VI, pp. 32-33; WOLFGANG FIKENTSCHER/ANDREAS HEINEMANN, *Schuldrecht*, 10ª ed., De Gruyter, Berlim, 2006, § 50, II, p. 292; C. W. CANARIS, *Bankvertragsrecht*, cit., pp. 881, ss..

[767] Para a justa causa de resolução do contrato de abertura de crédito em Itália, ver R. TETI/P. MARANO, *I contratti bancari. Apertura dei credito – antecipazione – sconto*, cit., p. 254.

[768] Quanto a estas, em geral, ver P. ROMANO MARTINEZ, *Da cessação do contrato*, cit., pp. 81, ss..

[769] Quanto aos efeitos da declaração de insolvência do cliente no contrato de abertura de crédito, ver M. PESTANA DE VASCONCELOS, *A cessão de créditos em garantia e a insolvência*, cit., pp. 924, ss., nota 1706. Na Alemanha: N.-C. WUNDERLICH, *Krediteröffnungsvertrag*, in: H. SCHIMANSKI/H.-J. BUNTE/H.-J. LWOWSKI, *Bankrechts-Handbuch*, Band I, cit., § 77, pp. 2222, ss.; C. W. CANARIS, *Bankvertragsrecht*, cit., p. 885.

102º CIRE, com a suspensão do contrato, cabendo depois ao administrador optar pelo cumprimento, ou recusa de cumprimento, do contrato. No primeiro caso, tornando as dívidas, dívidas da massa; no segundo, com direito a indemnização pela contraparte do insolvente.

De facto, a relação sinalagmática neste contrato, como se começou por sublinhar, estabelece-se entre a obrigação de disponibilizar uma dada quantia e a obrigação de pagar uma comissão por essa disponibilidade, que o creditado cumpre aquando da celebração do contrato.

II. Contudo, sempre que se tratar, como será o mais comum, de uma abertura de crédito em conta corrente, esta, por força do art. 116º CIRE, cessa. Daí resulta a necessidade de se apurar o resultado final, vencendo-se a obrigação do beneficiário. O crédito daí resultante para o banco passa a ser um crédito, garantido ou não, sobre a insolvência. Segue-se o regime desta modalidade de créditos.

Mas mesmo que não exista essa cláusula, sendo os negócios de movimentação da disponibilidade mútuos, ou contratos mistos com elementos de mútuo, como a antecipação bancária (numa das suas modalidades), ou o desconto[770], as obrigações à restituição da quantia vencem-se, aplicando-se, como no caso anterior, o regime destes créditos.

III. Para além do que se acaba de expor, mesmo que se defendesse, contra o que sustentámos, que não se verificaria o vencimento dos créditos, o banco poderia resolver o contrato.

Com efeito, embora não se admita uma cláusula que "atribua à situação de insolvência de uma das partes o valor de condição resolutiva do negócio ou confira nesse caso à parte contrária um direito de indemnização, de resolução ou de denúncia em termos diversos dos previstos neste capítulo" (art. 119 nº 2 CIRE), tal não obsta a que "a situação de insolvência possa configurar justa causa de resolução (...) em atenção à natureza e conteúdo das prestações contratuais." (art. 119º, nº 3 CIRE). Trata-se, aqui, de um caso patente de aplicação desta norma, dada a necessária confiança na situação patrimonial do beneficiário. Em rigor, consiste numa "justa causa objetiva", pelo que o banco tem sempre direito à resolução do contrato.[771]

[770] Ver número seguinte.

[771] Ver sobre esta matéria, em particular sobre a abertura de crédito com cessão de créditos em garantia, M. Pestana De Vasconcelos, *A cessão de créditos em garantia e a insolvência*, cit., pp. 924-930, nota 1706.

46. O desconto

46.1. Caraterização. Aspetos gerais

I. O desconto[772] é um contrato nominado, fazendo parte do elenco das operações de banco (art. 362º Cod. Com), legalmente atípico (regulado somente em certos aspetos, ver o art. 5º, nº 4 e o art. 6º, nº 1 do Dec.-Lei nº 58/2013, de 8/5), socialmente típico, tendo por objeto títulos de crédito ou créditos ordinários (embora quanto a estes seja pouco comum entre nós). Ele carateriza-se pela transmissão do título de crédito (em regra, letras ou livranças, portanto, pelo seu endosso) e sua entrega a um banco que, por sua vez, entrega ao transmitente o valor nominal do crédito, deduzido do juro e das restantes comissões.[773]. O primeiro (o banco) é o descontador; o segundo (o cliente), o descontário[774].

[772] Sobre este contrato, ver: FERNANDO OLAVO, *Desconto bancário,* Lisboa, 1955 (é a obra clássica sobre esta matéria); CARLOS OLAVO, *O contrato de desconto bancário,* in: Estudos em homenagem ao Professor Doutor Inocêncio Galvão Telles (coordenado por António Menezes Cordeiro, Luís Menezes Leitão e Januário da Costa Gomes), vol. II, Almedina, Coimbra, 2002, pp. 427, ss; A. MENEZES CORDEIRO, *Direito bancário,* cit., pp. 700, ss.; L. MENEZES LEITÃO, *Cessão de créditos,* Almedina, Coimbra, 2005, pp. 491, ss.; C. FERREIRA DE ALMEIDA, *Direito dos contratos, II,* cit., pp. 129, ss.; P. PAIS DE VASCONCELOS/P. LEITÃO PAIS DE VASCONCELOS, *Direito comercial,* cit., pp. 289, ss.; J. SIMÕES PATRÍCIO, *Direito bancário privado,* cit., pp. 314, ss.; J. ENGRÁCIA ANTUNES, *Direito dos contratos comerciais,* cit., pp. 504, ss.; M. JANUÁRIO COSTA GOMES, *Contratos comerciais,* cit., pp. 345, ss.; QUIRINO SOARES, *Contratos bancários,* cit., pp. 119, ss.; ORLANDO GOMES, *Contratos,* cit., pp. 404, ss.; GIOVANNI PANZARINI, *Lo sconto dei crediti e dei titoli di credito,* Giuffrè, Milão, 1984; VITTORIO ANGELONI, *Lo sconto,* BBTC, I, 1964, pp. 347, ss.; G. MOLLE, *I contratti bancari,* cit., p. 372; G. FERRI, *Diritto commerciale,* cit., pp. 1006, ss.; R. TETI/P. MARANO, *I contratti bancari. Apertura dei credito – antecipazione – sconto,* cit., pp 641, ss. (o texto é de P. Marano); PAOLO BONTEMPI, *Diritto bancario e finanziario,* Giuffrè, Milão, 2009, pp. 351, ss.; G. F. CAMPOBASSO, *Diritto commerciale, 3, contratti, titoli di credito, procedure concorsuali,* 5ª ed., por MARIO CAMPOBASSO, Utet, Turim, 2014, pp. 116, ss.; C. GALVADA/J. STOUFFLET, *Droit bancaire,* cit., pp. 392, ss.; KARSTEN SCHMIDT, *Handelsrecht,* cit., § 35 III p. 1006; T. MANG, *Kursfristige Fremdfinanzierung durch Kreditinstitute,* cit., pp. 193, ss.. Na jurisprudência, Acórdão do STJ de 13/10/2016 (Tavares de Paiva), in: www.dgsi.pt.; o Acórdão do STJ de 1/04/2017 (Alexandre Reis), in: www.dgsi.pt.

[773] De acordo com FERNANDO OLAVO (*Desconto bancário,* cit., p. 64), seriam duas as comissões cobradas: a comissão de desconto, considerada, por uns, como remuneração pelos serviços prestados e, por outros, como compensação dos riscos corridos, e a comissão de cobrança, que teria como fim compensar as despesas e encargos da cobrança de créditos pagáveis em praças diferentes daquela onde teve lugar o desconto.

[774] Quanto à designação dos contraentes, como descontador e descontário, ver FERNANDO OLAVO, *O desconto bancário,* cit., pp. 10-11. Em Itália, P. BONTEMPI, *Diritto bancario e finanziario,* cit., p. 351.

O banco não corre o risco do incumprimento do devedor. Se ele não cumprir, retransmite o título à outra parte (re-endossa-lho e entrega-lho), ou retransmite-lhe o crédito ordinário, e exige-lhe a entrega do valor nominal deste. Cumprindo o devedor, o contrato de desconto bancário extingue-se.[775]

II. Como se disse, o montante do desconto (a diferença entre o valor nominal do título e o montante entregue), em que se consubstancia a contraprestação do descontário, consiste na soma dos juros com as comissões. Aqueles determinam-se, aplicando-se a taxa fixada para este contrato ao valor nominal do crédito, pelo tempo a decorrer desde a data em que a importância líquida é colocada à disposição do descontário até ao dia do vencimento (art. 5º nº 4 do Dec.-Lei nº 58/2013, de 8/5),[776]-[777] e são cobrados "à cabeça" por dedução ao valor nominal do título (integrados no desconto – art. 6º, nº 1 do Dec.-Lei nº 58/2013, de 8/5). Contudo, só se constituem com o decurso do período de tempo a que dizem respeito. Por isso, se o contrato cessar antecipadamente, não chegarão a ser devidos na parte correspondente ao período de tempo não decorrido. Caso se constituam, o momento da sua satisfação é o da cobrança dessa quantia ao terceiro.

III. O desconto é um contrato de liquidez que opera através da monetarização de um crédito em regra de curto prazo do descontário. Entra assim na categoria dos contratos de monetarização de créditos[778] como o *factoring*, o *forfaiting*, a venda de créditos (dentro do quadro da titularização ou fora dele).[779]

Ele é tipicamente realizado pelo comerciante que vende com espera de preço, ou seja, com entrega imediata da mercadoria e pagamento do preço

[775] Para a evolução histórica da figura, ver G. PANZARINI, *Lo sconto dei crediti e dei titoli di credito*, cit., pp. 202, ss..

[776] Admitindo que o desconto incida sobre créditos já vencidos, L. MENEZES LEITÃO, *Cessão de créditos*, cit., p. 500.

[777] Trata-se do método do desconto por fora ou comercial, adotado pela prática. Há ainda o método do desconto por dentro. Ver CARLOS OLAVO, *O contrato de desconto bancário*, cit., p. 431, nota 13.

[778] Qualificando-o como um contrato de liquidez em que se faz a troca de moeda futura por moeda presente, PAOLO FERRO-LUZZI, *Lo sconto bancario*, in: Le Operazioni bancarie (a cura de G. B. Portale), II, Milão, 1978, p. 757.

[779] Que serão, *infra*, analisados.

a prazo que necessita de um financiamento (intermédio), nesse período de tempo. Embora possa recorrer a outras figuras (como o *factoring*), é prática comum o comprador subscrever uma livrança ou o vendedor sacar uma letra, que aquele aceita. É esse título que é endossado, transformando-se em liquidez. Constitui, nessa medida, uma forma de financiar o descontário, que paga os juros.

Contudo, não é necessariamente assim, porque pode o aceitante/devedor acordar com o credor/sacador que será ele a pagar-lhe o valor do desconto, portanto dos juros e das comissões, por este pagas ao banco[780]. O financiamento, de forma indireta, é, nesse caso, do devedor.

IV. O banco que celebra o contrato de desconto, muitas vezes recorre depois ao redesconto dos mesmos títulos ou créditos junto de outro banco ou do banco central como forma de refinanciamento. Faz sua a diferença entre as taxas cobrada, e paga.

V. O desconto pode consistir num negócio isolado ou integrar-se num contrato-quadro de abertura de crédito em conta corrente[781]. Neste último caso, cada desconto consiste num negócio de segundo grau de mobilização dessa quantia. O *plafond* de crédito é reposto com o pagamento de terceiro.

A posição do banco é mais sólida, porque passa a dispor de dois devedores para obter a satisfação da mesma quantia: o terceiro, e o próprio descontário, uma vez que será este que terá que pagar, caso aquele não o faça.

Claro está que nada obsta a que a própria abertura de crédito, nos termos gerais, seja garantida. O que pretenderá tutelar nessa eventualidade é o crédito do banco decorrente do saldo final.[782]

[780] Pode ser mesmo o devedor do preço que solicita uma dilação no seu pagamento à outra parte. Para esta não ter que assumir os custos do crédito dessa forma concedido, recorre-se a uma letra sacada pelo vendedor e aceite pelo comprador, título esse que será depois objeto de contrato de desconto celebrado pelo primeiro com o banco. O devedor aceitante obriga-se a pagar-lhe todas as despesas e juros, uma vez que o crédito, indiretamente, é-lhe concedido a ele.

[781] FERNANDO OLAVO, *Desconto bancário*, cit., p. 76.

[782] Para a descrição detalhada da operação de desconto, que se desenvolve em diversas fases e começa pela apresentação a desconto, que é composto pelo preenchimento e entrega do formulário, denominado proposta de desconto, ao banco, assim como da letra, ou letras (sendo o caso), devidamente endossadas, ver CARLOS OLAVO, *O contrato de desconto bancário*, cit., p. 428, ss..

VI. Trata-se de um contrato consensual e não real *quoad constitutionem*[783].[784] No que toca à forma, o entendimento jurisprudencial vai no sentido da forma escrita (assento do STJ nº 17/94, de 11/10[785])[786].

46.2. O desconto de títulos de crédito (letras e livranças) e de créditos ordinários

I. O direito transmitido ao banco pode estar incorporado numa letra ou numa livrança ou consistir num crédito ordinário. Neste último caso, a transferência do direito rege-se pelo regime geral da cessão de créditos (arts. 577º e seguintes).

Daí que, para que o terceiro pague ao cessionário, ele terá que ser notificado da transferência do direito. Não cumprindo, terá que se operar uma retransmissão do direito, no seio do negócio base da cessão. Nos termos do contrato de desconto, o banco poderá exigir o pagamento (da quantia emprestada) ao mutuário/descontário.

II. Se se tratar (como é o mais comum) do desconto de letras ou de livranças, aplica-se o regime da LULL que as rege. Temos, nesse caso, não só a relação base, mas também o negócio cambiário, o endosso[787].

Se, depois do banco ter apresentado a letra a pagamento na data do seu vencimento, o devedor (aceitante – letra –, ou subscritor – livrança) não cumprir, a instituição de crédito exigirá o pagamento ao descontário (endossante)[788]. Pode, para o efeito, recorrer ao direito cartular, nos termos prescritos na LULL, ou ao crédito à restituição decorrente da relação

[783] Cfr. L. Menezes Leitão, *Cessão de créditos*, cit., p. 499; M. Januário Costa Gomes, *Contratos comerciais*, cit., p. 348. Sustentando que se trata de um contrato real *quoad constitutionem*, Carlos Olavo, *O contrato de desconto bancário*, cit., p. 478.

[784] Outra coisa é o título, que, para circular, além do endosso, tem que ser entregue. Por todos sobre este regime, ver P. Pais de Vasconcelos/P. Leitão Pais de Vasconcelos, *Direito comercial*, cit., pp. 411, ss..

[785] Publicado no DR I série A de 3/12/1994. Na doutrina: Carlos Olavo, *O contrato de desconto bancário*, cit., p. 480-481; A. Menezes Cordeiro, *Direito bancário*, cit., p. 701.

[786] No sentido da consensualidade, M. Januário Costa Gomes, *Contratos comerciais*, cit., p. 348.

[787] Portanto: se se tratar de um crédito ordinário, o negócio de cessão será o contrato em si. Se se tratar de um endosso, para além do contrato (e a convenção executiva), há ainda o negócio jurídico cambiário, que se rege pelas regras da LULL. Ver P. Pais de Vasconcelos, *Direito comercial. Títulos de crédito*, AAFDL, Lisboa, 1988/1989, pp. 33, ss..

[788] Eventualmente, se acordado, debitar-lhe esse montante na sua conta. Esta cláusula é comum, ver Carlos Olavo, *O contrato de desconto bancário*, cit., p. 430.

fundamental, escolhendo um ou outro[789], que evidentemente têm regimes diversos[790].

Pode mesmo dar-se o caso de a obrigação de restituição estar garantida, pelo que será preferível nesse caso o recurso a ela. Se o devedor (aceitante ou subscritor) cumprir, extingue-se também o crédito à restituição do banco face ao descontário, decorrente da relação fundamental.

46.3. Distinção de figuras próximas[791]

46.3.1. O contrato de *factoring* de segundo grau com recurso e antecipação

I. Este contrato será analisado com mais detalhe no número seguinte, mas podemos desde já – a benefício de demonstração posterior – referir o seguinte.

Ambos os contratos têm por função o financiamento de curto prazo e operam com a transmissão de um crédito para que o creditante o cobre a terceiro e se satisfaça pelo valor obtido, o que extingue a obrigação de restituição e o dever de pagar os juros (e outras despesas). A transmissão do crédito é realizada em função de cumprimento. Em ambos os casos pode haver uma abertura de crédito que regule o montante máximo do financiamento a ser concedido por essa via.

Todavia, o tipo social do desconto opera com títulos de crédito, sujeitos a um regime específico, mas o *factoring* tem por objeto créditos ordinários. Apesar disso, a verdade é que ainda assim embora de forma pouco frequente o desconto pode operar com créditos ordinários[792] e, nesse ponto, há uma maior aproximação a este contrato de *factoring*.

[789] Cfr. G. Ferri, *Diritto commerciale*, cit., p. 1008. Entre nós: L. Menezes Leitão, *Cessão de créditos*, cit., pp. 501-502; J. Engrácia Antunes, *Os títulos de crédito. Uma introdução*, Coimbra Editora, Coimbra, 2009, p. 40. Na jurisprudência, ver o acórdão do STJ de 10/10/2002 (Dionísio Correia), in: www.dgsi.pt; o acórdão do STJ de 2/06/2011 (Silva Gonçalves), in: www.dgsi.pt.

[790] Ver Carolina Cunha, *Letras e livranças, paradigmas actuais e recompreensão de um regime*, Almedina, Coimbra, 2012, pp. 160, ss..

[791] Para a distinção do desconto deferido, o adiantamento sobre letras à cobrança, os créditos concedidos sobre garantia dada por letras, e o crédito por aceite bancário e os empréstimos sobre letras ou livranças de caução, que não nos ocupam por ora, ver: Fernando Olavo, *O desconto bancário*, cit., pp. 104, ss.; L. Menezes Leitão, *Cessão de créditos*, cit., pp. 496, ss..

[792] Referindo o caso do desconto dos créditos a reforço do sinal decorrentes de contratos-promessa de compra e venda de imóveis por parte dos construtores/promitentes-vendedores, M. Januário Costa Gomes, *Contratos comerciais*, cit., p. 347.

II. Os pontos de distinção são os seguintes.

Este contrato de *factoring* insere-se numa relação global com o factor, assente no contrato de *factoring* em si, que sendo um contrato quadro, disciplina diversos contratos subsequentes com naturezas diversas.

Ao contrário do desconto que pode ser uma operação isolada – embora não necessariamente –, o *factoring* tem sempre por objeto uma cessão de créditos em massa, que exige uma celebração sucessiva de contratos de segundo grau.

Ainda, no desconto os juros são calculados inicialmente e cobrados nesse momento "à cabeça", ou seja, o seu valor deduzido ao montante entregue. Ora, no contrato com o recurso e adiantamento nem sempre tal acontece (embora a comissão seja imediatamente debitada), até porque muitas vezes, em virtude do prazo adicional ("período de graça") que os factores concedem ao facturizado e ao devedor cedido após o incumprimento deste último, os juros não podem ser calculados *a priori*.

Por outro lado, o banco no desconto entrega à sua contraparte o valor nominal do crédito menos o desconto, enquanto o factor, geralmente, não concede um adiantamento de valor superior a 80% do valor nominal do crédito e, embora não deduza aqui os juros e a comissão, constitui, em princípio, uma soma inferior à que o facturizado obteria se, por hipótese, fosse descontar o mesmo crédito.

46.3.2. O desconto "à forfait"[793]

I. O contrato de desconto que aqui estamos a analisar corresponde ao seu tipo social em que a transmissão do crédito se realiza em função do cumprimento.

Não é claro, porém, se se trata de um verdadeiro desconto, se da cessão desses créditos em garantia de um financiamento, o que é muito comum no *project finance*. Na realidade, qualquer das estruturas pode ser adoptada, dependendo dos interesses das partes, nomeadamente, manter a cessão face ao devedor cedido oculta por falta de notificação, sendo o cedente que procede à cobrança. Esse mecanismo é próprio do tipo social da cessão em garantia, mas não pode ocorrer no desconto de créditos, em que será o cessionário a realizar a cobrança.

[793] Sobre ele, ver: FERNANDO OLAVO, *Desconto bancário*, cit., pp. 97, ss.; CARLOS OLAVO, *O contrato de desconto bancário*, cit., pp. 460-461; L. MENEZES LEITÃO, *Cessão de créditos*, cit., p. 496.

Pode, porém, em casos mais raros, a transmissão do título, letra ou livrança faz-se de forma definitiva, em troca do valor pago pelo banco. Se o devedor incumprir, não haverá qualquer retransmissão do crédito e, caso seja declarada a sua insolvência, o risco e perda é do descontador.[794]

No montante do desconto, necessariamente, inclui-se não são a contrapartida do crédito concedido, pelo adiantamento de fundos que o descontário só obteria na data do vencimento do crédito cedido, mas também, com elevado peso, uma comissão pelo risco que o banco corre: a comissão de garantia.

Enquanto a primeira modalidade de desconto é um contrato de financiamento de curto prazo, este é um contrato de financiamento e de garantia, com uma garantia, aliás, especialmente sólida. Os custos, claro, são bastante diversos, e correm por conta do descontador.

Assim sendo, o contrato base é também um contrato diferente em ambos os casos. Conforme se verá melhor *infra*, o desconto consiste num contrato misto de mútuo e mandato, enquanto o desconto "à forfait" a sua relação fundamental é efetivamente uma venda[795].

46.4. A qualificação

I. A discussão sobre a natureza jurídica do desconto é já antiga. Em presença temos, essencialmente, as teses da compra e venda de títulos e a tese do mútuo com dação em função do pagamento.

II. No primeiro caso sustenta-se que estamos na verdade face à troca de um direito por um preço, portanto um contrato de compra e venda de créditos ordinários ou títulos de crédito (que é o que sucede, como se acabou de referir, no desconto "a forfait"), com garantia do cumprimento do devedor.[796]

[794] No âmbito cambiário, o endossante terá que afastar a garantia, tanto do aceite, como do pagamento da letra, nos termos do art. 15º, I, LULL. Ver G. F. Campobasso, *Diritto commerciale, 3, contratti, titoli di credito, procedure concorsuali*, cit., p. 118. Para esta cláusula, ver P. Pais de Vasconcelos/P. Leitão Pais de Vasconcelos, *Direito comercial*, cit., pp. 411-414.

[795] O desconto "à forfait" tem muitas semelhanças com o *forfaiting*, sem com ele se confundir. As distinções serão realizadas aquando da análise (*infra*, nº 49) deste último negócio.

[796] Cfr. G. F. Campobasso, *Diritto commerciale, 3, contratti, titoli di credito, procedure concorsuali*, cit., p. 118, nota 41.

No segundo, estaríamos face a um mútuo realizado pelo descontador ao descontário, pelo período de tempo que medeia entre a sua celebração e o vencimento do crédito. A contrapartida do banco pelo crédito concedido consistiria nos juros. Por outro lado, como é a instituição de crédito que vai obter o pagamento por parte de um terceiro, sendo-lhe o título endossado (ou o crédito ordinário cedido) para esse efeito, estamos perante uma dação em função do pagamento. Por isso, se o devedor não cumprir, terá que ser o descontário a pagar ao banco (a restituir o capital).

III. O debate acerca de natureza jurídica do desconto, tarefa importante para esclarecer o seu funcionamento e determinar traços de regime em aberto, está hoje em grande parte ultrapassado, porque a generalidade da doutrina reconhece que o desconto não é uma compra e venda, mas um mútuo acompanhado de uma dação em função do cumprimento[797].

O desconto é, pois, um contrato misto onde se articulam elementos de mútuo com um mandato para cobrança. Assim, o banco empresta o valor nominal do título, mas retira "à cabeça" a sua remuneração (juros e comissões, daí, como se disse, a diferença de valores).

O adquirente deverá exigir o pagamento ao devedor. Caso este pague, é restituída dessa forma a quantia emprestada e os juros, através do pagamento de terceiro. Se ele não pagar, terá que ser o descontário a satisfazer a obrigação de restituição do capital e dos juros ao banco. Daí a exigência do valor nominal do crédito, porque foi essa a quantia emprestada.

IV. Diga-se, porém, que, indo mais fundo na qualificação, a dação em função do cumprimento aqui é um mandato, também no interesse do mandatário (art. 1170º nº 2)[798], e um mandato fiduciário, porque o direito é transmitido ao credor para que ele o cobre e obtenha por essa via satisfação do seu crédito face ao descontário.

[797] Ver Fernando Olavo, *Desconto bancário*, cit., pp. 188, ss., pp. 238, ss.; G. Ferri, *Diritto commerciale*, cit., pp. 1006-1007. Muito desenvolvidamente sobre esta matéria, ver G. Panzarini, *Lo sconto dei crediti e dei titoli di credito*, cit., pp. 1, ss.. E na jurisprudência, o acórdão do STJ de 13/10/2016 (Tavares de Paiva), in: www.dgsi.pt.

[798] Ver, porém, M. Januário Costa Gomes, *Contratos comerciais*, cit., pp. 349-350.

46.5. A insolvência do descontário

I. A correta qualificação deste contrato é da maior importância no que diz respeito ao seu regime insolvencial. Se se tratasse de um contrato de compra e venda de título de crédito, este estaria já concluído e cumprido (preço pago, coisa entregue) aquando da declaração de insolvência, pelo que o banco poderia exigir o pagamento do terceiro (aceitante da letra ou subscritor da livrança), não tendo que entregar o montante recebido ao administrador que, quando muito, poderia, havendo fundamento, resolver o contrato com base no art. 120º CIRE.

II. Conforme se viu, porém, este é um contrato misto de mútuo e mandato. A insolvência do descontário/mutuário/mandante tem por efeito a cessação do contrato. De facto, ela leva ao vencimento do crédito à restituição do adiantamento, pelo que o banco terá que reclamar o seu crédito (em rigor, são dois créditos, ao capital e aos juros constituídos até esse momento, como créditos comuns[799]) no processo insolvencial, como comum ou garantido, conforme disponha ou não de garantia. O mesmo sucede ao mandato, porque este, mesmo no interesse do mandatário, cessa com a declaração de insolvência (art. 110º CIRE). Só não seria assim, se este fosse estranho à massa insolvente, o que não é o caso, porque o título terá que ser re-endossado ao descontário (ou re-cedido, se for um crédito ordinário), passando a integrar a massa.

A proteção do banco em caso de insolvência do descontário é assim bastante ténue (são créditos comuns sobre a insolvência e, no que toca aos juros, só no que toca àqueles constituídos até essa data). Tudo assenta na eventual tutela do seu crédito à restituição da quantia adiantada.

[799] Os juros que se constituam posteriormente à declaração de insolvência são créditos subordinados – art. 48º, al. *b)* CIRE.

47. O contrato de cessão financeira (*factoring*)

47.1. Caracterização inicial[800]

I. A cessão financeira ou *factoring*[801] pode ser, em termos gerais, definida como o contrato pelo qual uma das parte (o facturizado) cede ou se obriga a ceder a a totalidade ou parte dos seus créditos comerciais de curto prazo

[800] Para a caracterização do contrato de *factoring* ou cessão financeira, ver M. PESTANA DE VASCONCELOS, *Dos contratos de cessão financeira (factoring)*, BFD, Studia Iuridica 43, Universidade de Coimbra/Coimbra Editora, 1999, texto que se toma por base para o que é dito neste capítulo e para onde tomamos a liberdade de remeter para maior e muito pormenorizado desenvolvimento do que se diz em texto, assim como referências bibliográficas mais completas.

Ver: RUI PINTO DUARTE, *Notas sobre o contrato de factoring*, in: Novas perspectivas do direito comercial, Almedina, Coimbra, 1988, pp. 141, ss.; TERESA ANSELMO VAZ, *O contrato de factoring*, Rev. Ban., pp. 53, ss.; JOSÉ ANDRADE MESQUITA, *Algumas notas sobre factoring*, Bol. CNP, 1989, p. 151, ss.; MARIA JOÃO VAZ TOMÉ, *Algumas notas sobre a natureza jurídica do contrato de factoring*, separata da DJ, 1992, pp. 252, ss.; A. MENEZES CORDEIRO, *Da cessão financeira (factoring)*, Lex, Lisboa, 1994; idem, *Manual de direito bancário*, cit. pp. 685, ss.; MARIA HELENA BRITO, *O factoring internacional e a convenção do Unidroit*, Cosmos, Lisboa, 1998; A. PINTO MONTEIRO/CAROLINA CUNHA, *Sobre o contrato de cessão financeira*, BFD, volume comemorativo, Coimbra, 2003, pp. 509 ss.; P. ROMANO MARTINEZ, *Contratos comerciais*, Principia, Cascais, 2001, pp. 65, ss.; L. MENEZES LEITÃO, *Cessão de créditos*, cit. pp. 506, ss.; M. JANUÁRIO COSTA GOMES, *Contratos comerciais*, cit., pp. 366, ss..

Ver ainda: MICHAEL MARTINEK, *Moderne Vertragstypen, vol. I, Leasing und Factoring*, C. H. Beck, Munique, 1991; M. MARTINEK/S. OLMOR, *Das Factoringgeschäft*, in: H. SCHIMANSKI/ H.-J. BUNTE/H.-J. LWOWSKI, *Bankrechts-Handbuch*, Band II, 5ª ed., C. H. Beck, Munique, 2017, § 102, pp. 1021, ss.; O. ROSSBACH, *Factoring*, in S. KÜMPEL/A. WITTIG, *Bank- und Kapitalmarktrecht*, cit., pp. 1437, ss; PETER O. MÜLBERT/*Staudingers Kommentar zum Bürgerlichen Gesetzbuch mit Einführungsgesetz und Nebengesetzen, Buch 2, Recht der Schuldverhältnisse §§ 488-490*, 607-609 (*Darlehensrecht*), Sellier – de Gruyter, Berlim, 2011 (*neubearbeitung* Robert Freitag e Peter O. Mülbert), § 488, pp. 353, ss.; PAUL ASSIES/SASCHA VANDER, in: *Handbuch des Fachanwalts. Bank- und Kapitalmarktrecht* (herausgegeben von Paul Assies, Dirk Beula, Julia Heise, Harmurt Strube), Carl Heymanns, Colónia, 2012 (*factoring*), p. 873; AAVV, *Factoring-Handbuch des nationalen und internationalen Factoring* (de K. F. Hagenmüller, H. J. Sommer, U. Brink), 3ª ed., Fritz Knapp Verlag, Frankfurt am Main, 1997; KARSTEN SCHMIDT, *Handelsrecht*, cit., § 35 III, pp. 1019, ss.; C. GALVADA/J. STOUFFLET, *Droit bancaire*, cit., pp. 404, ss.; ANTONIO CARLOS DONINI, *Manual do factoring*, Editora Klarear, São Paulo, 2004.

Merece especial relevo o estudo pioneiro, de grande qualidade, na língua portuguesa de NEWTON DE LUCCA, *A faturização no direito brasileiro*, Revista dos Tribunais, São Paulo, 1986. (vencedor do prémio Tullio Ascarelli). O autor voltou ao tema recentemente: NEWTON DE LUCCA/RENATA MOTA MACIEL DEZEM, *Factoring: problemas atuais*, Prisma Jur., São Paulo, v. 15, n. 1, jan./jun. 2016, pp. 153, ss.

[801] O legislador português batizou este contrato em português como cessão financeira (em rigor, a atividade em si, art. 2º nº 1 do Dec.-Lei nº 171/95, de 18/7), embora continue no mesmo

decorrentes dos contratos já celebrados ou a celebrar com certos terceiros (alguns ou mesmo a totalidade dos clientes do cedente), para que este último os administre e cobre na data do seu vencimento e, eventualmente, nos termos fixados nesse negócio, lhe conceda adiantamentos calculados sobre o valor nominal desses créditos e/ou, também, garanta o cumprimento ou a solvência dos devedores cedidos.

Pelo serviço de gestão e cobrança dos créditos o facturizado paga uma comissão (comissão de cobrança), em contrapartida do adiantamento, quando concedido, o que é muito frequente, paga juros e pela garantia paga igualmente uma comissão (comissão de garantia).

47.2. A evolução histórica. Breve nota

I. O *factoring* nasceu no âmbito do comércio colonial entre a metrópole e as colónias britânicas (mas também francesas) no espaço do Atlântico Norte. Os factores começaram por ser intermediários dos produtores, passando depois a desempenhar funções mais amplas do que as de um mero distribuidor de produtos: garantem o bom fim das operações comerciais por eles realizadas e concedem ao principal adiantamentos sobre o preço das mercadorias ainda por vender. Ao seu papel exclusivamente comercial juntaram, paulatinamente, uma importante faceta de ordem financeira. Passaram a ser os financiadores da indústria europeia.

A sua viragem para o comércio interno, e a aquisição da sua, hoje marcante, característica financeira, só se realizará nos Estados Unidos em finais do séc. XIX. Na verdade, desde essa data passaram a centrar-se só no financiamento de curto prazo e na prestação de garantia de cumprimento aos seus clientes. Decorre daí o modelo tradicional desta figura, e aquela que foi transplantada para a Europa nos anos sessenta do século passado: o *old line factor*.

II. Em termos de evolução histórica podemos distinguir três modalidades de *factoring*.

(i) O *colonial* ou *trade* factor (séc. XVI – fins do séc. XIX) consistia num distribuidor dos produtos do principal no Novo Mundo, que, para além

diploma a recorrer amplamente a *factoring* (ver, p. ex., art. 1º, art. 7º, contrato de *factoring*), art. 4º, art. 5º do Dec.-Lei nº 171/95, de 18/7.

disso, garantia o bom fim da operação e concedia à sua contraparte adiantamentos, muitas vezes em relação a vendas ainda por concluir.

(ii) O *old line* factor (desde fins do séc. XIX) caracteriza-se por o factor desenvolver a vertente financeira da sua anterior atividade, gerindo e cobrando os créditos do facturizado, garantindo, em regra, o bom fim da operação, além de, se para tal for solicitado, conceder adiantamentos sobre o montante dos créditos que o seu cliente lhe cede.

(iii) O *new style factor* (desde os anos 30/40 do século passado) traduz transformação do factor num operador financeiro, não se limitando aos clássicos serviços do *old line* factor, mas abarcando também um conjunto variado e complexo de outras atividades de ordem financeira (*confirming*, *forfaiting*, *leasing*, etc.).

O modelo que foi adotado desde os nos anos sessenta na Europa e, em Portugal, a partir, essencialmente, dos anos oitenta do século passado, foi o *old line factoring*.

47.3. A tipicidade do contrato

I. O contrato de cessão financeira é entre nós um contrato nominado, legalmente atípico, embora socialmente típico. Na verdade, a lei não estabelece um tipo legal (fechado) para este contrato, tendo-se limitado a definir a atividade de *factoring* ou cessão financeira.

Esta consiste na "aquisição de créditos a curto prazo, derivados da venda ou da prestação de serviços, nos mercados interno e externo" (art. 2º, nº 1 do Dec.-Lei nº 171/95 de 18/7), acrescentando-se de seguida que se compreendem "na actividade de factoring acções complementares de colaboração entre as empresas referidas no artigo 4º [as sociedades de *factoring* e os bancos] e os seus clientes, designadamente de estudo dos riscos de crédito e de apoio jurídico, comercial e contabilístico à boa gestão dos créditos transaccionados."

II. Não se trata de qualquer noção de um contrato definido (conceitualmente), de acordo com a técnica seguida pelo legislador (para os tipos fechados), através da seleção das suas notas distintivas, a que se liga um particular regime[802]. O legislador, como decorre do preâmbulo deste diploma, pretendeu simplesmente a "clarificação e desregulamentação do regime do contrato de *factoring*."[803]

A definição de atividade de cessão financeira tem carácter vago, fazendo-se referência somente ao mecanismo operativo do *factoring*, a aquisição de créditos ordinários (aspeto do maior relevo, porque permite excluir do *factoring* outras figuras semelhantes em termos funcionais, mas que onde não haja uma transmissão de créditos)[804], delimitando-se, de seguida – aqui com um nível de precisão já apreciável –, os direitos objeto dos contratos cuja celebração e execução integra essa atividade: créditos de curto prazo (i), decorrentes da venda ou prestação de serviços (ii), nos mercados internos ou externos (iii).

A lei limita-se depois, na prática, a pouco mais do que estabelecer a forma escrita para o contrato (art. 7º, nº 1 do Dec.-Lei nº 171/95 de 18/7) e a impor que a transmissão de créditos seja sempre acompanhada pelas respetivas faturas, ou suporte documental equivalente "nomeadamente informático"[805] (art. 7º, nº 2 do Dec.-Lei nº 171/95, de 18/7).

III. Pouco se diz quanto à função do contrato. A lei só se faz referência de forma clara a uma das funções que este contrato pode, em abstrato, conforme foi visto, desempenhar. Mas, nada se diz do financiamento, que marca a cessão financeira entre nós, nem da função de garantia dos créditos[806], determinante no *factoring* internacional, além de não conter qualquer referência, direta pelo menos, à cobrança dos créditos cedidos[807].

[802] A. Pinto Monteiro/Carolina Cunha (*Sobre o contrato de cessão financeira*, cit., pp. 523, ss.) sustentam, em detalhada análise, que se trata de um tipo, não fechado, mas aberto.

[803] Para a discussão deste ponto ver com maior desenvolvimento, M. Pestana de Vasconcelos, *Dos contratos de cessão financeira (factoring)*, cit., p. 103, nota 252, pp. 183, ss. *maxime* nota 480, para onde tomamos, mais uma vez, a liberdade de remeter.

[804] Este é o modelo do *factoring* europeu e norte-americano. No Brasil, porém, o *factoring* tem por objeto a créditos titulados, duplicatas e cheques (pré datados), sendo o negócio base da sua transmissão qualificado como venda. Cfr. A. C. Donini, *Manual do factoring*, cit., pp. 11, ss., 23, ss..

[805] Ou título cambiário, o que será pouco comum.

[806] A lei refere-se somente ao "*estudo* dos riscos de crédito" (itálico nosso).

[807] Embora se possa incluir de forma indireta, no "apoio jurídico, comercial e contabilístico à boa gestão dos créditos transacionados."

IV. Embora legalmente atípico, o *factoring* é um contrato socialmente típico[808], o que decorre, desde logo, para além do seu enorme relevo económico, da uniformidade dos conteúdos destes contratos, celebrados através do recurso, quase na sua totalidade, a cláusulas contratuais gerais.

47.4. As partes do contrato

Só podem celebrar, de forma habitual, contratos de cessão financeira: bancos, sociedades de *factoring*, ou cessão financeira[809], ou IFICs[810]. A contraparte do factor, o facturizado[811], poderá ser vendedor de bens ou um prestador de serviços[812].

47.5. As funções desempenhadas

I. A cessão financeira do prisma funcional apresenta-se como um negócio complexo e variável. Ela pode desempenhar as seguintes funções: a consultadoria comercial **(i)**, a administração e cobrança de créditos **(ii)**, a concessão de crédito **(iii)** e a garantia da solvência ou do cumprimento dos devedores cedidos **(iv)**.

Vejamos com mais detalhe cada uma delas.

[808] Ver: Mª Helena Brito, *O factoring e a convenção do Unidroit*, Cosmos, Lisboa, 1998, p. 17; e já anteriormente A. Menezes Cordeiro [*Dos contratos de cessão financeira (factoring)*, cit., p. 84, p. 95] sustentava que se trata de um contrato atípico ("misto atípico", p. 95) e socialmente típico. Ver ainda M. Pestana de Vasconcelos, *Dos contratos de cessão financeira (factoring)*, cit., p. 188.

[809] As sociedades de *factoring* são hoje sociedades financeiras [art. 6º, al. *b) iv* RGICSF].

[810] Para além deles, as caixas económicas bancárias (art. 18º do regime jurídico das caixas económicas – RJCE) e a Caixa Central de Crédito Agrícola Mútuo – art. 50º, nº 2 do regime jurídico do crédito agrícola mútuo e das cooperativas de crédito agrícola mútuo – RJCAMCCAM). As Caixas Agrícolas, nos termos do art. 36º-A RJCAMCCAM (aprovado pelo Dec.-Lei nº 24/91, de 11/1) poderão, autorizadas pelo Banco de Portugal, alargar o seu objeto ao "factoring a favor dos associados para financiamento das atividades referidas no art. 27º" [art. 36º-A, nº 1, al. *b)* RJCAMCCAM].

[811] A lei designa a contraparte do factor, o cedente, por "aderente" [art. 3º al. *b)* do Dec.-Lei nº 171/95 de 18/7]. Trata-se de uma expressão infeliz, porque bastante imprecisa (aderente será aquele sujeito que se limite a subscrever ou a aceitar cláusulas contratuais gerais); preferimos utilizar o termo facturizado.

[812] Note-se que os profissionais liberais também poderão ser faturizados: é o chamado *Honorar factoring*.

(i) Transmitido o direito ao factor, a sua cobrança e administração passam a ser realizadas pela instituição de crédito. Nessa medida, os serviços administrativos da empresa facturizada podem ser reduzidos a um mínimo, passando também ela a beneficiar da especialização da instituição de crédito nessa atividade. Esta função está presente na generalidade dos contratos, só sendo excluída do *non notification factoring*,[813] em que o crédito é cobrado em nome próprio pelo facturizado. Contudo, dados os riscos inerentes à ausência de notificação, esta modalidade de *factoring* é menos frequente. Como se verá, para além disso, a cobrança do crédito serve igualmente um interesse de segurança do factor.

(ii) O *factoring* é um instrumento muitíssimo relevante de financiamento de curto prazo[814]. As empresas na venda e na prestação de serviços concedem, em regra, aos seus devedores um prazo para o pagamento do preço (30, 60, 90 dias). Essa dilação temporal coloca aos credores dificuldades de tesouraria, impondo-lhes, na falta de meios próprios, o recurso ao crédito nesse período de tempo. Este é obtido também através dos adiantamentos prestados pelo factor. Com efeito, este adiantará uma percentagem acordada entre as partes do valor nominal do direito transmitido (em regra, cerca de 80% desse valor). O que significa que nessa percentagem os "monetariza", ou seja, transforma-os em liquidez. Esta função, a função financeira, é entre nós a mais relevante, dada a escassez de meios próprios das sociedades comerciais portuguesas, frequentes vezes subcapitalizadas, por isso muito carentes do crédito.

(iii) O factor poderá garantir o cumprimento ou a solvência do devedor cedido, colocando-o, na medida do conteúdo da própria garantia, a salvo do incumprimento ou da insolvência da outra parte. Neste aspeto, e do prisma estritamente funcional, aproxima-se bastante do seguro de crédito.

(iv) Existe igualmente uma função de consultadoria comercial. De facto, o factor informa os facturizados sobre a capacidade económico-financeira das suas potenciais contrapartes negociais.

[813] Ver, *infra*, sobre este.

[814] Sublinhado esta função na jurisprudência: o acórdão do STJ de 15/01/2013 (Gabriel Catarino), in: www.dgsi.pt.; o acórdão do STJ de 3/05/2012 (Silva Gonçalves), in: www.dgsi.pt.

Dada a natureza da sua atividade, o factor reúne um conjunto de informações extremamente valiosas sobre as empresas que atuam num dado mercado (sabe se elas são dignas de crédito – *kreditwürdig*)[815].

Ora, qualquer sujeito carece de ter um conhecimento mínimo das suas potenciais contrapartes negociais para determinar qual o risco de incumprimento do contrato. Se for elevado, poucas vezes o celebrará, ou refletirá esse aspeto nas condições negociais, nomeadamente exigindo o pagamento a pronto.

III. O conjunto complexo de funções que integram esta figura é concretizado em cada contrato de *factoring*, e, dentro deste, depois, em cada cessão de crédito (*rectius*, negócio de segundo grau de *factoring*, como se verá). Variam assim com os contratos de *factoring* individualmente concluídos, articulando-se em configurações diversas de acordo com os interesses das partes.

Sendo prevista a concessão de adiantamentos, é no contrato-quadro que se definem os *plafonds*, tanto por devedor, como relativo ao próprio facturizado. O mesmo sucede, embora em resultado de uma análise diferente, no que diz respeito à prestação das garantias.

Pode ainda o factor não contrair qualquer obrigação de conceder adiantamentos ou prestar garantias dentro de *plafonds* negocialmente fixados (ou nem sequer terem sido fixados, porque o facturizado não o solicitou), mas vir depois a concedê-los, caso a caso, a pedido da outra parte.

Ao invés, pode ainda o factor obrigar-se a conceder os adiantamentos e a prestar as garantias dentro dos valores fixados no contrato e o facturizado optar por não os solicitar para os créditos que oferece.

IV. Tudo visto, como se referiu, a função mais relevante, presente na generalidade das cessões, é a da concessão de crédito, o que decorre com todas a clareza do art. 4º, nº 1, al. *b)* RGICSF, que inclui este contrato – por isso – no seio das operações de crédito.[816]

[815] O. Rossbach, *Factoring*, in: S. Kümpel/A. Wittig, *Bank- und Kapitalmarktrecht*, cit., p. 1438.

[816] Sublinhando este aspeto, A. Pinto Monteiro/Carolina Cunha, *Sobre o contrato de cessão financeira*, cit., p. 513, p. 516.

47.6. Modalidades

47.6.1. A cessão financeira doméstica e a cessão financeira internacional

47.6.1.1. A cessão financeira doméstica

I. No *factoring* doméstico, o contrato tem por objeto de créditos cedidos – por força do contrato de *factoring* em si, ou de um negócio subsequente celebrado entre as partes deste em sua execução –, decorrentes de uma compra e venda ou prestação de serviços nacional.

Se o crédito resultar de um contrato internacional de venda ou prestação de serviços (p. ex., a venda de mercadoria por uma sociedade comercial portuguesa a uma sociedade comercial alemã), estamos já face ao *factoring* internacional.[817]

II. Em termos funcionais, a vertente mais relevante do *factoring* interno é a financeira, isto é, o financiamento de curto prazo, traduzido no adiantamento prestado pelo factor (o chamado *factoring* financeiro).

No âmbito internacional, embora este último aspeto também seja relevante, o risco do crédito, do incumprimento ou da insolvência da contraparte do facturizado, tem uma importância bastante grande pelo que, em regra, o factor presta também uma garantia, do cumprimento, a este último. Estamos face ao chamado *full factoring*.

47.6.1.2. A cessão financeira internacional[818]

I. Como se acabou de referir, o crédito cedido decorre de um contrato internacional e o factor, em regra, prestará, não só o adiantamento, como também a garantia. Podemos identificar aqui duas estruturas: uma comum, e outra menos frequente.

[817] Assim, quanto ao carácter internacional do *factoring*, Mª Helena Brito, *O factoring e a convenção do Unidroit*, Cosmos, Lisboa, 1998, p. 26. Como refere esta Autora, "esta perspectiva global (...) justifica-se pela circunstância de o contrato de *factoring* ser, muitas vezes, celebrado entre partes com sede ou estabelecimento no mesmo Estado" (*ob. cit.*, *ibidem*).

[818] Sobre ela, ver M. Pestana De Vasconcelos, *O contrato de cessão financeira ou factoring no comércio internacional*, in: Estudos em Homenagem ao Professor Doutor Jorge Ribeiro de Faria, Faculdade de Economia da Universidade do Porto/Faculdade de Direito da Universidade do Porto (org.), Coimbra Editora, Coimbra, 2003, pp. 403, ss., obra que seguimos doravante em texto.

Ver ainda: Mª Helena Brito, *O factoring e a convenção do Unidroit*, cit., pp. 11, ss..

A primeira (**a**) implica a intervenção de dois factores[819]; a segunda (**b**) de um único um factor.

47.6.1.2.1. O sistema dos dois factores

I. Estão aqui envolvidos quatro grupos de sujeitos: "o exportador, o(s) importador(es) (que são as partes no contrato internacional de compra e venda de mercadorias ou no contrato internacional de prestação de serviços), um *export-factor* (sociedade de factoring do país do exportador), um *import-factor* (sociedade de *factoring* do país do importador)."[820]'

O crédito é cedido ao *export-factor*, sendo depois o retransmitido a um outro factor, o *import-factor*, que o irá cobrar.

Temos aqui dois contratos: o *Inter Factors Agreement* e o contrato de cessão financeira de exportação.

Pelo primeiro contrato, os factores regulam, desde logo, de uma forma pormenorizada, a relação entre eles, com base na obrigação mútua de cessão todos os créditos adquiridos aos seus clientes decorrentes de contratos internacionais[821].

Pelo segundo contrato, o de cessão financeira entre o exportador e o *export-factor* (o contrato de cessão financeira de exportação), o primeiro obriga-se a ceder a este último todos os créditos de curto prazo decorrentes de negócios já realizados, ou a realizar, com determinados importadores.

II. O procedimento consiste, em breves linhas, nos seguintes passos. Uma empresa exportadora que pretenda realizar uma venda a um cliente estabelecido num outro Estado apresenta o seu pedido de aprovação de crédito ao *export-factor*, indicando o objeto do contrato e as condições de pagamento negociadas (o *credit approval request*).

A partir deste momento, tudo se passa entre os dois factores: deste modo, o *export-factor* apresenta o pedido de cobertura do risco de crédito à sua contraparte que, ou já conhecendo a empresa adquirente e a respe-

819 Sobre esta na jurisprudência, ver o acórdão do STJ de 21/06/2011 (Alves Velho), in: www.dgsi.pt.

820 Mª Helena Brito, *O factoring e a convenção do Unidroit*, cit., p. 24.

821 O relacionamento entre os factores passa sempre pelo tipo de cadeia de factores em que se encontram inseridos. Sobre elas, ver R. M. Goode, *The legal aspects of international factoring*, in Factoring-Handbuch (de K.F. Hagenmüller/H. J. Sommer), Fritz Knapp Verlag, Frankfurt a. M., 1982, pp. 165-166.

tiva situação económico-financeira, ou envidando esforços nesse sentido (o denominado *credit investigation*), aprova ou recusa o pedido, comunicando, imediatamente, a sua decisão ao primeiro, que, por sua vez, informa o seu cliente (o facturizado). Sendo o crédito aprovado, o exportador está em condições de celebrar o contrato internacional de venda ou prestação de serviços, correndo um risco mínimo.

Uma vez concluído o respetivo negócio jurídico, deve enviar ao comprador a fatura original, com a indicação de que o crédito foi transmitido ao *import-factor* e, que, consequentemente, só a este deverá ser pago. Ao mesmo tempo, envia uma cópia da fatura ao seu factor (aquele a quem cedeu o crédito), tal como se tratasse de um contrato de cessão financeira doméstico.

Logo que o *export-factor* receba a cópia da fatura, deverá confirmar ao *import-factor* a realização da operação dentro das condições anteriormente aprovadas, podendo, nessa altura, antecipar ao seu cliente (o facturizado) parte do valor do crédito, se este o solicitar no âmbito das condições acordadas no contrato de cessão financeira de exportação. A partir deste momento, recai sobre o *import-factor* a obrigação de cobrar o crédito e remeter os fundos ao *export-factor* que os creditará, no todo ou em parte, na conta-corrente do seu cliente, onde eventualmente já debitou o adiantamento.

O *import-factor* assume, normalmente, o risco de incumprimento do devedor cedido, bem como o risco cambiário, o risco de catástrofe e o risco político.

47.6.1.2.2. O sistema do factor único

I. O factor a quem o crédito é cedido pode ser um *import-factor* ou um *export-factor*[822], sem que exista uma "circulação" do crédito entre eles.

No primeiro caso, o *import-factor* celebrará um contrato de *factoring* internacional com o exportador, adquirindo em execução deste negócio os créditos sobre o devedor estabelecido no seu Estado (*direkte Import-Factoring*).

[822] Cfr. PAOLO BOLZONI, *Direct international factoring*, in: Factoring-Handbuch des nationalen und internationalen Factoring (de K. F. Hagenmüller, H. J. Sommer, U. Brink), 3ª ed., Fritz Knapp Verlag, Frankfurt am Main, 1997, pp. 297, ss..

Ao invés, o facturizado poderá ceder os seus créditos a um *export-factor*, sem que este posteriormente os ceda a um *import-factor* (*direkte Export-Factoring*), realizando ele próprio a sua cobrança ao devedor cedido.

47.6.1.3. O regime uniforme: a Convenção de Otava

I. O enorme relevo do *factoring* no comércio internacional levou a que o Unidroit[823] tivesse, no princípio da década de 80 do século passado, iniciado um conjunto de estudos com vista à sua regulamentação, tendo esse trabalho dado origem à Convenção sobre o *factoring* internacional aberta à assinatura em Otava a 28 de maio de 1988[824].[825]

Não se trata da fixação de regras de regras de conflitos, mas da criação de um conjunto de regras materiais uniformes, diretamente aplicáveis ao contrato.

A disciplina decorrente da Convenção tem (necessariamente) um alcance limitado, centrando-se em alguns aspetos do regime da cessão de créditos entre o facturizado e o factor. Não regula os acordos *inter-factors*, nem na relação global entre o factor e o facturizado.

De facto, de uma forma sintética, podemos dizer[826] que a Convenção se ocupa principalmente da validade da cessão de créditos nas relações entre o factor e o cedente, dos efeitos da cessão de créditos nas relações entre o factor e o devedor cedido e da cessão subsequente do crédito pelo ente financeiro.

[823] O Unidroit, como é conhecido o instituto internacional para a unificação do direito privado, é uma organização internacional, intergovernamental, criada em 1926 como órgão auxiliar da Sociedade das Nações, para promover a unificação do direito privado e reconstituída em 1940 depois da dissolução desta última. Tem sede em Roma. Cfr. R. M. Goode, *The legal aspects of international factoring*, cit., p. 170.

[824] Doravante denominada Convenção de Otava (CO). Sobre ele, ver: M. Martinek/S. Omlor, *Das Factoringgeschäft*, cit., pp. 1031, ss.; P. O. Mülbert/*Staudingers Kommentar §§ 488-490, 607-609* (*Darlehensrecht*), § 488, cit., pp. 365, ss.; Franco Ferrari, *L'àmbito di applicazione internazionale della convenzione di Ottawa sul "factoring" internazionale*, RTDPC, 1996, pp. 195, ss..

[825] A Convenção esteve aberta à assinatura até 31 de Dezembro de 1990 (art. 13º nº 1 CO) e foi ratificada numa fase inicial pela França, Itália e Nigéria, tendo aí entrado em vigor a 1 de Maio de 1995. Mais tarde, a Convenção registou a ratificação da Alemanha (a 20 de maio de 1998), entrando em vigot nesse país a 1 de Dezembro de 1998. Aderiram também à Convenção, a Hungria, a Letónia, a Bélgica, a Nigéria e a Rússia. Cfr. http://www.unidroit.org/status-1988-factoring.

[826] Com Giorgio de Nova, *Nuovi contratti*, Utet, Turim, 1990, p. 105.

47.6.1.3.1. O âmbito de aplicação

I. Para que a disciplina convencional se aplique teremos que estar face a um contrato de *factoring* internacional, tal como a convenção o define, os créditos cedidos têm que resultar de contratos de compra e venda ou de prestação de serviços internacionais, e é necessário estarem preenchidos os requisitos alternativos do art. 2º, nº 1 (a) e (b), que se relacionam com a vigência da convenção.

II. Quanto ao primeiro aspeto, nos termos do art. 1º da CO trata-se de um contrato de *factoring* para este efeito, aquele celebrado entre um fornecedor (*supplier/fournisseur*) e um factor pelo qual o primeiro pode ou deve ceder (*may or will assign/peut ou doit céder*) ao factor créditos nascidos de contratos de venda de mercadorias[827] celebrados entre o fornecedor e os seus clientes (devedores), com exclusão daqueles que se refiram a mercadorias adquiridas a título principal para uso pessoal, familiar ou doméstico [art. 1º, nº 2 (a) CO].

É ainda necessário que o factor desempenhe pelo menos duas das seguintes funções: financiamento[828], gestão, cobrança ou garantia[829] de créditos [art. 1º, nº 2 (b) CO]. Por último, a cessão de créditos terá que ser notificada aos devedores [art. 1º, nº 2 (c) CO].

A única nota restritiva aqui inserida diz respeito ao afastamento do *non notification factoring*, uma vez que se exige sempre a notificação do devedor[830].

III. No que diz respeito ao segundo aspeto, os créditos cedidos ao factor têm que nascer "de um contrato de venda de mercadorias entre um

[827] De acordo com o nº 3 do art. 1º da Convenção, as disposições "que se apliquem às mercadorias e à sua venda aplicam-se igualmente aos serviços e à sua prestação."

[828] "finance for the supplier, including loans and advance payments" [art. 1º nº 2 (b) da Convenção].

[829] "protection against default in payment by debtors", na versão inglesa, e "la protection contre la défaillance des débiteurs", na versão francesa.

[830] A razão justificativa desta exclusão, segundo informa B. Cassandro Sulpasso [*Il factoring internazionale ed il progetto Unidroit*, in: Sviluppi e nuove prospettive della disciplina del leasing e del factoring in Italia (coordenado por A. Munari), QGC, nº 91, Giuffrè, Milão, 1988, p. 29], terá sido a proximidade do mesmo com o desconto de faturas (o chamado "invoice discounting"), pretendendo-se assim evitar a possibilidade de se cair numa zona cinzenta.

fornecedor e um devedor cujos estabelecimentos estejam em Estados diferentes" [art. 2º nº 1 da CO].

Para além disso, é ainda necessário que a Convenção se encontre em vigor nesses Estados e no Estado em que o factor tem o seu estabelecimento [art. 2º nº 1 (a) CO] **(i)**; ou, então, que o contrato de compra e venda de mercadorias e o contrato de *factoring* sejam regidos pela lei de um Estado onde a Convenção se encontre em vigor [art. 2º nº 1 (b) CO] **(ii)**[831].

IV. A aplicação da Convenção pode ser excluída, de acordo com o art. 3º CO, pelas próprias partes no contrato de *factoring* [art. 3º, nº 1, al. *a)* CO] ou pelas partes no contrato de venda de mercadorias, quanto aos créditos que nasçam no, ou depois, do momento em que o factor tenha sido notificado por escrito dessa exclusão [art. 3º, nº 1, al. *b)* CO[832]].

O afastamento da Convenção deverá ser total, não sendo admitidas exclusões parciais [art. 3º, nº 2 da CO].[833]

47.6.2. A cessão financeira notificada e a cessão financeira não notificada (*non notification factoring*)

I. Em regra, transmitido o crédito ao factor, ele notificará de imediato o devedor cedido. Trata-se até de uma segunda notificação, pois o cedente, em cumprimento do contrato com o factor, já incluiu nas suas faturas uma indicação de que o crédito foi transmitido ao factor. Nessa medida, só ele pode cobrar o crédito e só o pagamento que lhe seja realizado é liberatório.

II. Todavia, nalguns casos, o facturizado pretende que o devedor cedido não saiba da transferência do crédito. Ela continua a operar-se por efeito do contrato e de acordo com o aí clausulado entre as partes – mas o devedor cedido não é informado dessa cessão. É um *factoring* silencioso (*stilles Factoring*)[834], de que só os contraentes têm conhecimento.

[831] Na tradução das alíneas (a) e (b) do nº 1 do art. 2º da Convenção seguimos, Mª Helena Brito, *O factoring internacional e a convenção do Unidroit*, cit., p. 43.

[832] No texto em inglês: "...as regards receivables arising at or after the time when the factor has been given notice in writing of such exclusion".

[833] Ver desenvolvidamente para este regime: Mª Helena Brito, *O factoring e a convenção do Unidroit*, cit., pp. 39, ss.; M. Pestana de Vasconcelos, *O contrato de cessão financeira ou factoring no comércio internacional*, cit., pp. 403, ss..

[834] Na terminologia alemã. Cfr. M. Martinek, *Das Factoringgeschäft*, in: H. Schimanski/H.-J. Bunte/H.-J. Lwowski, *Bankrechts-Handbuch*, Band II, cit., § 102, p. 948.

Nessa medida, é o facturizado que deverá cobrar os créditos (e por isso não haverá lugar à comissão de cobrança ou, pelo menos, uma redução do seu valor), obrigando-se, consequentemente, a transferir ao factor o montante cobrado. Mais: o primeiro terá sempre que enviar a este último, que realiza uma contabilidade paralela, uma cópia da fatura emitida e dos documentos que atestam a expedição das mercadorias.

Por seu lado, o factor presta, no todo ou em parte, os restantes serviços, que fazem parte do seu núcleo essencial de operação de *factoring:* consultadoria, garantia dos créditos aprovados e antecipação sobre o valor nominal dos créditos cedidos, sempre que tal lhe seja requerido pela sua contraparte.

III. Nestes casos, para além do contrato de *factoring* e, eventualmente, do negócio subsequente de transmissão dos créditos entre as partes, factor e facturizado celebram igualmente um contrato de mandato sem representação, em que o factor é o mandante e a outra parte o mandatário. Com efeito, este último cobra por conta do primeiro, em nome próprio, os créditos que pertencem à instituição de crédito, a quem terá que entregar as quantias recebidas.

IV. Os contratos em que se exclui a notificação do devedor cedido (*non-notification*) acarretam para o factor um aumento de riscos, face aos contratos de *factoring* notificado, uma vez que há sempre o perigo de desvio de fundos por parte de quem cobra os créditos, da celebração entre o cedente e o cessionário de negócios relativos ao crédito, inclusive a sua extinção (art. 583º nº 2), da dupla cessão do crédito (art. 584º), e da extensão dos meios de defesa a que o devedor cedido pode recorrer face ao cessionário, em particular a compensação (art. 585º).

Por essa razão, assume uma especial importância a relação de confiança que se estabelece entre ambas as partes. O recurso a um instrumento de garantia que permita responsabilizar os sócios-gerentes da sociedade/facturizada, como a livrança em branco avalizada, é da maior importância (embora, em regra, ela também exista no *factoring* notificado).

47.7. A estrutura unitária e a estrutura plural

I. O elemento nuclear do contrato de cessão financeira, dos poucos que a lei exige para estarmos perante este tipo contratual, é a cessão do crédito.

É por essa via que o ente financeiro, tornando-se titular do direito, procede à sua administração e cobrança; é sobre o valor nominal do mesmo que se calcula o valor do adiantamento a conceder (em regra 80% do referido valor nominal); é o cumprimento dessa obrigação que o factor garante; e é através do montante recebido do devedor cedido que a instituição de crédito se irá satisfazer do montante da antecipação que concedeu.

Os contraentes (ou melhor o factor, uma vez que o contrato é composto, quase inteiramente, pelo menos nas já mencionadas condições gerais, por cláusulas contratuais gerais) podem estruturar a operação de *factoring* de duas formas: singular ou monofásica e plural ou bifásica.[835] Ambas são admissíveis entre nós, tudo dependendo do acordado pelas partes.

Iremos analisá-las de seguida, não sem antes referir que o factor e o facturizado estabelecem cláusulas de globalidade, nos termos das quais todos os créditos, ou pelo menos uma parte negocialmente delimitada dos créditos (globalidade circunscrita), terão que ser cedidos, ou são cedidos, àquele factor. Para além disso, o faturizado não poderá celebrar com terceiro um outro contrato desta natureza (cláusula de exclusividade).

47.7.1. A cessão global de créditos presentes e futuros (*Globalzession*)

I. O contrato de *factoring* tem por efeito a cessão global de uma massa de créditos presentes e futuros do factor sobre determinados devedores indicados no contrato. No que diz respeito aos créditos futuros, embora ente financeiro só os adquira quando estes se constituam (de forma direta ou através da esfera do cedente), não é para tal necessária a celebração posterior de um negócio de transferência com o facturizado: nascido o crédito, a transferência é imediata.

Não se exige que estes créditos estejam já determinados aquando da celebração do contrato; basta, nos termos do art. 280º, nº 1, que sejam determináveis.

II. Claro está se pode inquirir se, nestes casos, existe já, antes do nascimento do crédito uma expetativa de aquisição do crédito, como bem em si, integrado na esfera do cedente e se ela é transmitida à outra parte. É uma questão de interpretação do contrato, mas que está sempre dependente

[835] *Zweistufige* ou *Einstufige*, na doutrina alemã, por todos, ver P. O. MÜLBERT/*Staudingers Kommentar §§ 488-490*, 607-609 (*Darlehensrecht*), cit., § 488, pp. 358, ss..

da existência prévia dessa expetativa na esfera do facturizado. O que muitas vezes não se verificará. Assim, p. ex., se o facturizado tiver com o devedor previsto no contrato uma relação de negócios no quadro da qual, sem que haja qualquer vínculo prévio, celebre contratos de compra e venda de mercadorias, não se existe seguramente qualquer expetativa que se possa transmitir. Nada obsta a que seja previamente, ainda antes de nascer o crédito, realizada a notificação ao devedor cedido. Ela, porém, só prodzirá efeitos, claro está, se, e quando, o crédito se constituir[836].

47.7.2. A estrutura plural. O contrato-quadro

I. É também possível que as partes celebrem um contrato do qual, entre outros efeitos, decorra para o facturizado a obrigação de transmitir ao factor, à medida que ele próprio os for adquirindo, os créditos previstos nesse contrato e, para o ente financeiro, o dever de aceitar, nos termos igualmente aí estabelecidos (em particular os *plafonds* fixados nas condições particulares do contrato), esses direitos.

II. Nesta hipótese, o contrato inicial, na medida em que, dentro de um conteúdo mais amplo e complexo, prevê e impõe a celebração de contratos subsequentes – os contratos de segundo grau – que constituem os negócios-base da cessão de cada um dos créditos, é um autêntico contrato-quadro[837].

Quanto aos contratos de segundo grau, eles terão natureza diversa entre si conforme seja concedido o referido adiantamento (que, como vimos, o factor poderá estar, mediante solicitação da outra parte, dentro dos *plafonds* fixados no contrato inicial obrigado a conceder) e também se o factor, cumprindo a obrigação decorrente do contrato-quadro, garantir esse crédito.

III. Esta estrutura é assim composta por um contrato-quadro e pelos contratos de segundo grau. Do primeiro decorrem, entre outras, as obrigações de as partes celebrarem os contratos pelos quais se opere a cessão

[836] Ver o acórdão do STJ de 21/03/2019 (Oliveira Abreu), in: www.dgsi.pt.

[837] Cfr. O. Rossbach, *Factoring*, in: S. Kümpel/A. Wittig, *Bank- und Kapitalmarktrecht*, cit., p. 1441; A. Fandrich/T. Hofmann, *Kreditvertragsrecht*, in: Münchener Anwalts Handbuch. Bank- und Kapitalmarktrecht (herausgegeben von Andreas Fandrich, Ines Karper), C.H. Beck, Munique, 2012, p. 326.

dos créditos, e cujo conteúdo está também aí previsto, tendo estes negócios subsequentes natureza diferente entre si.

É através desta contratação posterior e reiterada entre as partes que o contrato se vai projetar funcionalmente.

Do contrato-quadro decorre só a obrigação de o factor celebrar estes contratos, em certos termos, e de prestar consultadoria comercial. A realização completa do programa contratual (complexo) passa pelos sucessivos contratos de segundo grau concluídos entre as partes. Sem eles seria impossível a realização das diversas funções desta figura previstas no contrato inicial. Não há aqui qualquer quebra na unidade da operação: ela é complexa, integrada pelo contrato-quadro e os negócios subsequentes em sua execução.

Note-se, centrando agora o foco nos contratos de segundo grau, que estes são totalmente dependentes do contrato de cessão financeira, tanto no que diz respeito à sua(s) função(ões) e conteúdo(s), como por ser dele que decorrem os deveres do factor e do facturizado os concluirem. Verificando-se as condições definidas no contrato-quadro, constituído o direito, nascem os deveres de celebração do contrato de segundo grau que opera a transferência do crédito.

IV. Mas não é tudo. O contrato-quadro tem um conteúdo complexo que ultrapassa muito os simples deveres de contratação sucessiva entre as partes.

Na verdade, decorre daí diretamente uma regulação mais complexa que passa pela fixação de *plafonds* tanto para a concessão dos adiantamentos, por devedor cedido e pelo facturizado (são de dois tipos), como os *plafonds* para a concessão de garantias, tanto por devedor cedido como pelo facturizado (são igualmente dois) e a conta corrente. Aí se integra, igualmente, o dever de prestar consultadoria comercial, o dever de comunicação prévia ainda antes da celebração do contrato de compra e venda ou de prestação de serviços dos clientes do facturizado elencados no contrato, o direito do factor de controlar a contabilidade da outra parte.

47.8. A cessação do contrato de *factoring*

I. O contrato de cessão financeira em si é um contrato comercial duradouro. As suas causas de cessação são aquelas desta modalidade de contratos. Cremos na linha do que já sustentámos[838] que se podem aplicar aqui, por analogia, as disposições do contrato de agência, que consagrem princípios gerais relativos à cessão de relações contratuais duradouras[839].

Temos, pois, o acordo das partes, a caducidade, a denúncia, a resolução.

II. Centrando-nos agora nas especificidades do *factoring*, diríamos que o acordo das partes não gera qualquer dificuldade, e o mesmo sucederá em regra com a denúncia. Aplica-se aos contratos celebrados por tempo indeterminado e exige um pré-aviso determinando de acordo com as regras da boa fé.

Geralmente, estes contratos são celebrados a termo, decorrido o qual se prorrogam automaticamente se qualquer das partes não se opuser à prorrogação dentro de um determinado período de tempo antes do decurso do prazo[840]. Se o prazo de oposição à prorrogação integra uma cláusula contratual geral, ele terá que ser controlado por via do regime decorrente do Dec.-Lei nº 446/85, de 25/10.

No que diz respeito à resolução, aplica-se o art. 30º, nº 1, al. *a)* do Dec-Lei nº 178/86, de 3/6[841]. Verificando-se um incumprimento que pela sua gravidade ou reiteração torne inexigível a prossecução da relação contratual (p. ex., o não envio da cópia da fatura relativa ao crédito que o facturizado está obrigado a transmitir), adquire a outra parte o direito potestativo de resolução do contrato. É comum as partes recorrerem a cláusulas resolutivas expressas.

47.9. A cessão de créditos

I. Como já foi observado, a cessão de créditos de curto prazo decorrentes da venda ou prestação de serviços,[842] constitui o núcleo do *factoring*.[843]

838 Ver M. Pestana de Vasconcelos, *Dos contratos de cessão financeira, (factoring)*, cit., pp. 232, ss..

839 A. Menezes Cordeiro [*Da cessão financeira (factoring)*, cit., p. 95] considera "analogicamente interessantes" os elementos contidos no regime legal do contrato de agência, havendo, caso a caso, que indagar da sua transponibilidade para o contrato de cessão financeira.

840 Quanto a estas cláusulas, ver, *supra*, 42.7.2.

841 "Se a outra parte faltar ao cumprimento das suas obrigações, quando, pela sua gravidade ou reiteração, não seja exigível a subsistência do vínculo contratual"

842 O *factoring* em França (denominado *affacturage*) tem a particularidade os factores terem optado pelo recurso à sub-rogação convencional para se operar a transferência do crédito

Aplica-se aqui então o regime geral do art. 577º a 588º.

Contudo, a cessão de créditos assume diversas colorações de acordo com o conteúdo do seu negócio base.

Começaremos pelo regime geral da cessão destes direitos, veremos depois quais as modalidades de cessão de créditos no âmbito do *factoring*.

47.9.1. Desenvolvimento. Aspetos gerais

I. A cessão de créditos não é um negócio em si, mas sim um efeito de um determinado negócio que a produz (cedente outros efeitos), o negócio-base (art. 582º nº 1). Ela consiste na transferência do direito da esfera do cedente para a do cessionário, sem se tornar necessário o consentimento do devedor cedido.

Contudo, cedente e devedor podem acordar a não transmissibilidade do crédito (*pacto de non cedendo*), embora esse acordo não seja oponível ao cessionário, a não ser que se demonstre que ele dela tinha conhecimento, aquando da cessão (outra coisa é saber se essa convenção não será abusiva).

No *factoring* poucas vezes tal sucederá. De facto, celebrado o contrato, o facturizado envia cópia da fatura ao factor, que consiste na proposta da cessão do crédito, eventualmente solicitando o adiantamento (o que sucede na grande maioria dos casos) ou a garantia. O factor aceita a cessão, mas sem ter conhecimento direto, a não ser que o exija (o que será pouco comum) o contrato entre o vendedor e o comprador. Pelo que este acordo não lhe será oponível.

II. A cessão de crédito, tal como os restantes efeitos do negócio-base em que se insere, produz-se por mero efeito desse negócio jurídico[844]. Contudo, a transferência do crédito só é eficaz em relação ao devedor cedido, após o conhecimento, notificação, ou aceitação da mesma por parte deste

(porque a notificação do art. 1690º do *Code Civil* tem que ser realizada por ato de *huissier*), embora se recorra também a uma modalidade especial de cessão: a cessão *Dailly*. Cfr. C. Galvada/J. Stoufflet, *Droit bancaire*, cit., pp. 405-406.

[843] Na jurisprudência, ver o acórdão do STJ de 18/11/2008 (Maria dos Prazeres Beleza), in: www.dgsi.pt.; o acórdão do STJ de 27/05/2003 (Salvador da Costa), in: www.dgsi.pt.

[844] É a partir deste momento que o cedente está obrigado a entregar os documentos probatórios do crédito (art. 586º), a garantir a existência e exigibilidade do crédito (art. 587º, nº 1) e, eventualmente, a solvência do devedor cedido (art. 587º, nº 2). Ver o acórdão do STJ de 15/12/1998 (Torres Paulo), in: www.dgsi.pt.

último (art. 583º, ns. 1 e 2)[845]. Antes desse momento, é liberatório o pagamento realizado ao cedente, assim como são oponíveis ao cessionário os negócios relativos ao crédito concluídos entre o transmitente do crédito e o devedor cedido.

Face a terceiros, dentro dos quais tem especial relevo os credores tanto do cedente como do cessionário, a cessão é imediatamente eficaz, exceto perante segundos adquirentes a quem o cedente tenha cedido mesmo crédito (dispondo nessa medida de um bem alheio, porque o crédito integra a esfera do – primeiro – cessionário) antes da notificação (ou aceitação) da (primeira) cessão ao devedor cedido (art. 584º).

Se for a segunda cessão a primeira a ser notificada, o segundo cessionário adquire, embora o crédito estivesse já na esfera do primeiro adquirente do crédito. É uma aquisição *a non domino.*

A notificação é, assim, um elemento chave na tutela da posição do cessionário[846].

47.9.2. A notificação

I. Para evitar esses riscos (a que acresce o dos meios de defesa, nos termos do art. 585º[847]), e obstar a uma recusa de cumprimento do devedor cedido, o factor impõe à outra parte que insira nas faturas enviadas aos seus clientes (relativas aos créditos que cede ao factor) uma indicação segundo a qual o direito de crédito resultante desse contrato lhe foi transmitido e, consequentemente, só o pagamento à instituição de crédito será liberatório.

Os devedores do facturizado devem considerar-se, assim, notificados da cessão de créditos pela fatura que este último lhes envia com a clara indicação da transferência do crédito ao factor. Note-se que o art. 583º, nº 1 admite a notificação extrajudicial e não impõe qualquer forma para a mesma.

Apesar de tudo, os factores, logo que aceitam o crédito, notificam eles próprios o devedor da cessão, sendo, pois, este último duplamente notificado.

[845] Ver o acórdão do STJ de 11/02/2010 (Maria dos Prazeres Beleza), in: www.dgsi.pt.

[846] Por isso, sobre ela nos deteremos com mais algum detalhe *infra.*

[847] Ver, *infra*, em texto, já de seguida.

47.9.3. O âmbito da transmissão

I. O crédito não se transmite isoladamente, mas, salvo convenção em contrário, com ele transferem-se todas as suas garantias e acessórios, que não sejam inseparáveis da pessoa do cedente. (art. 582º, nº 1)[848]. Assim, p. ex., a hipoteca, o penhor e, no que toca aos acessórios, os juros vincendos, a cláusula penal.

Sempre que se trate de uma venda com reserva de propriedade, esta é transmissível ao cessionário, mas é necessário acordo nesse sentido, não se verificando de forma automática.

No que diz respeito aos direitos potestativos integrados na relação contratual, terá que se distinguir entre aqueles ligados ao crédito em si e os que se integram na própria relação contratual, onde o direito de crédito principal se insere. Os primeiros (p. ex., escolha nas obrigações genéricas e alternativas (arts. 542º e 549º, respetivamente) transmitem-se, mas já não estes últimos, p. ex., o direito de denunciar o contrato ou de o resolver.

47.9.4. Os meios de defesa oponíveis pelo devedor cedido ao cessionário

I. O princípio estruturante da cessão de créditos consiste em impedir que o devedor cedido seja prejudicado pela transferência do direito[849]. Nessa medida, a lei permite-lhe opor ao cessionário todos os meios de defesa que lhe seria lícito invocar contra o cedente, ainda que o adquirente do crédito os ignorasse, exceptuando somente aqueles que "provenham de facto posterior" ao conhecimento da cessão (art. 585º)[850], o que no *factoring* sucede, conforme se referiu, quando ele é notificado.

II. Um dos meios de defesa mais relevantes a que o devedor pode recorrer, em especial, quando exista uma relação de negócios entre ele e o cedente, donde possam emergir nascimento de contra-créditos, é o recurso à compensação. Essencial, aqui, é que o crédito do devedor sobre o cedente se tenha constituído antes de ter tido conhecimento da cessão

[848] Ver, p. ex., na jurisprudência, o acórdão do STJ de 14/10/2010 (Gonçalo Silvano), in: www.dgsi.pt

[849] Sublinhado claramente este aspeto, o acórdão do STJ de 4/7/2017 (Sebastião Póvoas), in: www.dgsi.pt.

[850] Ver o Acórdão do STJ de 2/03/2017 (Fernanda Isabel Pereira), in: www.dgsi.pt.

pelo primeiro, independentemente, do vencimento do referido direito se ter verificado antes, ou depois, do mesmo conhecimento[851].

III. São igualmente oponíveis ao cessionário aqueles meios de defesa que encontrem fundamento no mecanismo sinalagmático do próprio contrato bilateral donde decorre o crédito transferido, e que se mantém entre o cedente e o devedor cedido; em particular a excepção de não cumprimento do contrato[852], uma vez que esta encontra a sua razão de ser nesse carácter sinalagmático, na relação de correspectividade que se estabelece entre as obrigações de ambas as partes do contrato.

Neste ponto é irrelevante que já se tenha produzido o conhecimento da cessão do crédito, uma vez que este meio de defesa, como aliás entre nós decorre com clareza do art. 431º, radica na própria estrutura do mecanismo contratual que liga as partes.[853]

O mesmo se passa com a própria resolução do contrato bilateral por parte do devedor cedido, mesmo quando o facto aquisitivo deste direito se tenha verificado já depois do conhecimento por parte do devedor cedido da transferência do crédito.

47.9.5. As garantias de existência e da exigibilidade do crédito

O cedente garante ao cessionário a existência a exigibilidade do crédito, nos termos aplicáveis ao negócio, gratuito ou oneroso, em que a cessão se integra (art. 587º nº 1). Pela primeira garante a sua qualidade de credor (*nomem verum*) à data da cessão, portanto que o crédito existe e que está no seu património[854]. Pela segunda garante que na data do vencimento o cessionário poderá exigir o pagamento sem que o devedor cedido lhe possa opor qualquer exceção[855].

Não garante, salvo convenção expressa nesse sentido, nem a solvência do devedor cedido (art. 587º nº 2), nem o cumprimento em si.

[851] Cfr. J. Ribeiro de Faria, *Direito das Obrigações*, vol. II, cit., p. 539.

[852] Ver o Acórdão do STJ de 24/1/2002 (Oliveira Barros), CJ-STJ, t. I, p. 107.

[853] J. Ribeiro de Faria, *Direito das obrigações*, vol. II, cit., pp. 537, ss..

[854] Na eventualidade de as partes negociarem o crédito como futuro, a garantia da existência do crédito terá por conteúdo a obrigação do cedente de desenvolver as diligências necessárias para que adquira esse direito, solução que resulta do art. 880º, nº 1 aplicável diretamente, em virtude da remissão do art. 587º nº 1, aos casos de venda de créditos, assim como aos outros contratos onerosos (por força do art. 939º).

[855] J. Antunes Varela, *Das Obrigações em geral*, vol. II, cit., p. 330, nota 1.

Por isso, se o cedente transmitir ao factor um crédito inexistente, viola a garantia da existência do crédito e o negócio é nulo (art. 280º). Estes casos não são incomuns no *factoring*. O facturizado emite uma fatura sem correspondência com uma venda real, envia ao factor a cópia desta e pede o adiantamento (que é o que pretende).

47.10. As modalidades das cessões de créditos no *factoring*

I. Cada uma das cessões pode desempenhar funções diversas, variando as suas características de acordo, quer com o estipulado pelas partes no contrato-quadro, quer da vontade do facturizado, p. ex., a solicitar, para aquele crédito o adiantamento ou a garantia.

Recorrendo à terminologia adotada nos contratos de *factoring*, deve distinguir-se, por um lado, as cessões sem recurso (S/R) das com recurso (C/R), consoante o factor preste ou não a garantia[856], e, por outro, as cessões com adiantamento e sem adiantamento, consoante o factor conceda crédito (o adiantamento) ou não.

O critério a que se recorre é, pois, duplo e passa pela prestação, ou não, da garantia e do adiantamento.

[856] Corresponde à divisão que a doutrina alemã opera entre o chamado *factoring* autêntico (*echtes factoring*), aquele em que o factor assume o risco do incumprimento do devedor cedido, e o contrato de cessão financeira falso (*unechtes factoring*), em que o factor não assume esse risco. Ver, p. ex., O. Rossbach, in S. Kümpel/A. Wittig, *Bank- und Kapitalmarktrecht*, cit., pp. 1441, ss.; A. Fandrich/T. Hofmann, *Kreditvertragsrecht*, cit., p. 326; P. O. Mülbert/*Staudingers Kommentar, Buch 2, Recht der Schuldverhältnisse §§ 488-490*, 607-609 (*Darlehensrecht*), cit., pp. 361, ss.; P. Assies/S. Vander, in *Handbuch des Fachnwalts. Bank- und Kapitalmarktrechtcit*, cit, p. 873.

Não podemos concordar com a designação dada a estas modalidades de cessões.

O *factoring* abrange tanto as cessões em que o factor corre o risco do incumprimento ou da insolvência da outra parte, como aquelas em que tal não sucede. Ambas são modalidades do mesmo negócio, que é complexo, como se viu, do prisma funcional, e variável, o que significa que de acordo com as necessidades dos facturizados se pode privilegiar uma ou outra função.

Acresce que, entre nós, a função mais relevante, como também já se disse, é a de financiamento de curto prazo, sem que o factor assuma o risco de incumprimento do devedor cedido (pela qual se teria que pagar a comissão de cobrança, o que "encarece" o "produto"). Pelo que as cessões que predominam são aquelas com recurso e com antecipação (ao contrário do que sucede na Alemanha em que a cessão dominante é a sem recurso, cfr. P. Assies/S. Vander, in: *Handbuch des Fachanwalts. Bank- und Kapitalmarktrecht* cit., p. 873). Mas, repise-se, todas são cessões, verdadeiras, de *factoring*.

II. Estas modalidades de cessão têm necessariamente que se cruzar, dando lugar a quatro combinações.

(i) A cessão com recurso e com adiantamento, em que o factor presta o serviço de administração e de cobrança do crédito e concede o adiantamento, mas não garante o cumprimento pelo devedor cedido. Por isso, caso este não cumpra, o factor retransmitirá o crédito e exigirá a restituição do adiantamento concedido, bem como o pagamento dos juros e da comissão de cobrança (estes são sempre devidos). A esta modalidade de cessão chama-se *factoring* financeiro, e, como se tem vindo a referir, é a dominante.
(ii) A cessão com recurso sem adiantamento, pela qual o factor presta só o serviço de administração e de cobrança dos créditos cedidos. Aqui, caso o devedor cedido incumpra, o factor retransmite o crédito e exige o pagamento da comissão de cobrança.
(iii) Na cessão sem recurso com adiantamento, o factor garante o pagamento do devedor cedido, presta o adiantamento e administra e cobra o crédito. Caso o devedor não cumpra, o factor, ainda assim, além de não retransmitir o crédito, entrega (decorrido um determinado período de mora do devedor) à outra parte o valor cobrado, abatido das comissões de garantia e de cobrança, bem como dos juros. Na eventualidade de o devedor cumprir, será entregue ao facturizado essa mesma quantia. Denomina-se *full factoring*, porque abarca o conjunto das funções do *factoring*.
(iv) Por fim, temos a cessão sem recurso e sem adiantamento. O factor administra e cobra os créditos, assim como, ao mesmo tempo, garante o cumprimento do devedor cedido.

47.11. Os negócios causa da cessão de crédito. Os contratos de cessão financeira ou de *factoring* de segundo grau[857]

I. Vimos que a disciplina de cada uma destas modalidades de cessões de créditos tem base contratual. Decorre dos contratos de cessão finan-

[857] Muito desenvolvidamente sobre os contratos de segundo grau de *factoring*, sua caracterização e qualificação, ver M Pestana de Vasconcelos, *Dos contratos de cessão financeira (factoring)*, cit., pp, 357, ss., pp. 386, ss., pp. 403, ss., pp. 412, ss. No texto faz-se um resumo desta matéria, idêntico ao já realizado em *O contrato de factoring: insolvência e penhora de créditos*, in: II congresso de direito bancário (coord. Miguel Pestana de Vasconcelos), Almedina, Coimbra, 2017, pp. 238, ss. Aí porque ela é fudamental para a determinação do regime insolvencial do contrato.

ceira de segundo grau. São eles que, com o contrato-quadro, integram a operação, plural, complexa de *factoring*.

Estes contratos têm naturezas diversas entre si, conforme seja ou não concedido o adiantamento, e se for ou não prestada a garantia, como se acabou de ver.

Passamos a qualificá-los.

47.11.1. O contrato com recurso e sem adiantamento

47.11.1.1. A caracterização

I. São elementos deste contrato: a cessão do crédito ao factor e a sua gestão e cobrança, que tem como contrapartida uma comissão. Não há adiantamento e o factor não presta a sua garantia.

II. Se o devedor não pagar na data do vencimento do crédito, poder-se-á passar (com o acordo do facturizado, e sempre que tal esteja previsto no contrato de cessão financeira) à via judicial para esse efeito. Os custos desta, de todo o modo, terão que ser satisfeitos pelo facturizado. Face ao insucesso da cobrança, o factor limitar-se-á a retransmitir o crédito à sua contraparte, cobrando a comissão de *factoring*.

III. Na eventualidade de o ente financeiro ter cobrado o crédito, deverá creditar esse montante na conta corrente do facturizado, ao mesmo tempo que aí debita a comissão de cessão financeira. Esta última visa retribuir não só a gestão e cobrança do crédito, mas também, no seu montante, os serviços de consultadoria comercial decorrentes diretamente do contrato-quadro concluído entre ambas as partes.

IV. O contrato com recurso e sem antecipação dá, pois, vida à função de gestão e cobrança dos créditos cedidos, permitindo à empresa facturizada libertar-se das tarefas administrativas, concentrando-se naquilo que constitui o núcleo da sua atividade: produção e comercialização de bens ou prestação de serviços.

47.11.1.2. A qualificação

I. O crédito é transmitido para que o factor o administre e cobre por conta da outra parte, o facturizado, a quem deverá entregar o fruto da sua cobrança ou retransmiti-lo. É, pois, claramente uma transferência fiduciária.

Objeto do contrato é a prática de um ato jurídico por conta de outrem, embora em nome próprio.

O contrato é um contrato de mandato sem representação.

Este é, como se sabe, dos negócios fiduciários mais relevantes[858].

II. O que, por sua vez, tem reflexos bastante importantes em termos de regime, agora especificamente no que toca à tutela do facturizado/mandante/fiduciante.

Com efeito, uma vez que se aplica o art. 1184º, os credores do mandatário (factor/fiduciário) não poderão penhorar este direito integrado no património da instituição de crédito, nem ele faz parte da massa insolvente, numa eventual declaração de insolvência daquela.

47.11.2. O contrato com recurso e com adiantamento. O *factoring* financeiro

47.11.2.1. A caracterização

I. São elementos deste contrato: a cessão do crédito, a cobrança e a gestão do crédito, pela qual é paga a comissão de cobrança, e o adiantamento, pelo qual se pagam juros.

Na eventualidade de o devedor cedido não pagar dentro de um determinado prazo após o vencimento do crédito, o factor retransmitirá o direito, debitando a antecipação atribuída na conta-corrente da sua contraparte. Caso o devedor cumpra, o ente financeiro creditará a favor do facturizado a diferença entre o adiamento concedido e o montante efetivamente cobrado.

Em qualquer caso, o factor debitará sempre à sua contraparte a comissão de cessão financeira e os juros de adiantamento, calculados à taxa fixada no contrato-quadro, desde o momento em que aquele foi concedido até à data em que o crédito foi efetivamente cobrado, ou retransmitido ao seu titular inicial.

[858] Ver, desenvolvidamente, M. Pestana De Vasconcelos, *A cessão de créditos em garantia e a insolvência*, cit., pp. 251, ss, pp. 269, ss.

47.11.2.2. A qualificação

I. A natureza desde contrato foi amplamente discutida.

Ao contrário do que é sustentado por parte da doutrina, não há neste caso qualquer compra de créditos. Tal implicava a transferência definitiva de um direito em troca de preço (de uma obrigação de pagar um preço), o que aqui patentemente não se verifica: se o devedor cedido não pagar (e não só se ele for declarado insolvente), o factor retransmitirá o crédito.

Por outro lado, inexiste qualquer avaliação do crédito de acordo com o seu valor de mercado. Pelo contrário, o adiantamento concedido pelo factor é sempre fixado de forma idêntica para todos os créditos (uma percentagem do seu valor nominal), independentemente do valor económico de cada um deles (para o qual tem especial relevo, desde logo, a pessoa do devedor).

Além do que, o pagamento dos juros e da comissão de cobrança (de um bem que seria a título definitivo do cessionário/comprador) ficariam por explicar na tese da compra.

II. O direito transferido é simplesmente instrumental à satisfação do adiantamento que o factor concedeu ao facturizado.

É pelo seu valor nominal que se determina, de forma percentual (como se tem referido, em regra 80%), o seu montante, e é com a quantia decorrente da cobrança do crédito que o factor se irá satisfazer, extinguindo, dessa forma, a obrigação do facturizado de restituir a quantia antecipada. Tanto é assim quc, sc o dcvcdor cedido não pagar, se mantém a obrigação do facturizado de restituir a quantia adiantada (retransmitindo o factor o direito).

A transferência do direito tem, assim, indubitavelmente o caráter de uma cessão em função do cumprimento[859]. Visa, neste ponto, preparar a

[859] A cessão de crédito em função do cumprimento consiste numa modalidade da dação em função de cumprimento (ou dação "pro solvendo" – art. 840º), em que o direito é transmitido ao cessionário para que este através do montante assim obtido se satisfaça de um crédito (o crédito originário) do cedente para consigo.

O cessionário passa, deste modo, a ser titular de dois créditos, um face ao devedor/cedente e outro perante o devedor cedido, sendo que o cumprimento por este último levará à extinção de ambos os créditos. A transmissão do direito pelo devedor ao credor é instrumental à satisfação da sua dívida para com este. Sobre esta figura, ver, desenvolvidamente, M. Pestana de Vasconcelos, *A cessão de créditos em garantia e a insolvência*, cit., pp. 554, ss..

extinção de uma obrigação, o que só se vem a verificar se essa quantia for efetivamente recebida pelo factor.[860]

Ora, a cessão em função do cumprimento é um mandato sem representação de caráter fiduciário – uma vez que integra uma transferência fiduciária de um direito –, também no interesse do mandatário, o credor.

Nessa medida, e deste prisma existem, claramente, no contrato de *factoring* com recurso e com adiantamento, elementos de mandato.

III. Mas não só nessa vertente. A transferência do crédito visa igualmente permitir a sua cobrança (cuja contrapartida é a comissão). Ela desempenha, pois, no seio deste arranjo contratual, uma função dupla: solutória e de cobrança. Ou seja, pretende-se aqui que o factor cobre o crédito e depois se satisfaça com a quantia daí recebida.

Efetivamente, no momento em que efetivamente cobra o direito cedido, o ente financeiro deverá, em vez de pura e simplesmente entregar esse montante à outra parte (deduzida a comissão de cobrança), como aconteceria se se tratasse de um contrato com recurso e sem antecipação, nos termos do contrato, satisfazer-se pelo montante do empréstimo (o adiantamento) em dívida mais os juros do mesmo.

O mandato desempenha, deste modo, a título principal este papel duplo. Tanto é assim que a cobrança do crédito podia ser perfeitamente isolada, como sucede, conforme se referiu, com o contrato com recurso e sem antecipação.

Há, pois, como decorre do referido no número anterior, também por esta via, elementos de mandato fiduciário para cobrança.

IV. Temos depois o adiantamento em si. Ele consiste na concessão de crédito de curto prazo, pelo qual se pagam juros. Há, de forma clara, uma obrigação de restituição capital e uma obrigação de juros. A primeira vence-se na data de vencimento do crédito cedido.

Os elementos de mútuo são assim muito claros. O pagamento destas obrigações faz-se, como se referiu, recorrendo à quantia cobrada a terceiro através da cessão em função do cumprimento.

[860] Indiretamente, desempenha também uma função de garantia, visto que o factor passa a ter dois devedores para o mesmo crédito: o devedor cedido e o facturizado.

V. Em termos globais, trata-se de um contrato misto com elementos de mútuo e de mandato fiduciário também no interesse do mandatário.

47.11.3. O contrato sem recurso e sem adiantamento

47.11.3.1. A caracterização

I. São elementos deste contrato: a cessão do crédito ao factor, a cobrança e a gestão desse direito, que tem como contrapartida a comissão de cobrança, e a garantia prestada pelo factor, que tem como correspetivo a comissão dita, também, de garantia.

II. O factor obriga-se, caso o devedor cedido não cumpra num determinado período de mora após o vencimento do crédito, a entregar ao facturizado um montante pecuniário correspondente ao valor nominal desse direito. O facturizado, da sua parte, está vinculado a pagar as comissões de cobrança e de garantia.

47.11.3.2. A qualificação

I. Algumas facetas deste contrato já foram acima abordadas, tendo sido sublinhado que existem aqui elementos de mandato fiduciário sem representação no que diz respeito à cobrança do crédito.

II. O aspeto central relativamente ao contrato em análise diz respeito à garantia prestada pelo factor à sua contraparte negocial.

Cremos que se trata na sua essência de uma fiança[861], embora atípica.

A garantia é acessória e não autónoma. Ela molda-se sobre a obrigação do devedor cedido, não cobrindo embora as consequências do incumprimento deste (art. 631º nº 1).

É prestada sem o consentimento e mesmo sem o conhecimento deste (ele não sabe qual a modalidade de cessão em jogo) – art. 628º nº 2 – e não tem caráter subsidiário. Se o devedor não cumprir num determinado período de mora após o vencimento do crédito, o factor terá que pagar.

Nos termos da fiança, o cessionário deveria ficar sub-rogado (art. 644º), adquirindo dessa maneira o crédito face ao terceiro. Aqui tal não sucede: o

[861] Sobre esta figura, desenvolvidamente, M. PESTANA DE VASCONCELOS, *Direito das garantias*, cit., pp. 85, ss..

factor é já titular do crédito face ao devedor, porque lho foi anteriormente transmitido para que ele o administrasse e cobrasse. Essa titularidade que tinha, como se viu, um caráter fiduciário, perde essas características. Há, dessa forma, neste ponto, um desvio do figurino da fiança.

III. Tudo, visto, trata-se de um contrato misto composto por elementos de mandato (fiduciário) sem representação e fiança.

47.11.4. O contrato sem recurso e com adiantamento. O *factoring* completo (*full factoring*)

47.11.4.1. A caracterização

I. São elementos deste contrato: a cessão do crédito ao factor, a cobrança e a gestão desse direito, que tem como contrapartida a comissão de cobrança, e a garantia prestada pelo factor, cujo correspetivo é a comissão dita, também, de garantia, e a concessão de um adiantamento, calculado sobre o valor nominal do crédito, e remunerado sob a forma de juros.

II. Se na data do vencimento do direito cedido o devedor pagar, o factor entregará ao facturizado a diferença entre a antecipação concedida o valor nominal do crédito, os juros e as comissões; caso o sujeito passivo do crédito cedido não cumpra, e estivermos dentro do âmbito da garantia prestada pelo factor, este entregará a referida quantia à sua contraparte, após ter decorrido um determinado período de mora, previsto nas condições particulares do contrato-quadro.

Na eventualidade de a garantia de cessão financeira não funcionar e o devedor cedido incumprir, o ente financeiro retransmitirá o direito ao facturizado e este deverá versar ao factor o valor da antecipação concedida, assim como os juros e as comissões.

47.11.4.2. A qualificação

I. A natureza deste contrato é discutida, entendendo a corrente doutrinária dominante na Alemanha (onde é denominado *echtes Factoring*, ou seja, *factoring* verdadeiro ou próprio) que se trata de uma venda de créditos[862].

[862] Cfr., p. ex.: KLAUS BETTE, *Das Factoring-Geschäft, Praxis und Rechtsnatur in Deutschland im Vergleich zu anderen Formen der Forderungsfinanzierung*, Forkel-Verlag, Estugarda, Wiesbaden,

II. Não nos parece que seja o caso. Da interpretação do contrato decorre que o crédito não é cedido ao factor como contrapartida de um preço, para o qual seria determinante o valor económico desse direito. Na verdade, o montante que o factor entrega à outra parte a pedido dela aquando da conclusão do contrato é um simples adiantamento ou antecipação percentualmente fixado sobre o valor nominal do crédito (soma por cuja disponibilidade o facturizado paga juros). Não varia com a maior ou menor extensão do prazo para o vencimento, nem com as eventuais garantias que acompanhem o direito.

III. Se se tratasse do preço do crédito, teria que se entrar evidentemente em linha de conta com a consistência económica do direito (o seu valor como bem em si), o que não se faz.

Efetivamente, em vez de pagar seja o que for pela aquisição definitiva do direito, é ainda o factor que adquire um conjunto de créditos sobre a outra parte, correspetivo das prestações realizadas: comissões de garantia, cobrança e juros. O nexo entre estas retribuições e as prestações realizadas pela instituição de crédito é extremamente claro em termos contratuais (juros/adiantamento, comissão de garantia/garantia e comissão de cobrança/gestão e cobrança).

IV. O crédito é cedido também para que o factor possa recorrer ao montante cobrado (evidentemente, se o devedor cedido cumprir) de forma a extinguir a obrigação da outra parte de restituir o adiantamento (bem como de pagar os juros). Estamos assim, neste aspeto, perante uma dação em função do cumprimento.

Se o devedor cedido incumprir, o factor não retransmite o direito ao cedente (como acontece na cessão com recurso e com adiantamento),

1973, p. 36; Rolf Serick, *Rechtsprobleme des Factoring-Geschäftes*, BB, 1976, pp. 428, ss.; Uwe Blaurock, *Die Factoring-Zession*, ZHR, 1978, p. 341; M. Martinek/S. Omlor, *Das Factoringgeschäft*, in: H. Schimanski/H.-J. Bunte/H.-J. Lwowski, *Bankrechts-Handbuch, Band II*, cit., § 102, pp. 1039, ss.. Posição contrária, sustentando a "Darlehenstheorie", C.-W. Canaris, *Bankvertragsrecht*, cit., pp. 856-857 (este Autor aproxima o *echtes Factoring* do desconto "à forfait"; se estamos em parte de acordo com a qualificação que faz do primeiro, já não podemos seguir este Autor, como foi sublinhado, no que toca à qualificação do desconto "à forfait"). Ver desenvolvidamente quanto à caracterização desta (*rectius*, destas) corrente(s), e sub-correntes, com apoio no BGH (a primeira), e sua crítica, com indicação bibliográfica, M. Pestana de Vasconcelos, *Dos contratos de cessão financeira (factoring)*, cit., pp. 413, ss..

cobrando-lhe a restituição da quantia antecipada e os juros (assim como as comissões), obrigações que não foram extintas (tratando-se, como se trata, de uma dação em função do cumprimento).

Na verdade, o facturizado continua devedor da outra parte do montante adiantado e dos juros (bem como das comissões). Contudo, agora, uma vez que o devedor cedido não cumpriu e o factor garantiu esse cumprimento, a sua contraparte adquire um crédito no montante do crédito cedido. A extinção dos créditos dá-se por via de compensação em conta corrente.

V. Em suma: estamos perante uma estrutura contratual bastante complexa resultante da fusão de elementos dos tipos contratuais de mandato, fiança e mútuo. É, pois, também, um contrato misto.

48. A locação financeira (*leasing*)

48.1. Introdução

I. Tal como o reporte e, em parte, como a venda com reserva de propriedade, a locação financeira é um contrato bifronte. Na verdade, desempenha ao mesmo tempo as funções de crédito e garantia, sendo possível perspetivar este negócio por qualquer destes ângulos. Aquele que nos interessa de momento é o de financiamento[863].[864]

[863] Sobre este contrato em geral, ver: DIOGO LEITE DE CAMPOS, *A locação financeira*, Lex, Lisboa, 1994; idem, *Ensaio de análise tipológica do contrato de locação financeira*, BFDUC, 1987, pp. 1, ss.; idem, *Locação financeira (leasing) e locação*, ROA, 2002, pp. 761, ss.; JOÃO CALVÃO DA SILVA, *Locação financeira e garantia bancária*, in: Estudos de direito comercial (pareceres), Almedina, Coimbra, 1996, pp. 5, ss.; A. MENEZES CORDEIRO, *Direito bancário*, cit., pp, 730, ss.; L. MENEZES LEITÃO, *Garantias das obrigações*, 3ª ed., Almedina, Coimbra, 2012, pp. 278, ss.; PEDRO ROMANO MARTINEZ, *Contratos comerciais*, Principia, Cascais, 2001, pp. 59, ss.; P. ROMANO MARTINEZ/P. FUZETA DA PONTE, *Garantias de cumprimento*, cit., pp. 249-250; C. FERREIRA DE ALMEIDA, *Contratos II*, cit., pp. 191, ss.; RUI PINTO DUARTE, *A locação financeira (estudo jurídico do leasing financeiro)*, Editora Danúbio, s/d (com nota prévia de 1983); idem, *O contrato de locação financeira. Uma síntese.*, Themis, 2010, pp. 135, ss.; FILPE CASSIANO DOS SANTOS, *Direito comercial português, vol. I, dos atos de comércio às empresas: o regime dos contratos e mecanismos comerciais no direito português*, Coimbra Editora, Coimbra, 2007, pp. 383, ss.; J. ENGRÁCIA ANTUNES, *Direito dos contratos comerciais*, cit., pp. 515, ss.; FERNANDO DE GRAVATO MORAIS, *Manual da locação financeira*, 2ª ed., Almedina, Coimbra, 2011; M. JANUÁRIO COSTA GOMES, *Contratos comerciais*, cit., pp. 351, ss..

Antes da entrada em vigor do regime deste contrato, ver CARLOS A. MOTA PINTO, *Uma nova modalidade jurídica de financiamento industrial: o Leasing*, RDES, 1965, pp. 103, ss.; e JOSÉ CARLOS MOITINHO DE ALMEIDA, *A Locação financeira (leasing)*, BMJ nº 231, pp. 5, ss..

II. Comece por se sublinhar que estamos perante um dos mais importantes, instrumentos de concessão de crédito em termos económicos e sociais, tanto empresarial, como ao consumo.

Quem tenha um conhecimento mínimo da organização empresarial sabe que grande parte dos meios que a integram é detida em locação financeira.

Do ponto de vista do crédito ao consumo, trata-se um instrumento muitíssimo comum de financiamento de aquisição de viatura automóvel e, também, de habitação.

III. Consiste numa figura que foi regulada pelo legislador antes de ter ainda relevo na prática comercial (este contrato foi importado da prática

Ver, na doutrina estrangeira: FÁBIO ULHOA COELHO, *Curso de direito comercial. Direito da empresa*, vol. III, 11ª ed., Saraiva, S. Paulo, 2010, pp. 146, ss.; ORLANDO GOMES, *Contratos*, 26ª ed. (atualizada por: ANTONIO JUNQUEIRA DE AZEVEDO e FRANCISCO PAULO DE CRESCENZO MARINO), Editora forense, Rio de Janeiro, 2008, pp. 571, ss.; RENATO CLARIZIA, *I contratti di finanziamento, leasing e factoring*, Utet, Turim, 1989, pp. 69, ss.; ANGELO LUMINOSO, *I contratti tipici e atipici*, in: Tratatto di diritto privato (a cura de Giovanni Iudica e Paolo Zatti), Giuffrè, Milão, 1995, pp. 359, ss.; MAURO BUSSANI/PAOLO CENDON, *I contratti nuovi. Leasing, factoring, franchising*, Giuffrè, Milão, 1989, pp. 7, ss.; GIORGIO DE NOVA, *Il contratto di leasing*, 3ª ed., Giuffrè, Milão, 1995; idem, *Leasing*, DDP, sezione civile, X, pp. 462, ss.; C. GALVADA/J. STOUFFLET, *Droit bancaire, instituitions – comptes – opérations – services*, cit., pp. 477, ss. (locação financeira mobiliária), pp. 494, ss. (locação financeira imobiliária); DOMENIQUE LEGEAIS, *Sûretés et garanties du crédit*, 5ª ed., LGDJ, Paris, 2006, pp. 500, ss.; FRANÇOIS DUTILLEUL/PHILIPPE DELEBECQUE, *Contrats civils et commerciaux*, 9ª ed., Dalloz, Paris, 2011, pp. 815, ss.; ÁNGEL CARRASCO PERERA/ENCARNA CORDERO LOBATO/MANUEL JESÚS MARÍN LÓPEZ, *Tratado de los derechos de garantía, tomo II, Garantías mobiliarias*, 2ª ed., Thomson/Arazandi, Navarra, 2008, pp. 531, ss.; KARL LARENZ/CLAUS-WILHELM CANARIS, *Lehrbuch des Schuldrechts, II Band, Besonderer Teil, 2. Halbband*, C.H. Beck, Munique, 1994, II § 66, pp. 99, ss.; AAVV, *Der Leasingvertrag* (herausgegeben von FRIEDRICH GRAF VON WESTPAHLEN), 6ª ed., Verlag Dr. Otto Schmidt, Colónia, 2008; JOACHIM STOLTERHOFT, *Vollamortisation über Mobilien-Leasing Vollamortisation über Mobilien-Leasing*, in: *Münchener Vertragshandbuch*, Band 2, *Wirtschaftsrecht* I. (herausgegeben von Rolf A. Schütze, Luz Weipert), 6ª ed., C. H. Beck, Munique, 2009, p. 144, ss.; M. MARTINEK/S. OMLOR, *Das Leasinggeschäft*, in: H. SCHIMANSKI/H.-J. BUNTE/H.-J. LWOWSKI, Band II, 5ª ed., Beck, Munique, 2017, § 101, pp. 955, ss..

[864] A locação financeira, como se verá, possibilita um financiamento completo do bem, e não só parcial, além do que permite também que esse bem seja utilizado no âmbito da atividade do locatário financeiro para gerar os proveitos necessários ao pagamento das rendas. Cfr. K. LARENZ/C. W. CANARIS, *Lehrbuch des Schuldrechts, II Band, Besonderer Teil, 2. Halbband*, cit., I § 66 p. 101.

norte-americana, onde tem o nome de *financial leasing*). Visou-se – com muito sucesso – promover a sua utilização pelos agentes económicos, embora inicialmente só no âmbito empresarial. Todavia, o seu objeto veio a ser sempre alargado até que, em 1995, passou a poder ter por objeto ser qualquer bem que pudesse ser dado em locação (art. 2º, nº 1 do Dec.-Lei nº 149/95, de 24/6), destinado tanto à atividade empresarial como ao consumo[865].

O diploma está bastante bem estruturado, compreendendo um regime cuidadosamente gizado. O sucesso deste contrato, essencial na atividade empresarial, decorre em grande parte do porto de abrigo em termos de segurança jurídica, que o regime jurídico do contrato de locação financeira proporciona, e do caráter equilibrado das soluções aí contidas[866].

IV. Na exposição subsequente começaremos por caraterizar o contrato, distingui-lo das figuras próximas e expor o seu regime. De seguida, faremos a nossa análise incidir, agora com detalhe, nos aspetos financeiros do contrato, as rendas, a cessação do contrato e, nesta sede, em especial, um dos principais nódulos problemáticos da figura: as cláusulas penais[867].

48.2. Caracterização

48.2.1. Delimitação. Estrutura

I. A lei define locação financeira como o contrato pelo qual "uma das partes se obriga, mediante retribuição, a ceder à outra o gozo temporário de uma coisa, móvel ou imóvel, adquirida ou construída por indicação desta, e que o locatário poderá comprar, decorrido o período acordado,

[865] Quanto à evolução do regime da locação financeira, ver RUI PINTO DUARTE, *O contrato de locação financeira. Uma síntese*. cit., pp. 142, ss..

[866] Acrecente-se que dado o enorme relevo deste contrato no âmbito do financiamento foi elaborada uma lei modelo da UNIDROIT sobre o *leasing* (*Unidroit model law on leasing*). Ela está disponível em: www.unidroit.org/english/modellaws/2008leasing/main.htm.

[867] Tal como sucede no reporte esta figura foi já por nós analisada com detalhe em Direito das garantias. Claro está o foco incidiu no seu papel como instrumento de tutela do locador financeiro, isto é, daquele que concede crédito. Não nos parece que fosse adequado repetir aqui o que foi aí dito. Remetermos pois para essa obra. Nesta sede incidiremos sobre alguns aspetos não tratados nesse texto, de grande importância prática, ligados à vertente financeira do contrato.

por um preço nele determinado ou determinável mediante simples aplicação dos critérios nele fixados." (art. 1º do Dec.-Lei nº 149/95, de 24/6)[868].

II. Como deveres principais do locador financeiro temos, pois, o dever de concluir o contrato de compra e venda ou de empreitada que tenha por objeto a coisa escolhida pelo locatário financeiro, o dever de lhe conceder o gozo dessa mesma coisa para os fins a que se destina e de, se este último o quiser, lha vender, decorrido o prazo contratual (art. 9º, nº 1 do Dec.-Lei nº 149/95, de 24/6). O locatário financeiro, da sua parte, deverá pagar as rendas acordadas.[869]

III. O negócio em análise implica ainda a celebração de um outro contrato, de compra e venda ou de empreitada, com terceiro, o vendedor ou o empreiteiro, tendo por objeto o bem escolhido pelo locatário financeiro [art. 9º, nº 1, al. *a)* do Dec.-Lei nº 149/95, de 24/6]. Mais tarde, eventualmente, se este último o quiser adquirir decorrido o prazo contratual, haverá ainda que concluir um outro contrato de compra e venda, agora com ele [art. 9º, nº 1, al. *c)* do Dec.-Lei nº 149/95, de 24/6]. Esses deveres de celebração dos outros contatos emergem do contrato de locação financeira.

Isto é: deste negócio decorrem os deveres do locador de celebrar o contrato de compra e venda, ou de empreitada, do bem escolhido pelo locatário com terceiro, de lho entregar, e, se o locatário assim o decidir, celebrar com ele, decorrido o prazo negocial, o contrato de compra e venda do bem.

IV. Resulta assim deste contrato uma relação trilateral, assente nos dois contratos iniciais, um (a compra e venda ou empreitada) celebrado em execução do outro (a locação financeira). Esta relação é potenciada pelo regime do contrato inicial donde decorre que o locatário pode exercer relativamente ao empreiteiro ou vendedor "todos os direitos" relativos a esse bem ou decorrentes do contrato de compra e venda ou de emprei-

[868] Este diploma foi alterado pelo Dec.-Lei nº 265/97, de 2/10, pelo Dec.-Lei nº 285/2001, de 3/11, e pelo Dec.-Lei nº 30/2008, de 25/2. Em particular, o diploma de 2001 introduziu alterações importantes no regime da locação financeira, uma vez que, de entre outros aspetos, revogou os artigos 4º, 5º, 16º e 20º do Dec.-Lei nº 149/95, de 24/6.

[869] Referimo-nos em texto tão só às obrigações recortadas pelo legislador para definir, fixando a noção, o tipo contratual. Cfr. J. Antunes Varela, *Das Obrigações em geral*, vol. I, cit., pp. 121-122.

tada (art. 13º do Dec.-Lei nº 149/95, de 24/6)[870]. Abrem-se desta forma as portas ao estabelecimento de uma relação direta entre ambos, sem ser por intermédio do locador financeiro, o que permite completar o triângulo.

V. Sublinhe-se por último que a relação entre o locador e o locatário pode ser também real, como sucede se locador construir, em regime de direito de superfície, sobre terreno do locatário. O primeiro passa a ser superficiário, e o locatário o proprietário do solo. Neste caso, direito presume-se perpétuo, sem prejuízo da faculdade de aquisição pelo proprietário do solo, nos termos gerais (art. 2º, nº 2 do Dec.-Lei nº 149/95, de 24/6).

48.2.2. As funções

I. Conforme começámos por referir, estamos face a um contrato com uma função dupla: crédito e garantia. Esta última traduz-se no recurso à propriedade do bem, que o locador adquire e mantém na sua esfera até recuperar totalmente o capital despendido com a sua aquisição, mais os juros.

Por outro lado, concede-se crédito. Todavia, ao contrário do que sucede com os outros instrumentos de financiamento bancário (ou realizados por uma instituição de crédito), como o mútuo, o desconto, a antecipação, o *factoring*, ele não se traduz na entrega de dinheiro que o creditado poderá usar indistintamente na sua atividade[871].

O financiamento dirige-se aqui a um bem específico que, sendo uma empresa, ela utilizará na sua atividade, durante o prazo contratual. O crédito é o preço pago pelo locador na sua compra. A utilização dos bens pela empresa (o locador está obrigado, como se viu, a conceder o gozo) permitir-lhe-á gerar os meios para amortizar o capital e pagar os juros (já não é assim se se tratar de um bem de consumo).

II. Neste ponto cumpre distinguir a locação financeira "trilateral" da locação financeira restitutiva (ou *sale and lease back*). É que a afirmação que se acaba de fazer vale só para a primeira modalidade do contrato.

[870] Ver *infra* sobre este ponto.

[871] Podendo vincular-se o mutuário à utilização desses meios para um determinado fim, como a compra de certo bem, o que sucede nos mútuos de escopo. Mas, mesmo nesses casos, o bem é adquirido, com esses meios, pelo creditado, não pelo creditante.

A locação financeira restitutiva, embora seja quase idêntica à outra modalidade do contrato em termos estruturais (no que toca à articulação dos dois contratos), é funcionalmente diversa, na medida em que não se trata de um financiamento dirigido a um bem específico, mas uma simples concessão de crédito garantida[872] pela transmissão fiduciária de um bem, crédito esse que a empresa utilizará, como entender, na sua atividade.

Deste prisma, ou seja, funcionalmente, aproxima-se mais de um empréstimo com garantia fiduciária do que da locação financeira "trilateral".

48.2.3. As partes

I. Partes do contrato são o locador e o locatário financeiro.

Quanto ao primeiro, só podem exercer a "título profissional" (art. 8º, nº 2 RGICSF) a atividade de locação financeira os bancos [art. 4º, nº 1, al. *b)* RGICSF], as instituições financeiras de crédito (IFIC)[873], bem como as sociedades de locação financeira (art. 1º, nº 1 do Dec.-Lei nº 72/95, de 15/4)[874].

Sem ser a título profissional, não há propriamente limitações. O que se percebe com facilidade: estamos face a um importantíssimo instrumento de crédito, cujo exercício a título profissional a lei reserva a determinadas entidades.

II. Não há requisitos específicos quanto ao locatário financeiro. Poderá ser, de entre outros, um comerciante, um profissional liberal, um ente público ou, mesmo, fruto da evolução do regime, um consumidor.

Com efeito, a locação financeira passou, desde a alteração do regime de 1995, a poder ter por objeto bens de consumo, aplicando-se-lhe, nessa

[872] Sublinhado este aspeto, F. Cassiano dos Santos, *Direito comercial português, vol. I*, cit., p. 393.

[873] Para além destas instituições de crédito, também, as caixas económicas bancárias (art. 18º do regime jurídico das caixas económicas – RJCE) e a Caixa Central de Crédito Agrícola Mútuo – art. 50º, nº 2 do regime jurídico do crédito agrícola mútuo e das cooperativas de crédito agrícola mútuo – RJCAMCCAM). As Caixas Agrícolas, nos termos do art. 36º-A RJCAMCCAM (aprovado pelo Decreto-Lei nº 24/91, de 11/1) poderão, autorizadas pelo Banco de Portugal, alargar o seu objeto à "locação financeira a favor dos associados para financiamento de actividades referidas no artigo 27." [art. 36º-A, nº 1, al. *b)* RJCAMCCAM].

[874] As sociedades de locação financeira são hoje sociedades financeiras [art. 6º, al. *b) iii* RGICSF].

medida, verificados os respetivos pressupostos, o disposto no Dec.-Lei nº 133/2009, de 2/6 (regime do crédito ao consumo)[875].

De forma paralela, quando tenho por objeto bens imóveis, a locação financeira imobiliária para habitação própria permanente, secundária ou para arrendamento, sempre que a outra parte for um consumidor, está, hoje, regulada em grande parte – verificando-se os outros requisitos de aplicação do regime – pelo regime dos contratos de crédito relativos a imóveis (aprovado pelo Dec.-Lei nº 74-A/2017, de 23/6).

Pelo que nestes casos temos uma complexidade e extensão muito significativa de regimes.

48.2.4. A forma

I. O contrato de locação financeira que tenha por objetos móveis ou imóveis terá que ser celebrado por documento particular (art. 3º, nº 1 do Dec.-Lei nº 149/95, de 24/6)[876].

Tendo por objeto bens imóveis, as assinaturas das partes devem ser presencialmente reconhecidas, salvo se efetuadas na presença de funcionários dos serviços do registo, aquando da apresentação do pedido de registo (art. 3º, nº 2 do Dec.-Lei nº 149/95, de 24/6[877]). Neste caso, a existência da licença de utilização ou de construção do imóvel deve ser certificada pela entidade que efetua o reconhecimento ou verificada pelo funcionário dos serviços de registo (art. 3º, nº 3 do Dec.-Lei nº 149/95, de 24/6).

A assinatura das partes nos contratos de locação financeira de bens móveis sujeitos a registo deve conter a indicação, feita pelo respetivo signatário, do número, data e entidade emitente do bilhete de identidade ou documento equivalente emitido pela autoridade competente de um dos países da União Europeia ou do passaporte (art. 3º, nº 4 do Dec.-Lei nº 149/95, de 24/6).

[875] Ver, *supra*, nº 50 e segs.

[876] Quanto à interpretação corretiva do art. 3º nº 1 do Dec.-Lei nº 149/95, de 24/6, onde se lê simplesmente "podem ser celebrados", J. Calvão da Silva, *Direito bancário*, cit., pp. 423 ["é de ler podem, no sentido de poder-dever: podem (devem) ser celebrados por documento particular."]. O art. 1º do Dec.-Lei nº 30/2008, de 25/2, alterou esta norma sem fazer, quando poderia ter aproveitado o ensejo, a referida correcção.

[877] Redação do art. 1º do Dec.-Lei nº 30/2008, de 25/2.

II. A locação financeira, de bens imóveis ou móveis sujeitos a registo, está sujeita a registo na conservatória competente (art. 3º, nº 5 do Dec.-Lei nº 149/95, de 24/6)[878].

48.2.5. O objeto

I. Como se referiu a locação financeira pode ter por objeto "quaisquer bens susceptíveis de serem dados em locação" (art. 2º, nº 1 do Dec.-Lei nº 149/95, de 24/6).

Podemos distinguir a locação financeira imobiliária, que tem por objeto imóveis, e a locação financeira mobiliária, cujo objeto são móveis.

Dentro desta última, a mais comum, assumem destaque os automóveis, pela sua frequência, e os aviões[879], pelo seu valor. Decorre do regime que a lei tem subjacente ao mesmo coisas corpóreas. Todavia, com as devidas adaptações de disciplina, deve incluir-se o estabelecimento comercial, uma vez que pode ser objeto de locação (art. 1109º CC),[880] não sendo de excluir a locação financeira de obrigações e de ações[881].

II. Também o podem ser patentes ou marcas[882]. Poderá haver um relevante interesse, na locação financeira duma patente, ou para permitir ao locatário a sua aquisição e utilização imediata, ou para, por via do *sale and lease back*, recorrer a esses bens do seu património para obter crédito. Ora, a licença destes direitos é qualificada na doutrina como uma locação[883], pelo que estaríamos dentro do objeto permitido do contrato.

[878] E art. 2º, nº 1, al. *l)* do CRPredial para os prédios.

[879] Ver Conceição Soares Fatela, *A locação financeira de aeronaves*, CDP, 2015, pp. 3, ss..

[880] Cfr. F. Gravato Morais, *Manual da locação financeira*, cit., pp. 44, ss.; D. Legeais, *Sûretés et garanties du crédit*, cit., p. 500; Massimo Plasmati, *Il leasing di azienda*, CI, 2007, pp. 576, ss..

[881] Sobre a locação financeira de ações, e no sentido da sua admissibilidade, ver Margarida Costa Andrade, *A locação financeira de acções e o direito português*, Coimbra Editora, Coimbra, 2007, pp. 51, ss., pp. 83, ss..

[882] Cfr. Rui Pinto Duarte, *O contrato de locação financeira. Uma síntese.*, cit., p. 157; F. Gravato Morais, *Manual da locação financeira*, cit., p. 44.

[883] Carlos Osário de Castro, *Os efeitos da nulidade da patente sobre o contrato de licença da invenção patenteada*, UCP, Porto, 1994, pp. 84, ss.; Luís Couto Gonçalves, *A função distintiva da marca*, Almedina, Coimbra, 1999, pp. 195, ss., p. 205; idem, *Manual de direito industrial*, 8ª ed., Almedina, Coimbra, 2019, p. 320.

Neste caso, em termos estruturais a compra a terceiro (ou locatário) mais a licença (onerosa) exclusiva, concedida pelo locador, como titular do bem, ao locatário financeiro.

Dada a especificidade do objeto, o regime da locação financeira teria que ser adaptado a este a estes bens e completado com o da licença.

48.2.6. Os prazos

I. Existe, hoje, uma grande flexibilidade no que toca aos prazos da locação financeira. A lei limita-se a estatuir, por um lado, que, quando o contrato tenha por objeto coisas móveis, o prazo não deve ultrapassar o período presumível de utilização económica dessa coisa (art. 6º, nº 1 do Dec.-Lei nº 149/95, de 24/6) e, por outro, que o negócio não pode ter duração superior a 30 anos, considerando-se reduzido a esse limite se o ultrapassar (art. 6º, ns. 1 e 2 do Dec.-Lei nº 149/95, de 24/6).[884]

Se não for fixado prazo (o que será raro), os prazos supletivos são de 18 meses ou de 7 anos, consoante se trate de bens móveis ou de bens imóveis (art. 6º, nº 3 do Dec.-Lei nº 149/95, de 24/6). Este aspeto, como se verá, diluiu as diferenças relativamente a contratos próximos, como a venda a prestações com reserva de propriedade e a locação venda.

48.2.7. As rendas

I. O art. 4º do Dec.-Lei nº 149/95, de 24/6, estabelecia um conjunto de regras relativamente ao à determinação do valor das rendas e do valor residual. A norma foi revogada pelo art. 5º do Dec.-Lei nº 285/2001, de 3/11. O que significa que estes aspetos podem ser livremente configurados pelas partes.[885]

II. As rendas podem ser progressivas, aumentando o seu valor ao longo do tempo; degressivas, diminuindo o montante de cada uma delas com o decurso da relação contratual; ou constantes, em que o seu valor unitário é o mesmo durante o decurso do prazo.

Esta última é a estrutura que, em regra, é pactuada pelas partes.

[884] Note-se que no regime anterior a locação financeira de móveis não podia ser celebrada por prazo inferior a 18 meses e que o prazo mínimo para a locação financeira de imóveis era de 7 anos.

[885] Ver, sobre este ponto, M. Pestana de Vasconcelos, *Direito das garantias*, cit., pp. 545, ss..

Ainda assim, é possível que os juros sejam calculados com recurso a um *spread* associado a um indexante, pelo que o seu valor sofrerá flutuações. Referimo-nos ao valor unitário de cada renda. Dentro destas variará, de acordo com o modelo escolhido, a parte do capital e dos juros.

III. Elas podem cobrir a quase totalidade do valor de amortização do bem, mais os juros, sendo pequeno o montante do valor residual (o denominado *full-pay-out leasing*), ou, pelo contrário, amortizarem só parte daquele valor. Nessa eventualidade, o valor residual será significativo, permitindo amortizar uma parte substancial do preço de compra do bem (*non-full-pay-out leasing*). O risco do financiamento e o lucro do locador financeiro serão refletidos no valor da taxa de juro.

IV. As rendas da locação financeira são rendas financeiras, ou seja, compostas, cada uma delas, por dois elementos: numa parte, a amortização do capital e, noutra parte, os juros do crédito concedido (podem ser, eventualmente, aqui incluídas outras despesas que o locador financeiro tenha tido que efetuar, assim como eventuais comissões administrativas ou de gestão)[886]. As primeiras são prestações fracionadas, as segundas são prestações duradouras reiteradas. Com valor bastante reduzido relativamente a estas prestações, poderão ser integrados nas rendas os encargos que o locador incorre com o contrato, embora também possam ser pagos à parte. Em regra, inclui-se uma comissão de gestão.

Note-se que elas não permitem a amortização da totalidade do valor pago pelo bem – valor o que constitui o crédito concedido pelo locador financeiro, por via indireta –, sendo para o efeito ainda necessário o pagamento do valor residual (ou pelo valor decorrente da sua venda no mercado, ou da rentabilização através de outro contrato de locação financeira, ou mesmo de locação).

V. O prazo prescricional da obrigação de pagar as rendas é curto, de 5 anos, e decorre da aplicação conjugada, atendendo ao seu caráter compósito, que vimos de referir, das alíneas *d)* e *e)* do art. 310º.[887] Com efeito, a

[886] Mas estas também podem ser debitadas à parte, portanto não se integrando no valor das rendas.

[887] No sentido da aplicação do prazo geral de 20 anos do art. 309º, o acórdão do STJ de 12/01/2010 (Cardoso de Albuquerque), in: www.dgsi.pt.

primeira diz respeito aos juros e a segunda às quotas de amortização do capital pagáveis com os juros, o que é o caso.

Quanto aos efeitos do incumprimento da obrigação de pagar as rendas, tanto no que toca ao vencimento das obrigações futuras, como no que diz respeito aos efeitos da resolução, serão analisados mais à frente em texto[888].

48.3. As modalidades[889]

48.3.1. A locação financeira convencionada

I. A locação financeira constitui um poderoso meio de financiamento da aquisição de bens. Do prisma do comerciante/vendedor, é igualmente um mecanismo do maior relevo para promover o seu negócio.

Ele celebra assim um contrato com um locador financeiro, pelo qual este se obriga a concluir, em determinados termos acordados entre eles, contratos de locação financeira, tendo por objeto os seus bens[890]. O comerciante passa desta forma a ter um mecanismo de crédito que potencia as suas vendas (em determinados ramos de negócio, a existência de um financiador ligado de alguma forma ao vendedor é central ao desenvolvimento da atividade deste último).

II. O locador financeiro, da sua parte, consegue por essa via angariar clientes. Para além disso, acordam as partes a reaquisição do bem, dentro de um quadro de valores previamente estipulados, se o locatário financeiro não o quiser comprar decorrido o prazo contratual, ou se o locador resolver o contrato.

O pacto de reaquisição, que aqui se insere, é especialmente relevante para a instituição de crédito, porque consegue, de forma rápida, segura e previsível, obter o valor de mercado do bem. Claro está que nada obsta, e o locador financeiro tem todo o interesse nisso, que o referido pacto seja

888 Ver, *infra*.

889 Podemos distinguir ainda a locação financeira interna da internacional. Quanto a este tem particular relevo a convenção de Otava sobre o *leasing* de 1988 (*Unidroit Convention on International Financial Leasing*- http://www.unidroit.org/english/conventions/1988leasing/main.htm). Sobre ela, ver: Carsten Dageförde, *Leasingvertrag*, in: *Internationales Vertragsrecht* (Reithmann/Martiny), 7ª ed., Otto Schmidt, Colónia, 2010, pp. 606, ss.; C. Galvada/J. Stoufflet, *Droit bancaire*, cit., pp. 552, ss..

890 Ver, sobre esta modalidade, J. Calvão da Silva, *Locação financeira e garantia bancária*, cit., p. 18, nota 11; A. Luminoso, *I contratti tipici e atipici*, cit., p. 426.

celebrado com um determinado alienante sem ser necessariamente no quadro de um acordo global. Pode mesmo condicionar a compra junto daquele vendedor (escolhido pelo locatário) à celebração desse contrato.

48.3.2. A locação financeira restitutiva (o *sale and lease back*)

I. O locatário vende ao locador financeiro um bem seu que este de imediato lhe dá em locação financeira[891]. Não há, ao contrário da modalidade anterior, a compra de um bem a um terceiro, mas sim à contraparte do locador no contrato de locação financeira.

É uma forma de recorrer "monetarizar" um bem, que se pretende continuar a usar.

II. Esta figura inclui-se ainda na noção de locação financeira do art. 1º do Dec.-Lei nº 149/95, de 24/6, embora nem todo o regime subsequente lhe seja aplicável, sendo afastadas as normas que visam regular aspetos específicos da relação financeira "trilateral"[892], necessariamente mais complexa. Estamos nessa medida, ainda face a uma modalidade da locação financeira típica[893] e não um conjunto negocial próximo que, de qualquer modo, nos pareceria também, se fosse o caso, admissível, ao abrigo da liberdade contratual[894].

[891] Sobre esta figura em geral, ver: D. Leite de Campos, *Nota sobre a admissibilidade da locação financeira restitutiva ("lease-back") no direito português*, ROA, 1982, pp. 775, ss.; J. Calvão da Silva, *Direito bancário*, cit., p. 420.

[892] D. Leite de Campos, *Nota sobre a admissibilidade da locação financeira restitutiva ("lease-back") no direito português*, cit., p. 792.

[893] Neste sentido: Jens Koch/*Münchener Kommentar zum Bürgerlichen Gesetzbuch, Band 3, Schuldrecht. Besonderer Teil I (§§ 433-606), Leasing*, 6ª ed., Beck, Munique, 2012, p. 989; Stephen Peter Hansen, *Leasingverträge im Wege des Sale-and-lease-back*, in: Der Leasingvertrag (herausgegeben von Friedrich Graf von Westphalen), 6ª ed., Verlag Dr. Otto Schmidt, Colónia, 2008, p. 770; K. Larenz/C. W. Canaris, *Lehrbuch des Schuldrechts, II Band, Besonderer Teil, 2. Halbband*, cit., II § 66 p. 103; p. 75. Que a lei não exige entre nós o carácter trilateral da relação, resulta, desde logo, da atribuição ao locador do direito de celebrar um novo contrato de locação financeira, tendo por objeto um bem que um anterior locatário não quis adquirir (art. 7º do Dec.-Lei nº 149/95, de 24/6). Neste caso, não há sequer um contrato de compra, como na locação financeira restitutiva, mas somente um contrato de locação financeira que tem por objeto um bem já na esfera da locadora e não adquirido por indicação do locatário.

[894] Na jurisprudência, ver o acórdão do Tribunal da Relação de Lisboa de 18/03/1999 (Loureiro da Fonseca), in: www.dgsi.pt.

Todavia, já vimos que, do ponto de vista funcional, a locação financeira restitutiva aproxima-se mais de um mútuo com alienação em garantia do que de uma locação financeira "trilateral". Ela aproxima-se muito da alienação em garantia, podendo mesmo dizer-se que desempenha uma função idêntica.

III. A figura gera, porém, problemas particulares. Dentre estes, destacamos que a ela se pode recorrer unicamente, de forma fraudulenta, para se afastar o privilégio creditório imobiliário dos trabalhadores [art. 333º, nº 1, al. *b)* CT][895], o que o regime das garantias reais equivalente, a hipoteca (art. 751º), não permitira. Por outro lado, tem um regime diverso da locação financeira em sede de resolução dos negócios praticados antes do início do processo de insolvência (a que nos referiremos *infra*, nº 48.12.1.), assim como nos negócios em curso (nº 48.12.2.).

48.4. Distinção de figuras próximas

48.4.1. A locação

I. Ao contrário do que o seu *nomen iuris* poderia indicar, a locação financeira afasta-se muito do contrato de locação, tendo com grande frequência regras opostas à desse contrato.

O que não surpreende, porque a sua função é muito diferente.

Como se começou por referir, a locação financeira é um instrumento de financiamento garantido pela propriedade do bem, bem esse que locador financeiro não quer explorar economicamente. Ele visa simplesmente a restituição do capital investido e dos juros. As rendas são compostas por estas duas parcelas, sendo, como se começou por referir, rendas financeiras.

II. Na locação, pelo contrário, o locador pretende explorar economicamente o bem, cuja transferência não está em jogo. Ele recebe, como contrapartida, as rendas ou alugueres que consistem na sua retribuição por assegurar gozo da coisa para o fim a que ela se destina [art. 1031º, al. *b)*].

III. Estes aspetos explicam as grandes diferenças de regime em pontos decisivos, que passamos a expor de forma esquemática e não exaustiva.

[895] Sobre ele, ver M. Pestana de Vasconcelos, *Direito das garantias*, cit., pp. 429, ss..

(i) É o locador que corre o risco da perda ou da deterioração do bem objeto do contrato (art. 1044º), nos termos gerais, enquanto na locação financeira esses riscos correm por conta do locatário-financeiro (art. 15º do Dec.-Lei nº 149/95, de 24/6).

(ii) É o locatário que tem de conservar a coisa [al. *e)* do nº 1 do art. 10º do Dec.-Lei nº 149/95, de 24/6] e de a reparar [al. *f)* do nº 1 do art. 10º, art. 14º do Dec.-Lei nº 149/95, de 24/6], enquanto que, na locação, é, em geral, o locador que recaem esses deveres [art. 1031º, al. *b)*, art. 1036º[896]].[897] O locador financeiro concede [art. 9º, nº 1, al. *b)* do Dec.-Lei nº 149/95, de 24/6], mas não assegura, o gozo da coisa, o que sucede na locação [art. 1031º, al. *b)*][898].

(iii) O locador responde nos termos do art. 1032º, e 1033º, pelos vícios da coisa locada. O mesmo não sucede na locação financeira. Com efeito, o locador financeiro (art. 12º do Dec.-Lei nº 149/95, de 24/6) não responde pelos vícios do bem locado, mas somente pela ilegitimidade ou deficiência do seu direito, nos termos do art. 1034º.[899]

(iv) Decorrido o prazo contratual, o locatário financeiro tem o direito de comprar o bem [art. 10º, nº 1, al *f)* do Dec.-Lei nº 149/95, de 24/6], o que já não sucede na locação.

IV. Marcadas essas diferenças, convém realçar que o regime da locação financeira tem ainda uma remissão restrita para o regime da locação, no que diz respeito aos direitos e deveres das partes, nos termos do art. 9º, nº 2 e 10º, nº 2 do Dec.-Lei nº 149/95, de 24/6. Dizemos restrita, porque se limita às disposições que não sejam incompatíveis com o regime do Dec.-Lei nº 149/95, de 24/6. Por outro lado, algumas disposições da discplina da locação financeira são idênticas àquelas da locação. Por isso, se pode falar de um elemento locatício no contrato. Tal não esbate nem afasta as diferenças de funções e de regime nos pontos centrais, que acima se assinalaram.[900]

[896] Tendo, ainda assim, o locatário o dever de manutenção da coisa no estado em que a recebeu, art. 1043º, nº 1.

[897] Cfr. L. Menezes Leitão, *Direito das obrigações, vol. III, contratos em especial,* cit., p. 289.

[898] Ver J. Calvão da Silva, *Locação financeira e garantia bancária,* cit., p. 26.

[899] Ver, sobre este ponto, F. Gravato Morais, *Manual da locação financeira,* cit., pp. 227, ss..

[900] Ver sobre este ponto Rui Pinto Duarte, *O contrato de locação financeira. Uma síntese.,* cit., p. 163. Até porque, historicamente, a disciplina da locação financeira foi construída sobre a

V. Diga-se por fim, a título de complemento, que as sociedades de locação financeira podem, como atividade acessória, celebrar verdadeiros contratos de locação, se se tratar de bens relativamente aos quais o locatário financeiro não tenha exercido a faculdade de compra, ou que tenha resolvido [art. 1º, nº 2, al. *a)* do Dec-Lei nº 72/95, de 15/4], e mesmo para além desses casos [art. 1º, nº 2, al. *b)* do Dec-Lei nº 72/95, de 15/4].

48.4.2. O *leasing* operacional

I. Consiste num contrato de locação, tendo geralmente por objeto automóveis ou material informático, em que locador se obriga a realizar a manutenção do bem e a prestar outros serviços conexos. Assim, p. ex., no caso dos automóveis: substituir os materiais desgastados, realizar as revisões; no caso dos computadores: assistência técnica, bem como os *upgrades* necessários em termos de *hardware* e *software.* O locatário, em princípio[901], não tem direito de adquirir o bem e não terá interesse nisso. É um contrato misto de locação e de prestação de serviços.[902]

Mas também podem as partes qualificar como *leasing* operacional contratos que são meras locações (simples)[903].

II. As sociedades de locação financeira, nos termos do art. 1º-A do Dec-Lei nº 72/95, de 15/4, não podem prestar serviços "complementares da actividade de locação operacional", nomeadamente a manutenção e assistência técnica dos bens locados. Podem, porém, contratar a prestação desses serviços por terceiros.

da locação. Sublinhado o elemento locativo na locação financeira, FRANCISCO DE BRITO PEREIRA COELHO, *"Aluguer operacional" de veículo: unidade ou pluralidade, contratual, coligação negocial e resolução – Ac. do TRL de 14.12.2010, Proc. 198/09*, CDP, nº 37, 2012, p. 55, nota 8.

901 Nalguns casos, cessado o contrato, poderá o locatário adquiri-lo. Cfr. P. PAIS DE VASCONCELOS/P. LEITÃO PAIS DE VASCONCELOS, *Direito comercial*, cit., p. 346.

902 R. PINTO DUARTE, *Aspectos contratuais do aluguer, da locação financeira e de outros contratos afins face à lei portuguesa*, cit., p. 65. Sublinhado que se trata de um único contrato, F. BRITO PEREIRA COELHO, *"Aluguer operacional" de veículo: unidade ou pluralidade, contratual, coligação negocial e resolução – Ac. do TRL de 14.12.2010, Proc. 198/09*, cit., p. 55.

903 J. STOLTERHOFT, *Vollamortisation über Mobilien-Leasing*, cit., pp. 149-150; K. LARENZ/C. W. CANARIS, *Lehrbuch des Schuldrechts, II Band, Besonderer Teil, 2. Halbband*, cit., I § 66, p. 100.

48.4.3. A venda a prestações com reserva de propriedade

I. Na venda a prestações com reserva de propriedade[904], decorrido o prazo contratual, o comprador, paga a última prestação, adquire, automaticamente, o bem.

Este contrato é o instrumento de crédito utilizado pelo vendedor como forma de potenciar as vendas (o chamado crédito comercial). Entrega-se o bem a pronto, mas mantém-se a propriedade nas esfera do vendedor, até a outra parte cumprir. Se ela não o fizer, o alienante pode sempre, colocando-a em incumprimento definitivo, resolver o contrato, o que não poderia fazer (art. 886º), não fosse a reserva.

Na locação financeira, o locatário escolhe comprar, ou não, o bem decorrido o prazo contratual. Acresce que o locador financeiro é uma instituição de crédito, e o vendedor com reserva, em regra, não o será (embora nada obsta a que as instituições financeiras recorram a este negócio, e muitas vezes fazem-no).

II. Por outro lado, na venda com reserva de propriedade o alienante estará a conceder crédito ao comprador de um bem próprio, dele, não adquirido a terceiro para depois o disponibilizar àquele adquirente (por escolha deste). Faltará o elemento triangular.

No entanto, a venda com reserva de propriedade pode integrar-se numa operação mais complexa composta pela escolha do bem por aquele que dele carece, bem esse que é adquirido pela instituição de crédito, que depois lho revende de imediato a prestações com reserva de propriedade. O preço de compra consistirá no crédito concedido, e o preço de revenda compreenderá esse valor mais os juros. Adquire aqui um caráter financeiro (e de garantia) semelhante à figura em análise.

Por outro lado, e agora no sentido inverso, dada a flexibilidade na fixação as rendas e do valor residual (decorrente da revogação do art. 4º, art. 5º do Dec.-Lei nº 285/2001, de 3/11), ele pode assumir valores muito diminutos, como sucede no *full payout leasing*. O que esbate, como apontámos há pouco, os contornos de distinção.

[904] Sobre ela, desenvolvidamente, M. PESTANA DE VASCONCELOS, *Direito das garantias*, cit., pp. 455, ss.. Para onde remetemos também para a bibliografia.

III. Há, pois, proximidades marcantes entre ambos os contratos. Na verdade, são ambos contratos de crédito e garantia em que o pagamento do valor em dívida se fará ao longo do tempo em diversas prestações.

É essa afinidade, que nos permitirá, como se verá, e melhor se justificará, *infra*, a aplicação à locação financeira de algumas regras da venda a prestações com reserva de propriedade. Nada há de estranho aqui. É o próprio legislador que, no relevantíssimo quadrante da insolvência, cria um regime comum para ambos os contratos (art. 104º CIRE).

48.4.4. O aluguer de longa duração (ALD)

I. Trata-se de uma figura atípica, legalmente, conhecida na prática comercial pelas suas iniciais (ALD)[905]. Consiste num contrato de crédito e garantia com a seguinte configuração: as partes recorrem a um contrato que qualificam como de locação, mas modificada de forma a ter um conteúdo semelhante, ou muito próximo, do da locação financeira. A esse contrato associa-se uma promessa unilateral de venda do locador (embora esta também possa ser bilateral[906]) ou um pacto de opção de compra, tendo como beneficiário o locatário, decorrido o prazo contratualmente fixado. Podem igualmente surgir outros intervenientes na operação[907]. A montante está ainda a compra do bem a ser dado em ALD, bem esse escolhido pelo locatário

Os objeto do contrato são quase sempre automóveis. Consiste numa figura muito usada na prática comercial, tanto por instituições de crédito, como por outras pessoas coletivas.

Voltaremos a esta figura, e sua licitude, mais à frente, no quadro da análise do art. 23º deste diploma.

[905] Sobre ela, ver: R. PINTO DUARTE, *Alguns aspectos jurídicos dos contratos não bancários de aquisição e uso de bens*, Rev. Ban., 1992, p. 65; idem, *Aspectos contratuais do aluguer, da locação financeira e de outros contratos afins face à lei portuguesa*, Fisco, 1993, pp. 67, ss.; P. PAIS DE VASCONCELOS, *Contratos atípicos*, cit., pp. 245-246; TERESA ANSELMO VAZ, *Alguns aspectos do contrato de compra e venda a prestações e contratos análogos*, cit. pp. 77, ss.; PAULO DUARTE, *Algumas questões sobre o ALD*, Estudos de direito do consumidor, Centro do direito do consumidor/Faculdade de Direito da Universidade de Coimbra, 2001, pp. 301, ss.. Na jurisprudência, ver o Acórdão do STJ de 27/4/2017 (Alexandre Reis), in: www.dgsi.pt.

[906] Assim, PAULO DUARTE, *Algumas questões sobre o ALD*, cit., p. 303.

[907] Assim, PAULO DUARTE, *Algumas questões sobre o ALD*, cit., p. 303

48.4.5. A alienação em garantia

I. A alienação em garantia é um contrato pelo qual um sujeito transmite um direito de natureza diversa a outrem para assegurar uma obrigação do primeiro face a este último. O contrato donde decorre essa obrigação será um contrato de crédito (embora não necessariamente), muitas vezes um mútuo.

Cumprida essa obrigação, sem que o seu pagamento seja necessariamente repartido ao longo do prazo contratual, o credor terá que retransmitir o direito, quando ele, por força do contrato, não se retransmita automaticamente. Trata-se de um negócio fiduciário.

A alienação em garantia pode ser típica, no âmbito dos contratos de garantia financeira, ou atípica. Não há obstáculos à sua admissibilidade, neste último caso.

II. Não há dificuldade na distinção da locação financeira "trilateral".

Neste último caso, o bem é adquirido, em regra por compra, a um terceiro e depois entregue ao locatário. Há um direito de compra do locatário, e a restituição do capital realiza-se através das rendas, com os juros, bem como pelo valor residual (se o locatário quiser comprar a coisa), ou, não sendo exercido o direito, com a alienação do bem (ou outra locação financeira).

Mas as dificuldades aumentam, porque a proximidade já é maior, no que diz respeito à locação financeira restitutiva. Com efeito, são ambos negócios fiduciários em garantia que assentam na transferência de um bem do creditado ao creditante, e desempenham uma função idêntica, como já foi sublinhado. Mantém-se, no entanto, as diferenças estruturais entre eles.

Tal não obsta, porém, a que em diversos quadrantes o regime seja idêntico como sucede com a resolução destes negócios praticados antes do início do processo de insolvência nos termos do art. 102º, nº 1, al. *e)* CIRE.

48.5. A fase pré-contratual

I. Cabe ao locatário procurar o bem que mais lhe interessa para a sua atividade, tendo em conta suas possibilidades económicas. Para o eleger, contactará diversos fornecedores, no âmbito de uma relação pré-contratual enformada pela boa fé (art. 227º). Tendo definido o tipo de bem e o fornecedor, formulará uma proposta ao locador.

Todavia, não pode antes da conclusão do contrato de locação financeira realizar a encomenda de um bem com vista à celebração do contrato futuro. Se o fizer, "actua por sua conta e risco" e o locador não pode de algum modo, vir a "responsabilizado por prejuízos eventuais decorrentes da não conclusão do contrato, sem prejuízo do disposto no artigo 227º do Código Civil." (art. 20º do Dec.-Lei nº 149/95, de 24/6). O que é óbvio, porque não há qualquer vínculo por parte da entidade financeira, que poderá sempre livremente celebrar ou não o contrato.

II. Concluído o contrato de locação financeira, ele produz de imediato os seus efeitos (art. 8º, nº 1 do Dec.-Lei nº 149/95, de 24/6). Contudo, o início da sua sua vigência poderá estar condicionado à efectiva aquisição ou construção dos bens locados, à sua tradição a favor do locatário, ou "quaisquer outros factos" (art. 8º, nº 2 do Dec.-Lei nº 149/95, de 24/6).

48.6. As posições das partes

A lei tem o cuidado de definir de forma minunciosa dos diversos direitos e deveres das partes. Recorre à seguinte técnica: Distingue o locador do locatário em artigos autónomos e para cada um deles firma, de forma não taxativa, as respetivas obrigações e direitos. Daí decorre como linha de força a consagração do caráter simplesmente garantístico da propriedade do locador.

Iremos de seguida passá-las em revista[908].

48.6.1. A posição do locador financeiro

48.6.1.1. Os deveres

I. O locador está obrigado a comprar ou mandar construir o bem escolhido pelo locatário [art. 9º, nº 1, al. *a)* do Dec.-Lei nº 149/95, de 24/6], para que este o passe a usar. A compra poderá ser realizada o locatário ou a terceiro, consoante se trate de uma locação financeira "trilateral", ou uma locação financeira restitutiva. Por vezes, o locador poderá insistir na aquisição de bens que sejam mais fáceis de transacionar, em caso de incumprimento do contrato.

[908] Sobre esta matéria, desenvolvidamente, ver F. Gravato de Morais, *Manual da locação financeira*, cit., pp. 93, ss..

II. O locador concede, mas não assegura, o gozo do bem para os fins a que se destina [art. 9º, nº 1, al. *b)* do Dec.-Lei nº 149/95, de 24/6]. Para o efeito, o bem terá que ser entregue ao locatário (salvo se se tratar de uma locação financeira restitutiva). Sendo o contrato de compra e venda, o dever de entrega decorrente do contrato existe face ao locador.

Contudo, tendo em conta a sua posição estritamente financeira, o locador pretende que o bem seja entregue pelo vendedor diretamente ao locatário. Para o efeito, ele poderá acordar com o vendedor a atribuição do direito de entrega à sua contraparte no contrato de locação financeira, sendo a referida compra, nessa parte, um contrato a favor de terceiro. O locatário pode e deve, pois, exigir ao vendedor a entrega da coisa. Mesmo quando assim não seja, o locador pode impor à sua contraparte no contrato de compra e venda que cumpra face ao terceiro (sendo um contrato com prestação a terceiro)[909], com eficácia liberatória [art. 770º, al. *a)*]. Neste último caso, o locatário pode exigir o cumprimento por força do art. 13º do Dec.-Lei nº 149/95, de 24/6.

O bem será, pois, entregue ao locatário pelo terceiro (ou pelo próprio locador se tratar de um bem que um outro locatério, cessado o contrato, não quis adquirir, ou se o negócio tiver sido resolvido). Para tutelar a sua posição, o locador impõe, contratualmente, que o locatário assine, aquando da entrega, um "auto de receção do bem e conformidade do bem", onde declare que o este lhe foi entregue e que depois de exame não tem defeitos. Só depois disso, o locador pagará ao terceiro.

Não cremos que exista um dever *do* locador de entregar o bem. Para a concessão do gozo do bem, basta-lhe a celebração do contrato de compra e venda e a imposição da entrega ao locatário. O vendedor não é um auxiliar do locador no cumprimento da obrigação de entrega, porque ela não decorre do contrato de locação financeira em si.

III. Decorrido o prazo contratual, o locador está obrigado a vender o bem ao locatário financeiro pelo preço previsto no contrato, o valor residual, se ele pretender comprá-lo [art. 9º, nº 1, al. *c)* do Dec.-Lei nº 149/95, de 24/6]. A obrigação de venda só se constitui, pois, se o locatário exer-

[909] Para estas distinções, por todos, ver J. Ribeiro de Faria, *Direito das obrigações*, vol. I, 2ª ed., revista e atualizada por Miguel Pstana de Vasconcelos e Rute Teixeira Pedro, cit., pp. 323, ss..

cer o seu direito de aquisição [art. 10º, nº 2, al. *b)* do Dec.-Lei nº 149/95, de 24/6]. A lei diz "findo o contrato", mas não é assim. O contrato fonte da obrigação mantém-se, o que cessa, com o decurso do seu prazo, são as obrigações de pagar as rendas.

48.6.1.2. Os direitos

I. Para além dos direitos e deveres gerais previstos no regime da locação que não se mostrem incompatíveis com o o regime da locação financeira, o locador tem o direito de defender a integridade do bem, nos termos gerais de direito [art. 9º, nº 2, al. *a)* do Dec.-Lei nº 149/95, de 24/6], examinar o bem, sem prejuízo da atividade normal do locatário [art. 9º, nº 2, al. *b)* e art. 10º, nº 1, al. *c)* do Dec.-Lei nº 149/95, de 24/6], para o correspondente dever do locatário] e de fazer suas, sem compensações, as peças ou outros elementos acessórios incorporados no bem pelo locatário [art. 9º, nº 2, al. *c)* do Dec.-Lei nº 149/95, de 24/6].

O exame do bem justifica-se, porque, sendo a garantia do locador o bem, importa que este verifique a utilização que a outra parte lhe está a dar, bem como o estado de conservação. O último é porque torna claro que o locador nada terá que pagar, cessado contrato sem que o locatário tenha adquirido o bem, ou se o negócio tiver sido resolvido, pelas peças ou outros elementos acessórios nele incorporados[910].

Tem igualmente o direito às rendas, direito esse que pode ser cedido ou por venda ou em garantia, como forma de refinanciamento. É o que sucede com o *forfaiting*, que vermos no número seguinte.

48.6.2. A posição do locatário financeiro

48.6.2.1. Os deveres

I. O locatário tem que pagar as diversas rendas previstas no contrato [art. 10º, nº 2, al. *a)* do Dec.-Lei nº 149/95, de 24/6]. Como vimos, elas podem ser calculadas de forma diversa, mas consistem em rendas financeiras, com-

[910] Sutentando que o locatário financeiro poderá "ser indemnizado por benfeitorias, atinentes a melhoramentos que não se considerem *peças* ou *elementos acessórios* (por remissão, pelo nº 2 do art. 9º do DL nº 149/85, para os arts. 1046º, nº 1, e 1273º, nº 1 do CC)", o Acórdão do STJ de 08/03/2022 (Tibério Nunes da Silva), in: www.dgsi.pt., no qual se segue o Acórdão do STJ de 23/09/2021 (Maria da Graça Trigo) www.dgsi.pt.

postas pela amortização de parte (maior ou menor, consoante o montante do valor residual) do bem, mais os juros sobre o valor em dívida (a base de cálculo integra também o valor residual), a que acrescem eventuais despesas com a gestão do contrato.

II. Se o objeto do contrato for uma fração autónoma, as despesas correntes necessárias à fruição das partes comuns de edifício e aos serviços de interesse comum [art. 10º, nº 2, al. *b)* do Dec.-Lei nº 149/95, de 24/6] recaem sobre o locatário-financeiro[911].

Podemos a este propósito referir o seguinte. Trata-se de obrigações face ao locador-financeiro e não perante o condomínio. Face a este quem está vinculado é o titular do bem, neste caso o locador-financeiro. Nem poderia ser de outra forma, atento o risco que uma solução diversa – ou seja, se o obrigado perante o condomínio fosse o locatário –, geraria para o condomínio dado o esvaziamento de um elemento central da garantia patrimonial: a fração. Aliás, nada justificaria que o condomínio ficasse em pior posição no caso de o bem ter sido dado em locação financeira, do que se fosse arrendado (em ambos as situações, factos a que é estranho)

Nada obsta, no entanto, a que o locador imponha ao locatário-financeiro o cumprimento perante o condomínio [pagamento a terceiro liberatório – art. 770º, al. *a)*]. Poderá facilmente controlar o cumprimento dessa obrigação, impondo a entrega dos recibos de pagamento. Agora, em última instância, se locatário, pese embora estipulação contratual nesse sentido não cumprir, o locador financeiro, como devedor perante o condomínio, terá de o fazer.

III. O locatário-financeiro tem ainda os deveres de não aplicar o bem a fim diverso daquele a que ele se destina, ou a movê-lo para para local diferente do contratualmente previsto, salvo autorização do locador [art. 10º, nº 2, al. *d)* do Dec.-Lei nº 149/95, de 24/6], a assegurar a conservação do bem e não fazer dele uma utilização imprudente [art. 10º, nº 2, al. *e)* do Dec.-Lei nº 149/95, de 24/6], e a realizar as reparações, urgentes ou necessárias, bem como quaisquer obras ordenadas pela autoridade pública [art. 10º, nº 2, al. *f)* do Dec.-Lei nº 149/95, de 24/6].

911 Sobre esta questão, ver o acórdão do STJ de 2/03/2010 (Fonseca Ramos), in: www. dgsi. pt. (fazendo-as recair somente sobre o locatário).

Como temos vindo a sublinhar, o locador-financeiro só se interessa pelo bem como instrumento de garantia e por isso importa-lhe assegurar que o seu valor se mantém (o relevante não é o bem em si, mas como garantia, para o que é decisivo o valor mercado do bem a cada momento), não sendo desvalorizado por ato da outra parte.

IV. Num segundo conjunto, temos os deveres de não proporcionar a outrem o gozo total ou parcial do bem por meio da cessão onerosa ou gratuita da sua posição jurídica, sublocação ou comodato, excepto se a lei o permitir ou o locador-financeiro a autorizar [art. 10º, nº 2, al. *g)* do Dec.-Lei nº 149/95, de 24/6]; de comunicar ao locador-financeiro, dentro de 15 dias, a cedência do gozo do bem, quando permitida ou autorizada nos termos da alínea anterior [art. 10º, nº 2, al. *h)* do Dec.-Lei nº 149/95, de 24/6]; e avisar imediatamente o locador-financeiro, sempre que tenha conhecimento de vícios no bem ou saiba que o ameaça algum perigo ou que terceiros se arrogam direitos em relação a ele, desde que o facto seja ignorado pela outra parte [art. 10º, nº 2, al. *i)* do Dec.-Lei nº 149/95, de 24/6].

V. Num terceiro conjunto, temos os deveres de celebrar o seguro do bem objeto do contrato, contra o risco da sua perda ou deterioração, por um lado, e pelos danos por ela provocados, por outro [art. 10º, nº 2, al. *j)* do Dec.-Lei nº 149/95, de 24/6]. Com frequência, o locador-financeiro obriga à celebração destes contratos aquando do próprio contrato de locação financeira. O seu incumprimento subsequente consitui fundamento para a resolução do contrato.

Se o locatário-financeiro optar por não adquirir o bem no fim do prazo contratual, o locador-financeiro tem direito a que este lhe seja entregue, em bom estado, salvo as deteriorações inerentes a uma utilização normal. Quando tal não suceda, tem este último direito a ser indemnizado.

48.6.2.2. Os direitos

I. Para além dos direitos e deveres gerais previstos no regime da locação que não se mostrem incompatíveis com o o regime da locação financeira, assistem ao locatário-financeiro, de entre outros (a enumeração do art. 10º, nº 2 é exemplificativa), o direito de usar e fruir da coisa, sendo este um dos direitos centrais do locatário [10º, nº 2, al. *a)* do Dec.-Lei nº 149/95, de 24/6]. Ele pretende usar (e fruir) do bem de que carece ou para sua atividade económica ou para uso não profissional.

Pode ainda defender a integridade do bem e o seu gozo, nos termos do seu direito [10º, nº 2, al. *b)* do Dec.-Lei nº 149/95, de 24/6] e usar das acções possessórias, mesmo contra o locador [10º, nº 2, al. *c)* do Dec.-Lei nº 149/95, de 24/6]. Caso o locador o autorize expressamente, pode onerar, total ou parcialmente, o seu direito [10º, nº 2, al. *d)* do Dec.-Lei nº 149/95, de 24/6].

Tendo a locação financeira por objeto uma fração autónoma, o locatário-financeiro poderá exercer os direitos próprios do locador, com excepção dos que, pela sua natureza, somente por aquele possam ser exercidos [10º, nº 2, al *e)* do Dec.-Lei nº 149/95, de 24/6].

Como já acima se sublinhou, tem o direito a adquirir o bem locado, sendo este um direito caraterizante do contrato [10º, nº 2, al *e)* do Dec.-Lei nº 149/95, de 24/6].

48.7. A relação entre o locatário financeiro e o fornecedor do bem

I. A operação de locação financeira, como se viu, assenta em dois contratos coligados, (a que se pode eventualmente juntar a venda contrato): o contrato de locação financeira, donde decorre a relação entre as partes, e um segundo contrato, de compra e venda ou de empreitada, que o locador está, por força do primeiro obrigado a celebrar.

Partes do contrato de compra e venda ou de empreitado são o locador e o vendedor (ou empreiteiro). A relação daí decorrente é meramente entre eles.

Todavia, conforme se tem vindo a sublinhar, a propriedade do locador tem meramente uma função de garantia, sendo o contrato um instrumento para permitir ao locatário a aquisição de um bem, que ele escolheu, a um fornecedor também por ele escolhido.

II. É essa configuração da operação (querendo com isto referir-nos a ambos os contratos). Reconhecendo os interesses que aqui se jogam, a lei (art. 13º do Dec.-Lei nº 149/95, de 24/6) veio permitir ao locatário exercer contra o vendedor ou o empreiteiro "todos todos os direitos relativos ao bem locado ou resultantes do contrato de compra e venda ou de empreitada".

O primeiro aspeto a sublinhar é que não existe qualquer cessão *ope legis* da posição contratual. Essa mantém-se no locador financeiro. A lei confere ao locador a faculdade de exercer os direitos resultantes desse contrato.

III. O locatário poderá assim resolver o contrato, em caso de incumprimento definitivo. Cabe-lhe igualmente o exercício da interpelação cominatória, para transformar a mora em incumprimento definitivo, nos termos do art. 808º. Resolvido o contrato, terá direito a uma indemnização pelo interesse contratual positivo (art. 801º, nº 2).

É titular também da indemnização por mora (art. 804º).

Cabe-lhe exercer o direito de anulação do contrato (art. 905º) ou de redução do preço (art. 911º), se se tratar da venda de bem onerado. Pode ainda exercer os diversos direitos decorrentes do regime da venda de coisa defeituosa (art. 913º), nomeadamente a reparação ou substituição da coisa, nos termos definidos no art. 914º. O mesmo sucede com as pretensões indemnizatórias decorrentes desses regimes.

Não pode recorrer à exceção de não cumprimento por falta da entrega da coisa, mas deverá comunicá-lo ao locador para este a exercer (o que decorre, de todo o modo, já dos "auto de receção do bem e conformidade do bem", sem a assinatura e entrega dos quais, o locador não pagará). A cessação do contrato de compra e venda atinge depois o contrato de locação financeira[912].

IV. Se o locatário for um consumidor, deverão aplicar-se as regras da venda de bens do consumo[913] (Dec-Lei nº 67/2003, de 8/4)[914]. Isto apesar do contrato entre locador e fornecedor não o ser. Todavia, trata-se de uma via para permitir a aquisição dos bens pelo consumidor, que de outra forma veria afastado a proteção da que teria tido se comprasse diretamente ao fornecedor. A diferença de estrutura jurídica não deve ofuscar o aspeto essencial, que é a aquisição de um bem por parte de um consumidor a um profissional. Corretamente determinadas as razões de ser de cada um dos regimes em jogo, impõe-se esta solução.

Sempre que se tratar de um contrato de crédito ao consumo, haverá que aplicar o regime do Dec.-Lei nº 133/2009, de 2/6 (regime do crédito ao consumo[915]).

[912] Neste sentido: J. Calvão da Silva, *Locação financeira e garantia bancária*, cit., p. 24; F. Gravato de Morais, *Manual da locação financeira*, cit., p. 205.

[913] Quanto a este, ver L. Menezes Leitão, *Direito das obrigações*, vol. III, pp. 124, ss..

[914] Neste sentido, F. Gravato de Morais, *Manual da locação financeira*, cit., p. 223.

[915] Que será analisado a título principal no texto, *infra*, nº 51, para onde se remete.

48.8. A resolução do contrato

I. Nos termos do art. 17º do Dec.-Lei nº 149/95, de 24/6, o contrato de locação financeira pode ser resolvido por qualquer dos contraentes, nos termos gerais, com fundamento no incumprimento das obrigações da outra parte, não sendo aplicáveis as normas especiais, constantes de lei civil, relativas à locação.

Consagram-se adicionalmente dois fundamentos de resolução do contrato: a dissolução ou liquidação da sociedade locatária ou a verificação de qualquer dos fundamentos de declaração de falência do locatário [respetivamente, als. *a)* e *b)* do art. 18º do Dec.-Lei nº 149/95, de 24/6].

II. Começaremos por estes últimos, passando depois aos termos gerais, embora aí com ênfase no incumprimento das rendas.

48.8.1. Os fundamentos específicos (art. 18º do Dec.-Lei nº 149/95, de 24/6)

I. A dissolução ou liquidação da sociedade locatária não levanta dificuldades.

O mesmo não se pode dizer quanto ao segundo fundamento[916].

Se antes da declaração de insolvência[917] se verificarem quaisquer dos fundamentos dessa declaração, o locador financeiro pode resolver o contrato.

A dúvida prende-se com a existência desse direito depois de declarada a insolvência. Pode nesta sede perguntar-se se o locador poderá resolver o contrato, já depois da declaração de insolvência do locatário, ou, se, a seguir a esse momento, caberá exclusivamente ao administrador decidir quanto à execução ou recusa do cumprimento do negócio. Cremos que é este último o resultado correto.

Pelas seguintes razões.

[916] Sobre esta questão, ver Rui Pinto Duarte, *O contrato de locação financeira. Uma síntese.*, cit., p. 180.

[917] O art. 18º al. *b)* do Dec.-Lei nº 149/95, de 24/7, refere-se à falência, mas à luz das alterações introduzidas pelo CIRE deve-se agora interpretar como sendo insolvência, o que encontra apoio por um lado no art. 11º do Dec.-Lei nº 53/2004, de 18/3, e, por outro, no facto de o conceito de falência, em 1979, data a que remonta esta norma – art. 27º al. *b)* do Dec.-Lei nº 171/79, de 6/6 –, ser idêntico à atual noção de insolvência.

II. O regime da insolvência do locatário financeiro que esteja na posse da coisa decorre do art. 104º nº 3 e nº 5 e 102º CIRE. O cumprimento fica suspenso e será o administrador a decidir do cumprimento ou da sua recusa, tendo em conta os interesses da massa.

O locador pode fixar-lhe um prazo razoável para ele exercer a sua opção (art. 102º nº 2 CIRE), que não poderá esgotar-se antes de decorridos cinco dias sobre a data da assembleia de apreciação do relatório (art. 104º nº 3 CIRE)[918].

Esta norma visa obstar a que sejam retirados do estabelecimento do insolvente bens (objeto de venda com reserva de propriedade, locação venda e locação financeira) necessários à continuação da sua atividade antes de a assembleia de apreciação do relatório deliberar sobre o seu encerramento ou a manutenção desta (art. 156º, nº 2 CIRE).

Ora, seria contraditório com o fim visado pela lei vir permitir que esse resultado viesse a ser alcançado por via da resolução do contrato pelo locador financeiro. O que poderia mesmo ter como resultado inviabilizar qualquer recuperação da empresa ou a sua alienação como um todo (art. 162º CIRE).

III. Acrescente-se também, para completar o quadro, que os interesses do locador financeiro estão já devidamente acautelados. Generosamente acautelados, até. Se o administrador optar pelo cumprimento, as rendas passam a ser dívidas da massa [art. 51º, nº 1, al. *f)* CIRE][919]. Se o administrador optar pela recusa de cumprimento, o locador poderá reter as rendas já pagas e terá direito à restituição do bem (que poderá transacionar), assim como adquire o crédito sobre a insolvência do art. 102º nº 3 e 104º nº 5 CIRE.

IV. Tudo visto, justifica-se por isso uma interpretação restritiva do art. 18º, al. *b)* do Dec.-Lei nº 149/95, de 24/6, impedindo o locador de resolver o contrato depois de declarada a insolvência. Depois desse momento, a opção é, e só, do administrador.

[918] Salvo em casos especiais em que o bem seja suscetível de desvalorização considerável durante esse período – art. 104º nº 3 CIRE.

[919] Se, eventualmente, na hipótese pouco provável de o administrador não cumprir, o locador pode mesmo resolver o contrato, mas com esse fundamento.

48.8.2. O regime geral da resolução

I. Vamos centrar-nos naqueles que são os casos mais comuns que conduzem à resolução do contrato: o incumprimento da obrigação de pagar as rendas por parte do locatário.

II. Não realizada uma prestação por parte do locatário financeiro, ele incorre em mora. A outra parte pode, nos termos gerais, transformar a mora em incumprimento definitivo (art. 808º, nº 1) e resolver o contrato (art. 802º, nº 1), salvo o limite do art. 802º, nº 2, tendo direito ainda a ser indemnizada, segundo a melhor doutrina[920], pelo interesse contratual positivo.

Alternativamente, pode recorrer ao art. 781º, e exigir o cumprimento das rendas vincendas. Ou melhor, da parte das rendas vincendas correspondentes à amortização do bem, mas não já os juros incluídos nessas rendas, que são prestações duradouras reiteradas[921].

O contrato mantém-se, tendo o credor direito, em caso de incumprimento, a ser indemnizado por mora se, e enquanto, essa quantia não lhe for entregue. Pode ainda recorrer ao art. 808º e, se o locatário não cumprir, resolver o contrato nos termos do art. 801º, nº 2, tendo igualmente direito a ser indemnizado, também pelo interesse contratual positivo.

A revogação do art. 16º pelo Dec.-Lei 285/2001, de 3/11[922], onde se exigia um determinado período de mora para o locador resolver o contrato, pareceria depor nesse sentido.

[920] Ver: J. Ribeiro de Faria, *A natureza da indemnização no caso de resolução do contrato. Novamente a questão*, in: Estudos em comemoração dos cinco anos (1995-2000) da Faculdade de Direito da Universidade do Porto, Coimbra Editora, Coimbra, 2001, pp. 11, ss.; P. Romano Martinez, *Da cessação do contrato*, cit., pp. 207, ss, pp. 215-216.

[921] Vale aqui a *ratio* do AUJ de 25/3/2009 (Cardoso de Albuquerque), *supra* analisado.

[922] O art. 16º do Dec.-Lei nº 149/95, de 24/6, estabelecia uma dupla proteção do locatário no caso de não pagamento de uma prestação de renda. Por um lado, era necessário que a mora de estendesse por um período superior a 60 dias para o locador poder resolver o contrato (sem prejuízo de convenção em contrário, mas a favor do locatário – nº 1 do art. do Dec.-Lei nº 149/95, de 24/6); por outro, o locatário poderia precludir o direito do locador à resolução, se pagasse o montante em dívida acrescido de 50%, dentro do prazo de 8 dias contados da data em que tivesse sido notificado pelo locador da resolução do contrato (nº 2 do art. 16º do Dec.-Lei nº 149/95, de 24/6).

III. Não é este o resultado correto.

Distinguiremos neste contexto um regime geral **(a)** e depois um regime específico aplicável só a determinadas modalidades de locação financeira **(b)**.

a) Comece só por se dizer que se o valor da prestação for manifestamente diminuto no quadro global, funciona a limitação do art. 802º nº 2.

Em segundo lugar, entendemos que se aplica à locação financeira dirigida à aquisição do bem, o que sucederá na maioria dos casos (quando um sujeito não pretenda a aquisição do bem que amortiza, mas simplesmente o seu gozo, escolherá outra modalidade contratual, como o *leasing* operacional, o *renting*, ou uma locação simples) – até porque o valor residual será calculado para ser mais baixo que o valor venal, sendo possível previamente determinar o sentido económico do contrato[923] –, o regime dos artigos 934º e 935º.

Isto por força do art. 936º nº 1, que confere uma eficácia expansiva a esta disciplina.

Com efeito, essas disposições aplicam-se igualmente "a todos os contratos pelos quais se pretenda obter resultado equivalente ao da venda a prestações." O que é o caso.[924]

Refira-se de foma muito resumida que se trata de contratos de contratos de crédito e garantia em que o pagamento do valor em dívida se fará ao longo do tempo em diversas prestações de caráter financeiro (amortização do valor do bem mais os juros) cujo gozo se concede ao creditado, que, se for uma empresa, o utilizará de imediato no âmbito da sua atividade[925]. O resultado – e esse é o critério legal – é equivalente.

[923] É possível determinar o sentido económico do contrato, atendendo ao valor das rendas, ao valor residual, e a sua diferença face ao valor venal. Este, por razões de segurança do locador será mais elevado do que o valor residual. Isto não quer dizer que o locatário financeiro exerça sempre o direito de compra. Pode, decorrido esse prazo, não ter capital para o efeito ou, por algum motivo, ter perdido o interesse no bem. Contudo, se assim for, sofrerá, em regra, um prejuízo económico, porque, como se disse, o valor residual será inferior ao valor venal do bem nessa data.

[924] Neste sentido, P. Romano Martinez, *Direito das obrigações (parte especial) contratos, Compra e venda, locação, empreitada*, 2ª ed., Almedina, Coimbra, 2003 (reimpressão), p. 95. Não sem deixar de sublinhar que a aplicação deste regime à locação financeira "pode suscitar sérias dificuldades".

[925] Ver, com detalhe sobre este ponto, M. Pestana de Vasconcelos, *Direito das garantias*, cit., pp 551, ss., para onde tomamos a liberdade de remeter.

II. Daí decorre que a falta de pagamento de uma só prestação (de uma renda), que não exceda a oitava parte do preço (incluindo-se para a determinação deste as rendas e o valor residual), não dará lugar à resolução do contrato[926], sem que se possa[927] estabelecer convenção em contrário, no sentido de as partes não poderem por acordo afastar esta regra[928]. Não permite, igualmente, exigir o cumprimento antecipado da parte da amortização incluída nas rendas vincendas, nos termos gerais do art. 781º.

Parece-nos duvidoso que esta norma se aplique a quem não seja consumidor (sujeito que, além do mais, beneficia hoje da tutela mais intensa conferida pelo regime do crédito ao consumo). O sujeito que esta disposição visava proteger era este último[929].

Na verdade, a venda a prestações foi um dos primeiros instrumentos de crédito ao consumo. Do prisma histórico (elemento histórico)[930], este regime surge porque se ter sentido necessidade de tutelar o adquirente a crédito. Daí as limitações à resolução e à perda do benefício do prazo em caso de incumprimento[931].

[926] Nem leva à perda do benefício do prazo – mas só da parte das rendas vincendas que diga respeito à amortização do bem.

[927] Neste sentido, D. LEITE DE CAMPOS, *A locação financeira*, cit., p. 151.

[928] Cfr. VASCO LOBO XAVIER, *Venda a prestações: algumas notas sobre os artigos 934º e 935º do Código Civil*, RDES, 1974, p. 234; PIRES DE LIMA/ANTUNES VARELA, *Código civil anotado*, vol. II, cit., p. 230; A. PINTO MONTEIRO, *Sobre o não cumprimento na venda a prestações (algumas notas)*, Dir., 1990, p. 559; P. ROMANO MARTINEZ, *Direito das obrigações (parte especial) contratos, Compra e venda, locação, empreitada*, cit., p. 93.

[929] Sublinhando que se trata de uma "tutela especial do consumidor", quando este atue na "veste de comprador da coisa a prestações", A. PINTO MONTEIRO, *Sobre o não cumprimento na venda a prestações (algumas notas)*, Dir., 1990, p. 559. Em sentido próximo, V. LOBO XAVIER (*Venda a prestações: algumas notas sobre os artigos 934º e 935º do Código Civil*, cit., p. 231), sublinhando ser o comprador um "sujeito de fraco poder económico", embora inclua aqui também o profissional e o empresário (*ob. últ., cit.*, p. 231, nota 78); P. ROMANO MARTINEZ, *Direito das obrigações (parte especial) contratos, Compra e venda, locação, empreitada*, cit., p. 93. Ainda, PIRES DE LIMA/ANTUNES VARELA (*Código civil anotado*, vol. II, cit., p. 230), sublinhado a necessidade de se defender o "comprador contra a perigosa sedução do pagamento a prestações e da máquina publicitária dos vendedores e em atenuar as consequências da desigualdade económica dos contraentes".

[930] Ver, claramente, PIRES DE LIMA/ANTUNES VARELA, *Código civil anotado*, vol. II, cit., p. 230.

[931] Ver sobre este regime, desenvolvidamente: V. LOBO XAVIER, *Venda a prestações: algumas notas sobre os artigos 934º e 935º do Código Civil*, cit., pp. 199, ss.; A. PINTO MONTEIRO, *Sobre o não cumprimento na venda a prestações (algumas notas)*, cit., pp. 555, ss.; P. ROMANO MARTINEZ, *Direito das obrigações, (parte especial). Contratos. Compra e venda, locação, empreitada*, cit., pp. 86, ss;

Se se tratar de profissionais, parece que seria suficiente a proteção decorrente do art. 802º, nº 2 (para a resolução). Mas mesmo não se chegando a defender uma aplicação restritiva desta norma somente aos consumidores, parece ajustado, ainda assim, limitar o seu caráter imperativo a estes sujeitos. Os profissionais, entre eles, poderão afastar convencionalmente esta disciplina[932].[933]

48.8.3. Os regimes particulares

(i) O primeiro (que será, *infra*, abordado em texto, ns. 51 e segs.) é o da locação financeira mobiliária quando estejam preenchidos os requisitos de aplicação do regime dos contratos de crédito aos consumidores.

Para que o locador adquira o direito de resolver o contrato é necessário que o locatário incumpra duas prestações, sucessivas, e, cumulativamente, o seu valor terá que exceder 10% do montante total do crédito[934]. Para além disso, é ainda necessário que o credor conceda ao locatário/consumidor um prazo suplementar mínimo de 15 dias para este proceder ao pagamento das prestações em atraso, mais a indemnização devida, com expressa advertência dos efeitos da perda do benefício do prazo ou da resolução do contrato. [art. 20º, nº 1, als. *a)* e *b)* do Dec.-Lei nº 133/2009, de 2/6][935].

L. MENEZES LEITÃO, *Direito das obrigações, vol. III, contratos em especial*, cit., pp. 65, ss.; TERESA ANSELMO VAZ, *Alguns aspectos do contrato de compra e venda a prestações e contratos análogos*, cit., pp. 13, ss..

[932] A proteção ao consumidor depois necessariamente, como decorre dos regimes a seguir expostos, refinou-se. Mas mesmo esse refinamento, como se verá, parte da base desta disposição.

[933] Sustentando que embora este regime tenha "em vista a protecção do contraente débil, encarado normalmente enquanto consumidor final, ele aplica-se mesmo quando as partes se encontrem jurídico ou economicamente equilibradas a até às situações em que o desequilíbrio está a favor do comprador", P. ROMANO MARTINEZ, *Direito das obrigações (parte especial) contratos, Compra e venda, locação, empreitada*, cit., p. 95. Temos dúvidas que, atendendo à sua *ratio*, se possa sustentar que se aplique fora destes casos. Agora o que, tudo pesado, nos parece ser uma solução equilibrada, é afastar a imperatividade do regime quando o comprador não seja um consumidor.

[934] O art. 934º só exige o não cumprimento de duas prestações, independentemente do seu valor. Assim, PIRES DE LIMA/ANTUNES VARELA, *Código civil anotado*, vol. II, cit., p. 228.

[935] Não é neste caso, necessário, recorrer depois à interpelação cominatória do art. 808º. Esta é suficiente. Neste sentido, F. GRAVATO MORAIS, *Crédito aos consumidores, anotação ao Decreto-Lei nº 133/2009*, cit., p. 100.

(ii) O segundo está relacionado com a locação financeira imobiliária para habitação própria permanente, secundária ou para arrendamento.[936] Ele encontra-se agora previsto no regime dos contratos de crédito relativos a imóveis (aprovado pelodo Dec.-Lei nº 74-A/2017, de 23/6).

Nos termos do art. 27º, nº 1 als. *a)* e *b)* do Dec.-Lei nº 74-A/2017, de 23/6 (aplicável por força do art. 2º, nº 2 do mesmo diploma), o creditante só pode invocar a perda do benefício do prazo ou a resolução do contrato se cumulativamente as verificarem duas condições.

Primeiro: o consumidor não tiver cumpriu de três prestações sucessivas.

Segundo: foi-lhe concedido pelo locador financeiro um prazo suplementar mínimo de 30 dias para pagar as prestações em atraso, com a expressa advertência dos efeitos da perda do benefício do prazo ou da resolução do contrato, sem que este o faça [art. 27º, nº 1 als. *a)* e *b)* do Dec.-Lei nº 74-A/2017, de 23/6].

O incumprimento parcial da prestação não é considerado para este efeito, se o consumidor pagar o montante em dívida e dos juros de mora, eventualmente devidos até ao momento da prestação seguinte [art. 27º, nº 1 als. *a)* e *b)* do Dec.-Lei nº 74-A/2017, de 23/6].

48.8.4. Os efeitos da resolução do contrato[937]

I. Naquelas locações financeiras dirigidas à aquisição do bem, a resolução implicará a restituição do montante das rendas que constituem a sua amortização, mas já dos juros aí incluídos (ou outer despesas de manu-

[936] O regime antecedente o do crédito à habitação própria (Dec.-Lei nº 349/98, de 11/11), aplicava-se de forma direta ao mútuo, pese embora a redação ampla do art. 1º do Dec.-Lei nº 349/98, de 11/11. Defendemos já a sua aplicação por anlogia à locação financeira imobiliária para habitação perante do locatário, na primeira edição desta obra (p. 293). Aí escrevemos: "...se atendermos à teleologia da norma (e à *occasio legis*, o período de grandes dificuldades económicas atravessado), a tutela do adquirente de habitação própria permanente própria que recorre para o efeito a um contrato de crédito, em regra com garantia imobiliária (hipoteca, direito de propriedade, respetivamente para o mútuo e a locação financeira), ela se dever-se-á aplicar por analogia à locação financeira imobiliária destinada à aquisição ou construção de habitação própria permanente." A lei veio agora consagrar expressamente essa extensão no âmbito do regime de contratos de crédito relativos a imóveis (art. 2º, nº 2). Fez bem. Não havia motivo para um tratamento diferencido e a consagração na letra da lei de um regime que se alcançava só por via da analogia é, evidentemente, benéfico.

[937] Ver com detalhe sobre este ponto, M. Pestana de Vasconcelos, *Direito das garantias*, cit., pp. 517, ss.., para onde tomamos a liberdade de remeter.

tenção do contrato)[938]. Tal decorre da sua diferente natureza: retribuição do capital durante aquele período de tempo; amortização do valor pago pelo bem, que constitui a forma de o locador financeiro conceder crédito ao locatário.[939]

II. Se assim não fosse, resolvido o contrato, poderia manter o que já havia recebido como amortização do bem e obteria, ao mesmo tempo, a restituição do próprio bem.

Mesmo que aquele se tenha entretanto depreciado (o que acontecerá na generalidade dos casos, mas não sempre), o que daí decorre é um direito a indemnização do locador, que poderá ser satisfeita por via da compensação (uma vez que o locatário financeiro é credor da parte de amortização do bem que compõe as rendas recebidas).

Claro que é possível as partes acordarem a perda de rendas pagas. É semelhante a uma cláusula penal. Mas ela tem os limites do art. 935º, nº 2. Voltaremos a esta questão mais à frente nessa sede.

III. Resolvido o contrato, o locador tem direito à restituição do bem (art. 7º do Dec.-Lei nº 149/95, de 24/6). Enquanto o ex-locatário não o fizer, está em mora, tendo que indemnizar a outra parte. Pode ser, e muitas vezes é, prevista uma cláusula penal para estes casos[940].

A lei concede ao locador mesmo uma providência cautelar[941] especialmente enérgica consistente na sua entrega imediata ao requerente, se a

[938] Entre nós, noutro sentido, F. Gravato Morais, *Manual da locação financeira*, cit., p. 180. Também noutro sentido, defendendo agora a retroatividade aplicada à totalidade das rendas, F. Cassiano dos Santos, *Direito comercial português, vol. I*, cit., p. 407. Como procuramos demonstrar, a aplicação desta norma é direta e só no que diz respeito à parte da renda referente aos juros.

[939] Sustentando a sua aplicabilidade, Giorgio de Nova, *Il contratto di leasing*, 3ª ed., Giuffrè, Milão, 1995, p. 16; idem, *Il tipo contrattuale*, Cedam, Pádua, 1974, p. 163. Em geral, quanto à questão no direito italiano, centrada na aplicação à locação financeira do art. 1458º (correspondente ao nosso art. 434º nº 2) do *Codice Civile* e, em particular, do art. 1526º deste Código, previsto para a venda a prestações com reserva de propriedade onde se impõe essa restituição, ver Gabriele Aversano, *La vendita com riserva di proprietà (artt. 1523-1526)*, in: Codice della vendita (a cura di Vincenzo Buonocore, Angelo Luminoso, Caterina Miraglia), 3ª ed., Giuffrè, Milão, 2012, pp. 957, ss..

[940] Ver o acórdão do STJ de 12/6/2007 (Moreira Camilo), in: www. dgsi.pt.

[941] Sobre ele, ver F. Gravato Morais, *Manual da locação financeira*, cit., pp. 309, ss.. Na jurisprudência, o acórdão do STJ de 23/09/2004 (Lucas Coelho) in: www.dgsi.pt.

outra parte, resolvido o contrato, não o restituir (art. 21º do Dec.-Lei nº 149/95, de 24/6). Previamente, terá que realizar o pedido de cancelamento do registo da locação financeira[942] (art. 21º, nº 1 do Dec.-Lei nº 149/95, de 24/6), para o que é documento bastante a prova da comunicação da resolução à outra parte nos termos gerais (art. 17º, nº 2 do Dec.-Lei nº 149/95, de 24/6)[943]. Trata-se de tutelar o interesse do locador a obter rapidamente o bem e é um aspeto fundamental para a sua tutela. Recusando-se o locatário a entregar o bem, que é o ponto central da garantia do locador, ele poderá de forma expedida obtê-lo.

Restituído o bem, o locador tem uma tripla escolha: poderá vendê-lo, dá-lo outra vez em locação financeira ou em locação, ao anterior locatário ou a terceiro (art. 7º do Dec.-Lei nº 149/95, de 24/6).

Se optar por o vender, há sempre um elemento de risco ligado à sua colocação em mercado. Ele é mais relevante nuns bens do que outros, dependendo da sua liquidez. Nalguns casos, porém, sempre que tiver celebrado com o fornecedor um pacto de reaquisição[944], o locador por vendê-lo ao alienante pelo valor fixado. Este aspeto é de grande relevo, dado o impacto que tem no cálculo indemnizatório.

48.8.5. As cláusulas penais

I. Os contratos de locação financeira[945] preveem um conjunto diverso de cláusulas penais, sobre as quais existe ampla jurisprudência. Passaremos em revista aquelas que nos parecem mais relevantes e que têm merecido a atenção dos nossos tribunais[946].

II. Começaram por ser impostas (são cláusulas contratuais gerais) cláusulas nos termos das quais, incumprido e resolvido o contrato, o locador poderia exigir ao locatário o conjunto das rendas vencidas e não pagas, as

[942] A efetuar por via eletrónica sempre que as condições técnicas o permitam (art. 21º nº 1 do Dec.-Lei nº 149/95, de 24/6).

[943] Sobre ela, ver R. PINTO DUARTE, *O contrato de locação financeira. Uma síntese.*, cit., pp. 177, ss..

[944] O que acontece, como se viu, *supra*, em regra, na locação financeira convencionada (mas não só).

[945] Segue-se aqui (no ponto 42.8.5), M. PESTANA DE VASCONCELOS, *As cláusulas penais nos contratos de locação financeira*, ROA, 2016, p. 63, ss.

[946] Ver, sobre elas, R. PINTO DUARTE, *O contrato de locação financeira. Uma síntese.*, cit., pp. 170, ss.. Sublinhando o relevo prático da questão, QUIRINO SOARES, *Contratos bancários*, cit., p. 124.

rendas vincendas, assim como o valor residual[947]-[948]. Elas foram, em geral, consideradas, e bem, abusivas pela jurisprudência.

Com efeito, o locador resolvia o contrato, mas impunha uma solução em que ficava numa posição melhor do que se a outra parte tivesse cumprido, uma vez que obteria imediatamente a parte de amortização do capital incluída nas rendas vincendas (e retinha as já recebidas, mesmo nesta parte), os juros a constituir no futuro integrados nessas rendas, o valor residual e manteria a propriedade do bem[949].

Mas mesmo na versão em que se transmitisse a propriedade do bem, ainda assim, para além de se manter em melhor posição, porque desde logo obtinha antecipadamente os juros a constituir no futuro, não é aceitável impor a compra do bem, que consiste num direito, mas não de um dever do locatário[950]. Ora o incumprimento não pode ter por efeito transformar esse direito da contraparte da instituição de crédito num dever.

Os tribunais puseram-lhes, bem, cobro.

III. A cláusula penal que acabou por vir, em geral[951], a ser aceite[952] foi aquela em que o locatário, para além de ter que pagar as prestações ven-

947 Um das suas formulações era esta: "Em alternativa ao nº 2 pode o locador optar por exigir o pagamento do montante de todas as rendas vencidas acrescido dos juros calculados nos termos do nº 7 do Artigo 9º, desde as datas de vencimento dessas rendas até às da sua efectiva cobrança, das rendas vincendas e do valor residual.". Trata-se de uma caso decidido pelo STJ [acórdão do STJ de 31/5/2001 (Sousa Inês), in: www.dgsi.pt].

948 A prática consagra inúmeras variantes desta cláusula. Sobre ela, ver F. GRAVATO MORAIS, *Manual da locação financeira*, cit., pp. 181, ss.. E, em Itália, A. LUMINOSO, *I contratti tipici e atipici*, cit., p. 411.

949 Lapidarmente, o acórdão do STJ de 31/5/2001 (Sousa Inês), cit.: "Com o incumprimento e a resolução, a considerar-se válida a cláusula em exame, o locador ainda ganharia mais que com o cumprimento do contrato, uma vez que receberia a totalidade do capital investido, o juro e o lucro, tudo imediatamente a seguir à resolução, tudo como se findo o contrato o locatário optasse pela compra, mas continuando o locador com a propriedade da coisa locada." Acórdão que entendeu, e bem, que a referida cláusula viola o art. 19º, al. *c)* do Dec.-Lei nº 446/85, de 25/10, sendo, pois, nula (art. 12º Dec.-Lei nº 446/85, de 25/10).

950 Nesta linha quanto ao dever de comprar, o acórdão do STJ de 10/7/2012 (Serra Baptista), www.dgsi.pt: "São, pois, nulas, as cláusulas em apreço, na parte em que, em alternativa da resolução do contrato, prevêem, em caso de incumprimento por banda do locatário, a obrigatoriedade de aquisição da coisa locada".

951 Em termos tendenciais. Há diversas flutuações. Para efeitos de análise, é suficiente, porque o critério que passamos a desenvolver se aplica também a cláusulas penais com outros conteúdos.

cidas, terá ainda que pagar 20% das prestações vincendas e o valor residual[953]. Subentende-se que perde, também, as prestações pagas (uma vez que, se não fosse isso, teria direito à sua restituição).

IV. A questão terá que ser analisada de três ângulos, ou se se preferir, no seio de três quadrantes nos quais ela se deve inserir.

Em primeiro lugar é necessário determinar se não existe uma norma imperativa que limite essas cláusulas.

Em segundo lugar, e uma vez que estaremos quase sempre face a cláusulas contratuais gerais, se elas não serão inválidas por força desse diploma.

Por fim, verificar se elas não deverão ser reduzidas por aplicação do art. 812º.

Por uma questão de clareza, que atendendo ao caráter complexo desta matéria, se impõe, tratá-las-emos sequencialmente.

V. Antes de prosseguirmos, no entanto, é de todo o relevo qualificar esta cláusula. Na verdade, de acordo com o sustentado de Pinto Monteiro, deve-se distinguir entre a cláusula penal em sentido estrito, a cláusula penal como fixação antecipada da indemnização e a cláusula penal compulsória[954]. É uma questão de interpretação negocial, tendo que se ter em conta o escopo das partes[955].

Cremos que daí decorre que elas pretenderam, simplesmente, pré-fixar a indemnização por incumprimento, dada dificuldade posterior em determinar os danos[956]. Mas não se tem aqui em vista propriamente compelir o devedor a cumprir o contrato, sujeitando-o a uma sanção pesada, ou à ameaça[957]

[952] Sobre ela, ver J. Ribeiro de Faria, *A natureza da indemnização no caso de resolução do contrato. Novamente a questão*, cit., pp. 12-13. E, em geral, F. Gravato Morais, *Manual da locação financeira*, cit., pp 176, ss., pp. 181, ss..

[953] Ver, p. ex., já o acórdão do STJ de 17/12/1997 (Figueiredo de Sousa), in: www.dgsi.pt; o acórdão do STJ de 22/11/2001 (Pinto Monteiro), in: www.dgsi.pt.

[954] A. Pinto Monteiro *Cláusula penal e indemnização*, cit., pp. 19, ss.; pp, 280, ss.; pp. 671, ss (para as modalidades de cláusulas).

[955] A. Pinto Monteiro, *Cláusula penal e indemnização*, cit., pp. 638, ss., p. 642.

[956] Neste sentido, na doutrina alemã, ver M. Martinek, *Das Leasinggeschäft*, cit., § 101, pp. 926-927. Noutro sentido, entendendo ser uma cláusula penal em sentido estrito, F. Gravato Morais, *Manual da locação financeira*, cit., p. 186.

[957] A. Pinto Monteiro, *Cláusula penal e indemnização*, cit., p. 19; idem, *Sobre o controlo da cláusula penal*, in: Comemorações dos 35 anos do Código civil e dos 25 anos da reforma de 1977, volume III, Direito das Obrigações, Coimbra Editora, Coimbra, 2007, p. 196.

de uma sanção pesada, tendo assim um caráter compulsório, se ele não o fizer.[958]

Não se vê aqui um interesse tão relevante do locador no pontual cumprimento do contrato que o leve a criar uma verdadeira cláusula penal. Estamos recorde-se, face a um contrato de crédito, em que a posição do locado está especialmente segura relativamente aos outros contratos de crédito próximos (p. ex., o mútuo), porque é titular da propriedade do bem que, conforme se tem sublinhado, desempenha uma função de garantia (a que pode juntar outras, conforme se verá já de seguida[959])

Todavia, o cálculo do dano em caso de incumprimento, dada a necessidade de se entrar em conta com diveros factores, é complexo. Por isso, se recorre à sua fixação prévia da indemnização. É esse o sentido da cláusula.[960]

48.8.5.1. O regime imperativo do art. 935º

I. Há aqui três aspetos a ter em conta relativamente ao art. 935º.

O primeiro é o da sua aplicabilidade à locação financeira. O segundo está relacionado com o seu regime. O terceiro tem a ver com as modalidades de cláusulas penais aqui previstas e da adaptação do seu regime à locação financeira, se se entender que é aplicável.

II. Sustentamos, pelas razões apontadas *supra*, a aplicabilidade dos artigos 934º e 935º à locação financeira dirigida à aquisição do bem, em virtude da extensão decorrente do art. 936º, nº 1 a "todos os contratos pelos quais se pretenda obter resultado equivalente ao da venda a prestações". O que é claro, neste caso, como já se demonstrou.

[958] Para esta distinção de regime entre a cláusula de fixação antecipada da indemnização e a cláusula penal em sentido estrito, destacando o facto de esta última ser independente dos danos em concreto, que podem nem sequer se verificar, e poder ser exigida face ao simples mora, o que não sucede no primeiro caso, ver A. PINTO MONTEIRO, *Cláusula penal e indemnização*, cit., p. 443, pp. 579-580, p. 634.

[959] *Infra*, nº 48.9.

[960] Refira-se, em termos de direito comparado, que o BGH tem uma atitude severa com este tipo de cláusulas de fixação prévia da indemnização na locação financeira, e, na dúvida, toma por base a avaliação em concreto do dano. Ver M. MARTINEK, *Das Leasinggeschäft*, cit., § 101, p. 927.

III. Temos depois o regime do art. 935º Distinguem-se aqui duas figuras, uma verdadeira cláusula penal e uma cláusula de perda de prestações pagas.

Nos termos do art. 935º, nº 1, a cláusula penal está limitada a metade do valor do preço. Sendo fixada em montante superior, reduz-se automaticamente a essa quantia (art. 935º nº 2)[961]. Apesar disso, as partes podem estipular a ressarcibilidade de todo o prejuízo sofrido, caso em que o credor que pretenda obter uma indemnização superior ao estabelecido na cláusula terá que provar esse dano (art. 935º, nº 1).

Está também prevista a cláusula de perda de prestações pagas.

Caraterizemo-la brevemente.

Esta figura[962]-[963] aproxima-se da cláusula penal, mas tem uma estrutura diversa, uma vez que essas quantias já foram recebidas e o locador teria que as restituir[964].

Dispõe o art. 935º, nº 2, que elas não podem exceder metade do preço.[965] Sempre que superarem esse valor, opera-se igualmente a redução.

[961] Trata-se de uma cláusula relativa à indemnização que o credor pode exigir no caso de resolução do contrato, cfr. V. Lobo Xavier, *Venda a prestações: algumas notas sobre os artigos 934º e 935º do Código Civil*, cit., pp. 259, ss.; L. Menezes Leitão, *Direito das obrigações, vol. III, contratos em especial*, cit., pp. 55-56. Noutro sentido, Pires de Lima/Antunes Varela, *Código civil anotado*, vol. II, cit., p. 232. Cremos que tem razão os primeiros Autores. Aliás, terá mesmo que ser assim no caso da perda das prestações já pagas, porque se visa dessa forma obstar a um dos efeitos da resolução.

[962] Trata-se de um cláusula de perda de direitos – A. Pinto Monteiro, *Cláusula penal e indemnização*, cit., pp. 58, ss.; idem, *Sobre o não cumprimento na venda a prestações (algumas notas)*, cit., p. 567.

[963] Cfr. Massimo Bianca, *La vendita e la permuta*, in: Trattato di diritto civile italiano (dirigido por Filippo Vassalli), volume settimo, tomo primo, Utet, Turim, 1972, pp. 550, ss. Denominado em Itália *patto di confisca delle rate* e considerado pela doutrina como uma forma de cláusula penal do art. 1382º do *Codice Civile*. Cfr. G. Aversano, *La vendita com riserva di proprietà (artt. 1523-1526)*, cit., p. 954.

[964] Pese embora essa diferença estrutural, a semelhança em termos funcionais, permite a aplicação do regime da cláusula penal. Assim, A. Pinto Monteiro, *Cláusula penal e indemnização*, cit., p. 65; idem, *Sobre o não cumprimento na venda a prestações (algumas notas)*, cit., p. 568.

[965] No direito italiano (art. 1526º, nº 2 do *Codice Civile*), onde o nosso Código neste ponto se inspirou, é igualmente prevista uma cláusula de perda das prestações pagas, a "título de indemnização", mas não se estabelecem valores máximos. Apenas se confere ao tribunal o direito de reduzir esse valor, "segundo as circunstâncias". Exige-se aqui na doutrina "uma desproporção excessiva entre o montante das prestações recebidas e o conteúdo da pretensão ressarcitória e indemnizatória que aproximadamente caberia ao vendedor." M. Bianca, *La vendita e la permuta*, cit., p. 552.

No entanto, se houver prejuízo excedente e se tiver convencionado a sua ressarcibilidade, o locador poderá ser ressarcido pela totalidade do dano (pelo interesse contratual positivo[966]).

Quando tal não tenha sido acordado, ainda assim, não está o vendedor estritamente limitado pelas prestações recebidas que representem metade do preço. De facto, tratando-se da cláusula de retenção das prestações pagas, se elas excederem metade do preço, dá-se a mesma redução, mas, não obstante, confere-se ao vendedor a faculdade de demonstrar dano superior até esse montante, ou seja, até ao montante das prestações recebidas. Todavia, no caso de o valor das prestações retidas ser inferior ao dano efetivo, o vendedor só poderá exigir a indemnização por todo o prejuízo sofrido, se as partes o tiverem acordado.[967]

Recorrendo a um exemplo. Se o preço for de 100 dividido em 10 prestações, tendo sido pagas 4 prestações, o vendedor pode retê-las. Se tiverem sido pagas 6 (60), terá que devolver 10. Contudo, se o prejuízo for superior a 50, demonstrando-o, pode o vendedor exigir uma indemnização até ao valor das prestações recebidas, ou seja, de 60, mesmo sem acordo nesse sentido. Na eventualidade de ter recebido prestações no valor de 60, mas se o prejuízo for de 70, só se houver acordo (de ressarcibilidade do dano excedente) pode peticionar uma indemnização pela totalidade do dano (que terá que demonstrar).

IV. A noção de preço a que se recorre no art. 935º não é aquela de preço em sentido técnico, ou em sentido estrito, como contrapartida da transmissão da propriedade. Ele engloba também o custo do crédito – os juros – e outras despesas[968]. Pelo que o limite decorrente desta disposição não

[966] Noutro sentido, sustentando dever ser a indemnização calculada pelo interesse contratual negativo, V. LOBO XAVIER, *Venda a prestações: algumas notas sobre os artigos 934º e 935º do Código Civil*, cit., p. 262.

[967] Expomos a posição dominante na doutrina. Cfr. PIRES DE LIMA/ANTUNES VARELA, *Código civil anotado*, vol. II, cit., p. 232; A. PINTO MONTEIRO, *Sobre o não cumprimento na venda a prestações (algumas notas)*, cit., p. 568; P. ROMANO MARTINEZ, *Direito das obrigações (parte especial) contratos, Compra e venda, locação, empreitada*, cit., p. 94. Porém, de forma mais ampla, V. LOBO XAVIER (*Venda a prestações: algumas notas sobre os artigos 934º e 935º do Código Civil*, cit., pp. 265-255) estende este regime também ao caso do nº 1, ou seja, da cláusula penal.

[968] Como sublinha V. LOBO XAVIER, *Venda a prestações: algumas notas sobre os artigos 934º e 935º do Código Civil*, cit., pp. 241-244. Em sentido próximo, embora sem referir os juros, PIRES DE LIMA/ANTUNES VARELA, *Código civil anotado*, vol. II, cit., p. 229; P. ROMANO MARTINEZ, *Da*

significa, na verdade, metade do preço de aquisição do bem, mas metade do custo global do negócio.

No que toca à locação financeira, o preço, neste sentido, abarca o montante de todas as rendas mais o valor residual do bem comprado.

Assim determinado, a cláusula penal não pode ser superior a metade desse montante.

V. Estamos, desta forma, em posição para avaliarmos as cláusulas penais previstas nos contratos de locação financeira e aceites pelos nossos tribunais. Estruturalmente, temos nestes casos uma cláusula penal como fixação antecipada da indemnização e também uma figura próxima, a cláusula de perda de prestações realizadas, que se articulam de forma global.

Desde logo, elas integram uma parte de retenção de rendas pagas. Depois, a outra parte do valor determina-se numa percentagem das rendas vincendas (os 20%), mais o valor residual. Elas têm, assim, um caráter móvel, sendo o seu montante, maior ou menor, de acordo com o número (e valor) das rendas já pagas.[969].

Se esta quantia ultrapassar metade do preço (rendas mais valor residual), será reduzida a esse montante[970], podendo as partes sempre prever a ressarcibilidade do dano excedente, como resulta do art. 935º.

cessação do contrato, cit., p. 262. Era a posição já sustentada por LUIZ DA CUNHA GONÇALVES, *Tratado de direito civil em comentário ao Código Civil português*, vol. VIII, Coimbra Editora, Coimbra, 1934, p. 601 (engloba: preço em si, juros, outras despesas).

[969] Para este aspeto face ao art. 935º, nº 2, ver A. PINTO MONTEIRO, *Cláusula penal e indemnização*, cit., pp. 692-693.

[970] Voltando a um exemplo simples. Os dados são os seguintes: o preço de compra do bem ao vendedor é de 100, e ele se reparte-se em 80 integrados nas rendas e 20 no valor residual. Os juros globalmente considerados são de 40, o que significa que o valor das rendas é de 120. O prazo é de 10 meses, sendo o valor mensal das rendas (constantes) de 12 (a benefício de análise – a composição das rendas, em regra, é diversa, como se referiu, sendo a parcela de juros maior nas primeiras rendas, invertendo-se depois a proporção nas últimas rendas -: 8 de amortização mais 4 de juros).

Suponhamos que eram pagas 4 rendas (48) e que, de seguida, o locador resolvia o contrato por incumprimento da outra parte.

Se a cláusula penal fosse composta pela retenção das rendas pagas, mais 20% das rendas vincendas mais o valor residual, teríamos o seguinte resultado: 48 (rendas pagas) + 15,5 (20% de 72, as rendas vincendas) + 20 (valor residual) = 83,5.

Como metade do valor global a atender (140 = 120 das rendas + 20 do valor residual), seria 70, a cláusula seria reduzida até esse valor, neste caso em 13,5.

VI. Restam-nos as duas últimas questões colocadas. A aplicação do art. 19º, al. *c)*, do Dec.-Lei nº 446/85, de 25/10, e/ou o art. 812º

48.8.5.2. O regime das cláusulas contratuais gerais [art. 19º, al. c) do Dec.-Lei nº 445/86 de 25/10]

I As cláusulas penais previstas pelo locador financeiro são cláusulas contratuais gerais, pelo que se lhes aplica o regime destas.

E não é por estarmos ainda dentro do âmbito do art. 935º que uma cláusula não possa ser logo, atendendo em especial ao valor económico do bem dado em locação financeira, desproporcionada face aos danos expetáveis. Os pressupostos, os efeitos e as finalidades das referidas normas são diversos[971].

Ponto é que se verifiquem os elementos previstos no art. 19º, al. *c)* do Dec.-Lei nº 446/85, de 25/10.

O que significa avaliar se, no âmbito do quadro negocial padronizado[972], tendo em conta não só o tipo contratual, mas igualmente a modalidade de locação financeira, o bem seu objeto (e as suas particularidades, em

Contudo, se as rendas pagas tivessem sido 5 (60), o valor da cláusula penal seria de 92 (60, rendas pagas + 12 – 20% das rendas vincendas, que são 60 + 20, valor residual). Teria que se reduzir em 22.

Pelo contrário, se as rendas pagas tivessem sido 3 (36), o valor da cláusula penal seria de 72,8 (36, rendas pagas + 16,8 – 20% das rendas vincendas, no valor de 84 + 20, valor residual), pelo que a redução seria de 2,8.

Já se as rendas pagas tivessem sido só 2 (24), o valor da cláusula penal seria de 63,3 (24, rendas pagas + 19,2 – 20% das rendas vincendas, no valor de 96 + 20, valor residual). Não haveria lugar a qualquer redução.

Não se esqueça, porém – o que é do maior relevo –, que o locador mantém-se proprietário do bem que poderá vender no mercado ou dar a outrem em locação financeira.

[971] Como refere Joaquim de Sousa Ribeiro (*Responsabilidade e garantia em cláusulas contratuais gerais*, BFD, número especial, Estudos em homenagem ao Prof. Doutor Ferrer Correia, IV, Coimbra, 1997, p. 288, nota 91): "com pressupostos, efeito – redução (...) – e finalidades próprias, os limites estabelecidos naqueles dispositivos não são sobreponíveis ao do art. 19, al. *c)*, pelo que a protecção do devedor contra os riscos específicos dessas situações não prejudica a tutela que ele goza, na qualidade de aderente a c.c.g., e vice-versa".

[972] E não para aquele contrato em concreto com as suas circunstâncias individualizadoras, específicas. Desenvolvidamente sobre este ponto J. Sousa Ribeiro, *Responsabilidade e garantia em cláusulas contratuais gerais*, cit., p. 265, e pp. 247-249 nota 13 (para os elementos a ter em conta nessa valoração); A. Menezes Cordeiro, *Tratado de direito civil, II, parte geral, negócio jurídico*, cit., p. 450.

especial a desvalorização expetável), o prazo contratual, essa cláusula é desproporcionada face ao dano previsível[973]-[974], ou seja, aquele que é expetável de acordo com o "normal curso das coisas"[975]. Para tal não basta que o montante previsto na cláusula seja simplesmente superior, ou ligeiramente superior, ao dano expetável nos termos referidos: é necessária "uma desproporção sensível"[976]. Quando assim for, a consequência é a nulidade.

Neste quadro, reforce-se, os aspetos de maior relevo serão o montante das rendas, o valor de mercado do objeto do contrato e sua evolução previsível (há bens que se desvalorizam muito rapidamente, há bens que se depreciam pouco e há mesmo, em certos casos, bens que se valorizam com o decurso do tempo), assim como a modalidade de locação financeira.

Na verdade, quanto a este último aspeto, no *sale and lease back*, o preço pago pela sua aquisição ao locatário financeiro/vendedor (o financiamento) será sempre inferior ao seu valor de mercado (como o bem é o objeto da garantia, o crédito concedido – o preço – é sempre menor do que o seu valor).

Recorrendo a um exemplo:

A dá em locação financeira um automóvel de luxo a B. O preço (de compra ao concessionário dos automóveis) é de 1000, sendo repartida a amortização de 800 em 10 rendas, com os juros no valor de 100 (valor global das rendas: 900). Cada renda teria o valor de 90. O valor residual é de 200. A desvalorização expetável do automóvel nesse período de tempo (1 ano) é de 10%[977]. A cláusula penal é – claramente, neste caso –, despro-

[973] Aqueles que "normal e tipicamente resultam, dentro do "quadro negocial padronizado" em que o contrato se integra", J. Sousa Ribeiro, *Responsabilidade e garantia em cláusulas contratuais gerais*, cit., p. 286. Claro está, sem se atender às particularidades daquele contrato. O que não obsta a que se possam em abstrato ter em conta esses factores, pelo menos os dois primeiros. Ver também M. J. Almeida Costa/A. Menezes Cordeiro, *Cláusulas contratuais gerais. Anotação ao Decreto-Lei nº 446/85, de 25 de outubro*, cit., p. 46.

[974] Noutro sentido, sustentando uma avaliação face ao dano efetivo, Ana Prata, *Contratos de adesão e cláusulas contratuais gerais*, Almedina, Coimbra, 2010, p. 417.

[975] Na formulação do § 309, 5, al. *a)* BGB: "nach dem gewöhnlichen Lauf der Dinge zu erwartenden Schaden".

[976] M. J. Almeida Costa/A. Menezes Cordeiro, *Cláusulas contratuais gerais. Anotação ao Decreto-Lei nº 446/85, de 25 de outubro*, cit.., p. 47. Exigindo um excesso significativo, J. Calvão da Silva, *Banca, bolsa e seguros, tomo I, Direito europeu e português*, cit., p. 202. Porém, J. Sousa Ribeiro, *Responsabilidade e garantia em cláusulas contratuais gerais*, cit., pp. 289, ss..

[977] Sublinhe-se que o locatário tem o dever de fazer um seguro do bem contra a sua perda e deterioração [art. 10º, nº 1, al. *g)* do Dec.-Lei nº 149/95, de 24/6].

porcionada aos danos a ressarcir [art. 19º, al. *c)* do Dec.-Lei nº 446/85, de 25/10] e, portanto, nula.

Note-se que neste casos este, mesmo o limite de 50% do preço (decorrente do art. 935º), aqui 550 (900 das rendas + 200 do valor residual), tendo em conta que o automóvel valerá 900 é muito elevado.

Claro que o resultado seria diverso se estivéssemos face a bens que se depreciassem rapidamente e o prazo contratual fosse mais extenso.

48.8.5.3. A redução por força do art. 812º

I. Não cremos mesmo que o art. 935º implique que as cláusulas penais que passem no seu teste fiquem sempre fora do controlo do art. 812º[978]. Ou seja: preenchidos estes requisitos não poderia ser reduzida; este regime afastaria o do art. 812º.

Não é, parece-nos, assim.

O que a lei impõe é que não se ultrapasse este valor.

Mas tal não significa que, mesmo não o excedendo, a cláusula esteja isenta de controlo pelo art. 812º (que permite um controlo mais "fino"). E sendo, naquele caso, marcado pelos seus contornos específicos, uma cláusula manifestamente excessiva[979], venha a ser reduzida de acordo com a equidade[980]. Aqui, para a redução, haverá que contar, também, como no seu pressuposto, tanto com aspetos objetivos como subjetivos.[981]

[978] O não afastamento do regime geral do art. 812º pelo do art. 935º havia sido já sustentado por A. Pinto Monteiro, *Cláusula penal e indemnização*, cit., p. 66; idem, *Sobre o não cumprimento na venda a prestações (algumas notas)*, cit., p. 565.

[979] Os conceitos indeterminados de desproporção e de manifesto excesso, como é claro, não são coincidentes. O primeiro é muito mais apertado do que o segundo. Quanto ao manifesto excesso, e o seu preenchimento, A. Pinto Monteiro, *Cláusula penal e indemnização*, cit., pp. 739, ss.; idem, *Sobre o controlo da cláusula penal*, cit., pp. 202, ss..

[980] Ao contrário do art. 19º, al. *c)* do Dec-Lei nº 446/85, de 25/10, não se trata aqui de um controlo geral, abstrato, *ex ante*, sem atender às circunstâncias concretas do caso individual (assim, quanto a esta norma, J. Sousa Ribeiro, *Responsabilidade e garantia em cláusulas contratuais gerais*, cit., p. 25-266). O que não acontece no art. 812º, centrado nas particularidades do caso concreto.

[981] Assim, e de forma desenvolvida sobre este ponto, ver A. Pinto Monteiro, *Cláusula penal e indemnização*, cit., pp. 717, ss., pp. 739, ss.. Note-se, como destaca este Autor (*ob. últ. cit.*, p. 723), que a existência dos mecanismos específicos de controlo não afasta aqueles decorrentes das "normas e princípios de alcance geral", tanto no que diz respeito "ao acordo das partes", como no que toca ao "exercício do direito".

Note-se que, agora, relativamente art. 19, al. *c)* do Dec-Lei nº 446/85, de 25/10, dentre outros aspetos diferenciadores, o controlo realizado aqui não é feito *ex ante*, tendo em conta os danos previsíveis, mas, antes, aqueles em concreto sofridos (para o que poderão ter contribuído circunstâncias não expetáveis).

48.9. As garantias

I. Decorre do tipo social do contrato que o locador se dota de um conjunto amplo de garantias. A sua constituição está mesmo prevista, embora de forma desnecessária, na lei (art. 19º Dec.-Lei nº 149/95, de 24/6)[982]. Os créditos a assegurar são aqueles decorrentes das rendas ou de uma eventual indemnização.

Efetivamente, o locador financeiro não se limita para proteger a sua posição ao recurso à propriedade como instrumento de tutela (que pode ser mais ou menos relevante de acordo com os bens em si, tendo em conta a sua maior ou menor deprecisão, assim como facilidade de colocação no mercado), mas exigirá outras garantias, pessoais, reais ou fiduciárias. No primeiro caso, é comum o recurso ao seguro-caução[983]. Figura também muito utilizada é a livrança em branco avalizada pelos sócios-gerentes do devedor. Estas garantias podem aparecer isoladas ou articuladas com garantias reais, como penhores de diversa natureza.

Mas também com garantias fiduciárias, como sucede com a antecipação de rendas que funcionará como uma caução. É uma garantia fiduciária, porque as quantias são transferidas para a esfera do locador. Como tal, ele deve separá-las do seu património, depositando-as numa conta aberta para o efeito. As vantagens decorrentes da titularidade da quantia pertencem ao garante e não ao garantido, aqui a instituição de crédito.

Aliás, esta modalidade de garantia era expressamente regulada pela lei que lhe impunha limitações (art. 20º[984]). Com a liberalização do regime da

982 "Podem ser constituídas a favor do locador quaisquer garantias, pessoais ou reais, relativas aos créditos de rendas e dos outros encargos ou eventuais indemnizações devidas pelo locatário".

983 Ver o acórdão do STJ de 28/05/2002 (Qurino Soares), in: www.dgsi.pt; o acórdão de 29/04/2004 (Quirino Soares), www.dgsi.pt; o acórdão do STJ de 28/06/2007 (Salvador Costa), in: www.dgsi.pt.

984 A antecipação das rendas, a título de garantia, não podia ser superior a 6 ou a 18 meses, conforme o contrato tivesse por objeto, respetivamente, bens móveis ou imóveis (redação dada ao art. 20º pelo art. 1º do Dec-Lei nº 265/97, de 02/10).

locação financeira em 2001, elas foram afastadas (o art. 20º foi revogado, art. 5º do Dec.-Lei nº 285/2001, de 03/11). A garantia pode pois ter uma extensão maior do que a que tinha.

II. Gera-se desta forma um impressionante arsenal de tutela da instituição de crédito. De tal forma que, em muitos casos, se pode colocar a questão de saber se não estaremos face a uma sobregrantia, em prejuízo do locatário, colocando a seu cargo despesas desnecessárias ou limitando a possibilidade de recorrer a alguns dos seus bens para obter crédito. Só em concreto, tendo mais uma vez em conta a efetiva tutela que a titularidade do bem confere (que é particularmente intensa na locação financeira imobiliária).

48.10. A transmissão da posição contratual do locador e do locatário financeiro[985]

I. Se se tratar de bens de equipamento, transmite-se a posição do locatário no âmbito do trespasse do estabelecimento comercial[986] que esses bens integrem (negócio esse que deverá ser comunicado ao locador[987]), assim como por morte no âmbito da sucessão legal ou testamentária, se o sucessor prossiguir a atividade profissional do falecido (art. 11º, nº 1 do Dec.-Lei nº 149/95, de 24/6)[988].[989]

Não se tratando de bens de equipamento, aplica-se o regime da locação, como decorre do art. 11º, nº 2 do Dec.-Lei nº 149/95, de 24/6.

[985] M. Januário Costa Gomes, *Contratos comerciais*, cit., pp. 360, ss..

[986] A lei refere-se ao art. 115º do RAU, devendo hoje entender-se que é realizada para o art. 1112º do Código Civil, após a Lei 6/2006, de 27/2.

[987] A sua não realização constituirá fundamento de resolução do contrato nos termos do art. 17º. Assim, M. Januário Costa Gomes, *Contratos comerciais*, cit., p. 361.

[988] Como sublinha M. Januário Costa Gomes (*Contratos comerciais*, cit., p. 362), esta transmissão não opera de forma automática, uma vez que importa determinar se o sucessor continua na atividade do falecido ou não.

[989] Sustentado que a redação da norma é infeliz, e defendendo que "a regra é a da transmissão *mortis causa* da posição de locatário financeiro – a qual, porém, pode ser condicionada por cláusula contratual, salvo quando se trate de equipamento e o sucessor prossiga a actividade profissional do falecido, e à qual o locador se pode opor quando o cessionário não ofereça "garantias bastantes à execução do contrato"" R. Pinto Duarte, *O contrato de locação financeira. Uma síntese.*, cit., p. 174.

II. A lei, impondo a transmissão da posição contratual, sem exigir o consentimento da outra parte, tutela-a a jusante, concedendo-lhe o direito de se opor à transmissão da posição contratual, provando não oferecer o cessionário garantias bastantes à execução do contrato (art. 11º, nº 3 do Dec.-Lei nº 149/95, de 24/6).

Logo que o trespasse lhe seja comunicado, o locador deve, "num prazo razoável",[990] manifestar a sua oposição, com esse fundamento.[991]

A inexistência de garantias suficientes tem depois que ser concretizada. Há casos que nos parecem claros, como, p. ex., um património diminuto, a existência de um passivo superior ao ativo, a manutenção de prejuízos em anos seguidos.

A que a outra parte poderá obstar, oferecendo garantias especiais.

Cremos mesmo que o locador terá que, querendo opor-se, começar por exigir ao adquirente a prestação de garantias especiais, e, só depois, deduzir a oposição com o fundamento apontado.

III. A posição do locador pode ser transferida nos termos gerais, e, evidentemente, o adquirente ocupa a posição que o transmitente ocupava (art. 11º, nº 4 do Dec.-Lei nº 149/95, de 24/6)[992]. Há uma alteração face ao regime revogado do Dec.-Lei nº 171/79, de 6/6.

Aí se dispunha (art. 14º): "O contrato de locação financeira subsiste, para todos os efeitos, nas transmissões do direito do locador, ocupando a sociedade de locação financeira adquirente a mesma posição da sua antecessora."

Era clara a sua proximidade com o art. 1057º do Código Civil, consagrando solução idêntica.

O direito aí previsto era o direito de propriedade sobre o bem: transmitindo-se esse direito, transmitia-se igualmente a posição de locador para o adquirente.

[990] M. Januário Costa Gomes, *Contratos comerciais*, cit., p. 361.

[991] M. Januário Costa Gomes (*ob. últ. cit.*, p. 362) sustenta que seria "mais ágil a solução de não permitir ao locador a oposição *qua tale*, mas atribuir à oposição o efeito de manter o trespassante vinculado ao contrato, como garante, provando o locador não oferecer o cessionário garantias bastantes à execução do contrato."

[992] "O contrato de locação financeira subsiste para todos os efeitos nas transmissões da posição contratual do locador, ocupando o adquirente a mesma posição jurídica do seu antecessor."

O elemento literal da norma alterou-se, não se tratando de um simples precisar de redação. Presumindo-se a razoabilidade do legislador, como se tem que fazer, essa alteração tem de ter um significado e não manter de forma enviesada a regra anterior.

Esse sentido há-de ser alcançado valendo-nos dos restantes elementos da interpretação.

Assim sendo, parece claro que o que se pretende é afastar o regime da transmissão do direito pelo locador financeiro daquele da locação: passando a aplicar-se aqui as regras gerais. O significado da norma é esse[993].

IV. Outra coisa é a cessão de crédito às rendas como forma de refinanciamento do locatatário financeiro[994]. O negócio base será a venda ou a transmissão em garantia. É o *forfaiting*, como já se viu.

48.11. A proibição de operações de natureza similar

I. Nos termos do art. 23º, nenhuma entidade pode realizar "de forma habitual, operações de natureza similar ou com resultados económicos equivalentes aos dos contratos de locação financeira".

O que está aqui em jogo, essencialmente, é o ALD[995], que foi *supra* caraterizado.

II. Independentemente da qualificação que as partes façam do contrato, ela não é, como se sabe, vinculativa. Pelo que, se, atendendo ao seu conteúdo, o negócio for qualificável como locação financeira[996], é simplesmente esse regime que tem que se aplicar.

Quando tal não suceda, ou seja, quando o contrato não seja reconduzível a este tipo contratual, parece claro que se tratará de um contrato

[993] Noutro sentido: M. JANUÁRIO COSTA GOMES, *Contratos comerciais*, cit., p. 363. Aplicando aqui o regime geral do art. 424º, R. PINTO DUARTE, *O contrato de locação financeira. Uma síntese.*, cit., p. 172.

[994] J. STOLTERHOFT, *Vollamortisation über Mobilien-Leasing*, cit., pp. 191-192.

[995] Contrato que surgiu para contornar as disposições restritivas, inicialmente do regime da locação financeira, em especial no que diz respeito aos automóveis, cfr. R. PINTO DUARTE, *Aspectos contratuais do aluguer, da locação financeira e de outros contratos afins face à lei portuguesa*, cit., p. 67.

[996] Quanto a este ponto, ver PAULO DUARTE, *Algumas questões sobre o ALD*, cit., pp. 319, ss., p. 324.

"de natureza similar ou com resultados económicos equivalentes" aos da locação financeira[997], pelo que, se celebrados de forma habitual, estão feridos de nulidade (p. ex., se se tratar de um ente cuja atividade consista na celebração desses contratos). Isto, além das sanções pelo exercício a título profissional de operações de crédito por um ente que não seja instituição de crédito ou sociedade financeira, decorrentes do RGICSF [art. 4º, nº 1, al. *b)*, art. 8º, nº 2, art. 211º, al. *a)*].

De todo o modo, não cremos que haja dificuldades, ainda assim, quanto à celebração destes contratos por instituições de crédito[998]. Elas podem recorrer a figuras atípicas para este efeito.[999]

48.12. O regime insolvencial

48.12.1. O regime da resolução

I. A locação financeira só poderá ser resolvida pelo administrador, caso seja declarado insolvente o locador financeiro nos termos gerais do art. 120º CIRE.

II. O mesmo não sucede com a locação financeira restutiva (*sale and lesase back*), que que constitui um negócio semelhante a uma alienação em garantia (estruturalmente composto como se viu, por uma coligação de contratos). Ora, estas estão abrangidas por maioria de razão no art. 121º, al. *e)* CIRE. Com efeito, embora a lei só preveja diretamente as garantias reais, como o penhor ou uma hipoteca, por maioria de razão de incluem aqui as garantias assentes na titularidade, que desempenham a mesma função, sendo mesmo mais sólidas. A teleologia da disposição, que procura nesta fase de insolvência iminente evitar colusões e manter a *par conditio*, abrange-as seguramente.

Recorrendo a um exemplo simples. Se o banco contrata com B um empréstimo, e B, mutuário, ele poderá consituir uma hipoteca para tutelar o crédito ao capital e aos juros, (que podem ser pgaos em prestações unitárias, parte capital, parte juros), ou, alternativamente, alienar o mesmo bem ao banco, que lho dá imediatamente em locação financeira. Crédito

[997] Paulo Duarte, *Algumas questões sobre o ALD*, cit., p. 324.

[998] Neste sentido, F. Gravato Morais, *Manual da locação financeira*, cit., p. 55, nota 122.

[999] Quanto ao regime executivo deste contrato, ver M. Pestana de Vasconcelos, *Direito das garanticas*, cit., pp. 557, ss..

e garantia são constituídos no seio da mesma operação negocial composta pelos dois contratros coligados. É evidente que ambos os casos são abrangidos pela norma.

III. Fora deste prazo, é possível igualmente que a locação financeira restitutiva (já não, a simples locação financeira) seja atingida. Para tal, há que demonstrar o preenchimento dos requisitos do art. 120º CIRE, valendo pelas razões apontadas a presunção do art. 120º, nº 3 CIRE. Contudo, torna-se ainda necessário demonstrar a má fé.

48.12.2. O regime do negócio em curso

I. A locação financeira consitui um negócio em curso previsto e regulado no art. 104º do CIRE, onde a lei lhe fixa um regime idêntico ao da venda com reserva de propriedade e à locação venda (art. 104º, nº 1 e nº 2 CIRE)[1000].

Os casos regulados são os da insolvência do locador financeiro, previsto no art. 104º, nº 1, e a do locatário financeiro, regulado no art. 104º ns. 3 e 5 CIRE.

No primeiro caso, o locatário, caso já lhe tenha sido entregue a coisa, pode exigir o cumprimento do contrato, onde se inclui o direito de adquirir o bem (e o dever do locador lho vender) decorrido o prazo contratual (art. 104º nº 1 CIRE). Impede-se, desta forma, que a insolvência do creditante/titular do bem em garantia possa impedir a sua aquisição pelo locatário financeiro.

II. Se for declarada a insolvência do locatário que se encontre na posse da coisa, o contrato mantém-se. O administrador terá que escolher entre o seu cumprimento e a recusa do cumprimento (art. 104º nº 3 e nº 5 CIRE). A outra parte pode fixar um prazo razoável ao administrador, nos termos gerais, para que este exerça a sua opção (art. 102º nº 2 CIRE), mas esse prazo não poderá esgotar-se antes de decorridos cinco dias sobre a data da assembleia de aprovação do relatório (art. 104º nº 3 CIRE)[1001].

Também relativamente a estes bens, será necessário esperar pela deliberação por parte da referida assembleia quanto ao encerramento ou

[1000] Ver M. Pestana de Vasconcelos, *Direito das garantias*, cit., pp. 558, ss..

[1001] Ver o acórdão da Relação do Porto de 15/06/2015 (José Eusébio Almeida), in: www.dgsi.pt.

manutenção em atividade do estabelecimento ou estabelecimentos compreendidos na massa insolvente de que o bem objeto de locação financeira faça parte, para que o administrador, tendo a massa meios para o efeito, possa optar, de forma avisada, pela execução.

III. Quando o administrador opte pelo cumprimento, o que muitas vezes é essencial para se manter em funcionamento a empresa do insolvente, as rendas tornam-se dívidas da massa [art. 51º, nº 1, al. *f)* CIRE], pelo que para tal é igualmente necessário que esta tenha meios para esse pagamento. Decorrido o prazo contratual, o administrador poderá ou não exercer o direito de compra do bem, mediante o pagamento do valor residual. Se o administrador não pagar as rendas, como o contrato se mantém, o locador financeiro poderá resolver o contrato, exigindo a restituição da coisa.

IV. O administrador poderá ainda optar pela recusa do cumprimento. A posição do locador financeiro decorre do disposto no art. 104º nº 5 e no art. 102º nº 3 CIRE. Daqui resulta que não haverá lugar à restituição das rendas já pagas [art. 102º, nº 3, al. *a)* CIRE], adquirindo este último, para além do direito à restituição do bem, o (eventual) crédito decorrente do art. 102º, nº 3, al. *c)* (segundo o critério do art. 104º nº 5 CIRE), e, também, eventualmente, o direito a ser indemnizado – art. 102º, nº 3, al. *d)* CIRE –, como créditos sobre a insolvência [art. 104º nº 5 e 102º, nº 3, al. *d)* (iii) CIRE].[1002]

Dependendo do montante de rendas já pagas e do valor do bem na data da recusa de cumprimento (ambas necessárias para se determinar o montante indemnizatório), o locador encontra-se em regra numa posição confortável, sendo, também em regra, reduzido o crédito indemnizatório.

Pode mesmo ser inexistente. Basta o valor do bem não ter sofrido alterações, ter desvalorizado pouco, ou mesmo valorizado.

Mais: se da comparação de ambas as situações patrimoniais do art. 566º nº 2 resultar uma vantagem para o locador financeiro, este terá que restituir à massa a diferença entre o montante necessário para se colocar na posição em que estaria se o contrato tivesse sido integralmente cumprido e aquela em que fica em virtude da recusa de cumprimento pelo administrador.

[1002] A solução legal é idêntica à da venda a prestações com reserva de propriedade.

Este caso será frequente na locação financeira restitutiva, em que o bem é com alguma frequência subavaliado para efeitos de venda ao locador financeiro (é uma forma de o banco manter a margem de garantia).

49. A forfaitização (*forfaiting*)

49.1. Caracterização. Aspetos gerais

I. A forfaitização[1003] ou *forfaiting*[1004]-[1005] é um contrato pelo qual um comerciante transmite definitivamente a um ente financeiro, que pode ser

[1003] Seguimos aqui M. Pestana de Vasconcelos, *O contrato de forfaiting (ou de forfaitização)*, in: *Estudos em Memória do Professor Doutor José Dias Marques* (coordenação dos Professores Doutores Ruy de Albuquerque e António Menezes Cordeiro), Faculdade de Direito da Universidade de Lisboa, Almedina, Coimbra, 2007, pp. 537-570.

[1004] A raiz de *forfaiting* reside no termo francês *à forfait*, por sua vez ligado, como se verá melhor de seguida, ao desconto *à forfait* (cfr. Giovanni Panzarini, *Forfaiting: la funzione specie nel mercato internazionale, le techniche, la qualificazione*, BBTC, 1993, I, p. 770). Por isso, em França é denominado *forfaitage* e na Alemanha, seguindo um procedimento semelhante ao dos ingleses, *Forfaitierung* [em Itália, de forma próxima, M. Pittalis (*Forfaiting*, cit., p. 1418) refere-se à *forfeitizzazione* (embora não a use) – mas, p. ex., G. Panzarini (*ob. últ. cit.*) opta por não traduzir, recorrendo ao vocábulo em inglês]. Sugerimos a adopção do termo forfaitização, a que adere A. Menezes Cordeiro, *Direito bancário*, cit., p. 781. Noutro sentido sugerindo cessão de créditos em *forfaiting*, António Pedro A. Ferreira, *Revisitando o contrato de Forfaiting: desenvolvimentos recentes*, in: II congresso de direito bancário (coord. Miguel Pestana de Vasconcelos), Almedina, Coimbra, 2017, p. 279.

[1005] Quanto ao *forfaiting*, em geral, ver: Friedrich Graf Von Westphalen, *Rechtsprobleme des Factoring und des Forfait von Exportforderungen*, RIW, 1977, pp. 80, ss.; Klaus J. Hopt/Peter O. Mülbert, *Kreditrecht, Bankkredit und Darlehen im deutschen Recht*, J. Schweitzer Verlag, Walter de Gruyter, Berlim, 1989, Vorbem zu § § 607 ff, pp. 324, ss.; P: O. Mülbert/*Staudingers Kommentar zum Bürgerlichen Gesetzbuch mit Einführungsgesetz und Nebengesetzen, Buch 2, Recht der Schuldverhältnisse §§ 488-490*, 607-609 (*Darlehensrecht*), cit., pp. 347, ss.; M. Martinek/S. Omlor, *Das Forfaitierungsgeschäft*, in: H. Schimansky/H.-J. Bunte/H.-J. Lwowski, *Bankrechts-Handbuch*, Band II, 5ª ed., C. H. Beck, Munique, 2017, § 103, pp. 1092, ss.; idem, *Moderne Vertragstypen, Band I: Leasing und Factoring*, C. H. Beck, Munique, 1991, pp. 241-242; Frieder Bauer/Michael Seeger, *Forfaitierung, mit und ohne Versicherungsschutz*, in: S. Kümpel/A. Wittig, *Bank- und Kapitalmarktrecht*, cit., pp. 1774, ss.; K. Schmidt, *Handelsrecht*, cit., § 35 III, pp. 1006-1007; G. Panzarini, *Lo sconto dei crediti e dei titoli di credito*, cit.,, pp. 611, ss.; idem, *Forfaiting: la funzione specie nel mercato internazionale, le techniche, la qualificazione*, BBTC, 1993, I, pp. 769, ss.; Margherita Pittalis, *Forfaiting*, CI, 1992, pp. 1418, ss.; idem, *Forfaiting*, in: *I contratti del commercio, dell'industria e del mercato finanziario* (dirigido por Francesco Galgano), tomo primeiro, Utet, Turim, 1995, pp. 555, ss.; Luisa Vigone, *Contratti atipici*, 2ª ed., Cose & Come, Milão, 1998, pp. 117, ss.; C. Galvada/J. Stoufflet, *Droit bancaire*, cit., pp. 546-547; Ian Guild/Rhodri Harris, *Forfaiting. An alternative approach to export trade finance*, Universe books, Nova Iorque, 1986.

um banco[1006], os seus créditos a prazo, em regra incorporados em títulos (letras e, em particular, livranças), emergentes dos contratos (em geral, de venda ou de prestação de serviços) celebrados com terceiros, recebendo como contraprestação uma quantia pecuniária. Obtém dessa forma liquidez imediata, ao mesmo tempo que transfere para o adquirente os riscos do crédito, e se permite o finacimento do terceiro devedor.

Nesta definição inicial, e consequentemente bastante ampla, inclui-se, quer o *forfaiting* internacional (matriz desta figura), que tem por objeto títulos de crédito e em que os custos serão transferidos para o comprador, quer a adaptação interna deste contrato, cujo objeto são créditos ordinários frequentemente sem resultarem de contratos de venda ou prestação de serviços, como acontece com os créditos decorrentes dos contratos de locação financeira.

Em qualquer caso, o que aqui se pretende (*rectius*, visto o negócio do prisma do transmitente e, portanto, o que ele pretende) é uma monetarização que seja definitiva dos créditos pecuniários a prazo. Este último aspeto implica a transferência para o banco do conjunto de riscos ligados aos créditos transmitidos: de incumprimento e de insolvência do devedor, mas também de câmbio, de variação da taxa de juro, políticos, etc.

II. O *forfaiting* insere-se pois, atendendo à primeira vertente referida, no seio de uma categoria mais ampla de contratos que permitem a um ente que seja titular de créditos pecuniários a prazo monetarizá-los, ou seja, transformá-los em liquidez, como acontece com o desconto, a cessão financeira (sempre que a cessão do crédito seja acompanhada por um adiantamento), e a titularização (melhor dizendo, o negócio que tem como efeito a cessão de créditos para titularização)[1007].[1008]

Entre nós: L. Menezes Leitão, *Cessão de créditos*, cit, pp. 514-515; J. Engrácia Antunes, *Direito dos contratos comerciais*, cit., p. 520, ss.; António Pedro A. Ferreira, *Um caso especial de cessão de créditos sem garantia – o denominado forfaiting*, in: Nos 20 anos do Código das Sociedades Comerciais, homenagem aos Profs. Doutores A. Ferrer Correia, Orlando de Carvalho e Vasco Lobo Xavier (coord. António Pinto Monteiro), vol. II, vária, Faculdade de Direito da Universidade de Coimbra, Coimbra Editora, Coimbra, 2007, pp. 337, ss.; idem, *Revisitando o contrato de Forfaiting: desenvolvimentos recentes*, cit., pp. 269, ss..

[1006] Que é o que agora nos interessa. Este contrato é celebrado por três dos maiores bancos a operar em Portugal.

[1007] Trata-se evidentemente de uma enumeração não exaustiva. Poderíamos aqui incluir outros contratos típicos ou atípicos, como aqueles que constituem os negócios base das cessões de créditos em garantia.

III. Note-se que o *forfaiting* externo não é um instrumento de concessão de financiamento ao vendedor dos títulos, mas, como se verá, permite que ele conceda crédito a terceiro, o subscritor. O crédito neste caso é concedido por via da dilação no vencimento dos títulos a este último. O *forfaiting* permite esse financiamento, que depois por via da transmissão dos títulos é assumido pelo próprio banco/*forfaiter*.[1009]

Pelo contrário, no *forfaiting* interno, como se verá *infra*, o financiamento é conferido de forma direta ao vendedor dos créditos. Com efeito este adquiri-os e só mais tarde os trancionará ao *forfaiter*. As condições do contrato entre o vendedor dos direitos e o terceiro, p. ex., o contrato de locação financeira, não são determinadas, como sucede no *forfaiting* interno, pelo acordo incial e prévio entre o *forfaiter* e o vendedor.

IV. A importância desta modalidade de financiamento é crescente, como o demostra recente aprovação das *Uniform rules for forfaiting* (URF800)[1010], que decorreram dos trabalhos da *Banking Commission of the International Chamber of Commerce (ICC)* e a *International Forfaiting Association* (IFA).

Estas regras[1011], adotadas pela Câmara internacional de comércio (ICC), aplicam-se, quer o mercado primário, no qual se celebram os contratos e emitem os títulos que serão depois, em execução do contrato de *forfaiting*, transmitidos ao banco/*forfaiter*, quer ao mercado secundário de *forfaiting* (*secondary à forfait market*), no qual os títulos vendidos são depois transacionados ente bancos e *forfaiters*.

1008 Na Alemanha, distingue-se o *forfaiting* verdadeiro ou próprio (*echtes*) do *forfaiting* falso ou impróprio (*unechtes*) em que o *forfaiter* se reserva o direito de regresso sobre a outra parte, no caso de não obter a cobrança do crédito transmitido. Cfr. K. J. Hopt/P. O. Mülbert, *Kreditrecht, Bankkredit und Darlehen im deutschen Recht*, cit., Vorbem zu § § 607 ff, p. 324; R. A. Schütze, *Forfaitierungs-Vertrag*, cit., p. 287.

1009 Por isso se diz que "Forfaiting facilitates the provision of finance to the international trade community." Donald R. Smith, *Introduction*, in: Uniform rules for forfaiting (URF 800), International chamber of commerce, ICC services publications, Paris, 2012, p. 8.

1010 Ver Geoffrey Wynne, *Uniform rules for forfaiting: a revitalized forfaiting market and benefits for trade finance*, Butterworths Journal IBFL, vol. 28, 2013, pp. 78, ss. Estas regras entraram em vigor a 1 de janeiro de 2013 (*ob. cit.*, p. 78).

1011 Sobre elas, ver António Pedro A. Ferreira, *Revisitando o contrato de Forfaiting: desenvolvimentos recentes*, cit., pp. 293, ss..

Com efeito, importa distinguir estes dois mercados. O segundo é aquele onde o forfaiter primário se refinancia. [1012]

49.2. O *forfaiting* no comércio internacional

49.2.1. Interesses subjacentes

I. O seu desenvolvimento do *forfaiting* está ligado a duas ordens de razões.

Em primeiro lugar, a contraparte do vendedor ou do prestador de serviços exige para a celebração do negócio um prazo alargado para cumprir (muitas vezes com os rendimentos que vão sendo gerados com os bens que adquire).

Como esta dilação consiste na prestação de crédito pelo vendedor ou prestador de serviços que este não está em condições de conceder, o negócio estaria prejudicado se o exportador não pudesse recorrer a um *forfaiter* que permitisse estabelecer o, assim denominado, *package* financeiro.

Por outro lado, a celebração de um contrato de venda ou prestação de serviços com um sujeito de um outro Estado que se conheça mal e que pretende, para mais, a concessão de crédito comporta riscos elevados. Desde logo, o risco de não cumprimento e da insolvência da outra parte, mas também o risco cambiário, o risco da variação da taxa de juro (uma vez que se concede crédito) assim como de ocorrências no Estado do importador (guerra, revolução, etc.) que impeçam os pagamentos (o chamado risco do país).

O recurso ao *forfaiting* permite ao exportador conceder à outra parte o crédito,[1013] de que ela carece ao mesmo tempo que transmite para outrem (o *forfaiter*) os referidos riscos. De tal forma que se pode dizer que desta maneira se consegue transformar uma venda ou prestação de serviços com pagamento a prazo, de risco elevado, em dinheiro imediato.

II. O mecanismo utilizado consiste na subscrição pelo importador de livranças (promissória, *promissory note, pagaré, Solawechsel, billet à ordre*), ou no aceite de letras (*Bill of exchange, Tratte*), – sendo as livranças mais vulga-

[1012] Cfr. G. Wynne, *Uniform rules for forfaiting: a revitalized forfaiting market and benefits for trade finance*, cit., pp. 78, ss..

[1013] Em geral por um período de 3 a 5 anos, cfr. J. M. Braz da Silva, *Os novos instrumentos financeiros*, cit., p. 20.

res, como veremos –, com vencimentos semestrais, calculando-se cada uma delas por forma a integrarem parte do preço e os juros do crédito concedido (à taxa fixada pelo *forfaiter* para aquela operação – se pretender, como será o caso, transferir todos os custos do crédito concedido para o importador), e sendo a sua obrigação avalizada por um banco de elevada solidez.

De seguida, os títulos de crédito serão na sua totalidade transmitidos sem recurso (*sans recours, without recourse*)[1014] em bloco ao *forfaiter* pelo preço acordado, o que permite ao exportador obter a sua imediata monetarização, sem que o ente financeiro o possa demandar na eventualidade de não conseguir obter o pagamento do importador.

49.2.2. O *iter* negocial

I. Um exportador que tenha iniciado negociações com vista à celebração de um contrato com um importador que lhe solicite, ou seja provável que o venha a fazer, um médio/longo prazo para cumprir, procurará criar condições para que possa apresentar à outra parte uma proposta que permita satisfazer esse pedido. Aliás, as condições financeiras em termos de prazo no que toca ao pagamento (o *package* financeiro) serão por vezes determinantes para a opção por uma ou outra proposta contratual por parte do adquirente.

Nessa medida, o exportador, de entre outros mecanismos contratuais que lhe permitam obter resultados semelhantes, em parte, como no seguro de créditos, ou no todo, como a cessão financeira (*factoring*) internacional (que, no entanto, para além de outras diferenças que serão depois analisadas, tem por objecto créditos a curto prazo) recorrerá ao *forfaiter* para que este, tendo por base os dados do negócio, o cliente e o seu país de origem, possa estabelecer uma oferta de preço de compra.

Para a fixação desse valor terá que se determinar uma taxa de juro, calculada tendo em conta um conjunto de elementos, como o prazo do crédito concedido, os diversos riscos da aquisição "sem recurso" dos créditos, a garantia a ser prestada[1015], outros custos e a margem de lucro do *forfaiter*.

Será articulando essa taxa com o montante do valor pelo qual o exportador se propõe realizar a venda ou prestação de serviços à outra parte, mais o

[1014] A denominada *Angstklausel* na doutrina alemã, cfr. R. A. SCHÜTZE, *Forfaitierungs-Vertrag*, cit., II. 6, p. 289.

[1015] Ver sobre a garantia, *infra* em texto.

período de tempo necessário para se proceder ao pagamento (pelo importador) da totalidade da quantia, que se determina o custo da operação.

Sabendo este valor, o alienante ou prestador de serviços poderá adicioná-lo ao preço de venda, transferindo esse montante (o custo do crédito a conceder e, também, o da assunção do risco) para o comprador[1016].

II. A proposta do *forfaiter* é eficaz durante um determinado período de tempo comunicado ao exportador: é o *option period*.

Com a aceitação deste último, entra-se no *commitment period*[1017]-[1018].

Entre a data do acordo e a efectiva transmissão dos títulos ao *forfaiter* pelo montante acordado, estes terão de ser sacados pelo exportador e aceites pela outra parte (sendo letras), ou subscritos por ela (tratando-se de livranças), sendo aí inscritas as somas e os prazos de vencimento acordados com o ente financeiro.

Adicionalmente, a obrigação cambiária do importador terá que ser avalizada por um banco de reconhecida solidez internacional ou então terá que ser prestada uma garantia autónoma à primeira solicitação. Este aspeto é da maior relevância para limitar o risco do *forfaiter* e permitir a fácil circulação dos títulos.

Depois de enviados os documentos relativos à transação internacional, e em seguida à expedição das mercadorias, os títulos serão transmitidos ao *forfaiter* que, depois de proceder à sua verificação, em particular das assinaturas, pagará o preço acordado[1019].

1016 Ver para o cálculo do montante de cada um dos títulos de forma a incluir a amortização e o juro, desenvolvidamente, I. GUILD/R. HARRIS, *Forfaiting. An alternative approach to export trade finance*, cit., pp. 51, ss..

1017 Cfr. M. PITTALIS, *Forfaiting*, cit., pp. 1424-1425; I. GUILD/R. HARRIS, *Forfaiting. An alternative approach to export trade finance*, cit., p. 24.

1018 Há lugar a uma comissão de imobilização, ou *commitment fee*, quando há um desfasamento temporal entre a aceitação da oferta do *forfaiter* e a entrega dos títulos e respetivo pagamento do preço, o que se compreende, uma vez que o *forfaiter* não poderá utilizar os fundos nesse período. Cfr. I. GUILD/R. HARRIS, *Forfaiting. An alternative approach to export trade finance*, cit., p. 48.

1019 Por vezes, o exportador só se dirigirá ao *forfaiter* depois de já ter celebrado o negócio com a outra parte, solicitando uma proposta contratual de *forfaiting* dos créditos daí emergentes.

49.2.3. A estrutura da operação

I. Esta operação parece-nos poder ser estruturada através de duas formas básicas. Em primeiro lugar, recorrendo a uma estrutura dual: o *forfaiter* e o exportador celebram um contrato-promessa pelo qual o primeiro se obriga a adquirir em certas condições, depois de verificados os documentos que a outra parte tem que lhe entregar relativamente à transação, bem como as assinaturas e conteúdo dos títulos, essas mesmas letras ou livranças pelo preço acordado. A proposta do *forfaiter* dirá respeito simplesmente à celebração do referido contrato-promessa. O contrato de *forfaiting* em si será o contrato definitivo de aquisição dos títulos.

Podem também as partes adotar uma estrutura unitária, celebrando um único contrato (o contrato de *forfaiting*) que tenha por objeto as letras ou livranças como bens futuros.[1020]

Trata-se, convém sublinhar, de modelos a que as partes podem recorrer para melhor alcançar os interesses, ao abrigo da liberdade contratual. Não se pode retirar da natureza económica da operação (embora este aspeto tenha relevância em sede de interpretação negocial) uma estrutura considerada mais conveniente. Cabe às partes, claro está, dentro dos limites da lei, elegerem-na.

49.2.4. O objeto

I. A transação incide sobre títulos de crédito, letras ou livranças (embora possa ter também por objeto, de uma forma mais rara no âmbito internacional, créditos ordinários). A dívida decorrente do contrato entre o exportador e o importador está repartida num conjunto de prestações com vencimento semestral, sendo cada uma delas composta por parte do preço de venda[1021] e pelos juros acordados com o *forfaiter*. Por força da convenção executiva entre as partes, o primeiro saca sobre este último (sacado) à sua ordem um conjunto de letras onde se incorporam esses créditos. O importador procederá ao aceite.

[1020] Tratando-se o contrato de *forfaiting* fundamentalmente de uma venda, como se verá *infra*, este contrato consiste numa venda de bens futuros, ao passo que na estrutura dual estaremos perante um contrato-promessa de venda, e o contrato definitivo é um contrato de compra e venda dos títulos (letras ou livranças).

[1021] Por vezes, as partes acordam o pagamento inicial (a pronto) de uma parte do preço de venda (10%, 15%, 20%). Nessa eventualidade, o valor a que nos referimos em texto, evidentemente, é aquele relativo ao montante a ser pago a prazo.

Igualmente – como veremos até de uma forma mais frequente – são criadas livranças (também por força da convenção executiva, tendo em conta a relação fundamental – o contrato de compra e venda ou de prestação de serviços, onde em regra até se integrará) com os valores dos créditos referidos.

A finalidade da contração da obrigação cambiária pelo importador, que resulta, como se disse, da convenção executiva, é a de (em função de) pagamento sem conduzir a qualquer novação das obrigações emergentes do contrato.[1022] O crédito original mantém-se não sendo depois cedido ao *forfaiter*,[1023] a quem é somente endossada a letra ou a livrança. O cumprimento pelo importador na data do vencimento dos créditos cartulares conduz também à extinção desse crédito decorrente do contrato de compra e venda ou de prestação de serviços internacional.

As obrigações cambiárias do importador são depois avalizadas por um banco de reputada credibilidade internacional do país do importador ou então, alternativamente, será acordada com esse banco uma garantia autónoma à primeira solicitação da obrigação do referido importador a favor do *forfaiter*. Os títulos são depois endossados ao *forfaiter*, a quem são entregues.

II. A razão do recurso a letras ou livranças é simples. Em primeiro lugar, há uma razoável uniformização do seu regime decorrente da convenção de Genebra de 7 de junho de 1930. Depois, atendendo ao carácter autónomo[1024] do direito cartular, o *forfaiter*, a quem eles são endossados, não estará sujeito a que lhe sejam opostos os meios de defesa decorrentes da relação base ou de provisão entre o exportador e o importador, como sucederia se estivéssemos perante uma simples cessão de créditos (art. 585º).

[1022] Sobre este ponto em geral, ver: Tullio Ascarelli, *Teoria geral dos títulos de créditos* (tradução de Nicolau Nazo), Livraria académica – Saraiva, São Paulo, 1943, pp. 117, ss.; A. Ferrer Correia, *Lições de direito comercial, vol. III, Letra de câmbio* (com a colaboração de Paulo M. Sendim, J. M. Sampaio Cabral, António A. Caeiro e M. Ângela Coelho), Universidade de Coimbra, Coimbra, 1975, pp. 46-49; J. Oliveira Ascensão, *Direito comercial, vol. III, títulos de crédito*, FDL, Lisboa, 1992, pp. 235-236; P. Pais de Vasconcelos, *Direito comercial. Títulos de crédito*, cit., pp. 34, ss..

[1023] Quanto à razão pela qual os *forfaiters* não pretendem a transmissão deste créditos, ver R. A. Schütze, *Forfaitierungs-Vertrag*, cit., II. 6, pp. 289-290.

[1024] Para este conceito, ver A. Ferrer Correia, *Lições de direito comercial, vol. III, Letra de câmbio*, cit., pp. 67, ss. (que, na perspectiva deste Autor, exprime a mesma realidade que a literalidade e a abstração, encarada do prisma do portador, p. 69).

Os títulos são transferidos de forma definitiva, de maneira a exonerar o exportador/endossante do conjunto de riscos referidos; por isso, a transmissão (à semelhança do desconto *à forfait*, que está na sua origem, mas do qual, como veremos, se distingue) é realizada sem recurso, pretendendo o exportador não garantir o pagamento do aceitante (nas letras) ou do promissário face ao *forfaiter* ou a quem este endosse o título.

Ora este resultado só pode ser obtido no caso das livranças, uma vez que na letra, de acordo com a disciplina da lei uniforme, qualquer cláusula escrita pela qual o sacador se exonere da garantia do pagamento considera-se não escrita (art. 9º § 2 LULL). Como refere Ferrer Correia: a "obrigação cambiária do sacador no que respeita à garantia do pagamento é iniludível"[1025].

Para contrariar este efeito, o *forfaiter* através da convenção extracartular, ou seja, por cláusula integrada no contrato de *forfaiting*, obrigar-se-á a não exercer o direito de regresso face ao sacador/endossante[1026]. Semelhante cláusula permite afeiçoar o negócio à finalidade visada pelas partes neste ponto: a transmissão por inteiro dos riscos para o *forfaiter*.

Contudo, sendo uma convenção extracartular, já não poderá ser oposta a um terceiro a quem o *forfaiter* endosse a letra (salvo no caso específico da última parte do art. 17º LULL). O adquirente poderia pois, em caso de não pagamento, vir demandar o exportador/sacador, a quem restaria nesse caso somente a responsabilização do *forfaiter* (o primeiro *forfaiter*[1027]), uma vez que do contrato de *forfaiting* decorre a sua isenção por este desse risco[1028].

Como se referiu, este obstáculo não existe já no caso das livranças (às quais não se aplica o referido art. 9º da LULL, art. 77º LULL), podendo o beneficiário/endossante exonerar-se da garantia do pagamento (art. 15º e

[1025] A. FERRER CORREIA, *Lições de direito comercial, vol. III, Letra de câmbio*, cit., pp. 145-146.

[1026] Neste sentido, na doutrina alemã, F. GRAF VON WESTPHALEN, *Rechtsprobleme des Factoring und des Forfait von Exportforderungen*, cit., p. 83; M. MARTINEK, *Das Forfaitierungsgeschäft*, cit., p. 1012 (*schuldrechtliche Haftungsfreistellung*).

[1027] Daí que o *forfaiter* que pretenda transacionar o título deva incluir no acordo com o adquirente a obrigação deste não demandar o exportador/sacador em caso de incumprimento. M. MARTINEK (*Das Forfaitierungsgeschäft*, cit., p. 1012) aponta que segundo a jurisprudência mais recente do BGH a propósito do *forfaiting* não é necessária uma cláusula específica nesse sentido (a hipótese é a da transação de uma letra endossada pelo exportador ao banco alienante a terceiro em cumprimento de um contrato de *forfaiting*).

[1028] Cfr. G. PANZARINI, *Lo sconto dei crediti e dei titoli di credito*, cit., p. 615.

77º LULL), através da cláusula sem recurso. Por isso, são estes os títulos mais utilizados no contrato de *forfaiting*.[1029]

III. Quer estejamos perante letras, quer livranças, embora os riscos referidos, ligados nomeadamente ao incumprimento ou insolvência do importador, se transfiram para o *forfaiter*, o exportador é sempre responsável pela existência e validade da obrigação cambiária do promitente ou aceitante[1030], o que não se verifica, p. ex., se a assinatura do obrigado cambiário tiver sido falsificada.

Não se trata aqui de um risco corrido pelo *forfaiter*, à semelhança do que se passa na cessão no âmbito do *forfaiting* de um crédito ordinário em que o cedente tem que garantir a existência e exigibilidade do crédito que transmite.

Refira-se só, por fim, que a garantia prestada pelo banco do país do importador dá uma grande consistência económica a estes títulos permitindo em grande medida ao *forfaiter* transferir a parte mais significativa dos riscos que assume para uma terceira entidade.

Esta, sendo uma instituição de crédito do país do importador, para prestar uma garantia, em especial uma garantia particularmente sólida, como sucede com o aval e, *maxime*, a garantia autónoma à primeira solicitação, terá que confiar fundadamente nas condições patrimoniais e de idoneidade do devedor para cumprir.

O aspeto referido tem relevo na compreensão global da operação, em particular no que toca à facilidade de "mobilização" destes títulos por parte do *forfaiter* para obter um lucro (com a diferença de preços) e um refinanciamento.

[1029] Cfr. G. Panzarini, *Lo sconto dei crediti e dei titoli di credito*, cit., p. 615.

[1030] É doutrina praticamente unânime. Cfr. F. Graf Von Westphalen, *Rechtsprobleme des Factoring und des Forfait von Exportforderungen*, cit., p. 83; G. Panzarini, *Lo sconto dei crediti e dei titoli di credito*, cit., p. 615; M. Pittalis, *Forfaiting*, cit., p. 1425.

As assinaturas são, como referimos, verificadas pelo *forfaiter* ou terceiro, em geral o banco do exportador. Cfr. I. Guild/R. Harris, *Forfaiting. An alternative approach to export trade finance*, cit., p. 26.

49.2.5. A qualificação do contrato

I. A generalidade da doutrina[1031] qualifica o contrato de *forfaiting* como uma venda dos títulos de crédito. Posição isolada a este propósito é a de C.-W. Canaris[1032] que prefere qualificar este contrato como um mútuo acompanhado de uma dação em cumprimento (*Erfüllungs Statt*) dos títulos de crédito. Nessa medida, extinguir-se-iam as obrigações decorrentes do contrato de mútuo celebrado com o *forfaiter*.

Entende este Autor que o que o *forfaiter* pretende não é a aquisição dos títulos, mas o lucro que retira do desconto em si, faltando desta forma a conjugação de interesses subjacente a uma compra e venda[1033].

É importante sublinhar que a posição deste Autor se refere ao desconto *à forfait* (embora denominado *Forfaitgeschäft*)[1034] onde o adquirente dos títulos, ao contrário da outra modalidade de contrato de desconto, não pode exigir ao endossante o pagamento do crédito no caso de não pagamento pelo aceitante ou promitente, tratando-se assim de uma transferência definitiva dos títulos (e não potencialmente temporária, como no desconto sem ser *à forfait*).

Todavia, ao contrário do *forfaiting*, tal como está aqui a ser construído, com a sua configuração regular no comércio internacional, quem suporta os custos do financiamento (e mesmo dos riscos) é o descontário e não o obrigado cambiário (aceitante ou promitente).

Este último aspeto torna muito difícil sustentar que estejamos aqui perante um empréstimo do *forfaiter* ao exportador. Atendendo exclusivamente aos interesses económicos envolvidos, o financiamento é de forma indireta dirigido ao importador que tem que suportar o seu custo. O que se obtém pelo cálculo do valor das letras ou livranças e dos respectivos prazos de vencimento. Integram-se aí parte do capital (correspondente ao

[1031] Cfr. G. Panzarini, *Lo sconto dei crediti e dei titoli di credito*, cit., p. 617; M. Pittalis, *Forfaiting*, cit., p. 1143, p. 1147; F. Graf Von Westphalen, *Rechtsprobleme des Factoring und des Forfait von Exportforderungen*, cit., p. 82; C. J. Gmür, *Excurs: Forfaitierung – Exportfinanzierung für Investitionsgüter*, cit., p. 208; K. J. Hopt/P. O. Mülbert, *Kreditrecht, Bankkredit und Darlehen im deutschen Recht*, cit., Vorbem zu § § 607 ff, p. 325R. A. Schütze, *Forfaitierungs-Vertrag*, cit., II. 6, p. 288; K. Schmidt, *Handelsrecht*, cit., § 35 III, p. 1007.

[1032] C.-W. Canaris, *Bankvertragsrecht*, 1975, cit., pp. 851-852.

[1033] C.-W. Canaris, *Bankvertragsrecht*, 1975, cit., p. 852.

[1034] O tratamento deste ponto na verdade vem inserido no âmbito do contrato de desconto (*Diskontgeschäft*) como uma modalidade particular deste (*Sonderformen des Diskontgeschäfts*).

valor entregue pelo *forfaiter* ao exportador e que corresponderá ao preço de venda a pronto) e os juros.

Na perspetiva do exportador, ele pretende trocar os títulos por uma determinada quantia pecuniária que corresponda ao valor da venda a pronto; não pretende que lhe seja concedido crédito, mas recorrer a um mecanismo que lhe permita conceder crédito ao importador sem ter que suportar esse custo, além de transferir para outrem os riscos de uma venda a prazo.

A construção do mútuo com dação em cumprimento seria, como se vê, bastante artificial e não corresponde nem aos interesses subjacentes nem ao que as partes pretendem: a troca dos títulos, que constituem um bem em si, por um preço.

Nada obsta, perspetivando agora o negócio pelo prisma do *forfaiter*, como o faz na sua argumentação Canaris, a que o lucro, que é evidentemente o que a instituição de crédito pretende, seja obtido, como acontecerá com frequência, pela revenda dos mesmos títulos a um terceiro. Efetivamente, ele não quererá os títulos, como muitas vezes um comprador, em particular se for um comerciante, não quererá o objeto da compra para permanecer no seu património a título definitivo, mas o mero lucro resultante da revenda. Esta finalidade é perfeitamente compatível com o esquema da venda, sendo mesmo o elemento caracterizador (compra de bens para revenda e a venda de bens adquiridos com intuito de revenda) da compra e da venda comerciais (art. 463º do Código Comercial)[1035].[1036]

Contudo, mesmo que os custos sejam suportados pelo vendedor/endossante e não pelo importador, o que significa que estaremos mesmo face a um desconto *à forfait*,[1037] ainda assim não nos parece claro que as partes pretendam um empréstimo articulado com uma dação em pagamento dos títulos.

Nesta hipótese não se poderia dizer que o empréstimo é artificial, uma vez que, efetivamente, ao receber de imediato (com a dedução do desconto propriamente dito) uma quantia que só viria a receber no futuro com o vencimento, o descontário está a obter um crédito e paga por ele um custo que se traduz essencialmente nos juros incluídos no desconto. E se nos

[1035] Sobre esta, ver: P. ROMANO MARTINEZ, *Direito das obrigações (parte especial), contratos*, cit., pp. 99-100.

[1036] Art. 463º nº 2 e nº 3 para os títulos.

[1037] Quanto a este, ver, *supra*, nº 49.3.2.

ficássemos por aqui, como acontece nas outras modalidades de desconto, seria até a perspectiva correcta.

Porém, a verdade é que neste contrato o que está em jogo não é só a concessão de crédito ao descontário (aspeto indiscutível), mas igualmente a transferência para o descontador dos diversos riscos relacionados com o crédito, em particular o de insolvência do importador. O negócio desempenha aqui também uma função de garantia. Ora tal é obtido através da aquisição dos títulos sem recurso, o que permite esse resultado prático.

Por outro lado, o adquirente dos títulos calcula a sua contraprestação (que depois desconta no valor nominal dos títulos para se determinar desta forma o efectivo montante a ser entregue), atendendo aos riscos que assume e que estão relacionados não só com o incumprimento ou insolvência do aceitante ou promitente, mas também com as variações da taxa de juros e de câmbio (quando o título estiver expresso em moeda com curso legal apenas no estrangeiro). Neste contexto, desempenha um papel relevante a garantia autónoma ou aval prestado pelo banco do importador, uma vez que contribui para afastar alguns dos riscos assumidos.

Nessa medida, o título não é um mero instrumento para a obtenção de um eventual montante emprestado à outra parte e dos juros correspondentes, como acontece no vulgar desconto, mas torna-se, e é perspetivado pelas partes, como um valor em si que o descontante poderá depois negociar (e cujo valor de mercado variará, atendendo ao maior ou menor risco de incumprimento ou de insolvência do devedor, ao prestador da garantia, e também os riscos de taxa de juros e, eventualmente, de câmbio).

Deste modo, pretendendo as partes uma troca definitiva de um bem por um preço, estaremos perante um compra e venda que pode ter, como no desconto *à forfait*, finalidade indireta de crédito e de garantia[1038].

II. Podemos então concluir que as partes no *forfaiting* pretendem efetivamente a troca dos títulos por um preço, que corresponderá ao valor de venda a pronto das mercadorias. Os títulos representam um valor em si, diverso do valor nominal do crédito neles incorporado, e que variará em função de um conjunto de factores (dentro dos quais se conta, como se disse, a garantia prestada e quem a presta).

[1038] Como acontece em diversas modalidades da compra e venda, como a venda a prestações com reserva de propriedade e entrega da coisa e da venda a retro.

49.2.5.1. *Forfaiting* e desconto

I. No caso do *forfaiting*, conforme está aqui a ser construído, os custos do financiamento e do risco assumido correm por conta do importador, enquanto, nesta hipótese, o valor do desconto a efectuar ao valor nominal do crédito é, em princípio, um custo do descontário.

Todavia, é possível, de uma forma só em parte paralela ao que acontece no *forfaiting*, que o montante inscrito na letra compreenda também o valor do desconto de forma a que o descontário receba o valor líquido, sendo os juros suportados pelo aceitante[1039]. De todo o modo, no desconto, mesmo neste caso, ao contrário do *forfaiting*, o descontário continuaria a correr o risco do incumprimento.

Por outro lado, por vezes o desconto não será uma operação isolada, como o *forfaiting*, mas trata-se de um negócio de mobilização de uma abertura de crédito, eventualmente em conta corrente, acordada entre as partes.

II. Claro está que sempre que recair sobre o descontário o custo integral da assunção dos riscos por parte do descontador e do crédito por ele concedido, estaremos já perante o desconto *à forfait*.[1040] No *forfaiting* estes custos correm, como se sublinhou, por conta do importador.

49.3. O *forfaiting* interno

I. Conforme se começou por referir, o *forfaiting* foi uma operação que se desenvolveu no seio do comércio internacional, motivado em grande parte pelas especificidades deste. Nesse quadro, o contrato tem principalmente por objeto (embora não só) letras e, sobretudo, pelas razões apontadas, livranças.

[1039] Ou então por o descontador, por acordo com o aceitante, lhe cobrar a ele o valor do desconto, entregando por inteiro o valor nominal do crédito ao descontário. Ambas as hipóteses são referidas por Fernando Olavo, *Desconto bancário*, cit., p. 81. Ainda, como também se referiu aquando da análise do contrato de desconto, poderá o devedor que aceitar uma letra, por forma a esta ser descontada junto de um banco, obrigar-se face ao descontário, a pagar a quantia correspondente ao desconto, correndo, nessa medida o referido custo por sua conta.

[1040] Ver, sobre este, *supra*, 45.3.2.

II. Na Alemanha[1041], o *forfaiting* (ou *Forfaitierung*) tem sido utilizado no âmbito estritamente interno, tendo por objeto créditos ordinários e não garantidos nas relações entre os bancos e as sociedades de locação financeira. Efetivamente, estas cedem a estes últimos os seus créditos às rendas (e ao valor residual) emergentes dos contratos de locação financeira celebrados, libertando dessa forma o balanço desses créditos que são substituídos por liquidez. O bem locado é igualmente transmitido em garantia ao refinanciador[1042].

Sendo as rendas compostas pelo valor de amortização do bem, mais os juros, temos uma cessão de créditos presente, os primeiros, e de créditos futuros, os segundos. Nada obsta a que se cedam rendas de um contrato ainda a celebrar. Nesse caso, estaremos na íntegra face a créditos futuros. Quando o crédito benefice de outras garantias, como p.ex., um penhor, com cessão deste transmitem-se nos termos gerais também as garantias, o que confere uma dupla tutela ao locador, e depois ao adquirente desses direitos.

Obtém dessa forma fundos que utilizam para a prossecução da sua atividade. Trata-se, pois, de uma forma de refinanciamento acompanhada da cessão de ativos (que vão emergindo da sua atividade) e dos riscos a ele ligados.

III. Desta exposição decorre que, funcional e mesmo estruturalmente, este desenho do *forfaiting*, que tem por objeto uma cessão de créditos ordinários, por forma a propiciar dessa forma liquidez ao cedente e a transferir para a outra parte os riscos, se aproxima do desconto de créditos ordinários e, em especial, da cessão financeira na modalidade de cessão sem recurso e com adiantamento, ou seja, quando o factor antecipa parte do valor nominal do crédito cedido, garante o cumprimento por parte do devedor e realiza a sua cobrança.

[1041] Cfr. Herbert Zahn, *Die refinanzierung*, in: Der Leasingvertrag (herausgegeben von Friedrich Graf von Westphalen), 6ª ed., Verlag Dr. Otto Schmidt, Colónia, 2008, pp. 912, ss.; M. Martinek, *Das Forfaitierungsgeschäft*, cit., pp. 1015, ss.; J. Stolterhoft, *Vollamortisation über Mobilien-Leasing*, in *Münchener Vertragshandbuch*, Band 2, *Wirtschaftsrecht* I. (herausgegeben von Rolf A. Schütze, Luz Weipert), 6ª ed., C. H. Beck, Munique, 2009, pp. 191-192, ss.; Bernd Peters, *Refinazierung beim Mobilienleasing und Insolvenz des Leasinggebers*, ZIP, 2000, pp. 1759, ss..

[1042] Cfr. B. Peters, *Refinazierung beim Mobilienleasing und Insolvenz des Leasinggebers*, cit., p. 1759; J. Stolterhoft, *Vollamortisation über Mobilien-Leasing*, cit., p. 191.

49.3.1. Desenvolvimento

I. Como se viu a propósito do *factoring*,[1043] a cessão de créditos constitui um efeito de um negócio base que pode ter uma natureza bastante diversa. O conteúdo global do negócio pela qual se opera a transferência desse direito resulta assim da articulação das disposições da cessão de créditos com as desse particular negócio, neste caso, uma compra. Efetivamente, as partes pretendem aqui a troca do crédito ou créditos por um preço, que está dependente da avaliação que o *forfaiter* faça desses direitos. Para tal terá que ter em conta, dentre outros elementos, a data do seu vencimento, o risco de incumprimento ou de insolvência do devedor cedido e os custos relativos à sua cobrança.

II. Neste contexto, importa não esquecer que o crédito cedido não está garantido, como sucede, conforme foi referido, na versão internacional deste negócio. O cedente ao ajustar com a outra parte o preço a receber pela transferência dos direitos terá que avaliar o custo de um refinanciamento alternativo, da passagem para outrem, de forma integral, dos referidos riscos[1044], bem como da poupança nas despesas de administração e cobrança dos créditos[1045].

III. A compra e venda do crédito pecuniário mostra-se apta do prisma do alienante a desempenhar este papel de obtenção de liquidez e garantia. Por um lado, através do preço calculado tendo presente o valor económico do direito, obtém a sua substituição no seu património por fundos de que necessita para prosseguir, e mesmo ampliar, a sua atividade; por outro, a transferência definitiva do crédito para a esfera do adquirente leva a que este passe a correr os particulares riscos ligados à titularidade deste bem. Na verdade, o cedente garante ao cessionário a existência e a exigibilidade do crédito, mas já não a solvência (ou o cumprimento) do devedor cedido,

[1043] Ver, *supra*, nº 46.9.

[1044] Poderá do contrato resultar que correm por conta do cedente – trata-se do *forfaiting* falso (*unecht*), cfr. H. ZAHN, *Die refinanzierung*, cit., p. 913.

[1045] Haverá que ter presente também as vantagens de natureza fiscal que para o cedente resultam deste negócio. Sublinhando que o referido ponto foi determinante para a implantação do *forfaiting* no âmbito interno na Alemanha, M. MARTINEK, *Das Forfaitierungsgeschäft*, cit., 1015-1016.

exceto se a tanto expressamente se tiver obrigado, o que não é aqui o caso (art. 587º ns. 1 e 2).

Os fins visados pelas partes poderiam ter sido alcançados através de um negócio, ou um conjunto de negócios, de crédito e garantia sem se operar a transferência dos créditos. Contudo, não foi esse o instrumento escolhido pelas partes, tendo estas considerado a compra e venda como mais apta para o resultado que pretendem alcançar.

IV. O alienante garante a existência e a exigibilidade do crédito cedido no termos aplicáveis ao contrato de compra e venda, seu negócio base (art. 587º nº 1). Já não garante a solvência do devedor cedido (art. 587º nº 2). Esse é um risco, como se disse, transferido para o comprador/cessionário e tido em conta, entre outros factores, na fixação do preço.

Tratando-se de uma venda, não há, dada a natureza do objeto negociado, qualquer dever de entrega do bem [art. 879º, al. *b)*], embora tenham que ser entregues os documentos probatórios do crédito (art. 882º ns. 2 e 3, e art. 586º). O direito sobre este (o documento probatório do crédito) constitui, de acordo com Menezes Leitão, "um específico direito acessório do direito de crédito"[1046].

V. No que diz respeito à estrutura da operação de *forfaiting*, esta poderá ter por objeto um único crédito. Porém, de uma forma paralela ao que acontece com o *factoring*, poderá estruturar-se de forma dual, através da celebração de um contrato inicial seguido dos contratos de compra e venda dos créditos[1047] ou, eventualmente, incidir sobre a transmissão global de um conjunto de créditos presentes e futuros (cessão global).

Nesta última hipótese, estaremos perante um contrato de venda de bens presentes e futuros (art. 880º). Neste contexto, é importante determinar, caso os referidos direitos venham a emergir de uma relação contratual duradoura já constituída, se, existindo, as partes pretenderam de imediato a transmissão das próprias expetativas. Haveria desta forma uma cessão de créditos (presentes) acompanhada de uma transferência das expetativas de aquisição dos créditos futuros.

[1046] L. Menezes Leitão, *Cessão de créditos*, cit., p. 358.

[1047] H. Zahn, *Die refinanzierung*, cit., p. 913.

VI. Em caso de declaração de insolvência subsequente do vendedor do crédito, a titularidade do direito (venda de crédito presente) já se transmitiu para o comprador não fazendo desta forma parte da massa insolvente. Se o preço ainda não tiver sido pago, esse direito de crédito (ao preço) pertence à massa. O negócio não poderá, em princípio, ser atacado por via da resolução nos termos dos arts. 121º (relativos à resolução incondicional) e 120º CIRE (requisitos gerais da resolução), pelo menos quando o preço de compra corresponder ao valor de mercado do crédito cedido.

VII. Questão diversa é o regime insolvencial dos créditos cedidos. Sendo créditos presentes, integram-se logo no património do comprador/cessionário. Caso sejam créditos futuros (o que acontece com a parte dos juros integrados nas rendas vincendas), e uma vez que existem já as expetativas, tendo as partes querido a sua transmissão, tudo reside em saber se a nossa lei impõe ainda assim que esses créditos quando nasçam integrem a massa, ou se fazem logo parte do património do comprador, onde já se incluem aquelas.[1048]

49.3.2. Distinção das figuras próximas

49.3.2.1. O contrato de cessão financeira sem recurso e com adiantamento

I. Esta modalidade de cessão, *supra* analisada, é muito semelhante ao *forfaiting*.

Distingue-se dele essencialmente por dois aspetos[1049].

[1048] Haverá ainda que considerar o destino do contrato donde emergem esses créditos na insolvência. Sendo um contrato de locação financeira, o disposto no art. 104º CIRE. Quanto a este aspeto, central da figura, na Alemanha, ver B. PETERS, *Refinazierung beim Mobilienleasing und Insolvenz des Leasinggebers*, cit., pp. 1759, ss..

[1049] Estamos a centrar a nossa análise somente no contrato de cessão financeira sem recurso e com antecipação, individualmente considerado, para o distinguirmos do *forfaiting*. Porém, a verdade é que não se deve perder de vista que este contrato consiste num negócio de execução do contrato-quadro de cessão financeira em si, projetando-o em grande parte funcionalmente. O conteúdo deste contrato inicial, como se referiu, não se limita a prever e impor a celebração de contratos de segundo grau, que podem ter natureza diversa entre si, mas dele decorre também, entre outros efeitos, a obrigação de prestar consultadoria comercial. Para além do mais, o *factoring* tem por objecto a cessão de uma massa de créditos do facturizado (vigora aqui o princípio da globalidade, embora circunscrita a um conjunto de devedores indicados

Em primeiro lugar, por força da lei (art. 2º, nº 1 do Dec.-Lei nº 171/95, de 18/7), a cessão financeira só pode ter por objecto créditos a curto prazo derivados da venda de produtos ou da prestação de serviços, nos mercados interno e externo, limitação que se não verifica no *forfaiting*.

Depois, porque embora visando desempenhar funções económicas similares, as partes procedem a um diverso, embora muito próximo, arranjo de interesses, recorrendo a diferentes contratos base das transferências de créditos. Que aqui será já, de facto, ao contrário da modalidade de contrato de cessão financeira em análise, uma compra de créditos[1050].

Na realidade, aquando da cessão, o *forfaiter* entrega à outra parte um montante que corresponde à avaliação que ele faz do valor económico desse direito. Para tal tem em conta a data do vencimento, a consistência económico-financeira e a honorabilidade do devedor cedido, assim como as eventuais garantias de que o crédito esteja dotado. Resulta daqui um determinado valor que oferece como preço.

Dito por outras palavras: as partes perspetivam esses aspetos como elementos a ter em conta na fixação do preço, o que justifica ele seja inferior ao valor nominal, não havendo aqui contrapartidas de serviços prestados pelo adquirente. Em particular, o cessionário não presta qualquer garantia.

O lucro do ente financeiro residirá na diferença entre esse montante e aquele que venha a obter com a cobrança do crédito (ou eventualmente a sua retransmissão a outrem, o que, sendo créditos ordinários, será menos comum). A venda desempenha aqui mais uma vez, para o cedente, o papel de um negócio de liquidez e garantia.

Observe-se que na cessão financeira (*rectius*, neste contrato de segundo grau de *factoring*) o cedente/facturizado só estará efetivamente tutelado se se verificar o circunstancialismo que desencadeia a atuação da garantia, enquanto no *forfaiting* o cedente depois de celebrado o contrato transfere o conjunto dos riscos definitivamente para o cessionário.

E este aspeto é sem dúvida importante, porque os factores recorrendo a cláusulas contratuais gerais estabelecem um conjunto de casos em que

em lista anexa ao contrato) e não um negócio isolado (que pode incidir sobre mais do que um crédito, note-se), como acontece no *forfaiting*. Ver, desenvolvimente, *supra*, ns. 46, e segs.

[1050] A qualificação depende sempre, claro, da interpretação do concreto contrato celebrado entre as partes. Na ausência destes, estamos, para este efeito, a transpor para o âmbito interno, e no que respeita a créditos ordinários, a configuração que este contrato tem na sua versão internacional. Isto é, estamos a adaptar a estes elementos (comércio interno, cessão de créditos ordinários) a matriz desta figura.

não garantem o cumprimento da outra parte. Ora esta limitação da função de garantia, dada a troca definitiva do direito por dinheiro, não opera na venda/*forfaiting*. A monetarização do crédito é desta forma aqui perfeita[1051], o que pela razão apontada não sucede (*rectius*, sucede numa menor extensão) na referida modalidade de cessão financeira.

50. O reporte financeiro

50.1. Introdução

I. O reporte é um contrato bifronte. Desempenha, a par, a função de crédito a de garantia. Em rigor, ele pode desempenhar outras funções como a especulativa e a de disponibilidade de títulos[1052], mas aquela modalidade do contrato que é, de longe, a mais relevante é a primeira (*cash-driven repos*)[1053]. Denominamo-lo reporte financeiro e só ele será objeto desta exposição[1054].

II. O reporte é um contrato de crédito e garantia, menos utilizado na relação entre os bancos e os seus clientes, mas a que se recorre com grande intensidade, em massa mesmo, nas relações interbancárias[1055] com especial importância (em especial as de curto prazo, por vezes só por um dia, *overni-*

[1051] Esta afirmação tem que ser entendida *cum grano salis* porque, estando nós face a uma cessão de créditos, haverá ainda que contar com uma eventual responsabilização do cedente, uma vez que este garante a exigibilidade do crédito (art. 587º, nº 1). Assim, p. ex., se este der causa a que o devedor cedido o resolva, responderá face ao cessionário/comprador. A posição do cessionário adquirente poderá ser tutelada mediante o recurso a uma garantia. Na Alemanha, as partes no âmbito do *leasing* recorrem de forma paralela à transmissão em garantia do locatário financeiro ao cessionário/adquirente do bem dado em locação financeira. Cfr. M. Martinek, *Das Forfaitierungsgeschäft*, cit., p. 1016.

[1052] Os mercados de repo (que não analisaremos aqui) são muito relevantes no que toca ao financiamento bancário. Ver, em geral, sobre estes, Moorad Choudhry, *An introduction to repo markets*, 3ª ed., Securities investment institute, John Wiley & Sons, Ltd., Chichester, 2006, pp. 67, ss..

[1053] Por oposição aos *securities-driven repos*, que desempenham a função de empréstimo de valores mobiliários (*securities loan*), cfr. Joanna Benjamin, *Financial law*, cit., p. 312.

[1054] De forma desenvolvida sobre este contrato, ver M. Pestana de Vasconcelos, *Do reporte com função de crédito e garantia*, in: Nos 20 anos do Código das Sociedades Comerciais, homenagem aos Profs. Doutores A. Ferrer Correia, Orlando de Carvalho e Vasco Lobo Xavier (coordenação do Professor Doutor António Pinto Monteiro), vol. III, vária, Faculdade de Direito da Universidade de Coimbra, Coimbra Editora, Coimbra, 2007, pp. 9, ss..

[1055] Cfr. European Central Bank, *Changes in bank financing patterns*, April, 2012, pp. 11, ss. (disponível em: http://www.ecb.int/pub/pdf/other/changesinbankfinancingpatterns201204en.pdf).

ght) nas operações de mercado aberto do banco central (*open market*). Estas fazem-se por via ou ao reporte ou ao empréstimo garantido com penhor[1056].

Claro está que, atendendo ao seu caráter funcional duplo, o reporte pode ser perspetivado, tanto como uma modalidade de contrato de crédito, como de garantia.

Esta última visão do negócio tem recentemente prevalecido. É isso que explica a inserção do reporte financeiro no âmbito dos contratos de garantia financeira como o negócio nuclear de uma destas modalidades: a alienação fiduciária em garantia.

III. De seguida, far-se-á uma breve análise da figura, começando por a caraterizar, quanto à estrutura, objeto, passando depois em revista, de forma sumária, os principais pontos do regime jurídico, com enfoque para aqueles aspetos relacionados com a sua função creditícia. A de garantia será, neste caso, deixada em segundo plano.

50.2. Caracterização

I. O reporte é um contrato nominado legalmente típico, previsto e regulado no Código Comercial. Vem definido no seu art. 477º da seguinte forma: "O reporte é constituído pela compra a dinheiro de contado, de títulos de crédito negociáveis e pela revenda simultânea de títulos da mesma espécie, a termo, mas por preço determinado, sendo a compra e a revenda feitas à mesma pessoa", acrescentando de seguida em § único ser "condição essencial à validade do reporte a entrega real dos títulos.".

Este contrato tem por conteúdo uma venda de títulos de crédito negociáveis acompanhada por uma revenda simultânea entre os mesmos sujeitos de títulos da mesma espécie, a termo, de efeitos opostos (o vendedor na primeira venda é o comprador na segunda venda ou revenda e vice-versa), por um determinado preço ou preços. A primeira venda é realizada a contado, o que significa que produz efeitos imediatamente, e a revenda é realizada ao mesmo tempo, mas os seus efeitos só se produzem quando se verificar o termo, isto é, decorrido o prazo fixado pelas partes.

1056 Cfr. European Central Bank, *The implementation of monetary police in the euro area*, February, 2011, p. 20 (disponível em: www.ecb.int/pub/pdf/other/gendoc2011en.pdf); C. Costa Pina, *Instituições e mercados financeiros*, cit., p. 93.

Não se trata de uma coligação de vendas, mas de um único negócio complexo composto estruturalmente pelas compras e vendas que se integram nele[1057] para realizarem uma função diversa daquela que cada uma delas realizaria separadamente. Esse aspeto é muito claro no que diz respeito ao preço, que não consiste na contrapartida da transmissão de um direito, mas simplesmente na quantia "mutuada".

II. O contrato é um contrato consensual, não sujeito a forma, mas real *quoad constitutionem*, uma vez que a perfeição depende, além das declarações negociais, da entrega dos títulos[1058].

Não vemos, porém, qualquer obstáculo à celebração de um reporte atípico, próximo, ou idêntico, ao modelo do repo (*sale and repurchase agreement*), que seja simplesmente consensual e que as partes se obriguem no futuro a realizar a revenda, sem a celebrarem já embora com efeitos a prazo.

III. Partes do contrato são o reportador, aquele que compra os títulos, paga o respetivo preço e revende concomitantemente a termo títulos da mesma espécie, e o reportado, o contraente que vende os títulos, recebe o preço e recompra simultaneamente, mas também a termo[1059], títulos da mesma espécie. O creditante é o primeiro, sendo o segundo o creditado. Como referimos, as partes são, em regra, instituições de crédito ou uma instituição de crédito e um banco central.

IV. O objeto do contrato são, como já assinalámos, títulos de crédito negociáveis. Integram este âmbito os valores mobiliários, quer titulados, quer escriturais.

[1057] Sublinhava reiteradamente Ruy Ennes Ulrich (*Do reporte no direito commercial portuguez*, Imprensa da Universidade, Coimbra, 1906, p. 20) a "unidade orgânica" que o caracteriza. C. Vivante, *Il contratto di riporto*, RDCom, 1925, I, p. 98 (embora constituído por duas operações, o contrato deve considerar-se "unico e indivisibile"); Renato Corrado, *I contratti di borsa*, in: *Trattato di diritto civile italiano* (dirigido por Filippo Vassalli), vol. VII, UTET, Turim, 1960, pp. 301, ss..

[1058] Na formulação de L. Carvalho Fernandes, *Teoria geral do direito civil*, vol. II, 5ª ed., Universidade católica editora, Lisboa, 2010, p. 69, e nota 2.

[1059] O termo aqui diz respeito à própria produção dos efeitos do negócio e não somente ao vencimento das obrigações da revenda já celebrada.

V. Funcionalmente, trata-se de um empréstimo garantido. As vendas levam à transmissão do objeto da garantia para o património do creditante, e ao seu retorno àquele do creditado. O preço da compra inicial consiste no valor do crédito e o preço da revenda inclui a restituição desse montante a que acrescem os juros aí incluídos (o diferencial de preço ou *repo rate*)[1060]. Nada obsta a que os valores dos preços sejam os mesmos e se acorde o pagamento de juros.

Nada impedia, ou impede, a que simplesmente se operasse uma transmissão e uma retransmissão a termo acompanhada pelos pagamentos de sentido inverso, também a pronto e a prazo. Contudo, nada há a obstar à técnica a que se recorre, através da combinação das vendas que funcionam aqui no seio deste negócio mais amplo de forma indireta, ou seja, como se disse, com finalidades diferentes das da venda, mas que estruturalmente combinadas nestes termos definidos no contrato em análise permitem alcançar outras funções de contratos diversos: empréstimo e garantia.

VI. O contrato pode ser celebrado por um prazo muito curto, *overnight*, como se começou por referir, mas também por períodos mais longos. De todo o modo, as partes podem ir prorrogando o prazo, mantendo o financiamento (art. 479º CCom.). Permite-se transformar um financiamento de curto prazo num financiamento de médio, eventualmente longo prazo.

Contudo, se, decorrido o prazo do reporte, as partes liquidarem as diferenças, para delas efetuarem pagamentos separados, e renovarem o reporte, passando o negócio a ter por objeto títulos de quantidade ou espécies diferentes ou por diverso preço, "haver-se-á a renovação como um novo contrato." (art. 479º § único CCom). Em suma: liquidar um e concluir outro.

VII. Os reportes individualmente celebrados entre as partes estão muitas vezes regulados por um contrato-quadro (*master agreement*)[1061], que define seus termos.

[1060] Cfr. J. Benjamin, *Financial law*, cit., p. 308.

[1061] Cfr. J. Dalhuisen, *Dalhuisen on international, commercial, financial and trade law*, 2ª ed., Hart, Oxford, Portland, 2004, pp. 883, ss.

Um outro aspeto relevante do regime da generalidade dos reportes é a diferença que tem que existir entre o montante do preço de revenda, o "mútuo", mais os "juros" e os bens vendidos, em especial valores mobiliários: a margem[1062].

De forma semelhante ao que se passa na antecipação bancária, esse valor terá que manter durante o contrato. Pelo que, se o valor de mercado dos valores mobiliários (por força do *marking to market*, que reflete as variações desse) diminuir, haverá lugar à *margin call*, ou seja, ao direito de exigir a entrega de valores adicionais para que ela seja reposta. Caso não tal não seja feito, estaremos, por força de cláusula contratual, face a um *event of default*, que o credor pode, ou não, acionar.[1063]

Como já referimos, o recurso a esta cláusula é especialmente gravosa devido à sua ligação a outros contratos por via das cláusulas de *cross default*. O credor pode não ter interesse em recorrer à declaração do *event of default* em caso de variação do valor dos bens objeto do contrato, se se tratar de uma variação de curto prazo, mesmo que seja severa, se for expetável com elevado grau de segurança que a médio prazo esses bens voltem a aumentar de valor.[1064]

Cremos mesmo que o recurso, num caso desses, sabendo o credor que o devedor não pode de imediato repor esses valores, sem cair numa difícil situação económica, o exercício de uma cláusula de *default* será abusivo, e poderá dar lugar a uma obrigação de indemnizar. De montante avultado, se tivermos em conta as cláusulas de *cross default*.[1065]

1062 J. Dalhuisen, *Dalhuisen on international, commercial, financial and trade law*, cit., p. 882.

1063 J. Benjamin, *Financial law*, cit., p. 319.

1064 J. Benjamin, *Financial law*, cit., p. 319.

1065 Quanto ao restante regime do reporte, tendo que se distinguir entre a sua disciplina geral e a dos contratos de garantia financeira, ver Pestana de Vasconcelos, *Do reporte com função de crédito e garantia*, cit., pp. 9, ss..

Secção II
O crédito ao consumo

51. O crédito ao consumo. O âmbito de aplicação

I. Esta matéria[1066] está essencialmente regulada no Dec.-Lei nº 133/2009, de 2/6[1067], que resulta da transposição da Diretiva nº 2008/48/CE, do Parlamento Europeu e do Conselho, de 23 de abril, relativa a contratos de crédito aos consumidores[1068]-[1069] e no próprio RGICSF que impõe rigorosos deveres de informação neste âmbito na fase pré-contratual (art. 77º, ns. 2 e 3).[1070]

É sobre a primeira que focaremos, doravante, a nossa atenção.

Como se verá, a disciplina decorrente do Dec.-Lei nº 133/2009, de 2/6, não se aplica especificamente aos contratos de crédito celebrados pelas instituições de crédito ou sociedades financeiras. O seu âmbito de aplicação é, ao mesmo tempo, mais amplo, porque o credor não tem que ser um destes sujeitos, e mais restrito, porque exclui diversos contratos de crédito celebrados pelos bancos (como o crédito garantido com hipoteca sobre imóveis, o crédito à habitação).

Contudo, na generalidade dos casos, os contratos de crédito abrangidos por este regime são celebrados entre instituições de crédito ou sociedades

[1066] Ver, em geral, sobre ela: A. Menezes Cordeiro, *A tutela do consumidor de produtos financeiros*, in: *Liber Amicorum* Mário Frota. A causa dos direitos dos consumidores, Almedina, Coimbra, 2012, pp. 51, ss.. Quanto às práticas comerciais desleais nas relações de consumo, ver L. Menezes Leitão, *As práticas comerciais desleais nas relações de consumo*, ROA, 2011, pp. 423, ss..

[1067] Diversas vezes alterado, sendo a última decorrente da Lei nº 44/2020, de 19/8.

[1068] Sobre esta matéria, ver Fernando de Gravato Morais, *Crédito aos consumidores, anotação ao Decreto-Lei nº 133/2009*, Almedina, Coimbra, 2009; Jorge Morais Carvalho, *Manual de direito do consumo*, 4ª ed., Almedina, Coimbra, 2017, pp. 344, ss.

[1069] Quanto à implementação da Diretiva, ver o relatório da comissão (maio de 2014) onde se refere que muitas das suas disposições não estão a ser respeitadas pelos credores. *Cfr. Report from the Commission to the European Parliament and the Council on the implementation of Directive 2008/48/EC on credit agreements for consumers* (in http://ec.europa.eu/consumers/rights/docs/ccd_implementation_report_en.pdf).

[1070] Decorrem as alterações introduzidas ao art. 77º RGICSF (que aditou estes dois números), pelo Dec.-Lei nº 211-A/2008, de 3/11, que reforçou consideravelmente a posição dos consumidores.

financeiras e consumidores, pelo que a sua análise neste quadro, não só se justifica, como é mesmo necessária.

II. Objeto de regulação são os contratos de crédito aos consumidores (art. 1º, nº 2 do Dec.-Lei nº 133/2009, de 2/6), sem prejuízo das exclusões que estabelece.

Estes definem-se recorrendo a dois elementos subjetivos, as partes contratuais, e a dois objetivos, quanto à delimitação do contrato.

Os primeiros determinam quem, para este efeito, seja um credor e um consumidor.

Assim, consumidor é "a pessoa singular que, nos negócios jurídicos abrangidos pelo presente decreto-lei, atua com objetivos alheios à sua atividade comercial ou profissional", credor é a "pessoa, singular ou coletiva, que concede ou que promete conceder um crédito no exercício da sua atividade comercial ou profissional" [art. 4º, nº 1, als. *a)* e *b)* do Dec.-Lei nº 133/2009, de 2/6].

III. Temos depois os elementos objetivos, ou seja, os contratos a que se aplica este regime. Para tal há que recorrer à noção ampla do art. 4º, nº 1, al. *c)* do Decreto-Lei nº 133/2009, de 2/6, articulada com as exclusões do art. 2º e do art. 3º do mesmo diploma, que podem ser totais ou só parciais, ou seja, aplica-se, neste último caso, apenas parte desta disciplina.

Daí que estaremos, por vezes, face a contratos de crédito a consumidores, por preencherem os requisitos subjetivos, bem como os de contrato de crédito, mas aos quais este regime não se aplica, total ou parcialmente.

IV. A lei delimita o contrato de crédito como "o contrato pelo qual um credor concede ou promete conceder a um consumidor um crédito sob a forma de diferimento de pagamento, mútuo, utilização de cartão de crédito, ou qualquer outro acordo de financiamento semelhante" [art. 4º, nº 1, al. *c)* do Dec.-Lei nº 133/2009, de 2/6].

É uma noção muitíssimo ampla de crédito. Recorre-se a uma enumeração exemplificativa seguida de uma cláusula geral. Abarcam-se aqui, sem dúvida, o mútuo, a abertura de crédito, nas suas diferentes modalidades, como o descoberto em conta, a antecipação bancária, a venda com espera de preço, a prestações ou não, com ou sem reserva de propriedade. Na cláusula geral que remata a noção seria possível incluir a locação financeira.

O critério a que se recorre é o de contrato de crédito no sentido "económico-funcional"[1071].

V. Sendo embora contratos de crédito no sentido referido [art. 4º, nº 1, al. *c)* do Dec.-Lei nº 133/2009, de 2/6, e preenchendo também o seu âmbito subjetivo, als. *a)* e *b)*, do nº 1 do art. 4º do mesmo diploma], são afastados deste regime totalmente (exclusão total), de entre outros, os contratos de crédito celebrados no âmbito da atividade prestamista, nos termos dos quais o consumidor deva entregar ao credor um bem em penhor e em que a responsabilidade do consumidor se limite exclusivamente a essa garantia [art. 2º, nº 1, al. *m)* do Dec.-Lei nº 133/2009, de 2/6], garantidos por hipoteca sobre coisa imóvel ou por outro direito sobre coisa imóvel, mas já não se a hipoteca tiver por objeto coisas móveis sujeitas a registo [art. 2º, nº 1, al. *a)* do Dec.-Lei nº 133/2009, de 2/6], bem como os que visem financiar a aquisição ou a manutenção de direitos de propriedade sobre terrenos ou edifícios existentes ou projetados [art. 2º, nº 1, al. *b)* do Dec.-Lei nº 133/2009, de 2/6].

VI. Ainda, são, dentre outros, excluídos aqueles contratos de crédito em que o montante do crédito seja muito baixo (inferior a 200 euros) ou muito elevado (superior a 75.000 euros) [art. 2º, nº 1, al. *c)* do Dec.-Lei nº 133/2009, de 2/6]; em que o crédito seja gratuito [art. 2º, nº 1, al. *f)*]; concedidos em certos termos pelo empregador aos seus empregados [art. 2º, nº 1, al. *h)* do Dec.-Lei nº 133/2009, de 2/6].

Todavia, numa alteração introduzida ao regime dos contratos de créditos a consumidores, pelo Dec.-Lei nº 74-A/2017, de 23/6 (que aprova o regime dos contratos de crédito relativos a imóveis – art. 43º), passam a estar incluídos no âmbito de aplicação deste diploma aos contratos de crédito sem garantia hipotecária ou outro direito sobre coisa imóvel, cuja finalidade seja a realização de obras em imóveis e com um montante total de crédito superior a € 75 000. Contratos esses que não abrangidos pelo regime dos contratos de crédito relativos a imóveis [art. 3º, al. *a)* do Dec.-Lei nº 74-A/2017, de 23/6].[1072]

[1071] Assim, PAULO DUARTE, *O direito do consumidor ao cumprimento antecipado nos contratos de concessão de crédito*, in: *Liber Amicorum* Mário Frota. A causa dos direitos dos consumidores, Almedina, Coimbra, 2012, p. 420.

[1072] "Contratos de crédito cuja finalidade seja financiar a realização de obras e que não estejam garantidos por hipoteca ou por outro direito sobre coisa imóvel".

VII. Encontram-se, igualmente, fora do âmbito de aplicação deste diploma, os "contratos de locação de bens móveis de consumo duradouro que não prevejam o direito ou a obrigação de compra da coisa locada, seja no próprio contrato, seja em contrato separado" [art. 2º, nº 1, al. *d)* do Dec.-Lei nº 133/2009, de 2/6].

O que significa que [confirmando o que decorreria já da cláusula geral constante da parte final do art. 4º, nº 1, al. *c)* do Dec.-Lei nº 133/2009, de 2/6] se incluem aqui os contratos de locação financeira e o aluguer de longa duração (onde muitas vezes também há o dever de adquirir, que pode decorrer de um contrato separado), uma vez que, em ambos os casos, há um direito de compra do bem.

VIII. Aparentemente, a locação venda estará excluída do âmbito de aplicação deste regime uma vez que aí a aquisição é automática.

No entanto, atendendo à *ratio* da norma, ela deve ser interpretada extensivamente de forma a inclui-la (no âmbito de aplicação deste diploma, fora pois do das suas exclusões). A locação-venda é um contrato próximo da locação financeira e do ALD que visa, menos conceder o gozo da coisa, – embora tal também suceda –, e mais permitir a sua aquisição, que opera de forma automática, decorrido o prazo contratual.

A locação financeira imobiliária, no entanto, estará excluída, sempre que se encontre abarcada pelo disposto na alínea *b)*, do nº 1 do art. 2º do Dec.-Lei nº 133/2009, de 2/6, isto é, se se pretender financiar a aquisição ou a manutenção de direitos de propriedade sobre terrenos ou edifícios existentes ou projetados. Para além disso, essa exclusão ocorrerá igualmente por força do valor do financiamento [art. 2º, nº 1, al. *c)* do Dec.-Lei nº 133/2009, de 2/6].

Ela encontra-se, porém, como se viu, incluída no âmbito dos contratos de crédito relativos a imóveis, sempre que se destinem a habitação própria permanente, secundária ou para arrendamento (art. 2º, nº 2 do Dec.-Lei nº 74-A/2017, de 23/6), o que assegura a proteção do consumidor que recorra a este contrato.

VI. Temos ainda contratos que, embora preencham os requisitos subjetivos e objetivos do art. 4º, nº 1, als. *a)*, *b)* e *c)*, só lhes é aplicável parte do regime do diploma (exclusão parcial). É o que sucede com contratos de crédito na modalidade de facilidade de descoberto[1073] nos casos previstos nos ns. 2 e 3 do art. 2º Dec.-Lei nº 133/2009, de 2/6), e os contratos de crédito na modalidade de ultrapassagem de crédito[1074] (art. 2º, nº 4 do Dec.-Lei nº 133/2009, de 2/6)[1075].

Por fim, nos termos do art. 3º Dec.-Lei nº 133/2009, de 2/6, são previstas ainda outras exclusões[1076].

51.1. Aspetos centrais de regime

I A lei impõe ao credor um conjunto de deveres ligados à publicidade (art. 5º do Dec.-Lei nº 133/2009, de 2/6), à informação pré-contratual (art. 6º, art. 8º do Dec.-Lei nº 133/2009, de 2/6), à assistência ao consumidor (art. 7º do Dec.-Lei nº 133/2009, de 2/6), mesmo à avaliação da solvabilidade deste (art. 10º do Dec.-Lei nº 133/2009, de 2/6).

II. Vamos deter-nos em cinco pontos: o direito de revogação, o direito de reembolso antecipado, as consequências do incumprimento do contrato pelo consumidor, a ligação entre os contratos de crédito e de compra e venda e e a usura.

51.2. O direito de revogação

I. Nos termos do 17º do Dec.-Lei nº 133/2009, de 2/6, celebrado o contrato de crédito, o consumidor tem o direito de o revogar livremente, beneficiando assim de um período de tempo para refletir na contração do crédito (*cooling off period*) e, eventualmente, voltar atrás, sem que seja com isso penalizado.

O prazo para o exercício desse direito é de 14 dias de calendário, contados desde a data da celebração do contrato de crédito ou da data da receção do exemplar do contrato e das informações a que se refere o art. 12º,

[1073] Sobre ele, ver *supra*, nº 44.1.

[1074] Sobre ele, ver *supra*, nº 44.1.

[1075] Aqui a exclusão é mesmo bastante ampla, uma vez que só são aplicáveis a este contrato os arts. 1º a 4º, o art. 23º e os arts. 26º e seguintes (art. 2º nº 3 do Dec.-Lei nº 133/2009, de 2/6). Todavia, com a alteração introduzida pelo Dec.-Lei nº 42-A/2013, de 28/3, essas normas aplicam-se mesmo que o montante total do crédito concedido seja inferior a 200 euros.

[1076] Sobre elas, ver F. GRAVATO MORAIS, *Crédito aos consumidores, anotação ao Decreto-Lei nº 133/2009*, cit., p. 22.

caso seja posterior à data antes referida [art. 17º, nº 2, als. *a)* e *b)* do Dec.--Lei nº 133/2009, de 2/6].

Fazendo cessar o contrato nestes termos, o consumidor terá, evidentemente, que restituir o capital ao credor e pagar os juros vencidos, calculados com base na taxa nominal estipulada, desde a data da utilização do crédito até à data do pagamento do capital, "sem atrasos indevidos", no prazo máximo de 30 dias após ter expedido a comunicação da revogação, nos termos do nº 3 do art. 17º[1077] (nº 4 do art. 17º do Dec.-Lei nº 133/2009, de 2/6).

Nada mais lhe pode ser exigido, a não ser a indemnização por eventuais despesas não reembolsáveis pagas pelo credor a qualquer entidade da Administração Pública (art. 17º, nº 5 do Dec.-Lei nº 133/2009, de 2/6)[1078].

51.3. O incumprimento do consumidor

I. São consagradas regras específicas quanto ao incumprimento do consumidor.

O caso em vista é, essencialmente, aquele em que o crédito concedido é amortizado em diversas prestações.

Nos termos gerais, o credor poderia exigir o pagamento antecipado da parte restante do capital nos termos do art. 781º, sempre que não se aplicasse o regime da venda a prestações do art. 934º, diretamente, ou por força do art. 936º, nº 1, caso em que haveria que respeitar esses limites.

A resolução do contrato implicaria a transformação da mora em incumprimento definitivo (art. 808º), e, ainda, que o incumprimento não tivesse uma importância escassa nos termos do art. 802º nº 2 (e respeitando os limites do art. 934º, quando aplicável).

II. A lei (art. 20º do Dec.-Lei nº 133/2009, de 2/6) criou aqui, como instrumento de tutela do consumidor, um regime que vai na linha do art. 934º[1079], embora lhe seja ainda mais favorável. Na verdade, para o credor

[1077] "Para que a revogação do contrato produza efeitos, o consumidor deve expedir a declaração no prazo referido no nº 1, em papel ou noutro suporte duradouro à disposição do credor e ao qual este possa aceder, observando os requisitos a que se refere a alínea *h)* do nº 3 do artigo 12." (art. 17º nº 3 do Dec.-Lei nº 133/2009, de 2/6).

[1078] "O exercício do direito de revogação a que se refere o presente artigo preclude o direito da mesma natureza previsto noutra legislação especial, designadamente a referente à contratação à distância ou no domicílio" (art. 17º nº 6 do Dec.-Lei nº 133/2009, de 2/6).

[1079] Como se refere logo, aliás, no preâmbulo.

poder provocar a perda do benefício do prazo ou resolver o contrato, não é suficiente o incumprimento de uma prestação, mesmo que ela seja superior a um oitavo do preço: é necessário o incumprimento de duas prestações (i), sucessivas (iii), e, ainda, esse valor terá que exceder 10% do montante total do crédito (iii)[1080].

Mas não basta: o credor adicionalmente terá que conceder ao consumidor um prazo suplementar mínimo de 15 dias para este proceder ao pagamento das prestações em atraso, mais a indemnização devida, com expressa advertência dos efeitos da perda do benefício do prazo ou da resolução do contrato. [art. 20º, nº 1, als. *a)* e *b)* do Dec.-Lei nº 133/2009, de 2/6][1081].

III. Resolvido o contrato, o credor poderá exigir, ou o pagamento de uma eventual sanção contratual, ou a indemnização nos termos gerais [art. 20º, nº 2 do Dec.-Lei nº 133/2009, de 2/6].

IV. Haverá que articular este regime com o do art. 934º.

Verificando-se os requisitos de aplicação do diploma do crédito ao consumo, é este último que se aplica. Quando não se aplicar o diploma do crédito ao consumo, mas se verificarem os requisitos de aplicação do art. 934º (art. 936º, nº 1), aplica-se esta disciplina.

51.4. O direito de reembolso antecipado[1082]

I. O consumidor pode restituir a quantia em dívida antes do decurso do prazo sem ter que pagar os juros futuros, ou, então, pagá-la só em parte com a redução dos juros (que passam a incidir sobre uma quantia em dívida menor) e encargos (art. 19º, nº 1 do Dec.-Lei nº 133/2009, de 2/6).[1083]

O credor tem somente direito a uma compensação pelos custos diretamente relacionados com o reembolso antecipado, se ele ocorrer num perí-

[1080] O art. 934º só exige o não cumprimento de duas prestações, independentemente do seu valor. Assim, PIRES DE LIMA/ANTUNES VARELA, *Código civil anotado*, vol. II, cit., p. 226.

[1081] Não é neste caso, necessário, recorrer depois à interpelação cominatória do art. 808º. Esta é suficiente. Neste sentido, F. GRAVATO MORAIS, *Crédito aos consumidores, anotação ao Decreto-Lei nº 133/2009*, cit., p. 100.

[1082] Sobre este direito, ver, desenvolvidamente, PAULO DUARTE, *O direito do consumidor ao cumprimento antecipado nos contratos de concessão de crédito*, cit., pp. 409, ss..

[1083] Já vimos que este direito ao reembolso antecipado existe igualmente no seio do crédito à habitação (Dec-Lei nº 349/98, de 11/11).

odo em que a taxa nominal aplicável seja fixa. Essa compensação tem que ser "justa e objetivamente" justificada, não podendo ultrapassar os limites percentuais definidos no nº 4 do art. 19º do Dec.-Lei nº 133/2009, de 2/6, ou seja, exceder 0,5 % do montante do capital reembolsado antecipadamente, se o período decorrido entre o reembolso antecipado e a data estipulada para o termo do contrato de crédito for superior[1084]or a um ano, ou 0,25 % do montante do crédito reembolsado antecipadamente, se o mencionado período for inferior ou igual a um ano.

A lei estabelece um limite adicional. Nos termos do art. 19º, nº 6, do Dec.-Lei nº 133/2009, de 2/6, a comissão referida não pode em "nenhum caso" exceder o montante dos juros que o consumidor teria de pagar durante o período decorrido entre o reembolso antecipado e a data estipulada para o termo do período de taxa fixa do contrato de crédito.

Já não existe direito a qualquer comissão, se o reembolso tiver sido efetuado em execução de contrato de seguro destinado a garantir o reembolso do crédito [art. 19º, nº 5, al. *a)* do Dec.-Lei nº 133/2009, de 2/6]; se estivermos face a um caso de facilidade de descoberto [art. 19º, nº 5, al. *b)* do Dec.-Lei nº 133/2009, de 2/6]; ou se o reembolso ocorrer num período em que a taxa nominal aplicável não seja fixa [art. 19º nº 5, al. *c)* do Dec.-Lei nº 133/2009, de 2/6].

Para o efeito, o consumidor terá que realizar um pré-aviso que não pode ser inferior a 30 dias de calendário e deve ser exercido através de comunicação ao credor, em papel ou noutro suporte adequado (art. 19º, nº 2 do Dec.-Lei nº 133/2009, de 2/6).

51.5. A ligação entre os contratos de crédito e de compra e venda

I. O crédito é concedido as mais das vezes para a compra de um dado bem. Ele faz parte de uma mesma operação económica, embora haja que ter em conta aqui a presença de três sujeitos, se o financiamento for concedido por terceiro (se o crédito for concedido pelo fornecedor ou prestador

[1084] A lei refere-se a compensação (art. 19º, ns 3 e 4 do Dec.-Lei nº 133/2009, de 2/6), denominado-a depois comissão (art. 19º, nº 6). A primeira qualificação aproxima-se mais da correta. Não se trata de uma comissão (que exigira a prestação de um serviço por parte do creditante), como destaca M. Januário das Costa Gomes [*Sobre comissões bancárias. "Les Unes et les Autres"*, in: III congresso de direito bancário (coord. Miguel Pestana de Vasconcelos), Almedina, Coimbra, 2018, pp. 239-240], mas de uma indemnização com um valor pré-fixado. A fonte é um ato licíto.

de serviços mantém-se os dois sujeitos), e dois contratos. O consumidor é parte comum nos dois (e o fornecedor ou prestador de serviços também, se for ele a conceder o crédito), como comprador e como creditado. O crédito é para aquele contrato. O que esta norma faz é estabelecer uma ligação entre os negócios em termos de as vicissitudes de um se refletirem no outro. São os contatos coligados regidos pelo art. 18º do Dec.-Lei nº 133/2009, de 2/6.[1085]

II. Este regime assenta na noção de contratos coligados decorrente do art. 4º, nº 1, al. *o)* do Dec.-Lei nº 133/2009, de 2/6. Nesses termos: "«Contrato de crédito coligado» considera-se que o contrato de crédito está coligado a um contrato de compra e venda ou de prestação de serviços específico" desde que se verifiquem, *cumulativamente*, os seguintes requisitos.

Em primeiro lugar, que o crédito concedido sirva exclusivamente para financiar o preço do contrato de fornecimento de bens ou de prestação de serviços específicos (e não para uma utilização não vinculada do crédito).

Em segundo lugar, que ambos os contratos constituam objetivamente uma unidade económica. A lei considera que existe uma unidade económica, designadamente em duas situações: se o crédito ao consumidor for financiado pelo fornecedor ou pelo prestador de serviços ou, na eventualidade de se tratar de de um financiamento por terceiro, se o credor recorrer ao fornecedor ou ao prestador de serviços para preparar ou celebrar o contrato de crédito ou se o bem ou o serviço específico estiverem expressamente previstos no contrato de crédito.[1086]

III. Daí o disposto no art. 18º, ns. 1 e 2 do Dec.-Lei nº 133/2009, de 2/6: "A invalidade ou a ineficácia do contrato de crédito coligado repercutem-se, na mesma medida, no contrato de compra e venda; e invalidade ou a revogação do contrato de compra e venda repercutem-se, na mesma medida, no contrato de crédito coligado."

Consequentemente, cessando um dos contratos, porque foi, p. ex., anulado, cessa o outro (se algum deles for nulo, o mesmo sucederá ao outro).

[1085] Sobre esta matéria, ver F. GRAVATO MORAIS, *União de contratos de crédito e de venda para consumo*, Almedina, Coimbra, 2004.

[1086] Ver, sobre ele, F. GRAVATO MORAIS, *Crédito aos consumidores, anotação ao Decreto-Lei nº 133/2009*, cit., pp. 33, ss..

Não produzindo efeitos o contrato de crédito coligado, o mesmo sucederá ao contrato de compra e venda. Se a compra e venda for revogada, o mesmo sucede relativamente ao contrato de crédito.

IV. Para além disso, as perturbações do contrato de compra e venda repercutem-se igualmente no contrato de crédito. Com efeito, se se verificar o incumprimento (se o bem não foi entregue) ou desconformidade da coisa com o contrato de compra e venda, caso o consumidor, depois de interpelado o vendedor para que este cumpra nos termos acordados, não obtiver satisfação deste, poderá fazer refletir esse incumprimento no contato de crédito.

Para o efeito, interpela o creditante para exercer qualquer das seguintes pretensões: ou a exceção de não cumprimento do contrato; ou a redução do montante do crédito em montante igual à redução do preço, quando tenha recorrido a este remédio face ao vendedor, no contrato de compra; ou a resolução do contrato de crédito [art. 18º, nº 3, als. *a)*, *b)*, e *c)* do Dec.-Lei nº 133/2009, de 2/6].

Nestes últimos dois casos (redução do montante de crédito em valor idêntico ao da redução do preço ou resolução do contrato), o consumidor não está obrigado a pagar ao credor o montante correspondente àquele que foi recebido pelo vendedor (art. 18º, nº 4 do Dec.-Lei nº 133/2009, de 2/6)[1087].[1088] O que tem relevo quanto ao risco de insolvência do vendedor, que é corrido pelo financiador[1089].

[1087] Este regime é explicado nestes termos por F. Gravato Morais, *Crédito aos consumidores, anotação ao Decreto-Lei nº 133/2009*, cit., p. 92: "Decorrem daqui duas consequências: do lado do consumidor a faculdade de exercício do direito de resolução e da pretensão restitutória correspondente; mas também (inversamente) a transmissão *ope legis* para o credor (por efeito da relação de liquidação ocorrida no quadro desta coligação de contratos) do direito de exigir do vendedor (e não do consumidor) o montante mutuado:"

[1088] Se o credor ou um terceiro prestarem um serviço acessório conexo com o contrato de crédito, o consumidor deixa de estar vinculado ao contrato acessório se revogar o contrato de crédito nos termos do artigo 17º – portanto: dentro do prazo de 14 dias de calendário contados desde a data da celebração do contrato ou data de receção pelo consumidor do exemplar do contrato e das informações a que se refere o artigo 12º, se essa data for posterior à referida na alínea anterior – ou se este se extinguir com outro fundamento. (art. 18º, nº 5 do Dec.-Lei nº 133/2009, de 2/6).

[1089] Cfr. J. Morais Carvalho, *Manual de direito do consumo*, cit., p. 399.

O regime exposto é aplicável, com as necessárias adaptações, aos créditos concedidos para financiar o preço de um serviço prestado por terceiro (art. 18º, nº 6 do Dec.-Lei nº 133/2009, de 2/6).[1090]

51.6. A usura

Temos depois a disciplina da usura no que diz respeito às taxas de juros (art. 28º do Dec.-Lei nº 133/2009, de 2/6).

Dado que faremos uma análise desta matéria no campo específico do direito bancário, em que a questão se insere, remetemos para lá o seu tratamento.

Secção III
Os juros

52. Caracterização

I. Recorrendo a uma definição corrente na doutrina: "os juros são frutos civis, que representam o rendimento de uma obrigação de capital"[1091], Eles correspondem à contrapartida pela disponibilidade de capital nesse período de tempo[1092]. Em regra, determinando-se em função do montante do capital cedido, do tempo da cedência e de uma taxa.[1093] Assim, p. ex.,

[1090] "À cessão do crédito ou da posição contratual do credor aplica-se o regime constante do Código Civil, podendo o consumidor opor ao cessionário todos os meios de defesa que lhe seria lícito invocar contra o cedente, incluindo o direito à compensação." (art. 21º do Dec.-Lei nº 133/2009, de 2/6).

[1091] J. Antunes Varela, *Das Obrigações em geral*, vol. I, cit., p. 870. De forma idêntica: A. Menezes Cordeiro, *Tratado de direito civil português, II, Direito das Obrigações, tomo I*, Almedina, Coimbra, 2009, p. 689 ("remuneração pelo uso de capital alheio"); J. Ribeiro de Faria, *Direito das obrigações*, vol. II, cit., pp. 240, ss.; M. J. Almeida Costa, *Direito das obrigações*, cit., p. 750 ("rendimento de crédito pecuniário"); A. Vaz Serra, *Obrigação de juros*, BMJ, nº 55 (1965), pp. 159, ss. Ver ainda Karsten Schmidt, *Geldrecht*, cit., pp. 388, ss.. Quanto à obrigação de juros, ver, ainda, M. Brito Bastos, *O mútuo bancário*, cit., 139, ss..

[1092] Hans-Michael Krepold, *Vergütungen*, in: H. Schimanski/H.-J. Bunte/H.-J. Lwowski, *Bankrechts-Handbuch*, Band I, 5ª ed., C. H. Beck, Munique, 2017, p. 2510.

[1093] Ver, para a determinação dos elementos componentes da obrigação de juros, por todos: J. Ribeiro de Faria, *Direito das obrigações*, vol. II, cit., pp. 240, ss.; J. Antunes Varela, *Das Obrigações em geral*, vol. I, cit., p. 870.

sendo a obrigação de capital de 100, com vencimento a seis meses e a taxa de juros de 10% ao ano, o juro será de 50. O seu objeto são coisas fungíveis, nas quais tem especial relevo o dinheiro, sendo nesse caso também prestações pecuniárias.

II. A obrigação de juros consiste numa obrigação com prestação duradoura que se vai constituindo com o decurso do tempo[1094] (há um vínculo entre o uso de capital nesse período de tempo e o juro que consiste na sua contrapartida) e se liga a uma obrigação de capital, da qual depende ao nível do nascimento. Esta consiste numa obrigação com prestação instantânea, embora possa ser fracionada. O regime de uma e de outra obrigação é diverso, no que toca, p. ex., à prescrição[1095], ao benefício do prazo ou à resolução do contrato.

Isto não obsta a que, como já se sublinhou, sejam construídas obrigações compostas, com uma parte de capital e outra de juros, sujeitas cada uma delas a regras distintas, mas que o credor pretende que sejam cumpridas como unidade.

III. Embora os juros dependam, como acabou de se referir, do crédito principal para a sua constituição, logo que nasçam autonomizam-se, podendo ser cedidos um sem o outro ou extinguir-se um sem o outro (art. 561º).

Tal não significa que deixe de existir um nexo entre uma e outra obrigação, como decorre da cessão do crédito de juros com a cessão do crédito principal (art. 582º, nº 1) e da transmissão da obrigação de juros com a obrigação de capital (art. 599º nº 1). Em qualquer dos casos, se não houver convenção em contrário que impeça a transferência conjunta.

Essa ligação manifesta-se igualmente nas regras da hipoteca (art. 693º, ns. 2 e 3), dos privilégios creditórios (art. 734º) e da quitação (art. 786º, nº 1).[1096]

[1094] Na jurisprudência, o acórdão do STJ de 16/11/2006 (Moreira Camilo), in: www.dgsi.pt.

[1095] A prescrição da obrigação de juros é de 5 anos [art. 310º, al. *d)*]. O mesmo não sucede com a obrigação de capital que está sujeita ao prazo ordinário. Contudo, se estivermos face a quotas de amortização pagáveis com os juros, o prazo prescricional é já de 5 anos [art. 310º, al. *e)*]. Ver sobre este ponto o Acórdão do STJ de 29/09/2016 (Lopes do Rego), in: www.dgsi.pt.

[1096] Cfr. M. J. Almeida Costa, *Direito das obrigações*, cit., p. 751.

IV. O regime geral da obrigação de juros está previsto nos arts. 559º a 561º do Código Civil, sendo depois complementado por um conjunto muito amplo de regimes específicos, aplicáveis às instituições de crédito e às sociedades financeiras como creditantes, que serão analisados de seguida.

53. As figuras próximas

I. Não são juros, as quotas de amortização, que visam o pagamento de uma prestação fracionada de capital, as rendas ou alugueres que, sendo também prestações duradouras periódicas, consistem na contrapartida da obrigação de proporcionar o gozo temporário da coisa, sem que exista igualmente qualquer obrigação de capital, nem os dividendos, uma vez que corresponde ao lucro que, quando exista, a sociedade delibere distribuir pelos sócios.[1097] Não são igualmente juros a participação do creditante nos lucros decorrentes da aplicação do capital pelo mutuado. Eles são independentes dessa utilização subsequente da quantia disponibilizada num determinado perído de tempo.

III. Por não se calcularem de acordo com os parâmetros acima referidos, não são juros (em sentido estrito) os suplementos[1098], que consistem num valor adicional que o creditado paga o creditante aquando do vencimento da obrigação de reembolso.

Eles tanto podem integrar-se na obrigação de restituição, quando se estabeleça para ela um valor mais elevado do que aquele que foi inicialmente disponibilizado (e que constitui o capital), ou ser objeto de uma outra obrigação, que se junta à obrigação de restituição do capital, e se vence aquando desta. Em ambos os casos, consiste uma remuneração do capital, que se determinará, tendo em conta o risco corrido pelo creditante, pelo valor da quantia disponibilizada e o tempo da disponibilização.

Pelo que se trata de uma figura próxima dos juros e que a estes deverá, em certos casos, ser equiparada para diversos efeitos (sendo possível calcular tendo em conta o valor da soma disponibilizar a taxa de juro correspondem), em particular no que toca aos limites de juros usurários.

A questão não deve ser resolvida em termos genéricos, porque haverá que averiguar em concreto a razão de ser daquele suplemento. Note-se,

[1097] Cfr. J. Ribeiro de Faria, *Direito das obrigações*, vol. II, cit., pp. 241, ss..
[1098] Cfr. A. Vaz Serra, *Obrigação de juros*, cit., p. 161.

porém, que muitas vezes podermos estar, como se verá de seguida, simplesmente face a "juros ocultos". Ou simplesmente até, neste caso, de juros em sentido amplo, uma vez que correspondem a simples remuneração capital, distinguindo-se assim dos juros, neste caso em sentido estrito, pela fórmula de cálculo.

IV. Não são igualmente juros, as comissões bancárias, cuja fonte será, tanto o contrato bancário inicial, como os diversos contratos de crédito, de garantia, de pagamento, de prestação de outros serviços, etc., que consistem na contrapartida pecuniária de uma prestação (diversa da disponibilização da quantia) realizada pelo banco [art. 3º, al. *f)* do Dec.-Lei nº 58/2013 de 8/5]. Elas constituem, a par dos juros, a principal fonte de receita bancária, que tem assumido uma relevância crescente[1099]. O mesmo sucede quanto às despesas.

54. Os juros ocultos

I. Como vimos[1100], os juros distinguem-se, tanto das comissões, como de quotas de amortização, e das participações no resultado da aplicação pelo creditado do capital. Foi ainda observado que os suplementos, distinguindo-se dos juros na forma de cálculo, lhe deveriam ser equiparados, em particular – aspeto decisivo – para a determinação da verdadeira taxa de juro, para efeitos de juros usurários[1101]. Sublinhámos igualmente que se distinguem das comissões na medida em que estas consistem na contrapartida de um outro serviço do banco.

II. Todavia, a delimitação dos juros face às comissões, líquida no plano conceitual, releva diversas dificuldades na prática, uma vez que algumas comissões consistem, ou só consistem numa parte restrita, na contraprestação de um serviço, mas significam unicamente uma via (calculada de forma diversa) de retribuição da disponibilidade de uma determinada quantia durante o período de tempo acordado.

[1099] Sobre as comissões bancárias, ver, *infra*, nº 65.

[1100] Sobre eles, ver M. Pestana de Vasconcelos, *Juros bancários "ocultos"*, in: IV congresso de direito bancário, (coord. Miguel Pestana de Vasconcelos), Almedina, Coimbra, 2021, pp. 115, ss..

[1101] Os limites das taxas de juros também se aplicam aos juros bancários. Ver, *supra*, nº 61.

Elas são muito comuns no crédito ao consumo, traduzindo-se em comissões – muitas vezes mensais – a serem pagas com a amortização do capital e o pagamento dos juros, podendo ter desinações diversas, como de "processamento", de "pagamento", etc.

III. Ora, o decisivo nestes casos deve ser a função económica que essa prestação desempenha no seio do contrato[1102] e não o *nomen iuris* que as partes lhe atribuem. Se a essa prestação não corresponder um serviço efetivo por parte do banco, ou for manifestamente desproporcionada para o serviço a que aparece ligada, terá que se concluir que consiste na contrapartida da disponibilidade do capital e, nessa medida, um juro e sujeito ao seu regime – em especial no que toca aos limites da taxa de juro[1103]. Juro "oculto" porque as partes lhe dão uma designação diversa (em rigor, sendo o contrato celebrado com recurso a cláusulas contratuais gerais, é o banco que lhe dá esse nome).

Recorrendo a um exemplo: se o empréstimo for de 100, a 10% ao ano, o valor de juros é de 10. Caso, juntamente com os juros se tenha fixado uma "comissão" cobrada mensalmente, ou aquando do pagamento de cada prestação de capital e juros, que não tenha qualquer correspondência a um serviço prestado, ou que seja desproporcionada, de 5 (como "comissão de processamento"), o valor efetivo de juro é de 15, o que corresponde a uma taxa de 15%.

De facto, apesar da designação que as partes dão a essa prestação, ela, atendendo à sua finalidade económica no seio do contrato, e à forma como é calculada, deve ser qualificada como um juro, e integrada neste para efeito de cálculo da taxa.

O raciocínio é o mesmo – de uma forma até mais evidente – se se tratar, num outro exemplo, de uma taxa (eventualmente cobrada "à cabeça") pela utilização do crédito.

[1102] Cfr. H.-M. Krepold, *Vergütungen*, cit., § 78, p. 2510; K.-O. Knops, *Zinsrechtliche Grunlagen*, in: Peter Delerder/Kai-Olivier Knops/Heinz Georg Bamberger, *Deutsches und europäisches Bank-und Kapitalmarktrecht*, vol. I, 3ª ed., Springer, Berlim, Heidelberga, 2017, § 13, p. 697.

[1103] Haverá que fazer o cálculo para determinar qual a taxa que essa quantia paga pela retribuição do capital (a taxa do juro "oculto" na comissão) representa (qual a taxa subjacente).

IV. Em princípio, requalificada a comissão ou a taxa como um juro, não decorre daí a sua ilicitude. Contudo, pode ser de grande relevo quando a taxa de juro seja elevada, devido aos limites dos juros usurários, sendo esta aliás uma forma de os contornar.

Os juros mais elevados são aqueles do crédito ao consumo sem garantia. Numa primeira análise, a distinção não teria mesmo aí um especial interesse, porque os limites nessa sede decorrem da TAEG onde se incluem tanto os juros, como as comissões e demais despesas[1104]. Eles são móveis e regem-se pelas taxas que são cobradas pelo conjunto dos operadores.

V. Como se verá *infra*, o seu cálculo assenta sempre numa verdadeira taxa de juros, a taxa de juro nominal[1105].

E essa não pode ultrapassar os limites legais. Pelo que é diferente saber em que parcela se integram essas remunerações da disponibilização do capital não qualificadas pelas partes (*rectius*, pelo banco) como juros, sendo especialmente importante para a aplicação dos limites dos juros usurários.

Ultrapassando a taxa ela terá que ser reduzida, o que tem depois efeitos imediatos sobre a TAEG, mesmo que esta, nos termos do art. 28º do Dec.-Lei nº 133/2009, de 2/6, se encontrasse ainda – aparentemente – dentro dos limites legais.

55. Modalidades de juros

I.

a) Quanto à <u>fonte</u>, os juros podem ser convencionais quando decorrem de acordo das partes ou legais quando tenham por fonte a lei.

b) No que diz respeito à sua <u>função</u>, temos os juros remuneratórios que constituem o rendimento do capital – a contrapartida da cedência de um determinado capital – durante um determinado período de tempo; os juros compensatórios, aqueles que visam "corresponder à

1104 Aí se incluem todos os custos, incluindo juros, comissões, despesas, impostos e encargos de qualquer natureza ligados ao contrato de crédito que o consumidor deve pagar [art. 4º, nº 1, al. *g)* RCC].

1105 Ver sobre esta matéria, de forma desenvolvida, M. Pestana de Vasconcelos, *Os limites máximos das taxas de juro das instituições de crédito e das sociedades financeiras*, Revista de Direito Comercial, 2018, pp. 620, ss.; idem, *De novo os limites máximos das taxas de juro das instituições de crédito e das sociedades financeiras*, Revista de Direito Comercial, 2019, pp. 505, ss.

simples privação do capital (art. 480º)"[1106]; os juros moratórios, que consistem na indemnização pelo não cumprimento atempado de uma obrigação pecuniária[1107]; os juros compulsórios, aqueles que funcionam como elemento de pressão para o devedor cumprir[1108].

c) Relativamente ao momento da cobrança, podem ser antecipados (vulgo, pagos à cabeça, como sucede, p. ex., com o desconto de letras[1109]) ou postecipados pagos com o vencimento da obrigação de capital, ou então com o decurso do período de tempo a que digam respeito.

d) Por fim, quanto ao titular os juros podem ser civis, comerciais (art. 102º Cod. Com.)[1110] ou das instituições de crédito e sociedades financeiras decorrentes de operação de crédito[1111].

II. Temos assim a regras relativas os juros civis, de que partimos, e depois aquelas relativas aos juros comerciais[1112], que impõe a sua celebração por escrito (art. 102º, § 1 CCom), e que decorrem do art. 102º[1113] do Código Comercial.

[1106] M. J. Almeida Costa, *Direito das obrigações*, cit., pp. 751-752.

[1107] Para estas distinções, na jurisprudência o AUJ de 25/3/2009 (Cardoso de Albuquerque), cit.

[1108] Ver sobre esta matéria, por todos, L. Menezes Leitão, *Direito das obrigações*, vol. I, cit., p. 144.

[1109] Sendo deduzidos ao valor nominal do título (art. 6º, nº 1 do Dec.-Lei nº 58/2013, de 8/5).

[1110] O art. 102 § 5 do CCom estende o regime aos casos previstos no Dec.-Lei nº 62/2013, de 10/5 (regime relativo aos atrasos de pagamento em transações comerciais), embora com uma taxa superior (8%). Aqui incluem-se igualmente [art. 3º, al. *b)* e *d)*] não titulares de empresas comerciais, como a profissionais liberais ou agricultores, sempre que estejamos dentro do âmbito de aplicação do diploma relativo aos atrasos no pagamento em transações comerciais (arts. 3º e 4º nº 1 do Dec.-Lei nº 62/2013, de 10/5). Cfr. J. M. Coutinho De Abreu, *Curso de direito comercial*, vol. I, cit., pp. 68, ss.. Na jurisprudência, ver o acórdão do STJ de 4/6/2013 (Moreira Camilo), in: www.dgsi.pt

[1111] Assim, Menezes Cordeiro, *Tratado de direito civil português, II, Direito das obrigações, tomo I*, Almedina, Coimbra, 2009, p. 694; idem, *Direito bancário*, cit., p. 633.

[1112] Ver, sobre estes: F. Cassiano dos Santos, *Direito comercial português*, vol. I, cit., pp. 177, ss.; J. Engrácia Antunes, *Contratos comerciais. Noções fundamentais*, DJ, volume especial, 2007, pp. 169, ss..

[1113] Nos termos do art. 102º § 3 do CCom: "Os juros moratórios legais e os estabelecidos sem determinação de taxa ou quantitativo, relativamente aos créditos de que sejam titulares

Há uma disciplina específica para aqueles juros, remuneratórios ou moratórios, de que sejam titulares as instituições de crédito, as sociedades financeiras, instituições de pagamento, instituições de moeda eletrónica "e outras entidades legalmente habilitadas para a concessão de crédito e que estejam sujeitas à supervisão do Banco de Portugal" (art. 2º do Dec.-Lei nº 58/2013, de 8/5) decorrentes de "operações de crédito" (art. 1º do Dec.-Lei nº 58/2013, de 8/5[1114]). A este diploma junta-se um conjunto de legislação especial que será analisada de seguida.

Doravante a análise focar-se-á nos juros dos bancos decorrentes de operações de crédito e, dentro destes, nos juros remuneratórios e moratórios.

56. A taxa de juros

56.1. Espécies. Taxas fixas e variáveis

As taxas de juro podem ser fixas ou variáveis. No primeiro caso, referem-se a um valor não alterável (p. ex., 3%); as segundas resultam de um indexante, ou podem decorrer da combinação de um indexante com uma margem ou *spread*, sendo particularmente comuns no crédito à habitação.

Um indexante, tal como vem definido no art. 2º, al. *g)* do Dec.-Lei nº 220/94, de 24/8, consiste num índice de referência cuja evolução determina, através de uma relação previamente convencionada, as alterações periódicas das taxas de juros variáveis das operações de crédito.

empresas comerciais, singulares ou colectivas, são os fixados em portaria conjunta dos Ministros das Finanças e da Justiça."

Essa taxa não poderá ser inferior ao valor da taxa de juro aplicada pelo Banco Central Europeu à sua mais recente operação principal de refinanciamento efetuada antes do 1º dia de janeiro ou julho, consoante se esteja, respetivamente, no 1º ou no 2º semestre do ano civil, acrescida de sete pontos percentuais, contudo, tratando-se de transações comerciais sujeitas ao Decreto-Lei nº 62/2013, de 10 de maio, como acima se referiu, acresce oito pontos percentuais (alteração introduzida pelo Dec-Lei nº 62/2013 de 10/5, que aditou o § 5).

Ora, nos termos da Portaria dos Ministérios da Justiça e das Finanças nº 277/2013, de 26/8, consagra-se para ambos os casos uma taxa de juros moratórios legais [art. 1º als. *a)* e *b)*] pelo limite mínimo dessas disposições (art. 2º, ns. 1 e 2). A divulgação desses valores é realizada no Diário da República, 2ª série, por aviso da Direção-Geral do Tesouro e Finanças, até 15 de janeiro e 15 de julho de cada ano (art. 3º).

[1114] Ver, também, p. ex., o art. 3º als. *a)* e *b)*, o art. 4º, nº 3, o art. 5º, o art. 8º do Dec.-Lei nº 58/2013, de 8/5.

II. A lei consagrou regras específicas no âmbito dos contratos de crédito relativos a imóveis.

Os bancos como mutuantes devem assegurar que o indexante utilizado para calcular a taxa de juro "é claro, acessível, objetivo e verificável pelas partes do contrato de crédito e pelo Banco de Portugal" e que corresponda "a uma variável monetária de referência seja determinado por instituição independente e adequado às caraterísticas do contrato de crédito em causa" [art. 21º, nº 1, als. *a)* e *b)* do Dec.-Lei nº 74-A/2017, de 23/6]. Estão ainda obrigados a manter os registos históricos do indexante utilizado para a taxa de juro, os quais devem estar acessíveis aos consumidores de forma simples e gratuita [art. 21º, nº 1, al. *c)* do Dec.-Lei nº 74-A/2017, de 23/6].

Quanto à forma de determinação do valor do indexante, ele decorre da média aritmética simples das cotações diárias do índice ou taxa de referência, observadas no mês de calendário anterior ao início do período de contagem de juros. (art. 21º, nº 2 do Dec.-Lei nº 74-A/2017, de 23/6).

III. Em regra, as partes recorrem a uma das de juro da Euribor (*Euro Interbank Offered Rate*), que têm vencimento diferentes (p. ex., 3, 6 meses), a que se acrescenta um *spread*, 0,5, 1,5%, 2%, etc. A Euribor consiste na taxa pelas quais os depósitos a prazo (que constituem um mútuo) são oferecidos por um *prime bank* a outro *prime bank* dentro da zona Euro calculada para diferentes prazos diariamente às 11:00 horas (hora central europeia).

Em rigor, não existe uma única taxa, mas oito taxas para cada um dos prazos que variam entre uma semana e doze meses. Cada uma delas consiste numa média das taxas que um conjunto de bancos incluídos num painel de 20 bancos ativos nos mercados monetários da zona Euro oferecem esse depósito, excluindo-se os valores 15% mais altos e 15% mais baixos[1115].

[1115] Não se trata de necessariamente de uma operação efetivamente realizada, ao contrário da Eonia, que traduz a média dos empréstimos sem garantia realizados efetivamente *overnight*. Os bancos do painel são não só de Estados UE da zona euro, mas incluem-se igualmente grandes bancos internacionais de Estados fora da zona euro, que tenham operações importantes nessa zona. O sistema é gerido pelo *European Money Markets Institute* (EMMI), que é uma associação de direito belga, constituída em 1999, cujos membros são associações de bancos de Estados membros da UE. Cfr. www.emmi-benchmarks.eu/emmi/about-us.html. E, em geral, LUÍS GRAÇA MOURA, *A taxa Euribor negativa*, in: II congresso de direito bancário (coord. Miguel Pestana de Vasconcelos), Almedina, Coimbra, 2017, p. 359.

56.1.1. O risco específico de subida da taxa variável

I. O indexante – que, tratando-se da Euribor, depende, de forma indireta, da política monetária do BCE – tem um enorme relevo no valor da taxa. É assim em particular nos contratos de longo prazo (há contratos contratados a 40 anos!) em que, em virtude das circunstâncias económicas, o indexante irá sofrer diversas variações, algumas mesmo bruscas. Os mutuários, muitas vezes, não têm consciência deste facto, em particular quando as taxas estão muito baixas – por razões excecionais, de política monetária, necessariamente transitória, diga-se –, avaliando só a parte fixa, ou seja, o *spread*.

II. Por se motivo, é fundamental nestes contratos as partes limitarem a variação da taxa, pelo menos em alta. Para o efeito, podem celebrar contratos que tenham por objeto instrumentos financeiros com essa finalidade. Eles podem consistir em limites máximos para as variações, tanto em alta (*cap*), como em baixa (*floor*), ou, em ambos os sentidos, criando-se um "corredor de variação".

A fixação de um limite de variação em alta (um *cap*), é altamente aconselhável num contrato de muito longo prazo, com valores elevados em dívida. Uma variação inesperada, sempre possível (muitíssimo provável, até, num período tão longo), em alta, pode facilmente fazer subir muito o valor da prestação mensal, composta em parte por amortização do capital e noutra parte pelos juros. Tanto mais que a amortização do capital na parte inicial do contrato é muito reduzida.

III. A contratação de um empréstimo com taxa variável sem limites de variação é um risco enorme. Por conseguinte, constitui um dever essencial do banco explicá-lo claramente ao mutuário, recorrendo a diversas simulações de variação da taxa. Esse dever decorreria sempre da boa fé, integrado no contato bancário geral, mas tem concretização no regime dos contratos de crédito relativos a imóveis [art. 13º, nº 2, e secção 3 da FINE do Dec.-Lei nº 74-A/2017, de 23/6]. Relativamente à TAN, impõe-se o dever de informar se ela é fixa, variável ou uma combinação de ambas, acompanhada de uma breve descrição das caraterísticas (...) e potenciais implicações para o consumidor" [art. 10º, nº 5, al. *c)* do Dec.-Lei nº 74-A/2017, de 23/6]. Nessa informação tem que ser, sempre incluído, este aspeto e de forma muito clara e detalhada, e respetivas simulações, como decorre, de forma clara, da FINE.

É também uma obrigação de boa fé que lhe seja proposta a celebração de um contrato de cobertura do risco de variação da taxa acima de um determinado valor, ainda que isso possa fazer subir os custos globais do crédito.

Nessa eventualidade, se estivermos dentro do âmbito de aplicação dos contratos de crédito relativos a imóveis, deverá constar de documento autónomo ao contrato de crédito (art. 21º, nº 5 do Dec.-Lei nº 74-A/2017, de 23/6).

56.2. A taxa nominal, a taxa anual efetiva (TAE), a taxa anual de encargos efetiva global (TAEG)

I. A taxa nominal consite na taxa de juros para um conjunto de operações de crédito ou uma determinada operação de crédito que não incorpora quaisquer outras despesas, impostos ou encargos[1116], sendo calculada de acordo com uma fórmula incluída no anexo nº 1 Dec.-Lei nº 220/94 [art. 2º, al. *c)* do Dec.-Lei nº 220/94]. Ela está prevista igualmente no regime do crédito ao consumo [art. 4º, al. *j)* do Dec.-Lei nº 133/2009, de 2] e no regime dos contratos de crédito relativos a imóveis [art. 4º al. *t)*[1117]].[1118]

II. A taxa anual efetiva (TAE) inclui todos os custos relacionados com o crédito, como as comissões bancárias, juros, despesas de avaliação e de análise do processo, permitindo ao creditado conhecer seu custo global.

Ela consiste "na taxa de juros que para uma espécie de operações de crédito ou para uma determinada operação de crédito torna equivalentes numa base anual os valores atualizados do conjunto de prestações realizadas ou a realizar pela instituição de crédito e dos pagamentos realizados ou a realizar pelo cliente" calculada de acordo com as regras do art. 4º do Dec.-Lei nº 220/94, de 24/8, e com a fórmula constante do anexo nº 2 do mesmo diploma [art. 2º, al. *d)* do Dec.-Lei nº 220/94, de 24/8][1119].

[1116] Consiste nos termos do art. 2º, al. *c)* do Dec.-Lei nº 220/94, de 24/8, na taxa de juro "que sem incluir impostos nem outros encargos para uma espécie de operações de crédito ou para uma determinada operação de crédito, resulta da aplicação da fórmula contida no anexo I" do Dec.-Lei nº 220/94, de 24/8.

[1117] Aprovado pelo Dec.-Lei nº 74-A/2017, de 23/6.

[1118] Taxa anual nominal (TAN): "a taxa de juro expressa numa percentagem fixa ou variável aplicada numa base anual ao montante do crédito utilizado".

[1119] Terá que abranger ainda, para os contratos previsto no art. 1º do Dec.-Lei nº 51/2007, de 7/3 (art. 2º), do quando for o caso, todas as condições promocionais associadas ao contrato (art. 3º, nº 1 do Dec.-Lei nº 51/2007, de 7/3).

Por isso, ela não é uma taxa de juro. Na verdade, a TAE tem no seu cerne uma *taxa de juro*, a taxa nominal, mas apesar da sua designação consiste numa fórmula para permitir ao creditado conhecer todos os custos do crédito.

III. A TAEG[1120] tem o âmbito de aplicação limitado ao crédito ao consumo e aos contratos de crédito relativos a imóveis (aprovado pelo Dec.-Lei nº 74-A/2017, de 23/6), e consiste, nos termos do art. 4º, nº 1, al. *i)* do Dec.-Lei nº 133/2009, de 2/6 (contratos de crédito ao consumo[1121]), e art. 4º, al. *s)* do regime dos contratos de crédito relativos a imóveis (Dec.-Lei nº 74-A/2017, de 23/6), no "custo total do crédito para o consumidor expresso em percentagem anual do montante total do crédito, acrescido, se for o caso, dos custos previstos no nº 4 do artigo 24º" (Dec.-Lei nº 133/2009, de 2/6)[1122]

Ela torna equivalentes, numa base anual, os valores actuais do conjunto das obrigações assumidas, considerando os créditos utilizados, os reembolsos e os encargos, actuais ou futuros, que tenham sido acordados entre o credor e o consumidor (art. 24º, nº 1 do Dec.-Lei nº 133/2009), sendo calculada de acordo com a fórmula matemática constante da parte I do anexo I do Dec.-Lei nº 133/2009 (art. 24º, nº 2 do Dec.-Lei nº 133/2009).

Da mesma forma que a TAE, a TAEG não é uma taxa de juro em sentido técnico. Ela tem sempre no seu seio uma *verdadeira taxa de juro*, sujeita, essa taxa (não a TAEG) aos limites do art. 1146º. Mas a TAEG, em si, visa dar a conhecer de forma clara, através da redução a um único valor, do custo da totalidade do crédito, e, por outro, cria um padrão objetivo que lhe possibilita comparar a globalidade do preço do crédito oferecido pelos diferentes creditantes.

1120 Sobre ela, ver J. MORAIS CARVALHO, *Manual de direito do consumo*, cit., pp. 535, ss..

1121 Quanto ao seu âmbito de aplicação, ver, *supra*, nº 50.

1122 O «custo total do crédito para o consumidor» abrange "todos os custos, incluindo juros, comissões, despesas, impostos e encargos de qualquer natureza ligados ao contrato de crédito que o consumidor deve pagar e que são conhecidos do credor, com excepção dos custos notariais. Os custos decorrentes de serviços acessórios relativos ao contrato de crédito, em especial os prémios de seguro, são igualmente incluídos se, além disso, esses serviços forem necessários para a obtenção de todo e qualquer crédito ou para a obtenção do crédito nos termos e nas condições de mercado" [art. 4º, nº 1, al. *g)* do Dec.-Lei nº 133/2009, de 2/6].

III. A taxa de juros preferencial, ou *prime rate*, consiste já numa verdadeira taxa de juro, sendo aquela que as instituições de crédito praticam em cada momento para os seus clientes de menor risco em operações de crédito de curto prazo [art. 2º, al. *h)* do Dec.-Lei nº 220/94 e Aviso do BP nº 8/2009, art. 2º, al. k)]. Há ainda a considerar as taxas de juros representativas, previstas no art. 2º, al. *e)* do Dec.-Lei nº 220/94, de 24/8 [e Aviso do BP nº 8/2009, art. 2º, al. *j)*].

57. Os juros negativos

I. Tem-se colocado recentemente a questão de saber se podermos estar face a juros negativos, caso em que não seria já o beneficiário do crédito a pagar os juros, mas, pelo contrário, o creditante a ter que pagar a quantia correspondente a esses juros à outra parte[1123].

O problema é novo e está essencialmente ligado à descida da taxa Euribor para valores abaixo de zero.

Desde 2014 que o BCE, seguido depois por outros bancos centrais, passou por motivos de política económica, para incentivar o crescimento, a fixar a taxa de depósito, aquela a que remunera os depósitos que os bancos fazer junto dele, com uma taxa negativa, que neste momento é de 0,4%. Essa taxa tem influência direta sobre as que são praticadas pelos bancos nos mercados interbancários, contribuindo por isso para a fixação da Euribor, que neste momento apresenta resultados negativos.

Assim, a concessão de crédito de um banco ao outro deixou de ser remunerada por via do pagamento de juro, mas pelo contrário, é aquele que beneficia do crédito que tem que pagar uma quantia à outra parte determinada pelo juro negativo.

II. Dada a ligação nos contratos de crédito, mas não só, também em diferentes contratos de financiamento, e aos depósitos, em virtude da adoção da Euribor como indexantes, colocam-se duas questões. Em primeiro

[1123] Sobre esta matéria, ver Luís Graça Moura, *A taxa Euribor negativa*, in: II congresso de direito bancário (coord. Miguel Pestana de Vasconcelos), Almedina, Coimbra, 2017, pp. 355, ss.; Ana Mafalda Miranda Barbosa, *O impacto das taxas de juros negativas nos contratos de mútuo bancário: as tentativas de salvaguarda dos bancos e a proteção do consumidor*, in: Direito civil e sistema financeiro, Principia, Cascais, 2017, pp. 157, ss.; Catarina Monteiro Pires, *Mútuo bancário e Euribor negativa*, RDC, 2017, p. 87, ss.;

lugar, saber se, consumido o *spread*, a própria taxa globalmente considerada entre em valor negativos, tendo o banco que restituir ao cliente esse valor. E, em segundo lugar, se, embora não entrando globalmente a taxa em valores negativos, a diminuição da taxa variável pode atingir o *spread* ou se esse limite não pode ser ultrapassado. Recorrendo a um exemplo: se a taxa de juros for composta pela Euribor a seis meses com um *spread* de 1%, e a primeira descer para – 0,25%, passará a taxa global para 0,75%, ou o limite do *spread* não pode ser atingido?[1124].

III. O segundo aspeto é essencialmente de interpetação contratual e não tem como resultado a fixação de juros negativos. Mesmo diminuindo o *spread*, a questão é simplesmente de determinação do valor do juro a ser pago.

O mesmo não sucede no primeiro caso. Sendo as prestações compósitas, ou seja, constituídas em parte pela amortização do capital e na outra em juros, se estes tiverem um valor negativo, atingem o capital. Pelo que não é o creditante que paga juros ao creditado, mas simplesmente essa redução vai atingir a parte de capital da prestação. Nessa medida, o que sucede é que o creditado não irá ter que cumprir a sua prestação de restituição na totalidade, mas só em parte. Isto é: opera uma redução da obrigação de restituir do mutuário e, de forma simétrica, do crédito do banco a essa restituição.

Este resultado não é compatível com o mútuo. A obrigação de restituir a quantia emprestada é intangível. O crédito do banco, integrando o seu património (os bens mais relevantes que integram o património dos bancos são créditos pecuniários à restituição das quantias que emprestam), não pode ser reduzido. O juro pode ser inexistente, se o mútuo for gratuito. Mas não é esse o caso nos mútuos bancários que são necessariamente onerosos (art. 362º CCom)[1125].

Pelo que algum valor de juro, mesmo insignificante, terá que ser pago pelo mutuário ao mutuante, nem que seja € 0,1.[1126]

1124 Respondemos a ambas as questões em M. Pestana de Vasconcelos, *A taxa de juro Euribor negativa e os seus efeitos sobre os contratos de crédito*, CDP, 2017, pp. 14, ss..

1125 Ver L. Graça Moura, *A taxa Euribor negativa*, cit., p. 364, pp. 362, ss..

1126 A doutrina refere-se a uma "floor implícito", Robert Freitag, *Negativzinsen in Eilagengeschäft*, ZBB, 2018, p. 276.

IV. Se um banco que recebe os fundos tiver que pagar uma quantia percentualmente calculada sobre o montante em dívida, de acordo com o tempo da utilização e a aplicação de uma taxa, aparentemente teríamos perante uma obrigação de juro. Mas não é assim. A obrigação de juros depende da obrigação de capital, cuja disponibilidade no período negocialmente previsto, remunera. O que nesse caso não sucede[1127].

Nada obsta a que as partes celebrem, ao abrigo da liberdade contratual, um contrato nestes termos. Simplesmente, não seria um mútuo. Seria requalificado, atendendo à sua estrutura e efeitos, como um contrato de depósito oneroso em que aquele que deposita os fundos têm que pagar uma determinada quantia à outra parte, pelo serviço de guarda do dinheiro que esta lhe presta, se for essa a sua verdadeira finalidade. O contrato passaria a ser de depósito, e não de mútuo bancário. O valor a pagar, apesar da a sua fórmula de cálculo, consistiria simplesmente por uma comissão por essa guarda (a redução do crédito à restituição da quantia opera-se por compensação com o referido contracrédito à comissão).

O que sucede no mercado interbancário, porque a taxa de juro cobrada pelo BCE pela sua facilidade de depósito atinge níveis mais altos (ou seja, a taxa negativa é mais elevada). Esta também não pode ser considerado como um juro, uma vez que este tem necessariamente, como referimos, que ser a remuneração de uma obrigação de capital.

Trata-se de uma taxa punitiva para se obterem objetivos de política económica. Pretende-se obrigar a banca a emprestar, para, dessa forma, se aumentar a atividade económica e consequentemente a inflação até ao nível que constitui a meta do BCE. Não há, pois, em sentido técnico, juros negativos.

V. De forma paralela, algo de semelhante se passa quanto aos depósitos. Estes sempre sejam a prazo constituem verdadeiros mútuos, pelo que o banco, como depositário, não pode cobrar juros negativos ao seu cliente. Entre nós, existe mesmo solução expressa no aviso do BP 6/2009. Dispõe o seu art 3º, nº 4: "Qualquer que seja o modo de determinação da taxa de

[1127] Como sublinha H.-M. Krepold, *§ 78 Vergütung*, in: *Bankrechts-Handbuch*, de H. Schimanski/H.-J. Bunte/H.-J. Lwowski, Band II, 5ª ed., Beck, Munique, 2017, p. 2511. Esta fórmula de cálculo significaria que o juro é fixado em zero e que acessoriamente se paga um deteminada quantia que não tem esse caráter.

remuneração de um depósito, esta não pode, em quaisquer circunstâncias, ser negativa".

57.1. O regime dos contratos de crédito relativos a imóveis celebrados com consumidores (art. 21º-A do Dec.-Lei nº 74-A/2017, de 23/6)

I. Foi, recentemente, previsto um regime específico que permite fazer refletir nas prestações do capital os, ditos, juros negativos. Trata-se de uma disciplina excecional prevista no art. 21º-A[1128], integrada no regime de contatos dos contratos de crédito relativos a imóveis celebrados com consumidores[1129], aplicando-se somente às prestações vincendas dos contratos em curso à data da sua entrada em vigor (art. 5º, nº 1 da Lei nº 32/2018, de 18/8). Ela abrange unicamente os contratos de crédito para a aquisição ou construção de habitação própria permanente, secundária ou para arrendamento [art. 2º, nº 1, al. *a)* do Dec.-Lei nº 74-A/2017, de 23/6] celebrados com consumidores.

Estão excluídos os dois outros grupos de contratos de crédito com consumidores abarcados, em geral, por este diploma, sendo nessa medida o seu âmbito de aplicação em termos objetivos, mais restrito. Na verdade, ela visa abranger – quase – somente os casos económica e socialmente mais sensíveis que são os contratos de aquisição de imóvel para habitação própria, em regra com garantia hipotecária, celebrados com consumidores.

II. Pelo que, fora do seu âmbito de aplicação, aplica-se o regime que vimos no número anterior relativo aos juros negativos. Basta, para tal, que o devedor não seja um consumidor ou o contrato não se integre naqueles previstos no art. 2º, nº 1, al. *a)* do Dec.-Lei nº 74-A/2017, de 23/6. Na verdade, ao criar uma norma excecional cuidadosamente limitada a alguns contratos previstos no âmbito do regime dos contratos de crédito relativos a imóveis celebrados com consumidores, a lei reconhece que o regime

[1128] A norma foi aditada pela Lei nº 32/2018, de 18/8 (art. 3º), "que institui a obrigatoriedade de as instituições bancárias refletirem totalmente a descida da taxa Euribor nos contratos de crédito à habitação, procedendo à primeira alteração ao Decreto-Lei nº 74-A/2017, de 23 de junho, que transpõe parcialmente a Diretiva 2014/17/UE, do Parlamento Europeu e do Conselho, de 4 de fevereiro de 2014, relativa a contratos de crédito aos consumidores para imóveis destinados a habitação." (art. 1º).

[1129] Aprovado pelo Dec.-Lei nº 74-A/2017, de 23/6 (art. 1º). Sobre ele, ver, *supra*, nº 42.11.

regra é outro[1130]. Não fosse assim, a norma seria dispensável, bem como o seria o seu recorte objetivo e subjetivo.

III. Quanto ao regime, ele, de forma resumida, é o seguinte. Se da conjugação do *spread* ou margem e a Euribor prevista no contrato resultar um valor negativo, o crédito ao capital deve ser reduzido nesse montante. Assim, se o *spread* for de 0,5% e o valor da Euribor previsto para esse contato for de -1%, o banco apurado o valor deverá deduzi-lo ao capital da prestação vincenda (art. 21º-A, nº 2 do Dec.-Lei nº 74-A/2017, de 23/6).

Em alternativa, apurado esse valor, o banco pode optar por não reduzir o capital, mas constituir – ou melhor: ir constituindo – a favor do creditado/consumidor – um crédito a compensar com os juros vincendos, se, e quando, estes passarem a valores positivos (art. 21º-A, nº 3 do Dec.-Lei nº 74-A/2017, de 23/6) até que ele se extinga. Porém, se não tiver sido possível compensar, ou compensar na integralidade, este crédito até ao fim do prazo do contrato, o valor sobjante deverá ser pago à outra parte (art. 21º-A, nº 4 do Dec.-Lei nº 74-A/2017, de 23/6).

IV. Esta disposição integra-se e completa o regime – composto em grande parte por normas excecionais[1131] – dos contratos de crédito relativos a imóveis celebrados com consumidores. A lei nacional criou um sistema de tutela destes sujeitos que é mais extenso do que o que resultava da diretiva, tendo aí incorporado diversas soluções que vinham já regime do crédito à habitação própria (Dec.-Lei nº 349/98, de 11/11). É nesse quadro que deve ser analisada.

A solução adoptada é, cremos, única na UE e não decorria da lei nem dos contratos. Daqui não resulta a alteração da sua natureza – não deixam de ser mútuos para passarem a ser depósitos dos consumidores junto dos bancos. O que sucede é que, por força da lei, os créditos bancários à restituição do capital foram reduzidos. Não há uma compensação entre o crédito ao pagamento dos "juros negativos" (como se acabou de referir no número anterior, os juros nunca podem ser negativos) e o crédito à restituição. Este é que é reduzido, sendo o valor apurado dos – ditos – juros negativos o elemento que determina a sua redução.

1130 Neste sentido, MARIANA FONTES DA COSTA, *A proteção do consumidor-mutuário no crédito à habitação a taxa de juro variável*, cit., p. 96.

1131 Ver, *supra*, nº 42.11.

V. Já os créditos sobre os bancos decorrentes de depósitos a prazo – que são igualmente mútuos –, independentemente de quem seja o credor (tanto pode ser um consumidor, como uma empresa, eventualmente outro banco), com cláusulas idênticas não são atingidos.

VI. Restam duas questões. A primeira consiste em saber se nos novos contratos celebrados os bancos podem incluir cláusulas nos termos das quais os juros nunca atinjam valores negativos. A lei só se refere aos casos em que "do apuramento da taxa de juro resultar um valor negativo" (art. 21º-A, nº 1 do Dec.-Lei nº 74-A/2017, de 23/6). Esse apuramento deve ser realizado nos termos previstos no contrato. Eles podem limitar a descida de taxa de juro em termos de do seu apuramento não resultar um valor, introduzindo cláusulas *floor*.

Dado o caráter imperativo do regime (art. 35º) e da sua teleologia, a resposta aponta para a negativa[1132]. Poderia dizer-se que o resultado dessa interptação conduziria os bancos a subir os *spreads*, obtendo dessa forma margem para absorver esse eventual impacto do indexante negativo. O que teria por resultado um aumento das taxas de juro que não é o sentido, nem deve ser um efeito lateral, desta regra. Contudo, a intenção do legislador foi mesmo, nestes casos, independentemente das consequências em termos de *spread*, abrir, não obstante qualquer cláusula em contrário, a possibilidade de a taxa assumir um valor negativo. O art. 35º, nº 1 do Dec.-Lei nº 74-A/2017, de 23/6 e a obrigação imposta aos bancos de na sua publicidade a mencionarem para esta modalidade de contratos sempre essa possibilidade (art. 4º da Lei nº 32/2018, de 18/8) são decisivos nesse sentido.

VI. Outra questão prende-se com a sombras de constitucionalidade da norma. Constituindo os créditos o património dos bancos, ele é diretamente atingido. Ora, os créditos pecuniários estão incluídos na noção de propriedade privada do art. 62º CRP, sendo os bancos retirado parte desses bens, na medida da redução.[1133] O que só não se afirma, pela forma (e na parte) como o legislador recortou esta exceção. De facto, ela foi limi-

[1132] Neste sentido, MARIANA FONTES DA COSTA, *A proteção do consumidor-mutuário no crédito à habitação a taxa de juro variável*, cit., p. 96.

[1133] Cfr. RUI MEDEIROS, *Anotação ao artigo 62º CRP*, in: Constituição portuguesa anotada (Jorge Miranda/Rui Medeiros), tomo I, 2ª ed., Coimbra Editora, Coimbra, 2010, p. 1247.

tada aos consumidores e à aquisição de casa própria de habitação própria, tendo ambos – intensa – tutela constitucional.

58. Os arredondamentos das taxas de juro

I. Esta matéria é especialmente relevante, porque os arredondamentos em alta, de correntes das disposições contratuais, podem conduzem a um aumento da taxa de juro anual nominal. Sendo cláusulas contratuais gerais, estariam sempre sujeitas a esse controlo.

Contudo, neste caso, o legislador decidiu atuar. Fez muito bem. O diploma das cláusulas contratuais gerais é um relevantíssimo instrumento de tutela, em particular dos consumidores. Mas não é muitas vezes suficiente, tornando-se necessária a intervenção reguladora do legislador. Até, repare-se, para não tornar esse tipo de práticas, do prisma exclusivo da eficiência económica, vantajosas para quem a elas recorre.

II. Existe, pois, hoje um regime específico quanto aos arredondamentos nas taxas de juros no âmbito do regime dos contratos de crédito relativos a imóveis.

Desta forma, se a taxa de juro for indexada a um índice de referência, como sucede com a Euribor, a taxa de juro é apurada com base na soma do *spread* da taxa de juro com o indexante. O valor deste último, como já foi referido *supra* (nº 50.1), decorre da média aritmética simples das cotações diárias do índice ou taxa de referência, observadas no mês de calendário anterior ao início do período de contagem de juros." (art. 21º, nº 2 do Dec.-Lei nº 74-A/2017, de 23/6).

O arredondamento da taxa de juro variável, incidente só sobre o indexante, é "obrigatoriamente feito à milésima": "quando a quarta casa decimal é igual ou superior a cinco, o arredondamento é feito por excesso"; "quando a quarta casa decimal é inferior a cinco, o arredondamento é feito por defeito [art. 21º, nº 2, als. *a)* e *b)* do Dec.-Lei nº 74-A/2017, de 23/6]. A revisão não poderá verificar-se com uma "periodicidade diferente da do prazo a que mesmo reporta" (artº 21º, nº 4 do Dec.-Lei nº 74-A/2017, de 23/6). Sendo a taxa de juros variável, em especial em contatos de muito longo prazo, ela envolve um risco bastante considerável.

III. O regime acabado de expor começou por se aplicar aos contratos de crédito para aquisição, construção e realização de obras em habitação própria permanente, secundária ou para arrendamento e para aquisição de terrenos para construção de habitação própria celebrados entre as instituições de crédito e os seus clientes (art. 1º do Dec.-Lei nº 240/2006, de 22/12). Os mais relevantes em termos económicos. Esse diploma foi revogado pelo Dec.-Lei nº 74-A/2017, de 23/6 [art. 46º, nº 1, al. *b)*]. Também se dispôs aí que "quaisquer referências legais feitas aos decretos-leis revogados pelo número anterior entendem-se como feitas ao presente decreto-lei" (art. 47º, nº 2 do Dec.-Lei nº 74-A/2017, de 23/6). Este aspeto é importante, porque o âmbito de aplicação do regime dos arrendondamentos foi consideravelmente alargado. A sua disciplina base passa a ser a do regime dos contratos de crédito relativos a imóveis.

IV. Como dizíamos, o âmbito de aplicação da disciplina foi ampliado pelo Dec.-Lei nº 171/2007, de 8/5, para abranger outros (portanto: não incluídos nesse elenco) contratos de crédito e financiamento, celebrados entre as instituições de crédito e sociedades financeiras e seus clientes (art. 1º Dec.-Lei nº 171/2007, de 8/5[1134]). Eles incluíam designadamente aqueles em que uma das partes se obriga, contra retribuição, a conceder à outra o gozo temporário de uma coisa móvel de consumo duradouro e o locatário tiver o direito de adquirir a coisa locada num prazo convencionado, eventualmente mediante o pagamento de um preço determinado ou determinável nos termos do próprio contrato (art. 2º, nº 1, do Dec.-Lei nº 171/2007, de 8/5).

O conjunto de contratos a que esta disciplina se aplica foi, como se vê, muitíssimo alargado. Cabiam aqui *todos* os contratos de crédito ou financiamento celebrados por instituições de crédito ou sociedades financeiras, portanto claramente a locação financeira (que na sua versão mobiliária era logo prevista também – assim como o ALD – no art. 2º, nº 1 do Dec.-Lei nº 171/2007, de 8/5), cessão financeira, desconto, abertura de crédito, etc., independentemente de serem concluídos com consumidores ou não.

Decorrido um ano, a lei veio afastar, em parte, o carácter imperativo do regime, permitindo em certos casos, o seu afastamento. Para o efeito, foi

[1134] Este regime aplica-se aos contratos de crédito e de financiamento por ele abrangidos que venham a ser celebrados após a sua entrada em vigor e aos contratos que se encontrem em execução, qualquer que seja o valor da quantia mutuada e o fim a que o crédito se destina (art. 2º, nº 2 do do Dec.-Lei nº 171/2007, de 8/5). Quanto a estes últimos, o regime aplica-se a partir da refixação da taxa de juro, para efeitos de arredondamento, que deve ocorrer logo após o início da sua vigência (art. 2º, nº 3 do Dec.-Lei nº 171/2007, de 8/5).

inserido o nº 2 ao seu art. 1º (art. 3º do Dec.-Lei nº 88/2008, de 29/5), de forma a permitir que as partes – expressamente –, mas só a contraparte das instituições de crédito ou sociedades financeiras nesses contratos de crédito ou financiamento não for um consumidor "na acepção prevista no nº 1 do artigo 2º da Lei nº 24/96, de 31 de Julho", afastem a aplicação do art. 21º, nº 2 do Dec.-Lei nº 74-A/2017, de 23/6 (art. 47º, nº 2 do Dec.-Lei nº 74-A/2017, de 23/6).

Nessa medida, se, por um lado, o que já decorria do diploma anterior, se confirma que ele se aplica sempre que esses contratos sejam celebrados com contrapartes das instituições de crédito ou sociedades financeiras que não sejam consumidores, torna-se, nesse caso, o regime art. 21º, nº 2 do Dec.-Lei nº 74-A/2017, de 23/6, supletivo, uma vez que se permite que os contraentes o afastem, desde que o façam expressamente. O que, em regra, sucede nos contratos bancários.

59. As alterações da taxa de juro

I. A taxa de juros e os outros encargos são elementos fundamentais num contrato de crédito[1135]. Eles constituem, em regra, o elemento – ou, pelo menos, um dos elementos – decisivo para se contratar com uma instituição de crédito em detrimento de outra. Pelo que o direito de uma das partes, ou de ambas, os alterarem é especialmente relevante.

II. Não havendo previsão contratual nesse sentido, só é possível introduzir alterações ao contrato por acordo das partes (art. 405º, nº 1).

Diferente é caso de as partes contratualmente terem conferido esse direito a um ou a ambos os contraentes, com base num circunstancialismo objetivo, negocialmente previsto.[1136] Não se atingindo os limites colocados à liberdade contratual, e sendo esse direito exercido de acordo com os ditames da boa fé, nos termos dos critérios acordados[1137], nada haverá, em princípio, a objetar.

[1135] Quanto ao poder de alterar unilateralmente um contrato de financiamento, ver Rui Pinto Duarte, *A alteração unilateral de contratos de financiamento*, in: II congresso de direito bancário (coord. Miguel Pestana de Vasconcelos), Almedina, Coimbra, 2017, pp. 305, ss..

[1136] Sublinhando esta exigência, M. Januário Costa Gomes, *Contratos comerciais*, cit., p. 274, nota 922.

[1137] Em última instância com recurso aos juízos de equidade, nos termos do art. 400º Cfr. M. Januário Costa Gomes, *Contratos comerciais*, cit., p. 275.

É o que acontece, como vimos, a propósito dos *covenants*. Em certos casos, verificando-se um facto contratualmente previsto, o mutuante adquire o direito, que depois poderá ou não exercer, de alterar a taxa de juro[1138]. Trata-se geralmente de uma forma de graduar as consequências da verificação de um conjunto de eventos que conduzem a um acréscimo do risco do creditante.

Isto se estivermos face a contratos individualmente negociados.

III. Contudo, se esse poder de alteração unilateral (*ius variandi*) do contrato decorrer de uma cláusula contratual geral, existe um regime próprio, limitativo, pese embora só nas relações com os consumidores. É sobre ele que nos iremos agora debruçar.

Nos termos do art. 22º, nº 1, al *c)* do Dec-Lei nº 446/85, de 25/10, são proibidas, consoante o quadro negocial padronizado, se o aderente for um *consumidor final*, as "cláusulas que atribuam a quem as predisponha o direito de alterar unilateralmente os termos do contrato, excepto se existir *razão atendível* que as partes tenham convencionado". (itálico nosso)[1139].

Comece por se observar que não se incluem nesta sede aquelas taxas de juro que variem devido à alteração do indexante. Com efeito, como resulta claro do nº 4 do art. 22º do Dec-Lei nº 446/85, 25/10, as cláusulas de indexação encontram-se fora do âmbito dessa proibição, "quando o seu emprego se mostre compatível com o tipo contratual onde se encontram inseridas e o mecanismo de variação do preço esteja explicitamente descrito."

Há, neste caso, uma mudança automática de valores, decorrente de um elemento externo cujas flutuações podem redundar em benefício ou prejuízo de qualquer das partes, alterando-se as posições de vantagem e desvantagem ao longo da vigência do contrato. Não há, pois, dificuldades nos contratos de taxa variável com estas caraterísticas.[1140]

[1138] Cfr. Brucher/Krepold, *Kündigungsrecht*, cit., § 79, p. 2328.

[1139] Sobre esta disposição, ver André Figueiredo, *O poder de alteração unilateral nos contratos bancários celebrados com consumidores*, Sub iudice, 2007, pp. 9, ss..

[1140] A solução é semelhante à do regime dos serviços de pagamento e de moeda electrónica (RSP). Nos termos do art. 93º, nº 5: "As alterações das taxas de juro ou de câmbio podem ser aplicadas imediatamente e sem pré-aviso, desde que esse direito tenha sido acordado no contrato-quadro e as alterações se baseiem nas taxas de juro ou de câmbio de referência acordadas nos termos das subalíneas *ii)* e *iii)* da alínea *c)* do artigo 91º".

IV. Note-se, depois, que não se proíbem em termos genéricos estas cláusulas. Em rigor, elas são condicionadas na sua validade à existência de uma "razão atendível" convencionada pelas partes. Esses factos previstos como razão atendível não podem ser, simplesmente, previstos de forma genérica, mas têm de estar especificados no contrato.[1141]

Claro está que estamos face a um conceito indeterminado de difícil preenchimento. Cremos, de todo o modo, que se podem ficar algumas diretrizes para o densificar e operacionalizar, de forma a permitir um controlo mais preciso dos eventos a este título previstos pelo predisponente.

Este direito tem um caráter excecional relativamente às regras gerais dos contratos, pelo que os seus fundamentos devem ser interpretados de forma exigente. Em especial, e cumulativamente, porque se trata de cláusulas contratuais gerais, nas relações com os consumidores, enformadas, com apoio constitucional mesmo, pela sua tutela.

Estes vetores impõem-nos um nível elevado de exigência no preenchimento deste conceito.

V. Parecem-nos adequadas as orientações quanto às cláusulas de alteração unilateral da taxa de juro ou de outros encargos de contratos de crédito plasmadas na Carta Circular do BP nº 32/2011/DSC, de 17/05/2011.[1142] Elas dividem-se em orientações quanto à redação das cláusulas, por um lado, e ao exercício do direito, por outro.

Quanto ao primeiro aspeto, o evento (ou eventos) previsto nessa cláusula deverá ser objetivo, externo ao banco, fora do seu controlo, relevante, excecional e ter subjacente um motivo ponderoso fundado em juízo ou critério objetivo [ponto 1.2., als. *a)* e *b)*].

Terá ainda que ser fixado um prazo razoável para o exercício do direito de resolução por parte do consumidor. O prazo deve permitir-lhe: "(i) tomar efectivo conhecimento da alteração proposta (ii), avaliar a conve-

[1141] André Figueiredo, *O poder de alteração unilateral nos contratos bancários celebrados com consumidores*, cit., pp. 11, ss., p. 13.

[1142] In: www.bportugal.pt/sibap/application/appl/docsl/circulares/textos/32-2011-DSC.pdf), que tem por objeto: as "Boas práticas a observar pelas instituições de crédito na utilização de cláusulas que permitam a alteração unilateral da taxa de juro ou de outros encargos". O BP estabelece, ao abrigo do art. 17º da LOBP, "orientações quanto à redacção e conteúdo dessas cláusulas, bem como os princípios que as instituições de crédito devem respeitar no seu exercício". A que nos referimos em texto.

niência da manutenção do contrato nas novas condições definidas pela instituição ou do exercício do direito à resolução e (iii) ponderar sobre a eventualidade de transferência do empréstimo para outra instituição de crédito." No entendimento do BP, o prazo não deverá ser inferior a 90 dias (ponto 1.3.).[1143]

Não menos importante, é a exigência de a cláusula contemplar uma "reversão das alterações", "quando e na medida em que os factos que as tenham justificado deixem de se verificar", sendo ainda necessário "estabelecer os procedimentos necessários para a respectiva produção de efeitos." (ponto 1.5.).

Por fim, temos os princípios a respeitar pelas instituições de crédito no exercício do direito. Ele deve, de uma banda, "assentar numa relação de causalidade entre o evento invocado como razão atendível e o teor e alcance da alteração contratual que a instituição de crédito pretende" e, de outra, respeitar "o princípio da proporcionalidade, evitando a criação de desequilíbrio injustificado na relação contratual." (ponto 2.1.). O banco terá igualmente que que fundamentar de forma pormenorizada o exercício desse direito e justificar de forma clara e precisa a alteração introduzida (ponto 2.2.). Caso o cliente decida resolver o contrato, a instituição de crédito não poderá exigir comissões pelo reembolso antecipado (ponto 3).

VI. O art. 22º, nº 1, al. *c)*, tem depois de ser conjugado com o seu nº 2, donde decorre que "O disposto na alínea *c)* do número anterior não determina a proibição de cláusulas contratuais gerais", previstas nas suas alíneas *a)* e *b)*.

Uma dessas cláusulas tem um particular relevo para o que agora nos interessa, porque faz parte dos seus requisitos que o beneficiário desse direito seja um prestador de serviços financeiros e o objeto da alteração seja a taxa de juro ou o montante de quaisquer outros encargos aplicáveis. Começamos por aí.

VII. Os requisitos de validade da referida disposição contratual são: tratar-se de um fornecedor de serviços financeiros; a alteração dizer respeito a

[1143] Estabelecem-se ainda orientações quanto ao momento a partir do qual essas alterações produzem efeitos (ponto 1.4.). No entendimento do BP, elas "apenas deverão produzir efeitos no período de contagem de juro imediatamente seguinte ao termo do prazo de exercício do direito de resolução do consumidor."

taxa de juros ou ao montante de quaisquer outros encargos aplicáveis; que correspondam a variações de mercado; tenha de ser de imediato comunicada por escrito à outra parte; decorrendo dessa cláusula a atribuição ao consumidor do direito de resolver o contrato, se não a quiser aceitar [art. 22º nº 2, al. *a)* do Dec-Lei nº 446/85, de 25/10].

Da articulação desta norma com o art. 22º, nº 1, al. *c)* do Dec-Lei nº 446/85, 25/10, resulta que ela não deve ser vista como uma exceção, mas, simplesmente, como uma sua concretização, quando o titular do direito seja um prestador de serviços financeiros e o objeto de alteração sejam os juros (credores ou devedores[1144]) ou outros encargos. A razão atendível aqui, para esse efeito, são as variações de mercado. A sua densificação deve seguir as linhas acima expostas.

VIII. Além disso, mas agora sem os requisitos subjetivo e objetivo da cláusula que vimos de analisar, temos aquelas cláusulas em que "atribuam a quem as predisponha o direito de alterar unilateralmente o conteúdo de um contrato de duração indeterminada, contanto que se preveja o dever de informar a contraparte com pré-aviso razoável e se lhe dê a faculdade de resolver o contrato." [art. 22º, nº 2, al. *a)* do Dec-Lei nº 446/85, 25/10].

Conforme se começou por referir, não é necessário, igualmente, que exista uma razão atendível ou variações de mercado para justificar a alteração, embora tenhamos de estar face o contrato celebrado por tempo indeterminado.

Tem que se prever a comunicação à contraparte da alteração com um pré-aviso razoável, antes da modificação se operar, e, ao mesmo tempo, terá também de se lhe conferir o direito de resolver o contrato. Nessa medida, pode obstar a que essa alteração produza efeitos, fazendo cessar o negócio.

Esse pré-aviso tem que ser adequado, tendo em conta, dentre outros aspetos, a duração do vínculo, os valores envolvidos, o relevo para o consumidor desse contrato. É importante que ele possa tomar uma decisão avisada, devidamente refletida para optar entre manter ou fazer cessar o contrato. Tanto é que ele poderá ter que procurar um contrato alternativo com outro banco.

[1144] André Figueiredo, *O poder de alteração unilateral nos contratos bancários celebrados com consumidores*, cit., p. 16.

IX. Esta cláusula não levanta grandes dificuldades.

Sendo o contrato celebrado por tempo indeterminado, qualquer das partes o pode fazer cessar, recorrendo à denúncia, desde que observe um pré-aviso adequado nos termos da boa fé.

Ora, o caso em apreço, do prisma material, aproxima-se de uma denúncia-modificação, embora a construção seja diferente.

Efetivamente, nesta última é proposta uma alteração do contrato, que, não sendo aceite, levará à sua cessação por força da denúncia (denúncia sob condição de rejeição da alteração proposta[1145]), realizada com pré-aviso adequado.

Na cláusula prevista no art. 22º, nº 2, al. *a)* do Dec-Lei nº 446/85, 25/10, a alteração do contrato produz efeitos sem necessidade de consentimento da outra parte (o direito de alteração unilateral decorre do contrato), mas esta pode obviar aos seus resultados, uma vez que tem o direito de resolver o contrato com este fundamento. Se nada fizer, o contrato mantém-se modificado.

Sublinhe-se que a contraparte tem que ser informada da alteração com pré-aviso razoável (de forma paralela à denúncia), o que significa que, mesmo que não pretenda manter-se vinculada ao contrato com esse conteúdo modificado, também ele não cessará de imediato, permitindo-lhe tomar providências para celebrar, se necessário, um contrato alternativo.[1146]

60. Os limites máximos das taxas de juro

I. No Direito português há limites à fixação de juros.[1147] Decorrem do art. 1146º, norma que tem uma força expansiva, muito para além do mútuo, no seio do qual estão previstos, por força do art. 559º-A[1148]. Com efeito,

[1145] Para esta figura, ver, *supra*, nº 41.2.7.

[1146] Quanto às alterações das taxas de juros haverá ainda que ter em conta o regime que decorre do RSP. Aí (art. 93º, nº 5 RSP) permite-se a alteração imediata e sem pré-aviso das taxas de juros ou de câmbio "desde que esse direito tenha sido acordado no contrato-quadro e as alterações se baseiem nas taxas de juro ou de câmbio de referência acordadas nos termos das subalíneas *ii)* e *iii)* da alínea *c)* do artigo 91º"

[1147] Mas não só o Direito português, ver DIETER MARTINY, *Verträge über Dienstleistungen*, in: *Internationales Vertragsrecht* (herausgeben von C. Reithmann/D. Martiny), 7ª ed., Otto Schmidt, Colónia, 2010, p. 632.

[1148] Aditada pelo Dec.-Lei nº 262/83, de 16/6. Com mais desenvolvimento sobre esta matéria, ver PESTANA DE VASCONCELOS, *Os limites máximos das taxas de juro das instituições de crédito e das sociedades financeiras*, cit., pp. 620, ss.

esses limites aplicam-se a "*toda* a estipulação de juros ou quaisquer outras vantagens em negócios ou actos de concessão, outorga, renovação, desconto ou prorrogação do prazo de pagamento de um crédito ou *outros análogos*". (itálico nosso).

Podemos desde já começar por fazer a seguinte observação. Esta norma, tanto pela sua colocação sistemática, como pelo seu conteúdo, tem um enorme alcance.

Veja-se.

A sua *facti-species* é composta basicamente por dois elementos: os juros e a concessão de crédito.

Para qualquer deles, a lei pretendeu, na verdade, abranger todo um conjunto mais amplo de que eles são meramente espécies.

Com efeito, no que toca ao primeiro elemento temos juros ou "quaisquer outras vantagens"; no segundo, convém destacar dois aspetos: primeiro, a lei recorre ao conceito, já de si bastante amplo e indefinido de crédito (que vai muito para além do mútuo, abertura de crédito, desconto e seguramente abrange também a locação financeira e as modalidades mais relevantes de *factoring*, entre outros); depois, recorre a uma enumeração exemplificativa, quase exaustiva, das formas de, digamos assim, atribuição de crédito, rematada com uma cláusula geral, claramente para abarcar qualquer outra forma de concessão de crédito.

O alcance desta norma em articulação com o art. 1146º, e a valoração que ela traduz, são um aspeto a reter e a ponderar na resolução de alguns problemas que iremos tratar a jusante.

II. Esses limites abrangem quer os juros remuneratórios, quer os juros moratórios[1149].[1150]

No primeiro caso, não podem ser estipulados juros anuais que excedam os juros legais, acrescidos de 3% ou 5%, conforme exista ou não garantia real[1151].

[1149] Em geral, sobre este ponto, ver P. ROMANO MARTINEZ, *Direito das obrigações, Programa 2010/2011, apontamentos*, 3ª ed., AAFDL, Lisboa, 2011, pp. 194-195.

[1150] Mas não se incluem aqui outras despesas.

[1151] Este artigo tem como antecedente histórico o Decreto-Lei nº 21 730, de 14 de Outubro de 1932, que impôs limites à fixação de juros, anteriormente inexistentes, nas linhas que foram consagradas pelo Código Civil (a taxa máxima de juros para os empréstimos com garantia real era de 8% e de 10% para os restantes). Ver sobre este ponto, e para a evolução histórica desta

Quanto aos juros moratórios, é havida como usurária a cláusula penal que fixar como indemnização pela falta de restituição do empréstimo relativamente ao tempo de mora mais do que corresponde a 7% ou 9% acima dos juros legais, conforme exista ou não garantia real.

O fundamento destas diferenças de juros consoante haja ou não garantia real é claro. Ele tem por base a especial proteção de que goza o mutuante que seja titular do direito real de garantia, face ao mutuante que não beneficie dessa tutela. A maior taxa de juros que se permite resulta do reflexo na mesma, como é normal, do risco acrescido que corre o credor.

III. A solução será a mesma quando estivermos perante uma garantia qualitativa, diversa de uma garantia real, ou seja, assente na titularidade de um direito.

Com efeito, nas garantias fiduciárias (cessão de créditos em garantia, alienação de móveis corpóreos, valores mobiliários, etc.), e outras que assentam na propriedade com função de garantia, como a reserva de propriedade, verifica-se igualmente de um tratamento privilegiado perante os outros credores do devedor/mutuário no que toca à satisfação dos seus créditos à restituição do capital e aos juros.

Em caso de incumprimento, se estivermos face a uma alienação em garantia, sendo o credor titular dos bens objeto da garantia (ao contrário da garantia real mais próxima – o penhor – que é estruturalmente diferente) deve transacioná-los (ou mantê-los no seu património, mas mediante avaliação realizada por terceiro independente) para se pagar com o produto dessa forma obtido, restituindo o eventual remanescente ao fiduciante[1152]. Tratando-se de uma reserva de propriedade, a manutenção do direito na esfera do credor permite-lhe diminuir desde logo o dano decorrente do incumprimento e, nessa medida, protege-o.

Por isso se pode afirmar que a razão de ser da limitação do montante dos juros se verifica mesmo mais fortemente, no caso das garantias atípi-

matéria no nosso Direito: A. Menezes Cordeiro, *Direito bancário*, cit., pp. 676, ss.; Pires de Lima/Antunes Varela, *Código Civil anotado*, vol. II, cit., pp. 769, ss..

[1152] Se estivermos face a contratos de garantia financeira, há ainda que contar com o regime do art. 14º als. *a)*, *b)* e *c)* do Dec.-Lei nº 105/2004, de 8/5, que permite mesmo, havendo acordo, a compensação. Cfr. M. Pestana de Vasconcelos, *Os contratos de garantia financeira. O dealbar do direito europeu das garantias*, cit., pp. 1273, ss..

cas em estudo, justificando, nessa medida, que se aplique, por maioria de razão, o limite do art. 1146º.[1153]

IV. Excedendo a taxa de juros os limites referidos, dá-se uma redução a esses máximos, independentemente da vontade dos contraentes (art. 1146º, nº 3). Trata-se de uma caso de nulidade parcial em que, ao contrário do regime do art. 292º, a lei determina uma redução automática, sem que se possa provar que ele não teria sido concluído sem a parte viciada.

Nessa medida, é de conhecimento oficioso pelo tribunal, sendo invocável a todo o tempo. O mutuário pode exigir a restituição dos juros já pagos, dada a invalidade do negócio, nos termos do art. 289º.[1154]

Diga-se ainda que o respeito por este limites não obsta à aplicação, verificados os referidos requisitos, aqui de natureza não só objetiva mas também subjetiva, dos negócios usuários[1155] (arts. 282º a 284º, art. 1146º, nº 4), aspeto que é ressalvado expressamente no nº 2 do art. 282º. Ou seja: não é por se observarem num dado negócio os limites do art. 1146º que este não possa vir a ser considerado usurário por aplicação das regras do art. 282º.[1156]

61. Os limites aos juros decorrentes da concessão de crédito pelas instituições de crédito e sociedades financeiras[1157]

I. Para os juros de mora decorrentes da concessão de crédito existe legislação especial[1158]. Com efeito, estes entes podem cobrar juros moratórios mediante a aplicação de uma sobretaxa anual máxima de 3% a acrescer à taxa de juros remuneratórios aplicável à operação. Caso a taxa fixada seja superior, ela é automaticamente reduzida a esse limite (art. 8º, nº 1 do

[1153] Trata-se interpretação extensiva da norma com base num argumento de maioria de razão.

[1154] Neste sentido, L. Menezes Leitão, *Direito das obrigações, vol. III, contratos em especial*, cit., p. 372.

[1155] Ver, sobre estes, ver: Heinrich E. Hörster, *A parte geral do código civil português, teoria geral do direito civil*, cit., pp. 555, ss.; C. Mota Pinto, *Teoria geral do direito civil*, 4ª ed., por António Pinto Meonteiro e Paulo Mota Pinto, cit., pp. 536, ss..

[1156] No sentido de que é também aqui aplicável o art. 812º, A. Pinto Monteiro, *Cláusula penal e indemnização*, cit., p. 731, nota 1641.

[1157] Ou melhor: todos os entes previsto no art. 2º do Dec.-Lei nº 58/2013, de 8/5.

[1158] Ver, para a evolução do regime, António Campos, *Juros de mora – Portaria nº 807-U183, de 30 de Julho*, Rev. Ban., 1991, pp. 175, ss.. Colocava já a questão, F. Conceição Nunes, *Direito bancário*, vol. I, cit., p. 25.

Dec.-Lei nº 58/2013, de 8/5). Ao contrário do que sucedia no regime anterior[1159], a cláusula penal moratória não é admitida.

Os juros de mora incidem sobre o capital já vencido, podendo incluir-se neste os juros remuneratórios capitalizados nos termos do art. 7º do Dec.-Lei nº 58/2013, de 8/5[1160] (art. 8º, nº 2 do Dec.-Lei nº 58/2013, de 8/5).

III. Contudo, para os juros remuneratórios não existe, hoje, qualquer regra especial, exceto no que toca ao crédito ao consumo.[1161] E a lei que regulou agora de novo a matéria dos juros das instituições de crédito e sociedades financeiras não veio prever qualquer regra especial para eles, como o fez para os moratórios.

A questão é muito simples: podem as instituições de crédito, em especial os bancos, assim como as sociedades financeiras, fixar taxas de juros acima destes limites na sua concessão de crédito (o art. 102º § 2 do CCom. manda aplicar aos juros comerciais o art. 1146º e o art. 559º-A)?

Sendo o art. 1146º lei geral e sendo estes limites alargados quase da forma mais extensa possível abrangendo, como se viu, mesmo casos análogos, só o poderão fazer havendo lei especial. A existência de um uso em contrário nem tem qualquer força normativa porque seria *contra legem* (art. 3º).

IV. O argumento no sentido do afastamento dos limites do art. 1146º aos juros bancários – melhor dizendo, dada a sua extensão, das instituições de crédito e sociedades financeiras –, assenta no Aviso nº 3/93, nº 2, do Banco de Portugal, onde se dispõe: "São livremente estabelecidas pelas instituições de crédito e sociedades financeiras as taxas de juro das suas operações, salvo nos casos em que sejam fixadas por diploma legal."[1162]

[1159] Art. 7º, nº 1, als. *a)* e *b)* do Dec.Lei nº 344/78, de 17/11.

[1160] Sobre a capitalização de juros, ver, *infra*, nº 63.

[1161] Ver art. 28º do Dec.-Lei nº 139/2009, de 2/6.

[1162] Cfr. C. Ferreira de Almeida, *Direito dos contratos, II*, cit., p. 139; Jorge Morais Carvalho, *Usura nos contratos de crédito ao consumo*, Sub judice, 2006, pp. 39-40; idem, *Manuel de direito do consumo*, cit., p. 356. Já sustentavam a não aplicação dos limites do art. 1146º: António Campos, *Juros de mora – Portaria nº 807-U183, de 30 de Julho*, cit., p. 179, nota 4; idem, *Mútuo concedido por instituições de crédito*, Rev. Ban., 1989, p. 108; Pires de Lima/Antunes Varela, *Código civil anotado*, vol. II, cit., p. 771. Trata-se de uma posição comum na jurisprudência, ver o Acórdão do STJ de 27/05/2003 (Moreira Alves), in: www.dgsi.pt, Logo no sumário: "Actualmente as taxas de juro bancárias estão praticamente liberalizadas como resulta do disposto no nº 2 do Aviso 3/93 de 20 de Maio de 1993, onde se lê "são livremente

Retira-se daqui que os bancos não estão sujeitos aos limites do art. 1146º. Essa conclusão não está correta, e apoia-se em argumentos bem frágeis, como se verá[1163].

V. Nos termos da Lei Orgânica do Banco de Portugal (LOB) aprovada pelo Dec.-Lei nº 644/75, de 15/11, este tinha poderes para "com vista à orientação e *contrôle*" (sic) das instituições de crédito (art. 28º nº 1) "fixar o regime das taxas de juro, comissões e quaisquer outras formas de remuneração para as operações efectuadas pelas instituições de crédito ou por quaisquer outras entidades que actuem nos mercados monetário e financeiro" [art. 28º, nº 1, al. *b)*].

Foi ao abrigo desta disposição que o Banco de Portugal emitiu o Aviso 3/88[1164], nos termos do qual a taxa máxima de juros nas operações ativas se fixava em 17%[1165].

É este Aviso que vem a ser revogado pelo Aviso nº 3/93[1166], por sua vez emitido ao abrigo da LOBP de 1990 (aprovada pelo Dec.-Lei nº 337/90, de

estabelecidas pelas instituições de crédito e sociedades financeiras as taxas de juro das suas operações, salvo nos casos em que sejam fixadas por diploma legal".

A *ratio* subjacente a esta solução seria, tal como a formula C. Ferreira de Almeida (*ob. últ. cit.*, p. 139), a seguinte: o "facto de "a natureza do mutuante (uma instituição de crédito), actuando no mercado monetário em ambiente concorrencial e sob supervisão pública, justifica a liberdade de taxas de juros".

Com a devida vénia, discordamos. Não basta as empresas atuarem em mercado concorrencial para que os direitos dos seus clientes se encontrem eficazmente protegidos. O mercado não impede abusos. Não se tenha dele uma visão salvífica. O que *impede abusos é a lei*. Sustentando que não existem limites máximos, mas que, face aos valores de juros praticados, se impõe uma intervenção legislativa, A. Menezes Cordeiro, *Direito bancário*, cit., p. 683.

1163 No sentido que se aplicam esses limites: Carlos Silva Loureiro, *Juros usurários no crédito ao consumo*, Tékhne, Revista de estudos politécnicos, 2007, pp. 265, ss. (que publicou o texto inicial nesta matéria); M. Januário Costa Gomes, *Contratos comerciais*, cit., pp. 264-265.

Mas principalmente, com grande desenvolvimento, P. Pais de Vasconcelos, *Taxas de juros do crédito ao consumo: limites legais*, in: II congresso de direito bancário (coord. Miguel Pestana de Vasconcelos), Almedina, Coimbra, 2017, pp. 329, ss.. O Autor já tinha defendido esta posição em *Direito comercial*, (1ª ed., 2011), pp. 122-123.

1164 Que veio logo a ser suspenso pelo Aviso 5/88 e pelo Aviso 65/89.

1165 Quanto aos diversos avisos do Banco de Portugal que foram fixando taxas máximas (e a suspensão dessa taxa por força do para a generalidade das operações ativas pelo Aviso nº 5/88), ver António Campos, *Juros de mora – Portaria nº 807-U183, de 30 de Julho*, cit., pp. 178-179, e nota 3.

1166 Aviso 3/93, 5º: "Fica revogado o aviso nº 3/88, de 5-5, publicado em suplemento ao *DR*, 1ª, de 5-5-88."

30/10), onde não se incluía nenhuma disposição idêntica à do referido art. 28º, nº 1, al. *b)* da LOBP de 1975[1167].[1168]

Note-se que estas disposições, tanto o nº 2, como o nº 4, aparecem de forma algo lateral porque o que se visava essencialmente com esse Aviso, como decorre logo do seu preâmbulo, era a diminuição da taxa básica de desconto (nº 1 do Aviso nº 3/93).[1169]

Há, pois, uma ligação clara entre ambos os Avisos. O de Aviso nº 3/93 revoga o Aviso 3/88, onde se estabelecia a taxa máxima das operações ativas. Contudo, não estando os bancos limitados por esta última, nada permite concluir que não o estejam pela lei geral. Tanto mais que o nº 2 do Aviso 3/93 ressalva sempre as taxas fixadas por diploma legal. Ora, o art. 1146º, cujo âmbito é alargado, como se observou, pelo art. 559º-A, também fixa taxas, como limites máximos. Cabe, pois, na última parte do nº 2 do Aviso nº 3/93.

Refira-se ainda que existência dos limites máximos em nada impede a fixação das taxas de juros remuneratórios. *Dentro das balizas legais*, as instituições de crédito são livres de as fixarem como melhor entenderem[1170].

Para além disso, sendo já muitíssimo duvidoso, para dizer o menos, que as normas habilitantes invocadas pelo referido Aviso[1171] permitissem ao Banco de Portugal introduzir alterações ao regime geral dos juros usurários,[1172] não se perceberia bem qual a razão para tal.

[1167] As normas habilitantes eram os arts. 18º, 22º e 23º, al. *f)*.

[1168] Ver, desenvolvidamente, Carlos Silva Loureiro, *Juros usurários no crédito ao consumo*, cit., pp. 271-272.

[1169] É este o texto do preâmbulo: "As transformações ocorridas nos últimos anos no sistema financeiro português, nomeadamente a adopção de procedimentos de controlo monetário indirecto, a adesão do escudo ao mecanismo de taxas de câmbio do Sistema Monetário Europeu e a liberalização dos movimentos de capitais, bem como a evolução da inflação, *conduziram à gradual redução das taxas de juro*, a qual foi interrompida em finais do ano transacto em resultado da turbulência dos mercados cambiais.

As medidas recentemente tomadas no âmbito do mercado cambial e os *significativos ganhos conseguidos na redução da taxa de inflação permitem e justificam a decisão de diminuir a taxa básica de desconto*, bem como a taxa de referência para obrigações, criada pelo Dec.-Lei 311-A/85, de 30-7." (itálico nosso).

[1170] Esta posição é sustentada por P. Pais de Vasconcelos/P. Leitão Pais de Vasconcelos (*Direito comercial*, cit., p. 131), com apoio no Dec-Lei nº 32/89, de 25/1, donde também, na verdade, não se pode retirar qualquer argumento em defesa da tese contrária.

[1171] Não pode, como se acabou de ver, nem os avisos do Banco de Portugal podem revogar a lei civil e comercial. Como muito bem sublinha P. Pais de Vasconcelos, *Taxas de juros do crédito ao consumo: limites legais*, cit., pp. 336, ss..

[1172] No sentido negativo, M. Januário Costa Gomes, *Contratos comerciais*, cit., pp. 264-265.

Na verdade, criar-se-iam dois regimes: uma para toda e qualquer forma de crédito concedida tanto no âmbito do Direito Civil como – de forma genérica – do Direito Comercial (art. 102º § 2 CCom[1173]), e uma outra no âmbito comercial/bancário, na qual se afastavam esses limites, isto é, se permitia a fixação de taxas de juros que nos termos da lei geral seriam usurárias.

Daí que a lei criava quase sem brechas (ver art. 559º-A) um regime protetor do creditado, e afastava-o depois na esmagadora maioria dos casos em que é concedido crédito, através dos seus concedentes profissionais. Para estes últimos vigoraria – só – o limite do art. 282º. Ora, semelhante resultado consistira em aniquilar na prática a valoração subjacente tanto o art. 1146º, como o art. 559º-A. O seu âmbito de aplicação ficaria extremamente limitado.

Assim, p. ex., se um irmão emprestasse a outro irmão, estaria sujeito às limitações dos juros usurários, mas se o mesmo sujeito fosse contrair um empréstimo num banco, este já não teria que obedecer a essas limitações, podendo fixar taxas de valor superior ao permitido pelo art. 1146º (com o limite geral do art. 282º).

Resta saber se há alguma razão de fundo afastar estes limites no âmbito do crédito concedido pelos bancos (e demais instituições de crédito e sociedades financeiras).

VI. Não se vislumbram.

O valor das taxas liga-se, dentre outros aspetos, ao custo e ao risco do crédito. Ora, os concedentes de crédito profissional têm uma capacidade muitíssimo maior do que os que não o sejam para o obter mais barato, e para avaliarem melhor o risco – e a consistência das garantias, se elas forem exigidas. Pelo que quanto a estes dois aspetos não há razão para se permitirem taxas de juros mais elevadas, mas bem pelo contrário.

Por outro lado, esses limites visam exatamente tutelar o mutuário, ou, mais em geral, aquele a quem é concedido crédito.

Não se vê por que motivo essa razão de tutela não se verificaria relativamente aos bancos. Por isso, retomando o exemplo, se um sujeito emprestasse dinheiro a um amigo, teria toda a proteção legal, impedindo que este lhe cobrasse taxas de juros excessivos. Contudo, nessa perspetiva, a necessidade de tutela não se verificaria, se o mutuante fosse já um banco.

[1173] "Aplica-se aos juros comerciais o disposto nos artigos 559º-A e 1146º do Código Civil."

Dado o desequilíbrio em termos de força negocial, dir-se-ia que é nesses casos que a necessidade de proteção se verifica com mais força.

Parece assim muito claro que esses limites se aplicam também às taxas de juro bancário, não só ao mútuo, mas com toda a extensão do art. 559º-A[1174].[1175]

VII. Resta o regime do crédito ao consumo, que sofreu recentemente alterações importantes.

Nos termos do art. 28º, nº 1, do Dec.-Lei nº 133/2009, de 2/6, é usurário o contrato de crédito cuja TAEG, no momento da celebração do contrato, exceda em um quarto a TAEG média praticada pelas instituições de crédito no trimestre anterior, para cada tipo de contrato de crédito aos consumidores.

O Dec-Lei nº 42-A/2013, de 28/3, introduziu um segundo limite. Passam também a ser havidos como usurários os contratos de crédito cuja TAEG, no momento da celebração do contrato, embora não exceda o limite anterior, ultrapasse em 50% a TAEG média dos contratos de crédito aos consumidores celebrados no trimestre anterior (art. 28º, nº 2, do Dec.-Lei nº 133/2009, de 2/6).

A identificação dos tipos de contrato de crédito ao consumo relevantes, a TAEG média praticada para cada um destes tipos de contrato pelas instituições de crédito ou sociedades financeiras e o valor máximo resultante da aplicação do disposto no número anterior, são determinados e divulgados ao público trimestralmente pelo BP, sendo válidos para os contratos a celebrar no trimestre seguinte. (art. 28º, nº 3, do Dec.-Lei nº 133/2009, de 2/6).[1176]-[1177]

[1174] Aderindo a esta posição: SANDRA PASSINHAS, *O novo regime do crédito aos consumidores para imóveis de habitação*, cit., pp. 451-452; MARIANA FONTES DA COSTA, *A proteção do consumidor-mutuário no crédito à habitação a taxa de juro variável*, cit., p. 91.

[1175] Na jurisprudência, muito recentemente neste sentido, o acórdão da Relação do Porto de 22/5/2019 (Joaquim Correia Gomes), in: www.dgsi.pt.

[1176] Nos termos da Instrução do Banco de Portugal nº 14/2013 (BO, nº 6, de 17.06.2013), distinguem-se as seguintes modalidades de crédito, em categorias e subcategorias.

Crédito pessoal – crédito com plano temporal de reembolso, montante e duração do empréstimo definidos no início do contrato, à exceção do crédito automóvel. Este tipo de crédito inclui as seguintes subcategorias:

Sem finalidade específica – crédito concedido sem que esteja definido o fim a que se destina a quantia mutuada.

(i) Finalidade lar – crédito destinado à aquisição de mobiliário e de equipamentos para o lar.

(ii) Finalidade educação – crédito destinado ao financiamento de despesas de educação.

(iii) Finalidade saúde – crédito destinado ao financiamento de despesas de saúde.

(iv) Finalidade energias renováveis – crédito destinado ao financiamento de equipamentos de energias renováveis.

(v) Locação financeira de equipamentos – crédito para aquisição de equipamentos que envolva operações de locação financeira, independentemente da finalidade a que se destina o bem locado.

(vi) Crédito consolidado – crédito, não garantido por hipoteca sobre coisa imóvel ou sobre outro direito sobre coisa imóvel, cuja finalidade é a concentração num único empréstimo, numa única instituição de crédito, de dois ou mais créditos anteriormente detidos pelo mutuário, em mais do que uma instituição de crédito.

(vii) Outras finalidades – crédito destinado ao financiamento de determinado bem ou serviço e que não esteja incluído nas categorias anteriores.

Crédito automóvel – crédito destinado à aquisição de automóvel ou de outros veículos, com plano temporal de reembolso, montante e duração do empréstimo definidos no início do contrato. Este tipo de crédito inclui as seguintes subcategorias:

(i) Locação financeira ou Aluguer de Longa Duração (ALD) com opção ou obrigação de compra: novos – crédito para aquisição de veículos novos que envolva operações de locação financeira ou de ALD com opção ou obrigação de compra.

(ii) Locação financeira ou Aluguer de Longa Duração (ALD) com opção ou obrigação de compra: usados – crédito para aquisição de veículos usados que envolva operações de locação financeira ou de ALD com opção ou obrigação de compra.

(iii) Crédito com reserva de propriedade: novos – crédito para aquisição de veículos novos e em que exista reserva de propriedade do veículo.

(iv) Crédito com reserva de propriedade: usados – crédito para aquisição de veículos usados e em que exista reserva de propriedade do veículo.

(v) Outros: novos – crédito para aquisição de veículos novos que não se enquadre nas subalíneas anteriores.

(vi) Outros: usados – crédito para aquisição de veículos usados que não se enquadre nas subalíneas anteriores.

Cartão de crédito – contrato de duração indeterminada ou de renovação automática, sem plano temporal de reembolso fixado, em que é estabelecido um limite máximo de crédito e cuja utilização do crédito é realizada através de cartão. Este tipo de crédito inclui as seguintes subcategorias:

(i) Com período de *free-float* – cartão de crédito que permite a utilização do crédito sem que haja lugar à cobrança de juros num período mínimo de 30 dias corridos, independentemente da modalidade de reembolso acordada com o consumidor.

(ii) Sem período de *free-float* – cartão de crédito que, pelo menos numa das modalidades de reembolso possíveis de serem acordadas com o consumidor, não permite a utilização do crédito num período mínimo de 30 dias corridos sem que haja lugar à cobrança de juros.

(iii) Cartão de débito diferido – cartão de crédito em que o saldo em dívida é sempre integralmente pago pelo consumidor numa data acordada com a instituição de crédito, não havendo lugar à cobrança de juros.

A lei veio depois a prever limites específicos para duas modalidades de contratos de crédito: as facilidades de descoberto e a ultrapassagem de crédito (art. 28º, ns. 4 e 5 do Dec.-Lei nº 133/2009, de 2/6).

Se a TAEG praticada ultrapassar limite máximo previsto nos ns. 1, 2, 4 e 5 do art. 28º, ou, no caso de ultrapassagem de crédito, a TAN, considera-se automaticamente reduzida a metade desse valor, sem prejuízo de eventual responsabilidade criminal (art. 28º, nº 3, do Dec.-Lei nº 133/2009, de 2/6)[1178].

Linha de crédito – contrato de duração indeterminada ou de renovação automática, com plano temporal de reembolso fixado, em que é estabelecido um limite máximo de crédito.

Conta corrente bancária – contrato de duração determinada, sem plano temporal de reembolso fixado, em que é estabelecido um limite máximo de crédito.

Facilidade de descoberto – facilidade de utilização de crédito, associada a uma conta de depósito à ordem, em que, para além do saldo dessa conta, se permite a sua movimentação até um limite máximo de crédito previamente estabelecido. Nas facilidades de descoberto distinguem-se as seguintes subcategorias:

(i) Com domiciliação de ordenado e prazo de reembolso superior a um mês – descoberto bancário concedido com base na domiciliação de ordenado, cujo contrato preveja a obrigação de reembolso em prazo superior a um mês.

(ii) Sem domiciliação de ordenado e prazo de reembolso superior a um mês – descoberto bancário concedido sem base na domiciliação de ordenado, cujo contrato preveja a obrigação de reembolso em prazo superior a um mês.

(iii) Com domiciliação de ordenado e prazo de reembolso igual ou inferior a um mês – descoberto bancário concedido com base na domiciliação de ordenado, cujo contrato preveja a obrigação de reembolso num prazo igual ou inferior a um mês.

Sem domiciliação de ordenado e prazo de reembolso igual ou inferior a um mês – descoberto bancário concedido sem base na domiciliação de ordenado, cujo contrato preveja a obrigação de reembolso num prazo igual ou inferior a um mês.

1177 Da aplicação dos critérios legais, as taxas máximas por crédito para o segundo semestre de 2014 foram fixadas pela Instrução nº 2/2014 (BO, nº 3, de 17.03.2014) os seguintes limites máximos: crédito pessoal (finalidade educação, saúde, energias renováveis e locação financeira de equipamentos), 5,7%; outros créditos pessoais, 16,5%. Crédito automóvel: locação financeira ou ALD novos (7,8%) e usados (9%); com reserva de propriedade e outros, novos (11,1%) e usados (14,9%); cartões de crédito, linhas de crédito, contas correntes bancárias e facilidades de descoberto: 22,1%; ultrapassagens de crédito, 22,1%.

1178 Esta alteração, o estabelecimento de um segundo limite no art. 28º nº 2, bem como a redução de um terço para um quarto no que toca ao excesso da TAEG desse contrato relativamente à TAEG média, nos termos referidos em texto, assim como o regime do ns. 4 e 5 da mesma disposição, constituem importantes medidas, decorrentes do Dec.-Lei nº 42-A/2013, de 28/3, de reforço da tutela do consumidor.

VIII. Não há aqui uma permissão para se fixarem quaisquer taxas cujo limite fossem aqueles previstos deste diploma.[1179]

Desde logo, o que aqui temos é a TAEG, que toma por base uma determinada taxa de juros. Ora essa taxa de juros nominal, e não a TAEG, claro, tem que se conter dentro dos limites do art. 1146º (com a extensão do 559º-A).[1180]

Dentro desse quadro é que funciona, depois, este regime específico do crédito ao consumo. Isto é, primeiro haverá que determinar se as taxas de juro se enquadram dentro dos limites gerais (art. 1146º). Se tal não suceder, terá que se operar a redução a esses limites nos termos do art. 1146º nº 3.[1181]

Depois disso, determinar a TAEG[1182] (tomando a taxa de juros, agora dentro dos limites legais, por base) e aplicar-se os critérios do art. 28º do Dec.-Lei nº 133/2009, de 2/6[1183].

Nada na lei depõe em contrário desta solução.

E não se veria por que razão o legislador haveria de criar uma regra que teria como efeito desproteger o consumidor, para mais num dos principais aspetos em que carece de tutela, num *diploma que visa exatamente proteger esse sujeito*. Essa contradição valorativa, como é óbvio, a lei não admite.

[1179] Embora, como aponta P. Pais de Vasconcelos (*Direito comercial*, cit., p. 126), tem sido assim que esta norma tem sido interpretada.

[1180] Neste sentido, P. Pais De Vasconcelos, *Taxas de juros do crédito ao consumo: limites legais*, cit., p. 339.

[1181] No sentido de se aplicarem aqui as regras gerais do art. 1146º, ver P. Pais de Vasconcelos, *Direito comercial*, cit., p. 125; idem, *Taxas de juros do crédito ao consumo: limites legais*, cit., p. 339.

[1182] Que, conforme se referiu *supra*, integra o custo total do crédito e não só os juros. Com efeito, incluiem-se aqui igualmente, de entre outros curtos, as comissões, despesas, impostos e encargos de qualquer natureza ligados ao contrato de crédito que o consumidor deve pagar e que são conhecidos do credor, com excepção dos custos notarias. Ver o art. 4º, nº 1, al. *g)* do Dec.-Lei nº 133/2009, de 2/6.

[1183] Critério *muito frágil*, pois (não fosse a necessidade de a taxa de juros em si se conter dentro dos limites do art. 1146º) depende da fixação das taxas pelos próprios concedentes de crédito, o que significa que basta um movimento ascendente de algumas elas, para as taxas continuarem a subir sem controlo e sem sanções (já apontava este perigo F. Gravato Morais, *Crédito aos consumidores*, cit., p. 119), em prejuízo do consumidor e sem que fossem, *nessa perspectiva*, usurárias, *independentemente* do seu valor. Seriam controladas quando muito pelo art. 282º. O resultado seria, pois, inaceitável.

62. O vencimento da obrigação de juros

I. Os juros, constituindo contrapartida da disponibilização do capital, constituem-se dia a dia (é a solução expressa do art. 821º, 3, do *Codice Civile*), embora só se vençam decorrido um determinado período de tempo acordado entre as partes.[1184], que pode coincidir ou não com a restituição, no todo ou em parte, do capital.

II. Podem ser pagos antecipadamente, ainda antes de se constituírem (trata-se de uma dedução ao valor do capital – só quando se constituírem e forem satisfeitos é que, evidentemente, se extingue a obrigação de juros), ou postecipadamente, depois do seu nascimento.

Em prestações periódicas ou únicas. É comum que o pagamento de juros se vá fazendo por períodos definidos a que digam respeito. Assim, num contrato em que a obrigação de restituição do capital se vença decorridos três anos, podem acordar-se o pagamento semestral de juros, que dizem respeito sempre à utilização do capital nesse período delimitado de tempo (aqui os seis meses: é esse o período de tempo que integra o seu facto constitutivo).

É comum ainda, p. ex., nos empréstimos para aquisição de habitação ou na locação financeira que os juros sejam pagos mensalmente, integrando com uma parcela da amortização do capital, o montante devido[1185]. Eles dizem respeito sempre à utilização do capital (que vai sendo restituído também ao longo do tempo) naquele período (um mês) e incidem sobre o valor em dívida, que vai sucessivamente diminuindo por força das restituições parciais do capital[1186].

Quando nada tenha sido acordado, devem ser pagos com o vencimento da obrigação de capital, ou então com o decurso do período de tempo a que digam respeito. Se o prazo contratual for superior a um ano, anualmente, uma vez que a taxa supletiva é anual.[1187]

[1184] Assim, B. G. Tedeschi, *Mutuo (contratto di)*, cit., p. 547.

[1185] Cfr. A. Luminoso, *I contratti tipici e atipici*, cit., p. 714.

[1186] Para que estas prestações mensais tenham valores constantes durante o empréstimo, o valor de juros e capital em cada uma delas vai-se alterando ao longo do tempo, começando por um valor muito elevado de juros e diminuto de capital restituído, para um valor já bastante reduzido de juros (o capital vai sendo pago), com o correspondente aumento do capital reembolsado.

[1187] Neste sentido, J. Redinha, *Contrato de mútuo*, cit., p. 232. Corresponde à solução do § 488 (2) BGB. Em Itália, identicamente, A. Luminoso, *I contratti tipici e atipici*, cit., p. 714.

III. O direito bancário[1188] tem regras a este respeito, decorrentes do Dec.-Lei nº 58/2013 de 8/5[1189] (diploma que estabelece as normas aplicáveis à classificação e contagem do prazo das operações de crédito, aos juros remuneratórios, à capitalização de juros e à mora do devedor). Diz-se agora simplesmente que os juros remuneratórios são calculados sobre o montante de capital em dívida, em cada momento, à taxa contratada e são pagos de acordo com o plano estipulado pelas partes para o pagamento do capital e dos juros (art. 6º, nº 3 do Dec.-Lei nº 58/2013 de 8/5).[1190]

Mas postecipadamente. A lei só admite o pagamento antecipado ("à cabeça"), nos casos do desconto de letras, livranças ou de outros títulos de crédito[1191], por dedução ao valor nominal dos efeitos (art. 6º, nº 1 do Dec.-Lei nº 58/2013 de 8/5). Os juros que estão aqui a ser cobrados, conforme se referiu, não se constituíram ainda (e, *como é óbvio*, muito menos se venceram ou extinguiram). Tal só acontecerá decorrido o prazo a que respeitem (e só se extinguem quando forem satisfeitos pelo devedor ou por terceiro). Eles calculam-se previamente para efeito do desconto.

63. A capitalização dos juros. O anatocismo

I. O anatocismo[1192]. consiste nos chamados juros de juros, ou seja, vencendo-se a obrigação de juros, ela extingue-se e a quantia é junta ao capi-

[1188] Em rigor, como se referiu, engloba-se aqui todos os entes do 2º do do Dec.-Lei nº 58/2013 de 8/5. A referência que se faz doravante a direito bancário tem esse sentido.

[1189] Este diploma aplica-se às operações e contratos de crédito celebrados após a sua entrada em vigor (art. 13º, nº 1 Dec.-Lei nº 58/2013 de 8/5). Contudo, os artigos 7º a 11º aplicam-se "às situações de mora relativas a contratos de crédito em curso e que se verifiquem após a entrada em vigor das referidas normas, ainda que, nesses contratos, tenha sido estipulada cláusula penal moratória". (art. 13º, nº 2 Dec.-Lei nº 58/2013 de 8/5).

[1190] Nos termos do art. 5º, nº 3 do, agora revogado, Dec.-Lei nº 344/78, de 17/11, o pagamento dos juros seria efetuado no termo do respetivo prazo, podendo, no caso de operações a médio e longo prazo, ocorrer no termo de cada período anual ou outro acordado pelas partes. Ainda assim com um reduzido alcance prático, devido à diminuição do relevo da prática comercial do desconto desses títulos face àquele que já teve no passado.

[1191] No que consiste num alargamento face à lei anterior. Com efeito, o art. 5.,º nº 1, do, revogado, Dec.-Lei nº 344/78, de 17/11, só previa o desconto de letras, extratos de fatura e *warrants*, entendendo a doutrina (cfr. J. SIMÕES PATRÍCIO, *Direito bancário privado*, cit., p. 303) que só os esses títulos, e não outros, como, p. ex., as livranças, beneficiavam do referido regime de cobrança dos juros.

[1192] Ver, em geral sobre esta matéria: J. RIBEIRO DE FARIA, *Direito das obrigações*, vol. II, cit., pp. 245, ss.; em particular, desenvolvidamente, D. LEITE DE CAMPOS, *Anatocismo – regras e*

tal, com o seu correspondente aumento nesse valor. Sobre o novo montante passam, por sua vez, a incidir juros. Daí a designação.

A proibição é antiga, tendo logo sido consagrada no direito romano[1193] e está relacionada com a dificuldade de o devedor poder calcular ao montante da extensão futura da sua dívida, que poderá atingir valores inesperados[1194], alcançando mesmo valores usurários. Por isso, estar ligada também à limitação da usura[1195]. Note-se que uma forma de aumento dos valores em dívida consiste em estabelecerem-se taxas de juros elevadas (mesmo que, em si, não sejam usurárias) com capitalizações automáticas dos juros constituídos em curtos períodos de tempo.

II. Em termos gerais, na lei civil o anatocismo só é admitido mediante convenção posterior ao vencimento ou a partir da notificação judicial feita ao devedor para capitalizar os juros vencidos ou proceder ao seu pagamento sob pena de capitalização (art. 560º, nº 1), tendo de dizer respeito a um período mínimo de um ano (art. 560º, nº 2)[1196].

Este período diz respeito à contagem de juros remuneratórios, não ao prazo de mora da obrigação de juros vencida e não paga[1197]. Ou seja, basta que os juros digam respeito à disponibilização do capital pelo período de um ano (ou superior), podendo, decorrido este, nos termos legais, ser capitalizados. Não o sendo, se não forem pagos, vale o regime da mora nas obrigações pecuniárias, começando a correr juros de mora (art. 806º).

usos particulares do comércio, ROA, 1988, pp. 37, ss.; ALBERTO LUIS, *O anatocismo bancário*, ROA, 2001, pp. 1349, ss., M. BRITO BASTOS, *Capitalização de juros em contratos de crédito bancário*, in: III Congresso de direito bancário (coord. Miguel Pestana de Vasconcelos), Almedina, Coimbra, 2018, pp. 259, ss.; PAOLO CENDON, *Commentario al códice civile, volume quarto, artt. 1173-1654*, Utet, Milão, 1991, pp. 336, ss.; MASSIMO BIANCA, *Diritto civile IV, L'obbligazione*, Giuffrè, Milão, ristampa aggiornatta 2019, pp. 198, ss.

1193 Cfr. D. LEITE DE CAMPOS, *Anatocismo – regras e usos particulares do comércio*, cit., p. 39.

1194 Cfr. H.-M. KREPOLD, *Vergütungen*, cit., § 78, p. 2516.

1195 Cfr. L. MENEZES LEITÃO, *Direito das obrigações*, vol. I, cit., p. 144

1196 A fonte inspiradora da norma do Código Civil é o art. 1283º do *Codice Civile*, que, no entanto, estabelece um período mínimo mais diminuto, de seis meses. Sobre ele, ver P. CENDON, *Commentario al códice civile, volume quarto, artt. 1173-1654*, cit., pp. 336, ss.; M. BIANCA, *Diritto civile IV, L'obbligazione*, cit., pp. 198, ss..

1197 Cfr. P. CENDON, *Commentario al códice civile, volume quarto, artt. 1173-1654*. p. 337; M. BIANCA, *Diritto civile IV, L'obbligazione*, cit., p. 198.

Admitem-se meramente a existência de "a regras ou usos particulares do comércio" (art. 560º, nº 2) em sentido contrário[1198]. Elas diziam respeito ao comércio bancário e terão sido principalmente previstas para o salvaguardar. Havendo um regime específico nesta área, perdem significado. É esse regime, decorrente do do Dec.-Lei nº 58/2013 de 8/5, que passamos analisar.

III. A lei admite que os bancos[1199] procedam à capitalização de juros remuneratórios vencidos e não pagos, se houver convenção das partes reduzida a escrito, com o limite de os mesmos não poderem ser capitalizados por períodos inferiores a um mês. Este período tem o significado que acabámos de ver. Foi neste ponto introduzida numa alteração significativa da disciplina no sentido do afastamento de limitações à capitalização nestes termos. De facto, no regime anterior (decorrente do Dec.-Lei nº 344/78, de 17/11), o limite mínimo era, em qualquer circunstância, de três meses (art. 5º, nº 6 do Dec.-Lei nº 344/78, de 17/11).

Nos contratos em que tenha sido estipulada carência de pagamento de juros, o regime é diferente, sendo mais restritivo. Na verdade, nestes casos não é permitida a capitalização de juros remuneratórios correspondentes a períodos inferiores a três meses (art. 7º, ns. 1 e 4 do Dec.-Lei nº 58/2013 de 8/5). A carência de juros significa que durante um determinado período de tempo, p. ex., 1, 2, 3 meses, não são devidos juros pela disponibilização de capital (como sucede, com grande frequência, nos cartões de crédito, em que não são devidos juros pela utilização do crédito durante um determinado período de tempo, em regra, 1 mês), passando a constituir-se só depois dessa data[1200]. Essa carência inicial pode ser compensada em termos económicos com uma taxa de juros superior para o restante prazo contratual. Podem mesmo passar-se de um período de ausência de juros a taxas crescentes.

[1198] Sobre o ponto, ver D. Leite de Campos, *Anatocismo – regras e usos particulares do comércio*, cit., pp. 46, ss..

[1199] Em rigor, o regime aplica-se "às instituições de crédito, sociedades financeiras, instituições de pagamento, instituições de moeda eletrónica e outras entidades legalmente habilitadas para a concessão de crédito e que estejam sujeitas à supervisão do Banco de Portugal", art. 2º do Dec.-Lei nº 58/2013 de 8/5.

[1200] O risco é maior nesse caso pelo facto de o devedor aceitar condições fixação de juros porque espera poder pagar dentro do período de carência, como refere, corretamente, M. Brito Bastos, *Capitalização de juros em contratos de crédito bancário*, cit., p. 294.

Diferente é a data do vencimento das obrigações de juros que se constituíram durante um determinado período de tempo a que digam respeito. Pode ser concedido ao credor um prazo mais alargado para pagar. Mas não existe nesse caso carência de juros – só um diferente prazo de vencimento[1201].

Em qualquer das hipóteses, é dispensada qualquer notificação ao devedor para o efeito (art. 7º, ns. 1 e 2 do Dec.-Lei nº 58/2013 de 8/5).

IV. Podemos distinguir entre as capitalizações automáticas, verificando-se depois de um evento definido pelas partes no contrato, como um determinado período de mora no pagamento dos juros, ou decorrer da vontade de uma das partes, assumidos a forma de capitalização potestativa. É o que se verifica se o credor poder optar entre exigir o pagamento e a capitalização imediata dos juros, ou, ao invés, se o devedor puder escolher entre pagar ou capitalizar os juros[1202].

No primeiro caso, o credor quer reservar-se o direito de exigir de imediato o pagamento ou, se entender que não é conveniente, juntar a quantia ao capital. Na segunda hipótese, é o devedor, que, precavendo-se contra a eventualidade de não puder pagar nessa data, pretende poder optar por capitalizar os juros. Não corre assim o riso de um incumprimento, que poderia eventualmente, por via das cláusulas de *cross default*, repercutir-se noutros contratos de crédito.

Note-se que, para efeitos de aplicação de juros moratórios, os juros remuneratórios que integram cada prestação vencida e não paga só podem ser capitalizados uma única vez (art. 7º, nº 3 do Dec.-Lei nº 58/2013 de 8/5). A lei refere-se aqui às prestações unitárias compostas em parte por amortização do capital e em parte por juro.

V A lei é especialmente restritiva quanto à capitalização de juros moratórios. Com efeito, só a admite mediante o acordo das partes reduzido a

[1201] Contudo, abrangendo também estes casos neste âmbito, M. Brito Bastos, *Capitalização de juros em contratos de crédito bancário*, cit., p. 295.

[1202] Cfr. M. Brito Bastos, *Capitalização de juros em contratos de crédito bancário*, cit., pp. 273, ss.. No sentido da sua admissibilidade. Não nos parece, porém, que, como sustenta o Autor (*ob. cit.*, p. 289) que as capitalizações automáticas de juros ou as capitalizações por ato do devedor estejam afastadas do âmbito da aplicação da norma. A lei quis mesmo em todos os casos limitar o período dos juros a capitalizar, limite esse, por sinal, já de si, muito curto.

escrito e no âmbito de reestruturação ou consolidação de contratos de crédito (art. 7º, nº 5 do Dec.-Lei nº 58/2013 de 8/5).

A restruturação implica a que sejam alteradas as condições do contrato, o que pode ocorrer através de uma ou mais das seguintes medidas, só, ou articuladas: a concessão de prazo mais extensos de cumprimento, diminuição de taxas de juro, perdão ou de reduções do capital, eventualmente com a constituição de garantias[1203]. Pode mesmo ser concedido novo capital, mas nesse caso de forma garantida.

As restruturações em regra visam evitar ou afastar a situação de dificuldades económicas ou financeiras de uma empresa (ou mesmo situações de insolvência ou insolvência iminente). Muitas vezes são negociadas no âmbito de um PER ou de um acordo extrajudicial que dará depois lugar a um PER (cujos pressupostos se verifiquem)[1204].

A consolidação de contratos de crédito, por seu lado, implica substituir diversos contratos de crédito entre as partes por um único contrato, com condições diversas das daqueles, em regra mais favoráveis para o devedor.

A intenção em ambos os casos é a de flexibilizar o acordo global de restruturação ou de consolidação, permitindo-se, nesse quadro, capitalizações de juros moratórios que nos termos do regime geral dos juros bancários não seriam admitidas.

VI. No regime anterior, ainda uma divisão na doutrina quanto a saber se mesmo se seria necessária para o efeito convenção posterior ao vencimento, como decorre do regime geral.[1205] Entendíamos que, como indiciava

[1203] Ver sobre este conjunto de providências que incide sobre o passivo do devedor, M. Pestana de Vasconcelos, *Recuperação de empresas: o processo especial de revitalização*, Almedina, Coimbra, 2017, pp. 79, ss..

[1204] Sobre ele, ver M. Pestana de Vasconcelos, *Recuperação de empresas: o processo especial de revitalização*, cit., pp. 38, ss..

[1205] No sentido de que a capitalização não depende de convenção posterior ao vencimento: F. Correia das Neves, *Manual dos juros*, cit., p. 228 (dubitativamente); J. Simões Patrício, *Direito do crédito, introdução*, cit., pp. 68-69; M. Januário Costa Gomes, *Contratos comerciais*, cit., p. 278. Em sentido contrário, A. Menezes Cordeiro, *Manual de direito bancário*, cit., p. 686 (face ao regime anterior). Seguindo uma via intermédia, J. M. PIRES, *Elucidário de direito bancário*, cit., pp. 573-574; idem, *Direito bancário*, vol. II, *operações bancárias*, cit., 194-195. Ver também quanto a esta matéria na jurisprudência, o Acórdão do STJ (Oliveira Barros), de 31/3/2004, in: www.dgsi.pt.

a evolução sofrida pela referida disposição (resultante do Dec.-Lei nº 83/86, de 6/5, e do Dec.-Lei nº 204/87, de 16/5 – elemento histórico)[1206], não era.

A lei exige agora convenção das partes reduzida a escrito. Não esclarece se essa convenção tem que ser, nos termos gerais, posterior ao vencimento dos juros, como no regime geral do art. 560º nº 1, ou se pode ser anterior.

Cremos que esta última é a posição correta. A lei limita-se a exigir que a convenção das partes seja reduzida a escrito, nada dispondo (não restringindo) quanto ao momento em que ela tem que ser celebrada. Acresce que o legislador conhecia a controvérsia anterior, que terá procurado regular – ao exigir a convenção escrita das partes –, embora de forma pouco clara.

Há, nessa medida, neste sede duas exceções quanto ao regime do art. 560º (prazo e momento da celebração).

VI. Não concordamos com a solução legal que reduziu o limite mínimo para a capitalização de juros, tendo este, em termos gerais, passado de três meses para um mês.[1207]

A capitalização dos juros pode levar a um aumento muito grande do valor em dívida, sem que o devedor se aperceba. Por isso, sempre foram introduzidas limitações a esta técnica. A lei, numa altura em que os agentes económicos, e as famílias em particular, estão fortemente endividados e com dificuldades de pagamento introduz uma regra que vai fazer aumentar ainda mais o montante em dívida. A exigência de convenção celebrada por escrito de pouco vale. Passa a ser uma cláusula de estilo das cláusulas contratuais gerais.

Em especial, porque se mantém o entendimento, *incorreto*, de que os juros bancários não estão sujeitos aos limites do art. 1146º, o que significa que, neste prisma, – *errado, já vimos* –, mas que se verifica na prática,

[1206] Na redação do art. 5º, nº 4, dada pelo Dec.-Lei nº 83/86, de 6/5, lia-se: "Não podem ser capitalizados juros correspondentes a período inferior a um ano, *excepto se houver convenção entre as partes* e os juros não corresponderem a um período inferior a três meses". (itálico nosso). Contudo, na alteração desta norma decorrente do Dec.-Lei nº 204/87, de 16/5, suprimiu-se a referência à convenção das partes. Nessa versão lia-se: "Não podem ser capitalizados juros correspondentes a um período inferior a três meses.". Parece claro o afastamento do regime do art. 560º, eliminando-se a referência à convenção das partes.

[1207] Que, nos termos do art. 13º do Dec.-Lei nº 58/2013, de 8/5, se aplica aos contratos de crédito em curso nos quais a mora se tenha verificado após a entrada em vigor dessas normas – agora, para o que diretamente nos interessa, o art. 7º, que entrou em vigor 120 dias após a publicação do diploma (art. 14º, nº 2 do Dec.-Lei nº 58/2013 de 8/5).

perante a inação dos entes responsáveis, são possíveis taxas extremamente elevadas com capitalizações de juros relativos a períodos também muito curtos (art. 7º, ns 1 e 3 do Dec.-Lei nº 58/2013 de 8/5). Nestes termos, a dívida poderá aumentar muito de valor num curto período de tempo. O devedor nunca a consegue pagar, porque ela lhe foge como a sua sombra.

64. Informação sobre juros e encargos

I. Tem evidentemente um grande relevo, em particular, num país como Portugal, com um recurso maciço ao crédito de pessoas cuja literacia em termos económicos e financeiros é, em regra muito baixa, por vezes baixíssima (o Direito não pode ignorar a realidade sociológica), a que se alia a complexidade técnica destas matérias, a informação a prestar pelos bancos aos clientes ou potenciais clientes.

64.1. Âmbito geral

I. A sua sede em termos gerais, é o art. 227º do Código Civil[1208], no âmbito pré-contratual e, já em sede já contratual (quando não decorram diretamente do contrato), do art. 762º, nº 2. Sendo os contratos celebrados com recurso a cláusulas contratuais gerais, como é o caso, aplicam-se as regras relativas ao dever de informação decorrentes desse diploma (art. 6º do Dec.-Lei 445/86, de 25/10).

II. Porém, no âmbito específico bancário, há um conjunto muito amplo de diplomas que regulam em termos gerais, ou em âmbitos mais específicos, esta matéria. Em primeira linha devemos que considerar o art. 77º do RGICSF, e o Dec.-Lei nº 220/94, de 23/8 e o Aviso 8/2009 do BP.

A lei impõe, logo, no seio do RGICSF, às instituições de crédito o dever de informar com clareza os clientes sobre a remuneração que oferecem pelos fundos recebidos e os elementos caracterizadores dos produtos oferecidos, bem como sobre o preço dos serviços prestados e outros encargos a suportar pelos clientes (art. 77º, nº 1 RGICSF). Por seu lado, os contratos celebrados entre as instituições de crédito e os seus clientes devem conter toda a informação necessária e ser redigidos de forma clara e concisa (art. 77º, nº 5 RGICSF).

[1208] Ver sobre esta matéria, desenvolvidamente, J. Sinde Monteiro, *Culpa in contrahendo*, CJA, 2003, pp. 5, ss.

De forma detalhada, os deveres de informação ainda decorrem do Dec.--Lei nº 220/94, de 23/8, que tem justamente por objeto as informações a prestar pelas instituições de crédito previstas no art. 1º, aos seus clientes, relativamente aos "juros e outros custos das operações de crédito" (art. 1º).

A lei, no art. 2º, al. *b)* do Dec.-Lei nº 220/94, de 23/8, recorre a uma noção muito ampla de operações de crédito, porque se abarcam nela "todos os contratos de concessão de crédito, seja qual for a modalidade que revista, incluindo os descobertos em conta". Todavia, se a articularmos com as exclusões – a cessão financeira, a locação financeira e a prestação de garantias –, vemos quem o campo de aplicação do diploma em termos objetivos se estreita bastante.

III. Passamos então a ver, de forma sumária, os principais aspetos do regime.

A lei impõe a divulgação, em todos os balcões e locais de atendimento ao público, das taxas representativas das operações de crédito que habitualmente praticam, incluindo-se aqui não só a taxa nominal, mas, também, a TAE (art. 3º, nº 1 do Dec.-Lei nº 220/94, de 23/8). Esse dever de divulgação estende-se à taxa de juro preferencial ou *prime rate* (só na modalidade de taxa nominal – art. 3º, nº 3 do Dec.-Lei nº 220/94, de 23/8).

É igualmente exigida a inclusão nos contratos escritos de um conjunto de informações relevantes: a taxa nominal, a TAE, o critério para a determinação da taxa de juro aplicável em situações de mora, as condições aplicáveis no caso de reembolso antecipado do crédito [art. 5º, nº 1, als. *a), b), c)* e *d)* do Dec.-Lei nº 220/94, de 23/8] e nas operações de crédito em que de taxa de juro variável e indicação do indexante a que se recorre (art. 5º, nº 2 do Dec.-Lei nº 220/94, de 23/8)[1209].

Já na fase de execução do contrato de crédito, os valores em vigor da taxa nominal, TAE e do indexante devem ser indicados aos clientes, em toda a correspondência que a instituição de crédito lhes envie, designadamente nos extratos de conta e nas notas de débito (art. 5º, nº 5 do Dec.--Lei nº 220/94, de 23/8).

Há também disposições relativas à publicidade (art. 7º do Dec.-Lei nº 220/94, de 23/8).

[1209] Neste caso, com a sanção do art. 5º nº 4.

Na verdade, para além das normas gerais relativas à atividade publicitária, em todas as ações publicitárias promovidas pelas instituições de crédito, quanto a operações de crédito, seja qual for o meio a que se recorra, em que se faça referência à taxa de juro ou outro valor relacionado com o custo do crédito, terá que ser indicada a TAE correspondente. Essa indicação deverá ser realizada, caso não seja possível recurso a outro meio, através de um exemplo que seja representativo (art. 7º, ns. 1 e 2 do Dec.-Lei nº 220/94, de 23/8).

O Aviso do BP 8/2009 ampliou os deveres de informação das instituições de crédito. Com efeito, elas estão obrigadas a ter um preçário completo composto pelas condições gerais com efeitos patrimoniais de realização das operações e dos produtos e serviços financeiros comercializados junto do público (art. 3º do Aviso do BP 8/2009). Ele deve integrar um folheto de de comissões e despesas e um outro de taxas de juro [art. 3º, nº 3, als. *a)* e *b)* do Aviso do BP 8/2009].[1210]

64.2. O consumidor bancário

I. Há, depois, um conjunto de diplomas que, no seu específico âmbito de aplicação, impõe específicos deveres de informação no âmbito o crédito a consumidores financeiros.

Particulamente relevante é o regime dos contratos de crédito relativos a imóveis (aprovado pelo Dec.-Lei nº 74-A/2017, de 23/6), donde esses deveres decorrem com enorme amplitude e extensão do art. 8º (dever de informação), do art. 12º (informação pré-contratual), art. 13º (informação pré-contratual personalizada), art. 22º (Informação a prestar durante a vigência do contrato de crédito), e o dos contratos de crédito aos consumidores (Dec.-Lei nº 133/2009, de 2/6), estando previstos igualmente com grande extensão nos seus arts. 6º e seguintes. Tem igualmente relevo

[1210] A informação referida no número um do presente artigo deve permitir conhecer: o valor máximo de todas as comissões exigíveis aos clientes [al. *a)*]; o valor indicativo das principais despesas [al. *b)*]; a taxa anual nominal bruta dos depósitos (TANB) [al. *c)*]; a taxa anual efectiva (TAE) ou a taxa anual de encargos efectiva global (TAEG) que resultda realização das operações de crédito [al. *d)*]; as convenções mais relevantes com efeitos patrimoniais, nomeadamente, as datas-valor e datas de disponibilização relativas à movimentação de contas de depósito, o número de dias subjacente ao cálculo dos juros e o arredondamento da taxa de juro [al. *e)*]; a informação relativa ao Fundo de Garantia de Depósitos e à identificação da entidade de supervisão competente [al. *f)*].

o Dec-Lei nº 107/2017, de 30/8, que tendo por objeto informações relativas às comissões, exige a inclusão no extrato a fornecer ao consumidor de algumas taxas de juro (art. 10º, nº 1 do Dec-Lei nº 107/2017, de 30/8[1211]).

II. Aliás, é o próprio RGICSF, que vem impor intensificar "no âmbito da concessão do crédito ao consumo", os deveres de informação. De facto, as instituições de crédito têm o dever de prestar ao cliente, antes da celebração do contrato de crédito, as informações adequadas, em papel ou noutro suporte duradouro, sobre as condições e o custo total do crédito, as suas obrigações e os riscos associados à falta de pagamento, bem como asseguram que as empresas que intermedeiam a concessão do crédito prestam aquelas informações nos mesmos termos (art. 77º, nº 2 RGICSF).

[1211] A taxa de juro aplicada à facilidade de descoberto ou à ultrapassagem de crédito associada à conta de pagamento e o montante total dos juros cobrados relativamente ao saldo a descoberto durante o período abrangido, sempre que aplicável e a taxa de juro remuneratória aplicada à conta de pagamento e o montante total dos juros auferidos durante o período abrangido, sempre que aplicável [art. 10º, nº 3, als. *c)* e *d)* do Dec-Lei nº 107/2017, de 30/8].

Capítulo VI
As comissões bancárias

65. As comissões

65.1. Aspetos gerais. Comissões e despesas

I. As, múltiplas, comissões bancárias constituem, a par dos juros, uma das principais fontes de receita dos bancos. O seu número e custo têm constantemente aumentado, em parte como reflexo e forma de compensação, da diminuição do valor do *spread* (ou margem) no crédito à habitação.[1212]-[1213]-[1214]

A lei define as comissões como sendo "as prestações pecuniárias exigidas aos clientes pelas instituições como retribuição por serviços por elas prestados, ou subcontratados a terceiros, no âmbito da sua atividade" [art. 3º, al. *f)* do Dec.-Lei nº 58/2013 de 8/5][1215].

Elas distinguem-se das despesas que consistem nos "encargos suportados pelas instituições perante terceiros, por conta dos seus clientes, nomeadamente os pagamentos a conservatórias, cartórios notariais ou que tenham natureza fiscal." [art. 3º, al. *g)* do Dec.-Lei nº 58/2013 de 8/5].

1212 81 % do crédito a particulares consiste em crédito à habitação, cfr. Associação portuguesa de bancos, *Overview do sistema bancário português*, agosto de 2016, p. 21, in: www.apb.pt/content/files/Agosto_-_Overview_do_Sistema_Bancrio_Portugus_PT.pdf.

1213 Quanto a esta matéria, ver ainda a diretiva 2014/92/EU do Parlamento Europeu e do Conselho de 23 de julho de 2014 (in: JO L 257/214) relativa à comparabilidade das comissões relacionadas com as contas de pagamento, à mudança de conta de pagamento e ao acesso a contas de pagamento com características básicas.

1214 Sobre a matéria das comissões, recentemente, ver: M. Januário da Costa Gomes, *Sobre comissões bancárias. "Les Unes et les Autres*, cit., pp. 209, ss..

1215 De forma muito próxima, o art. 3º, al. *c)* do Dec-Lei nº 107/2017, de 30/8, e o art. 2º, al. *a)* do Aviso do BP 8/2009.

As comissões podem dizer respeito a serviços muito diversos e decorrerem, quer do contrato-quadro bancário (como, p. ex., a comissão de manutenção de conta), quer dos diversos contratos que as partes venham depois a celebrar, como as comissões de transferências bancárias, as comissões de gestão do crédito, de processamento, etc.

65.2. Deveres de transparência e proibições de cobrança de comissões

I. Há especiais deveres de transparência no que toca às comissões. Para além de terem que constar do preçário nos termos do Aviso do BP nº 8/2009, é agora[1216] imposto às instituições de crédito que enviem anualmente, no mês de janeiro, uma fatura-recibo, sem qualquer custo, onde sejam discriminadas todas as comissões e despesas associadas a conta de depósito à ordem suportadas no ano civil anterior, ao seu respetivo titular (art. 77º, nº 8 RGICSF).

A fatura-recibo consiste numa declaração global recapitulativa de todas as comissões e despesas associadas a conta de depósito à ordem, não prejudicando as obrigações de faturação e declarativas previstas na legislação fiscal (art. 77º, nº 9 RGICSF).[1217] O nº 10º da mesma norma detalha

[1216] Por força do aditamento dos ns. 8 e 9 ao art. 77º do RGICSF pela Lei nº 66/2015, de 6/7 (art. 4º).

[1217] Existem igualmente um conjunto de informações relevantes a prestar por parte dos prestadores de serviços de pagamento aos consumidores, previstos no Dec-Lei nº 107/2017, de 30/8, que transpõe para a ordem jurídica interna a Diretiva 2014/92/UE do Parlamento Europeu e do Conselho, de 23 de julho de 2014, relativa à comparabilidade das comissões relacionadas com as contas de pagamento, à mudança de conta de pagamento e ao acesso a contas de pagamento com características básicas.

Este diploma estabelece (art. 1º, nº 2), de entre outros aspetos, as normas relativas à transparência e à comparabilidade das comissões cobradas aos consumidores pelas contas de pagamento de que são titulares (bem como regras relativas à mudança de conta de pagamento e à facilitação da abertura de contas de pagamento transfronteiriças pelos consumidores).

Ponto central do regime é o documento de informações sobre comissões completo e atualizado que deve ser disponibilizado a todo o momento a qualquer interessado (art. 6º), a ser elaborado nos termos do art. 7º. Há depois regras específicas quanto a pacotes de serviços associados a uma conta de pagamento (art. 8º), devendo aí ser indicados os serviços incluídos no pacote e a sua quantidade, bem como a comissão adicional aplicável a um serviço que ultrapasse a quantidade abrangida pela comissão do pacote de serviços (art. 8º, nº 1).

Os prestadores de serviços de pagamento devem ainda, com periodicidade anual, disponibilizar, nos termos do art. 9º, aos consumidores um extrato com todas as comissões cobradas pelos serviços associados a uma conta de pagamento e, em certos casos [previstos no art. 9º, nº 2 als. *c)* e *d)*], com informações relativas às taxas de juro.

as informações que a fatura-recibo deve conter e o nº 11 define as suas características.[1218]

III. Nem sempre as instituições de crédito podem cobrar comissões. A lei impede, em diversos casos, que tal seja feito. É o que acontece com particular incidência no regime do crédito ao consumo, no regime dos contratos de crédito sobre imóveis e com cobrança de encargos nas operações, designadamente de levantamento, de depósito ou de pagamento de serviços, em caixas automáticas" [art. 1º, nº 1, al. *a)* do Dec.-Lei nº 3/2010, de 5/1][1219].[1220] Noutros casos, a lei limita as comissões a cobrar[1221].

Por forma a permitir a comparabilidade das comissões, o Banco de Portugal disponibiliza aos consumidores o acesso gratuito a um sítio na Internet que permita cotejar, no mínimo, das comissões constantes da lista de serviços mais representativos, cobradas pelos prestadores de serviços de pagamento (art. 10º). Sobre este regime, com mais detalhe, ver, M. JANUÁRIO DA COSTA GOMES, *Sobre comissões bancárias. "Les Unes et les Autres"*, cit., pp. 230, ss..

1218 Respetivamente, os arts. 14º-A (renegociação do contrato de crédito) e 23º-A (limitação à cobrança de comissões associadas aos contratos de crédito), do Dec.-Lei nº 133/2009, de 2/6 (aditados pela Lei nº 57/2020, de 28/8) e o art. 28º-A do nº 74-A/2017, de 23/6, aditado pela Lei nº 57/2020, de 28/8). Assim, os credores não podem cobrar qualquer comissão pela análise da renegociação das condições do crédito, nomeadamente do *spread* ou do prazo de duração do contrato de crédito (artigo 14º-A do Dec.-Lei nº 133/2009, de 2/6). Por outro lado (em prejuízo do disposto no artigo 24º), o mutuante encontra-se proibido de cobrar quaisquer comissões no âmbito do contrato de crédito contraído com o consumidor que sejam associadas ao processamento de prestações de crédito, ou cobradas com o mesmo propósito, quando aquele processamento for realizado pela própria instituição credora ou por entidade relacionada [23º-A, al. *a)* do Dec.-Lei nº 133/2009, de 2/6]; ou emissão do documento com vista à extinção da garantia real por parte do mutuante no termo do contrato de crédito, seja por reembolso antecipado total ou pelo seu termo natural, devendo aquele documento ser fornecido automática e gratuitamente ao consumidor no prazo máximo dequatorze (14) dias [23º-A, al. *b)* do Dec.-Lei nº 133/2009, de 2/6]; à emissão de declarações de dívida ou qualquer outra declaração emitida com o mesmpropósito, quando esta tenha por fim o cumprimento de obrigações para acesso a apoios ou prestações sociais e serviços públicos, até ao limite anual de seis declarações [23º-A, al. *c)* do Dec.-Lei nº 133/2009, de 2/6].

1219 A proibição é estendida à cobrança de comissões, agora pelos de beneficiários de serviços de pagamento, nas operações de pagamento através dos terminais de pagamento automáticos. [art. 1º, nº 1, al. *b)* do Dec.-Lei nº 3/2010, de 5/1].

1220 Mas também, com particular incidência no crédito ao consumo (art. 14º-A e 23º-A, do Dec.-Lei nº 133/2009, de 2 de junho, aditados pela Lei nº 57/2020, de 28/8) e no regime dos contratos de crédito relativos a imóveis (art. 28º-A do nº 74-A/2017, de 23/6, aditado pela Lei nº 57/2020, de 28/8).

1221 É o que sucede com a cobrança de comissões "pelos prestadores de serviços de pagamento nas operações de levantamento de fundos, realização de pagamentos de serviços ou de

65.3. A imposição da efectividade, razoabilidade e proporcionalidade às comissões

I. Face ao aumento, tanto do número, como dos valores das comissões, a lei foi alterada no sentido que elas, assim como as despesas, só possam ser cobradas se disserem respeito a serviços efetivamente prestados (art. 7º da Lei nº 66/2015, de 6/7). Haveria ainda que aplicar, nos termos gerais, os princípios da razoabilidade e da proporcionalidade. Essa solução veio a ser consagrada na alteração introduzida à norma pela Lei nº 57/2020, de 28/8[1222].

Trata-se de uma simples clarificação, por razões de segurança jurídica. A solução, como referimos, decorria logo, da articulação da norma com os referidos princípios. Na sua consagração na norma devem corresponder a um "serviço efetivamente prestado, ser razoáveis e proporcionais aos custos suportados".

II. Deste modo, haverá que determinar para cada uma delas qual a sua contrapartida efetiva. Se tiverem sido criadas sem que lhes corresponda a atuação jurídica ou material específica por parte da instituição de crédito, não serão devidas. Em regra, ela existirá, tanto na abertura de conta, como na gestão dessa conta com a inscrição dos movimentos a crédito e a débito, o processamento das prestações, de cartão de crédito, de débito, etc. Todas elas pressupõem um conjunto de atos por parte do banco, e assentam sempre num sistema informático.

Todavia, face à criação de comissões que não estejam ligadas à prestação de um serviço facilmente discernível pelo cliente, a instituição de crédito deverá demonstrar a que é que elas correspondem e, também, que o serviço foi mesmo prestado.

transferências, em ou através de aplicações de pagamento operadas por terceiros" [art. 1º, nº 1, al. *c)* do Dec.-Lei nº 3/2010, de 5/1, com a redação introduzida pela Lei nº 53/2020, de 26/8]. Quanto à cobrança de comissões nas aplicações de pagamento operadas por terceiros (consistem em plataformas eletrónicas que permitem realizar estas operações e cuja mais conhecida entre nós é o MB Way), o regime consta agora do art. 3º-A do do Dec.-Lei nº 3/2010, de 5/1, aditado pela Lei nº 53/2020, de 26/8, que estatui um regime de proibição até um determinado valor e de limitação para valores superiores.

[1222] "As comissões e despesas cobradas pelas instituições de crédito e demais prestadores de serviços devem corresponder a um serviço efetivamente prestado, ser razoáveis e proporcionais aos custos suportados, ficando proibida a cobrança de quaisquer comissões, despesas ou encargos de outra natureza nos casos em que não seja efetivamente prestado um serviço ao abrigo do presente artigo."

III. Um segundo juízo, subsequente, diz respeito depois à avaliação da sua razoabilidade e proporcionalidade, "aos custos suportados". Não se pretende, como é óbvio, uma equivalência entre a comissão e os custos alguns difíceis de determinar, porque se referem à atuação da organização no seu conjunto. Além do que, como é óbvio, o banco visa o lucro.

O que se pretende é obstar a que o banco cobre comissões que pelo seu valor se apresentem manifestamente desligadas dos efetivos custos que ele tem com elas.

Embora um critério aqui não seja fácil de traçar, pode dizer-se que um valor de comissão que assente predominantemente em factores diversos dos custos efetivos, embora possa ser utilizado numa ponderação geral, não pode ser o decisivo – o elemento de "amarração" definido pela lei são os custos. Por outro lado, mesmo com esses factores de ponderação, necessários para se concretizar face ao caso concreto o conceito indeterminado, um banco não poderá cobrar comissões que ultrapassem várias vezes o custo do serviço prestado, incluindo-se aqui dos os custos de funcionamento geral da organização bancária (sob a forma de imputação a esse serviço).

65.4. O direito de alterar o valor das comissões

I. As instituições de crédito reservam-se nas suas cláusulas contratuais gerais o direito de alterar o preçário, comunicando essa modificação ao cliente, por qualquer meio, nomeadamente por indicação no extrato de conta. O Banco de Portugal impõe que as instituições de crédito comuniquem aos seus clientes o teor dessas alterações, com uma antecedência mínima de trinta dias relativamente à data pretendida para a sua aplicação, sem prejuízo de outros prazos legal ou regulamentarmente fixados (art. 5º, nº 2 do Aviso do BP nº 8/2009).

Trata-se de conceder a uma das partes o poder de alterar unilateralmente do contrato. Cumpre analisar a validade da cláusula.

II. Tratando-se de contratos celebrados por tempo indeterminado, como sucederá com a abertura de conta, a cláusula é válida nos termos do art. 22º, nº 2, al. *b)* do Dec-Lei nº 446/85, de 25/10, desde que seja observado um pré-aviso razoável e lhe seja dada a faculdade de resolver o contrato. A solução é próxima da denúncia-modificação, que seria sempre admitida nos termos gerais.

Nada obsta, também, a que, se o contrato foi celebrado por tempo determinado, com uma cláusula de prorrogação automática, a instituição de crédito se oponha à prorrogação, se a modificação não for aceite.

Nos outros casos, mas agora só nas relações com os consumidores (e sendo para mais uma cláusula relativamente proibida), e sempre que outro regime mais lasso resulte da lei, terá que se observar o disposto no art. 22º, nº 1, al. *c)* do Dec-Lei nº 446/85, de 25/10, sendo necessário a previsão contratual de uma razão atendível, que terá depois que ser justificada aquando do exercício do direito. Terão igualmente que se estabelecer critérios que permitam a fixação da comissão pelo banco, como decorre aliás dos princípios consagrados no art. 280º e 400º do Código Civil. E não poderá o aumento daí decorrente deixar de observar os princípios da proporcionalidade e da razoabilidade. Neste aspeto, aliás, haverá que seguir os termos já expostos da Carta Circular do BP nº 32/2011/DSC, de 17/05/2011, para onde remetemos.

III. Outra questão, distinta, é a de determinar se a alteração conjugada – sempre – em alta por parte das diversas instituições de crédito não significa uma prática concertada para efeitos de aplicação da lei da concorrência. Havendo muitos bons motivos para crer que sim.

65.5. A comissão de manutenção da conta. A cobrança de taxas negativas sobre o valor dos saldos

I. A comissão de manutenção de conta, que pode ter uma outra designação, consiste na contrapartida que o cliente paga ao banco para ter aí conta, o que vale dizer para ter o seu dinheiro junto desse banco, uma vez que ele se traduz no crédito ao saldo. O Banco de Portugal (Carta Circular nº 24/2014/DSC, 2014/03/10) admite a cobrança de comissão pela manutenção da conta em si, tanto no âmbito de uma conta base [que inclui ainda outros serviços relativos à sua mobilização – 3 (a)], como em contas específicas.

Essa comissão pode ser fixada livremente pelas instituições de crédito (que podem dela, evidentemente, isentar os clientes), devendo respeitar os princípios de razoabilidade e proporcionalidade [3 (b)]. Porém, entende o Banco de Portugal que os bancos não devem fazer o montante da comissão variar em função de saldos médios em conta [3 (c)].

II. É neste quadro que se coloca a questão de saber se os bancos podem cobrar uma comissão que varie em função do saldo em conta de forma a refletir as taxas de juros negativas que lhe são impostos pelo BCE. Na verdade, os bancos têm estado a transmitir os efeitos negativos das taxas aos depositantes, em diferentes Estados europeus. Esta cláusula é comum na Alemanha[1223], mesmo em contratos com consumidores[1224]. Tendo em vista o referido entendimento do Banco de Portugal, não seria admitida entre nós.

III. Conforme já sustentámos de forma desenvolvida num outro texto[1225], a situação alterou-se desde a publicação da carta circular do BP (que é de 2014). A política monetária do BCE passou a impor aos bancos custos que antes não existiam, e não há um obstáculo de fundo, em termos gerais, que os impeça de refletir, pelos menos em parte, esses custos nas contas que os clientes têm junto deles. A carta circular do BP exige assim uma interpretação atualista.

Contudo, entendemos igualmente[1226] que esta solução não seria aceitável nas contas cujos titulares fossem consumidores. Nesse caso, estaríamos face a um outro bloco normativo (cuja base é constitucional) donde emerge o princípio de tutela do consumidor bancário, que traveja este ramo do direito. Ele não as admitira.

65.6. A comissão de recuperação de valores em dívida em particular

I. Em certos casos a lei limita o valor dessas comissões, como sucede comissão pela recuperação de valores em dívida.

[1223] Como os alemães são grandes aforradores, a aplicação de uma taxa de juros negativa sob a forma de comissão aos seus depósitos é uma das razões – se não mesmo a principal – que provoca uma fortíssima oposição da opinião pública alemã à política monetária do BCE.

[1224] Cfr. Carlo Altavilla/Lorenzo Burlon/Mariassunta Gianetti/Sarah Holton, *Is there a zero lower bound? The effects of negative policy rates on banks and firms*, ECB Working Paper Series No 2289/June 2019, p. 2 (in: www.ecb.europa.eu/pub/pdf/scpwps/ecb.wp2289~1a3c04db25.en.pdf, p. 12

[1225] M. Pestana de Vasconcelos, *Taxas negativas sobre saldos de contas de depósitos bancários e comissões*, Liber amicorum Pedro Pais de Vasconcelos, Revista de Direito Comercial, 2020 (www.revistadedireitocomercial), pp. 165, ss.. Para onde tomamos a liberdade de remeter para maiores desenvolvimentos.

[1226] M. Pestana de Vasconcelos, *Taxas negativas sobre saldos de contas de depósitos bancários e comissões*, cit., p. 186, ss..

Com efeito, as instituições de crédito, em caso de incumprimento, para além dos juros de mora, cobravam outras quantias a título de comissão, o que aumentava bastante os encargos do devedor. Elas poderiam mesmo ser consideradas uma forma indireta de contornar a limitação das taxas de juros de mora. E deveriam mesmo sê-lo, se não fossem a contrapartida de uma outra prestação realizada pelo banco.

II. A lei veio, recentemente, pôr-lhes termo, só admitindo as comissões com os fundamentos e dentro dos limites que se passam a estabelecer.

Assim, as instituições não podem, "com fundamento na mora do devedor, cobrar quaisquer comissões ou outras quantias, mesmo a título de cláusula penal moratória" (art. 9º, nº 1 do Dec.-Lei nº 58/2013, de 8/5).

As únicas comissões admitidas[1227] são as que constituem uma contrapartida pela "recuperação dos valores em dívida", que não pode exceder, em regra, 4% do valor da prestação vencida e não paga (art. 9º, nº 2 do Dec.-Lei nº 58/2013, de 8/5).[1228]

De seguida, são introduzidos limites em função dos valores.

Se dos 4% aplicados ao valor referido resultar uma quantia inferior a 12 euros, pode ser cobrada uma comissão nesse montante. Pelo contrá-

[1227] Permite-se, porém, que se possa repercutir nos clientes as "despesas posteriores à entrada em incumprimento, que, por conta daquele, as instituições tenham realizado perante terceiros", desde que seja apresentada a respetiva justificação documental (art. 9º, nº 8 do Dec.-Lei nº 58/2013 de 8/5).

[1228] No sentido, embora *de iure condendo*, que cremos correto, de que as insituições de crédito so poderem cobrar essas quantias se acionarem judicalmente o devedor, ver M. JANUÁRIO DA COSTA GOMES, *Sobre comissões bancárias. "Les Unes et les Autres"*, cit., p. 228. Acompanhando algumas das perplexidades do Autor, cremos, porém, que não seria necessário que o devedor fosse efetivamente acionado.

Basta, agora *de iure condito*, que o processo tenha passado para a fase contenciosa. É que ela justifica um custo de serviço acrescido para o banco (com o envolvimento dos serviços jurídicos), que esta comissão visa, de forma pré-definida, compensar.

Não cremos, por isso, que tenha um caráter sancionatório. Isso significa que atendendo à necessidade de efetividade do serviço, uma prestação que seja paga depois de um muito curto período de mora, não será devida. Não corresponde a qualquer serviço que o banco ainda tenha tido.

A qualificação como comissão (presumindo, como temos, que o legislador se exprimiu bem, e se trata de uma verdadeira comissão – art. 9º, nº 3 –, cujos pressupostos gerais se tem também de verificar) e a ligação a um específico serviço prestado pela instituição de crédito, que a noção de comissão [art. 3º, al. *f)* do Dec.-Lei nº 58/2013, de 8/5)] tem esse efeito.

rio, se o valor apurado for superior a 150 euros, não pode ser cobrada uma comissão superior. Caso seja, será reduzida a esse montante (art. 9º, ns. 3 e 4 do Dec.-Lei nº 58/2013 de 8/5).

Por fim, naqueles casos em que a prestação vencida e não paga seja superior a 50.000 euros, a soma cobrada não pode exceder 0,5 desse valor (a que será igualmente reduzida, se o ultrapassar), não se aplicando aqui os limites anteriores (art. 9º, nº 5 do Dec.-Lei nº 58/2013 de 8/5).

Estas comissões só podem ser cobradas uma vez por cada prestação vencida e não paga, mesmo que o incumprimento de mantenha (art. 9º, nº 6 do Dec.-Lei nº 58/2013 de 8/5).

Se as comissões devidas não forem pagas, só podem ser acrescentadas ao capital em dívida, nos casos de reestruturação ou de consolidação dos contratos de crédito (art. 9º, nº 7 do Dec.-Lei nº 58/2013 de 8/5).[1229]

[1229] Em virtude da alteração introduzida ao regime do crédito ao consumo pelo Dec.-Lei nº 42-A/2013, de 28/3, no caso de ultrapassagem de crédito, o credor deixa de poder cobrar comissões ao consumidor (art. 23º, nº 4 do Dec.-Lei nº 133/2009, de 2/6).

Capítulo VII
Contratos de pagamento

66. O contrato de *confirming* ou de gestão de pagamentos

66.1. Introdução

I. O contrato de *confirming* é essencialmente um negócio de gestão de pagamentos, que no seu cerne tem ordens dadas pelo cliente ao seu banco de pagamento das suas obrigações com os seus fornecedores, por ele indicados, nas respetivas datas de vencimento. [1230]

No âmbito operação negocial, podem inserir-se ainda uma abertura de crédito a favor do devedor, uma garantia de cumprimento, ou um contrato de crédito, agora entre o banco e este último, pelo qual lhe é concedido um adiantamento do montante objeto do seu crédito perante o dador da ordem de pagamento. Este contrato implica a cessão do crédito face ao adquirente do bem ou beneficiário do serviço pelo fornecedor/credor ao banco.

II. O contrato é legalmente atípico, mas socialmente típico. Consiste numa figura gizada pelos bancos em Portugal e Espanha[1231], tendo uma

[1230] Sobre ele, ver: Ana Silva Gonçalves, *O contrato de confirming ou contrato de gestão de apagamentos a fornecedores*, Almedina, Coimbra, 2011; António Pedro A. Ferreira, *O contrato de confirming (gestão de pagamentos). Breves Notas*, in: III congresso de direito bancário (coord. Miguel Pestana de Vasconcelos), Almedina, Coimbra, 2018, pp. 191, ss. Na perspetiva económica: Susana Carvalho Godinho, *A Importância do Factoring e Confirming para as PME*, 2016, in: repositorio.iscte-iul.pt/bitstream/10071/13001/1/2016_ECSH_DEP_Dissertacao_Susana Carvalho Godinho.pdf.

[1231] Onde teve origem, neste formato. Muito por ação do banco Santander que chegou a registar o *confirming* como marca. Cfr. Ana Silva Gonçalves, *O contrato de confirming ou contrato de gestão de apagamentos a fornecedores*, cit., p. 17, nota 15.

assinalável uniformidade na prática contratual bancária. Diverge assim da versão internacional deste contrato celebrada pelas *Confirming Houses* inglesas.[1232]

66.2. As funções económicas

I. Os interesses económicos que aqui se visam alcançar são de três tipos. O primeiro, e central, visa a gestão de pagamentos a fornecedores, sendo este o seu cerne; permite-se desta forma que o serviço administrativo de pagamento seja realizado diretamente pelo banco, reduzindo-se os custos necessários a esta atividade. Ele é particularmente relevante para empresas que tenham um número muito elevado de fornecedores, o que exige uma gestão complexa.

II. De forma adicional, a instituição de crédito coloca à disposição da contraparte do seu cliente um serviço de prestação de liquidez imediata sobre a forma de adiantamento do valor em dívida (mas cujo pagamento só teria que se fazer a prazo). O recurso ao primeiro contrato facilita a concessão de crédito aos seus fornecedores. Consiste nessa medida numa fonte de financiamento adicional que é prestada pelo próprio banco do devedor e não (sempre que não coincidam, evidentemente) pela instituição de crédito do fornecedor, assente, nesta última hipótese, na análise na capacidade económica financeira deste. O que aqui não sucede.

III. O financiamento pode ser realizado de forma direta ao cliente, se a entidade bancária se obrigar dentro de um limite com ele acordado a adiantar os fundos necessários ao pagamento da obrigação na data do vencimento, quando aquele transitoriamente não disponha de fundos para tal.

IV. Por fim, pode ainda desempenhar uma função de garantia, caso o banco se obrigue cumprir na data do vencimento, mesmo que a conta do cliente na disponha nessa data de fundos para o efeito.

[1232] Sobre ele, ver, M. Pestana de Vasconcelos, *Dos contratos de cessão financeira (factoring)*, cit., pp.

66.3. O *iter* negocial e a estrutura contratual

I. O contrato de *confirming* é aquele pelo qual o cliente dá ordem ao banco para pagar obrigações face a terceiros seus credores suas na data do seu vencimento. O que sucede pela transferência nessa data das quantias da conta do cliente para a do beneficiário.

Pressuposto deste contrato é um outro – de compra e venda, de prestação de serviços, de empreitada –, que poderíamos designar como contrato base, do qual decorre a obrigação a prazo, que o cliente dá ao banco a ordem de pagar. Se este cessar, cessa igualmente a obrigação do banco de realizar o pagamento.

Na eventualidade de o fornecedor (vendedor, prestador de serviços, empreiteiro) carecer de liquidez de curto prazo, o banco presta-lhe o adiantamento do valor em dívida, celebrado assim com ele um contrato de concessão de crédito, sempre que o custo da antecipação for assumido pela contraparte do dador da ordem. No seu seio integrar-se – é seu efeito –, a cessão do direito de crédito emergente do contrato base. O banco na qualidade de cessionário irá mais tarde cobrar esse crédito ao seu cliente, o que operará por compensação no âmbito da conta bancária.

O custo do adiantamento pode ficar por conta do cliente do banco. Para tal é concedida ao cliente uma linha de crédito que os fornecedores a quem o banco está obrigado a realizar o pagamento podem utilizar para o anteciparem.

II. A articulação entre os contratos é a seguinte. O cliente celebra com o banco um contrato pelo qual este se obriga a gerir os seus pagamentos a um conjunto ou a totalidade dos seus fornecedores. Concluído um contrato com um desses fornecedores, o cliente comunica-o ao banco, que, por sua vez, irá informá-lo de que será ele a realizar o pagamento. Ao mesmo tempo, propõe-lhe o adiantamento da quantia, mediante a cessão do crédito, concedendo-lhe liquidez imediata. Aceitando este a proposta, celebra-se o contato de crédito (com a cessão desse direito do credor ao banco). O adiantamento é calculado pelo valor nominal do crédito, deduzindo-se os juros pelo período de tempo pelo qual a quantia é antecipada, de forma semelhante ao desconto.

Na eventualidade de ser o cliente a suportar o custo de crédito, o pedido de antecipação do credor configura uma utilização da abertura de crédito que o banco concede ao seu cliente. Trata-se da utilização dessa abertura de crédito por um terceiro. Não existe assim um contrato de concessão de crédito celebrado com o fornecedor e o adiantamento corresponde ao valor nominal do crédito, sem qualquer desconto.

66.4. A qualificação

I. O contrato de *confirming* consiste num contrato de mandato cujo núcleo é prática de atos jurídicos perante diferentes terceiros. O banco atua por conta do cliente, vinculando-se a cumprir uma obrigação deste perante um terceiro.

Pode incluir também um contrato de garantia a favor do fornecedor que se traduz aqui na obrigação por parte do banco de cumprir na data do vencimento, mesmo que o seu cliente não tenha fundos suficientes na conta para esse efeito. Caso contrário, o pagamento não seria realizado.

Sempre que a instituição de crédito se obrigue a adiantar os fundos necessários ao pagamento das quantias se o cliente não tiver a conta aprovisionada para esse efeito na data do vencimento, o contrato também encerra uma abertura de crédito.

II. Como se referiu, o crédito pode ser concedido ao fornecedor, se ele aceitar as condições da sua concessão pelo banco (*maxime*, taxa de juro); nessa eventualidade, o crédito face ao cliente será cedido ao banco. O contrato é neste caso um mútuo, com uma dação de crédito em função de pagamento[1233]. A proximidade do negócio com recurso e antecipação do *factoring*, no primeiro caso, é muito grande, sendo também um negócio com uma dação em função de cumprimento. Contudo, inexiste aqui dever de cobrar o crédito, que integra o referido contrato de *factoring* de segundo grau.

A cessão pode também ser definitiva, quando o banco não tenha qualquer recurso contra o credor na eventualidade de incumprimento do seu cliente (isto é: não lhe pode retransmitir o crédito e exigir a restituição da quantia antecipada). Se assim for, estaremos perante uma simples venda de crédito (*true sale*).

[1233] O financiamento é num caso prestado ao fornecedor, por via do adiantamento; na hipótese anterior é-o, ao próprio cliente do banco, através do pagamento da sua obrigação na data do vencimento, mesmo que a conta não te há fundos para esse efeito. Para a distinção, ver Ana Silva Gonçalves, *O contrato de confirming ou contrato de gestão de apagamentos a fornecedores*, cit., p. 42, p. 44.

É possível ainda que seja o banco a suportar os custos – ou seja, os juros –, de um eventual pedido de adiantamento da quantia por banda do seu fornecedor ao banco. Quando assim for, como se referiu *supra*, faz parte do contrato de *confirming* em si uma abertura de crédito a favor do cliente que poderá ser utilizada pelos seus credores, sempre que pretendam antecipar a soma devida a prazo.

66.5. Distinção da cessão financeira (*factoring*)

I. No *factoring*, o credor recorre ao ente financeiro – banco, sociedade de *factoring*, IFIC – para que este cobre o seu crédito, e/ou lhe antecipe o seu valor e/ou lhe garanta o cumprimento do devedor cedido[1234]. Pelo contrário, no *confirming* é o devedor que celebra o contrato com o ente financeiro para este pagar ao seu credor, lhe oferecer crédito e eventualmente garantir o pagamento.

A iniciativa assim é do contrato, ou contratos, é de cada um dos sujeitos da relação obrigacional: no *factoring*, o credor; no *confirming*, o devedor. E daí o contrato de *factoring* ser celebrado com o credor, enquanto o contrato de *confirming* é concluído com devedor. A relação contratual estabelece-se assim, nesta última figura, entre o banco e o dador da ordem/devedor; na primeira, entre o facturizado/credor, e o factor.

Os custos das diversas prestações do banco no *factoring* são do credor, que tem que pagar as diversas comissões (cobrança, garantia), enquanto no *confirming* essas comissões recaem sobre o devedor.

II. Em ambos os casos, pode ser antecipado o valor do crédito e o credor ver garantido o cumprimento pela outra parte. Todavia, a prestação da garantia, decorre de acordo com o devedor, que suportará o seu custo, e não, como sucede no *factoring*, como credor/cedente, sobre quem recai o dever de pagar a comissão.

Relativamente ao crédito, ou seja, a transformação de um pagamento a prazo em liquidez imediata, o seu custo no *confirming* pode ser assumido pelo devedor, enquanto no *factoring* os juros são sempre pagos pelo credor, facturizado.

Contudo, se o custo do adiantamento do montante do crédito, que o banco oferece, couber ao credor, cedendo-lhe este o crédito, estaremos,

[1234] Ver, *supra*, nº 46.

como acima se assinalou, perante um contrato muito semelhante ao contrato de segundo grau de *factoring* com recurso e com adiantamento (deduzido do valor decorrente da comissão de cobrança, que aqui não existe).

III. O *factoring* desempenha ainda uma função de consultadoria comercial para facturizado. Ele poderá exigir ao factor que lhe preste informações sobre a capacidade económico-financeira da sua potencial contraparte contratual, o que no *confirming* não se verifica. Desempenha ainda uma função de cobrança de crédito, pela qual é devida uma comissão, o que no *confirming*, não sucede, uma vez que o fenómeno é o inverso.

66.6. O regime insolvencial

I. Declarada a insolvência do cliente do banco, cessa o mandato de pagamento perante todos os seus credores. Estes terão de reclamar os créditos no processo insolvencial.

Contudo, se o banco se tiver obrigado a pagar na data do vencimento, estamos face a uma obrigação do banco perante terceiro, que poderá nessa medida exigir o pagamento. Não da obrigação do cliente da instituição de crédito, mas da obrigação que este contraiu face a ele de cumprir na data do vencimento.

II. Declarada a insolvência do credor, sempre que lhe tenha sido concedida liquidez mediante uma cessão do crédito em função do cumprimento, vence-se a obrigação de restituir o capital emprestado (traduzido na antecipação). Como a dação em função do pagamento consiste num mandato para se satisfazer, ela cessa igualmente. O banco terá que pagar ao administrador (já não pode compensar). Os seus créditos ao reembolso do capital e aos juros terão que ser reclamados no processo insolvencial.

Todavia, se tiver verificado uma venda de crédito, o negócio já está completamente executado, não sendo atingido pelo processo insolvencial. O devedor deverá pagar ao banco (*rectius*, o banco pode operar a compensação).

67. O crédito documentário

67.1. Introdução. Caracterização

I. Nas transações comerciais existe a necessidade de um contraente se proteger do eventual incumprimento ou insolvência da outra parte.

Tal pode suceder de diversas formas: pela prestação de garantias, *maxime*, uma garantia autónoma à primeira solicitação ou pelo recurso ao crédito documentário[1235].[1236]

Neste último caso, o pagamento não será realizado diretamente pelo devedor, mas por um banco, que o faz contra a entrega dos documentos que comprovem que o credor realizou também a sua prestação. O banco obriga-se a fazer um pagamento a um terceiro, mediante a entrega verificação de determinados documentos nos termos contratualmente previstos por este último.

Elementos estruturantes da figura são o caráter autónomo da obrigação assumida pelo banco (ou bancos) e a regra do cumprimento estrito relativamente aos documentos apresentados (*strict compliance*).[1237]

II. O contrato de crédito documentário, à semelhança do que sucede com a garantia autónoma – com a qual tem diversas similitudes –, é concluído entre o banco, que irá fazer o pagamento, e o credor.

Contudo, a montante existe já o contrato base, em regra uma compra e venda, donde decorre a obrigação que a instituição de crédito irá cumprir, o pagamento por via de crédito documentário e suas condições (em especial, os documentos a apresentar[1238]). É em cumprimento desse negócio

[1235] Sobre ele, ver: J. Calvão da Silva, *Crédito documentário e conhecimento de embarque*, in: Estudos de direito comercial (pareceres), Almedina, Coimbra, 1996, pp. 49, ss.; A. Menezes Cordeiro, *Direito bancário*, cit., pp. 712, ss.; idem, *Créditos documentários*, ROA, 2007, pp. 81, ss.; Gonçalo Andrade e Castro, *O crédito documentário irrevogável*, Universidade Católica Portuguesa, Porto, 1999; Carlos Costa Pina, *Créditos documentários*, Coimbra Editora, Coimbra, 2000; Nathaniel Bird, *Documentary credits: general*, in: Paget's law of banking (general editor John Odgers), 15ª ed., LexisNexis, Londres, 2018, pp. 1007, ss.; R. Cranston/E. Avgouleas/K. Van Zwieten/C. Hare/T. Van Sante, *Principles of Banking law*, cit., pp. 506, ss.; C. W. CANARIS, *Bankvertragsrecht*, cit., pp. 636, ss.; E. Salomão Neto, *Direito bancário*, 2ª ed., Altas, São Paulo, 2014, pp. 284, ss..

[1236] Sobre ele, na jurisprudência, ver: o acórdão do STJ de 10/11/2005 (Lucas Coelho), in: www.dgsi.pt.; o acórdão do STJ de 22/09/2009 (Hélder Roque), in: www.dgsi.pt.; o acórdão do STJ de 24/05/2011 (Gregório Silva Jesus), in: www.dgsi.pt; o acórdão do STJ de 20/03/2012 (Hélder Roque), in: www.dgsi.pt.; o acórdão do STJ de 24/10/2013 (Granja da Fonseca), in: www.dgsi.pt.

[1237] Os "dois pilares" do crédito documentário, R. Cranston/E. Avgouleas/K. Van Zwieten/C. Hare/T. Van Sanate, *Principles of Banking law*, cit., p. 508.

[1238] De entre os quais tem especial relevância o conhecimento de carga ou *bill of lading*, que consiste num título representativo da mercadoria nele descrita, podendo ser nominativo, à

que o devedor, em regra um importador, concluirá contrato com um banco donde emerge o dever de concluir o contrato de crédito documentário com o credor.

Este contrato pode prever igualmente a concessão de crédito ao ordenante e instrumentos de tutela do crédito ao reembolso do banco.

A contraprestação da instituição de crédito pelo serviço prestado consiste na comissão e, eventualmente, nos juros do crédito concedido[1239].

Trata-se de um contrato de mandato sem representação.

III. No modelo mais simples, a operação jurídico-económica de abertura de crédito é composta por três sujeitos e três contratos. Os primeiros são o beneficiário do crédito/exportador, o ordenante/importador e o banco que abre o crédito. Os contratos consistem o contrato de abertura de crédito documentário em si, no contrato-base donde emerge a obrigação a ser cumprida por esta via e no contrato pelo qual o banco se obriga celebrar o contrato de abertura de crédito documentário.

Em termos de tipicidade social da operação, porém, o modelo mais utilizado implica a intervenção de sum segundo banco, do Estado do beneficiário, que pode desempenhar o papel de banco notificador, de banco designado ou de banco confirmador[1240].

IV. O contrato base será muitas vezes, como se referiu – sendo essa a sua matriz histórica –, um contrato de compra e venda internacional, onde uma das partes não quer enviar a mercadoria sem receber o pagamento e a outra não pretende pagar (primeiro) sem receber a mercadoria. Contudo, o crédito documentário é hoje utilizado para diferentes tipos de contratos e operações financeiras, como, p. ex., o *project financing* e contratos de transferência de tecnologia.[1241]

V. O crédito documentário rege-se pelo acordado pelas partes, sendo muito comum que estas remetam para as Regras e Usos Uniformes relativas

ordem ou ao portador (regulado pelo Dec.-Lei nº 351/86, de 21/10). As RUU preveem com detalhe o seu regime no seio do crédito documentário (art. 20º). Sobre ele, em geral, ver, J. Calvão da Silva, *Crédito documentário e conhecimento de embarque*, cit., pp. 54, ss..

1239 Cf. J. Calvão da Silva, *Crédito documentário e conhecimento de embarque*, cit., pp. 66, ss..

1240 Cfr. A. Menezes Cordeiro, *Créditos documentários*, cit., p. 84.

1241 Cfr. N. Bird, *Documentary credits: general*, cit., p. 1008.

aos créditos documentários *(Uniform Customs and Practice for Documentary Credits)* (RUU)[1242],[1243] elaboradas pela Câmara de comércio internacional (*International Chamber of Commerce* – ICC), de importância fundamental nesta matéria. Qunado o façam, estas regras passam a fazer parte do contrato. Serão elas que teremos em conta na exposição subsequente.

67.2. As modalidades

I. O crédito documentário poderá ser revogável ou irrevogável. Na primeira hipótese, o banco pode, a todo o momento, revogar ou alterar o crédito, uma vez que não chega a assumir qualquer obrigação face ao beneficiário. No segundo caso, só o poderá fazer com o acordo com o beneficiário[1244], assumindo uma obrigação perante ele[1245].

A primeira modalidade, confere uma segurança muito limitada, pelo que é pouco comum. A mais relevante é aquela em que o crédito documentário não pode ser revogado, estabelecendo as RUU uma presunção nesse sentido (art. 3º RUU).

II. O crédito documentário pode ainda ser confirmado ou não confirmado. A confirmação implica que segundo banco, em regra do Estado do beneficiário, se obriga também a pagar (art. 2º, 7 RUU). A posição deste surge, pois, reforçada, uma vez que se constitui uma segunda obrigação por parte de um outro ente.[1246] Essa obrigação mantém a autonomia que carateriza a primeira e é, para além disso, independente do contrato entre o banco emissor e o banco confirmador.

III. O crédito documentário poderá ser transferível – devendo, quando assim for, essa qualidade constar do texto –, ou não transferível [art. 38º, al. *a)* RUU]. Um crédito transferível pode ser disponibilizado em todo, ou em parte, a um outro beneficiário, (o segundo beneficiário) a pedido do (pri-

1242 A última revisão entrou em vigor em 2007. Consiste na sexta revisão da regras e usos uniformes que foram criadas em 1933.

1243 Sobre elas, ver, em particular, KLAUS HOPT, *Bankgeschäfte*, in: BAUMBACH/HOPT, *Handelsgesetzbuch*, 37ª, ed., C. H. Beck, Munique, 2016, pp. 2188, ss..

1244 Cfr. C. COSTA PINA, *Créditos documentários*, cit., p. 20.

1245 Sobre ele, ver o o acórdão do STJ de 24/05/2011 (Gregório Silva Jesus), cit.

1246 Para as outras modalidades de créditos documentários, ver C. COSTA PINA, *Créditos documentários*, cit., pp. 34, ss..

meiro) beneficiário. Visa-se com isso permitir ao exportador recorrer a esse valor para satisfazer também as suas obrigações perante o seu fornecedor.

Com efeito, o exportador será aqui meramente um intermediário que compra para revenda, sendo o seu lucro a diferença de preços. Utiliza a revenda para pagar a compra e para tal transfere o crédito documentário para o seu vendedor, a quem ainda não pagou. É para o efeito aberta uma nova carta de crédito com o valor do preço de compra que é diferente do preço de revenda e que o primeiro vendedor não conhece (mantendo-se a transação confidencial[1247]). O banco pagará depois ao exportador a diferença[1248].

Trata-se, não de uma simples cessão do crédito – que teria que ser parcial –, mas de um novo contrato, com o segundo beneficiário, que espelha o primeiro, exceto – de entre outros aspetos –, no que diz respeito ao valor crédito (o preço), os preços unitários e a data de cessação [art. 38º, al. *g)* RUU]. Não se trata, igualmente, de uma cessão da posição contratual[1249]. O novo beneficiário adquire uma posição nova, autónoma daquela entre o primeiro beneficiário e o banco.

Celebrado este contrato, o contrato de abertura de crédito documentário inicial mantém-se, mas profundamente alterado, reduzido a um núcleo essencial da entrega da diferença de valores e do pagamento das despesas da transferência [art. 38º, al. *c)* RUU].

A obrigação daqui decorrente, como se referiu, mantém as caraterísticas de autonomia, que caraterizavam já a primeira obrigação, a que acresce aqui a independência da relação entre o banco e o primeiro beneficiário[1250]. Dado o risco que ela comporta, só se admite uma única transferência do crédito documentário [art. 38º, al. *d)* RUU].

IV. Diferente da transferência do crédito documentário em si, é a cessão do produto do crédito, que as RUU (art. 39º) expressamente admitem. Consiste simplesmente da cessão do crédito decorrente do contato com o banco. Aplicam-se aqui as regras da cessão de créditos. A posição contratual mantém-se entre o banco, devedor cedido, e o beneficiário (cedente),

1247 Cfr. R. Cranston/E. Avgouleas/K. Van Zwieten/C. Hare/T. Van Sante, *Principles of Banking law*, cit., p. 514.

1248 Cfr. G. Andrade e Castro, *O crédito documentário irrevogável*, cit., p. 75.

1249 C. W. Canaris, *Bankvertragsrecht*, cit., p. 711.

1250 Cfr. G. Andrade e Castro, *O crédito documentário irrevogável*, cit., pp. 69, ss..

pelo que este terá que entregar à instituição de crédito os documentos previstos no contrato. O dever de cumprir as obrigações decorrentes deste negócio, para que o cessionário possa exercer o crédito cedido, decorrem do contrato base da cessão, que pode ter natureza diversa.

67.3. Os bancos envolvidos e o seu papel

I. Como se referiu, podendo embora a operação contar a participação de um único banco (o *Issuing bank*, art. 2º, 10 RUU), com o qual o ordenador (o *Applicant* – art. 2º, RUU) celebra o contrato inicial, na maior parte das vezes há a intervenção de um segundo banco que desempenha funções e assume vínculos diversos.

II. Já vimos que pode contrair uma segunda obrigação com o mesmo conteúdo da primeira face ao beneficiário (o *Beneficiary*, art. 2º, 4 RUU), reforçando a posição deste[1251]. Trata-se do banco confirmador (o *Confirming bank*, art. 2º, 6 RUU). Logo que se sejam entregues os documentos, verificados, e cumprindo, tem direito ao reembolso pelo banco emitente, a quem deverá reenviar os documentos recebidos [art. 15º, al. *b)* RUU]. O banco confirmador pode ser também, como se verá de seguida, ao mesmo tempo, o banco designado e o banco notificador.

III. Pode simplesmente transmitir ao beneficiário que foi constituído um crédito a seu favor e respetivos termos. Assume a função de banco notificador (*Advising bank*, art. 2º, 1 RUU). Não contrai qualquer obrigação de pagamento face ao beneficiário (salvo se for ao mesmo tempo um banco confirmador), mas deverá verificar a autenticidade do crédito documentário e transmitir corretamente os termos do contrato [art. 9º, als. *a)* e *b)* RUU], sem que lhe caiba a receção e o exame dos documentos apresentador pelo beneficiário.[1252]

O banco notificador pode recorrer aos serviços de ainda um outro banco para a comunicação ao beneficiário. Consiste no segundo banco notificador [*second advising bank* – art. 9º, al. *c)* RUU], que assume a mesma posição do primeiro.

[1251] Nos termos do art. 8º, al. *b)* RUU: "A confirming bank is irrevocably bound to honour or negotiate as of the time it adds its confirmation to the credit".

[1252] Cfr. Alberto Diaz Moreno, *Los "bancos secundários" en las operaciones de crédito documentário*, RDM, 2014, p. 157.

IV. O banco designado (*Nominated bank*) é aquele onde o beneficiário pode apresentar os documentos para serem verificados e receber a prestação acordada (art. 2º, 12 RUU). Trata-se de um banco determinado, de um conjunto de bancos determinados, ou mesmo qualquer banco[1253], no qual os documentos podem ser apresentados e a prestação exigida. De todo o modo, mesmo que tenha sido designado um outro banco o beneficiário pode sempre optar por recorrer ao banco emissor [art. 6º, al. *a)* RUU]. Cumprindo, o banco designado envia os documentos ao banco confirmador ou ao banco emissor, tendo direito a ser reembolsado [art. 7º, al. *c)*, art. 8º, al. *c)* RUU].

Esta instituição de crédito pode coincidir com o banco emissor, o banco notificador ou o banco confirmador.

67.4. As funções

I. Do atrás exposto resulta claro que o que aqui se tem em vista é o cumprimento de uma obrigação do ordenante (em regra, o pagamento do preço de uma compra e venda, conforme se assinalou). Consiste, porém, atendendo às características da obrigação do banco, num pagamento fortemente garantido[1254].

Apresentados os documentos previstos na carta de crédito (e logo que proceda à sua verificação), o banco terá mesmo que pagar. Não se pode valer de quaisquer meios de defesa resultantes do negócio base ou do contrato com o ordenante.

II. Daí ser amplamente utilizada no seio do comércio internacional. O credor sabe que, cumprindo a sua prestação, entregando ao banco os documentos que o comprovam, receberá a contraprestação através desse mesmo banco. Não corre o risco do incumprimento ou da insolvência da outra parte. A garantia pode ser reforçada com a confirmação por parte de um segundo banco.

O comprador, por seu lado, não paga, por via do banco, antes de ter os documentos relativos às mercadorias, não correndo, da sua, parte, o risco de pagar e não receber os bens.

[1253] "Nominated Bank means the bank with which the credit is available or any bank in the case of a credit available with any bank".

[1254] Sublinhando este aspeto, A. Menezes Cordeiro, *Tratado de direito civil, X, direito das obrigações, garantias*, cit., p. 60. Também J.-L. Rives-Lange/M. Contamine-Raynaud, *Droit bancaire*, cit., p.704

III. O crédito documentário pode desempenhar ainda, uma função de concessão de crédito, tendo um importante papel de financiamento do comércio internacional, tanto ao vendedor, como ao comprador.[1255]

O banco concede crédito ao beneficiário/vendedor quando pague, no todo ou em parte, antes de receber os documentos comprovativos das mercadorias. De facto, o banco poderá adiantar ao beneficiário certas quantias antes deste entregar os documentos previstos na carta de crédito contra um simples recibo (*red clause*), ou mediante depósito das mercadorias em nome do banco (*green clause*).[1256]

Pode ainda negociar o crédito com a aquisição pelo banco designado dos documentos antes do prazo previsto para o pagamento[1257].

IV. Muitas vezes será próprio ordenante a beneficiar de crédito. Efetivamente, naqueles casos em que o ordenante não tenha de imediato entregue, sob a forma de depósito, as quantias ao banco para ele pagar, logo que o banco pague ao beneficiário terá direito ao reembolso dessas quantias. Contudo, em vez de lhas exigir de imediato, o banco pode conceder-lhe uma dilação, para cumprir[1258].[1259] Nessa medida, concede-lhe crédito.

67.5. As modalidades de pagamento

I. O cumprimento do beneficiário consiste em honrar (*honor*) a obrigação por via de pagamento ou aceite [art. 2º, 9, als. *a), b)* e *c)* RUU]. Sendo o pagamento à vista (*at sight*), o banco deverá pagar logo que lhe sejam apresentados, e verificados, os documentos previstos na carta de crédito; quando o pagamento seja deferido (*deferred payment*), o banco só terá de pagar decorrido um prazo subsequente à entrega dos documentos.

Pode ainda prever-se que o banco aceite uma letra sacada pelo beneficiário, concedendo-se, tal como na hipótese anterior, um prazo adicional para o cumprimento da obrigação (aqui, o do vencimento da letra). Em

1255 Cfr. C. W. Canaris, *Bankvertragsrecht*, cit., p. 633; N. BIRD, *Documentary credits: general*, cit., p. 1007.

1256 R. Cranston/E. Avgouleas/K. Van Zwieten/C. Hare/T. Van Sante, *Principles of Banking law*, cit., p. 515; G. Andrade e Castro, *O crédito documentário irrevogável*, cit., p. 81.

1257 Ver, *infra*, nº 5.

1258 A. Menezes Cordeiro, *Créditos documentários*, cit., p. 85.

1259 Quanto a estas funções, ver C.-W. Canaris, *Bankvertragsrecht*, cit., pp. 636-637.

qualquer destes casos, o ordenante poderá já ter recebido as mercadorias na data em que o banco está vinculado a cumprir[1260].

II. As RUU preveem ainda a utilização do crédito por negociação (*Negotiation*), nos termos do art. 6º, *b)* RUU, modalidade que consiste na aquisição pelo banco designado sem recurso de letras sacadas sobre outro banco (ao contrário da modalidade de aceite) e dos outros documentos antes do prazo previsto para o pagamento. Trata-se de uma relevante forma de financiamento do beneficiário[1261].

67.6. A autonomia

I. Ponto central desta figura é autonomia da obrigação assumida pelo banco face ao beneficiário[1262] em relação ao contrato concluído entre o ordenante e o beneficiário, donde emerge a obrigação a ser cumprida pela instituição de crédito – que será com grande frequência, como se referiu, um contrato de compra e venda internacional –, ou a uma uma outra relação com o banco emitente [art. 4º, al. *a)*, 1 RUU], salvo caso de fraude manifesta[1263].

Nos termos das RUU, o banco emitente deve mesmo "desencorajar", o ordenante de incluir no âmbito do crédito documentário qualquer cópia do contrato fonte da obrigação ou faturas "proforma" [art. 4º, al. *b)*, 1 RUU].

Não pode igualmente recorrer a meios de defesa decorrentes do contrato entre o beneficiário e o banco ordenante, ou entre os bancos que se integrem na operação [art. 4º, al. *a)*, 2 RUU], que são relativamente e ele *res inter alios acta*.

II. O crédito documentário apresenta desta forma um conjunto de semelhanças com a garantia autónoma, da qual, não obstante, se distingue[1264]. Desde logo, porque, apesar das similitudes apontadas, a função primária da garantia autónoma é de assegurar um crédito, tendo um caráter indem-

1260 Cfr. G. Andrade e Castro, *O crédito documentário irrevogável*, cit., pp. 43, ss..

1261 Cfr. N. Bird, *Documentary credits: general*, cit., p. 1017.

1262 Quanto ao negócio fonte desta obrigação, ver G. Andrade e Castro, *O crédito documentário irrevogável*, cit., pp. 153, ss..

1263 Cfr. J. Calvão da Silva, *Direito bancário*, cit., pp. 373-374.

1264 Ver Mónica Jardim, *A garantia autónoma*, cit., pp. 210-211.

nizatório, enquanto no crédito documentário o que se visa é, embora de forma garantida, o cumprimento de uma obrigação, em regra o pagamento de um preço.

III. De forma semelhante ao que se disse quanto à garantia autónoma, o limite da autonomia, consiste, também aqui – como em termos gerais, aliás –, a fraude.

67.7. A *strict compliance* ou o formalismo estrito

I. O banco presta um serviço pelo qual é remunerada através de uma comissão. É estranho ao contrato entre o ordenante e o beneficiário e suas vicissitudes. É igualmente estranho ao objeto do contrato, em regra mercadorias. AS RUU são de uma clareza cristalina a este propósito: "Banks deal with documents and not with goods, services or performance to which the documents may relate" (art. 5º RUU).

A sua obrigação consiste unicamente em verificar os documentos previstos na carta, e só aqueles [devendo desconsiderar outros que sejam apresentados – art. 14º, al. *g)* RUU], nos precisos termos em que ela, as RUU e a "prática bancária internacional" o impõe (*international standard banking practice*, art. 2º, 5 RUU).

Só nesse caso, estaremos face ao que as RUU designam como *Complying presentation*, e o banco terá que honrar a carta, ou, se estiver previsto, negociar (art. 2º, 5, art. 7º RUU).

II. A verificação é puramente formal. Basta que os documentos, à primeira vista [*on their face* – art. 14º, al. *a)* RUU] preencham os seus requisitos de formais de validade, estejam em conformidade, com o definido na carta de crédito e não haja contradição entre eles [art. 14º, al. *d)* RUU][1265]. Por isso, mesmo que tenham sido falsificados, se a falsificação não for detetável pelo exame cuidado dos documentos, o banco cumpre bem. Esse risco é do ordenante, que conclui o contrato de compra e venda internacional. O que significa que, na formulação mais estrita desta doutrina, não se pode admitir qualquer discrepância, mesmo menor, entre o definido na carta e os documentos apresentados.

[1265] K. Hopt, *Bankgeschäfte*, cit., p. 2215.

IV. Todavia, a jurisprudência mais recente dos tribunais ingleses tem moderado este rigor, destacando que a doutrina do *strict compliance* é "commercially minded and based upon common sense".[1266] Foi por essa razão que se entendeu que o banco deveria desconsiderar "pequenas discrepâncias" quanto ao nome do comprador/ordenador, número do telex, ou a designação da pessoa que deve fazer um relatório[1267]. Neste quadro, importa atender ao facto de que as próprias RUU admitirem algumas discrepâncias quando aos dados inseridos no documento [art. 14º, al. *d)* RUU].

V. Recolhendo sem dúvida os subsídios interpretativos da doutrina e jurisprudência internacionais, a questão tem sempre que ser enquadrada e resolvida no seio dos quadros normativos e dogmáticos do direito português. O que implica enquadrá-la da relação bancária enformada pelas regras da boa fé (art. 762º, nº 2) e ponderar os diversos interesses em presença.

Por conseguinte, é neste quadro, considerando a finalidade do negócio, os legítimos interesses de segurança do banco, o seu papel de simples pagador, que eventuais discrepâncias devem ser analisadas. Protegidos que estejam esses interesses, o banco poderá, e em certos casos, deverá, em particular quando tal resulte da articulação geral do conjunto dos documentos, relevá-las. Mas dentro de limites que são, como se vê, muito estreitos.

VI. Sublinhe-se, por último, que as RUU (art. 34º) contém regras precisas que limitam bastante a responsabilidade do banco. Na verdade, o banco não assume qualquer "responsabilidade pela forma, suficiência, precisão, genuinidade, falsificação ou efeitos legais de qualquer documento, ou pelas condições estipuladas num documento ou que lhe foram impostas".

Não assume igualmente qualquer responsabilidade pela "descrição, quantidade, pela qualidade, condição, embalagem, valor ou existência dos bens, serviços, ou cumprimento representado por qualquer documento, ou pela boa fé ou atos ou omissões, solvência ou cumprimento ou *standing*" de um conjunto de outros participantes nas operações, nomeadamente o transportador e o segurador. O art. 35º prevê depois um conjunto de exclusões de responsabilidade pela transmissão ou tradução dos documentos.

[1266] Cfr. R. Cranston/E. Avgouleas/K. Van Zwieten/C. Hare/T. Van Sante, *Principles of Banking law*, cit., p. 532.

[1267] R. Cranston/E. Avgouleas/K. Van Zwieten/C. Hare/T. Van Sante, *Principles of Banking law*, cit., p. 532.

67.8. O regime insolvencial

I. Declarada a insolvência do ordenante, esse facto produz efeitos, tanto no contrato com o banco, como no contrato de compra e venda internacional com o vendedor.[1268]

67.8.1. O contrato entre o ordenador e o banco

I. Com se viu, o contrato entre o ordenante e o banco é um contrato de mandato sem representação. Estes contratos quando não se mostrem ser estranhos à massa, cessam com a declaração de insolvência (art. 110º nº 1 CIRE). Contudo, a solução da sua cessação parece-nos duvidosa, depois de o banco, em cumprimento do contrato, se ter vinculado face ao beneficiário.[1269] Tanto mais que o contrato é um instrumento, inserido numa operação mais vasta, para se operar o cumprimento de uma obrigação do ordenante/insolvente decorrente de um outro contrato, o contrato base, de que este é parte.

II. Além disso, ainda que esse contrato cessasse[1270], não seria – e esse é o aspeto que aqui verdadeiramente no interessa – atingida a obrigação assumida pelo banco face ao beneficiário.

Com efeito, ela é autónoma mesmo em relação ao contrato entre o banco e ordenante, além do que é da natureza da figura e da sua função de garantia tutelar o cliente do ordenante contra o risco da insolvência deste último. O que significa que, mesmo nestes casos, cumpridos os termos da carta de crédito, o beneficiário poderá exigir ao banco o pagamento.

III. Pagando o banco, terá direito a ser reembolsado. Trata-se de um crédito sobre a insolvência. Poucas vezes, porém, este crédito deixará de estar garantido, protegendo desta forma a instituição de crédito a sua posição perante uma eventual insolvência do ordenante. O mais comum consitirá no recurso a penhores sobre créditos, ou o crédito ao saldo de uma conta bancária. O regime será, nesse caso, aquele dos créditos que beneficiem de garantias reais.

1268 Ver C. W. CANARIS, *Bankvertragsrecht*, cit., pp. 725, ss..

1269 Note-se que logo que o banco se obrigue face ao beneficiário o contrato de mandato deixa de ser revogável pelo ordenante. Neste sentido, G. ANDRADE E CASTRO, *O crédito documentário irrevogável*, cit., p. 134.

1270 O que, pelas razões apontadas, não achamos líquido.

67.8.2. O contrato de compra e venda internacional

I. Declarado insolvente o vendedor/exportador, estamos face ao um contato não integralmente cumprido nos termos do art. 102º CIRE. O administrador pode optar entre o cumprimento ou a recusa de cumprimento do contrato, transformando, no primeiro caso, as obrigações em obrigações da massa.

Deste modo, escolhendo o cumprimento, terá que entregar as mercadorias, recebendo, do banco, o preço. Decidindo-se pela recusa de cumprimento, não entrega a mercadoria, tendo, nesse caso, o comprador direito a ser indemnizado nos termos do art. 102º, nº 3, als. *c)* e *d)* CIRE.

II. Na eventualidade de ser declarada a insolvência do comprador, o administrador pode ainda optar pelo cumprimento ou pelo não cumprimento. Mas é uma opção fortemente limitada, se já tiver sido celebrado o contrato com o banco e a carta de crédito, em cumprimento desse negócio, tiver sido emitida. Se optar pelo não cumprimento, mesmo estando no âmbito dos negócios em curso na insolvência, esse ato não terá qualquer efeito sobre o crédito documentário, dada a sua completa autonomia, mesmo nesta fase, sobre a relação vendedor/comprador. O vendedor pode sempre entregar os documentos e o banco terá que, nos termos da carta, pagar. O dever de reembolsar o banco, logo que ele cumpra, decorre do contrato de mandato.

III. Situação diversa verifica-se quando o contrato ente o comprador e o banco não tiver sido ainda concluído. A insolvência leva à suspensão do contrato, não o podendo, pois, o administrador concluir. E escolhendo a recusa de cumprimento, cessa o contrato de compra e venda, bem como a obrigação, que o integra, de o preço ser pago através de uma abertura de crédito documentária. Optando pelo cumprimento, terá que executar o contrato na sua integralidade, o que significa celebra o contrato necessário ao pagamento (agora, dívida da massa) através do crédito documentário.

Capítulo VIII
Sistemas de pagamentos, meios de pagamento e serviços de pagamento

Secção I
Desenvolvimento histórico, evolução tecnológica e ordem de exposição

68. O desenvolvimento histórico dos meios de pagamento

I. Qualquer transação civil ou comercial, que não consista numa simples troca[1271], implica um pagamento em dinheiro, ou seja, em moeda. Em termos históricos, ela surge como instrumento para liquidação de transações, recorrendo-se para tal a um meio que fosse uniforme, facilmente transportável e com aceitação geral. Para o efeito, eram utilizados a metais preciosos, com especial relevo para o ouro e a prata[1272]. A emissão dessa moeda foi depois atribuída, sendo um especial privilégio, ao soberano. Era o que sucedia em Roma e, depois, em toda a Europa medieval, até tempos bem recentes[1273]. E ainda hoje, embora a moeda metálica não seja já composta em metais preciosos e tenha um efeito perfeitamente residual.

[1271] O que pode acontecer em casos de grande relevo económico, como sucede com os *swaps*, de taxas de juro, divisas, etc. Mas ainda assim só nos casos em que não sejam objeto, como aliás é comum, de liquidação financeira.

[1272] Tratava-se de um bem de duradouro, fungível, portátil e fiável, como refere NIALL FERGUSON, *A ascensão do dinheiro. Uma história financeira do mundo*, Civilização Editora, Lisboa, 2009, p. 28

[1273] O Estado com grande frequência desvalorizava a moeda que emitia, reduzindo o metal preciso de que era feita (ouro ou prata) e mantendo o seu valor nominal. Denominava-se quebra da moeda. O fenómeno acabava por gerar inflação.

II. Contudo, desde sempre, o pagamento em moeda revestia diversos riscos que aumentavam na mesma medida do valor a ser pago. De entre eles, as dificuldades de transporte de quantias elevadas e, em especial, o furto. O nascimento da sociedade mercantil, com o desenvolvimento das cidades-estado comerciais do norte de Itália (Veneza, Florença, Milão, Roma) e da Flandres (*Brugges*, Antuérpia), implicava trocas comerciais permanentes a longas distância (não só entre elas, mas também com os centros comerciais do mediterrâneo, de onde provinham os produtos vindos do oriente), que tornavam difícil e arriscado o transporte de quantias em moeda[1274].

III. Foi em grande parte, mas não só, para obstar a essas dificuldades que nasceu um sistema que permitia o depósito das quantias junto de um sujeito que emitia depois um título em papel que conferia ao depositante o direito à entrega da mesma quantia numa outra dependência do depositário[1275]. O sistema foi desenvolvido durante as cruzadas pelos cavaleiros templários que tinham uma rede de centros em toda a Europa e no oriente próximo. O passo seguinte, agora como forma de pagamento de transações comerciais, foi dado pelos comerciantes do norte de Itália com o desenvolvimento da letra de câmbio. Podendo desempenhar um conjunto diverso de funções, onde avulta o câmbio da moeda e o financiamento daquele que a emite, ela era amplamente utilizada (só ou também) para a realização de pagamentos[1276]. O sacador dava uma ordem de pagamento ao aceitante, numa praça diferente, a favor do tomador.

A construção do regime das letras de câmbio e das livranças/promissórias, que se prolongou até aos nossos dias com a Convenção de Genebra, foi um ato notável de desenvolvimento de "tecnologia" jurídica ao serviço das transações comerciais. Isto é, a criação de toda um enquadramento doutrinal e jurisprudencial para uma figura da prática mercantil.

[1274] Sandra Schmieder, *Bargeldloser Zahlungsverkehr*, in: H. Schimanksy/H. J. Bunte/H.-J. Lwowsky, *Bankrechts-Handbuch*, Band II, 5ª ed., C. H. Beck, Munique, 2017, Band I, 5ª ed., Beck, Munique, 2017, p. 1296.

[1275] O banqueiro medieval realizava dois tipos de operações principais, o câmbio de moeda e o câmbio inter-praças que permitia ao comerciante utilizar o seu dinheiro depositado junto dele através da letra de câmbio. Cfr. Francesco Galgano, *História do direito comercial*, Editores, Lisboa s/d, p. 47

[1276] Cfr. Carolina Cunha, *Manual de letras e livranças*, Almedina, Coimbra, 2015, pp. 11, ss.

IV. A constituição dos primeiros bancos, nos Países Baixos e em Inglaterra, levou ao nascimento do papel moeda. O banco emitia um título em papel pelo qual se obrigava a entregar ao seu portador uma determinada quantidade de moeda. Esses títulos – as notas de banco – poderiam ser transmitidos pela simples *traditio*.[1277] Que podia ser utilizado para a realização de pagamentos, substituindo com vantagem a moeda metálica.

O recurso à utilização em massa das notas de banco para este efeito verificou-se já em pleno século XIX, por ato do Estado, que dispensou a obrigatoriedade da conversão pelo banco emitente das notas em moeda metálica (curso forçado) e atribuiu a esses títulos força liberatória legal (curso legal). Os pagamentos passaram assim a ser realizados em notas (papel moeda).

V. E os depósitos bancários deixaram de ter por objeto moeda metálica, passando a incidir sobre as notas. Com o recurso geral ao sistema bancário, tornou-se necessário criar instrumentos para movimentar essas contas, sem ser necessário levantar a moeda, para se fazerem os pagamentos, seguidos, de um outro depósito, no mesmo ou noutro banco, por parte do *accipiens*.

VI. O cheque visou suprir essa necessidade. Disponibilizados pelos bancos, eles permitem ao seu titular dar uma ordem de pagamento ao banco onde tem conta a um sujeito a quem entrega o título. O beneficiário poderá optar por levantar a quantia, ou simplesmente depositar o cheque junto do seu banco que o irá cobrar depois ao banco do subscritor. Realizada a cobrança, a quantia é transferida para o a sua conta, o que significa simplesmente que o seu saldo é creditado nesse valor.

Não há qualquer circulação de moeda legal, ou seja, notas ou moedas. Nem haverá igualmente inter-bancos. Com efeito, os bancos são cobradores recíprocos de cheques sobre os outros bancos que os seus clientes junto deles depositam. O acerto de contas entre eles é realizado através da compensação dos créditos recíprocos, que se realizava, periodicamente, nas câmaras, com existência física, de compensação de cheques. Nelas participavam todos os bancos de uma praça para regularem os créditos

[1277] As notas bancárias surgiram como uma forma diversa de livrança ou promissória face ao banco, que não tinha quaisquer juros associados. Cfr. NIALL FERGUSON, *A ascensão do dinheiro. Uma história financeira do mundo*, cit., p. 49.

recíprocos emergentes dos cheques. O processo não era desmaterializado. Pelo contrário, ele assentava nos documentos em papel que eram entregues por uma instituição à outra[1278].

VII. Num momento posterior surgiu a transferência bancária. O titular da conta dá ao seu banco uma ordem para transferir moeda bancária da sua conta para uma outra de que seja titular ou, o que será mais comum, para uma conta de terceiro, nesse ou noutro banco. O que se faz pelo débito do valor na conta do dador da ordem, e do crédito na conta do beneficiário. Em rigor, há uma variação de saldos e como cada um deles consiste num crédito pecuniário perante o banco, tudo se traduz numa alteração, em mais e em menos, dos valores desses créditos.

69. A transformação tecnológica

I. O sistema tradicional, assente no papel, no telefone e no fax, permitia a movimentação das contas nestes termos, e exigia, com grande frequência, a presença do cliente na própria agência bancária, p. ex., para dar uma ordem de transferência, cobrar um cheque, descontar uma letra de câmbio. Este mundo não é assim tão distante. Em grande medida, ele existia nestes termos – pelo menos nas relações entre a banca e os clientes –, até cerca do fim dos anos oitenta do século XX. Portanto: há não muito mais do que trinta anos.

II. A alteração decisiva (o *game changer*) deu-se com a transformação tecnológica que, vindo já dos anos setenta, permite tratar, em volume e velocidade sempre crescentes, enormes números. Iniciou-se a transformação digital, que conduziu hoje a uma banca quase em balcões[1279], existindo perante o cliente de forma totalmente desmaterializada. Não nos restam grandes dúvidas que a breve trecho os balcões bancários irão, mesmo para os bancos mais tradicionais, estar reduzidos a número muito pequeno. Toda a banca será desta forma simplesmente digital.

[1278] Esse processo foi substituído hoje pela "truncagem", em que não há circulação física dos títulos, mas só da sua imagem digitalizada.

[1279] Cfr. Nuria Fernández Pérez, *La contratación electrónica de servicios financeiros*, Marcial Pons, Madrid/Barcelona, 2003, pp. 27, ss..

III. Foi essa transformação digital que permitiu que as ATM (*automated teller machine*), inicialmente utilizadas somente para o levantamento de notas sem necessidade de o cliente se dirigir ao balcão, fossem utilizadas para um número cada vez maior de movimentos. Em especial, quando elas passaram a estar ligadas através de um sistema, que em Portugal se corporizou no Multibanco (gerido por uma associação que integra os diferentes bancos – a SIBES), que permite que uma caixa pertencente a um banco seja utilizada para a realização de operações com efeitos noutros bancos do sistema bancário.

O passo seguinte foi o *homebanking*. Ou seja, a possibilidade de realizar quase todas as operações bancárias por via digital através de um computador, ou hoje em dia outro dispositivo móvel, como um *smartphone*.

Por isso, a quase totalidade dos pagamentos, salvo os de pequeno valor do dia a dia, são realizadas através transferências, débitos diretos, pagamentos de compras ou de serviços por via do *homebanking*. O que gera novas possibilidades, mas também novos riscos. Em particular, de segurança e de proteção de dados.

IV. Todos os pagamentos são hoje realizados de forma integrada por vezes em tempo real. Na verdade, os bancos (que na prática executam a esmagadora maioria das transações de pagamento) estão ligados em rede através de infraestruturas complexas que permitem o seu processamento. Esses sistemas são, não só, supervisionados pelos bancos centrais[1280], mas os mais relevantes são mesmo organizados pelos próprios bancos centrais (Banco de Portugal e Banco Central Europeu). E os pagamentos que seja necessário realizar na relação inter-bancos depois de apuradas as posições recíprocas fazem-se através de contas junto dos próprios bancos centrais, que desempenham dessa forma o papel de agentes de liquidação.

70. Ordem de exposição

I. Os principais meios de pagamento, cuja evolução histórica acabámos de expor, são o cheque, o cartão de crédito, o cartão de débito, a transferência bancária e o débito direto. Estes últimos, sendo diversos entre eles

[1280] Art. 14º da Lei Orgânica do Banco de Portugal: "Compete ao Banco regular, fiscalizar e promover o bom funcionamento dos sistemas de pagamentos, designadamente no âmbito da sua participação no SEBC." Ver ainda o art. 92º, nº 2, al. *a)* RGICSF.

nas estruturas negociais e mesmo nas finalidades, fazem parte dos serviços de pagamento, previstos e regulados pelo regime Jurídico dos Serviços de Pagamento e da Moeda Eletrónica (RSP)[1281], donde decorre uma disciplina unitária para todas estas figuras.

II. Assim, no âmbito da exposição subsequente, começar-se-á com o tratamento do cheque, contrato e título de crédito. De seguida, caracterizar-se-ão, a transferência bancária, o débito direito, o cartão de débito e o cartão de crédito. Por último, será analisado com detalhe o – relevantíssimo – regime dos serviços de pagamento.

III. Antes disso, no entanto, serão expostos os sistemas de pagamento em si, que permitem a execução das operações. Tendo diversos subsetores, eles abarcam todos os meios de pagamento, incluído assim o cheque, sem se limitarem – embora na prática hoje sejam os mais relevantes – àqueles que compõem os serviços de pagamento propriamente ditos.

Secção II
Os sistemas de pagamento

71. Caracterização

I. Recorrendo à definição de Tom Kokkola[1282], um sistema de pagamento é um acordo formal assente na lei ou em contratos, com múltiplos membros, regras comuns e procedimentos standartizados para a transmissão, processamento (*clearing*) compensação ou novação (*netting*) e liquidação (*settlement*) de obrigação pecuniárias entre os seus membros. Ele compreende os instrumentos de pagamento, os intermediários, as regras, os procedimentos e os sistemas de transferência de fundos interbancários[1283].

Trata-se de uma noção abrangente que coincide, embora seja mais completa, com a que resulta do RSP. Aí sistema de pagamentos consiste num

[1281] Aprovado pelo Dec.-Lei nº 91/2018, de 12/11.

[1282] Tom Kokkola, *The payment system*, Banco Central Europeu, Frankfurt am Main, 2010, p. 40.

[1283] Tom Kokkola, *The payment system*, cit., p. 25.

"sistema de transferência de fundos que se rege por disposições formais e normalizadas e por regras comuns relativas ao processamento, compensação ou liquidação de operações de pagamento" [art. 2º, ww) RSP]

Os sistemas de pagamento podem decorrer simplesmente de um conjunto de contratos entre as partes ou entre elas e uma contraparte central (sistemas multilaterais) que desempenha essas operações, ou ter um elevado grau de complexidade, sendo os seus intervenientes meramente instituições de crédito de forma direta com liquidação através de contas no banco central. Estas últimas são as mais relevantes.

II. Em termos simples, temos assim: os instrumentos de pagamento, como cartões, transferências, pelos quais é dada uma ordem de movimentação de fundos, da conta do cliente para outra, ou da conta de uma terceiro para a sua, o processamento, que traduz a transmissão da instrução de pagamento e a transferência de fundos inter-participantes, de forma bilateral ou através de uma contraparte.[1284]

Os sistemas de pagamento bancários são mais complexos. E é sobre eles que recairá doravante a nossa atenção.

72. Modalidades de sistemas de pagamentos

I. Os pagamentos podem ser por grosso (*gross payments*) de elevado valor, ou de retalho (*retail payments*) com valores mais reduzidos. Podem ser em tempo real (*real time settlement*), sendo a liquidação imediata, ou deferidos (*designated-time settlement*). Podem ainda ser liquidados por valores brutos, pagamento a pagamento (*first in, first out*), ou através de uma posição líquida agregada (*net settlement*).[1285]

Os sistemas podem, ainda, ser públicos ou privados. Em termos pan-europeus, o sistema privado mais relevante é EURO1[1286] e, no âmbito público, o sistema TARGET2 (que sucedeu ao TARGET1), gerido pelo BCE.

Em termos nacionais, o sistema de pagamentos utilizado é o SICOI (Sistema de Compensação Interbancária), que consiste no o sistema de pagamentos de retalho pertencente ao Banco de Portugal.

[1284] Tom Kokkola, *The payment system*, cit., pp. 25-26.

[1285] Cfr. S. Schmieder, *Bargeldloser Zahlungsverkehr*, cit., p. 1302.

[1286] O Sistema foi criado em 1998, tendo hoje 43 bancos participantes processando em média 200.00 pagamentos por dia, com um valor médio diário de € 200 biliões. Cfr. https://www.ebaclearing.eu/services/Euro1/overview/.

73. O papel dos bancos centrais nos sistemas de pagamento

I. Os bancos centrais têm uma importância fundamental nos sistemas de pagamento, que em termos analíticos, se pode dividir em três níveis.

Em primeiro lugar, cabe aos bancos centrais regular, fiscalizar e promover o bom funcionamento dos sistemas de pagamentos[1287].

Em segundo lugar, são eles proprietários[1288] e/ou operam diversos sistemas de pagamento (em particular, dado o risco sistémico que implicam, os sistemas de liquidação por bruto em tempo real – *real time gross payment systems* –, como o TARGET2[1289] no eurosistema).

Em terceiro lugar, a liquidação das operações entre os participantes (nos sistemas públicos) faz-se através do próprio banco central, *em moeda do banco central*, onde os participantes têm contas que permitem a realização dessas operações. Nessa medida, os bancos centrais desempenham o papel de *agente de liquidação* no âmbito dos sistemas de pagamentos que lhes pertencem.

Esse papel é fundamental para obstar aos riscos que estes sistemas comportam, em particular o risco sistémico, em que um incumprimento reverbere por toda a cadeia, levando a incumprimentos sucessivos dos outros participantes.[1290]

II. A interposição dos bancos centrais nos sistemas de pagamento públicos conduz a um circuito de operações que opera a dois níveis em moedas diferentes. Na verdade, devem distinguir-se os participantes diretos no sistema, que são a entidades com contas abertas junto do banco central e que liquidam as suas operações em moeda do banco central, e os participantes indiretos, que podem ser entes financeiros (que não participem

[1287] Assim, o art. 14º da LOBP: "Compete ao Banco regular, fiscalizar e promover o bom funcionamento dos sistemas de pagamentos, designadamente no âmbito da sua participação no SEBC." Também o art. 92º, nº 1, al. *a)* RGICSF. Ainda, a "promoção do bom funcionamento dos sistemas de pagamentos", é uma das atribuições fundamentais do SEBC – art. 127º, nº 1, do Tratado sobre o funcionamento da União europeia (TFUE), e art. 3º-1 dos Estatutos do Sistema Europeu de Bancos Centrais e do Banco Central Europeu (SEBCBCE).

[1288] Como acontece ente nós com o SICOI, que pertence ao Banco de Portugal. Sobre ele, ver, *infra*, nº 74.1.

[1289] Que pertence e é operado pelo BCE. A componente nacional do TARGET2, o TARGET2-PT pertence e é operado pelo Banco de Portugal.

[1290] Sobre o papel dos bancos centrais nos sistemas de pagamento, ver F. Mendes Correia, *Moeda bancária e cumprimento*, cit., p. 904.

nos sistemas de pagamentos), ou os entes não financeiros, cujas operações (p. ex., o dador de uma ordem de transferência e o seu banco, de uma parte, e o beneficiário da transferência e o seu banco) são liquidadas em moeda escritural bancária, criada, como se sabe, pelos próprios bancos comerciais

Assim, p. ex., se A dá uma ordem de transferência ao seu banco B, a favor de C que tem conta junto do banco D, devemos distinguir três momentos. O primeiro consiste o débito na conta de A, por B, retirando moeda escritural bancária da sua conta; o segundo, acerto das posições entre o banco B e C, que significa a transferência, agora, como se referiu em moeda do banco central, no âmbito do sistema de pagamento inter contas no banco central; o terceiro, o crédito da quantia por parte do banco D, junto de C, seu cliente, por via de crédito em conta, ou seja, através de moeda escritural bancária.[1291]

74. Os principais sistemas públicos

74.1. O Sistema de Compensação Interbancária (SICOI)

I. Este sistema[1292] tem por objeto pagamentos a retalho, sendo constituído por seis subsistemas: cheques, efeitos comerciais, débitos diretos, transferências a crédito, transferências imediatas e cartões bancários.

Nos subsistemas de cheques, efeitos comerciais, transferências a crédito, débitos diretos e operações de pagamento baseadas em cartão, as entidades participantes enviam ao SICOI as operações de pagamento ordenadas pelos clientes ao longo do dia e até à hora de fecho de compensação.

Só depois do fecho da compensação de cada subsistema, as operações são processadas e enviadas para os participantes destinatários. Apurados os saldos finais líquidos, eles são enviados para liquidação no TARGET2, ou seja, ela processa-se por via das contas abertas pelos participantes junto do banco central e em moeda do banco central. A liquidação é realizada em simultâneo e não sequencialmente ("liquidação multilateral simultânea"). Nesse momento, a transferência torna-se definitiva.

Depois disso, os fundos são creditados na conta do beneficiário aberta (a conta recetora) junto de um outro banco do sistema.

[1291] Cfr F. Mendes Correia, *O governo dos sistemas de pagamento*, cit., p. 611; S. Schmieder, *Bargeldloser Zahlungsverkehr*, cit., p. 1306.

[1292] O SICOI pertence ao Banco de Portugal, embora não seja gerido por ele.

As ordens de pagamentos acima de 100.000 €, nos subsistemas de compensação de operações de pagamento baseadas em cartão e de efeitos comerciais, e superiores a 500.00 € nos subsistemas de compensação de cheques, de débitos diretos e de transferências a crédito são liquidadas, obrigatoriamente, numa base individual no TARGET2.[1293]

II. O SICOI opera ainda um (sub)sistema de transferências imediatas que se carateriza por realizar processamento contínuo das operações (24 horas por dia, 7 dias por semana, 365 dias por ano), sendo os fundos disponibilizados nas contas dos beneficiários em poucos segundos. Todavia, só tem significado para as operações de reduzido valor uma vez que o seu limite é de 15 mil euros por transação[1294].

74.2. O TARGET2

I. O TARGET2[1295]-[1296] consiste no Sistema de Liquidação por Bruto em Tempo Real (SLBTR) do Eurosistema, no qual são processadas, e liquidadas em tempo real, numa base individual, operações de elevado valor em euros (embora o possam ser também, de forma atípica, operação de valor mais reduzido).

A liquidação realiza-se em moeda do banco central, através de contas que os participantes aí detêm, e, depois desse momento, os pagamentos são finais e irrevogáveis[1297]. Para assegurar o bom funcionamento do sistema, o banco central pode conceder crédito (em regra intradiário) aos participantes cujas contas não tenham um valor suficiente para a liquidação das operações.

O sistema assenta numa plataforma única partilhada pelo Eurosistema, tendo componentes nacionais (no caso português o TARGET2-PT[1298]). Cada banco central é responsável pelos sistemas periféricos e pelos respetivos participantes, os quais podem ser instituições ou infraestruturas de pagamentos.

[1293] Cfr. https://www.bportugal.pt/page/pagamentos-sicoi?mlid=896.

[1294] Cfr. https://www.bportugal.pt/page/pagamentos-sicoi?mlid=896.

[1295] Ele pertence é operado pelo BCE. Em termos de valor das operações, é um dos maiores sistemas de pagamento do mundo.

[1296] Sobre ele, ver F. Mendes Correia, *Moeda bancária e cumprimento*, cit., pp. 346, ss..

[1297] S. Schmieder, *Bargeldloser Zahlungsverkehr*, cit., p. 1303.

[1298] Que como se referiu, *supra*, pertence é operada pelo Banco de Portugal.

II. O TARGET2[1299], para além de realizar os pagamentos interbancários, e assegurar os pagamentos apurados por compensação nos sistemas periféricos participantes – o que, como se viu, acontece com o SICOI –, processa, é um elemento utilizado para as ordens de pagamentos decorrentes da política monetária. Nessa medida, é fundamental para a sua execução.

Secção III
Os meios de pagamento

75. O cheque

75.1. Introdução

I. Em termos gerais[1300] pode dizer-se que o cheque consiste num título de crédito onde se incorpora uma ordem de pagamento de uma quantia pecuniária, a favor do sacador ou de um terceiro, a um banco onde aquele

[1299] A 30 de novembro de 2018 entrou em funcionamento o TARGET *Instant Payment Settlement service* (TIPS) que consiste num serviço de liquidação do Eurosistema, através do qual os fornecedores de serviços de pagamento podem oferecer aos seus clientes a possibilidade de transferirem fundos em tempo real e ininterruptamente todos os dias do ano, através de pagamentos imediatos. Cfr. www.bportugal.pt/page/target-instant-payment-settlement?mlid=3294

[1300] Sobre esta matéria, em geral, ver: P. Olavo Cunha, *Cheque e convenção de cheque*, Almedina, Coimbra, 2009 (a obra de referência nesta matéria); idem, *Lições de direito comercial*, cit., pp. 244, ss.; idem, *O cheque enquanto título de crédito: evolução e perspetivas*, in: Estudos de direito bancário, FDUL, Coimbra Editora, Coimbra, 1999, p. 243, ss; idem, *Relevância e significado do cheque e da convenção de cheque na atualidade: principais problemas*, in: I congresso de direito bancário (coord. Miguel Pestana de Vasconcelos), Almedina, Coimbra, 2015, pp. 145, ss.; idem, *Direito comercial e do mercado*, 3ª ed., Almedina, Coimbra, 2021; A. Menezes Cordeiro, *Direito bancário*, cit., pp. 625, ss.; Sofia de Sequeira Galvão, *Contrato de cheque*, Lex, Lisboa, 1992; M. Januário Costa Gomes, *Contratos comerciais*, cit., pp. 192, ss.; J. Simões Patrício, *Direito bancário privado*, cit., pp. 196, ss.; J. A. Engrácia Antunes, *Direito dos contratos comerciais*, cit., pp 548, ss.; P. Pais de Vasconcelos, *Garantias extracambiárias do cheque e negócios unilaterais: o cheque visado e o eurocheque*, in: Estudos de direito bancário, FDUL, Coimbra Editora, Coimbra, 1999, pp. 277, ss.; António Ferrer Correia/António Caeiro, *Recusa de pagamento do cheque pelo banco sacado; responsabilidade banco face ao portador*, RDE, 1978, pp. 447, ss.; Manuel Nogueira Serens, *Natureza jurídica e função do cheque*, Rev. Ban., 1991, pp. 99, ss.; C. W. Canaris, *Bankvertragsrecht*, cit., pp. 482, ss.; H.-P. Schwintowski, *Scheckgesghäft*, in: *Bankrecht* (herausgegeben Schwintowski), 5ª ed., Carl Heymanns Verlag, Munique, 2018, Kap. 12, pp. 491, ss., C. P. Claussen, *Bank- und Börsenrecht*, cit., pp. 216, ss.;

tem fundos para sua satisfação. O direito de movimentação de fundos através deste meio radica num contrato ente sacador e o banco, o contrato de cheque.

II. Apesar de nos últimos tempos se ter assistido a um declínio assinalável do cheque, devido ao papel crescente das transferências e dos cartões de débito, ele continua a ser um meio de pagamento[1301] com relevância no que diz respeito aos valores movimentados. De facto, correspondendo hoje somente a 2% do número de transações em que se recorre a meios de pagamento, os cheques representam 9% do seu volume[1302].[1303]

Historicamente[1304], o cheque teve um papel de grande relevo na evolução da própria banca. Com efeito, as quantias depositadas num banco podiam ser facilmente mobilizadas com o recurso a este instrumento, vindo ele depois a ser utilizado também como meio de pagamento. É, aliás, objeto de uma ampla jurisprudência.

III. Na análise desta matéria há uma distinção inicial, a que se começou por aludir, a fazer: uma coisa é o contrato de cheque; outra é o cheque em si, que constitui um título de crédito. Este corte assume um maior relevo na exposição destas figuras[1305].

Um segundo aspeto está relacionado com a distinção entre a disciplina de Direito privado do cheque aquela do Direito penal, uma vez que o cheque goza de tutela dessa natureza (crime de emissão de cheque sem provisão, art. 11º do Dec.-Lei nº 454/91, de 2/12)[1306]. Não deixando de ter

R. Cranston/E. Avgouleas/K. Van Zwieten/C. Hare/T. Van Sante, *Principles of Banking law*, cit., pp. 371, ss..

1301 Art. 4º, nº 1, al. *d)* RGICSF.

1302 Números de 2017 do Banco de Portugal. Cfr. www.bportugal.pt/page/instrumentos-de pagamento?mlid=918.

1303 O cheque tinha ainda um relevo assinável nos EUA, onde em 2010 representava ainda 21,3% dos pagamentos. Cfr. R. Cranston/E. Avgouleas/K. Van Zwieten/C. Hare/T. Van Sante, *Principles of Banking law*, cit., p. 372.

1304 Para a história do cheque em Portugal, onde foi pela primeira vez previsto no Código Comercial de 1833, ver: Jorge Pinto Furtado, *Títulos de crédito*, Almedina, Coimbra, 2000, pp., 228, ss.; e, desenvolvidamente, P. Olavo Cunha, *Cheque e convenção de cheque*, cit., pp. 19, ss..

1305 Consiste num "um instituto clássico de direito comercial" P. Pais de Vasconcelos, *Direito comercial – títulos de crédito*, cit., p. 6.

1306 Sobre este aspeto, de forma crítica, ver Germano Marques da Silva, *Criminalização do cheque sem provisão*, in: Estudos de Direito bancário, FDUL, Coimbra Editora, Coimbra,

presente esse aspeto, na economia deste trabalho (que não é um estudo de caráter monográfico sobre o cheque, onde a análise de todas essas dimensões seria, cremos, essencial) temos que remeter o estudo dessa vertente da figura para este último ramo do Direito.

IV. Do exposto decorre que a nossa análise se centra no contrato de cheque[1307] em si. Iremos caraterizá-lo e abordar, de forma necessariamente sintética, os pontos mais relevantes da sua disciplina. Claro está que ela implica, necessariamente, a exposição do regime deste título de crédito decorrente da Lei uniforme relativa ao cheque (LUch). Mas a título subsidiário. Diga-se só, desde já, que o cheque está excluído do regime de serviços de pagamento [art. 5º, nº 1, al. *g), i)* e *ii)* RSP].

Num primeiro momento, no entanto, parece-nos relevante fazer uma abordagem funcional da figura e referir as diversas relações que se estabelecem entre o sacador, o sacado e o beneficiário.

Torna-se mais fácil perceber depois os restantes aspetos.

75.2. As funções

I. O cheque consiste, em primeira linha, num instrumento de acesso aos fundos por parte do cliente do banco por via de levantamentos, e de pagamentos a terceiros. Ele permite que o cliente do banco possa ter acesso às quantias que tem junto da instituição de crédito (ou que ela lhe disponibiliza) e funciona, igualmente, como meio de pagamento. Nesta sua última vertente, a emissão do cheque não conduz à extinção da obrigação (art. 840º)[1308]. Com efeito, daí não decorre um efeito novatório da relação base entre ele e o beneficiário. A extinção da obrigação do devedor que dessa forma, por essa via, se pretende cumprir, sucede quando os fundos forem entregues ao beneficiário (é um instrumento para esse fim).

1999, pp. 261, ss..

1307 Quer a LUch (art. 3º), quer a doutrina referem-se a este contrato como convenção de cheque. Contudo, trata-se de um contrato e como tal deve ser designado, daí a nomenclatura a que recorremos em texto.

1308 A não ser que as partes lhe atribuam, por acordo, um efeito extintivo da obrigação.

75.2.1. Em especial, as funções de crédito e de garantia

I. Para além das finalidades que o caracterizam, o cheque pode ainda desempenhar funções garantia[1309] e de crédito.[1310] Vejamos cada uma delas, começando pela primeira.

O cheque pode ser utilizado para assegurar o cumprimento de uma obrigação de três formas: cheque pós-datado[1311], cheque com pacto de preenchimento ou cheque-caução.

II. Tendo o cheque uma data posterior à da sua emissão nos termos do acordo das partes corporizado na convenção executiva, ele deverá somente ser apresentado a pagamento na data aí inscrita e só no caso de o sacador/devedor não cumprir previamente a obrigação que ele visa assegurar. Se este último este cumprir, o cheque deverá ser devolvido[1312]. Observe-se, porém, que sendo o cheque um título pagável à vista o beneficiário pode exigir o pagamento antes da data aí aposta e o banco deverá pagar (art. 28º LUch.). Contudo, ao proceder dessa forma, o credor incumpre o acordo com o sacador.

III. O cheque pode ainda ser emitido em branco quanto à data e ao valor, sendo acompanhado de um acordo de preenchimento. Nos termos desse pacto, a quantia aí a inserir será aquela que uma das partes, do sacador, fique a dever à outra, no âmbito de uma relação base que as une, p. ex., uma empreitada.

A LUch. admite-o (art. 13º). Na eventualidade, de vir a ser completado em termos que consubstanciem o incumprimento das obrigações decorrentes desse acordo, no âmbito da relação imediata o meio de defesa pode ser oposto ao beneficiário. Porém, tal não sucede ao face ao portador, a não ser que este tenha adquirido o cheque de má fé ou "adquirindo-o, tenha cometido uma falta grave". (art. 13º LUch.).

[1309] Cfr. J. Oliveira Ascensão, *Direito comercial, vol. III, títulos de crédito*, Lisboa, 1992, p. 251; P. Olavo Cunha, *O cheque enquanto título de crédito: evolução e perspetivas.*, in Estudos de direito bancário, FDUL, Coimbra Editora, Coimbra, 1999, pp. 250, ss.

[1310] Cfr. J. Oliveira Ascensão, *Direito comercial, vol. III, títulos de crédito*, cit., p. 251.

[1311] Que é diferente do cheque pré-datado. Neste caso a data inserida no cheque é anterior àquela da sua emissão. Como refere P. Olavo Cunha (*O cheque enquanto título de crédito: evolução e perspetivas.*, cit., p. 251, nota 26), neste caso a intenção do sacador é a de fazer esgotar o prazo de apresentação a pagamento.

[1312] Que não goza de tutela penal (art. 11º, nº 3 do Dec.-Lei nº 454/91, de 2/12).

Trata-se, claramente, de um negócio fiduciário em sentido amplo. A figura tem grandes semelhanças com a livrança em branco, ou as "livranças-caução" (em regra avalizadas)[1313]. Torna-se igualmente necessário que estejam preenchidos os requisitos da determinabilidade das quantias a inscrever – em particular quando resultem de obrigações futuras –, para que seja válido o acordo de preenchimento (art. 280º, nº 1). Sendo constituídas pelo sacador, ou decorrendo de ato deste, essa questão não se colocará. Há igualmente, a montante, o contrato do qual decorre a obrigação por esta via garantida e um outro, que engloba o pacto de preenchimento, onde se fixam as condições em que o título deverá, e quando, ser preenchido, ou devolvido.

Em qualquer dos casos referidos, o cheque não goza de tutela penal, o que diminui a sua eficácia como garantia.[1314]

IV. A lei prevê ainda o cheque-caução, que é como se sabe um instrumento de garantia. É o que sucede na venda mediante propostas em carta fechada em processo executivo (arts 816º e segs., CPC), em que os proponentes devem juntar com a sua proposta, como caução, um cheque visado, à ordem do agente de execução[1315], no montante correspondente a 5 % do valor anunciado (art. 824º CPC). Um outro caso está previsto no art. 164º, nº 4 CIRE, no âmbito da alienação de bens com garantia real no seio do processo de insolvência, conferindo-se ao titular da garantia a faculdade de propor ao administrador a aquisição do bem, por si ou por terceiro, por preço superior ao da alienação projetada ou ao valor base fixado (art. 164º, nº 2 CIRE). Para a proposta ser eficaz, terá de ser acompanhada, "como caução, de um cheque visado à ordem da massa insolvente", no valor de 20 % do montante da proposta (art. 164º, nº 4 CIRE).

V. Por fim, temos a função de crédito. Para este efeito, pode recorrer-se ao cheque pós-datado, como forma de titular um crédito que nos termos da relação fundamental tem vencimento a prazo. O que sendo,

[1313] Sobre elas, ver M. Pestana de Vasconcelos, *Direito das garantias*, cit., pp. 125, ss..

[1314] Sobre estas figuras como instrumento de garantias, sublinhado que se traduzem em garantias fracas, uma vez que dada a ausência neste caso de tutela penal, P. Romano Martinez/P. Fuzeta da Ponte, *Garantias de cumprimento*, cit., p. 67.

[1315] Ou, nos casos em que as diligências de execução são realizadas por oficial de justiça, da secretaria.

p. ex., uma venda com espera de preço, consiste numa concessão de crédito (comercial).[1316]

75.3. As relações envolvidas

I. Há que distinguir as diferentes relações, decorrentes de negócios diversos, que ligam sacador, sacado e o beneficiário.

Em primeiro lugar, temos o contrato de cheque que permite ao sacador movimentar fundos no banco sacado através desse título de crédito.

Estes sujeitos estão ainda ligados por um contrato de abertura de conta, que é, como se viu, o contrato fundador das relações entre as partes, bem como por um contrato que permita gerar a provisão junto da instituição de crédito. Este consite num contrato de depósito ou, eventualmente, de crédito (p. ex., uma abertura de crédito), se os fundos vieram a ser disponibilizados ao cliente por essa via.

Por seu lado, entre o sacador e o terceiro beneficiário existe uma relação base (ou relação fundamental), decorrente de um contrato (p. ex., mútuo, compra e venda, empreitada, etc.), donde emerge a obrigação que o devedor visa satisfazer através do recurso a este meio de pagamento. Há ainda a convenção executiva do cheque.

Os meios de defesa decorrentes da relação base são oponíveis no seio das relações imediatas. Assim, se os contratos de mútuo entre sacador e o terceiro beneficiário forem nulos, esse meio de defesa pode ser oposto pelo primeiro ao segundo.[1317]

Emitido este, há as obrigações cambiárias que ligam o sacador e o sacado.

75.4. O contrato de cheque

I. O cerne do contrato de cheque vem previsto no art. 3º da LUch.[1318]. Daí decorre que o sacador tem o direito de dispor dos fundos depositados junto do banqueiro por meio deste título de crédito. Encontra depois uma

[1316] A doutrina (p. ex., PAULO OLAVO CUNHA, *Lições de direito comercial*, cit., p. 311) refere ainda a função de compensação. Cremos, no entanto, que não se trata de qualquer função específica do cheque, mas simplesmente de um meio de as instituições de crédito regularizarem as relações entre elas, decorrentes dos cheques sacados sobre outros bancos, que são depositados junto deles para cobrança (no âmbito do SICOI).

[1317] Ver o acórdão do STJ de 7/02/2019 (Maria da Graça Trigo), in: www.dgsi.pt.

[1318] Lei Uniforme relativa ao cheque.

regulação pormenorizada no que toca às consequências da sua utilização indevida (Dec.-Lei nº 454/91, de 2/12).

O contrato é, ainda, socialmente típico, assente nas cláusulas contratuais bancárias. É regido por estas, sempre que não exista disposição legal aplicável (e quando – claro, se não for imperativa – as partes não a tenham afastado).

Por último, é um contrato bilateral, consensual, não formal, e, em regra, oneroso.

II. O negócio é concluído no seio da relação bancária cuja fonte, conforme se sublinhou, é o contrato de abertura de conta. O conteúdo do contrato de cheque consta do referido contrato-quadro. Mas é uma convenção autónoma, embora possa ser celebrado logo aquando da conclusão daquele.

O banco tem o dever de observar um especial cuidado com os clientes com quem celebra contratos de cheque. Ele só será – só dever ser – concluído quando exista uma confiança qualificada naqueles. Por isso, nada obsta a que com o contrato de abertura de conta não seja celebrado o contrato de cheque. Até porque o cliente pode nem sequer estar interessado nesse meio de pagamento.

III. A celebração do contrato pode ser expressa, de longe o mais comum, ou tácita, quando o banco, a pedido do cliente, lhe entrega um conjunto de cheques.

IV. Os requisitos a observar pelas instituições no fornecimento de módulos de cheques, designadamente quanto à identificação dos respetivos titulares e representantes (art. 7º do Dec.-Lei nº 454/91, de 2/12), são fixados pelo BP.

V. Diferente é o contrato de cobrança de cheque[1319] depositado[1320] junto do banco do portador ou beneficiário, quando o sacado é uma outra instituição de crédito[1321].

[1319] *Inkassovertrag*, cfr. C. W. Canaris, *Bankvertragsrecht*, cit., p. 491.

[1320] Já lhe tínhamos feito referência a no âmbito do depósito, ver, *supra*, nº 30.2.

[1321] O banco a quem cabe o pagamento (*paying bank*) com quem o sacador celebra o celebrado o contrato de cheque e o banco cobrador (o *collecting bank*), que é quem faz a cobrança no âmbito do contrato com o seu cliente, neste caso o depositante. Cfr. R. Cranston/E.

O banco depositário deve proceder a uma fiscalização cuidadosa da regularidade formal do título[1322], e obriga-se a apresentá-lo para pagamento junto da câmara de compensação[1323] (no âmbito e nos termos do Sistema de Compensação Interbancária, ou SICOI, e, dentro deste, no subsistema de compensação de cheques), creditando, depois, o valor cobrado na conta do depositante seu cliente.

A obrigação de prestar este serviço de cobrança, embora possa ser objeto de um contrato isolado, decorre já do contrato inicial. Não se tratando aqui de um novo contrato celebrado a propósito de cada cheque entregue para esse fim, mas da execução, pelo banco, dessa obrigação emergente do contrato constitutivo da relação bancária entre ele e o cliente[1324].

75.5. O conteúdo do contrato

I. Nos termos da LUch (art. 3º), o elemento central do contrato consiste no direito do sacador de dispor dos fundos que estão à sua disposição junto do banco sacado por meio de cheque. As posições de cada uma das partes daí decorrentes são, evidentemente, mais complexas.

Passemos a analisá-las.

II. O cliente obriga-se a manter uma provisão junto do banco, que permita à instituição pagar ao portador. Ela pode decorrer de um saldo na conta pelo menos desse valor, mas existe também noutras circunstâncias, quando o banco lhe tenha concedido uma abertura de crédito, e se esteja no âmbito desse *plafond*.[1325] Se o cheque não tiver provisão, ele não será pago, incorrendo o sacador em responsabilidade face ao portador.

Recai também sobre a contraparte do banco o dever de guardar cuidadosamente os cheques que lhe sejam entregues, impedindo que eles estejam, facilmente, ao alcance de terceiros, bem como de o informar de todos aspetos relevantes relativos ao cheque.

Avgouleas/K. Van Zwieten/C. Hare/T. Van Sanate, *Principles of Banking law*, cit., pp. 382, ss.. Este contrato tem a natureza de um mandato.

1322 Cfr. Paulo Olavo Cunha, *Cheque e convenção de cheque*, cit., p. 529.

1323 Art. 31º LUch.

1324 C. W. Canaris, *Bankvertragsrecht*, cit., p. 491.

1325 Cfr. Sofia S. Galvão, *Contrato de cheque*, cit., p. 26.

Sendo um contrato oneroso, cabe pagar ao banco uma contrapartida pelas diversas prestações realizadas neste quadro, como o fornecimento dos módulos, cobrança, etc.

III. O banco obriga-se a entregar os módulos de cheques a pedido do cliente, nas condições e em número previstos no contrato (hoje, com grande frequência, criados logo em ATM que tenham essa funcionalidade), e, dever principal, a pagá-lo. O incumprimento desse dever, para além do prejuízo patrimonial, pode ter consequências bastante gravosas para o crédito do cliente. De facto, sacar um cheque sem provisão é um ato grave, que atinge a posição no mercado, a honradez e a capacidade de cumprir compromissos do sacador, pelo que o não pagamento, por negligência do banco, pode causar-lhe danos avultados.

Tem ainda o dever de verificar com particular cuidado a regularidade do cheque e as condições de movimentação[1326]. Especial relevo tem aqui a assinatura do cliente, tal como consta na ficha do cliente no contrato de abertura de conta. O fenómeno de falsificação de assinaturas é relativamente comum, pelo que o banco deverá ser especialmente rigoroso na sua fiscalização. Havendo dúvidas, tem o dever de contactar o cliente. Deve ainda necessariamente acatar a revogação do cheque que seja eficaz – e quando o seja –, nos termos da LUch.[1327]-[1328]

IV. A celebração do contrato de cheque assenta num nível elevado de confiança no cliente que terá que se manter ao longo da relação. Por esse facto, decorrem para ambas as partes no decurso da relação um conjunto reforçado de deveres laterais, assentes na boa fé, com especial relevo para os deveres de proteção e de informação[1329].

[1326] Sendo responsabilizado se admitir a mobilização de fundos por cheque que contenha somente e uma das assinaturas necessárias para tal efeito. Ver o acórdão do STJ de 8/2/2018 (António Joaquim Piçarra), in: www.dgsi.pt

[1327] Ver, *infra*, sobre este ponto

[1328] Sublinhado que em ceros casos o sacado não poderá cumprir este dever devido à truncagem dos cheques, até certo montante, depositados em conta num banco diverso do sacado, P. OLAVO CUNHA, *Cheque e convenção de cheque*, cit., p. 306, p. 482, p. 529.

[1329] Já se inserem nos serviços de cobrança, os casos em que um cheque sacado sobre um outro banco é depositado no banco do cliente para que este faça a sua cobrança, o que consiste em apresentá-lo para compensação (art. 31º LUch.), que se realiza no âmbito do Sistema de compensação interbancário (SICOI).

75.6. O título de crédito

I. O cheque, em si, como se começou por referir, é um título de crédito[1330] onde se inscreve uma ordem de pagamento de uma quantia pecuniária dada pelo sacador à instituição de crédito onde tem fundos à sua disposição (art. 3º LUch.) a favor de si próprio ou de terceiro (tomador ou beneficiário)[1331].

O seu regime decorre da lei uniforme relativa ao cheque (LUch.)[1332].

II. Trata-se de um título de crédito que se carateriza como sendo de natureza creditícia, abstrata e individual[1333].

Ele tem de observar os requisitos do art. 1º LUch.[1334], sob pena de não produzir – em princípio – efeitos como cheque (art. 2º LUch.), podendo ser sacado à ordem, do sacado ou do beneficiário, ou ao portador (art. 5º, LUch.), e transmitindo-se por endosso (art. 14º nº 1 LUch.) ou, nesta sua última modalidade, por entrega material.

O negócio jurídico original é o saque, donde emerge, tanto a ordem de pagamento ao banco, como a própria garantia desse pagamento não a podendo o sacador afastar (art. 12º LUch.).

1330 E, como tal, título executivo, art. 701º, nº 1, al. *c)* CPC. Ver, sobre este aspeto, J. Lebre de Freitas, *A ação executiva, à luz do código civil de 2013,* 6ª ed., Coimbra Editora, Coimbra, 2014, pp. 46, ss.

1331 Ver sobre o cheque como título: J. Oliveira Ascensão, *Direito comercial, vol. III, títulos de crédito,* cit., pp. 243, ss.; J. Pinto Furtado, *Títulos de crédito,* cit., pp. 225, ss.; P. Olavo Cunha, *O cheque enquanto título de crédito: evolução e perspetivas.,* cit., p. 243, ss.; J. Engrácia Antunes, *Os títulos de crédito. Uma introdução.,* cit., pp. 111, ss..

1332 Resultante de Convenção internacional assinada em Genebra em 19 de março de 1931, aprovada em Portugal pelo Decreto-Lei nº 23 721, de 29 de Março de 1934, e confirmada e ratificada pela Carta de 10 de Maio de 1934, publicado no suplemento do "Diário do Governo", nº 144, de 21 de Junho de 1934.

1333 Cfr., para maiores desenvolvimentos, J. Engrácia Antunes, *Os títulos de crédito. Uma introdução.,* cit., pp. 112, ss.. E, em geral sobre as classificações dos títulos de créditos, ver: P. Pais de Vasconcelos, *Direito comercial. Títulos de crédito,* cit., pp. 25, ss.; Alexandre Soveral Martins, *Títulos de crédito e valores mobiliários, Parte I, Títulos de crédito, vol. I,* Almedina, Coimbra, 2008, pp. 22, ss..

1334 A saber: A palavra "cheque" inserta no próprio texto do título e expressa na língua empregada para a redação desse título (1.); O mandato puro e simples de pagar uma quantia determinada (2.); O nome de quem deve pagar (sacado) (3.); A indicação do lugar em que o pagamento se deve efetuar (4.); A indicação da data em que e do lugar onde o cheque é passado (5.); A assinatura de quem passa o cheque (sacador). (6.). Sobre eles, ver J. Engrácia Antunes, *Os títulos de crédito. Uma introdução.,* cit., pp. 114, ss..

III. O cheque é um título pagável à vista, considerando-se não escrita qualquer menção em contrário, mesmo que a data de emissão seja posterior àquela em que ele é apresentado para pagamento (art. 28º LUch.).

Deve (se pagável no país onde foi passado) ser apresentado a pagamento no prazo de oito dias, que se começa a contar do dia indicado no cheque como de emissão (art. 29º LUch.)[1335]. Decorrido este período de tempo, se o cheque não tiver sido revogado, o banco pode – embora não tenha o dever de o fazer – pagá-lo (art. 32º LUch).

IV. Na eventualidade de o cheque ter sido apresentável em tempo útil, e o sacado não pagar, o portador pode exercer os seus direitos cambiários face ao sacador e, eventualmente, a endossantes e outros co-obrigados, desde que a recusa de pagamento seja verificada por via de um dos meios previstos no art. 40º LUch., nomeadamente o protesto.

V. O sacado não é obrigado cambiário[1336]. De facto, banco está impedido de aceitar o cheque (art. 4º LUch.), de o avalizar (art. 25º, 2, LUch) e de o endossar (art. 15º, 3, LUch.). Não há, pois, um negócio cambiário donde decorra a responsabilidade do banco face ao beneficiário. Caso o banco não pague, o tomador só poderá acionar o sacador[1337] com base na garantia de pagamento que emerge do saque. Aspeto distinto é o da responsabilidade do banco face ao seu cliente, o sacador.

75.7. Modalidades específicas

75.7.1. O cheque cruzado

I. É muito comum o cheque ser cruzado, sendo mesmo muitos módulos de cheques emitidos pelo banco logo com o cruzamento. Trata-se de uma

[1335] Que não corresponde à data do depósito do cheque, a não ser que ele se realize no banco sacado. Caso contrário, a apresentação a pagamento só ocorre na data em que o banco onde ele foi depositado o apresente à compensação (art. 31º LUch). Cfr. P. Olavo Cunha, *O cheque enquanto título de crédito: evolução e perspetivas.*, cit., p. 255, nota 39.

[1336] Cfr. P. Pais de Vasconcelos, *Garantias extracambiárias do cheque e negócios unilaterais: o cheque visado e o eurocheque*, cit., p. 280.

[1337] Ou outros obrigados cambiários, como os endossantes e os avalistas (art. 40º, art. 18º e art. 25º LUch).

medida de segurança e visa evitar a fraude, sendo os pagamentos canalisados pelo sistema bancário.[1338]

O cruzamento, tanto pode ser realizado pelo o sacador, como pelo portador e efetua-se por meio de duas linhas paralelas traçadas na face do cheque. Assume duas modalidades com efeitos diversos: geral ou especial. Ele é geral quando consiste apenas nos dois traços paralelos, ou se entre eles está escrita a palavra "banqueiro" ou uma outra equivalente; o cruzamento é especial, quando tem escrito entre os dois traços o nome do banco.

O cruzamento geral pode ser convertido em cruzamento especial, mas este não pode ser convertido em cruzamento geral (art. 37º LUch.). A inutilização do cruzamento ou do nome do banqueiro indicado considera-se como não feito.

II. Um cheque com cruzamento geral só pode ser pago pelo sacado a um outro banco ou a um cliente seu. Pelo que o portador ou o beneficiário do cheque terá que o depositar, sendo depois a sua cobrança feita ao banco do sacador pela instituição de crédito onde o título foi depositado por via da compensação (e não por ele). Só não é assim, se aquele for cliente do próprio banco sacado, sendo aí titular de uma conta.

Um cheque com cruzamento especial só pode ser pago pelo sacado ao banco designado (onde tem que ser depositado), ou, se este é o sacado, ao seu cliente. O banco designado pode, contudo, recorrer a outro banco para liquidar o cheque. (art. 38º LUch.).

O sacado ou o banco que incumprir estas regras é responsável pelo prejuízo que daí possa resultar até uma importância igual ao valor do cheque.

75.7.2. O cheque para levar em conta

I. Visa-se por esta via impedir o pagamento do cheque em numerário, tendo de ser depositado e creditado o seu valor, transferindo-o para outra conta ou compensando. Para o efeito, o sacador ou o portador inserem na face do cheque transversalmente a menção "para levar em conta", ou outra equivalente (art. 39º LUch).

[1338] Cfr. R. Cranston/E. Avgouleas/K. Van Zwieten/C. Hare/T. Van Sante, *Principles of Banking law*, cit., p. 377.

A inutilização da menção "para levar em conta" considera-se como não feita e o sacado que não cumprir estas regras é responsável pelo prejuízo que daí possa resultar até uma importância igual ao valor do cheque.

75.7.3. O cheque visado

I. Por fim, temos o cheque visado[1339]. O banco a pedido do sacador apõe a menção de "visto" no cheque, confirmando desta forma que ele tem provisão e bloqueia a conta nesse montante dentro do prazo de apresentação a pagamento. Não se trata de um aval, que ele, como se viu, não pode prestar. A figura decorre dos usos[1340].

Tem, claro, uma enorme relevância, como instrumento de garantia do portador, uma vez que este sabe que o cheque virá, em certos termos, a ser pago, dentro do prazo da sua apresentação a pagamento.

Não está regulado na LUch., embora a lei o refira (art. 6º nº 1 do Dec.-Lei nº 454/91, de 2/12), sendo também noutros setores do ordenamento previstos casos em que é necessário recorrer a ele, como sucede que no art. 824º, nº 2 CPC e no art. 164º, nº 4 do CIRE. Discute-se se daqui decorre uma vinculação do banco face ao portador e qual a sua extensão.

II. Trata-se de uma questão de interpretação negocial. Existe um contrato ente o banco e o cliente/sacador donde decorre a obrigação de visar o cheque[1341], sendo esse contrato geralmente oneroso (pagando o sacador uma comissão).

Tipicamente decorrerá da interpretação deste negócio que as partes pretendem mesmo conferir o direito ao terceiro portador de exigir o pagamento do cheque, naqueles termos, estaremos face a um contrato a favor

[1339] Ver, sobre este: P. Olavo Cunha, *Cheque e convenção de cheque*, cit, pp. 154, ss.; P. Romano Martinez/P. Fuzeta Da Ponta, *Garantias das obrigações*, cit., pp. 266-267; J. Pinto Furtado, *Títulos de crédito*, cit., p. 259.

[1340] Cfr. J. Engrácia Antunes, *Os títulos de crédito. Uma introdução.*, cit., p. 126; P. Romano Martinez/P. Fuzeta da Ponta, *Garantias das obrigações*, cit., p. 267. Com efeito, o Estado Português não recorreu à faculdade que lhe era conferida pelo art. 6º do Anexo II da convenção relativa aos cheques de admitir que o sacado inscrevesse sobre o cheque uma "menção de certificação, confirmação, visto ou declaração equivalente e regular os seus efeitos jurídicos".

[1341] Ver, porém, P. Olavo Cunha, *Cheque e convenção de cheque*, cit, pp. 159, ss., p. 162.

de terceiro[1342]. Milita a favor desta interpretação a finalidade com que o contrato subjacente ao visto é celebrado: assegurar ao portador que, nos termos da convenção, o banco pagará, e a outra parte lhe poderá exigir esse pagamento.

III. Ficando vinculado, resta ver qual a extensão do vínculo do banco. Não nos impressiona o argumento da proibição do aval, que é uma garantia cambiária. Nada obsta, cremos, a que as partes ao abrigo do art. 405º, reforcem, por via contratual, com maior ou menor intensidade, a posição do portador[1343].

O banco contrai, pois, uma garantia a favor do portador do cheque[1344], vinculando-se a pagar com a apresentação do cheque, mesmo que a conta não tenha fundos (cabendo-lhe para esse efeito bloquear essa quantia, ou recorrer a outro procedimento para que o sacador não a possa movimentar).

Outra questão é a extensão da garantia: saber se ela abarca igualmente os casos em que nesse período de tempo os fundos fiquem indisponíveis, nomeadamente em virtude da declaração de insolvência do sacador ou da penhora da conta.

IV. Comece por se referir que é a lei faz o cheque visado desempenhar uma função de garantia. Como vimos, é o que sucede no art. 824º, nº 2 CPC, e 164º, nº 3 CIRE em que é configurado como modalidade de caução, que a lei qualifica, em sentido amplo, como garantia especial das obrigações[1345]. No primeiro caso, aliás, ele é mesmo colocado como alternativa a uma garantia bancária – leia-se, uma garantia bancária de outra natureza.[1346] Pelo que a correta interpretação da lei nestes casos específicos é que se visa assegurar que a quantia é paga independentemente das vicissitudes patrimoniais do sacador.

[1342] Neste sentido, P. PAIS DE VASCONCELOS, *Garantias extracambiárias do cheque e negócios unilaterais: o cheque visado e o eurocheque*, cit., p. 284. E, desenvolvidamente, para a justificação, em especial no que toca à crítica da posição de CANARIS, pp. 286, ss..

[1343] É o que sustenta P. PAIS DE VASCONCELOS, *Garantias extracambiárias do cheque e negócios unilaterais: o cheque visado e o eurocheque*, cit., p. 281.

[1344] Que não cobre, claro, o caso de o cheque ter sido falsificado, ver P. OLAVO CUNHA, *Cheque e convenção de cheque*, cit., p. 161.

[1345] Ver sobre ela, M. PESTANA DE VASCONCELOS, *Direito das garantias*, cit., pp. 81, ss..

[1346] No sentido que que não se incluem aqui os caso de penhora da conta do sacador, cfr. M. JANUÁRIO COSTA GOMES, *Contratos comerciais*, cit., p. 196.

Os restantes casos terão que ser resolvidos em sede do art. 236º. Em princípio, o sentido a atribuir à declaração será a de que o banco assegura simplesmente que o existe provisão e, portanto, fará o pagamento dentro do prazo do cheque. Contudo, dependendo do conjunto de relações negociais, da qualificação da figura como uma caução, outros casos haverá em que da interpretação do contrato se pode retirar a assunção pelo banco de uma verdadeira garantia, eventualmente mesmo autónoma[1347].

75.8. O dever de pagamento do cheque

I. Não tendo o cheque provisão, o banco não tem que de o pagar. Todavia, pode ter de o fazer em dois tipos de circunstâncias.

II. Em primeiro lugar, quando haja um dever de fonte legal nesse sentido. É o que se verifica sempre que o cheque emitido através de módulo por ela fornecido seja de montante não superior a 150 euros (art. 8º, nº 1 do Dec.-Lei nº 454/91, de 2/12). Cumprindo, o banco fica sub-rogado nos direitos do portador até ao limite da quantia paga (art. 10º do Dec.-Lei nº 454/91, de 2/12).

Este dever de pagar cessa quando o banco sacado recusar, justificadamente, o pagamento do cheque por motivo diferente de falta ou insuficiência de provisão (art. 8º nº 2 do Dec.-Lei nº 454/91, de 2/12). Consiste, nomeadamente, justificação da recusa de pagamento, a existência de "sérios indícios de falsificação, furto, abuso de confiança ou apropriação ilegítima do cheque" (art. 8º, nº 3 do Dec.-Lei nº 454/91, de 2/12).

Verifica-se um incumprimento deste dever quando o banco recorra a um rigor excessivo, para, formalmente, se escudar nos ns. 2 e 3 do art. 8º do Dec.-Lei nº 454/91, de 2/12[1348].

Por outro lado, consiste numa óbvia fraude à lei a divisão de um pagamento em diversos cheques de valor inferior a 150 euros para se obter a tutela desta norma.

As instituições de crédito podem ainda ter de pagar os cheques quando se verificar alguns dos factos previstos no art. 9º do Dec.-Lei nº 454/91, de 2/12: trata-se essencialmente de cheques emitidos com módulos forneci-

[1347] Ver H.-P. Schwintowski, *Scheckgeschäft*, cit., pp. 520, ss.

[1348] Cfr. P. Olavo Cunha, *O cheque enquanto título de crédito: evolução e perspetivas.*, cit., p. 252, nota 28.

dos pelas instituições de crédito, tendo por base contratos de cheque que elas deveriam ter resolvido ou não deveriam ter celebrado.

III. Em segundo lugar, há casos em que por força da boa fé[1349], sob a forma de um dever de proteção, o banco, mesmo sem provisão, deve pagar o cheque. Como se sublinhou, o não pagamento de um cheque é muito gravoso para o cliente do banco, de entre outros aspetos, por atingir fortemente o seu crédito.

Por isso, sempre que, atendendo ao período da relação contratual com o cliente, as garantias decorrentes de outras contas, como a de valores mobiliários, o cumprimento regular deste, o valor do cheque, de entre outros elementos[1350], seja reconhecível para o banco que se trata de uma dificuldade temporária de tesouraria, ele deverá, tutelando o interesse da sua contraparte, cumprir. E, de todo o modo, deverá, nestes casos, pelo menos, na medida do exigível, contatá-lo para que ele possa rapidamente repor o valor, solicitar o descoberto ou prestar uma garantia[1351].

75.9. A revogação do cheque

I. O sacador pode revogar o cheque. Se o fizer depois de decorrido o prazo de apresentação a pagamento (art. 29º LUch), a revogação tem efeitos imediatos. Quando o faça dentro desse período de tempo, o ato só produz efeitos depois de ele ter decorrido (art. 32º LUlch). Não há dúvidas de que, no primeiro caso, o banco deve recusar o pagamento.

A questão coloca-se (ou colocava-se, como se verá de seguida) na segunda hipótese, isto é, se dentro ainda desse prazo, o banco pode recusar o pagamento, respeitando a ordem do sacador?

II. Durante bastante tempo entendeu-se, na linha do sustentado por Ferrer Correia e António Caeiro,[1352] que sim, podendo o sacador nesse

[1349] C. W. Canaris, *Bankvertragsrecht*, cit., p. 492. Entre nós, Sofia S. Galvão, *Contrato de cheque*, cit., p. 48.

[1350] Cfr. C. W. Canaris, *Bankvertragsrecht*, cit., p. 492.

[1351] Cfr. C. W. Canaris, *Bankvertragsrecht*, cit., p. 492.

[1352] A. Ferrer Correia/A. Caeiro, *Recusa de pagamento do cheque pelo banco sacado; responsabilidade banco face ao portador*, cit., pp. 447, ss. Na mesma linha: M. Nogueira Serens, *Natureza jurídica e função do cheque*, cit., pp. 99, ss..

período de tempo revogar o cheque, devendo então o banco recusar o pagamento ao beneficiário.[1353] De forma resumida: entendia-se que não decorrendo do art. 32º LUch. uma obrigação cambiária do banco face ao portador, mas só perante o sacador, ele que não poderá ser acionado com esse fundamento pelo primeiro.

Em segundo lugar, inexiste uma obrigação do sacado perante aquele sujeito, decorrente, agora, do próprio contrato de cheque. Para tal seria necessário que esse negócio pudesse ser qualificado como um contrato a favor de terceiro.[1354]-[1355] O que não nos parece que suceda. Com efeito, para seria necessário que a vontade das partes fosse a de atribuição imediata do direito – de crédito, neste caso –, ao portador. Ora, na convenção de cheque elas querem simplesmente permitir ao cliente mobilizar os fundos recorrendo a esse instrumento, mas já não atribuir um direito ao pagamento ao portador.

II. De todo o modo, a verdade é que a melhor solução, assente na necessidade de tutela a da fé pública do cheque e no disposto no do art. 32º LUch (que é claro no sentido de a revogação do cheque só produzir efeito depois do prazo de apresentação) consiste em entender que antes desse prazo, mesmo tendo o cheque sido revogado, o banco terá de o pagar.

Recorre-se, para o efeito, à via da responsabilidade extracontratual, o que passa por qualificar o art. 32º LUch. como uma norma de proteção de interesses alheios[1356]. Parece ser a via correta. O sentido do art. 32º LUch. é o de assegurar que, havendo provisão, o banco paga. Por isso, se impede a revogação antes de decorrido o prazo de apresentação a pagamento. Os interesses tutelados são aqueles ligados à circulação do cheque, mas também, de forma direta, os interesses patrimoniais do portador a obter

[1353] Quanto às diversas posições na doutrina quanto a esta matéria, ver: J. SIMÕES PATRÍCIO, *Direito bancário privado*, cit., pp. 203, ss.; P. OLAVO CUNHA, *O cheque enquanto título de crédito: evolução e perspetivas.*, cit., pp. 256, ss.; idem, *Cheque e convenção de cheque*, cit., pp. 600, ss.; M. JANUÁRIO COSTA GOMES, *Contratos comerciais*, cit., pp. 206, ss..

[1354] Neste sentido, J. OLIVEIRA ASCENSÃO, *Direito comercial, vol. III, títulos de crédito*, cit., pp. 256-257.

[1355] Outra hipótese, esta bem mais convincente, seria decorrer do art. 32º uma obrigação legal, como sustenta J. SIMÕES PATRÍCIO, *Direito bancário privado*, cit., p. 213.

[1356] Sobre estas, a obra de referência entre nós é: J. SINDE MONTEIRO, *Responsabilidade por conselhos, recomendações ou informações*, Almedina, Coimbra, 1989, pp. 237, ss..

o pagamento do valor inscrito no cheque pelos fundos do sacador depositados junto do sacado[1357].

Foi, na sua essência, a via seguida pelo STJ no Acórdão uniformizador de jurisprudência nº 4/2008 (Paulo Sá)[1358]-[1359] onde se decidiu "uma instituição de credito sacada que recusa o pagamento de cheque, apresentado dentro do prazo estabelecido no artº 29 da LUCH, com fundamento em ordem de revogação do sacador, comete violação do disposto na 1ª parte do artº 32 do mesmo diploma respondendo por perdas e danos perante o legitimo portador do cheque nos termos previstos nos arts. 14 2ª parte do decreto nº 13004 e 483 nº 1 do C Civil."

III. Quanto ao dano resultante do facto ilícito e culposo, bem como nexo de causalidade, eles terão que ser demostrados pelo beneficiário do cheque. Pode dar-se o caso de não haver qualquer dano decorrente do ato ilícito e culposo do banco, se o cheque não tinha provisão, pelo que sem essa revogação, também não teria sido pago[1360]. Situação diversa é a de tal não se verificar e o credor do sacador deixar, mais tarde, de a conseguir obter esse pagamento por parte daquele[1361]. Nessa eventualidade, haverá que juntar a esse dano outros que possam ser provados, como as despesas para obter a cobrança, bem como demonstrado o nexo de causalidade.

IV. A situação é já diversa se houver justa causa de recusa, como sucede na eventualidade de furto, extravio, de emissão ou apropriação fraudulenta do cheque[1362]. Estes casos não se quadram no âmbito do art. 32º

[1357] Cfr. M. JANUÁRIO COSTA GOMES, *Contratos comerciais*, cit., p. 206.

[1358] De 28/02/2008, in: www.dgsi.pt.

[1359] Anotado concordantemente por P. OLAVO CUNHA, *A revogabilidade do cheque no prazo de apresentação a pagamento: escrever direito por linhas tortas*, CDP, 2009, pp. 3, ss..

[1360] Ver o acórdão STJ de 18/12/2012 (Paulo de Sá), in: www.dgsi.pt; o acórdão do STJ de 21/3/2013 (Abrantes Geraldes), in: www.dgsi.pt.; o acórdão do STJ de 14/10/2014 (Alves Velho), in: www.dgsi.pt.

[1361] Sustentando que o "não pagamento de um cheque revogado e sem provisão no período que suportasse o débito do cheque, faz presumir, segundo as regras da experiência e das probabilidades, que o seu portador não receberá o seu montante.", o acórdão do STJ de 21/03/2013 (Oliveira Vasconcelos), in: www.dgsi.pt.

[1362] *Mas já não*, como bem sublinha P. OLAVO CUNHA (*Relevância e significado do cheque e da convenção de cheque na atualidade: principais problemas*, p. 162), com base "num vício da vontade (erro, usura ou coação moral), porquanto o mesmo não é legitimamente comprovável junto do banco sacado."

LUch[1363]. Contudo, não basta uma simples comunicação da outra parte com este conteúdo. O banco está vinculado a pagar. Como bem se refere no acórdão do STJ de 20/05/2013 (Granja da Fonseca)[1364], a instituição de crédito "só deve recusar o pagamento do cheque quando disponha de indícios sérios da verificação da mesma ou, pelo menos, dadas as circunstâncias concretas de cada caso, da grande probabilidade de se ter verificado".[1365]

75.10. A falsificação do cheque

I. A falsificação do cheque consiste numa dos principais riscos que se pode correr com o recurso e a este instrumento. Ela, como refere Paulo Olavo Cunha, pode recair sobre o próprio saque, com a falsificação da assinatura do sacador, "ou sobre outros elementos e requisitos do cheque"[1366]. Esta matéria não está especificamente regulada, quer na LUch, quer em legislação interna.

Podemos separar diferentes grupos de casos.

II. Se se puder a firmar a existência da culpa do sacador na falsificação do cheque, será sobre ele que recai prejuízo do pagamento pelo banco. Pelo contrário, se puder ser assacada culpa à instituição de crédito, p. ex., por não ter verificado devidamente a regularidade do cheque, em especial a da assinatura, ela comete um ato ilícito e culposo e, nessa medida, terá que indemnizar a outra parte, restituindo-lho o valor debitado (dano). Havendo culpa de ambas as partes, vale o traçado do art. 570º.

III. Não sendo possível determinar a culpa, quer do sacador, quer do sacado, sendo o banco o profissional nesta matéria – a quem cabe nos termos do art. 73º RGICSF, desenvolver as suas atividades com "elevados

[1363] Como bem se refere no AUJ nº 4/2008 (Paulo Sá), cit.,

[1364] In: www.dgsi.pt.

[1365] Sustentando que num caso dessa natureza (comunicação de extravio), pelo cliente do banco, a instituição de crédito "deverá confrontar prontamente o portador do cheque com a existência de uma comunicação de extravio, feita pelo seu cliente (e que normalmente será por aquele totalmente desconhecida), assim lhe facultando a oportunidade de contraditar a versão do sacador e produzir prova que convença da sua qualidade de legítimo portador do título apresentado a pagamento.", o acórdão do STJ de 4/12/2014 (Lopes do Rego), in: www.dgsi.pt.

[1366] P. Olavo Cunha, *Relevância e significado do cheque e da convenção de cheque na atualidade: principais problemas*, cit., p. 156.

níveis de competência técnica", o que implica também meios tecnológicos sofisticados –, deve sobre ele recair o risco da falsificação do cheque[1367].

Inexistindo uma responsabilidade pelo risco fora dos casos previstos na lei, a solução correta consiste em fazer recair sobre uma presunção de ilicitude e culpa (incumprimento culposo dos deveres), dadas as especiais exigências que a lei lhe impõe no exercício profissional da sua atividade, só afastável se ele demonstrar a culpa da outra parte.[1368]-[1369]

75.11. A cessação do contrato

75.11.1. Aspetos gerais

I. Trata-se das causas de cessação dos contratos duradouros, aplicadas com as devidas adaptações[1370]. Assim: o acordo das partes, a caducidade, por morte, pelo decurso do prazo, a cessação do contrato de abertura de conta, ou pela verificação de um outro evento previsto pelas partes, a denúncia com pré-aviso quando o contrato for celebrado por tempo indeterminado e a resolução[1371].

75.11.2. A resolução em especial

I. Temos aqui as causas gerais da resolução, com algumas especificidades decorrentes da lei (Dec.-Lei nº 454/91, de 2/12). Assim, será de aplicar, em termos genéricos, mais uma vez por analogia o disposto no art.

[1367] Ver sobre esta matéria, António Fonseca Ramos, *Responsabilidade civil bancária na jurisprudência do Supremo Tribunal de Justiça*, in: III congresso de direito bancário (coord. Miguel Pestana de Vasconcelos), Almedina, Coimbra, 2018, pp. 50-51.

[1368] É a solução propugnada por P. Olavo Cunha, *Relevância e significado do cheque e da convenção de cheque na atualidade: principais problemas*, cit., p. 157: "Deste modo, o banco é responsável sempre que não consiga provar que o sacador agiu com *culpa*, recaindo sobre ele (banco) o ónus dessa prova." (itálico no original). Não cremos, porém, que se trate de responsabilidade objetiva.

[1369] Na jurisprudência, o detalhado acórdão do STJ de 3/12/2009 (Garcia Calejo), in: www.dgsi.pt: "É dever essencial absoluto da entidade bancária a verificação da assinatura, só ilidindo o banco a presunção de culpa no pagamento de cheques falsificados se provar culpa do cliente, já que lhe é exigível um grau elevado de meios técnicos de preparação para detectar falsificações". Sublinhado este último ponto, o acórdão do STJ de 11/07/2017 (Alexandre Reis), in: www.dgsi.pt.

[1370] Conforme temos apontado, ver *supra*.

[1371] Cfr. M. Januário Costa Gomes, *Contratos comerciais*, cit., p. 202.

30º, al. *a)* do Dec.-Lei 178/86, de 3/7: incumprindo um dos contraentes um dever que, pela sua gravidade ou reiteração, torne inexigível a subsistência da relação contratual, a outra parte adquire o direito de resolver o contrato por justa causa

Como se referiu, o contrato de cheque é um contrato duradouro, assente numa especial relação de confiança entre as partes que terá que se manter durante toda vida do contrato. É a essa luz que se deve perspetivar a gravidade dos inadimplementos. Assim, p. ex., a falta de cuidado com os módulos de cheques pelo cliente, deixando-os ao alcance de terceiros.

II. Mais que o direito a resolver do contrato, a lei impõe mesmo ao banco que o exerça sempre que o cliente "pela respectiva utilização indevida, revele pôr em causa o espírito de confiança que deve presidir à sua circulação" (art. 1º, nº 1 RJch). Efetivamente, os interesses não são aqui exclusivamente privados (cabendo somente ao titular do direito de resolução decidir quanto ao seu exercício), mas igualmente públicos. O seu incumprimento constitui uma contra-ordenação [art. 14º, nº 2, al. *a)* do Dec.-Lei nº 454/91, de 2/12], e, caso venha a ser emitido um cheque através de módulo fornecido pelo banco em violação desse dever [art. 9º, nº 1, al. *a)* do Dec.-Lei nº 454/91, de 2/12], ele terá de o pagar.

III. A lei presume que foi posto em causa o espírito de confiança que deve presidir à circulação do cheque quando o sacador, atuando em nome próprio ou de outrem, verificada a falta de pagamento "nos termos e prazos a que se refere a Lei Uniforme Relativa ao Cheque", não proceder à regularização do cheque no prazo de 30 dias após ao banco o notificar para o efeito [art. 1º, nº 2 e art. 1º-A, nº 1 do Dec.-Lei nº 454/91, de 2/12].

A notificação deve conter, para além da indicação do termo do prazo e do local para a regularização da situação, a advertência "que a falta de regularização da situação implica a rescisão da convenção de cheque e, consequentemente, a proibição de emitir novos cheques sobre a instituição sacada, a proibição de celebrar ou manter convenção de cheque com outras instituições de crédito, nos termos do disposto no artigo 3º, e a inclusão na listagem de utilizadores de cheque que oferecem risco" [art. 1º-A, nº 2 als. *a)* e *b)* do Dec.-Lei nº 454/91, de 2/12]

A regularização faz-se através de depósito na instituição de crédito sacada à ordem do portador do cheque, ou por meio de pagamento direto àquele, comprovado perante o banco sacado, do valor do cheque e dos juros moratório à taxa legal, fixada no Código Civil, acrescida de 10 pontos percentuais. (art. 1º-A, nº 3 do Dec.-Lei nº 454/91, de 2/12).

IV. Não procedendo o sacador à regularização nos termos referidos, a instituição de crédito resolve o contrato, ordenando a que lhe sejam devolvidos, no prazo de 10 dias úteis, os módulos de cheque fornecidos e não utilizados, e notifica (nos termos do artigo 5º) a decisão a todas as entidades por ela abrangidas.

Quando a conta seja coletiva, são igualmente abrangidos pela resolução os outros titulares, exceto se demostrarem "ser alheios" aos atos que motivaram a resolução (art. 1º, nº 3 do Dec.-Lei nº 454/91, de 2/12).

A instituição de crédito não pode celebrar um contrato de cheque com esse sujeito nos dois anos seguinte à data da resolução do contrato, salvo se o BP o autorizar (art. 1º ns. 6 e 7 do Dec.-Lei nº 454/91, de 2/12).

V. O banco está obrigado a comunicar a resolução do contrato de cheque ao BP [art. 2º al. *a)* do Dec.-Lei nº 454/91, de 2/12][1372], levando a que o cliente seja incluído numa lista de utilizadores de cheque que oferecem risco. A referida lista será comunicada pelo banco central a todas as instituições de crédito [art. 2º al. *a)* e art. 3º nº 1 do Dec.-Lei nº 454/91, de 2/12].

VI. Nesse caso, as outras instituições de crédito, não só têm fundamento, como são mesmo obrigadas, de imediato, a resolver eventuais contratos de cheque que tenham celebrado com esse sujeito. Para além disso, não podem celebrar novo contrato de cheque com ele antes de decorridos dois anos a contar da data da decisão de resolução do contrato, salvo autorização do BP (art. 3º, ns. 2 e 3 do Dec.-Lei nº 454/91, de 2/12).

VII. A resolução do contrato de cheque não implica a cessação da conta. Os seus efeitos estão limitados a esse negócio. Não significa, aliás, também, que o cliente não possa movimentar a conta por cheque, recorrendo a cheques avulsos (cujos impressos a instituição de crédito têm que lhe disponibilizar), tanto para simples levantamento, como para proceder a

[1372] Nos termos do mesmo preceito, o banco está também obrigado a comunicar os diversos factos previstos nas suas restantes alíneas, como, p. ex., o não pagamento de um cheque de valor não superior a 150 euros, emitido através de módulo por ele fornecido. [al. *d)*].

pagamentos, caso em que cheque deverá ser visado (art. 6º, nº 1 do Dec.-Lei nº 454/91, de 2/12).

VIII. Aponte-se, por último, que a resolução deste contrato, ou a inclusão do cliente na lista do BP, não servem de fundamento à recusa de pagamento do cheque, como tal (como título), se a conta sacada dispuser de provisão para o efeito (art. 6º, nº 2 do Dec.-Lei nº 454/91, de 2/12).

76. A transferência bancária[1373]

I. A transferência bancária consiste numa ordem dada por um sujeito que tem junto do banco uma conta bancária para que este transfira uma determinada quantia para uma outra conta bancária, creditando-a nesse valor. O dador da ordem denomina-se ordenante; o destinatário da transferência, o beneficiário[1374]. A conta pode ser do ordenante (que á ao mesmo tempo o beneficiário) ou de outrem; nesse banco (intrabancária) ou noutro banco (interbancária), em Portugal (nacional) ou no estrangeiro (internacional).

Ela é a forma mais comum de transferir moeda bancária, que se traduz, conforme já referido, numa variação de saldos das contas, ou, dito de forma mais precisa, da alteração do valor dos créditos bancários do cliente face ao seu banco. A variação traduz-se no aumento da quantia objeto do crédito de uma na mesma medida em que diminui o crédito do outro. Para a realização da transferência é sempre essencial indicar o IBAN do beneficiário.

O prazo de realização da transferência de moeda bancária decorre do acordado, mas é hoje possível a realização de transferências imediatas, em que o montante transferido é debitado ao dador da ordem e creditado na conta de pagamento do beneficiário em poucos segundos (em tempo real).

[1373] Sobre ela, em geral, ver: BEATRIZ SEGROBE, *A transferência bancária, a moeda escritural e a figura da delegação*, Rev. Ban., 2001, pp. 39, ss.; CATARINA ANASTÁCIO, *A transferência bancária*, Almedina, Coimbra, 2004; M. JANUÁRIO DA COSTA GOMES, *Contratos comerciais*, cit., pp. 208, ss, K. HOPT, *Banksgeschäfte* in: BAUMBACH/HOPT, *Handelsgesetzbuch*, cit., pp. 1927, ss.; SANDRA SCHMIEDER, *Bargeldloser Zahlungsverkehr*, in: SCHIMANSKI/H.-J. BUNTE/H.-J. LWOWSKI, *Bankrechts-Handbuch*, Band I, 5ª ed., Beck, Munique, 2017, § 49, pp. 1361, ss.; MANUEL VÁZQUEZ PENA, *La transferencia bancaria de crédito*, Marcial Pons, Madrid/Barcelona, 1998.

[1374] É a seguinte a definição do RSP [art. 2º, al. ddd) RSP]: "«Transferência a crédito» um serviço de pagamento prestado pelo prestador de serviços de pagamento que detém a conta de pagamento do ordenante e que consiste em creditar, com base em instruções deste, a conta de pagamento de um beneficiário no montante correspondente a uma operação de pagamento ou a uma série de operações de pagamento a partir da conta de pagamento do ordenante".

II. A transferência bancária, meio de circulação de moeda, incluir-se-á sempre numa operação económica mais vasta, cujo terá no seu cerne um contrato donde emerge a obrigação pecuniária que será satisfeita dessa forma, por via de moeda bancária. Esse contrato pode ter uma natureza, evidentemente, muito diversa – compra e venda, doação, mútuo, empreitada, etc. – e denomina-se a relação de valuta.

Como se trata de moeda escritural, é necessário um acordo das partes para a satisfação da obrigação se fazer por esta via, que muitas vezes se verifica de forma tácita com a indicação do IBAN. Dessa forma, a transferência decorre do acordo de pagamento, sendo o seu negócio de execução, assim como da obrigação emergente da relação de valuta.

III. Uma vez dada a ordem e tornando-se esta definitiva, a transferência está imune a qualquer vicissitude do contrato base ou mesmo à inexistência da obrigação que se pretende cumprir. Assim, se o contato base for nulo, for anulado, resolvido, a transferência em si não é atingida. A recomposição da relação terá que se fazer no quadro da relação contratual alterada (deveres de restituição, nos termos do art. 289º, para a nulidade e anulação, e art. 433º, com os eventuais limites do art. 434º para a resolução). Se a obrigação for inexistente, a restituição do indevido nos termos do art. 476º, constitui-se entre o beneficiário e o ordenante. Não há um qualquer dever de restituição por parte do banco[1375].

Por isso, por vezes, para exprimir essa realidade, se diz que a transferência é abstrata, no sentido de independe da relação base, que no caso de cumprimento de uma obrigação inexiste nem sequer existe. O ponto tem um especial relevo na insolvência do ordenante.

IV. Conforme já se apontou, a realização da transferência, ou seja, o conjunto de atos até que a conta do beneficiário seja creditada, ou de verifica internamente, se o ambas as contas forem no mesmo banco, ou, sendo domiciliadas em bancos diferentes, tem que seguir um processo que passa pelos sistemas de pagamento interbancários, dos quais os bancos do ordenante e do beneficiário são partes.

Todavia, no que diz respeito ao ordenante, os atos instrumentais para esse efeito, ou seja, todo circuito – mais extenso ou mais curto – necessário

[1375] Cfr. K. Hopt, *Banksgeschäfte* in: Baumbach/Hopt, *Handelsgesetzbuch*, cit., p. 1939.

para a quantia ser creditada são-lhe alheios, porque o banco se obriga ao resultado final. O risco de um eventual mal funcionamento do sistema que leve a que a quantia não seja creditada, ou se o for mais tarde do que a data prevista, é do banco. Não se verificando o resultado final, o banco incumpre.

V. Conforme já referiu, mas melhor se demonstrará *infra*, a transferência exige sempre a existência de uma conta de pagamento, que, por sua vez, se integra no contrato bancário geral, mais precisamente naquela parte desse contrato que regula dos serviços de pagamento. E, claro, de saldo, porque sem ele o banco não executará a ordem. É nesse quadro que a ordem é realizada e é nele igualmente que se definem os direitos e os deveres das partes. Denomina-se a relação de cobertura.

VI. Assim, em termos estruturais, analisando a operação no seu conjunto, temos dois contratos de serviços de pagamento (entre o ordenante e o banco onde está aberta a conta de pagamento e da parte do beneficiário a mesma relação no que toca à conta de destino) no âmbito do qual se realiza a transferência, e uma relação de valuta, em regra de natureza contratual (assim como o acordo de pagamento), mas cuja validade e existência não tem em si qualquer efeito quanto à transferência logo que esta se torne irrevogável. Se a transferência se realizar entre bancos diferentes, haverá ainda que contar com os acordos plurilaterais de pagamento interbancários[1376].

77. O débito direto[1377]

I. O titular de uma conta bancária, o ordenante, permite a um terceiro, o beneficiário, mobilizar essa conta. O consentimento dado pelo ordenante define os termos (em especial quanto ao montante) em que o beneficiário está autorizado a proceder ao débito, podendo ser concedido ao beneficiário, ao prestador de serviços de pagamento do beneficiário ou ao prestador de serviços de pagamento do ordenante.[1378]

[1376] Cfr. K. Hopt, *Banksgeschäfte* in: Baumbach/Hopt, *Handelsgesetzbuch*, cit., p. 1939.

[1377] Sobre ele, ver, muito desenvolvidamente, Jürgen Ellenberger, *Lastschriftverfahren*, in: Schimanski/H.-J. Bunte/H.-J. Lwowski, *Bankrechts-Handbuch*, Band I, 5ª ed., Beck, Munique, 2017, § 56, pp. 1717, ss..

[1378] É a seguinte a definição do RSP [art. 2º, al. *m*)] "«Débito direto» um serviço de pagamento que consiste em debitar a conta de pagamento de um ordenante, sendo a operação de pagamento iniciada pelo beneficiário com base no consentimento dado pelo ordenante ao

Consiste num serviço de pagamento amplamente utilizado para o cumprimento de prestações periódicas, decorrentes, p. ex., da água, luz, gás, *internet*, rendas, etc. Evita a necessidade de o ordenante ter de realizar as transferências para cumprir essas obrigações e confere ao beneficiário (a quem cabe aqui dar início à operação, ao contrário do que sucede com a transferência) o direito de por esta via as satisfazer, assegurando dessa forma (ponto é que a conta tenha fundos), o pagamento pontual dos seus créditos. Por esse motivo, ser utilizado com enorme frequência[1379].

II. Como se disse, os termos do consentimento determinam, de entre outros, o quanto e o quando do débito direto. O ordenante fixa os valores e a periodicidade com que o beneficiário pode mobilizar a conta. Essa autorização[1380]-[1381] poderá ser revogada, em princípio, a todo o tempo. Ainda assim, ela comporta relativamente aos outros serviços de pagamento um risco acrescido para o ordenante.

Com efeito, o beneficiário, dentro dos limites da autorização, por recorrer à conta, mesmo que a obrigação que se visa dessa forma satisfazer seja de valor mais baixo do que o que veio a ser debitado. Ou mesmo inexistente, porque o contrato fonte dessa obrigação pode ter cessado e, se não for, por algum motivo, entretanto revogada a autorização e informado o banco, o beneficiário poderá – em abuso da sua posição, é certo – mobilizar a conta. Por essa razão, se pode dizer que esta figura tem uma relevante vertente fiduciária, implicando uma relação de confiança acrescida entre as partes.

beneficiário, ao prestador de serviços de pagamento do beneficiário ou ao prestador de serviços de pagamento do próprio ordenante".

[1379] E em forte crescimento. Em agosto de 2019 foram realizadas 35,1 milhões de operações, no valor total de 5043 milhões de euros. O aumento face a ao mesmo período de 2018 foi de em número de operações e de 18,3% e de 14,3% em valor. Cfr. Banco de Portugal, comunicado "Verão de 2019: SICOI regista novos máximos nos débitos diretos e nas operações com cartão", in: www.bportugal.pt/comunicado/verao-de-2019-sicoi-regista-novos-maximos-nos-debitos-diretos-e-nas-operacoes-com-cartao-0.

[1380] Da autorização decorre uma posição fiduciária, porque permite ao autorizado atuar sobre a esfera jurídica do autorizante, neste caso sobre um elemento do património. Ver, desenvolvidamente, M. Pestana de Vasconcelos, *A cessão de créditos em garantia e a insolvência*, cit., pp. 73-75, nota 143.

[1381] Neste caso, trata-se de uma autorização para cobrança (*Einzugsermächtigung*), J. Ellenberger, *Lastschriftverfahren*, cit., § 56, p. 1725.

78. O cartão de débito[1382]

I. O recurso a cartões para a realização de um conjunto de operações bancárias é hoje extramente comum. Os cartões de débito permitem ao seu titular mobilizar de forma direta a sua conta bancária tanto para pagamento da aquisição de um bem ou serviço, como para, recorrendo às caixas ATM, levantar numerário ou realizar múltiplas operações bancários, como as transferências, consulta de saldos, e pagamento de diversa.

O cartão de débito nasceu e, ainda é, um cartão plástico, de formato normalizado, onde consta o nome do titular, o número, uma banda magnética e um *chip*. A cada um corresponde um PIN (*Personal Identification Number*, composto por 4 algarismos), de exclusivo conhecimento do titular e que ele pode alterar. A sua inserção é essencial para, juntamente com o cartão, serem realizadas as diversas operações que ele permite. De facto, a máquina (ATM ou o terminal de pagamento automático – TPA) "lê" os dados do cartão e a operação é completada com a inserção do PIN.

Hoje, porém, para pagamentos de baixo valor recorre-se à tecnologia de leitura por aproximação (*contactless*), que dispensa a inserção do PIN, bastando aproximar o cartão de um terminal de pagamento automático (TPA) preparado para receber pagamentos *contactless*. Por razões de segurança, é definido pelo emitente um limite máximo para cada pagamento por esta via e um número máximo de pagamento *contacless* seguidos.

II. A utilização do cartão passa sempre pelo contrato de emissão do cartão celebrado – no seio do contrato de serviços de pagamento – entre o banco e o seu titular com recurso a cláusulas contratuais gerais (sujeitas, pois, ao controlo do Dec.-Lei 446/85, de 21/10), que rege os termos da sua utilização (a propriedade do cartão não se transmite ao titular, mantendo-se na esfera do emitente[1383])[1384]. Aí tem destaque os deveres de guarda

[1382] Sobre ele, desenvolvidamente, ver: MARIA RAQUEL GUIMARÃES, *As transferências electrónicas de fundos e os cartões de débito*, Almedina, Coimbra, 1999, pp. 88, ss.; idem, *O contrato-quadro no âmbito de utilização de meios de pagamento electrónicos*, cit., pp. 170, ss.; M. JANUÁRIO DA COSTA GOMES, *Contratos comerciais*, cit., pp. 212, ss.; DIETER MAIHOLD, *Geldautomatensystem*, in: SCHIMANSKI/H.-J. BUNTE/H.-J. LWOWSKI, *Bankrechts-Handbuch*, Band I, 5ª ed., Beck, Munique, 2017, § 54, pp. 1515, ss..

[1383] D. MAIHOLD, *Geldautomatensystem*, cit., § 54, p. 1515.

[1384] Sobre ele, ver MARIA RAQUEL GUIMARÃES, *O contrato-quadro no âmbito de utilização de meios de pagamento electrónicos*, cit., p. 181, ss..

do cartão e de não divulgação do PIN. Esse contrato, oneroso (em regra, sujeito a uma comissão anual), pressupõe, como nos outros casos, a existência de um contrato bancário geral onde se insere a conta de pagamento.

Quando o cartão seja utilizado para o pagamento de diversas transações com um agente económico – comerciante, ou não –, devem ser considerados ainda outros dois contratos.

O primeiro é aquele que liga o beneficiário ao seu banco – não necessarimente o mesmo onde o titular de cartão tem a sua conta –, entidade que lhe presta o serviço de pagamento por essa via, recorrendo a um terminal POS. Trata-se de um contrato oneroso, recebendo o banco, em regra sob a forma de comissão, uma contraprestação pelo serviço prestado. A transferência dos fundos entre as contas realiza-se depois nas relações inter-bancos, se o banco do titular do cartão for diverso do banco da outra parte, ou simplesmente interna, caso o banco seja o mesmo para ambos os intervenientes. Em regra, a transmissão será imediata ou num reduzido período de tempo[1385].

Pode, contudo, a quantia só ser retirada da conta do titular do cartão depois de um determinado período de tempo, no que consiste numa forma específica de concessão de crédito a este sujeito. Denomina-se débito diferido.

Por fim, temos ainda o contrato – de compra e venda, prestação de serviços, etc., entre o titular do cartão e o beneficiário, donde emerge a obrigação pecuniária (a relação de valuta). O seu cumprimento pode ser feito por via da utilização do cartão, havendo acordo das partes nesse sentido. Caso contrário, o pagamento tem que ser realizado em moeda com força liberatória legal. Como apontámos quanto à transferência bancária, realizado o pagamento, ele é imune às vicissitudes do contrato subjacente. No limite, este pode nem existir.

III. A situação é diversa se o cartão for utilizado numa ATM para a mobilização de numerário ou para se iniciar por esta via uma outra operação de pagamento, como seja uma transferência. O regime aplicável será aquele respeitante à operação dessa forma inicializada.

[1385] Ver, *supra*, quanto aos sistemas de pagamentos, em particular o SICOI.

79. O cartão de crédito[1386]

I. O cartão de crédito consiste num cartão em plástico, ou virtual, emitido por um banco, ou por uma outra entidade, que permite ao seu titular realizar um conjunto de aquisições de bens ou de prestação de serviços, em que a sua obrigação pecuniária é satisfeita pelo emitente do cartão. O valor terá que ser mais tarde restituído, num único momento, ou em prestações, decorrido um determinado período de tempo acordado entre as partes. O cartão é composto por um número, a assinatura do titular e um número adicional de validação.

II. Essa dilação temporal consubstancia a concessão de crédito, oneroso, cuja contrapartida são os juros, a uma taxa acordada entre as partes e que na generalidade dos casos, em especial quando se tratar de crédito ao consumo, tem um valor bastante elevado[1387].[1388]

Nem sempre tal sucede, porém, podendo o crédito concedido ser gratuito, logo que o valor seja restituído através de débito na conta de pagamento do titular do cartão, num curto período de tempo depois do pagamento, em regra, um mês. Sendo esse prazo ultrapassando, o crédito passa a ser oneroso, constituindo-se juros. Nesta configuração, o cartão de crédito é utilizado com uma finalidade próxima do cartão de débito

III. Em termos estruturais, a operação é composta, no seu modelo mais simples, por três contratos, podendo, no entanto, em certos casos, ser integrada por um número maior de negócios.

A emissão do cartão assenta num contrato com esse objeto entre o emissor e o titular. Se o primeiro for uma instituição de crédito, inserir-se-á, no âmbito da disciplina dos serviços de pagamento, por sua vez integrada no contrato bancário geral. Elemento central do contato é a obrigação

[1386] Ver, sobre eles: M. Martinek/S. Olmor, *Kreditkartengeschäft*, in: Schimanski/H.-J. Bunte/H.-J. Lwowski, *Bankrechts-Handbuch*, Band I, 5ª ed., Beck, Munique, 2017, § 67, pp. 2217, ss.; Gian Franco Campobasso, *Manuale di diritto commerciale* (a cura de Mario Campobasso), Utet, Milão, 2017, pp 461, ss.; E. Salomão Neto, *Direito bancário*, cit., pp. 308, ss..

[1387] Ver, *supra*, quanto aos limites do valor dos juros das instituições de crédito e sociedades financeiras.

[1388] Sempre que o titular do cartão seja um consumidor, aplica-se o regime dos contratos de crédito ao consumo – art. 4º, nº 1, al. *c)* do Dec.-Lei nº 133/2009, de 2/6. Ver, *supra*, nº 50.

contraída pelo emitente de nos termos definidos no contrato, nomeadamente de *plafond* acordado, cumprir obrigações de pagamento emergentes de contratos celebrados entre o titular e terceiros. É assim uma obrigação de cumprir uma obrigação alheia em nome próprio, mas por conta do titular, que se obriga, por seu lado, a restituir-lhe esse valor, e também, sendo o caso, os juros.

Por isso, tem seu cerne uma estrutura de mandato sem representação, mas não se identifica exclusivamente com ele, porque a dilação que o emitente se obriga a conceder para a restituição da quantia paga, retribuída pelo beneficiário/"mandante" sob a forma de juros, comporta uma elemento de disponibilização de crédito.

A qualificação correta é assim a de um contrato misto com elementos de mandato sem representação e de abertura de crédito. Cada utilização de crédito consiste num negócio de execução desse contrato inicial, sendo integrada por uma ordem de pagamento (executada no seio do mandato) e, no que toca ao crédito, tem uma estrutura semelhante ao mútuo.

IV. O contrato visa o cumprimento de obrigações, por isso pressupõe um contrato entre o titular do cartão e um terceiro do qual decorre a obrigação que o emitente irá cumprir. Trata-se da relação de valuta. A sua natureza pode ser muito diversa – compra e venda, prestação de serviços, etc. –, desde que daí decorra a obrigação de pagamento.

Por vezes, a obrigação pode decorrer de uma convenção de garantia concluída entre o titular do cartão e terceiro. O primeiro autoriza este último a utilizar o cartão de crédito para satisfazer uma obrigação futura eventual que pode nascer entre as partes e cujos critérios de determinabilidade têm, nos termos gerais (art. 280º, nº 1), de estar definidos entres as partes, sob pena de nulidade. Assim, p. ex., danos que o titular do cartão cause à outra parte no decurso de uma relação contatual entre elas. É muito comum ser utilizado com esta finalidade em contratos de prestação de serviços hoteleiros para ressarcir danos causados nas instalações ou despesas não pagas.

A relação base é pois de garantia, que é dotada de um caráter *self-executing*, no sentido que não precisa da colaboração do devedor, e prescinde mesmo dela, para o credor obter o valor em dívida (que o devedor pode nem sequer ter). Por isso, é tão comum na prática.

Existe, atendendo à forma de funcionamento da garantia, um elemento fiduciário, traduzido na possibilidade de o credor abusar da sua posição.

V. Tal como no cartão de débito, existe necessariamente um contrato entre o vendedor ou prestador de serviços (em regra, um comerciante, mas não só), pelo qual o emitente se obriga a aceitar, dentro das condições definidas, o pagamento. Na generalidade dos casos também com recurso a um terminal de pagamento automático (TPA), idêntico ao utilizado para os cartões de débito e que pode realizar ambas as transações.

Este contrato será também oneroso, cobrando o emitente do cartão uma quantia, determinada de forma fixa ou variável, pela utilização do serviço para este fim, uma vez que este facilita e é muitas vezes necessário, para o comerciante realizar a transação com o cliente, aqui o titular do cartão.

VI. O emitente do cartão pode não ser uma instituição de crédito. Nessa eventualidade, caberá à sua contraparte, o titular do cartão, realizar o pagamento dos valores em dívida (capital e juros) na data prevista, sob pena de incorrer em mora. Ele pode ser realizado por qualquer das formas que sejam acordas entre as partes para o efeito, cheque, ou mais vulgarmente, transferência bancária. Pode igualmente recorrer-se a uma autorização de débito em conta conferida pelo titular ao emitente. Caso se verifique uma coincidência entre o banco e o emitente do cartão, será acordada a autorização para débito em conta do próprio banco numa conta do seu cliente. Não há intervenção de terceiro.

Por fim, no relacionamento entre instituições de crédito, elas recorrerão aos sistemas de pagamento utilizados para este efeito. Ente nós, como referimos, para pagamentos de retalho é o SICOI.

Secção IV
Os serviços de pagamento

80. As Diretivas dos serviços de pagamentos (DSP 1 e DSP 2)

I. Na União Europeia, o regime dos serviços de pagamento decorre de duas diretivas particularmente extensas e complexas, respetivamente a Diretiva 2007/64/CE do Parlamento Europeu e do Conselho de 13 de novembro (primeira diretiva dos serviços de pagamento ou DSP 1) e a Diretiva (UE) 2015/2366 do Parlamento Europeu e do Conselho de 25 de novembro de 2015[1389] (segunda diretiva dos serviços de pagamento – DSP 2[1390])[1391]. Ambas as diretivas são de harmonização máxima, o que significa que os diversas disciplinas nacionais são bastante próximas, apresentando variações – necessariamente – muito pequenas.

São, para além do mais, diretivas de segunda geração, contribuindo para a criação de um quadro uniforme e detalhado nesta matéria no espaço europeu, sendo o objetivo a criação um mercado de pagamentos uniforme.

A que não é estranho evidentemente o papel essencial dos pagamentos no mercado único e, também, a construção da união bancária. Como se verá mais à frente, embora a lei não o imponha, a esmagadora maioria dos prestadores de serviços de pagamentos são bancos, e a tutela dos sistemas de pagamento é atribuída aos bancos centrais, o significa no âmbito do eurosistema, o Banco central europeu e os bancos centrais nacionais.

II. O novo regime[1392] procura acompanhar a notável evolução tecnológica nesta campo, a entrada de novos atores de fora do sistema bancário (como os iniciadores de serviços de pagamento ou *Payment Initiation Service Providers* – PISP), tipos de serviços de pagamento (serviços de informação sobre contas) e, em particular, vem reforçar substancialmente, como veremos, os deveres de segurança dos prestadores de serviços de pagamento,

[1389] Revogou a Diretiva 2007/64/CE do Parlamento Europeu e do Conselho de 13 de novembro (primeira diretiva dos serviços de pagamento ou DSP 1), que havia sido transposta para o ordenamento nacional pelo Dec.-Lei nº 317/2009, de 30/10.

[1390] Transposto pelo Dec.-Lei nº 91/2018, de 12/11.

[1391] Sobre o novo regime, ver Werner, *Bargeldloser Zahlungsverkehr (Girogschäft)*, in: *Bank- und Kapitalmarktrecht*, de Peter O. Mülbert, Andreas Früh, Thorsten Seyfried, Otto Schmidt, Colónia, 2019, pp. 628, ss.

[1392] Sobre ele, ver: F. Mendes Correia, *Uma revolução permanente? A DSP 2 e o novo Direito dos Serviços de Pagamento*, in: III congresso de direito bancário (coord. Miguel Pestana de Vasconcelos), Almedina, Coimbra, 2018, p. 388. Ainda sobre o regime da DSP 2, ver Mafalda Miranda Barbosa, *Serviços de pagamentos, repartição do risco e responsabilidade civil – algumas reflexões a propósito da nova diretiva dos serviços de pagamentos (DSP2)*, Revista de Direito Comercial, 2017, pp. 551, ss.; Marisa Silva Monteiro, *O novo regime dos serviços de pagamento e a responsabilidade do banco pela execução de operações não autorizadas*, in IV Congresso de direito bancário (coord. Miguel Pestana de Vasconcelos), Almedina, Coimbra, 2021, pp. 91, ss. Para a análise das soluções decorrentes da proposta de diretiva, ver Maria Raquel Guimarães, *(Ainda) a responsabilidade pelo uso indevido de instrumentos de pagamento eletrónicos em operações presenciais e à distância*, in: I Congresso de direito bancário (coord. Miguel Pestana de Vasconcelos), Almedina, Coimbra, 2015, pp. 115, ss..

exigindo-se para a generalidade de operações iniciadas pelos clientes a autentificação forte.

Como se refere no considerando 7 da diretiva: "Nos últimos anos, assistiu-se a um aumento dos riscos de segurança relacionados com os pagamentos eletrónicos, ao volume cada vez maior deste tipo de pagamentos à escala mundial e ao aparecimento de novos tipos de serviços de pagamento. A existência de serviços de pagamento seguros constitui uma condição indispensável para o bom funcionamento do mercado de serviços de pagamento".

III. Conforme se tem vindo a assinalar, esta atividade não é exclusivamente bancária, não sendo, como se começou por afirmar, unicamente as instituições de crédito que a podem desenvolver (cfr. art. 7º RSP). Contudo, ela, como também se destacou anteriormente, é fundamentalmente desempenhada por elas, sendo mesmo marcante na sua caracterização. Por isso, se inclui no âmbito do direito bancário.[1393]

81. O regime dos serviços de pagamento (RSP)

81.1. Introdução

I. Da transposição das Diretivas resultou o Regime Jurídico dos Serviços de Pagamento e da Moeda Eletrónica (RSP), aprovado pelo Dec.-Lei nº 91/2018, de 12/11[1394]. Trata-se de um diploma muito extenso, revestindo um muito elevado nível de complexidade, quase uma pequena codificação[1395], um autêntico sub-ramo específico do direito bancário.

Na verdade, como já referimos, ele aplica-se indistintamente às diversas modalidades de serviços de pagamento – transferências, cartões de débito

[1393] O serviço de informação sobre contas permite que os utilizadores (consumidores e empresas) agreguem, por exemplo, numa única aplicação, ou website, informação sobre as contas detidas junto de um ou mais prestadores de serviços de pagamento (tipicamente bancos), bastando para tal que estas contas sejam acessíveis *online*. Este serviço permite que o utilizador tenha uma visão global da sua situação financeira, ainda que detenha contas de pagamento em diferentes instituições, mesmo que estas estejam domiciliadas em diferentes Estados-Membros. In: https://www.cgd.pt/Ajuda/Open-Banking/SIBS-API-MARKET/PublishingImages/faq_dsp2.pdf.

[1394] Que, por último, transpôs da diretiva (UE) 2015/2366 do Parlamento Europeu e do Conselho de 25 de novembro de 2015.

[1395] S. GRUNDMANN, *European Law and Principles on commercial and investment banking contracts: an advanced area of codification*, cit., p. 792.

e crédito, débitos diretos –, para os quais estabelece regras comuns. Não há, pois, um regime específico "vertical" de cada uma das figuras apontadas, uma única disciplina estabelecida em termos "horizontais" para todas elas[1396].

II. Recorrendo à técnica da diretiva, o RSP assenta numa extensa "armadura" de definições, cujo domínio é fundamental para a apreensão do regime. Por essa razão, começaremos num primeiro momento por delimitar o âmbito de aplicação do diploma e dissecar os seus conceitos chave, para, depois, num segundo momento, analisarmos os diferentes pontos da disciplina.

81.2. Os serviços de pagamento abrangidos

I. O diploma aplica-se aos serviços de pagamento, tal como definidos pela articulação dos artigos 4º e 5º do RSP. O primeiro elenca um conjunto de atividades em que eles se desdobram, vindo depois a norma seguinte a fazer um recorte negativo, afastando do âmbito de aplicação do regime algumas operações.

II. Consistem assim em serviços de pagamento, os serviços que permitam depositar ou levantar numerário numa conta de pagamento, bem como todas as operações necessárias para a gestão dessa conta [art. 4º, al. *a)* e *b)* RSP].

Incluem-se, também, neste âmbito a execução de operações de pagamento, incluindo a transferência de fundos depositados numa conta de pagamento aberta junto do prestador de serviços de pagamento do utilizador ou de outro prestador de serviços de pagamento, de que a lei faz de seguida uma enumeração exemplificativa: a execução de débitos diretos, incluindo os de carácter pontual, a execução de operações de pagamento através de um cartão de pagamento ou de um dispositivo semelhante, e a execução de transferências a crédito, incluindo ordens de domiciliação [art. 4º, al. *c) i), ii), iii)* RSP].

O mesmo regime aplica-se quando os fundos a transferir são obtidos por via de uma linha de crédito concedida por um utilizador de serviços

[1396] S. Grundmann, *European Law and Principles on commercial and investment banking contracts: an advanced area of codification*, cit., p. 792.

de pagamento [art. 4º, al. *d)* RSP], como sucede, p. ex., com o descoberto em conta.

São ainda serviços de pagamento: a emissão de instrumentos de pagamento ou aquisição de operações de pagamento, o envio de fundos, os serviços de iniciação do pagamento e de serviços de informação sobre conta [art. 4º, al. *e), f), g)* e *h)* RSP].

III. As exclusões são bastante limitadas em termos económicos, embora o elenco seja vasto. Destacamos as seguintes. Afastam-se, desde logo, os pagamentos com numerário de forma direta entre ordenante o ordenado, como sucede nos pagamentos de dia a dia, em geral (mas não necessariamente) com um valor reduzido.

São também retirados do âmbito de aplicação do regime os pagamentos com cheques, letras e livranças. Com efeito, a realização de operações de pagamento com recurso a qualquer destes instrumentos sacados sobre o um prestador de serviços de pagamento com vista a colocar fundos à disposição do beneficiário é abrangida por regras próprias, onde se destacam as respetivas leis uniformes [art. 5º, al. *h)* RSP].

Por sua vez, as operações de pagamento no âmbito de valores mobiliários regem-se por disposições diferentes das previstas neste regulamento [art. 5º, als. *h)* e *i)* RSP].

81.3. Os conceitos centrais do RSP

I. Como referimos, seguindo de perto a técnica legislativa da diretiva, o RSP 2 começa com uma extensa lista de definições de caráter altamente técnico, cujo conhecimento é fundamental para a compreensão do regime. Não é mesmo possível, sequer, definir na integralidade o que sejam serviços de pagamento, sem se recorrer a outras definições (como, em particular, a de operação de pagamento, à qual aquela recorre, como se viu no número anterior).

No seio do conjunto destes elementos têm especial relevância os de caráter subjetivo, onde se insere o ordenante e o utilizador dos serviços de pagamento, e os objetivos, onde se incluem as noções de ordem de pagamento, operações de pagamento e instrumento de pagamentos. Iremos analisar de seguida cada um deles.

81.3.1. Os sujeitos

I. O utilizador de serviços de pagamento é a pessoa física ou jurídica que utiliza um serviço de pagamento como ordenante, beneficiário ou em ambas as qualidades, como sucede se a transferência bancária for realizada para uma outra conta do mesmo sujeito. [art. 2º, eee) RSP].

O ordenante, por sua vez, consiste na pessoa física ou jurídica que, sendo titular de uma conta de pagamento, autoriza uma ordem de pagamento a partir dessa conta. Na eventualidade de não existir uma conta de pagamento, trata-se, simplesmente, de uma pessoa física ou jurídica que emite uma ordem de pagamento [art. 2º, mm) RSP].

O beneficiário, por fim, é a uma pessoa singular ou coletiva que seja a destinatária prevista dos fundos que foram objeto de uma operação de pagamento [art. 2º, *e)* RSP].

81.3.2. Ordem, operação e instrumento de pagamento

I. A ordem de pagamento consiste numa instrução que é dada por um ordenante, (p. ex., uma transferência), ou por um beneficiário (p. ex., num débito direto) ao seu prestador de serviços de pagamento, "requerendo a execução de uma operação de pagamento" [art. 2º, ll) RSP].

II. As operações de pagamento, em si, consistem no ato que pode ser iniciado pelo ordenante, ou em seu nome, ou pelo beneficiário, "de depositar, transferir ou levantar fundos, independentemente de quaisquer obrigações subjacentes entre o ordenante e o beneficiário" [art. 2º, *z) aa)* RSP]. No sentido do RSP, os fundos abrangem as notas de banco e moedas, moeda escritural ou moeda eletrónica[1397] [art. 2º, *w)* RSP].

No âmbito das operações de pagamento é necessário distinguir aquelas baseadas em cartões, de débito ou de crédito, das realizadas de forma remota, que consubstanciam o *homebanking.*

As operações de pagamento com base em cartões consistem num "serviço baseado na infraestrutura e nas regras comerciais de um sistema de

[1397] Conforme definida na alínea ff), ou seja: "o valor monetário armazenado eletronicamente, inclusive de forma magnética, representado por um crédito sobre o emitente e emitido após receção de notas de banco, moedas e moeda escritural, para efetuar operações de pagamento na aceção da alínea *ii)* e que seja aceite por pessoa singular ou coletiva diferente do emitente de moeda eletrónica".

pagamento com cartões para efetuar operações de pagamento por meio de cartões, dispositivos ou programas de telecomunicações, digitais ou informáticos, que dá origem a uma operação com cartões de débito ou de crédito." Elas excluem as operações baseadas noutros tipos de serviços de pagamento, como sucede com os cartões de débito ou de crédito em terminais ATM (*automated teller machine*) ou em *Points of Sale* (POS).

As operações de pagamento remotas, características do *homebanking*, são as iniciadas "através da Internet ou através de um dispositivo que possa ser utilizado para comunicação à distância" [art. 2º, *bb)* RSP].

Elas assumem hoje proeminência, tanto para as empresas, como particulares. A esmagadora maioria das operações de pagamento – em particular as de valor mais elevado, realizam-se através da *internet* com recurso a um computador ou um *smartphone*. Com o desaparecimento dos balcões físicos, a generalidade das operações seguirá cada vez mais esta via. Os pagamentos com cartões serão em regra para quantias de valor mais reduzido.

III. Um instrumento de pagamento consiste num "dispositivo personalizado ou conjunto de procedimentos acordados entre o utilizador e o prestador de serviços de pagamento e a que o utilizador de serviços de pagamento recorra para emitir uma ordem de pagamento" [art. 2º, *aa)* RSP].

Por seu lado, «Instrumento de pagamento baseado em cartões» consiste numa modalidade de instrumento de pagamento, "incluindo cartões, telemóveis, computadores ou outros dispositivos tecnológicos que contenham a aplicação de pagamento adequada, que permite ao ordenante iniciar uma operação de pagamento baseada num cartão, com exceção de transferências a crédito e de débitos diretos na aceção do artigo 2º do Regulamento (UE) nº 260/2012, de 14 de março de 2012" [art. 2º, *bb)* RSP].[1398]

81.4. Operações de caráter isolado e contratos-quadro

I. Um dos traços fundamentais do diploma é o da distinção entre as operações de pagamento de caráter isolado (arts. 82º e segs. RSP), e aquelas que têm por base um contrato-quadro (arts. 89º e segs. RSP). Estas

[1398] Como apontámos *supra*, a diretiva contem igualmente uma definição do que seja um sistema de pagamento ("um sistema de transferência de fundos que se rege por disposições formais e normalizadas e por regras comuns relativas ao processamento, compensação ou liquidação de operações de pagamento" [art. 2º, ww) RSP].

são as mais vulgares. De facto, como vimos aquando da análise do contrato bancário geral, é igualmente concluído, nesse seio, um contrato-quadro que as disciplina. Pelo seu relevo, é sobre operações de pagamento abrangidas por um contrato-quadro que recairá, principalmente, a nossa atenção.

81.5. Os deveres de informação

I. A lei impõe um conjunto extenso de deveres de informação aos prestadores de serviços, tanto para as operações de pagamento de caráter isolado, como para os contratos-quadro. Isto quer na fase pré-contratual, quer na contratual (art. 76º, nº RSP).

A disciplina aplica-se tanto a consumidores, a que a lei equipara as microempresas (art. 76º, nº 2 RSP), como aos profissionais. Consiste num caso em que a lei alarga o conceito de consumidor através da via da equiparação. Repare-se que consumidor não deixa de ser, na linha das noções comunitários decorrentes da diretivas, uma pessoa singular que atua, nos contratos de serviços de pagamento[1399] previsto no RSP com objetivos alheios às suas atividades comerciais, empresariais ou profissionais [art. 2º, al. *f)* RSP].

A lei, contudo, estende depois o mesmo regime protetor às microempresas. Ora, esta extensão permite abranger um enorme universo de empresas do tecido empresarial português. E consiste num reconhecimento, que, pelo menos em determinados casos, elas merecem uma tutela idêntica à das pessoas singulares. Idêntico alargamento, e mesmo com maior significado prático, é realizado quanto aos direitos e deveres das partes relativamente à prestação e utilização de serviços de pagamento (art. 100º, nº 1 RSP)

II. Todavia, enquanto ao regime é imperativo na primeira hipótese, as partes podem por acordo afastá-lo no todo ou em parte se a contraparte do prestador se serviços for não for um consumidor ou um microempresa (art. 76º, nº 3 RSP).[1400]

[1399] E nos contratos celebrados com os emitentes de moeda eletrónica.

[1400] Consiste numa "empresa que, no momento da celebração do contrato de prestação de serviços de pagamento, seja uma empresa de acordo com a definição constante do artigo 1º e dos n.os 1 e 3 do artigo 2º do anexo à Recomendação nº 2003/361/CE, da Comissão, de 6 de maio". [art. 2º, ee) RSP].

São estabelecidas depois um conjunto de exclusões de algumas normas desta disciplina em caso específicos, previstos no art. 76º, ns. 4[1401] e 5[1402] RSP.

Sublinha-se que sempre que estivermos perante instrumentos de pagamentos de baixo valor[1403] ou em moeda eletrónica, a lei compreensivelmente afasta a aplicação de um conjunto de regras que compõem a disciplina (art. 81º RSP).

III. Este regime não afasta, mas é complementado, por outros diplomas de tutela do consumidor, como o regime do crédito ao consumo. Com efeito, ele aplica-se sempre que contenha disposições não previstas neste capítulo do RSP (art. 76º, nº 6 RSP). Para além dele, o mesmo sucede com outros diplomas na medida em que contenham requisitos adicionais em matéria de informação pré-contratual. (art. 77º, nº 1 RSP).

IV. Em primeiro lugar, salvo de as partes tenham disposto em contrária, a informação terá que ser prestada em português, o que bem se percebe [art. 78º, nº 1, al. *a)* RSP]. Ela deverá ser exposta em termos facilmente compreensíveis, de forma clara e inteligível [art. 78º, nº 1, al. *b)* RSP]. Estas exigências implicam que tenha que ser abandonada uma linguagem hermética de caráter técnico jurídico, muito comum nos contratos de abertura de conta que funcionam também como contratos-quadro da relação bancária geral.

O que exige que seja abandonado o jargão "técnico-jurídico".

O critério para verificar do preenchimento do critério legal deve ser o do homem médio, conceito integrado necessariamente por sujeito com

[1401] Às operações de pagamento efetuadas numa moeda que não seja a moeda de um Estado membro, não se aplicam alínea *b)* do nº 1 do art. 84º, a subalínea *v)* da al. *b)* do art. 91º e a alínea *a)* do art. 95º RSP.

[1402] Na eventualidade de um dos prestadores de serviços de pagamento estar situado em Portugal e o outro prestador estar situado fora da União, a al. *b)* do nº 1 do art. 84º, a subalínea *v)* da al. *b)* e a subalínea *vii)* da al. *e)* do art 91º e a alínea *a)* do art. 95º não se aplicam às parcelas da operação de pagamento efetuadas em Portugal.

[1403] Operações de pagamento individuais que não excedam (euro) 30, que tenham um limite de despesas de (euro) 150, que permitam armazenar fundos cujo montante não exceda, em nenhuma situação, (euro) 150 ou que, no caso de instrumentos de pagamento pré-pagos, permitam armazenar fundos cujo montante não exceda, em nenhuma situação, (euro) 250 (art. 81º, nº 1 RSP).

um conhecimento muito limitado da forma como funcionam os serviços de pagamento. E sem conhecimentos técnicos. Repare-se que é perfeitamente possível expor aspetos técnico-jurídicos de forma clara e compreensível, em particular se se utilizarem em apoio ao que se diz exemplos concretos (integrados não nas condições, mas em documentos de apoio).

Por outro lado, sempre que for prestada em suporte de papel ou outro suporte duradouro, como será a regra, as cláusulas contratuais gerais devem poder ser facilmente lidas por um leitor com a "acuidade visual média" [art. 78º, nº 1, al. *c)* RSP]. O que implica, desde logo que o tamanho da letra não seja reduzido, haja a devida separação entre os parágrafos, e que o contraste entre a cor da letra e do papel seja adequado (preto ou azul escuro).

V. Os encargos decorrentes da prestação da informação correm por conta do prestador que não pode cobrar à outra parte qualquer valor como contrapartida (art. 79º, nº 1 RSP). A lei admite, no entanto, que, se se tratar de informações adicionais ou mais frequentes, assim como da transmissão de informações por vias de comunicação diferentes das previstas no contrato-quadro, quando for o caso, as partes possam acordar no estabelecimento de comissões. Todavia, importa que haja um pedido de prestação ou de transmissão por parte do utilizador dos serviços e que e que os encargos previstos sejam razoáveis e correspondam aos custos efetivos suportados pelo prestador de serviços (art. 79º, ns. 2 e 3 RSP).

VI. Como elemento adicional – e decisivo –, de tutela do utilizador a lei impõe ao prestador de serviços a prova de qua cumpriu os requisitos de informação que vimos de indicar (art. 80º RSP).

81.6. A autorização das operações de pagamento

I. O prestador de serviços de pagamento só pode executar uma operação (ou um conjunto de operações) que tenha sido devidamente autorizada. Para o efeito, é central o consentimento, nos termos acordados, pelo ordenante (arts. 103º, nº 1 e 3 RSP), ou, eventualmente, através do beneficiário ou do prestador de serviços de iniciação de pagamentos (art. 103º, nº 4 RSP). Ele terá que ser prévio à operação, salvo de for convencionado entre as partes que seja dado em momento subsequente (art. 103º, nº 2

RSP). Não tendo sido prestado nos termos referidos, a operação considera-se não autorizada (art. 106º, nº 5 RSP).[1404]

Dado o consentimento, tanto a uma operação isolada como a um conjunto de operações autorizadas, ele pode ser retirado em qualquer momento, desde que a ordem não se tenha tornando irrevogável, nos termos definidos no art. 121º RSP (art. 106º, nº 6), como sucede, em regra, depois de ela ter sido recebida pelo prestador de serviços de pagamento do ordenante (art. 121º, nº 1 RSP).

A execução de uma ordem depois deste momento, tendo a revogação sido realizada nos termos acordados pelas partes, leva a que operação seja não autorizada, com todos os efeitos daí decorrentes para o prestador de serviços (art. 106º, ns. 7 e 8 RSP).

81.6.1. A autenticação

I. A execução da ordem exige que o cliente tenha sido autenticado pelo prestador do serviço através de um procedimento que lhe permite "verificar a identidade de um utilizador de serviços de pagamento ou a validade da utilização de um instrumento de pagamento específico, incluindo a utilização das credenciais de segurança personalizadas do utilizador" [art. 2º, al. *c)* RSP].

A lei impõe em certos casos – os mais relevantes – que o prestador de recorra a uma "autenticação forte do cliente" [art. 2º, al. *d)* RSP]. Ela exige a utilização de dois ou mais elementos pertencentes às categorias conhecimento (algo que só o utilizador conhece), posse (algo que só o utilizador possui) e inerência (algo que o utilizador é).

Assim, p. ex., uma palavra-passe – aquilo que o consumidor conhece –, um dipositivo, como um telemóvel (ou melhor: a receção de uma mensagem no telemóvel), ou um cartão introduzido num leitor – aquilo que só o utilizador tem –, ou o reconhecimento digital ou facial – aquilo que o utilizador é. Mas não é suficiente. Estes elementos têm que ser independentes, na medida em que a violação de um deles não pode comprometer a fiabilidade dos outros.

[1404] Segue-se aqui, doravante, embora com um maior desenvolvimento, M. PESTANA DE VASCONCELOS, *A responsabilidade do banco por operações de pagamento não autorizadas no online banking, decorrente do novo regime de serviços de pagamento (RSP II)*, JULGAR, setembro-dezembro, 2020, pp. 191, ss..

Em regra, estes requisitos estão preenchidos com a indicação de uma palavra passe associada depois uma mensagem específica para o telemóvel com um código criado para autorizar aquela operação.

III. Como dizíamos, os prestadores de serviços de pagamento devem aplicar a autenticação forte do cliente[1405] se o ordenante aceder em linha à sua conta de pagamento (p. ex., através do *homebanking* ou da aplicação móvel fornecida pelo banco, nomeadamente para consultar saldos ou movimentos da conta), ou realizar uma ação, através de um canal remoto, que possa envolver um risco de fraude no pagamento ou de outros abusos (p. ex., ao criar uma transferência recorrente a ser efetuada no início de cada mês ou alterar dados da conta) [art. 104º. nº 1, als. *a)*, e *c)* RSP] ou iniciar uma operação de pagamento eletrónico (p. ex., uma transferência a crédito ordenada no *homebanking* ou uma compra *online*) [art. 104º. nº 1, al. *b)* RSP].

Neste último caso (operação de pagamento eletrónico), se se tratar de uma operação de pagamento remota [art. 104º, nº 2 RSP], a lei vai mais longe: a autenticação forte do cliente deve incluir elementos que associem de forma dinâmica a operação a um montante específico e a um beneficiário específico (p. ex., através do envio de um código de confirmação da operação para o telemóvel do cliente, a chamada senha de utilização única[1406])[1407].

IV. A lei impõe aos prestadores de serviços de pagamento a adoção de medidas de segurança suficientes para proteger a confidencialidade e a integridade das credenciais de segurança personalizadas dos utilizadores de serviços de pagamento[1408]. A norma tem necessariamente que ser interpretada de forma conjugada com o art. 73º RGICSF, que impõe às

[1405] Os prestadores de serviços de pagamento passaram a estar obrigados a aplicar a autenticação forte do cliente a partir de 14 de setembro de 2019, uma vez que foi nessa data que entrou em vigor o Regulamento Delegado (UE) 2018/389 da Comissão, de 27 de novembro de 2017.

[1406] Considerando 96 da DSP 2.

[1407] Estes aspetos são depois detalhados no Regulamento delegado (EU) 2018/389 da Comissão de 27 de novembro de 2017 que complementa a Diretiva (UE) 2015/2366 do Parlamento Europeu e do Conselho no que respeita às normas técnicas de regulamentação relativas à autenticação forte do cliente e às normas abertas de comunicação comuns e seguras.

[1408] Elas consistem nos elementos personalizados fornecidos pelo prestador de serviços de pagamento a um utilizador de serviços de pagamento para efeitos de autenticação [art. 2º, al. *j)* RSP].

instituições de crédito elevados níveis de competência técnica. Norma que marca a relação bancária, onde os serviços de pagamento se inserem.

Ou seja, é obrigação do prestador de serviços de adotar as medidas em termos de meios humanos e materiais, em particular de caráter informático (como o recurso a sofisticados sistemas de encriptação), para proteger as credenciais dos clientes. O que implica a cada momento proceder às atualizações necessárias face ao risco de obtenção ilícita desses dados por parte de terceiros, para as proteger. Se o seu sistema informático for violado, incumpriu essa obrigação.

Importa deixar claro que esta obrigação não é uma obrigação de meios, mas uma verdadeira obrigação de resultado (assegurar a integralidade da rede e a inviolabilidade das contas), a aproximar-se muito de uma obrigação de garantia. Com efeito, a responsabilidade do prestador de serviços só é afastada em casos de força maior, casos esses que a lei delimita de forma muito restrita (art. 135º RSP).

81.6.2. O direito (e o dever) de bloqueio do instrumento de pagamento

I. Se acordado de forma expressa no contrato-quadro, o prestador de serviços de pagamento pode reservar-se o direito de bloquear um instrumento de pagamento por "motivos objetivamente fundamentados", que estejam relacionados com a segurança do instrumento de pagamento, a suspeita de utilização não autorizada ou fraudulenta desse instrumento, ou aumento significativo do risco de o ordenante não poder cumprir as suas responsabilidades de pagamento, caso se trate de um instrumento de pagamento com uma linha de crédito associada [art. 108º, nº 2, als. *a)*, *b)* e *c)* RSP].

Quando o fizer, o prestador do serviço de pagamento está obrigado a informar o ordenante do bloqueio do instrumento de pagamento e da respetiva justificação pela forma acordada. Este dever terá que ser cumprido sempre que seja possível ainda antes do bloqueio do instrumento, ou, caso não o seja, o mais tardar, imediatamente após o bloqueio, a não ser que essa informação não possa ser prestada por "razões de segurança objetivamente fundamentadas" ou se for "proibida por outras disposições legais aplicáveis" [art. 108º, nº 3 RSP].

Cessando os motivos que levaram ao bloqueio, deve este, igualmente, cessar, com o desbloqueio do instrumento ou a sua substituição por um novo [art. 108º, nº 4 RSP].

II. Este direito estará em regra previsto de forma expressa nos contratos-quadro. Trata-se, em rigor, de um direito-dever. Estando em jogo a segurança do instrumento de pagamento, bem como a suspeita de utilização não autorizada ou fraudulenta desse instrumento, recai sobre o prestador de serviços um dever de proteção do património do decorrente da boa fé[1409].

Já vimos que ela é mais intensa – caracterizante, mesmo – na relação bancária, traduzindo-se de entre outros, em deveres de proteção do património do cliente que lhe está confiado. Cremos mesmo que ainda que o que esse direito não esteja previsto nos contrato-quadro de serviços de pagamento, ainda assim, mesmo sem essa permissão específica, o prestador e serviços estava vinculado (não só podia, mas devia) a atuar com vista a tutelar os interesses patrimoniais do cliente.

Este dever tem mesmo uma particular intensidade, porque ele é dos baluartes da defesa do património do cliente. O banco tem que se dotar dos meios tecnológicos mais avançados para poder estar em posição de detetar se a segurança do instrumento não estará comprometida, se não está a ser utilizado de forma não autorizada ou fraudulenta.

O recurso a instrumentos informáticos, a aplicações de inteligência artificial, permite estabelecer padrões de comportamento de um dado cliente, quanto à frequência de utilização da conta, os horários, os montantes de que dispõe, os IPs utilizados. Há ainda formas técnicas de dotar sintomas de utilização potencialmente abusiva. Há padrões de abuso e de fraude.[1410]

O banco tem que se dotar de todos os meios que permitam fazer essa deteção e, havendo suspeita objetiva, exercer o direito de bloqueio nos termos definidos na norma – o que passa em primeiro lugar, e sempre que possível, pelo contacto com o utilizador.

[1409] Face ao regime anterior, M. Januário da Costa Gomes (*Contratos comerciais*, cit., p. 243) sublinhava a necessidade de o prestador de serviços de pagamento "adotar um comportamento que considere adequadamente a situação efetiva ou presumível do ordenante: é um dever que resulta da boa fé." O que sustentamos em texto é que esse princípio conforma a posição jurídica do banco em termos de lhe impor um dever de atuar.

[1410] Sublinha-se que o prestador de serviços de pagamento está obrigado a uma avaliação "exaustiva e atualizada" dos riscos operacionais e de segurança que enfrenta, bem como da adequação das medidas de mitigação e dos mecanismos de controlo implementados (art. 95º, nº 2 RSP).

81.7. As obrigações do utilizador associadas aos instrumentos de pagamento (art. 110º RSP)

I. O utilizador do instrumento de pagamento deve utilizá-lo de acordo com as condições que regem a sua emissão e utilização, as quais têm de ser "objetivas, não discriminatórias e proporcionais". Para esse efeito, deverá, logo que o receba, tomar todas "as medidas razoáveis" para preservar a segurança das suas credenciais de segurança personalizadas [art. 110º, nº 1, al. *a)* 2 RSP].

Deve ainda comunicar, "logo que tenha conhecimento dos factos e sem atraso injustificado", ao prestador de serviços de pagamento ou à entidade designada por este último, a perda, o furto, o roubo, a apropriação abusiva ou qualquer utilização não autorizada do instrumento de pagamento [art. 110º, nº 1, al. *b)* RSP].

II. Se não cumprir deliberadamente, ou seja, com dolo, uma ou mais destas obrigações, ou atuar de forma fraudulenta, cabe-lhe suportar todas as perdas decorrentes das de operações de pagamento não autorizadas (art. 115º, nº 3 RSP). A lei estende a imputação de perdas ao ordenante nos casos de negligência grosseira, fazendo sobre ele recair as perdas, mas, nesse caso, até ao limite do saldo disponível ou da linha de crédito associada à conta ou ao instrumento de pagamento (art. 115º, nº 4 RSP).

Importa sublinhar que a negligência grosseira deve ser devidamente separada da diligência ordinária ou culpa leve[1411]. Não basta a falta de cuidado que um bom pai de família, que aqui significa simplesmente um utilizador cuidadoso, desses instrumentos tivesse adotado, dentro das circunstâncias do caso concreto.

Vai para lá dessa medida. Implica um nível de falta de cuidado quase escandaloso, de um desleixo inadmissível seja para quem for (p. ex., deixar o seu nome de utilizador ou palavra passe à vista, ou num local de acesso a terceiros fora do seu círculo familiar ou de confiança próxima; ter o PIN junto ao cartão de débito). E não prescinde de elementos de caráter subjetivo, ligados ao próprio sujeito (idade, nível de formação, capacidades de memorização, etc.).[1412]

[1411] Para a distinção, ver I. Galvão Telles, *Direito das obrigações*, Coimbra Editora, Coimbra, 1997, pp. 354-355; L. Menezes Leitão, *Direito das obrigações*, vol. I, cit., pp. 286, ss.

[1412] Ver, com mais desenvolvimento, *infra*, nota

A porta para a imputação de perdas ao utilizador por esta via é, assim, bastante estreita.

81.8. As obrigações do prestador de serviços de pagamento associadas aos instrumentos de pagamento (art. 111º RSP)

I. O prestador de serviços de pagamento que emite um instrumento de pagamento deve assegurar que as credenciais de segurança personalizadas do instrumento de pagamento só sejam acessíveis ao utilizador de serviços de pagamento que tenha direito a utilizar o referido instrumento, sem embargo, porém, de a sua contraparte ter de cumprir os deveres que sobre ela impendem, nos termos do art. 110º RSP [art. 111º, al. *a)* RSP]

Deverá ainda abster-se de enviar instrumentos de pagamento não solicitados, salvo quando um instrumento deste tipo já entregue ao utilizador de serviços de pagamento deva ser substituído [art. 111º, al. *b)* RSP].

Cabe-lhe igualmente garantir a disponibilidade, *a todo o momento*, de meios adequados para permitir ao utilizador de serviços de pagamento proceder à comunicação a perda, o furto, o roubo, a apropriação abusiva ou qualquer utilização não autorizada do instrumento de pagamento [art. 110º, nº 1, al. *b)* RSP].

O que significa, de entre outros aspetos, que os canais de comunicação com o banco para este efeito devem ser de muito fácil acesso estar disponíveis 24 horas (e ser acessíveis também de forma simples fora do país). Esses sistemas devem valer, igualmente, para solicitar o desbloqueio logo que deixem de se verificar os motivos que levaram ao bloqueio do instrumento de pagamento [art. 108º, nº 4 RSP, art. 111º, al. *c)* RSP][1413].

Da mesma forma, terá que impedir a utilização do instrumento de pagamento, mal a referida comunicação lhe seja realizada [art. 110º, nº 1, al. *e)* RSP]. Mais, tem mesmo que facultar ao utilizador do serviço de pagamento, a pedido deste, os meios necessários para ele poder fazer prova, durante 18 meses após a comunicação, que ela foi efetuada ou que ele solicitou o desbloqueio nos termos acabados de referir [art. 110º, nº 1, al. *d)* RSP].

[1413] Efetuada a título gratuito, só podendo o prestador de serviços de pagamento cobrar apenas, e se for caso disso, os custos diretamente imputáveis à substituição do instrumento de pagamento [art. 110º, nº 2, RSP].

II. Note-se que o risco do envio ao utilizador de serviços de pagamento de um instrumento de pagamento ou das respetivas credenciais de segurança personalizadas corre por conta do prestador do serviço de pagamento [art. 110º, nº 1, al. *d)* RSP]. Razão pela qual os cartões e as *passwords* são envidas em separado.

81.9.1. A responsabilidade pela execução de uma operação de pagamento não autorizada[1414]

I. Não tendo a operação de pagamento sido autorizada nos termos legais, cabe ao prestador do serviço a restituição do valor, após ter tido conhecimento da operação ou após esta lhe ter sido comunicada o mais tardar até

[1414] O aumento exponencial nível de utilização dos serviços de pagamento tem levado ao aparecimento e desenvolvimento de múltiplas fraudes (que configuram operações de pagamento não autorizadas), que com o tempo, seguramente tenderão, a adquirir formas e níveis de sofisticação crescentes. As mais conhecidas são o *phishing* e o *pharming*. O primeiro consiste essencialmente no envio de mensagens para o correio eletrónico de um cliente bancário, por uma entidade que se identifica como sendo o banco, solicitando os dados necessários para aceder à conta. Em regra, era solicitada tanto a palavra passe como o cartão matriz, necessário para autorizar cada operação em si. O *pharming*, na falsificação de uma página na *internet* do banco para com os dados obtidos por essa via se aceder depois à conta do cliente defraudado. O acórdão particularmente relevante neste quadro foi aquele do STJ de 13/12/2013 (Ana Paula Boularot), in www.dgsi.pt, que distinguiu de forma clara ambas as situações e conclui no sentido de os "riscos da falha do sistema informático utilizado, bem como dos ataques cibernautas ao mesmo, têm de correr por conta do Réu". O acórdão foi tirado ao abrigo do direito anterior, mas com clara aplicação, por maioria de razão, face ao regime agora em vigor.

O quadro no qual estas e outras questões devem ser resolvidas resulta do atual RSP, que se expõe em texto. Note-se que o recurso aos princípios que se retiram da disciplina será igualmente bastante relevante para a resolução de diferentes questões, sempre novas, que neste domínio inevitavelmente, surgirão.

Sobre a fraude, ao abrigo do direito anterior, ver: MARIA RAQUEL GUIMARÃES, *As operações fraudulentas no homebanking na jurisprudência recente, Ac. do STJ de 18.12.2013, Proc. 6479/09*, CDP, 2015, pp. 9, ss.; idem, *O phishing de dados bancários e o pharming de contas. Análise jurisprudencial*, in: III congresso de direito bancário (coord. Miguel Pestana de Vasconcelos), Almedina, Coimbra, 2018, pp. 405, ss.; RAQUEL RIBEIRO LIMA, *A responsabilidade pela utilização abusiva on-line de instrumentos de pagamento eletrónico na jurisprudência portuguesa*, RED, 2016, nº 3, pp. 1, ss.. Na jurisprudência, ver o acórdão do STJ de 14/12/2016 (Pinto de Almeida), in: www.dgsi.pt.

Quanto a novos tipos de fraude, ver GEORG BORGES, *Electronic banking*, in: PETER DERLEDER/KAI-OLIVIER KNOPS/HEINZ GEORG BAMBERGER, *Deutsches und europäisches Bank- und Kapitalmarktrecht*, 3ª ed., Springer, Berlim/Heidelberga, 2017, pp. 598, ss..

ao final do primeiro dia útil seguinte àquele conhecimento ou comunicação (art. 114º, nº 1 RSP).

Só pode deixar de o fazer, se tiver motivos razoáveis para suspeitar de atuação fraudulenta do ordenante e comunicar por escrito esses motivos, no prazo indicado no número anterior, às autoridades judiciárias nos termos da lei penal e de processo penal (art. 114º, nº 2 RSP).

O prestador de serviço do ordenante, sendo esse o caso, repõe a conta de pagamento debitada na situação em que estaria se a operação de pagamento não autorizada não tivesse sido executada, devendo assegurar que a data-valor do crédito na conta de pagamento do ordenante não é posterior à data em que o montante foi debitado na conta. (art. 114º, ns. 3 e 4 RSP).

Na eventualidade de não tenham sido detetados motivos razoáveis que constituam fundamento válido de suspeita de fraude, ou essa suspeita não tenha sido comunicada, por escrito, à autoridade judiciária nos termos da lei penal e de processo penal, se o prestador de serviços não reembolsar de imediato o ordenante, este terá direito a juros de mora, contados dia a dia desde a data em que o utilizador de serviços de pagamento tenha negado que autorizou a operação de pagamento executada, até à data do reembolso, "calculados à taxa legal, fixada nos termos do Código Civil, acrescida de 10 pontos percentuais". (art. 114º, nº 10 RSP).

A lei, nesta eventualidade, admite ainda que o ordenante possa demonstrar danos de valor superior, tendo, nessa circunstância, direito a uma indemnização suplementar (art. 114º, nº 10 RSP).

II. Sendo este um dos nódulos das dificuldades que se podem gerar neste quadro, a lei consagrou um regime detalhado que, na essência, é altamente protetor do utilizador dos serviços.

Vejamos de forma sintética.

81.9.2. O ónus da prova

I. O primeiro elemento a ter em conta do ónus da prova (art. 113º, nº 1 RSP).

Se o utilizador de serviços negar ter autorizado a operação, ou alegar que ela foi incorretamente efetuada, cabe ao prestador do serviço de pagamento provar que a operação de pagamento foi autenticada, devidamente registada e contabilizada e que não foi afetada por avaria técnica ou qualquer outra deficiência do serviço prestado pelo prestador de serviços de pagamento[1415].

Contudo, note-se que a simples utilização do instrumento de pagamento registada pelo prestador de serviços (incluindo o prestador do serviço de iniciação do pagamento, quando for o caso) não é necessariamente suficiente, por si só, para provar que a operação de pagamento foi autorizada pelo ordenante, que este último agiu de forma fraudulenta, ou que não cumpriu, com dolo ou negligência grosseira, uma ou mais obrigações previstas no artigo 110º (art. 113º, nº 2 RSP).

Para afastar a sua responsabilidade, o prestador de serviços terá que apresentar elementos que demonstrem a existência de fraude, de dolo ou de negligência grosseira da parte do utilizador de serviços de pagamento (art. 113º, nº 4 RSP). A imposição ao prestador de serviços de apresentar provas da alegada negligência, resulta do facto, de, como se refere na DSP 2 (considerando 72), o ordenante apenas dispor de meios muito limitados para o efeito.

II. Trata-se de uma carga probatória muito pesada. Ou o prestador de serviços consegue demonstrar a existência de uma fraude, recorrendo aos meios técnicos à sua disposição para o efeito, onde se incluem evidentemente aqueles destinados a esse fim, ou então terá que demonstrar o dolo ou negligência grosseira.

Note-se, conforme já se sublinhou, que não basta negligência simples (ou culpa leve), é preciso negligência grosseira, o que significa uma falta de cuidado extremamente grave, que só uma pessoa muito pouco cuidadosa teria, havendo de se contar neste juízo também as especificidades do próprio agente que lhe podem impor um nível de exigência mais baixo face ao que resultaria da aplicação do critério geral (p. ex., atendendo à sua idade, capacidades, conhecimentos de informática)[1416].

Não será, pois, fácil ao prestador fazer a prova.

[1415] Se a operação de pagamento tiver sido iniciada através de um prestador do serviço de iniciação do pagamento, recai sobre este último o ónus de provar que, no âmbito da sua esfera de competências, a operação de pagamento foi autenticada e devidamente registada, e não foi afetada por qualquer avaria técnica ou por outra deficiência relacionada com o serviço de pagamento por si prestado (art. 113º, nº 2 RSP).

[1416] A noção de culpa grave no âmbito dos serviços de pagamento tem sido objeto de atenção por parte da doutrina, mas principalmente, pelo Supremo Tribunal alemão, que tem uma extensa jurisprudência nesta matéria. Entende-se que age com negligência grave aquele que que viola deveres de cuidado de forma extraordinária e com enorme extensão, ou

81.9.3. A imposição de perdas ao ordenante

I. O dever de restituição integral a lei impõe ao utilizador é mitigado – mas ainda assim de forma muito limitada –, nos casos de utilização de um instrumento de pagamento perdido, furtado, roubado ou da apropriação abusiva de um instrumento de pagamento. Nesta eventualidade, a lei impõe ao utilizador perdas dentro do limite do saldo disponível ou da linha de crédito associada à conta ou ao instrumento de pagamento, mas no máximo de 50 € (art. 115º, nº 1 RSP[1417]).

II. Afasta-se dessa forma, parcialmente, o regime da restituição integral decorrente do art. 114º RSP. Sublinhe-se que não se trata de um caso de responsabilidade do ordenante, que levaria a uma obrigação de indemnizar, como se refere na epígrafe da norma ("Responsabilidade do ordenante em caso de operação de pagamento não autorizada"), mas antes da limitação do dever de restituição do banco até aos montantes referidos.

No fundo, o risco de perdas até este valor, uma vez que não se exige qualquer culpa do utilizador (art. 115º, nº 1 RSP)[1418].

não adota deveres de cuidado que no caso de forma evidente qualquer um teria adotado. Contudo, esta análise não se faz só em termos objetivos, assentando exclusivamente no homem médio. Pelo contrário, tem de se ter igualmente em conta o circunstancialismo ligado à individualidade do próprio sujeito. O juízo de censura indesculpável tem que assentar nos dois níveis, objetivo e subjetivo. Cfr. D. Maihold, *Geldautomatensystem*, cit., p. 1541.

Como decorre da exposição em texto, cremos que esta dupla perspetiva, ou este duplo juízo, é necessário. Com efeito, recorrendo a alguns exemplos, se é exigível em termos gerais que o PIN seja memorizado, ou pelo menos guardado num local diverso do cartão, essa exigência não pode ser colocada a uma pessoa idosa com dificuldade de memorização e pouca familiaridade no uso destes instrumentos. Por outro lado, se, em regra, é claro pelas diversas indicações dadas pelos bancos sobre os diversos indícios de *phishing* e o *pharming*, esses elementos são pouco reconhecíveis para uma pessoa mais idosa e com escassos conhecimentos de informática. E, não o esqueçamos, este tipo de fraudes atinge especialmente os menos preparados, os mais frágeis. Ora, o sentido da lei, é conferir uma segurança particularmente ampla, pelo que este conjunto de elementos terá também que se incluído no modelo, a que chamaríamos bifásico.

[1417] O limite da lei anterior (art 72º, nº 1 do RSP I – aprovado pelo Dec.-Lei nº 317/2009 de 30/10) era de 150 euros. A Diretiva, na linha do reforço da tutela do utilizador, diminui-o para 50 euros, o que consistiu num reforço considerável de proteção do utilizador. Para casos claros de negligência grave, ver o acórdão do STJ de 31/01/2019 (Hélder Almeida), in: www.dgsi.pt.

[1418] Face ao art. 72º do regime anterior (em parte coincidente com o atual 115º RSP 2), M. Januário da Costa Gomes (*Contratos comerciais*, cit., p. 245) referia já que a norma regulava uma questão de risco.

A situação em termos de limitação das perdas verifica-se igualmente naqueles casos em que o ordenante tenha agido com culpa leve. Neste caso, não se trata de risco, mas de limitar as consequências do ato culposo do qual resultou um dano para o ordenante a esse valor. E fazer o restante recair sobre o prestador.

III. Todavia, mesmo nestas circunstâncias, este prejuízo limitado é afastado, se a perda, o furto, o roubo ou a apropriação abusiva de um instrumento de pagamento não pudesse ser detetada pelo ordenante antes da realização de um pagamento, ou a perda tiver sido causada por atos ou omissões de um trabalhador, de um agente ou de uma sucursal do prestador de serviços de pagamento, ou de uma entidade à qual as suas atividades tenham sido subcontratadas [art. 115º, nº 2, als. *a)* e *b)* RSP]. Estes riscos correm todos por parte do prestador de serviços, traduzindo-se na restituição integral.

IV. O quadro exposto altera-se em duas circunstâncias: nos casos de fraude, dolo ou negligência grosseira.

Assim, se o ordenante te tiver agido com se atuar fraudulenta ou ao incumprir de forma deliberado – leia-se, dolosa –, as obrigações que sobre ele impendem quanto aos serviços de pagamento, como se começou por referir, *supra* (art. 115º, nº 3 RSP) suporta *todas as perdas* resultantes de operações de pagamento não autorizadas. Fica excluída a responsabilidade do banco.

Por outro lado, se o ordenante atuar com negligência grosseira, suporta as perdas até *ao limite* do saldo disponível ou da linha de crédito associada à conta (p. ex., um descoberto) ou ao instrumento de pagamento, sem o limite dos 50 euros. Percebe-se: trata-se de um ilícito acompanhado pela forma mais grave de negligência, não havendo assim fundamento para impor a responsabilidade ao prestador para além daquele limite, sendo, pelo contrário, essa perda imputada ao utilizador (art. 115º, nº 4 RSP).

V. Estamos sempre dentro do âmbito da *autorização forte*. Na verdade, se o prestador de serviços de pagamento do ordenante não a exigir, a responsabilidade do ordenante é ainda mais restrita. Só suporta as perdas, se tiver atuado fraudulentamente (art. 115º, nº 5 RSP). Claro está que o banco só a dispensará quando o risco for diminuto ou a operação de baixo valor.

Todavia, caso o beneficiário ou o seu prestador de serviços de pagamento não aceite a autenticação forte do cliente, reembolsa os prejuízos financeiros causados ao prestador de serviços de pagamento do ordenante (art. 115º, nº 6 RSP).

VI. Cabe articular este regime com o dever de comunicar ao prestador de serviços de pagamento ou à entidade designada por este último, a perda, o furto, o roubo, a apropriação abusiva ou qualquer utilização não autorizada do instrumento de pagamento [art. 110º, nº 1, al. *b)* RSP]. Depois desse momento – ou seja realizada a comunicação –, o utilizador dos serviços de pagamento deixa suportar quaisquer consequências financeiras resultantes da utilização de um instrumento de pagamento perdido, furtado, roubado ou abusivamente apropriado. O limite aqui é, também, o da sua atuação fraudulenta (art. 115º, nº 7 RSP).

VII. A análise que estamos a fazer assenta nas relações entre o prestador de serviços e ordenante, deixando na sombra o terceiro que atuou ilicitamente ao retirar da conta do ordenante esses fundos. Claro está que, tendo atuado ilicitamente, responde sempre face ao titular da conta nos termos do art. 483º, nº 1 (para além da responsabilidade criminal), uma vez que lhe atinge um direito absoluto. Neste caso às somas pecuniárias. O titular da conta tem um crédito face ao banco, mas diz respeito a moeda escritural. Ao retirar esses fundos ilicitamente da sua conta retira-lhe moeda escritural, que é meio de pagamento, mesmo face ao Estado. Fundos esse que teria o direito de transformar em moeda legal, em termos garantidos pelo fundo de garantia dos depósitos, e em última instância pelo próprio Estado.

Ao restituir essa quantia ao ordenante, o banco terá depois direito a reavê-la perante o autor do desvio. Assim, como o ordenante no montante da perda que lhe foi imposta, ao abrigo da responsabilidade civil extracontratual por factos ilícitos.

Contudo, e esse é em grande parte o ponto, esses créditos dificilmente podem obter satisfação, até porque se desconhecerá a identidade do terceiro. Por isso, na prática tudo se resolverá no âmbito das relações entre o ordenante e o prestador de serviços de pagamento e correspondente distribuição das perdas entre eles.

81.9.4. O afastamento da responsabilidade. Os casos de força maior

I. A responsabilidade prevista nos artigos 103º a 134º RSP não é aplicável em caso de circunstâncias anormais e imprevisíveis alheias à vontade da parte que as invoca, se as respetivas consequências não tivessem podido ser evitadas apesar de todos os esforços desenvolvidos. Consiste num caso de força maior: anormal, imprevisível e cujas consequências, pese embora o cumprimento das obrigações do banco – nos rigorosos e extensos termos em que a lei as impõem (p. ex., em caso de guerra) –, não podiam ter sido evitadas.

II. Não existe igualmente responsabilidade, se o prestador de serviços de pagamento cumprir outras obrigações legais, nomeadamente as relacionadas com a prevenção do branqueamento de capitais e de financiamento do terrorismo (art. 135º RSP).

81.10. Os princípios estruturantes da responsabilidade da instituição de crédito nas operações de pagamento não autorizadas

I. Do regime exposto, é possível formular as seguintes conclusões, destacando os princípios que travejam a responsabilidade do banco nos casos de operações de pagamento não autorizadas, que são, por sua, vez, do maior relevo depois na interpretação das normas que compõem o regime.

II. Em primeiro lugar, cabe ao utilizador manter sistemas de segurança, de diversa natureza, *state of the art*, para impedir que a conta do utilizador dos serviços seja acedida por terceiros, sem a autorização deste. Como vimos, trata-se de uma verdadeira obrigação de resultado, próxima de uma obrigação de garantia.

A sua justificação económica é clara: o cliente paga diversas comissões, em crescendo, pela realização de operações de pagamento. O seu cerne, diríamos que um dos núcleos da contraprestação do banco pela comissão paga [que tem sempre nos termos da lei que ter como correspetivo um serviço efetivo por parte do banco – art. 3º, al. *f)* do Dec.-Lei nº 58/2013 de 8/5[1419]], é que a segurança dos fundos que confia ao banco seja protegida.

Ela desdobra-se, ou tem consagração direta, nos deveres de assegurar a proteção das credenciais e na deteção de operação abusivas ou fraudulentos.

[1419] Ver, *supra*, nº 60.

Mas tem caráter geral, como se vê. As operações abusivas ou fraudulentas podem assumir configurações muito diversas, e num momento em que sistemas de inteligência artificial possam dar vantagem aos *hackers*, o banco tem que assegurar a proteção das contas.

Violado o sistema, salvo em casos bastante restritos, de força maior, responde.

A autentificação forte consiste num meio eficiente de proteção adicional. Mas não é inviolável. Nada é, aliás, como bem se pode constar constante penetração dos mais sofisticados sistemas de segurança.

III. Em segundo lugar, face a uma operação não autorizada, cabe ao prestador do serviço a restituição do valor. Porém, nos casos específicos da utilização de um instrumento de pagamento perdido, furtado, roubado ou da apropriação abusiva de um instrumento de pagamento, a lei aloca essa perda ao cliente até ao montante até 50 euros. Depois desse valor, a responsabilidade cabe ao banco, no que consiste numa verdadeira responsabilidade pelo risco.

Só há um afastamento da responsabilidade do banco no âmbito das operações indevidas em caso de fraude ou de atuação dolosa. No que consiste, aliás, numa simples aplicação de um princípio geral do direito, nos termos do qual a fraude não pode beneficiar quem a pratica. Diga-se, ainda, que poderá haver aqui concomitantemente responsabilidade criminal.

Fora destas hipóteses, só uma atuação com negligência grosseira do utilizador do serviço afasta a responsabilidade do banco para além do valor de 50 euros. É o próprio utilizador que compromete os sistemas de segurança, incumprindo deveres que sobre ele impedem no âmbito da relação bancária/pagamento.

Mas exige-se negligência grosseira, o que é um caso extremo. A simples negligência simples, a culpa leve, não afasta a responsabilidade do banco.

Ou seja: no âmbito de riscos que lei faz recair sobre o banco (e que se incluem todos aquele relativos à penetração do sistema de segurança por terceiro – quando não haja, claro, culpa da sua parte por não ter um sistema suficientemente eficiente), inclui-se mesmo aquele decorre do risco de um comportamento ilícito e culposo do cliente que gerou a perda para além dos 50 euros. Portanto: do dano decorrente de uma ação ilícita, por incumprimento das obrigações contratuais, e culposa do cliente. Que vai mesmo, se o banco não exigir uma autentificação forte, aos casos de negligência grosseira da sua contraparte.

IV. Em conclusão, a responsabilidade do banco é no quadro do nosso sistema, excecionalmente intensa. E que o novo RSP deu passos mais largos nesse sentido.

O objetivo é claro: dado o relevo central dos sistemas de pagamentos na vida moderna, e a fonte crescente de rendimentos que os prestadores de serviços deles retiram, visa-se estabelecer uma proteção máxima dos titulares das contas.

Capítulo IX
Garantias bancárias

82. Garantias bancárias em geral

83. A caução

Ver M. PESTANA DE VASCONCELOS, *Direito das garantias*, 3ª ed., Almedina, Coimbra, 2013, pp. 81, ss..

Secção I
Reforço quantitativo da probabilidade de satisfação do crédito

84. A fiança

Ver M. PESTANA DE VASCONCELOS, *Direito das garantias*, 3ª ed., Almedina, Coimbra, 2019, pp. 85, ss..

85. A fiança em geral

Ver M. PESTANA DE VASCONCELOS, *Direito das garantias*, 3ª ed., Almedina, Coimbra, 2019, pp. 101, ss.

85.1. Modalidades particulares de fiança

Ver M. PESTANA DE VASCONCELOS, *Direito das garantias*, 3ª ed., Almedina, Coimbra, 2019, pp. 101, ss..

85.1.1. A subfiança

Ver M. Pestana de Vasconcelos, *Direito das garantias*, 3ª ed., Almedina, Coimbra, 2019, pp. 101, ss..

85.1.2. A retrofiança

Ver M. Pestana de Vasconcelos, *Direito das garantias*, 3ª ed., Almedina, Coimbra, 2019, pp. 102, ss..

85.1.3. A fiança geral ou *omnibus*

Ver M. Pestana de Vasconcelos, *Direito das garantias*, 3ª ed., Almedina, Coimbra, 2019, pp. 103, ss..

85.1.4. A fiança ao primeiro pedido

Ver M. Pestana de Vasconcelos, *Direito das garantias*, 3ª ed., Almedina, Coimbra, 2019, pp. 111, ss..

86. O mandato de crédito

Ver M. Pestana de Vasconcelos, *Direito das garantias*, 3ª ed., Almedina, Coimbra, 2019, pp. 117, ss..

87. O aval

Ver M. Pestana de Vasconcelos, *Direito das garantias*, 3ª ed., Almedina, Coimbra, 2019, pp. 120, ss..

87.1. O aval geral

Ver M. Pestana de Vasconcelos, *Direito das garantias*, 3ª ed., Almedina, Coimbra, 2019, pp. 124, ss..

88. A garantia autónoma

Ver M. Pestana de Vasconcelos, *Direito das garantias*, 3ª ed., Almedina, Coimbra, 2019, pp. 136, ss..

89. As cartas de conforto

Ver M. Pestana de Vasconcelos, *Direito das garantias*, 3ª ed., Almedina, Coimbra, 2019, pp. 160, ss..

90. O *Credit Default Swap* (CDS)

Ver M. Pestana de Vasconcelos, *Direito das garantias*, 3ª ed., Almedina, Coimbra, 2019, pp. 196, ss..

91. A solidariedade passiva

Ver M. Pestana de Vasconcelos, *Direito das garantias*, 3ª ed., Almedina, Coimbra, 2019, pp. 199, ss..

92. A assunção cumulativa de dívida

Ver M. Pestana de Vasconcelos, *Direito das garantias*, 3ª ed., Almedina, Coimbra, 2019, pp. 204, ss..

Secção II
Reforço qualitativo da probabilidade de satisfação do crédito

Subecção I
Garantias reais e figuras próximas

93. A hipoteca

Ver M. Pestana de Vasconcelos, *Direito das garantias*, 3ª ed., Almedina, Coimbra, 2019, pp. 213, ss..

94. O penhor

Ver M. Pestana de Vasconcelos, *Direito das garantias*, 3ª ed., Almedina, Coimbra, 2019, pp. 257, ss..

94.1. O penhor de coisas

Ver M. Pestana de Vasconcelos, *Direito das garantias*, 3ª ed., Almedina, Coimbra, 2019, pp. 265, ss..

94.2. O penhor de direitos

Ver M. Pestana de Vasconcelos, *Direito das garantias*, 3ª ed., Almedina, Coimbra, 2019, pp. 275, ss..

95. Os regimes particulares do penhor

Ver M. Pestana de Vasconcelos, *Direito das garantias*, 3ª ed., Almedina, Coimbra, 2013, pp. 296, ss..

95.1. O penhor mercantil

Ver M. Pestana de Vasconcelos, *Direito das garantias*, 2ª ed., Almedina, Coimbra, 2019, pp. 296, ss..

95.2. O penhor de estabelecimento

Ver M. Pestana de Vasconcelos, *Direito das garantias*, 3ª ed., Almedina, Coimbra, 2019, pp. 311, ss..

95.3. O penhor em garantia de créditos de estabelecimentos bancários

Ver M. Pestana de Vasconcelos, *Direito das garantias*, 3ª ed., Almedina, Coimbra, 2019, pp. 315, ss..

95.4. O penhor financeiro

Ver M. Pestana de Vasconcelos, *Direito das garantias*, 3ª ed., Almedina, Coimbra, 2019, pp. 317, ss..

95.5. O penhor de participações sociais

Ver M. Pestana de Vasconcelos, *Direito das garantias*, 3ª ed., Almedina, Coimbra, 2019, pp. 348, ss..

95.6. O penhor de letras e livranças

Ver M. Pestana de Vasconcelos, *Direito das garantias*, 3ª ed., Almedina, Coimbra, 2019, pp. 359, ss..

95.7. O penhor de conta bancária

Ver M. Pestana de Vasconcelos, *Direito das garantias*, 3ª ed., Almedina, Coimbra, 2019, pp. 362, ss..

95.8. O penhor geral ou *omnibus*

Ver M. Pestana de Vasconcelos, *Direito das garantias*, 3ª ed., Almedina, Coimbra, 2019, pp. 365, ss..

95.9. O penhor rotativo

Ver M. Pestana de Vasconcelos, *Direito das garantias*, 3ª ed., Almedina, Coimbra, 2019, pp. 367, ss..

95.10. O penhor irregular

Ver M. Pestana de Vasconcelos, *Direito das garantias*, 3ª ed., Almedina, Coimbra, 2019, pp. 374, ss..

Subsecção II
O recurso à titularidade de um direito com função de garantia

96. As alienações em garantia

Ver M. Pestana de Vasconcelos, *Direito das garantias*, 3ª ed., Almedina, Coimbra, 2019, pp. 608, ss..

96.1. As cessões de créditos em garantia

Ver M. Pestana de Vasconcelos, *Direito das garantias*, 3ª ed., Almedina, Coimbra, 2019, pp. 610, ss..

96.2. As alienações de coisas corpóreas móveis em garantia

Ver M. PESTANA DE VASCONCELOS, *Direito das garantias*, 3ª ed., Almedina, Coimbra, 2019, pp. 633, ss..

96.3. A "alienação fiduciária em garantia" como modalidade dos contratos de garantia financeira

Ver M. PESTANA DE VASCONCELOS, *Direito das garantias*, 3ª ed., Almedina, Coimbra, 2019, pp. 637, ss..

97. A criação de patrimónios autónomos

Ver M. PESTANA DE VASCONCELOS, *Direito das garantias*, 3ª ed., Almedina, Coimbra, 2019, pp. 646, ss..

Capítulo X
As entidades habilitadas a exercer as atividades previstas no RGICSF: as instituições de crédito e as sociedades financeiras

98. Introdução

I. As entidades habilitadas a exercer as atividades previstas no RGICSF (art. 10º RGICSF) são, essencialmente, as instituições de crédito e as sociedades financeiras[1420]. Trata-se dos entes que compõem o sistema bancário, no sentido amplo que aqui lhe estamos a dar, sendo, nessa medida, sujeitos à supervisão e regulação. Importa caraterizá-los.

99. As instituições de crédito

I. As instituições de crédito são "empresas que recebem do público depósitos ou outros fundos reembolsáveis e concedem crédito por conta própria" (art. 1º-A, nº 1 RGICSF). Toma-se aqui por modelo a principal instituição de crédito, que é o banco, recorrendo-se ao seu elemento caracterizador, o núcleo da sua atividade: a intermediação financeira. Há que realizar aqui um conjunto de precisões dada a natureza limitada desta definição.

[1420] Também, embora com um menor significado, as sucursais de instituições de crédito e de instituições financeiras com sede no estrangeiro [art. 10º, nº 1, al. *b)* RGICSF]. Nos termos do art. 2º-A, ll), para efeitos do RGICSF, uma sucursal consiste no "estabelecimento de uma empresa desprovido de personalidade jurídica e que efetue diretamente, no todo ou em parte, operações inerentes à atividade da empresa de que faz parte."

II. Em primeiro lugar, como se verá, nem todas as instituições de crédito podem praticar ambas as atividades previstas e, por vezes, não se dedicam a nenhuma delas. A qualificação de um ente como instituição de crédito não decorre do preenchimento das notas incluídas na noção, mas depende simplesmente de ato do legislador.

Em segundo lugar, os bancos podem desenvolver um conjunto muito amplo de outras operações para além da concessão de crédito e financiam-se não só através de depósitos, mas igualmente junto do Banco central, nos mercados interbancários e através da emissão de valores mobiliários, *maxime* obrigações.

Por último, a lei não exige que os depósitos se destinem à concessão de crédito. As instituições de crédito – e os bancos em particular – podem recorrer aos depósitos, como às outras fontes de financiamento aliás, para os destinarem a outras finalidades.

III. O art. 1º-A, nº 2, aditado pelo Dec.-Lei nº 109-H/2021, de 10/12, amplia o âmbito das instituições de crédito a entidades que não preenchem nenhum das funções que compõem a sua definição. Consistem em empresas que, "não sendo um operador em mercadorias e licenças de emissão, um organismo de investimento coletivo ou uma empresa de seguros, exerce as atividades de negociação por conta própria, de tomada firme de instrumentos financeiros ou a colocação de instrumentos financeiros com garantia", desde que se verifiquem uma de três condições ligadas ao valor total dos seus do ativos [art. 1º-A, nº 2, als. *a)*, *b)* e *c)* RGICSF].

IV. A lei depois prevê diversas modalidades de instituições de crédito: os bancos, as caixas económicas[1421], a caixa central de crédito agrícola mútuo e as caixas de crédito agrícola mútuo[1422], as instituições financeiras de cré-

[1421] Há que distinguir entre as caixas económicas bancárias, que são equiparadas a bancos (princípio geral da equiparação) e que estão assim sujeitas ao RGICSF (art. 18º do regime jurídico das caixas económicas – RJCE –, aprovado pelo art. 2º do Dec.-Lei nº 190/2015 de 10/9) e as caixas económicas anexas que podem praticar as atividades previstas no art. 8º do RJCE (tendo particular relevo o art. 8º, nº 6, quanto aos sujeitos).

[1422] Nos termos do art. 50º, nº 2 do regime jurídico do crédito agrícola mútuo e das cooperativas de crédito agrícola mútuo – RJCAMCCAM –, aprovado pelo Dec.-Lei nº 24/91, de 11/1, diversas vezes alterado, e republicado pelo Dec.-Lei nº 142/2009, de 16/6), "o objeto da Caixa Central abrange a concessão de crédito e a prática dos demais atos inerentes à atividade bancária, nos mesmos termos autorizados aos bancos". O mesmo sucede, de forma mais limitada (arts. 26º,

dito (IFIC) e as instituições de crédito hipotecário [art. 3º, als. *a)*, *b)*, *c)*, *d)* e *e)* RGICSF]. Poderão ser igualmente instituições de crédito, as empresas de investimento que tenham obtido autorização ao abrigo do regime especial de autorização previsto no artigo 21º-A RGICSF [art. 3º, al. *m)* RGICSF] e aquelas a lei as qualifique como tal e que preencham os requisitos do art. 1º-A, nº 1 RGICSF[1423].

Deste elenco, as IFICs, não obstante serem qualificadas como instituições de crédito, não preenchem os requisitos do art. 1º-A, nº 1 RGICSF, uma vez que não podem receber depósitos (art. 1º, nº 1 do Dec.-Lei nº 186/2002, de 21/8), embora possam praticar a generalidade das operações bancárias ativas.

V. A amplitude dos atos que as instituições de créditos podem praticar variam bastante, sendo extensíssima para os bancos (art. 4º RGICSF), e mais restrita para as outras, que só podem praticar as "operações permitidas pelas normas legais e regulamentares que regem a sua atividade" (art. 4º, nº 2 RGICSF).

99.1. Os bancos

I. As instituições de crédito mais relevantes são os bancos. Eles podem, como começámos logo por pôr em destaque, desempenhar um elenco muitíssimo extenso de atividades previstas no art. 4º, nº 1 RGICSF, que consagra, de forma generosa, o modelo da banca universal. Não foi adotado o modelo da separação entre os bancos comerciais e os bancos de investimento, imposto nos EUA, na sequência do *crash* financeiro de 1929, pelo *Glass-Steagall Act*, de 1933, até à sua revogação em 1999 pelo *Gramm-Leach-Bliley Act*.

27º, 28º), com as caixas de crédito agrícola mútuo, embora as suas atividades, com autorização do BP, se possam alargar consideravelmente – art. 36º-A RJCAMCCAM). Sobre elas, ver J. Pacheco De Amorim, *Dos poderes de supervisão bancárias sobre as caixas agrícolas locais outorgados por lei à "Caixa central" no âmbito do sistema integrado de crédito agrícola mútuo*, in: *La regulácion económica. En especial la regulación bancaria* (Actas del IX Congreso Hispano-Luso de Derecho Administrativo) (dir. Manuel Rebollo Puig), Universidad de Cordoba, Iustel, Madrid, 2012, pp. 571, ss..

[1423] A lei remete para o artigo anterior. Contudo, a definição de instituição de crédito passou do artigo anterior, o art. 2º, para o art. 1º-A, nº 1 RGICSF, sem que o art. 3º, al. *m)* RGICSF tenha sido alterado em conformidade. Haverá que fazer essa interpretação corretiva.

Destacamos três núcleos da atividade bancária: a intermediação financeira **(i)**, espelhada nas alíneas *a)* e *b)*, a participação nos sistemas de pagamentos **(ii)** [alíneas *c)* e *d)*], que, em conjunto, compõem a *commercial banking* e a atuação no seio dos valores mobiliários **(iii)**, que corresponde ao *investment banking*. Como já se referiu *supra*, aquando da delimitação do âmbito da disciplina, os bancos são os prestadores de serviços financeiros [art. 11º, nº 1, al. *a)* RSP] e os intermediários financeiros [art. 293º, nº 1, al. *a)* CVM] mais relevantes.

Mas, para além dessas atividades, os bancos podem praticar um conjunto de atos, de natureza distinta, como, p. ex., a mediação de seguros, prestação de informações comerciais ou aluguer de cofres e guarda de valores [art. 4º, nº 1, als. *n), o), p)* RGICSF].

100. As sociedades financeiras

I. Estes entes são instituições financeiras nas quais se incluem as sociedades financeiras de crédito, as sociedades de investimento, as sociedades de locação financeira, as sociedades de *factoring*, as sociedades de garantia mútua, as sociedades de desenvolvimento regional, as agências de câmbios e as sociedades financeiras de microcrédito [art. 6º, nº 2, respetivamente, als. *i), ii), ii), iv), v), vii), viii)* e *x)* RGICSF]. Para efeitos do RGICSF, não se consideram sociedades financeiras as empresas de seguros e as sociedades gestoras de fundos de pensões (art. 6º, nº 3 RGICSF).

Por fim, não são sociedades financeiras as entidades reguladas no regime jurídico da titularização de créditos, no regime geral dos organismos de investimento coletivo e no regime jurídico do capital de risco, empreendedorismo social e investimento especializado.[1424]

As sociedades financeiras só podem efetuar as operações permitidas pelas normas legais e regulamentares que regem a respetiva atividade (art. 7º RGICSF).

101. O princípio da exclusividade

101.1. Os depósitos e outros fundos reembolsáveis

I. Só as instituições de crédito podem exercer a atividade de receção, do público, de depósitos ou outros fundos reembolsáveis, para utilização

[1424] A atividade das casas de penhores rege-se por legislação especial (art. 6º, nº 4 RGICSF).

por conta própria (art. 8º, nº 1 RGICSF). A lei afasta do conceito de fundos reembolsáveis recebidos do público os fundos obtidos mediante emissão de obrigações, nos termos e limites do CSC ou da legislação aplicável e os fundos obtidos através da emissão de papel comercial, nos termos e limites da legislação aplicável (art. 9º, nº 1 RGICSF).

II. Trata-se de uma proibição absoluta. Mais nenhuma entidade pode desenvolver esta atividade de receção do público de depósitos ou fundos reembolsáveis para os utilizar por conta própria.

III. A lei contempla exceções. Algumas entidades podem recolher fundos do público nos termos das disposições legais, regulamentares ou estatutárias aplicáveis: o Estado, incluindo fundos e institutos públicos dotados de personalidade jurídica e autonomia administrativa e financeira; as Regiões Autónomas e autarquias locais; o Banco Europeu de Investimento e outros organismos internacionais públicos de que Portugal faça parte e cujo regime jurídico preveja a faculdade de receberem do público, em território nacional, fundos reembolsáveis; e as empresas de seguros, no respeitante a operações de capitalização [art. 3º, nº 3, als. *a*), *b*), *c*), *d*) RGICSF].

101.2. A concessão de crédito e outras atividades

I. Numa outra vertente, só as instituições de crédito ou as sociedades financeiras podem exercer, a *título profissional*, a concessão de crédito, locação financeira e *factoring*, assim como as outras as atividades referidas nas alíneas *b*) a *i*) e *q*) a *s*) do nº 1 do artigo 4º RGICSF, com exceção da consultoria referida na alínea *i*)[1425]. A lei contempla um conjunto de

[1425] A saber: as operações de crédito, incluindo concessão de garantias e outros compromissos, locação financeira e factoring, serviços de pagamento, tal como definidos no artigo 4º do regime jurídico dos serviços de pagamento e da moeda eletrónica; a emissão e gestão de outros meios de pagamento, não abrangidos pela alínea anterior, tais como cheques em suporte de papel, cheques de viagem em suporte de papel e cartas de crédito; transações, por conta própria ou da clientela, sobre instrumentos do mercado monetário e cambial, instrumentos financeiros a prazo, opções e operações sobre divisas, taxas de juro, mercadorias e valores mobiliários; a participação em emissões e colocações de valores mobiliários e prestação de serviços correlativos; a atuação nos mercados interbancários; a consultoria, guarda, administração e gestão de carteiras de valores mobiliários; a gestão de outros patrimónios, locação de bens móveis, nos termos permitidos às sociedades de locação financeira; a prestação dos serviços e exercício das atividades de investimento previstos nos artigos 290º e 291º do

exceções no art. 4º, nº 4 RGICSF, delimitadas em função do sujeito e do objeto[1426].

II. Estamos perante uma proibição relativa. Neste caso, é exigido o requisito da profissionalidade, o que significa a prática dessa atividade de forma habitual com vista à obtenção de lucro.

Atos isolados não estão incluídos. Nada obsta a que a que uma empresa com uma frota de automóveis que pretende alienar recorra para tal a contratos de locação financeira relativamente a esses bens. O que lhe está vedado é dedicar-se a essa atividade. O mesmo, como é evidente, se uma empresa conceder crédito a uma outra ou prestar uma ou mais garantias. Só a profissionalidade está afastada. Cremos igualmente que este requisito não se verifica se não for dirigido ao público em geral.

III. A lei delimita aquelas atividades que não constituem, também para este efeito, concessão de crédito (art. 9º, nº 2 RGICSF). Temos assim os suprimentos e outras formas de empréstimos e adiantamentos entre uma sociedade e os respetivos sócios [art. 9º, nº 1, al. *a)* RGICSF], que, sendo concessão de crédito, se circunscrevem a um círculo limitado e visam uma função específica, e fundamental, de financiamento societário[1427].

Em segundo lugar, inscreve-se a concessão de crédito por empresas aos seus trabalhadores, por razões de ordem social, hipótese em que se

Código dos Valores Mobiliários; emissão de moeda eletrónica; e outras operações análogas e que a lei lhes não proíba (art. 8º, nº 2 RGICSF).

[1426] A receção e transmissão de ordens e da consultoria para investimento em valores mobiliários, por consultores para investimento; a receção e transmissão de ordens e da consultoria para investimento em instrumentos financeiros, por sociedades de consultoria para investimento; a gestão de sistemas de negociação multilateral, por sociedades gestoras de sistema de negociação multilateral, bem como por sociedades gestoras de mercado regulamentado; a prestação de serviços de pagamento, por instituições de pagamento e instituições de moeda eletrónica, de acordo com as normas legais e regulamentares que regem a respetiva atividade; a prestação de serviços incluídos no objeto legal das agências de câmbio, por instituições de pagamento, de acordo com as normas legais e regulamentares que regem a respetiva atividade; a emissão de moeda eletrónica, por instituições de moeda eletrónica, de acordo com as normas legais e regulamentares que regem a respetiva atividade; e a concessão de crédito por organismos de investimento alternativo especializado de créditos, de acordo com as normas legais e regulamentares que regem a respetiva atividade [art. 4º, nº 4, als. *a)* a *g)* RGICSF].

[1427] Sobre eles, ver, *supra*, nº 42.3.

junta à delimitação do sujeitos a função do crédito concedido [art. 9º, nº 1, al. *b)* RGICSF].

Num terceiro grupo inserem-se as dilações ou antecipações de pagamento acordadas entre as partes em contratos de aquisição de bens ou serviços. São formas de financiamento, quer do comprador ou a contraparte do prestador de serviços, quer deste ou do vendedor.

É prática comercial comum, tanto na compra e venda, como na prestação de serviços, a entrega da coisa ou prestação do serviço com a concessão de um prazo para pagamento do preço (30, 60, 90 dias). Por vezes, os pagamentos são repartidos em prestações (asseguradas, ou não, por uma reserva de propriedade) [art. 9º, nº 1, al. *c)* RGICSF]. Consiste na denominada concessão de crédito comercial, e é ela que justifica, como se viu, o recurso do vendedor ou prestador de serviços ao *factoring*.

Os adiantamentos são o reverso da medalha. O comprador, dono da obra ou contraparte do prestador de serviços paga antecipadamente parte do preço à outra parte para a financiar, mas no âmbito do cumprimento de um determinado contrato concluído entre elas. Assim, p. ex., se o comprador adiantar a quantia necessária à aquisição dos bens necessários à produção das mercadorias.

As operações de tesouraria, quando legalmente permitidas, entre sociedades que se encontrem numa relação de domínio ou de grupo, que operam sempre num círculo delimitado de entidades e consistem numa forma de financiamento entre elas. [art. 9º, nº 1, al. *d)* RGICSF], também não são, para este efeito, consideradas crédito. Por fim, com um significado residual, a emissão de senhas ou cartões para pagamento dos bens ou serviços fornecidos pela empresa emitente são, igualmente, excluídos [art. 9º, nº 1, al. *e)* RGICSF].

Em qualquer dos casos previstos no elenco legal, o crédito não se destina ao público no sentido de destinatários indeterminados, mas a um conjunto delimitado de sujeitos. Daí ser discutível que sejam verdadeiras exceções, por a atividade da banca se destinar necessariamente ao público em geral, revestindo, pelo contrário, meramente um caráter de "natureza meramente declarativa"[1428]. O que, na essência, nos parece correto. O decisivo aqui é a tutela do público como conjunto de destinatários indeterminados do crédito, limitando a entes regulados e supervisionados essa atividade.

[1428] Augusto de Atahyde, *et alia*, *Curso de direito bancário*, vol. I, cit., p. 185. Igualmente neste sentido A. Menezes Cordeiro, *Direito bancário*, cit., p. 1129.

Capítulo XI
A atividade e os entes de regulação e de supervisão

102. Introdução

I. Como se referiu, a matéria bancária assenta naquele conjunto de atividades que a caraterizam (intermediação financeira e sistemas de pagamento), as entidades habilitadas a exercê-las, os entes, e a atividade, de regulação e supervisão.

Este capítulo centra-se na atividade de regulação e supervisão e nos entes que as exercem. Na exposição centramo-nos exclusivamente nas instituições de crédito. Como vimos, dada a consagração da banca universal (art. 4º RGICSF), as instituições de crédito podem praticar atividades [p. ex., as als. *e), f), h)*, art. 4º RGICSF], previstas e reguladas no CVM, na qualidade de intermediários financeiros. Quando assim for, estão sujeitos à regulação e supervisão pela CMVM (art. 359º CVM).

II. Dada a existência de diversos órgãos com competências diferentes e a necessidade de articulação ente eles, a matéria reveste uma especial complexidade, de que destacamos dois aspetos.

O primeiro está relacionado com a União bancária em si, como se sabe, composta por três pilares: o mecanismo único de supervisão (*Single Supervisory Mechanism* – SSM), o mecanismo único de resolução (*Single Resolution Mechanism* – SRM) e o fundo comum de garantia de depósitos (*Common Deposit Guarantee Fund*)[1429].[1430]

[1429] Sobre ele, ver José Manuel Quelhas, *Impasse no sistema europeu de seguro de depósitos*, BCEFDUC, 2016, pp. 393, ss..

[1430] Cfr. Guido Ferrarini/Luigi Chiarella, *Common Banking Supervision in the Eurozone: Strengths and Weaknesses* (August 1, 2013). ECGI – Law Working Paper No. 223/2013 (disponível

O Mecanismo único de supervisão, por sua vez, articula-se com as funções da Autoridade bancária europeia e tem uma relação próxima com a resolução bancária e, portanto, com o Mecanismo único de resolução (MUR).

A segunda densificação da complexidade de regime decorre da amplitude da supervisão, das suas modalidades, das diferentes entidades a quem são atribuídas e da relação que se estabelece entre elas. Conforme melhor se destacará, alguns destes órgãos, como BCE e o BP, são ao mesmo tempo autoridades monetárias e de regulação e supervisão.

III. Em termos de plano de exposição, começar-se-á por distinguir a regulação e a supervisão e suas modalidades. Num segundo momento, serão caracterizados os órgãos que as exercem e as competências respetivas.

Secção I
As atividades de regulação e de supervisão

103. A supervisão e a regulação

I. Num sentido amplo[1431], a supervisão compreende a própria regulação. Deve, no entanto, distinguir-se. É essencial, aliás, que se faça, porque uma coisa é a criação de normas, com vista a assegurar a "estabilidade financeira e os consumidores dos produtos financeiros"[1432]; outra, a fiscalização da sua aplicação.[1433] As falhas a um nível não significam as falhas a outro.

em SSRN: http://ssrn.com/abstract=2309897), p. 4. Ver ainda sobre esta matéria: Paulo Câmara, *Supervisão bancária: recentes e próximos desenvolvimentos*, in: I congresso de direito bancário (coord. Miguel Pestana de Vasconcelos), Almedina, Coimbra, 2015, pp. 298, ss; Alexandria Carr/Salomé Cisnal De Ugarte/Jörg Wulfken, *Towards a European banking union: the commission announces a new legal framework for banking supervision*, Banking LJ, 2013, pp. 60, ss..

[1431] Sobre o tema, ver Paulo Câmara, *Supervisão bancária: recentes e próximos desenvolvimentos*, cit., pp. 283, ss..

[1432] *The High-level group on financial supervision in the UE Report* (relatório Laroisière), in: https://ec.europa.eu/economy_finance/publications/pages/publication14527_en.pdf, p. 13

[1433] "Regulation is the set of rules and standards that govern financial institutions; their main objective is to foster financial stability and to protect the customers of financial services. Regulation can take different forms, ranging from information requirements to strict

Os órgãos competentes para a regulação não são necessariamente os mesmos a quem é cometida a supervisão, embora tal seja frequente.

104. As modalidades de supervisão

I. No âmbito da supervisão, teremos que distinguir a supervisão prudencial da comportamental[1434].

104.1. A supervisão prudencial

I. A supervisão prudencial incide sobre a aplicação das normas prudenciais, em particular, dada a sua importância central, aquelas dos fundos próprios. Esta últimas disposições visam dar corpo aos diversos acordos de Basileia (I, II e III)[1435] e integram a Diretiva 2013/36/EU do Parlamento Europeu e do Conselho de 26 de junho de 2013 e o regulamento (UE) nº 575/2013 do Parlamento Europeu e do Conselho de 26 de junho de 2013 (relativo aos requisitos prudenciais para as instituições de crédito e para as empresas de investimento)[1436]. Nos tempos mais recentes, teve alargamento considerável, incidindo igualmente sobre o governo societário dos bancos e a adequação dos administradores, de entre outras[1437].

II. Ela pode ser microprudencial ou macroprudencial. A primeira tem por objeto cada uma das instituições em si consideradas, com a finalidade de garantir a sua liquidez e solvência, tutelando dessa forma os fundos que lhe foram entregues pelos clientes. Tal tem, evidentemente, reflexos no sistema como um todo. Mas a análise é de cada umas das instituições.

measures such as capital requirements. On the other hand, supervision is the process designed to oversee financial institutions in order to ensure that rules and standards are properly applied – *The High-level group on financial supervision in the UE Report* (relatório Laroisière)", in: https://ec.europa.eu/economy_finance/publications/pages/publication14527_en.pdf, p. 13

1434 Sobre esta matéria em termos gerais, ver: LARS BROCKER, *§ 81 Bankenaufsicht*, in: *Deutsches und europäisches Bank- und Kapitalmarktrecht*, P. Derleder/K.-O Knops/H. G. Bamberger (Hrsg.), 3ª ed., Springer Verlag, Berlin, Heidelberga, 2017, pp. 1591, ss..

1435 Sobre eles, ver MANUEL MAGALHÃES, *A evolução do direito prudencial bancário no pós-crise: Basileia III e CRD IV*, in: O novo direito bancário (coord. Paulo Câmara, Manuel Magalhães), Almedina, Coimbra, 2012, pp. 285, ss..

1436 Ver, detalhadamente, GEORGIOS ZAGOURAS, *§ 124b. Eu-Bankenunion*, in: Schimansky/Bunte/Lwowsky, *Bankrechts-Handbuch*, II, 5ª ed., C.H. Beck, Munique, 2017, pp. 2590, ss..

1437 PAULO CÂMARA, *Supervisão bancária: recentes e próximos desenvolvimentos*, in: I congresso de direito bancário (coord. Miguel Pestana de Vasconcelos) Almedina, Coimbra, 2015, p. 297.

A segunda incide sobre todo o sistema financeiro, centrando-se nos seus riscos e vulnerabilidades. Uma das causas da crise de 2007/2008 foi uma focagem única na supervisão de cada uma das instituições, não havendo uma visão de conjunto que permitisse detetar riscos sistémicos[1438]. As reformas decorrentes do relatório Laroisière, deram origem depois ao Comité Europeu do Risco Sistémico (ESRB) – que integra, como se verá, o Sistema Europeu de Supervisão Financeira (SESF) – ao qual cabe de forma mais precisa monitorizar e avaliar o risco sistémico em períodos normais, com o objetivo de atenuar a exposição do sistema ao risco de insolvência de componentes sistémicos e aumentar a resistência do sistema financeiro aos choques[1439].

III. Pese embora a distinção entre as referidas modalidades de supervisão ser clara, há uma clara interdependência entre uma e outra, porque, como se refere no relatório Laroisière[1440], a supervisão macroprudencial para ter sentido deve ter impacto na supervisão microprudencial, e esta não pode salvaguardar a estabilidade financeira,sem ter em conta os desenvolvimentos a nível macroprudencial.[1441]

104.2. A supervisão comportamental

I. A supervisão comportamental (arts. 73º e segs. RGICSF)[1442] abrange o relacionamento das instituições de crédito com os seus clientes no âmbito da comercialização de produtos e serviços bancários de retalho, como as contas, depósitos, crédito aos consumidores e às empresas[1443], cartões, transferências, cheques e débitos diretos. É uma atribuição do Banco de

[1438] Sobre eles, ver José Manuel Quelhas, *Nótulas sobre a reforma do sector bancário da União Europeia após a crise financeira de 2007*, BCEFDUC, 2013, pp. 475, ss.

[1439] Assim, considerando 10 do regulamento (UE) nº 1092/2010 do Parlamento europeu e do conselho de 24 de novembro de 2010.

[1440] *The High-level group on financial supervision in the UE Report*, cit., p. 38.

[1441] "Macro-prudential supervision cannot be meaningful unless it can somehow impact on supervision at the micro-level; whilst micro-prudential supervision cannot effectively safeguard financial stability without adequately taking account of macro-level developments."

[1442] Sobre ela, em termos gerais, ver Joana Pinto Monteiro, *O desenvolvimento recente da supervisão comportamental*, in: O novo direito bancário (coord. Paulo Câmara/Manuel Magalhães), Almedina, Coimbra, 2012, pp. 227, ss..

[1443] Exceto os que tenham por finalidade o financiamento de operações sobre instrumentos financeiros.

Portugal (arts. 73º e segs. RGICSF), a quem compete a regulamentação, a fiscalização e sancionamento das entidades supervisionadas.

Focada numa primeira linha na tutela dos clientes dos bancos, a supervisão comportamental tem efeitos diretos na própria confiança no sistema bancário e, por isso, não se pode dissociar da supervisão prudencial. É óbvio: o recurso a práticas comerciais que atinjam a confiança dos clientes nas instituições alastra depois para todo o sistema financeiro.

Secção II
Os órgãos a quem cabe a supervisão e a regulação

105. Introdução

I. Passamos a ver a que órgãos cabem a supervisão e a regulação bancária. Como aos principais atores do sistema desempenham igualmente funções monetárias, é indispensável analisar as suas competências também nesta matéria, uma vez que elas têm um efeito relevante na atividade bancária e nas taxas de juro praticadas pelas instituições de crédito nas relações com os seus clientes. O que exige que a exposição incida sobre o sistema europeu de bancos centrais (SEBC), onde se inserem o BCE e o BP. Dado sistema bancário ser parte do integrante do sistema financeiro, iremos, depois, expor a composição e as funções do Sistema Europeu de Supervisão Financeira (SESF).

II. Subsequentemente, o foco incidirá sobre a supervisão em si, cujo cerne é o Mecanismo Único de Supervisão (MUS), composto pelo BCE e pelas autoridades nacionais, no nosso caso o BP. Dado o papel da Autoridade Bancária Europeia (EBA) na harmonização normativa da supervisão na UE, serão analisadas as suas competências.

Por último, iremos caracterizar o BCE, tanto em termos orgânicos, como de competências. Na verdade, ele constitui o vetor central do sistema bancário, pelo seu papel chave no SEBC e no MUS. Seguir-se-á o BP. Já não lhe cabem funções monetárias, e têm competências limitadas no âmbito da supervisão e regulação prudencial. Contudo, continua a ser o supervisor comportamental, matéria de grande relevância.

106. O sistema europeu de bancos centrais (SEBC)

I. O SEBC é constituído pelo BCE e pelos bancos centrais nacionais, sendo dirigido pelos órgãos de decisão do BCE, que são o Conselho e a comissão executiva (art. 129º, nº 1 TFUE) e os seus estatutos, assim como os do BCE, constam protocolo nº 4 anexo aos tratados (art. 129º, nº 2 TFUE). No seu seio inclui-se um núcleo mais restrito composto pelo BCE e os bancos centrais nacionais dos Estados-Membros que adotaram o Euro: o Eurosistema (art. 1º SEBCBCE).

II. São atribuições fundamentais do SEBC, a definição e execução da política monetária da União, a realização de operações cambiais compatíveis com o disposto no artigo 219º, a detenção e gestão das reservas cambiais oficiais dos Estados-Membros e a promoção do bom funcionamento dos sistemas de pagamentos (art. 127º, nº 2 TFUE).

Nos termos do TFUE, "o objetivo primordial do Sistema Europeu de Bancos Centrais (...) é a manutenção da estabilidade dos preços." (art. 127º, nº 1 TFUE, primeiro parágrafo), ou seja, controlar a inflação e manter o valor da moeda. Adicionalmente, o SEBC apoiará as políticas da UE políticas económicas gerais na União, tendo em vista contribuir para a realização dos objetivos da União tal como se encontram definidos no artigo 3º do Tratado da União Europeia." (art. 127º, nº 1 TFUE, segundo parágrafo).

Contudo, note-se, se eles não comprometerem o objetivo da estabilidade de preços. É essa a função central do SEBC e dele não se pode desviar, sob pena de incumprir o Tratado[1444].

107. O Sistema Europeu de Supervisão Financeira (SESF)

I. O Sistema Europeu de Supervisão Financeira (SESF)[1445] tem por finalidade garantir a supervisão do sistema financeiro da UE, sendo composto pelo Comité Europeu do Risco Sistémico (ESRB) – a quem cabe a supervisão macroprudencial do sistema financeiro da EU e da prevenção

[1444] Sobre o ponto, ver MICHAEL IONNIDIS/SARAH JANE/HLÁSKOVÁ MURPHY/CHIARA ZILIOLI, *The mandate of the ECB: Legal considerations in the ECB's monetary policy strategy review*, Occasional Paper Series No 276/September 2021, European Central Bank, pp. 3, ss.

[1445] O regulamento (UE) nº 1092/2010 do Parlamento Europeu e do Conselho estabeleceu uma supervisão macroprudencial do sistema financeiro a nível da União e um Comité Europeu do Risco Sistémico (ESRB).

e mitigação de risco sistémico -[1446], pela Autoridade Bancária Europeia (EBA), pela Autoridade Europeia dos Seguros e Pensões Complementares de Reforma, pela Autoridade Europeia dos Valores Mobiliários e dos Mercados, pelo Comité Conjunto das Autoridades Europeias de Supervisão (Comité Conjunto)[1447] e pelas as autoridades competentes ou de supervisão dos Estados-Membros[1448] [art. 2º, nº 1 do Regulamento (UE) nº 1093/2010 do Parlamento Europeu e do Conselho, de 24 de novembro de 2010][1449]. Estas entidades devem atuar em rede, numa relação de colaboração recíproca.

O principal objetivo do sistema é "assegurar que as regras aplicáveis ao sector financeiro sejam aplicadas adequadamente para preservar a estabilidade financeira e garantir a confiança no sistema financeiro no seu conjunto e uma proteção suficiente aos consumidores de serviços financeiros." [art. 2º, nº 1 do regulamento (UE) nº 1093/2010 do Parlamento Europeu e do Conselho, de 24 de novembro de 2010] [1450].

108. O Mecanismo único de supervisão (MUS)

I. O Mecanismo único de supervisão (MUS)[1451], que iniciou o funcionamento em 4 de novembro de 2014, é composto pelo Banco Central Europeu (BCE) e os bancos centrais dos países do Euro, bem como aqueles de outros Estados que, não pertencendo ao Euro, optem por o integrar [art. 2º, 9) do regulamento (UE) nº 1024/2013 do Conselho, de 15 de outubro de 2013].

[1446] Que incide não só sobre as instituições de crédito, mas igualmente sobre seguradores, gestão de patrimónios e infraestrutura de negociação.

[1447] Para a execução das atribuições especificadas nos artigos 54º a 57º do regulamento (UE) nº 1093/2010, do regulamento (UE) nº 1094/2010 e do Regulamento (UE) nº 1095/2010 [art. 2º, nº 1, al. *e)* do regulamento (UE) nº 1093/2010].

[1448] Especificadas nos atos da União referidos no nº 2 dos artigos 1º do regulamento (UE) nº 1093/2010, do regulamento (UE) nº 1094/2010 e do regulamento (UE) nº 1095/2010. [art. 2º, nº 1, al. *f)* do regulamento (UE) nº 1093/2010].

[1449] Art. 1º do regulamento (UE) nº 1092/2010 do Parlamento Europeu e do Conselho.

[1450] Art. 2º, nº 1 do do regulamento (UE) nº 1093/2010, Parlamento Europeu e do Conselho, de 24 de novembro de 2010.

[1451] Sobre ele, ver: Paulo Câmara, *Supervisão bancária: recentes e próximos desenvolvimentos*, cit., pp. 301, ss.; Hugo Moredo dos Santos, *A nova arquitetura bancária europeia: notas breves sobre a União Bancária*, in: II congresso de direito bancário (coord. Miguel Pestana de Vasconcelos) Almedina, Coimbra, 2017, pp. 115, ss..

Com vista a contribuir para a segurança e a solidez das instituições de crédito e para a estabilidade do sistema financeiro na União e em cada Estado-Membro (art. 1º regulamento MUS), o regulamento (UE) nº 1024/2013 do Conselho, de 15 de outubro de 2013, confere ao BCE atribuições específicas no que diz respeito às políticas relativas à supervisão prudencial das instituições de crédito.

O MUS assenta na numa relação de colaboração entre o BCE e as autoridades nacionais competentes (e com as autoridades nacionais designadas), cujo quadro está estabelecido no regulamento (UE) nº 468/2014 do Banco Central Europeu, de 16 de abril de 2014, designado o Regulamento-Quadro do MUS, onde se desenvolvem e especificam os procedimentos de cooperação estabelecidos no Regulamento do MUS. Assegura-se, desse modo, o funcionamento eficaz e coerente do sistema.[1452]

109. A autoridade bancária europeia (EBA)[1453]

I. A autoridade bancária europeia (EBA), criada pelo regulamento (UE) nº 1093/2010 do Parlamento Europeu e do Conselho, de 24 de novembro de 2010, é uma das entidades Europeias de regulação financeira, juntamente com a Autoridade Europeia dos Seguros e Pensões Complementares de Reforma (EIPOA), responsável pela supervisão do setor dos seguros e pensões complementares de reforma e a Autoridade Europeia dos Valores Mobiliários e dos Mercados (ESMA), cuja finalidade é reforçar a proteção dos investidores e promover a estabilidade e o bom funcionamento dos mercados financeiros (ESMA).

Cabe à EBA a elaboração de projetos de normas técnicas, orientações e recomendações destinadas a assegurar a convergência das práticas de supervisão e a coerência dos resultados da supervisão na União[1454]. Efetivamente, a EBA tem competências para elaborar projetos de normas técnicas

[1452] Cfr. Considerando 9 do regulamento (UE) nº 468/2014 do Banco Central Europeu, de 16 de abril de 2014

[1453] Sobre ela, ver Sofia Thibaut Trocado, *A nova estrutura europeia de supervisão bancária, em especial a Autoridade bancária Europeia*, in: O novo direito bancário (coord. Paulo Câmara, Manuel Magalhães), Almedina, Coimbra, 2012, pp. 71, ss.; G. Ferrarini/L. Chiarella, *Common Banking Supervision in the Eurozone: Strengths and Weaknesses*, cit., pp. 30, ss.; A. Carr/S. Cisnal de Ugarte/J. Wulfken, *Towards a European banking union: the commission announces a new legal framework for banking supervision*, cit., pp. 63, ss

[1454] Regulamento (UE) nº 1024/2013 do Conselho, de 15 de outubro de 2013, considerando 32.

de regulamentação[1455] (i) emitir de normas técnicas de execução (ii)[1456] e emitir orientações e recomendações, nos termos do artigo 16º (iii)[1457] [art. 8º, nº 2 do regulamento (UE) nº 1093/2010 do Parlamento europeu e do Conselho de 24 de novembro de 2010].

II. As normas técnicas de regulamentação visam criar um conjunto único de regras para os serviços financeiros de forma a garantir condições equitativas de concorrência e uma proteção adequada dos depositantes, dos investidores e dos consumidores em toda a União[1458]. Note-se que elas têm de ter um caráter exclusivamente técnico, não podendo implicar decisões estratégicas ou escolhas políticas, e o seu conteúdo é delimitado pelos atos legislativos nos quais se baseiam[1459].

Em termos procedimentais, a Comissão, no prazo de três meses a contar da receção de um projeto de norma técnica de regulamentação (que deve transmitir de imediato ao Parlamento europeu e ao Conselho – art. 10º, nº 1, parágrafo 4 do regulamento), decide da sua aprovação. O projeto pode ser aprovado apenas parcialmente, ou com alterações, "se o interesse da União o requerer" (art. 10º, nº 1, parágrafo 5 do regulamento).

Caso a Comissão tencione não aprovar um projeto de norma técnica de regulamentação, ou aprová-lo parcialmente ou com alterações, devolve-o à Autoridade, explicando os motivos pelos quais não o aprova ou, se for o caso, fundamentando as suas alterações (art. 10º, nº 1, parágrafos 5 e 6 do regulamento). Trata-se da consagração do *comply or explain*, o que confere a estas propostas um enorme relevo, porque não é muito difícil prever que elas serão na esmagadora maioria dos casos aprovadas e implementadas pela Comissão.

Refira-se que as normas técnicas de regulamentação são adotadas por meio de regulamentos ou decisões, sendo o poder para o efeito conferido

1455 Nos casos específicos referidos no artigo 10º do regulamento (UE) nº 1093/2010 do Parlamento Europeu e do Conselho de 24 de novembro de 2010.

1456 Nos casos específicos referidos no artigo 15º do regulamento (UE) nº 1093/2010 do Parlamento Europeu e do Conselho de 24 de novembro de 2010.

1457 Do regulamento (UE) nº 1093/2010 do Parlamento Europeu e do Conselho de 24 de novembro de 2010.

1458 Considerando 22 do regulamento (UE) nº 1093/2010 do Parlamento Europeu e do Conselho de 24 de novembro de 2010.

1459 Art. 10º, nº 1, parágrafo 2 do regulamento (UE), nº 1093/2010 do Parlamento europeu e do Conselho, de 24 de novembro de 2010.

à Comissão pelo art. 11º do referido regulamento. Aqueles são publicados no *Jornal Oficial da União Europeia* e entram em vigor na data neles prevista (art. 10º, nº 4 do regulamento). A doutrina entende que se trata aqui de um "novo instrumento para-legislativo", sendo a Autoridade um "pré-decisor" da Comissão[1460].

III. Compete ainda, como se disse, à EBA emitir de normas técnicas de execução[1461] e emitir orientações e recomendações, nos termos do artigo 16º[1462] [art. 8º, nº 2 do regulamento (UE) nº 1093/2010 do Parlamento europeu e do Conselho de 24 de novembro de 2010].

De facto, a EBA, com vista a "definir práticas de supervisão coerentes, eficientes e eficazes no âmbito do SESF e garantir uma aplicação comum, uniforme e coerente da legislação da União (...), emite orientações e recomendações" que são dirigidas às autoridades competentes ou, mesmo, às instituições financeiras (art. 16º, nº 1 do regulamento), devendo as destinatárias desenvolver "todos os esforços para dar cumprimento a essas orientações e recomendações." (art. 16º, nº 3, parágrafo 1 do regulamento).[1463]

No prazo de dois meses a "contar da data de emissão de uma orientação ou recomendação, cada autoridade competente confirma se dá ou tenciona dar cumprimento a essa orientação ou recomendação."[1464] Se esta última não der, ou tencionar não dar, cumprimento a essa orientação ou

1460 Ver, desenvolvidamente sobre estas figuras, Luís Guilherme Catarino, *A reforma da Regulação Financeira na União Europeia: refracção do movimento do Direito Administrativo Global*, pp. 26, ss., in: www.institutovaloresmobiliarios.pt/estudos/pdfs/1360862121a_reforma_da_regulacao_financeira_lc_formatado.pdf). O Autor refere-se mesmo a uma ""explosão para-normativa" que acompanha a as novas autoridades" (*ob. cit., ibidem*).

1461 As normas técnicas de execução têm um carácter técnico, não implicam decisões estratégicas ou escolhas políticas e o seu conteúdo deve determinar as condições de aplicação dos atos previstos no art. 1º, nº 2, – art. 15º, nº 1 do do regulamento (UE) nº 1093/2010 do Parlamento Europeu e do Conselho de 24 de novembro de 2010

1462 Do regulamento (UE) nº 1093/2010 do Parlamento Europeu e do Conselho de 24 de novembro de 2010.

1463 Diga-se que tem igualmente "atribuições relacionadas com a proteção dos consumidores". De facto, a "Autoridade desempenha um papel de liderança na promoção da transparência, da simplicidade e da equidade no mercado dos produtos e serviços financeiros destinados aos consumidores em todo o mercado interno..." [art. 9º, nº 1 do regulamento (UE) nº 1093/2010 do Parlamento europeu e do Conselho, de 24 de novembro de 2010].

1464 Veja-se, p. ex. o Aviso do BP nº 5/2012, de 20/1, que visa incorporar no direito nacional a recomendação publicada pela EBA, em 8 de dezembro de 2011.

recomendação, deve informar a EBA, indicando as razões da sua decisão (art. 16º, nº 3, parágrafo 1 do regulamento).

Mais uma vez, trata-se do *comply or explain*, de enorme eficácia, tanto mais que a EBA torna pública a decisão do destinatário de não dar, ou não tencionar dar, cumprimento a uma orientação ou recomendação (art. 16º, nº 3, parágrafo 3 do regulamento). Consiste, numa sanção *soft*, traduzida no denominado *naming and shaming*, o que significa uma "institucionalização dos efeitos duros da *soft law*..."[1465].

110. O Banco Central Europeu (BCE)

I. O BCE constitui uma das instituições das UE (art. 13º, nº 1 TFUE). O banco está dotado de personalidade jurídica e constitui o banco emissor da zona euro (art. 128º, nº 1, art. 282º, nº 3 TFUE). A sua independência – aspeto essencial –, assim como a dos bancos centrais nacionais, está garantida pelos tratados (art. 130º TFUE[1466] e art. 7º, nº 1 SEBCBCE).

Os seus órgãos de decisão são o Conselho do BCE e a Comissão Executiva (art. 9º, nº 3 SEBCBCE). O primeiro, o órgão central, é composto pelos membros da Comissão Executiva do BCE e pelos governadores dos bancos centrais nacionais dos Estados-Membros cuja moeda seja o euro (art. 283º, ns. 1 e 2 TFUE, art. 10º, nº 1 SEBCBCE). Cabe-lhe adotar as orientações e a tomada decisões necessárias ao desempenho das atribuições cometidas ao SEBC pelos Tratados e pelos seus Estatutos, sendo sua a competência de definir a política monetária da UE (art. 12º nº 1 SEBCBCE)[1467].

A comissão executiva, por sua vez, é composta pelo Presidente, o Vice-Presidente e quatro vogais (art. 11º SEBCBCE). Compete-lhe executar a

[1465] Como refere Luís Guilherme Catarino, *A reforma da Regulação Financeira na União Europeia: refracção do movimento do Direito Administrativo Global*, cit., p. 26.

[1466] "No exercício dos poderes e no cumprimento das atribuições e deveres que lhes são conferidos pelos Tratados e pelos Estatutos do SEBC e do BCE, o Banco Central Europeu, os bancos centrais nacionais, ou qualquer membro dos respectivos órgãos de decisão não podem solicitar ou receber instruções das instituições, órgãos ou organismos da União, dos Governos dos Estados-Membros ou de qualquer outra entidade. As instituições, órgãos ou organismos da União, bem como os Governos dos Estados-Membros, comprometem-se a respeitar este princípio e a não procurar influenciar os membros dos órgãos de decisão do Banco Central Europeu ou dos bancos centrais nacionais no exercício das suas funções."

[1467] "incluindo, quando for caso disso, as decisões respeitantes a objetivos monetários intermédios, taxas de juro básicas e aprovisionamento de reservas no SEBC, estabelecendo as orientações necessárias à respetiva execução" – art. 12º nº 1 SEBCBCE.

política monetária de acordo com as orientações e decisões estabelecidas pelo Conselho do BCE, dando, nesse âmbito, as instruções necessárias aos bancos centrais nacionais (art. 12º, nº 2 SEBCBCE).

II. O núcleo das funções desempenhadas pelo BCE, e as únicas que inicialmente lhe estavam atribuídas, são as de política monetária. Com a entrada em vigor do MUS, foram-lhe atribuídas competências, também, no âmbito da supervisão para se assegurar uma aplicação coerente e eficaz da política da União no que se refere à supervisão prudencial das instituições de crédito (considerando 23). Cabem-lhe ainda competências regulamentares para assegurar a eficiência e a solidez dos sistemas de compensação e de pagamentos no interior da União e com países terceiros (art. 22º[1468])

A política monetária visa a manter a estabilidade dos preços, nos termos do artigo 127º, nº 1, do TFUE; a supervisão tem por objetivo proteger a segurança e a solidez das instituições de crédito, bem como a estabilidade do sistema financeiro[1469].

III. O BCE tem amplos poderes. Com efeito, para o desempenho das atribuições cometidas ao SEBC, o BCE, de acordo com as disposições dos Tratados e nas condições definidas nos Estatutos do SEBC e nos seus, adota regulamentos [ver, p. ex., o art. 22º Estatutos do SEBC e do BCE, relativo aos sistemas de pagamentos; o art. 4º, nº 3 II e art. 6º nº 5 º do regulamento (UE) nº 1024/2013 do Conselho, de 15 de outubro de 2013], toma as decisões e formula recomendações e emite pareceres (art. 132º, nº 1 TFUE).

IV. Desde a implementação do MUS foram separadas no interior do Banco as funções monetárias e de supervisão. O órgão competente para estas últimas funções é o conselho de supervisão do BCE[1470] [art. 26º do regulamento (UE) nº 1024/2013 do Conselho, de 15 de outubro de 2013], que planeia, executa as atribuições de supervisão do MUS e apre-

[1468] Dos Estatutos do SEBC e do BCE.

[1469] Considerando 65 do regulamento (UE) nº 1024/2013 do Conselho, de 15 de outubro de 2013.

[1470] Composto, nos termos do art. 26º do MUS, por um Presidente e um Vice-Presidente, nomeados nos termos do nº 3, por quatro representantes do BCE, nomeados nos termos do nº 5, e por um representante da autoridade nacional competente para a supervisão das instituições de crédito de cada Estado-Membro participante.

senta projetos de decisão para adoção pelo Conselho do BCE. O BCE é a pedra de toque do MUS, sendo responsável pelo seu funcionamento eficaz e harmónico (art. 6º do regulamento (UE) nº 1024/2013 do Conselho, de 15 de outubro de 2013) em articulação com as autoridades nacionais competentes.

Com vista evitar conflitos de interesses e para garantir que cada função é exercida em conformidade com os objetivos aplicáveis, o Conselho do BCE funciona de forma diferente quanto à função monetária e à função de supervisão, o que exige, pelo menos, reuniões e ordens de trabalhos estritamente separadas.

V. No âmbito da supervisão prudencial, cabe BCE exercer em exclusivo um conjunto de atribuições relativamente à totalidade das instituições de crédito estabelecidas nos Estados-Membros participantes, de entre as quais conceder e revogar a autorização a instituições de crédito, sob reserva do disposto no artigo 14º [art. 4º do regulamento (UE) nº 1024/2013 do Conselho, de 15 de outubro de 2013].

No exercício das suas atribuições, o BCE aplica não só direito da União, mas "para assegurar elevados padrões de supervisão", igualmente, a legislação nacional de cada um dos Estados-membros. Com efeito, sempre que se trate de diretivas, o BCE irá aplicar a legislação nacional que as transpõem; se forem regulamentos, na eventualidade de eles concederem expressamente opções aos Estados-Membros, o BCE deverá aplicar a legislação nacional relativa ao exercício dessas opções [art. 4º, nº 3 do regulamento (UE) nº 1024/2013 do Conselho, de 15 de outubro de 2013].

VI. A divisão de responsabilidades de supervisão entre BCE e das as autoridades nacionais competentes assenta no caráter significativo das entidades abrangidas pelo MUS. A supervisão direta das entidades significativas compete ao BCE; as restantes instituições estão sujeitas à supervisão das autoridades nacionais [art. 6º, nº 4 do regulamento (UE) nº 1024/2013 do Conselho, de 15 de outubro de 2013]. Todavia, o BCE pode decidir assumir, em casos específicos, a supervisão direta dessas entidades, se o enteder necessário para uma aplicação coerente dos padrões de supervisão.

O caráter significativo é avaliado com base nos critérios da dimensão (i), importância para a economia da União ou de um Estado-Membro participante (ii), e a importância das atividades transfronteiriços (iii) [art. 6º, nº 3, *i*), *ii*) e *iii*) do regulamento (UE) nº 1024/2013 do Conselho, de 15 de outubro de 2013][1471].

A dimensão, por sua vez, depende do preenchimento de um dos seguintes limiares: o valor total dos ativos da instituição exceder 30 mil milhões de euros ou o rácio entre a totalidade dos seus ativos e o PIB do Estado-Membro participante de estabelecimento exceder 20%, salvo se o valor total dos seus ativos seja inferior a 5 mil milhões de euros [art. 6º, nº 3, segundo parágrafo, do regulamento (UE) nº 1024/2013 do Conselho, de 15 de outubro de 2013].

VII. Note-se, conforme se destacou acima, que o BCE, para além das competências no âmbito da supervisão, que temos vindo a analisar, tem igualmente poderes da regulação. Donde, é ao mesmo tempo um supervisor e um regulador.

VIII. O funcionamento toda arquitetura bancária na UE, de que o BCE é a pedra de toque, assenta em *dois feixes* de relações de cooperação muito estreita.

Por um lado, entre o BCE e os bancos centrais nacionais no âmbito do MUS, para garantir o seu funcionamento.

Por outro lado, entre o BCE a EBA, a ESMA, a EIOPA e o Comité Europeu do Risco Sistémico (CERS), bem como com as outras autoridades que integram o SESF, com vista assegurar um nível adequado de regulamentação e supervisão na União [art. 4º, nº 3 do regulamento (UE) nº 1024/2013 do Conselho, de 15 de outubro de 2013]. Compreensivelmente, nesta segunda vertente a ligação é mais próxima é à EBA, dadas as funções que ela desempenha no âmbito da regulação bancário, tendo o BCE assento no Conselho de Supervisores da agência[1472] [art. 3º, nº 2 do regulamento (UE) nº 1024/2013 do Conselho, de 15 de outubro de 2013].

[1471] Neste momento, em Portugal, a Caixa Geral de Depósitos, o Banco BPI, o Novo Banco e o Santander estão sujeitos a supervisão direta pelo BCE.

[1472] Nas condições previstas no artigo 40º do Regulamento (UE) nº 1093/2010.

111. O Banco de Portugal

I. O Banco de Portugal (BP)[1473] é o banco central da República, regulado pela sua lei orgânica (LOBP)[1474] e constitui uma pessoa coletiva de direito público, dotada de autonomia administrativa e financeira e de património próprio (art. 1º LOBP). O banco integra-se, como autoridade nacional, no SEBC (art. 14º-3 SEBCBCE e art. 3º, nº LOBP), sendo os seus órgãos o governador, o conselho de administração, o conselho de auditoria e o conselho consultivo (art. 28º LOBP). Cabem-lhe funções monetárias, cambiárias, de supervisão, prudencial (micro e macroprudencial, respetivamente, arts. 16º-A e 17º LOBP[1475]) e comportamental, e de resolução (art. 17º-A LOBP).

II. No âmbito das suas funções monetárias, o BP "prossegue os objetivos e participa no desempenho das atribuições cometidas ao SEBC" e está sujeito ao disposto nos Estatutos do SEBC e do BCE (SEBCBCE), tendo de agir de acordo com as "orientações e instruções" que BCE, lhe dirija ao abrigo dos mesmos Estatutos (art. 14º-3. SEBCBCE e art. 3º, nº 2 LOBP).

III. Quanto às suas funções de supervisão prudencial (Capítulo IV da LOBP), de forma sumária (apontando-se aqui só algumas delas, consideradas mais relevantes para este efeito[1476]), cabe-lhe a supervisão das instituições de crédito, sociedades financeiras e outras entidades que lhe estejam legalmente sujeitas (art. 17º, nº 1 LOBP, art. 93º RGICSF), assim como participar, no quadro do MUS, na definição de princípios, normas e procedimentos de supervisão prudencial de instituições de crédito, bem como exercer essa supervisão nos termos e com as especificidades previstas na legislação aplicável (art. 17º, nº 2 LOBP).

Conforme se referiu, compete-lhe, unicamente, a supervisão comportamental das instituições de crédito e das sociedades financeiras.

[1473] Sobre ele, em geral, ver: Augusto de Atahyde, *et alia*, *Curso de direito bancário*, vol. I, cit., pp. 319, ss; A. Menezes Cordeiro, *Direito bancário*, cit., pp. 968, ss.; J. Pacheco de Amorim, *Os poderes normativos do Banco de Portugal*, cit., pp. 323, ss..

[1474] Lei nº 5/98 de 31/1, diversas vezes alterada.

[1475] O banco é autoridade macroprudencial nacional (art. 16º-A LOBP).

[1476] Ver arts. 14º a 25º LOBP.

IV. Pertencem-lhe ainda as funções de autoridade de resolução nacional (art. 17º-A, nº 1 LOBP[1477]), que são exercidas de forma operacionalmente independente das funções de supervisão e das outras que lhe cabem (art. 17º-A, nº 2 LOBP).

Por último, importa destacar o papel central papel desempenhado pelo BP no seio dos sistemas de pagamentos, de que tem a supervisão (art. 14º LOBP[1478]), cabendo-lhe "regular, fiscalizar e promover o bom funcionamento dos sistemas de pagamentos, designadamente no âmbito da sua participação no SEBC" [art. 14º LOBP[1479] art. 92º, nº 1, al. *a)*, e onde é agente de liquidação.

V. Como decorre do exposto, as competências do BP foram fortemente diminuídas com a entrada em vigor do Euro, que transferiu para o BCE, no seio do SEBC, as competências monetárias, e em sede de supervisão prudencial com o início de funcionamento do MUS, uma vez que deixaram de lhe estar sujeitas as instituições significativas. Porém, cabe-lhe a supervisão comportamental das instituições de crédito e das sociedades financeiras, que é uma matéria do maior relevo.

VI. O Banco de Portugal no exercício das suas funções tem verdadeiros poderes normativos, sob a forma de Avisos e de instruções[1480].

Na verdade, os avisos[1481] e instruções do Banco de Portugal são lei em sentido material, revestindo a natureza de regulamentos. Eles têm fundamento na lei orgânica do Banco de Portugal, assim como em diversas disposições

[1477] Competindo-lhe de "entre outros poderes previstos na legislação aplicável, os de elaborar planos de resolução, aplicar medidas de resolução e determinar a eliminação de potenciais obstáculos à aplicação de tais medidas, nos termos e com os limites previstos na legislação aplicável."

[1478] "Compete ao Banco regular, fiscalizar e promover o bom funcionamento dos sistemas de pagamentos, designadamente no âmbito da sua participação no SEBC."

[1479] "Compete ao Banco regular, fiscalizar e promover o bom funcionamento dos sistemas de pagamentos, designadamente no âmbito da sua participação no SEBC."

[1480] Sobre o ponto, ver J. Pacheco De Amorim, *Os poderes normativos do Banco de Portugal*, cit., pp. 323, ss..

[1481] Quanto estes, ver: Maria Regina Redinha/Maria Raquel Guimarães, *A força normativa dos avisos do Banco de Portugal*, in: Nos 20 anos do Código das Sociedades Comerciais, homenagem aos Profs. Doutores A. Ferrer Correia, Orlando de Carvalho e Vasco Lobo Xavier (coordenação do Professor Doutor António Pinto Monteiro), vol. III, vária, Faculdade de Direito da Universidade de Coimbra, Coimbra Editora, Coimbra, 2007, pp. 707, ss.; J. Simões Patrício, *Direito bancário privado*, cit., p. 84.

do RGICSF (ver, p. ex., o art. 76º, nº 1, o art. 77º, nº 6)[1482]. Dada a amplitude dos poderes do BP nesta matéria, estes normativos tecem um complexo e amplo regime legal. Fala-se por isso em "descentralização normativa"[1483].

Os avisos do Banco de Portugal são assinados pelo governador e publicados na 2ª série do *Diário da República* (art. 59º nº 2 da lei orgânica do BP). As instruções, por sua vez, são publicadas no Boletim Oficial do Banco de Portugal (art. 59º, nº 3, da lei orgânica do BP)[1484]. O banco pode ainda no âmbito da supervisão praticar atos administrativos[1485].

1482 Conforme referem Maria Regina Redinha/Maria Raquel Guimarães (*A força normativa dos avisos do Banco de Portugal*, cit., p. 710), da natureza regulamentar dos avisos do Banco de Portugal "extraem-se os corolários da sua subordinação à lei habilitante e a qualquer outra disposição de caráter legal imperativo, bem ainda como a mera eficácia interna ou orgânica, que não se projeta de forma imediata na esfera jurídica dos particulares...".

1483 F. Conceição Nunes, *Direito bancário*, vol. I, cit., p. 50.

1484 Sustentando que a violação das regras aprovadas pelo BP gera um dever de indemnizar com fundamento no art. 483º, nº 1, segunda parte, A. Menezes Cordeiro, *Direito bancário*, cit., p. 220.

1485 Cfr. Augusto de Atahyde, *et alia*, *Curso de direito bancário*, vol. I, cit., p. 311.

Capítulo XII
Programa. Bibliografia

112. A explicação do programa da obra

I. Como decorre da exposição prévia, o núcleo caracterizador do direito bancário assenta na intermediação financeira e, hoje, também, embora por razões diferentes, nos serviços de pagamento. A delimitação das instituições que podem desenvolver aquela atividade, e o controlo a que estão sujeitas, radica, historicamente, na especial natureza e nos riscos que a intermediação financeira comporta.

Por isso, justifica-se que se comece pelo direito bancário material, que assenta essencialmente em contratos – os contratos bancários –, para depois se passar ao direito bancário institucional.

II. No que diz respeito ao primeiro, ele, por sua vez, que estruturar-se-á – embora a matéria tenha depois que assumir uma maior extensão – em dois grandes núcleos: recolha de depósitos e a concessão de crédito (i) e os serviços de pagamento (ii).

O passo inicial, porém, implica que nos debrucemos sobre a constituição da relação entre o banco e o cliente. É sabida a discussão que, desde há largo tempo, se desenvolve na doutrina alemã entre a caraterização da relação entre o banco e o cliente como uma relação corrente de negócios ou um contrato bancário geral. Tomamos posição a favor deste último. Daí decorrem entre outros aspetos que os diversos deveres laterais decorrentes da boa fé nascem já no seio do contrato e não na relação pré-contratual, o que diminui, neste quadro a importância desta última fase. Analisamos neste quadro com mais detalhe o seu conteúdo, em particular no que toca aos deveres de informação, e qualificamos o contrato.

Estes negócios são celebrados praticamente sempre com recurso a cláusulas contratuais gerais. Contudo, essa matéria é objeto de profunda análise por parte da melhor doutrina portuguesa, pelo que se deve para aí remeter, salvo no que diz respeito àquelas que tenham especial relevo para os bancos (mas não unicamente). Elas serão estudadas no lugar próprio, aqui no âmbito dos juros.

O contrato fundador da relação é a abertura de conta. Caraterizamos, tanto o contrato, como a conta em si e as suas diversas modalidades. Especial referência será feita à conta fiduciária, figura muito pouco tratada na doutrina nacional, mas de uma importância prática inegável.

A posição ativa do cliente face ao banco decorre do saldo da conta – ou contas –, e é um crédito pecuniário. Por isso, considera-se adequado nesta fase fazer o foco incidir sobre ele. Para o caraterizar, e o inserir no património do cliente, como um dos seus principais elementos constitutivos. O crédito pode ser cedido, empenhado, penhorado e integrar a massa insolvente do seu titular. Contudo, goza de uma especificidade: beneficia, em certos casos, e, em certos termos, da garantia do fundo de garantia de depósitos.

Por último, será neste momento que se podem, e devem, tratar as questões decorrentes das compensações, uma vez que elas decorrem de um contracrédito do banco a que ele poderá, ou não, em determinadas circunstâncias, recorrer para extinguir o crédito da outra parte.

III. O núcleo da atividade bancária, como se disse, é a recolha de depósitos ou outros fundos reembolsáveis do público e a concessão de crédito.

Pelo que se justifica a análise detalhada deste, ou melhor destes – pois são diversos –, contratos.

IV. Tal como nas outras figuras que assentam, ou pelo menos, como se verá, parecem assentar, em contratos típicos, a análise começará por se centrar nessas figuras para depois paulatinamente se fazer a caraterização do tipo bancário. Por isso, começa-se pela exposição do regime civilístico do depósito irregular.

No âmbito do depósito bancário distinguimos os depósitos de dinheiro, daqueles que têm objeto diverso, para nos centrarmos depois no primeiro, distinguindo – e caraterizando com detalhe – os depósitos à ordem, os depósitos a prazo e os depósitos com pré-aviso.

Há nos primeiros uma evidente – e íntima – ligação à conta (havendo mesmo uma grande fluidez de terminologia) que tem que ser destacada.

Em sentido amplo, o depósito engloba todas as entregas ou transferências de dinheiro (escritural ou legal para uma conta), independentemente de quem a realize e do ato a que se recorre para o efeito (entrega de numerário, transferência, etc.). A restituição neste caso, também mais não é do que o débito da conta, que se pode fazer através de um conjunto igualmente bastante diverso de operações realizadas pelo depositante, podendo os fundos tê-lo como destinatário (p. ex., transferência para uma conta a prazo do depositário, ou levantamento de numerário) ou ser entregues a um terceiro (p. ex., transferência bancária para terceiro).

A conexão com os serviços de pagamento é óbvia e deve ser assinalada.

Discutimos depois a natureza do contrato de depósito bancário de dinheiro. Concluímos o contrato não tem uma natureza unitária. Em rigor, não há *um* contrato de depósito bancário, mas *diversos* contratos de depósito bancário. Não se deve, mesmo, falar de depósito bancário, como se de um único negócio se tratasse, mas em depósitos: à ordem, a prazo, com pré-aviso.

A determinação da natureza da figura é uma tarefa importante. Permite-nos conhecê-la(s) em profundidade, perspetivando-a de diferentes ângulos e inserindo-a de forma firme nos quadros centrais do ordenamento. É tanto mais relevante, quanto permite perceber melhor a natureza da atividade bancária. De facto, os depósitos à ordem têm por função a guarda do dinheiro dos clientes e permitir (forma de "alimentação" da conta que é) que estes possam recorrer ao serviço de caixa do banco, central para a via moderna, que se realiza hoje, essencialmente, em moeda escritural pelas veias do sistema bancário.

Os depósitos a prazo e com pré-aviso correspondem à função tradicional do banco e consistem para quem a eles recorre numa forma – segura – de rentabilizar um capital mediante a perceção de juros.

Abordamos de seguida, algumas modalidades particulares de depósitos, com grande relevo prático, mas quase desconhecidos pela doutrina: o depósito em garantia, o depósito para cumprimento e o depósito para administração.

V. O segndo pilar da atividade bancária é a concessão de crédito. O que justifica que ela seja abordada em detalhe. Começamos por debater se se pode falar num contrato de crédito em si, como categoria geral na qual se integrariam depois um conjunto de outras figuras. Concluímos negativamente. Existem contratos de crédito diversos.

Todavia, importa destacar o papel central do mútuo pecuniário oneroso no seu seio.

O que justifica – *rectius*, impõe – a sua análise detalhada.

Começa-se pelo regime do mútuo de dinheiro oneroso civil, núcleo central de todos os outros, perspetivado agora, necessariamente, pelas particularidades da contratação bancária. Passa-se ao mútuo mercantil e, por fim, ao mútuo bancário.

É no contexto que serão tratadas algumas cláusulas que se ligam aos contratos de empréstimo pecuniário celebradas por bancos e que lhes conferem uma fisionomia própria, escassamente tratadas na doutrina nacional. Referimo-nos aos *covenants* e aos *events of default*.

Dada a importância económica e social de algumas modalidades de crédito sob a forma de mútuo, bancário, a lei criou regimes especiais para esses casos. O mais completo e relevante é o regime dos contratos de crédito relativos a imóveis (aprovado pelo Dec.-Lei nº 74-A/2017, de 23/6), o que impõe o seu estudo.

De seguida, serão analisados os outros contratos de crédito mais relevantes, começando por aqueles que mais claramente comungam de elementos do mútuo, como a antecipação bancária, a abertura de crédito, o desconto e, de uma forma mais limitada, somente numa das suas modalidades, a cessão financeira ou *factoring*.

Num segundo grupo, ou se se preferir num halo exterior da categoria, incluímos aqueles contratos de crédito que não recorrem a quaisquer elementos de mútuo, como o a locação financeira, o *forfaiting* e o reporte financeiro (este de forma limitada).

Em todos estes casos, não nos limitamos a traçar um quadro geral de cada figura, focando meramente os traços centrais de regime, mas procuramos, não obstante a complexidade de cada um destes contratos, fazer uma análise mais profunda e extensa, abordando com detalhe *algumas* daquelas que nos parecem ser as principais questões que em cada um deles se colocam.

Relativamente a alguns deles, como a locação financeira e o reporte, centramo-nos só na vertente de concessão de crédito. Eles são, como se sabe, contratos de crédito e garantia, tendo sido, em grande parte, o seu regime analisado, desse prisma, já na nossa outra obra – com a qual esta terá que se articular – de Direito das garantias. Há, claro, aspetos comuns, mas procuramos reduzi-los ao mínimo.

VI. Tratamos de forma separada, quer o crédito ao consumo, quer os juros. O primeiro consiste num regime específico que compreende diversos contratos de crédito [art. 4º, nº 1, al. *c)* do Dec.-Lei nº 133/2009, de 2/6], pelo que não poderia ser abordado a propósito de só um deles, mas deve sê-lo globalmente. Além isso, torna-se mais fácil explicar quais as especialidades que a lei, com vista à tutela do consumidor, introduz para – alguns – destes negócios.

Como se verá, a disciplina decorrente do Dec.-Lei nº 133/2009, de 2/6, não se aplica especificamente aos contratos de crédito celebrados pelas instituições de crédito ou sociedades financeiras. O seu âmbito de aplicação é, ao mesmo tempo, mais amplo, porque o credor não tem que ser um destes sujeitos, e mais restrito, porque exclui diversos contratos de crédito celebrados pelos bancos (como o crédito garantido com hipoteca sobre imóveis, o crédito à habitação).

Contudo, na generalidade dos casos, os contratos de crédito abrangidos por este regime são celebrados entre instituições de crédito e consumidores, pelo que a sua análise neste quadro, não só se justifica, como é mesmo necessária.

VII. No que diz respeito aos juros, eles inserem-se na generalidade dos contratos desta natureza e não só no de mútuo. Têm, aliás, um regime específico no âmbito das modalidades das obrigações (arts. 559º e seguintes do Código Civil) e, mais especificamente, no quadro bancário, onde existem diversos regimes específicos, entre os quais avulta o do Dec.-Lei nº 58/2013 de 8/5.

Acresce que se trata de uma matéria demasiado extensa, com inúmeros problemas específicos ligados ao crédito bancário – para além do mais, de enorme importância prática, como p. ex., a capitalização de juros, os limites aos juros decorrentes da concessão de crédito pelas instituições de crédito e sociedades financeiras – que exige uma atenção especial. Há, pois, toda a vantagem em analisá-los em separado.

VIII. Umbilicalmente ligada à concessão de crédito está a prestação de garantias. A banca, em regra, concede crédito contra a prestação de garantias. Tem mesmo que o fazer, para tutelar os seus créditos (o chamado risco de crédito) e, também, indiretamente, os créditos dos depositantes sobre ela. A sua exigência é, pois, um ato de boa gestão bancária. O que tem como consequência serem os bancos, ou as outras instituições de crédito, os seus principais beneficiários.

Para além disso, um dos serviços mais relevantes praticados por estes entes é a prestação remunerada de garantias [art. 4º, nº 1, al. *b)* RGICSF]. Muitas delas, aliás, criadas mesmo no seio do tráfego bancário, como sucede com a garantia autónoma (geralmente, à primeira solicitação).

Já sustentámos a autonomia científica do direito das garantias, tendo empreendido uma ampla análise delas no nosso Direito das garantias (3ª ed., Almedina, Coimbra, 2019). Porém, assente essa autonomia, como nessa obra logo destacámos, não se deve esquecer que muitas delas constituem, também, direito bancário.

Aí referimos: "Mas não há qualquer identificação entre o Direito Bancário e o Direito das Garantias. Desde logo, porque, como é evidente, o Direito Bancário tem um âmbito muito mais amplo, e as garantias, por seu lado, não se reduzem àquelas que a banca usa ou a que recorre. O que existe é uma zona de sobreposição que é bastante extensa no âmbito do direito bancário material, associada a um papel dinâmico da banca na criação de novas garantias."[1486] Mais à frente: "Depois, não se deve olvidar que a banca desempenha um papel de constante criação de novas garantias, que cabe à Ciência Jurídica estudar. A generalidade das novas garantias são garantias bancárias. Desse modo, parte da matéria das garantias é necessariamente Direito Bancário e neste trabalho ter-se-á esse aspeto em conta".[1487]

E isso explica que a generalidade das obras que versam o Direito Bancário tratem as principais garantias a que os bancos recorrem[1488].

[1486] M. PESTANA DE VASCONCELOS, *Direito das garantias*, cit., p. 27.

[1487] M. PESTANA DE VASCONCELOS, *Direito das garantias*, cit., p. 28.

[1488] Assim, as obras de: A. MENEZES CORDEIRO, *Direito bancário*, cit.,, pp. 820, ss.; J. CALVÃO DA SILVA, *Direito bancário*, cit., pp. 377, ss.; idem, *Banca, bolsa e seguros*. Tomo I, *Direito europeu e português*, cit., pp. 217, ss. – para os acordos de garantia financeira). Há mesmo uma obra específica sobre as garantias da banca: ARMINDO SARAIVA MATIAS, *Garantias bancárias ativas e passivas*, Scripto, Lisboa, 1999.

Neste quadro, das duas, uma: se a par da disciplina de Direito bancário funcionar também uma outra de direito das garantias, a matéria das garantias bancárias deverá passar para aí; caso tal não suceda, haverá que tratar essas matérias no âmbito do direito bancário[1489].

Neste último caso – que temos que passar, por ora, a pressupor – haverá que analisar somente as garantias bancárias mais relevantes, o que passa por um recorte funcionalizado, e resumido, do regime geral de algumas delas, para nos centramos, subsequentemente, nas particularidades bancárias, ou seja, a adaptação que a banca faz delas para melhor tutela dos seus interesses. Depois, há as garantias tipicamente bancárias.

Seguimos aqui a distinção central a que recorremos em Direito das garantias, entre o reforço quantitativo e qualitativo da probabilidade de satisfação do crédito[1490]. No que toca às primeiras, abordamos a fiança *omnibus* e o aval geral, especialmente relevantes no financiamento societário, o mandato de crédito, a garantia autónoma e as cartas de conforto. Mas, também, a solidariedade passiva, porque a banca muitas vezes condiciona a concessão do crédito à intervenção dos dois sujeitos na posição de obrigados solidários.

Uma palavra quanto ao mandato de crédito. Neste negócio um sujeito encarrega outrem de conceder crédito a um terceiro, em nome e por conta própria. Se este encargo for aceite, concluindo-se o contrato, o primeiro, o autor do encargo, "responde como fiador" (art. 629º nº 1), ficando o encarregado, evidentemente, obrigado a conceder o crédito, em seu nome e por sua conta, ao terceiro indicado. O cumprimento da obrigação de conceder crédito ao terceiro passa pela celebração do referido contrato de crédito com este.

Também lá fora: H. Schimansky/H.-J. Bunte/H.-J. Lwowsky, *Bankrechts-Handbuch, Band* II, 4ª ed., C.H. Beck, Munique, 2011, § 90, pp. 8, ss. (*Kreditsicherung*); S. Kümpel/A. Wittig, *Bank- und Kapitalmarktrecht,* 4ª ed., Otto Verlag, Colónia, 2011, pp. 1464, ss. (*Kreditsicherung*); J.-L. Rives-Lange/M. Contamine-Raynaud, *Droit bancaire*, cit., pp. 410, ss.; F. Giorgianni/C.-M. Tardivo, *Diritto bancario, banche, contratti e titoli bancari* cit., pp. 410, ss..

[1489] Como já defendíamos, na nossa obra de *Direito das garantias* (cit., p. 26): "Claro está que, no plano académico de distribuição de matérias entre as disciplinas, funcionando uma disciplina de Direito Bancário juntamente com outra de Direito das Garantias, teria que se realizar uma articulação entre os programas. A matéria das garantias na disciplina de Direito Bancário seria deixada para o Direito das Garantias, podendo dar-se então, com mais detalhe, outros aspetos do Direito Bancário que têm uma grande extensão e é difícil lecionar na totalidade."

[1490] M. Pestana De Vasconcelos, *Direito das garantias,* cit., pp. 69, ss..

Ele tem elementos de crédito, que o encarregado se obriga a conceder, e de garantia, de natureza fidejussória. A concessão de crédito é, ainda assim, o mais relevante[1491], pelo que poderia ser incluído nos contratos de crédito[1492]. Contudo, ele não é uma modalidade de concessão de crédito em si, podendo este realizar-se por via do recurso a um dos negócios aí elencados. O ponto decisivo é que do prisma pedagógico parece mais adequado – embora a outra opção também fosse legítima – tratá-lo a seguir à fiança e suas modalidades.

Quanto às garantias que consistem num reforço qualitativo da probabilidade de satisfação do crédito na modalidade de garantias reais, incluímos a hipoteca, dado o relevo do crédito hipotecário, e o penhor. Neste último caso, com incidência nas diversas modalidades da figura de que faz uso a prática bancária: o penhor em garantia de créditos de estabelecimentos bancários, o penhor de créditos, o penhor de conta bancária, o penhor geral, o penhor rotativo, o penhor de participações sociais e o penhor financeiro.

Ainda no âmbito do reforço qualitativo, mas agora no que diz respeito às garantias assentes na titularidade de um direito, impõe-se o estudo das alienações em garantia, em especial de créditos e de valores mobiliários, matéria essencial, dado o seu relevo prático.

Embora a reserva de propriedade não necessitasse de ser abordada, cremos que as suas modalidades mais "sofisticadas", como a reserva de propriedade prolongada e a alargada, o devem, embora de forma sintética, ser. A venda a retro e a locação venda, dado o seu menor relevo prático (de momento), deveriam ser deixadas para Direito das garantias. Caso contrário, a matéria teria uma enorme extensão, o que é desaconselhável.

IX. Temos depois os meios de pagamento previstos no art. 4º, nº 1, als. *c)* e *d)* RGICSF. Nesta sede, analisamos o cheque, os cartões, de débito e de crédito, o débito direto e as transferências.

[1491] Como sublinhámos já em PESTANA DE VASCONCELOS, *Direito das garantias*, cit., p. 116 ("Contudo, o aspeto central deste contrato consiste na obrigação de conceder crédito a um terceiro em nome e por conta do encarregado, portanto de celebrar o negócio de crédito com o terceiro indicado").

[1492] Incluindo-a no crédito bancário, no seio das "situações especiais" (onde insere igualmente a promessa de crédito e a mediação no crédito), mas já não no âmbito dos contratos de crédito bancário, M. JANUÁRIO COSTA GOMES, *Contratos comerciais*, cit., pp. 306, ss..

Quanto ao primeiro, há uma distinção inicial que importa fazer: uma coisa é a convenção de cheque; outra é o cheque em si, que constitui um título de crédito.

Este corte assume um maior relevo, porque o cheque, como título de crédito, insere-se no seio dos títulos de crédito, de que é uma modalidade, sendo essa matéria, classicamente[1493], lecionada na disciplina de Direito comercial I.

Por isso, a nossa análise se centra na convenção de cheque[1494] em si. Iremos caraterizá-la e abordar, de forma necessariamente sintética, os pontos mais relevantes da sua disciplina. Claro está que ela implica, necessariamente, a exposição do regime deste título de crédito. Mas a título subsidiário, e pressupondo sempre um conjunto de conhecimentos já adquiridos nessa disciplina precedente[1495].

De seguida, caraterizam-se as restantes figuras apontadas. No que toca aos cartões, importa empreender uma análise mais ampla que, partindo do contrato de cartão em si, abranja, subsequentemente, a própria operação, que é integrada por diversas relações contratuais (entre o banco e o titular do cartão; o banco e o beneficiário; e o beneficiário e o titular do cartão).

Todas estas figuras (art. 4º RSP), exceto o cheque [art. 5º, nº 1, al. *g), i)* RSP], estão hoje integradas nos serviços de pagamentos, cujo regime foi aprovado em anexo Dec.-Lei nº 91/2018, de 12/11, diploma que transpõe transpondo para a ordem jurídica interna a Diretiva (UE) 2015/2366 do Parlamento Europeu e do Conselho, de 25 de novembro de 2015, relativa aosserviços de pagamento no mercado interno (art. 1º do Dec.-Lei nº 91/2018, de 12/11). O regime em si abrange o acesso à atividade das instituições de pagamento e a prestação de serviços de pagamento, bem como o acesso à atividade das instituições de moeda eletrónica e a prestação de serviços de emissão de moeda eletrónica (art. 1º, nº 1 RSP)[1496]. O cerne da análise aqui, claro incide só sobre os serviços de pagamento.

[1493] Trata-se de "um instituto clássico de direito comercial", P. Pais de Vasconcelos, *Direito comercial – títulos de crédito*, AAFDL, Lisboa, 1988/1989, p. 6.

[1494] Quer a LUch. (art. 3º), quer a doutrina referem-se a este contrato como a convenção de cheque.

[1495] Trata-se também da solução sustentada por A. Menezes Cordeiro, *Direito bancário, relatório*, Almedina, Coimbra, 1997, p. 191.

[1496] O RSP estabelece ainda as medidas necessárias à aplicação, na ordem jurídica interna, dos seguintes Regulamentos da União Europeia: Regulamento (CE) nº 924/2009, do Parlamento

A lei não procede a uma análise "vertical" de cada uma das figuras apontadas, mas a disciplina é estabelecida em termos "horizontais" para todas elas (Grundmann)[1497].

O regime é muito complexo e extenso[1498]. Fala-se mesmo numa pequena codificação[1499].

Ele é composto por uma "armadura" extensíssima de definições, que deverá ser inicialmente dissecada. Haverá depois que determinar as atividades que sejam operações de pagamento para este efeito (art. 4º RSP) e as operações que excluídas do âmbito de aplicação do diploma (art. 5º RSP). De seguida, proceder-se-á à análise dos diferentes traços de regime. Tem aqui especial relevo os direitos e obrigações das partes relativamente à prestação e utilização de serviços de pagamento.

Diga-se, por fim, que esta atividade não é exclusivamente bancária, não sendo, como se começou por afirmar, unicamente as instituições de crédito que a podem desenvolver (cfr. art. 11º RSP). Contudo, ela, como também se assinalou anteriormente, é fundamentalmente desempenhada por elas, sendo mesmo marcante na sua caraterização. Por isso, se inclui no âmbito do direito bancário.

X. O contrato de crédito documentário é, por vezes, inserido no seio dos contratos de crédito. Não nos parece a melhor opção. O crédito documentário é, em primeira linha, um divulgadíssimo meio de pagamento[1500], particularmente usado nas transações internacionais.

Europeu e do Conselho, de 16 de setembro de 2009, relativo aos pagamentos transfronteiriços na Comunidade e que revoga o Regulamento (CE) nº2560/2001, alterado pelo Regulamento (UE) nº 260/2012; o Regulamento (UE) nº 260/2012, do Parlamento Europeu e do Conselho, de 14 de março de 2012, que estabelece requisitos técnicos e de negócio para as transferências a crédito e os débitos diretos em euros e que altera o Regulamento (CE) nº 924/2009, do Parlamento Europeu e do Conselho, de 16 de setembro de 2009; Regulamento (UE) nº 2015/751, do Parlamento Europeu e do Conselho, de 29 de abril de 2015, relativo às taxas de intercâmbio aplicáveis a operações de pagamento baseadas em cartões [art. 1º, nº 2, als. *a), b), c)* RSP].

[1497] S. Grundmann, *European Law and Principles on commercial and investment banking contracts: an advanced area of codification*, cit., p. 792.

[1498] Mesmo "próxima do labiríntico", M. Januário Costa Gomes, *Contratos comerciais*, cit., p. 223.

[1499] S. Grundmann, *European Law and Principles on commercial and investment banking contracts: an advanced area of codification*, cit., p. 792.

[1500] C.W. Canaris, *Bankvertragsrecht, Erster Teil*, cit., p. 638 (*Zahlungsfunktion*).

De uma forma simples: um banco obriga-se a realizar um pagamento a um terceiro, mediante a entrega (e verificação pela instituição de crédito) de determinados documentos por este último. Subjacente ao contrato (o contrato de abertura de crédito documentário em si), está o negócio entre o ordenante e o beneficiário, geralmente um contrato de compra e venda, donde decorre a obrigação do primeiro face ao segundo, que o banco se vincula a cumprir.

A figura pode desempenhar funções secundárias de garantia, sempre que revestir a modalidade de crédito documentário irrevogável (trata-se de um pagamento garantido)[1501] e, também, de financiamento[1502]. Porém, aquela que a carateriza é a primeira. Por isso, a sua inclusão nesta categoria[1503].

O *confirming*, contrato pelo qual o banco gere e realiza os pagamentos do cliente aos seus fornecedores, integra igualmente este grupo.

XI. Far-se-á subsequentemente uma breve análise do segredo bancário. Optamos por tratar esta matéria de forma separada, atendendo à sua especificidade, enorme relevo e complexidade.

Um extrato de conta bancária – hoje à distância de um "click" – expõe, para a comum das pessoas, de uma forma muitíssimo detalhada, todos os passos da sua vida, do seu dia-a-dia: onde comeu, o que comprou – desde o supermercado, aos livros, passando pelos remédios na farmácia, etc, etc. –, a que espetáculos foi, etc. Trata-se de um efeito da "bancarização" da vida moderna, fenómeno que, por sua vez, decorre da utilização maciça dos diversos meios de pagamento, que passam, como se tem sublinhado, pelo sistema bancário. Essas informações estão sujeitas a sigilo.

[1501] Como referimos em M. Pestana de Vasconcelos, *Direito das garantias*, cit., p. 687. Aí o inserimos, uma das suas modalidades, o crédito documentário irrevogável, no seio dos "outros instrumentos de garantia" (*ob. cit.*, pp. 687, ss.).

[1502] Ver sobre este ponto M. Pestana de Vasconcelos, *Direito das garantias*, cit., p. 690.

[1503] Noutro sentido, incluindo-o no seio dos contratos de crédito, M. Januário Costa Gomes, *Contratos comerciais*, cit., pp. 338, ss.. Na perspetiva deste Autor, a concessão de crédito não deve ser menorizada, porque "a concessão de crédito ao ordenante é, na esmagadora maioria dos casos, o verdadeiro "motor de arranque" de toda a operação, no que à participação do banco respeita" (*ob. cit.*, p. 340, nota 1158).

Contudo, apesar disso, a verdade é que ele pode existir sem ela, sendo que o traço distintivo do negócio, e que justifica a estrutura complexa da operação em si, é o pagamento (em regra, garantido) a terceiro.

Exposta a relevância do tema, é clara a necessidade de uma exposição detalhada da regulação do segredo bancário. Todavia, o complexo regime nacional deve ser enquadrado no seio dos diversos sistemas que, de forma, com extensões e fundamentos diversos, o tutelam.

XII. Passamos à parte institucional. Conforme se referiu, a matéria bancária asssenta naquele conjunto de atividades que a caraterizam (intermediação financeira e sistemas de pagamento), as entidades habilitadas a exercê-las, os entes, e a atividade, de regulação e supervisão.

A análise começa pelas nas entidades habilitadas a exercer as atividades previstas no RGICSF, com ênfase nas instituições de crédito. De seguida, passa-se à regulação e supervisão, seus conteúdos e os entes que a exercem. Nesse contexto, irão ser analisados o sistema europeu de bancos centrais (SEBC), o sistema europeu de supervisão financeira (SESF), o mecanismo único de supervisão (MUS), a autoridade bancária europeia (EBA), o Banco Central Europeu (BCE) e o Banco de Portugal.

113. Bibliografia geral de direito bancário

Portugal

Alberto Luís, *Direito bancário*, Coimbra Editora, Coimbra, 1985.

António Menezes Cordeiro, *Manual de direito bancário*, 6ª ed. (com a colaboração de A. Barreto Menezes Cordeiro), Almedina, Coimbra, 2016.

António Pedro A. Ferreira, *Direito bancário*, 2ª ed., Quid Juris, Lisboa, 2009.

Augusto de Atahíde/Luís Branco – *Operações bancárias*, in: Direito das empresas (coordenado por Diogo Leite de Campos), INA, 1990, p. 285.

Augusto de Atahíde/Augusto de Albuquerque Atahyde/Duarte de Athayde, *Curso de direito bancário*, vol. I, 2ª ed., Coimbra Editora, Coimbra, 2009.

Fernando Conceição Nunes, *Direito bancário*, vol. I, AAFDUL, Lisboa, 1994.

João Calvão da Silva, *Banca, bolsa e seguros, tomo I, Direito europeu e português*, 5ª ed., Almedina, Coimbra, 2017.

idem, *Direito bancário*, Almedina, Coimbra, 2001.

José Engrácia Antunes, *Direito dos contratos comerciais*, Almedina, Coimbra, 2014 (segunda reimpressão).

José Gabriel Pinto Coelho, *Operações de banco*, RLJ ano 82º p. 193.

José Maria Pires, *Elucidário de direito bancário*, Coimbra Editora, Coimbra, 2002.

José Simões Patrício, *Direito bancário privado*, Quid Juris, Lisboa, 2004.

Manuel Januário Da Costa Gomes, *Contratos comerciais*, Almedina, Coimbra, 2013.

Pedro Pais de Vasconcelos/Pedro Leitão Pais de Vasconcelos, *Direito comercial*, 2ª ed., Almedina, Coimbra, 2020.

AAVV, *I congresso de direito* bancário (coord. MIGUEL PESTANA DE VASCONCELOS), Almedina, Coimbra, 2015.
AAVV, *II congresso de direito* bancário (coord. MIGUEL PESTANA DE VASCONCELOS), Almedina, Coimbra, 2017.
AAVV, *III congresso de direito* bancário (coord. MIGUEL PESTANA DE VASCONCELOS), Almedina, Coimbra, 2018.
AAVV, *IV congresso de direito* bancário (coord. MIGUEL PESTANA DE VASCONCELOS), Almedina, Coimbra, 2021.

Alemanha

AAVV, HERBERT SCHIMANSKI/HERMAN-JOSEF BUNTE/HANS-JÜRGEN LWOWSKI, *Bankrechts-Handbuch*, Band I, 5ª ed., Beck, Munique, 2017.
AAVV, HERBERT SCHIMANSKI/HERMAN-JOSEF BUNTE/HANS-JÜRGEN LWOWSKI, *Bankrechts-Handbuch*, Band II, 5ª ed., Beck, Munique, 2017.
AAVV, KATJAK LAGENBUCHER/DIRK H. BLIESENER/GERALD SPINDLER, *Bankrechts-Kommentar*, C.H. Beck, Munique, 2012.
AAVV, PETER DERLEDER/KAI-OLIVIER KNOPS/HEINZ GEORG BAMBERGER, *Deutsches und europäisches Bank- und Kapitalmarktrecht*, 3ª ed., Springer, Berlim/Heidelberga, 2017.
AAVV, HANS-PETER SCHWINTOWSKI, *Bankrecht*, 5ª ed., Carl Heymanns Verlag, Munique, 2018.
AAVV, SIEGFRIED KÜMPEL/ARNE WITTIG, *Bank- und Kapitalmarktrecht*, 4ª ed., Verlag Dr. Otto Schmidt, Colónia, 2011.
CLAUS-WILHEM CANARIS, *Bankvertragsrecht*, 3ª ed., erster Teil, De Gruyter, Berlin/New York, 1988.
CARSTEN PETER CLAUSSEN, *Bank- und Börsenrecht: für Studium und Praxis*, 4ª ed., com Roland Erne, Norbert Bröcker, Frank van Look, Jens Ekkenga, C.H. Beck, Munique, 2007.
HANS-PETER SCHWINTOWSKI/FRANK SCHÄFER – *Bankrecht. Commercial Banking-Investment Banking*, 2ª ed., Carl Heymanns, Colónia, Berlim, Bona, Munique, 2004.

Brasil

BRUNO MIRAGEM, *Direito bancário*, Editora Revista do Tribunais, S. Paulo, 2013.
EDUARDO SALOMÃO NETO, *Direito bancário*, 2ª ed., Atlas, S. Paulo, 2014.
NELSON ABRÃO, *Direito bancário*, 12ª ed. (actualizada pelo Juiz Carlos Henrique Abrão), Saraiva, S. Paulo, 2009.
OTAVIO YAZBEK, *Regulação do mercado financeiro e de capitais*, 2ª ed., Elsevier, Rio de janeiro, 2008.

Espanha

AAVV, ADOLFO SEQUEIRA/ENRIQUE GADEA/FERNANDO SACRISTÁN, *La contratación bancaria*, Dykinson, Madrid, 1997.

AAVV, FERNANDO ZUNZUNEGUI, *Derecho bancario y bursatil*, 2ª ed., Editorial Constitución y Leyes (Colex), 2012.

FERNANDO ZUNZUNEGUI, *Derecho del mercado financiero*, 3ª ed., Marcial Ponts, 2010.

JOAQUÍN GARRIGUES, *Contratos bancarios*, 2ª (revista por S. Moll), Madrid, 1975.

França

CHRISTIAN GALVADA/JEAN STOUFFLET, *Droit bancaire, instituitions – comptes – opérations – services*, 8ª ed., Litec, Paris, 2010.

FRANÇOISE DEKEUWER-DÉFOSSEZ/SOPHIE MOREIL, *Droit bancaire*, 10ª ed., Dalloz, Paris, 2010.

JEAN-LOUIS RIVES-LANGE/MONIQUE CONTAMINE-RAYNAUD, *Droit bancaire*, 6ª ed., Dalloz, Paris, 1995.

PHILIPPE NEAU-LEDUC, *Droit bancaire*, 4ª ed., Dalloz, Paris, 2010.

THIERRY BONNEAU, *Droit bancaire*, 10ª ed., LGDJ, Paris, 2013.

Inglaterra

ALASTAIR HUDSON, *The law of finance*, Sweet and Maxwell, Londres, 2009.

E.P. ERLINGER/E. LOMNICKA/C. V. M. HARE – *Erlinger's modern banking law*, 5ª ed., Oxford, Oxford University Press, 2011.

JOANNA BENJAMIN, *Financial law*, Oxford University Press, Oxford, 2007.

MARK HAPGOOD, *Paget's law of banking*, 12ª ed., Butterworths, LexisNexis, Bath, 2003.

ROSS CRANSTON/EMILIOS AVGOULEAS/KRISTIN VAN ZWIETEN/CHISTOPHER HARE/THEDODOR VAN SANTE, *Principles of Banking law*, 3ª ed., Oxford University Press, Oxford, 2017.

Itália

FRANCESCO GIORGIANNI/CARLO MARIA TARDIVO, *Manuale de direito bancário e degli operatori finanziari*, 3ª ed., Giuffrè, Milão, 2012.

GIUSEPPE FAUCELIA, *I contratti bancari*, in: *Trattato di diritto commerciale* (direto di Vicenzo Buonocore), sezione III, tomo 2. Giappichelli, Torino, 2009.

GIACOMO MOLLE, *I contratti bancari*, in: *Trattato di diritto civile e commerciale* (dirigido por Antonio Cicu e Francesco Messineo e continuado por Luigi Mengoni) vol. XXXV, t. I, Giuffrè, Milão, 1981.

GIACOMOMOLLE/LUIGI DESIDERIO, *Manuale di diritto bancario e dell'intermediazione finanziaria*, 7ª ed., Giuffrè, Milão, 2006.

LELIO BARBIERA/GIULIO GENTILE, *Diritto della banca e dei contratti bancari* (riedizione arricchita e aggiornata del volume Diritto bancário di M. Spinelli e G. Gentile), Cedam, Pádua, 2003.

PAOLO BONTEMPI, *Diritto bancario e finanziario*, Giuffrè, Milão, 2009.

PAOLO FERRO-LUZZI (lezioni raccolte dal Prof. Paolo Ferro-Luzzi), *Lezioni di diritto bancário*, vols. I e II, Giuffrè, Milão, Turim, 2004.

Raffaele Teti/Pierpaolo Marano, *I contratti bancari. Apertura di credito. Anticipazione. Sconto*, Giuffrè, Milão, 1999.

114. Revistas

Revista da Banca (Rev. Ban.).
Banca, Borsa e Titoli di Credito (BBTC).
Butterworths Journal of international banking and financial law (Butterworths Journal IBFL).
Revista de Derecho Bancario y Bursátil (RDBB).
Revista de Direito Bancário e do Mercado de Capitais (RDBMC).
Revue de Droit bancaire e financier (RDBF).
Revue de la Banque (Rev. Banque).
Rivista della banca e del mercato finanziario (RBMF).
The Banking Law Journal (Banking LJ).
Zeitschrift für Wirtschafts- und Bankrechts, Wertpapier-Mitteilungen (WM).
Zeitschrift für das gesamte Kreditwesen (ZKW).
Zeitschrift für Bankrecht und Bankwirtschaftsrecht (ZBB).
Zeitschrift für Bank- und Kapitalmarktrecht (BKR).

115. Jurisprudência

Acórdão do STJ de 10/1/1995 (Cura Mariano), in: www.dgsi.pt.
Acórdão do STJ de 20/10/1998 (Torres Paulo), in: www.dgsi.pt.
Acórdão do STJ de 15/12/1998 (Torres Paulo), in: www.dgsi.pt.
Acórdão do STJ de 21/10/1999 (Simões Freire), in: www.dgsi.pt
Acórdão do STJ de 31/5/2001 (Sousa Inês), in: www.dgsi.pt.
Acórdão do STJ de 22/11/2001 (Pinto Monteiro), in: www.dgsi.pt.
Acórdão do STJ de 24/01/2002 (Oliveira Barros), CJ-STJ, t. I, p. 107.
Acórdão do STJ de 28/05/2002 (Qurino Soares), in: www.dgsi.pt
Acórdão do STJ de 10/10/2002 (Dionísio Correia), in: www.dgsi.pt;
Acórdão do STJ de 28/11/2002 (Ferreira de Almeida), in www.dgsi.pt
Acórdão do STJ de 27/5/2003 (Abílio Vasconcelos), in: www.dgsi.pt.
Acórdão do STJ de 27/05/2003 (Moreira Alves), in: www.dgsi.pt.
Acórdão do STJ de 27/05/2003 (Salvador da Costa), in: www.dgsi.pt.
Acórdão do STJ de 31/3/2004 (Oliveira Barros), in: www.dgsi.pt.
Acórdão do STJ de 29/04/2004 (Araújo Barros), in: www.dgsi.pt
Acórdão do STJ de 29/04/2004 (Quirino Soares), www.dgsi.pt
Acórdão do STJ de 23/09/2004 (Lucas Coelho) in: www.dgsi.pt.
Acórdão do STJ de 10/11/2005 (Lucas Coelho), in: www.dgsi.pt
Acórdão do STJ de 16/11/2006 (Moreira Camilo), in: www.dgsi.pt.
Acórdão do STJ de 12/6/2007 (Moreira Camilo), in: www. dgsi.pt.
Acórdão do STJ de 28/06/2007 (Salvador Costa), in: www.dgsi.pt.
Acórdão do STJ de 6/11/2007 (Mário Cruz), in: www.dgsi.pt.
Acórdão do STJ de 4/12/2007 (Salvador da Costa), in: www.dgsi.pt

Acórdão do STJ de 28/2/2008 (Paulo Sá), in: www.dgsi.pt.
Acórdão do STJ de 15/5/2008 (Mota Miranda), in: www.dgsi.pt.
Acórdão do STJ de 23/10/2008 (Garcia Calejo), in: www.dgsi.pt.
Acórdão do STJ de 18/11/2008 (Santos Bernardino), in: www.dgsi.pt
Acórdão do STJ de 18/11/2008 (Maria dos Prazeres Beleza), in: www.dgsi.pt.
Acórdão do STJ de 9/12/2008 (Garcia Calejo), in: www.dgsi.pt.
Acórdão do STJ de 25/3/2009 (Cardoso de Albuquerque), in: www.dgsi.pt.
Acórdão do STJ de 7/5/2009 (Sebastião Póvoas), in: www.dgsi.pt.
Acórdão do STJ de 26/05/2009 (Moreira Camilo), in www.dgsi.pt.
Acórdão do STJ de 9/6/2009 (Mário Cruz), in: www.dgsi.pt.
Acórdão do STJ de 22/09/2009 (Hélder Roque), in: www.dgsi.pt
Acórdão do STJ de 3/12/2009 (Garcia Calejo), in: www.dgsi.pt.
Acórdão do STJ de 12/01/2010 (Cardoso de Albuquerque), in: www.dgsi.pt.
Acórdão do STJ de 11/02/2010 (Maria dos Prazeres Beleza), in: www.dgsi.pt.
Acórdão do STJ de 2/03/2010 (Fonseca Ramos), in: www. dgsi.pt.
Acórdão do STJ de 1/7/2010 (Serra Baptista), in: www.dgsi.pt.
Acórdão do STJ de 14/10/2010 (Gonçalo Silvano), in: www.dgsi.pt.
Acórdão do STJ de 25/01/2011 (Hélder Roque), in: www.dgsi.pt.
Acórdão do STJ de 24/05/2011 (Gregório Silva Jesus), in: www.dgsi.pt
Acórdão do STJ de 2/6/2011 (Silva Gonçalves), in: www.dgsi.pt.
Acórdão do STJ de 10/11/2011 (Gregório Silva Jesus), in: www.dgsi.pt.
Acórdão do STJ de 20/03/2012 (Hélder Roque), in: www.dgsi.pt
Acórdão do STJ de 3/05/2012 (Silva Gonçalves), in: www.dgsi.pt.
Acórdão do STJ de 21/03/2013 (Oliveira Vasconcelos), in: www.dgsi.pt.
Acórdão do STJ de 21/3/2013 (Abrantes Geraldes), in: www.dgsi.pt
Acórdão do STJ de 20/05/2013 (Granja da Fonseca), in: www.dgsi.pt.
Acórdão do STJ de 4/6/2013 (Moreira Camilo), in: www.dgsi.pt.
Acórdão do STJ de 4/6/2013 (Alves Velho), in: www.dgsi.pt.
Acórdão do STJ de 24/10/2013 (Granja da Fonseca), in: www.dgsi.pt.
Acórdão do STJ de 13/12/2013 (Ana Paula Boularot), in: www.dgsi.pt
Acórdão do STJ de 6/2/2014 (Granja da Fonseca), in: www.dgsi.pt.
Acórdão do STJ de 25/2/2014 (Maria Clara Sottomayor), in: www.dgsi.pt.
Acórdão do STJ de 14/10/2014 (Alves Velho), in: www.dgsi.pt.
Acórdão do STJ de 4/12/2014 (Lopes do Rego), in: www.dgsi.pt
Acórdão do STJ de 28/05/2015 (Salazar Casanova), in: www.dgsi.pt.
Acórdão do STJ de 05/01/2016 (Nuno Cameira), in: www.dgsi.pt.
Acórdão do STJ de 14/07/2016 (Tomé Gomes), in: www.dgsi.pt.
Acórdão do STJ de 29/09/2016 (Lopes do Rego), in: www.dgsi.pt.
Acórdão do STJ de 13/10/2016 (Tavares de Paiva), in: www.dgsi.pt
Acórdão do STJ de 14/12/2016 (Pinto de Almeida), in: www.dgsi.pt
Acórdão do STJ de 2/03/2017 (Fernanda Isabel Pereira), in: www.dgsi.pt.
Acórdão do STJ de 1/04/2017 (Alexandre Reis), in: www.dgsi.pt.
Acórdão do STJ de 27/4/2017 (Alexandre Reis), in: www.dgsi.pt.
Acórdão do STJ de 4/7/2017 (Sebastião Póvoas), in: www.dgsi.pt.

Acórdão do STJ de 11/07/2017 (Alexandre Reis), in: www.dgsi.pt.
Acórdão do STJ de 15/11/2017 (António Joaquim Piçarra), in: www.dgsi.pt.
Acórdão do STJ de 8/2/2018 (António Joaquim Piçarra), in: www.dgsi.pt
Acórdão do STJ de 8/3/2018 (António Joaquim Piçarra), in: www.dgsi.pt.
Acórdão do STJ de 5/07/2018 (Sousa Lameira), in: www.dgsi.pt.
Acórdão do STJ de 31/01/2019 (Hélder Almeida), in: www.dgsi.pt.
Acórdão do STJ de 7/02/2019 (Maria da Graça Trigo), in: www.dgsi.pt.
Acórdão do STJ de 28/02/2019 (Olindo Geraldes), in: www.dgsi.pt
Acórdão do STJ de 21/03/2019 (Oliveira Abreu), in: www.dgsi.pt.
Acórdão do STJ de 28/03/2019 (Maria do Rosário Morgado), in: www.dgsi.pt.
Acórdão do STJ de 30/4/2019 (Maria dos Prazeres Beleza), in: www.dgsi.pt
Acórdão do STJ de 9/05/2019 (Maria do Rosário Morgado), in: www.dgsi.pt.
Acórdão do STJ de 19/09/2019 (Rosa Tching), in: www.dgsi.pt.
Acórdão do STJ de 17/10/2019 (Henrique Araújo), in: www.dgsi.pt.
Acórdão do STJ de 17/11/2020 (Maria João Vaz Tomé), in: www.dgsi.pt
Acórdão do STJ de 10/3/2021 (Rijo Ferreira), in: www.dgsi.pt.
Acórdão do STJ de 25/3/2021 (Maria da Graça Trigo), in: www.dgsi.pt
Acórdão do STJ de 23/09/2021 (Maria da Graça Trigo) www.dgsi.pt.
Acórdão do STJ de 08/06/2021 (Maria Clara Sottomayor), in: www.dgsi.pt.
Acórdão do STJ de 08/03/2022 (Tibério Nunes da Silva), in: www.dgsi.pt.

116. Bibliografia

ABRANTES, José João – *Algumas notas sobre o contrato de mútuo*, in: Nos 20 anos do Código das Sociedades Comerciais, homenagem aos Profs. Doutores A. Ferrer Correia, Orlando de Carvalho e Vasco Lobo Xavier (coordenação do Professor Doutor António Pinto Monteiro), vol. III, vária, Faculdade de Direito da Universidade de Coimbra, Coimbra Editora, Coimbra, 2007, p. 1057.

ABREU, Jorge Coutinho de – *Curso de direito comercial, vol. I, introdução, actos de comércio, comerciantes, empresas, sinais distintivos*, 9ª ed., Almedina, Coimbra, 2013.

— *Curso de direito comercial, vol. II, das sociedades*, Almedina, Coimbra, 3ª ed., 2009.

ABREU, Luís Vasconcelos – *Os sindicados bancários no direito português*, in: Estudos em homenagem ao Professor Doutor Inocêncio Galvão Telles, vol. II, Direito bancário (Estudos organizados pelos Professores Doutores António Menezes Cordeiro, Luís Menezes Leitão e Januário da Costa Gomes), Almedina, Coimbra, 2002, p. 519.

ALLEN, Franklin/CARLETTI, Elena – *The roles of banking in financial systems*, in: The Oxford handbook of banking (edited by Allen N. Berger, Philip Molyneux and John O.S. Wilson), Oxford University Press, Oxford, 2010, p. 37.

ALMEIDA, Carlos Ferreira de – *Desmaterialização dos títulos de crédito: valores mobiliários escriturais*, Rev. Ban., 1993, p. 23.

— *Direito dos contratos, II, conteúdo, contratos de troca*, 2ª ed., Almedina, Coimbra, 2011.

— *Contratos, III, contratos de liberalidade, de cooperação e de risco*, Almedina, Coimbra, 2012.

— *O contrato de conta corrente e a conta corrente bancária*, in: Estudos em homenagem ao Prof. Doutor José Lebre de Freitas, vol. II, Coimbra Editora, Coimbra, 2013, p. 25.

AMORIM, João Pacheco de – *Dos poderes de supervisão bancárias sobre as caixas agrícolas locais outorgados por lei à "Caixa central" no âmbito do sistema integrado de crédito agrícola mútuo*, in: *La regulácion económica. En especial la regulación bancaria* (Actas del IX Congreso Hispano-Luso de Derecho Administrativo) (dir. Manuel Rebollo Puig), Universidad de Cordoba, Iustel, Madrid, 2012, p. 571.

— *Os poderes normativos do Banco de Portugal*, I Congresso de Direito bancário (coord. L. Miguel Pestana de Vasconcelos), Almedina, Coimbra, 2015, p. 323.

ANASTÁCIO, Catarina Gentil – *A transferência bancária*, Almedina, Coimbra, 2004.

ANGELONI, Vittorio – *Lo sconto*, BBTC, 1964, I, p. 347.

ANDRADE, Manuel de – *Teoria geral das obrigações*, com a colaboração de Rui de Alarcão, 2ª ed., Almedina, Coimbra, 1963.

— *Teoria geral da relação jurídica*, vols. I e II, Almedina, Coimbra, 7ª reimpressão, 1987.

ANNUNZIATA, Filippo – *Verso una disciplina comune delle garanzie finanziarie. Dalla convenzione dell'Aja alla Collateral Diretive (Direttiva 2002/47/CE)*, BBTC, 2003, p. 178.

ANTUNES, João Tiago Morais – *Do contrato de depósito escrow*, Almedina, Coimbra, 2007.

ANTUNES, José A. Engrácia – *A supervisão consolidada dos grupos financeiros*, Publicações universidade católica, Porto, 2000.

— *Contratos comerciais. Noções fundamentais*, DJ, volume especial, 2007.

— *Direito dos contratos comerciais*, Almedina, Coimbra, 2009.

— *O contrato de seguro na LCS de 2008*, ROA, 2009, p. 815.

— *Os instrumentos financeiros*, Almedina, Coimbra, 2009.

— *Os títulos de crédito. Uma introdução*, Coimbra Editora, Coimbra, 2009.

— *Os usos e o costume no direito comercial. Algumas breves reflexões*, in: Estudos comemorativos dos 10 anos da Faculdade de Direito da Universidade Nova de Lisboa, vol. II (coordenação: Diogo Freitas do Amaral, Carlos Ferreira de Almeida, Marta Tavares de Almeida), Almedina, Coimbra, 2008, p. 215.

ASCARELLI, Tullio – *Teoria geral dos títulos de créditos* (tradução de Nicolau Nazo), Livraria académica – Saraiva, São Paulo, 1943.

ASCENSÃO, José de Oliveira – *As acções*, in: Direito dos valores mobiliários, vol. II, Coimbra Editora, Coimbra, 2000, p. 57.

— *Direito comercial, vol. III, títulos de crédito*, Lisboa, 1992.

— *Direito civil. Teoria geral, vol. III, Relações e situações jurídicas*, Coimbra Editora, Coimbra, 2002.

ASSIES, Paul/VANDER, Sacha – in: *Handbuch des Fachnwalts. Bank- und Kapitalmarktrecht* (herausgegeben von Paul Assies, Dirk Beula, Julia Heise, Harmurt Strube), Carl Heymanns, Colónia, 2012 (*factoring*), p. 873.

ATHAÍDE, Augusto de/BRANCO, Luís – *Operações bancárias*, in: Direito das empresas (coordenado por Diogo Leite de Campos), INA, 1990, p. 285.

ATHAYDE, Augusto de /ATHAYDE, Augusto Albuquerque/ATHAYDE, Duarte de – *Curso de direito bancário*, vol. I, 2ª ed., Coimbra Editora, Coimbra, 2009.

AVERSANO, Gabriele – *La vendita com riserva di proprietà (artt. 1523-1526)*, in *Codice della vendita* (a cura di Vincenzo Buonocore, Angelo Luminoso, Caterina Miraglia), 3ª ed., Giuffrè, Milão, 2012, p. 905.

BANCO CENTRAL EUROPEU – *A política monetária do BCE 2004* (in: http://www.ecb.europa.eu/pub/pdf/other/monetarypolicy2004pt.pdf).

— *Changes in bank financing patterns*, April, 2012, (in: http://www.ecb.int/pub/pdf/other/changesinbankfinancingpatterns201204en.pdf).

— *The implementation of monetary police in the euro area*, February, 2011, p. 20 (in: http://www.ecb.int/pub/pdf/other/gendoc2011en.pdf).

— *The payment system* (editor Tom Kokkola), Frankfurt am Main, 2010.
(in: https://www.ecb.europa.eu/pub/pdf/other/paymentsystem201009en.pdf).

BANCO DE PORTUGAL – *Sistema bancário português, desenvolvimentos recentes. Atualização: 2T 2013* – in: http://www.bportugal.pt/pt-PT/Documents/VisaoSistemaBancarioPortuguesPT.pdf.

BARATA, Filipe Santos – *As obrigações hipotecárias*, Coimbra Editora, Coimbra, 2013.

BAUER, Frieder/SEEGER, Michael – *Forfaitierung, mit und ohne Versicherungsschutz*, in: S. KÜMPEL/A. WITTIG, *Bank- und Kapitalmarktrecht*, 4ª ed., Otto Verlag, Colónia, 2011, p. 1774.

BARASSI, Lodovico – *Depositi fiduciari di somme o di titoli: fiducia, mandato, agency escrow*, in: *Fiducia, trust, mandato ed agency*, Convegni di studio, Madonna di Campiglo, Giuffrè, Milão, 1991, p. 271.

BARATA, Carlos Lacerda – *Contrato de depósito bancário*, in: Estudos em homenagem ao Professor Doutor Inocêncio Galvão Telles, vol. II, Direito bancário (Estudos organizados pelos Professores Doutores António Menezes Cordeiro, Luís Menezes Leitão e Januário da Costa Gomes), Almedina, Coimbra, 2002, p. 7.

BARBOSA, Ana Mafalda Miranda – *O impacto das taxas de juros negativas nos contratos de mútuo bancário: as tentativas de salvaguarda dos bancos e a proteção do consumidor*, in: Direito civil e sistema financeiro, Principia, Cascais, 2017, p. 157.

BASTOS, Miguel Brito – *Capitalização de juros em contratos de crédito bancário*, in: III Congresso de direito bancário (coord. Miguel Pestana de Vasconcelos), Almedina, Coimbra, 2018, p. 259.

— *O mútuo bancário*, Coimbra Editora, Coimbra, 2015.

BENES, Jaromir/KUMHOF, *Michael – The Chicago Plan Revisited*, IMF Working Paper, August 2012, in: www.imf.org/external/pubs/ft/wp/2012/wp12202.pdf.

BENJAMIN, Joanna – *Financial Law*, Oxford University Press, Oxford, 2007.

BERGER, Allen N./MOLYNEAUX, Philip/WILSON, John O. S. – *Banking: an overview*, in: *The Oxford handbook of banking* (edited by Allen N. Berger, Philip Molyneux and John O.S. Wilson), Oxford University Press, Oxford, 2010, p. 2.

BERLIN, Mitchell – *Securitization*, in: *The new Palgrave dictionary of money and finance*, vol. III, Macmillan reference limited/Stockton press, Londres/Nova Iorque, 1997, p. 433.

BIANCA, Massimo – *Diritto civile IV, L'obbligazione*, Giuffrè, Milão, ristampa aggiornatta 2019.

— *La vendita e la permuta*, in: *Trattato di diritto civile italiano* (dirigido por Filippo Vassalli), volume settimo, tomo primo, Utet, Turim, 1972.

BIRD, Nathaniel – *Documentary credits: general*, in: *Paget's law of banking* (general editor John Odgers), 15ª ed., LexisNexis, Londres, 2018, p. 1007.

BOLZONI, Paolo – *Direct international factoring*, in: *Factoring-Handbuch des nationalen und internationalen Factoring* (de K. F. Hagenmüller, H. J. Sommer, U. Brink), 3ª ed., Fritz Knapp Verlag, Frankfurt am Main, 1997, p. 297.

BONNEAU, Thierry – *Droit bancaire*, 9ª ed., Montchrestien, Paris, 2011.

— *Séparation et régulation des activités bancaires: propos conclusifs*, RDBF, 2013, nº 4, p. 107.

BOOT, Arnoud/THAKOR, Anjan V. – *The accelerating integration of banks and markets and its implication for regulation*, in: *The Oxford handbook of banking* (edited by Allen N. Berger, Philip Molyneux and John O.S. Wilson), Oxford University Press, Oxford, 2010, p. 58.

BORGES, Georg – *Electronic banking*, in: PETER DERLEDER/KAI-OLIVIER KNOPS/HEINZ GEORG BAMBERGER, *Deutsches und europäisches Bank- und Kapitalmarktrecht*, 3ª ed., Springer, Berlim/Heidelberga, 2017, p. 515

BRANCO, Luís Manuel Baptista – *Conta corrente bancária. Da sua natureza, estrutura e regime jurídico*, Rev. Ban., 1995, p. 35.

BRITO, Maria Helena – *O contrato de concessão comercial*, Almedina, Coimbra, 1990.
— *O factoring e a convenção do Unidroit*, Cosmos, Lisboa, 1998.
BÜLOW, Peter – *Grundlagen (Begriff, Geschichte, Rechtsquellen)*, in: PETER DELERDER/KAI-OLIVIER KNOPS/HEINZ GEORG BAMBERGER, *Handbuch zum deutschen und europäischen Bankrecht*, 2ª ed., Springer, Berlim, Heidelberga, 2009, § 1, p. 3.
CAMANHO, Paula Ponces – *Contrato de depósito bancário. Descoberto em conta, direito do banco que paga o cheque não provisionado. Conta solidária (comentário ao acórdão do Tribunal da Relação de Coimbra de 12 de Maio de 1998)*, in Estudos em homenagem ao Professor Doutor Inocêncio Galvão Telles, vol. II, Direito bancário (Estudos organizados pelos Professores Doutores António Menezes Cordeiro, Luís Menezes Leitão e Januário da Costa Gomes), Almedina, Coimbra, 2002, p. 103.
— *Do contrato de depósito bancário*, Almedina, Coimbra, 1998.
CÂMARA, Paulo – *O dever de adequação dos intermediários financeiros*, in: Estudos em Honra do Professor Doutor José de Oliveira Ascensão (coordenação dos Professores Doutores António Menezes Cordeiro, Pedro Pais de Vasconcelos e Paula Costa e Silva), vol. II, Faculdade de Direito da Universidade de Lisboa, Almedina, Coimbra, 2008, p. 1307.
— *Manual de direito dos valores mobiliários*, 2ª ed., Almedina, Coimbra, 2011.
— *Supervisão bancária: recentes e próximos desenvolvimentos*, in I congresso de dieito bancário (coord. MIGUEL PESTANA DE VASCONCELOS), Almedina, Coimbra, 2015, p. 283.
CAMPOBASSO, Gian Franco – *Diritto commerciale, 3, contratti, titoli di credito, procedure concorsuali*, 5ª ed., por MARIO CAMPOBASSO, Utet, Turim, 2014.
CAMPOS, António – *Juros de mora – Portaria nº 807-U183, de 30 de Julho*, Rev. Ban., 1991, p. 175.
— *Mútuo concedido por instituições de crédito*, Rev. Ban., 1989, p. 108.
CAMPOS, Diogo Leite de – *A locação financeira*, Lex, Lisboa, 1994.
— *Anatocismo – regras e usos particulares do comércio*, ROA, 1988, p. 37
— *Ensaio de análise tipológica do contrato de locação financeira, BFDUC, 1987, p. 1.*
— *Locação financeira (leasing) e locação*, ROA, 2002, p. 761.
— *Nota sobre a admissibilidade da locação financeira restitutiva ("lease-back") no direito português*, ROA, 1982, p. 775.
— *Da responsabilidade do credor na fase de incumprimento*, ROA, 1992, p. 853.
— *O sigilo bancário*, in: Sigilo bancário (org. Banco de Portugal/Instituto de direito bancário), Cosmos, Lisboa, 1997, p. 13.
— *A titularização de créditos. Bases gerais*, in: Titularização de créditos, Lisboa, Instituto de direito bancário, 2000, p. 9.
CAMPOS, Diogo Leite de/MONTEIRO, Manuel – *Titularização de créditos, anotações ao decreto-lei nº 453/99, de 5/11*, Almedina, Coimbra, 2001
CAMPOS, Mônica Leite de – *Crédito por assinatura*, ROA, 2000, p. 703.
CANARIS, Claus-Wilhelm – *Bankvertragsrecht, Erster Teil*, 3ª ed., Walter de Gruyter, Berlim/Nova Iorque, 1988.
— *Bankvertragsrecht*, Walter de Gruyter, Berlim/Nova Iorque, 1975
CANOTILHO, José Joaquim Gomes/Moreira, Vital – *Constituição da república portuguesa anotada*, vol. I, 4ª ed., Coimbra editora, Coimbra, 2007.
CAPPIELLO, Stefano – *I cliente della banca*, in Lezioni di diritto bancário (raccolte dal prof. Paolo Ferro-Luzzi), vol. II: parte speciale. I singoli contratti, Giappichelli, Turim, 2004, p. 1.

CARR, Alexandria/CISNAL DE UGARTE, Salomé/JÖWULFKEN, Jörg – *Towards a European banking union: the commission announces a new legal framework for banking supervision*, Banking LJ, 2013, p. 60

CARRASCO PERERA, Ángel/CORDERO LOBATO, Encarna/MARÍN LÓPEZ, Manuel Jesús – *Tratado de los derechos de garantia, tomo II, Garantías mobiliárias*, Thomson/Arazandi, Pamplona, 2008.

CASSANDRO, Bianca – *Il factoring internazionale ed il progetto Unidroit*, in Sviluppi e nuove prospettive della disciplina del leasing e del factoring in Italia (coordenado por A. Munari), QGC, nº 91, Giuffrè, Milão, 1988, p. 21.

CARVALHO, Jorge Morais – *Manual de direito do consumo*, 4ª ed., Almedina, Coimbra, 2017

— *Usura nos contratos de crédito ao consumo*, Sub judice, 2006, p. 35.

CARVALHO, Orlando de – *Negócio jurídico indirecto (teoria geral)*, in: Orlando de Carvalho, Escritos. Páginas de direito, I, Almedina, Coimbra, 1998 (reimpressão, publicado originalmente no BFDUC, Suplemento X, 1952).

CASTRO, Carlos Osório de – *Os efeitos da nulidade da patente sobre o contrato de licença da invenção patenteada*, UCP, Porto, 1994.

CASTRO, Gonçalo Andrade e – *O crédito documentário irrevogável*, UCP, Porto, 1999.

CATARIANO, Luís Guilherme – *A reforma da Regulação Financeira na União Europeia: refracção do movimento do Direito Administrativo Global*, *in*www.institutovaloresmobiliarios.pt/estudos/pdfs/1360862121a_reforma_da_regulacao_financeira_lc_formatado.pdf.

CENDON, Paolo – *Commentario al códice civile, volume quarto, artt. 1173-1654*, Utet, Milão, 1991.

CHOUDHRY, Moorad – *An introduction to repo markets*, 3ª ed., Securities investment institute, John Wiley & Sons, Ltd., Chichester, 2006.

COELHO, Fábio Ulhoa – *Curso de direito comercial. Direito da empresa*, vol. III, 11ª ed., Saraiva, S. Paulo, 2010

COELHO, Francisco de Brito Pereira – *"Aluguer operacional" de veículo: unidade ou pluralidade, contratual, coligação negocial e resolução – Ac. do TRL de 14.12.2010, Proc. 198/09*, CDP, nº 37, 2012, p. 43.

— *Contratos complexos e complexos contratuais*, Coimbra Editora, Coimbra, 2014.

COELHO, José Gabriel Pinto – *Operações de banco*, RLJ, ano 82º, p. 193.

COING, Helmut – *Die Treuhand kraft privaten Rechtsgeschäfts*, C. H. Beck, Munique, 1973.

COMISSÃO EUROPEIA – *Need for a coherent approach to product transparency and distribution requirements for "substitute" retail investment products?* in: http://ec.europa.eu/internal_market/finservicesretail/docs/investment_products/call_en.pdf., 2007.

CORDEIRO, António Menezes – *A tutela do consumidor de produtos financeiros*, in: *Liber Amicorum* Mário Frota. A causa dos direitos dos consumidores, Almedina, Coimbra, 2012, p. 51.

— *Da boa fé no direito civil*, vols I e II, Almedina, Coimbra, 1984.

— *Da cessão financeira (factoring)*, Lex, Lisboa, 1994.

— *Da compensação no direito civil e no direito bancário*, Almedina, Coimbra, 2003.

— *Direito bancário, relatório*, Almedina, Coimbra, 1997.

— *Direito bancário*, 6ª ed. (com a colaboração de A. Barreto Menezes Cordeiro), Almedina, Coimbra, 2016.

— *Direito dos seguros*, Almedina, Coimbra, 2013.

— *Do reporte: subsídio para o regime jurídico do mercado de capitais e da concessão de crédito*, in: Banca, bolsa e crédito, estudos de direito comercial e direito da economia, vol. I, Almedina, Coimbra, 1990, p. 143.
— *O costume e os usos no século XXI*, RDS, 2011, p. 627.
— *Tratado de direito civil, II, Parte geral, negócio jurídico*, 4ª ed., Almedina, Coimbra, 2014.
— *Tratado de direito civil português, II, Direito das obrigações, tomo I*, Almedina, Coimbra, 2009.
— *Tratado de direito civil português, II, Direito das obrigações, tomo II*, Almedina, Coimbra, 2010.
CORRADO, Renato – *I contratti di borsa*, in: *Trattato di diritto civile italiano* (dirigido por Filippo Vassalli), vol. VII, Utet, Turim, 1960.
CORREIA, António Ferrer – *Lições de Direito Comercial*, vol. I (com a colaboração de Manuel Henrique Mesquita e António Caeiro), Coimbra, 1973.
CORREIA, António Ferrer/CAEIRO, António – *Recusa de pagamento do cheque pelo banco sacado; responsabilidade banco face ao portador*, RDE, 1978, p. 447.
CORREIA, Francisco Mendes – *Moeda bancária e cumprimento*, Almedina, Coimbra, 2017.
— *Moedas virtuais, tecnologia de registo descentralizado de dados e pagamentos*, in: IV Congresso de direito bancário (coord. Miguel Pestana de Vasconcelos), Almedina, Coimbra, 2021, p. 25.
— *O contrato de mútuo: questões antigas e desenvolvimento recentes*, in: Código Civil, Livro do cinquentenário (coord. António Menezes Cordeiro), Almedina, Coimbra, 2019, p. 527.
— *O governo dos sistemas de pagamento*, RDS, 2011, p. 579.
— *Uma revolução permanente? A DSP 2 e o novo direito dos serviços de pagamento*, in: III congresso de direito bancário (coord. Miguel Pestana de Vasconcelos), Almedina, Coimbra, 2018, p. 385.
COSTA, Mariana Fontes da – *A proteção do consumidor-mutuário no crédito à habitação a taxa de juro variável*, RED, 2018, p. 81.
— *O impacto dos smart contracts na redefinição de operações bancárias: o exemplo do depósito escrow*, in: IV congresso de direito bancário (coord. Miguel Pestana de Vasconcelos), Almedina, Coimbra, 2021, p. 115.
COSTA, Mário Júlio de Almeida, *Direito das obrigações*, 12ª ed., Almedina, Coimbra, 2009.
COSTA, Mário Júlio de Almeida/CORDEIRO, António Menezes – *Cláusulas contratuais gerais. Anotação ao Decreto-Lei nº 446/85, de 25 de outubro*, Almedina, Coimbra, 1991.
CRANSTON, Ross/AVGOULEAS, Emilios/KVAN WIETEN, Kristin/HARE, Christopher/VAN SANTE, Theodor – *Principles of Banking law*, 3ª ed., Oxford University Press, Oxford, 2017.
CUNHA, Carolina – *Letras e livranças, paradigmas actuais e recompreensão de um regime*, Almedina, Coimbra, 2012.
— *Manual de letras e livranças*, Almedina, Coimbra, 2015
CUNHA, Paulo Olavo – *A revogabilidade do cheque no prazo de apresentação a pagamento: escrever direito por linhas tortas*, CDP, 2009, p. 3.
— *Cheque e convenção de cheque*, Almedina, UCP, Coimbra, 2009.
— *Direito comercial e do mercado*, 3ª ed., Almedina, Coimbra, 2021.
— *Direito das sociedades comerciais*, 7ª ed., Almedina, Coimbra, 2019.
— *Lições de direito comercial*, Almedina, Coimbra, 2011.
— *O cheque enquanto título de crédito: evolução e perspetivas*, in: Estudos de direito bancário, FDUL, Coimbra Editora, Coimbra, 1999, p. 243.

— *Relevância e significado do cheque e da convenção de cheque na atualidade: principais problemas*, in: I congresso de direito bancário (coord. Miguel Pestana de Vasconcelos), Almedina, Coimbra, 2015, p. 145.

DAGEFÖRDE, Carsten – *Leasingvertrag*, in: *Internationales Vertragsrecht* (Reithmann/Martiny), 7ª ed., Otto Schmidt, Colónia, 2010, p. 606.

DALMARTELLO, Arturo/PORTALE, Giuseppe B. – *Deposito (diritto vigente)*, ED, XII, p. 236.

DE LUCCA, Newton – *A faturização no direito brasileiro*, Revista dos Tribunais, São Paulo, 1986.

DE LUCCA, Newton/MOTA MACIEL DEZEM, Renata – *Factoring: problemas atuais*, Prisma Jur., São Paulo, v. 15, n. 1, jan./jun. 2016, p. 153.

DITCHER, Barry – *Securitisation in the United States: why and how?*, in Titularização de créditos, Instituto de direito bancário, Lisboa, p. 19.

DOMINGUES, Paulo de Tarso – *Do capital social, noção, princípios, funções*, 2ª ed., BFD, Universidade de Coimbra, Coimbra Editora, 2004.

— *Variações sobre o capital social*, Almedina, Coimbra, 2009.

DONINI, Antonio Carlos – *Manual do factoring*, Editora Klarear, São Paulo, 2004.

DROBNIG, Ulrich – *Security rights in movables*, in: Towards and european civil code (org.: Arthur Hartkamped, Martijn W. Hesselink; Ewoud H. Hondius, Chantal Mak & C. Edgar du Perron), fourth revised and expanded edition, Kluwer Law, The Netherlands, 2011, p. 1025.

DUARTE, Paulo – *Algumas questões sobre o ALD*, Estudos de direito do consumidor, Centro do direito do consumidor/Faculdade de Direito da Universidade de Coimbra, 2001, p. 301.

— *O direito do consumidor ao cumprimento antecipado nos contratos de concessão de crédito*, in: *Liber Amicorum* Mário Frota. A causa dos direitos dos consumidores, Almedina, Coimbra, 2012, p. 409.

— *Obrigações de dinheiro (obrigações monetárias) e obrigações de bitcoins*, in: Estudos de direito do consumidor, 2018, p. 343.

DUARTE, Rui Pinto – *A alteração unilateral de contratos de financiamento*, in: II congresso de direito bancário (coord. Miguel Pestana de Vasconcelos), Almedina, Coimbra, 2017, p. 305.

— *A regulação pelo RGICSF das anteriormente chamadas instituições parabancárias*, Rev. Banca, 1993, p. 55.

— *Aspectos contratuais do aluguer, da locação financeira e de outros contratos afins face à lei portuguesa*, Fisco, 1993, p. 64.

— *Alguns aspectos jurídicos dos contratos não bancários de aquisição e uso de bens*, Rev. Ban., 1992, p. 49.

— *Notas sobre o contrato de factoring*, in: Novas perspectivas do direito comercial, Almedina, Coimbra, 1988, p. 141.

— *O contrato de locação financeira. Uma síntese.*, Themis, 2010, p. 135.

— *O novo regime do crédito imobiliário a consumidores (Dec.-Lei 74-A/2017) – uma apresentação*, in: III congresso de direito bancário (coord. Miguel Pestana de Vasconcelos), Almedina, Coimbra, 2018, p. 311.

— *Suprimentos, prestações acessórias e prestações suplementares – notas e questões –*, Problemas do Direito das sociedades, IDET, Almedina, Coimbra, 2002, p. 257.

— *Tipicidade e atipicidade dos contratos*, Almedina, Coimbra, 2000.

DUTILLEUL, François/DELEBECQUE, Philippe – *Contrats civils et commerciaux*, 9ª ed., Dalloz, Paris, 2011.

ELLENBERGER, Jürgen – *Lastschriftverfahren*, in: SCHIMANSKI/H.-J. BUNTE/H.-J. LWOWSKI, *Bankrechts-Handbuch*, Band I, 5ª ed., Beck, Munique, 2017, § 56, p. 1717.

ELLINGER, E. P./LOMNICKA, E./HARE, C.V.M. – *Ellinger's modern banking law*, 5ª ed., Oxford University Press, Oxford, 2011.

EMBID IRUJO, *La cuenta corriente bancaria*, in: Direito bancário (Actas do Congresso comemorativo do 150º aniversário do Banco de Portugal), RFDUL, Coimbra Editora, 1997, p. 67.

ERP, Sjef Van – *Globalisation or isolation in new dutch property law? The New Civil Code of the Netherlands and the new Civil Codes of the Netherlands Antilles and Aruba compared*, ELCL, 2003 (in: www.ejcl.org/ejcl/75/art75-2.html).

FANDRICH, Andreas/HOFMANN, Thomas – *Kreditsvertragsrecht*, in: *Münchener Anwalts Handbuch, Bank- und Kapitalmarktrecht* (herausgegeben von Andreas Fandrich und Ines Karper), Beck, Munique, 2012, § 5, p. 257.

FARIA, Jorge Ribeiro de – *A natureza da indemnização no caso de resolução do contrato. Novamente a questão*, in Estudos em comemoração dos cinco anos (1995-2000) da Faculdade de Direito da Universidade do Porto, Coimbra Editora, Coimbra, 2001, p. 11.

— *Direito das obrigações*, vol. I, 2ª ed., revista e ampliada por MIGUEL PESTANA DE VASCONCELOS e RUTE TEIXEIRA PEDRO, Almedina, Coimbra, 2020.

— *Direito das obrigações*, vol. II, Almedina, Coimbra, 1990.

FERGUSON, Niall – *A ascensão do dinheiro. Uma história financeira do mundo*, Civilização Editora, Lisboa, 2009.

FARRAJOTA, Joana – *Crédio inteligente?* in: IV Congresso de direito bancário (coord. Miguel Pestana de Vasconcelos), Almedina, Coimbra, 2021, p. 53.

FATELA, Conceição Soares – *A locação financeira de aeronaves*, CDP, 2015, p. 3.

FAUCELIA, Giuseppe – *I contratti bancari*, in: *Trattato di diritto commerciale* (direto di Vicenzo Buonocore), sezione III, tomo 2. Giappichelli, Turim, 2009.

FERNANDES, Abel L. Costa/MOTA, Paulo R./ALVES, Carlos F./ROCHA, Manuel Duarte – *Mercados, produtos e valometria de activos financeiros*, Almedina, Coimbra, 2013.

FERNANDES, Luís Carvalho *Teoria geral do direito civil*, vol. II, 5ª ed., Universidade católica editora, Lisboa, 2010.

FERNÁNDEZ, Verónica – *Os sistemas de pagamentos: desenvolvimentos recentes*, in: O novo direito bancário (coord. Paulo Câmara, Manuel Magalhães), Almedina, Coimbra, 2012, p. 103.

FERNÁNDEZ PÉREZ, Nuria – *La contratación electrónica de servicios financeiros*, Marcial Pons, Madrid/Barcelona, 2003.

FERRARI, Franco – *L'àmbito di applicazione internazionale della convenzione di Ottawa sul "factoring" internazionale*, RTDPC, 1996, p. 195.

FERRARINI, Guido/CHIARELLA, Luigi – *Common Banking Supervision in the Eurozone: Strengths and Weaknesses* (August 1, 2013). ECGI – *Law Working Paper* No. 223/2013 (disponível em SSRN: http://ssrn.com/abstract=2309897), p. 1.

FERREIRA, Amadeu José – *Direito dos valores mobiliários*, AAFDL, Lisboa, 1997.

FERREIRA, António Pedro de Azevedo – *A relação negocial bancária. Conceito e estrutura*, Quid Juris, Lisboa, 2005.

— *Direito bancário*, 2ª ed., Quid Juris, Lisboa, 2009.

— *Um caso especial de cessão de créditos sem garantia – o denominado forfaiting*, in: Nos 20 anos do Código das Sociedades Comerciais, homenagem aos Profs. Doutores A. Ferrer Correia, Orlando de Carvalho e Vasco Lobo Xavier (coord. António Pinto Monteiro), vol. II, vária, Faculdade de Direito da Universidade de Coimbra, Coimbra Editora, Coimbra, 2007, p. 337.

— *Revisitando o contrato de Forfaiting: desenvolvimentos recentes*, in: II congresso de direito bancário (coord. Miguel Pestana de Vasconcelos), Almedina, Coimbra, 2017, p. 269.

Ferreira, Bruno – *Contratos de crédito bancário e exigibilidade antecipada*, Almedina, Coimbra, 2011.

— *Passaporte comunitário bancário: sucursal e livre prestação de serviços*, ROA, 2009, p. 127.

Ferreira, Eduardo Paz – in: Jorge Miranda/Rui Medeiros, *Constituição portuguesa anotada*, tomo II, Coimbra Editora, Coimbra, 2006, comentário ao art. 101, p. 204.

— *Lições de direito da economia*, AAFDL, Lisboa, 2001.

Ferri, Giuseppe – *Anticipazione bancaria*, ED, II, p. 523.

— *Apertura di credito*, ED, II, p. 596.

— *Deposito bancário*, ED, XLI, p. 278.

— *Manuale di diritto commerciale*, 12ª ed. (a cura de C. Angelici e G. B. Ferri), UTET, Turim, 2006.

Ferro-Luzzi, Paolo – *Lo sconto bancario*, in: Le Operazioni bancarie (a cura de G.B. Portale), II, Milão, 1978, p. 749.

Figueiredo, André – *O negócio fiduciário perante terceiros. Com aplicação especial na gestão de valores mobiliários*, Almedina, Coimbra, 2012.

— *O poder de alteração unilateral nos contratos bancários celebrados com consumidores*, Sub iudice, 2007, p. 9.

Fikentscher, Wolfgang/Heinemann, Andreas – *Schuldrecht*, 10ª ed., De Gruyter, Berlim, 2006.

Fögen, Hermann – *Geld- und Währungsrecht*, Munique, C. H. Beck, 1969.

Fonseca, Rui Guerra da – *comentário* ao artigo 101º, in *Comentário à constituição portuguesa, II volume, organização económica (artigos 80º a 107º)*, coordenação de Paulo Otero, Almedina, Coimbra, 2008, p. 757.

Franco, António Sousa – *Crédito – Econ.*, Verbo, 6, p. 299.

Fiorentino, Adriano – *Apertura di credito bancario*, NovissDI, I, p. 675.

Frada, Manuel Carneiro da – *A relação bancária. Reflexões em torno de um conceito chave*, CDP, nº 63, julho-setembro, 2018, p. 23.

— *Teoria da confiança e responsabilidade civil*, Almedina, Coimbra, 2004.

Freitag, Robert – *Negativezinsen und Einlagengeschäft*, ZBB, 2018, p. 269.

— *Staudingers Kommentar zum Bürgerlichen Gesetzbuch mit Einführungsgesetz und Nebengesetzen, Buch 2, Recht der Schuldverhältnisse §§ 488-490*, 607-609 (*Darlehensrecht*), Sellier - de Gruyter, Berlim, 2011 (*neubearbeitung* Robert Freitag e Peter O. Mülbert), *§§ 488-490*, 607-609 (*Darlehensrecht*), § 488, p. 52.

Freitas, José Lebre de – *A ação executiva, à luz do código civil de 2013*, 6ª ed., Coimbra Editora, Coimbra, 2014.

Freitas, José Lebre de/Mendes, Armindo Ribeiro – *Código de processo civil anotado*, vol. 3º, Coimbra Editora, Coimbra, 2003.

Furtado, Jorge Pinto – *Títulos de crédito*, Almedina, Coimbra, 2000.
Galgano, Francesco – *História do direito comercial*, Editores, Lisboa s/d.
Galvada, Christian/Stoufflet, Jean – *Droit bancaire. Institutions – comptes – opérations – services*, 8ª ed., Litec, Paris, 2010.
Galvão, Sofia Gouveia – *Contrato de cheque*, Lex, Lisboa, 1992
Ganter, Hans Gerhard – *Sicherungsabtretung*, in: H. Schimanski/H.-J. Bunte/H.-J. Lwowski, *Bankrechts-Handbuch*, Band II, 5ª ed., Beck, Munique, 2017, § 96, p. 712.
Garcia-Pita y Lastres, Jose Luis – *El deposito bancario de efectivo*, in: *Contratos bancarios y para bancarios* (dirigido por Ubaldo Nieto Carol), Lex Nova, Valladolid, 1998, p. 891.
Garrigues, Joaquin – *Contratos bancários*, 2ª ed. (revisada, corregida y puesta al dia) por Sebastian Moll, Madrid, 1975.
Germain, Michel – *La titrisation des créances em France*, in Instituto de direito bancário, Lisboa, 2000, p. 153
Giampiccolo, Giorgio – *Mutuo (diritto privato)*, ED, XXVII, p. 444.
Gomes, Manuel Januário da Costa – *Contratos comerciais*, Almedina, Coimbra, 2012.
— *Em tema de revogação do mandato civil*, Almedina, Coimbra, 1989`.
— *Penhora de direitos de crédito. Breves notas*, Themis, 2003, p. 105.
— *Sobre comissões bancárias. "Les Unes et les Autres"*, in: III congresso de direito bancário (coord. Miguel pestana de Vasconcelos), Almedina, Coimbra, 2018, p. 209.
Gomes, Noel – *Segredo bancário e direito fiscal*, Almedina, Coimbra, 2006.
Gomes, Orlando – *Contratos*, 26ª ed. (atualizada por: Antonio Junqueira de Azevedo e Francisco Paulo de Crescenzo Marino), Editora forense, Rio de Janeiro, 2008.
Gonçalves, Ana Lúcia Silva – *O contrato de confirming ou contrato de gestão de pagamentos a fornecedores*, Almedina, Coimbra, 2010.
Gonçalves, Luís Couto – *A função distintiva da marca*, Almedina, Coimbra, 1999.
— *Manual de direito industrial*, 8ª ed., Almedina, Coimbra, 2019.
Gonçalves, Luiz da Cunha – *Tratado de direito civil em comentário ao Código Civil português*, vol. VIII, Coimbra Editora, Coimbra, 1934.
— *Comentário ao código commercial português*, vol. II, Editora José Bastos, Lisboa, 1916.
Graf Von Westphalen, Friedrich – *Kreditbestätigungsschreiben*, in: *Münchener Vertragshandbuch*, Band 2, *Wirtschaftsrecht* I. (herausgegeben von Rolf A. Schütze, Luz Weipert), 6ª ed., C. H. Beck, Munique, 2009, III 12, p. 380.
— *Rechtliche Qualifizierung von Finazierungsleasinverträge*, in: Der Leasingvertrag (herausgegeben von Friedrich Graf von Westphalen), 6ª ed., Verlag Dr. Otto Schmidt, Colónia, 2008, p. 114.
Grassetti, Cesare – *Deposito a scopo di garanzia e negozio fiduciário*, RDCiv., 1941, p. 95.
Grundmann, Stefan – *European Law and Principles on commercial and investment banking contracts: an advanced area of codification*, in: Towards and european civil code (org.: Arthur Hartkamped, Martijn W. Hesselink; Ewoud H. Hondius, Chantal Mak & C. Edgar du Perron), fourth revised and expanded edition, Kluwer Law, The Netherlands, 2011, p. 787.
— *Qual a unidade do direito privado? De uma concepção formal a uma concepção material do direito privado.*, in: Direito privado, constituição e fronteiras. Encontros da associação luso-

-alemã de juristas no Brasil (organizadores: Stefan Grundmann, Gilmar Mendes, Claudia Lima Marques, Christian Baldus, Manuel Malheiros), 2ª ed., Thomson Reuters, Revista dos tribunais, S. Paulo, 2014, p. 233.

GUGLIELMUCCI, Lino – *Deposito bancário*, DDP, *sezione commerciale*, IV, p. 255.

GUIMARÃES, Maria Raquel – *(Ainda) a responsabilidade pelo uso indevido de instrumentos de pagamento eletrónicos em operações presenciais e à distância*, in: I Congresso de direito bancário (coor. Miguel Pestana de Vasconcelos), Almedina, Coimbra, 2015, p. 115.

— *As cláusulas contratuais gerais bancárias e a jurisprudência recente dos tribunais superiores*, in: II congresso de direito bancário (coord. Miguel Pestana de Vasconcelos), Almedina, Coimbra, 2017, p. 197.

— *As operações fraudulentas. da homebanking na jurisprudência recente, Ac. do STJ de 18.12.2013, Proc. 6479/09*, CDP, 2015, p. 9

— *As transferências electrónicas de fundos e os cartões de débito*, Almedina, Coimbra, 1999.

— *O contrato-quadro no âmbito de utilização de meios de pagamento electrónicos*, Coimbra Editora, Coimbra, 2011.

— *O phishing de dados bancários e o pharming de contas. Análise jurisprudencial*, in: III congresso de direito bancário (coord. Miguel Pestana de Vasconcelos), Almedina, Coimbra, 2018, p. 405.

GUYENOT, Jean – *Les contrats de concession commerciale*, Sirey, Paris, 1968.

HAAR, Brigitte – *Banking law*, in: *The Max Planck encyclopedia of European private law*, vol. I, Oxford University Press, Oxford, 2012, p. 97.

— *European banking market*, in: *The Max Planck encyclopedia of European private law*, vol. I, Oxford University Press, Oxford, 2012, p. 547.

HANSEN, Stephen Peter – *Leasingverträge im Wege des Sale-and-lease-back*, in: *Der Leasingvertrag* (herausgegeben von Friedrich Graf von Westphalen), 6ª ed., Verlag Dr. Otto Schmidt, Colónia, 2008, p. 770.

HÄUSER, Franz – *Geschäftsbeziehung und Bankvertrag*, in: PETER DERLEDER/KAI-OLIVIER KNOPS/HEINZ GEORG BAMBERGER, *Handbuch zum deutschen und europäischen Bankrecht*, 2ª ed., Springer, Berlim/Heidelberga, 2009, § 2, p. 25.

HEIN, Jen von – *Financial supervision*, in: *The Max Planck encyclopedia of European private law*, vol. I, Oxford University Press, Oxford, 2012, p. 705.

HILL, Jeremy/LIGERE, Edite – *The U.K.'s financial services (banking reform) bill: expect the unexpected*, Banking LJ, 2013, p. 334.

HOFFMANN, Jochen -*Mezzanine und andere Finanzierungsformen*, § 24, in: *Handbuch zum deutschen und europäischen Bankrecht*, de PETER DERLEDER/KAI-OLIVER KNOPS/ HEINZ GEORG BAMBERGER, vol. 1, 3ª ed., Springer, Berlim, Heidelberg, 2017, p. 1137

HOPT, Klaus J. – *Bankgeschäfte (mit Börsen- und Kapitalmarktrecht)*, in: BAUMBACH/HOPT, *Handelsgesetzbuch*, 37ª ed., C.H. Beck, Munique, 2016, p. 1701.

— *Die rechtliche Beziehungen zwischen Bank und Kunden*, in: H. SCHIMANKSY/H. J. BUNTE/H.-J. LWOWSKY, *Bankrechts-Handbuch*, Band I, 4ª ed., Beck, Munique, 2011, p. 1.

HOPT, Klaus J./MÜLBERT, Peter O. – *Kreditrecht, Bankkredit und Darlehen im deutschen Recht*, J Schweitzer Verlag, Walter de Gruyter, Berlim, 1989, Vorbem zu § § 607 ff, p. 324.

HÖRSTER, Heinrich Ewald – *A parte geral do código civil português*, Almedina, Coimbra, 1992.

HUDSON, Alastair – *The law of finance*, Sweet and Maxwell, Londres, 2009.

HUMPHREY, David/MCANDREWS, James – *Payment systems*, in: The Oxford handbook of banking (edited by Allen N. Berger, Philip Molyneux and John O.S. Wilson), Oxford University Press, Oxford, 2010, p. 711.

IONNIDIS, Michael/JANE, Sarah/MURPHY, Hlásková/ZILIOLI, Chiara, *The mandate of the ECB: Legal considerations in the ECB's monetary policy strategy review*, Occasional Paper Series No 276/September 2021, European Central Bank, 2021.

IZQUIERDO CARRASCO, Manuel – *La supervisión pública sobre las entidades bancarias*, in: *La regulácion económica. En especial la regulación bancaria* (Actas del IX Congreso Hispano-Luso de Derecho Administrativo) (dir. Manuel Rebollo Puig), Universidad de Cordoba, Iustel, Madrid, 2012, p. 167.

JORGE, Fernando Pessoa – *Lições de direito das obrigações*, Edição da Associação Académica, Lisboa, 1975-76, p. 213.

— *O mandato sem representação*, Ática limitada, Lisboa, 1961.

JUSTO, António dos Santos – *As acções do pretor (actiones praetoriae)*, Separata do vol. LXV do BFDUC, Coimbra, 1989.

LABAREDA, João – *Reflexões acerca do regime extraordinário de protecção de devedores de crédito à habitação em situação económica muito difícil*, in: II Congresso do direito da insolvência (coordenação Catarina Serra), Almedina, Coimbra, 2014, p. 281.

LARENZ, Karl – *Lehrbuch des Schuldrechts*, vol. I, 14ª ed., C. H. Beck, Munique, 1987.

— *Metodologia da Ciência do Direito*, 2ª edição (tradução por José Lamego da 5ª edição alemã de *Methodenlehre der Rechtswissenschaft*, 1983), Fundação Calouste Gulbenkian, Lisboa, 1989.

LARENZ, Karl/CANARIS, Claus-Wilhelm – *Lehrbuch des Schuldrechts, II Band, Besonderer Teil, 2. Halbband*, C.H. Beck, Munique, 1994.

LARENZ, Karl/WOLF, Manfred – *Allgemeiner Teil des Bürgerlichen Rechts*, 9ª ed., C. H. Beck, Munique, 2004.

LEITÃO, Luís Menezes – *As práticas comerciais desleais nas relações de consumo*, ROA, 2011, p. 423.

— *Cessão de créditos*, Almedina, Coimbra, 2005.

— *Direito das obrigações*, vol. I, 16ª ed., Almedina, Coimbra, 2022.

— *Direito das obrigações*, vol. III, *contratos em especial*, 14ª ed., Almedina, Coimbra, 2022.

— *Informação bancária e responsabilidade*, in: Estudos em homenagem ao Professor Doutor Inocêncio Galvão Telles, vol. II, Direito bancário (Estudos organizados pelos Professores Doutores António Menezes Cordeiro, Luís Menezes Leitão e Januário da Costa Gomes), Almedina, Coimbra, 2002, p. 225.

— *O impacto da crise financeira no regime do crédito à habitação*, in: I congresso de direito bancário (coord. L. Miguel Pestana de Vasconcelos), Almedina, Coimbra, 2015, p. 9.

LIMA, Pires de/VARELA, Antunes (com a colaboração de M. HENRIQUE MESQUITA), *Código civil anotado*, vol. I, 4ª ed., Coimbra Editora, Coimbra, 1987.

LIMA, Pires de/VARELA, Antunes – *Código civil anotado*, vol. II, 4ª ed., Coimbra Editora, Coimbra, 1997.

LIMA, Pires de/VARELA, Antunes (com a colaboração de M. HENRIQUE MESQUITA), *Código civil anotado*, vol. III, 2ª ed., Coimbra Editora, Coimbra, 1987.

LIMA, Raquel Ribeiro – *A responsabilidade pela utilização abusiva on-line de instrumentos de pagamento eletrónico na jurisprudência portuguesa*, RED, 2016, nº 3, p. 1.

Loureiro, Carlos Gabriel da Silva – *Juros usurários no crédito ao consumo*, Tékhne, Revista de estudos politécnicos, 2007, p. 265.

Luís, Alberto – *O anatocismo bancário*, ROA, 2001, p. 1349.

Luminoso, Angelo – *I contratti tipici e atipici*, in: *Tratatto di diritto privato* (a cura de Giovanni Iudica e Paolo Zatti), Giuffrè, Milão, 1995.

Machado, João Baptista – *Anotação* ao acórdão do STJ de 17 de Abril de 1986, "denúncia-modificação" de um contrato de agência, RLJ ano 120º, p. 182.

— *Do princípio da liberdade contratual*, in João Baptista Machado, Obra dispersa, vol. I, Scientia Iuridica, Braga, 1991, p. 623

— *Introdução ao direito e ao discurso legitimador*, Almedina, Coimbra, 1983.

— *Pressupostos da resolução por incumprimento* in: João Baptista Machado, Obra dispersa, vol. I, Scientia Iuridica, Braga, 1991, p. 125.

Machete, Rui Chancerelle de – *Estatuto e regime das entidades reguladoras, em especial dos Bancos Centrais*, in: La regulácion económica. En especial la regulación bancaria (Actas del IX Congreso Hispano-Luso de Derecho Administrativo) (dir. Manuel Rebollo Puig), Universidad de Cordoba, Iustel, Madrid, 2012, p. 83.

Magalhães, Manuel – *A evolução do direito prudencial bancário no pós-crise: Basileia III e CRD IV*, in O novo direito bancário (coord. Paulo Câmara, Manuel Magalhães), Almedina, Coimbra, 2012, p. 285.

Maihold, Dieter – *Geldautomatensystem*, in: Schimanski/H.-J. Bunte/H.-J. Lwowski, *Bankrechts-Handbuch*, Band I, 5ª ed., Beck, Munique, 2017, § 54, p. 1515

Mang, Thomas – *Kursfristige Fremdfinanzierung durch Kreditinstitute*, in: *Handbuch Finanzierung* (ed. lit. Rolf-E. Breuer), Gabler, Wiesbaden, 2001, p. 181.

Maia, Pedro – *A qualificação e a forma dos empréstimos efectuados por sócios a sociedades por quotas. Anotação ao Acórdão do STJ de 13 de outubro de 2011*, RLJ, ano142º, p. 206.

Marques, José Dias – *Noções elementares de direito civil* (com a colaboração de Paulo Almeida), Lisboa, 1992.

Martinek, Michael – *Moderne Vertragstypen, vol. I, Leasing und Factoring*, C. H. Beck, Munique, 1991.

— *Staudingers Kommentar zum Bürgerlichen Gesetzbuch mit Einführungsgesetz und Nebengesetzen, Buch 2, Recht der Schuldverhältnisse §§ 657-704 (Geschäftsbesorgung)*, Sellier – de Gruyter, Berlim, 2006 (*neubearbeitung* 2006, von Andreas Bergmann, Michael Martinek, Dieter Reuter, Olaf Werner), § 675.

Martinek, Michael/Omlor, Sebastian – *Das Factoringgeschäft*, in: H. Schimanksy/H. J. Bunte/H.-J. Lwowsky, *Bankrechts-Handbuch*, Band II, 5ª ed., C. H. Beck, Munique, 2017, § 102, p. 1021.

— *Das Forfaitierungsgeschäft*, in: H. Schimanksy/H. J. Bunte/H.-J. Lwowsky, *Bankrechts-Handbuch*, Band II, 5ª ed., C. H. Beck, Munique, 2017, § 103, p. 1092.

— *Das Leasinggeschäft*, in: H. Schimanksy/H. J. Bunte/H.-J. Lwowsky, Band II, 5ª ed., Beck, Munique, 2017, § 101, p. 951.

— *Kreditkartengeschäft*, in: Schimanski/H.-J. Bunte/H.-J. Lwowski, *Bankrechts-Handbuch*, Band. I, 5ª ed., Beck, Munique, 2017, § § 67, p. 2217.

Martinez, Pedro Romano – *Contratos comerciais*, Principia, Cascais, 2001.

— *Da cessação do contrato*, 2ª ed., Almedina, Coimbra, 2006.

— *Direito das obrigações (parte especial). Contratos. Compra e venda, locação, empreitada*, 2ª ed., Almedina, Coimbra, 2003 (reimpressão).

— *Direito das obrigações, programa 2010/2011*, 3ª ed., AAFDL, Lisboa, 2011.

MARTINEZ, Pedro Romano/TORRES, Leonor Cunha/OLIVEIRA, Arnaldo da Costa/ RIBEIRO, Maria Eduarda/MORGADO, José Pereira/VASQUES, José/BRITO, José Alves de – *Lei do contrato de seguro. Anotada*, 2ª ed., Almedina, Coimbra, 2011.

MARTINEZ, Pedro Soares – *Economia política*, Almedina, Coimbra, 1998.

MARTINS, Afonso D'Oliveira – *A regulação pública bancária. Aspetos substantivos*, in: La regulácion económica. En especial la regulación bancaria (Actas del IX Congreso Hispano-Luso de Derecho Administrativo) (dir. Manuel Rebollo Puig), Universidad de Cordoba, Iustel, Madrid, 2012, p. 147.

MARTINS, Alexandre de Soveral – *O Mecanismo Único de Resolução (MUR)*, in: III congresso de direito bancário (coord. Miguel Pestana de Vasconcelos), Almedina, Coimbra, 2018, p. 109.

— *Títulos de crédito e valores mobiliários, Parte I, Títulos de crédito, vol. I*, Almedina, Coimbra, 2008.

MATIAS, Armindo Saraiva – *Códigos e normas de conduta*, in: Direito bancário. Actas do congresso comemorativo do 150º aniversário do banco de Portugal, RFDUL, Coimbra Editora, Coimbra, 1997, p. 133.

— *Garantias bancárias ativas e passivas*, Scripto, Lisboa, 1999.

— *Obrigações hipotecárias e titularização de créditos hipotecários*, BFD, 2009, p. 621.

MARTINY, Dieter – *Verträge über Dienstleistungen*, in: *Internationales Vertragsrecht* (herausgeben von C. Reithmann/D. Martiny), 7ª ed., Otto Schmidt, Colónia, 2010, p. 577.

MATOS, Nuno Albuquerque – *Produtos financeiros complexos – Regulamento CMVM nº 1/2009 – sua análise e reflexão para futuras modificações*, Cadernos MVM, 2010, p. 33 (www.cmvm.pt/CMVM/Publicacoes/Cadernos/Documents/Artigo2Cadernos37.pdf).

MCKNIGHT, Andrew – *The law of international finance*, Oxford University Press, Oxford, 2008.

MCLEAY, Michael/RADIA, Amar /THOMAS, Ryland – *Money creation in the modern economy*, Bank of England Quarterly Bulletin, 2014 Q1, (http://www.bankofengland.co.uk/publications/Documents/quarterlybulletin/2014/qb14q1prereleasemoneycreat on.pdf).

MEDEIROS, Rui – *Anotação ao artigo 62º CRP*, in: Constituição portuguesa anotada (Jorge Miranda/Rui Medeiros), tomo I, 2ª ed., Coimbra Editora, Coimbra, 2010.

MEDICUS, Dieter/LORENZ, Stephen – *Schuldrecht II, Besonderer Teil*, 15ª, C. H. Beck, Munique, 2010.

MENDES, Armindo Ribeiro – *Um novo instrumento financeiro: as obrigações hipotecárias*, RB, 1990, p. 59.

MENDES, João de Castro – *Teoria geral do direito civil*, vol. II, AAFDL, Lisboa, 1979 (revisto em 1985).

MENDES, Paulo de Sousa – *A derrogação do segredo bancário no processo penal*, in: *Estudos de Homenagem ao Prof. Doutor Jorge Miranda*, Volume VI, História do Direito, Filosofia de Direito e Direito Comparado, Direito Civil e Direito Processual Civil, Direito Penal e Direito Processual Penal, Direito Comercial, Direito do Trabalho Direito Universitário, Edição da Faculdade de Direito de Lisboa, Coimbra Editora, Coimbra, 2012, p. 777.

MESSINEO, Francesco – *Contratto normativo, contratto tipo*, ED, X, p. 116.
MIRAGEM, Bruno – *Direito bancário*, Editora Revista do Tribunais, S. Paulo, 2013.
MISHKIN, Frederic S. – *The economics of money, banking and financial markets*, 9ª ed., Pearson, Boston, Columbus, 2010.
MOLINA SANDOVAL, Carlos – *El confirming en el derecho argentino*, RDBB, 2009, p. 203.
MOLLE, Giacomo – *I contratti bancari*, in: *Trattato di diritto civile e commerciale* (dirigido por Antonio Cicu e Francesco Messineo e continuado por Luigi Mengoni) vol. XXXV, t. I, Giuffrè, Milão, 1981.
MONTEIRO, António Pinto – *Anotação* ao Acórdão do Tribunal da Relação do Porto de 27 de junho de 1995, RLJ ano 130º, pp. 125, ss. (=*Denúncia de um contrato de concessão comercial*, Coimbra Editora, Coimbra, 1998), p. 22.
— *Banca e cláusulas contratuais gerais (apontamento)*, in: I congresso de direito bancário (coord. Miguel Pestana de Vasconcelos), Almedina, Coimbra, 2015, p. 101..
— *Cláusula penal e indemnização*, Almedina, Coimbra, 1990.
— *Contratos de adesão – o regime das cláusulas contratuais gerais, instituído pelo D.L. nº 446/85 de 25 de Outubro*, ROA, 1986, p. 733.
— *Contrato de agência (anteprojecto)*, BMJ nº 360 (1986), p. 45.
— *Contrato de agência, anotação*, 7ª ed., Almedina, Coimbra, 2010.
— *Contratos de agência, de concessão e de franquia ("franchising")*, in: Estudos em homenagem ao Prof. Doutor Eduardo Correia, III, BFDUC, 1984, p. 303.
— *Direito comercial. Contratos de distribuição comercial*, Almedina, Coimbra, 2002.
— *El problema de las condiciones generales de los contratos y la directiva sobre clausulas abusivas en los contratos com los consumidores*, RDM, 1996, p. 79.
— *La directive "clauses abusives", 5 ans après – a transposição para a ordem jurídica interna da directiva 93/13/CEE*, BFDUC, 1999, p. 523
— *Sobre o controlo da cláusula penal*, in: Comemorações dos 35 anos do Código Civil e dos 25 anos da reforma de 1977, volume III, Direito das Obrigações, Coimbra Editora, Coimbra, 2007, p. 189.
— *Sobre o não cumprimento na venda a prestações (algumas notas)*, Dir., 1990, p. 555.
MONTEIRO, António Pinto/CUNHA, Carolina – *Sobre o contrato de cessão financeira*, BFD, volume comemorativo, Coimbra, 2003, p. 509.
MONTEIRO, Jorge Sinde – *Culpa in contrahendo*, CJA, 2003, p. 5.
— *Responsabilidade por conselhos, recomendações ou informações*, Almedina, Coimbra, 1989.
MONTEIRO Jorge Sinde/SÁ, Almeno de – *Concessão de crédito e deveres de informação do banco*, ROA, 1996, p. 727
MONTEIRO, Jorge Sinde/SANTOS, Filipe Cassiano dos – *Carta de patrocínio, relação de grupo e providências de recuperação da empresa*, RLJ ano 137º, p. 66.
MONTEIRO, Marisa Silva – *O novo regime dos serviços de pagamento e a responsabilidade do banco pela execução de operações não autorizadas*, in: IV Congresso de direito bancário (coord. Miguel Pestana de Vasconcelos), Almedina, Coimbra, 2021, p. 91
MORAIS, Fernando de Gravato – *Contratos de crédito ao consumo*, Almedina, Coimbra, 2007.
— *Crédito aos consumidores, anotação ao Decreto-Lei nº 133/2009*, Almedina, Coimbra, 2009.
— *Manual da locação financeira*, 2ª ed., Almedina, Coimbra, 2011.
— *União de contratos de crédito e de venda para consumo*, Almedina, Coimbra, 2004.

MOURA, Luís Graça – *A taxa Euribor negativa*, in: II congresso de direito bancário (coord. Miguel Pestana de Vasconcelos), Almedina, Coimbra, 2017, p. 355.

MÜLBERT, Peter O. – *Staudingers Kommentar zum Bürgerlichen Gesetzbuch mit Einführungsgesetz und Nebengesetzen, Buch 2, Recht der Schuldverhältnisse §§ 488-490*, 607-609 (*Darlehensrecht*), Sellier – de Gryter, Berlim, 2011 (*neubearbeitung* Robert Freitag e Peter O. Mülbert), § 488, *Factoring*.

— *Staudingers Kommentar zum Bürgerlichen Gesetzbuch mit Einführungsgesetz und Nebengesetzen, Buch 2, Recht der Schuldverhältnisse §§ 488-490*, 607-609 (*Darlehensrecht*), Sellier - de Gryter, Berlim, 2011 (*neubearbeitung* Robert Freitag e Peter O. Mülbert), § 488, *Forfaitierung*.

— *Staudingers Kommentar zum Bürgerlichen Gesetzbuch mit Einführungsgesetz und Nebengesetzen, Buch 2, Recht der Schuldverhältnisse §§ 488-490*, 607-609 (*Darlehensrecht*), Sellier - de Gryter, Berlim, 2011 (*neubearbeitung* Robert Freitag e Peter O. Mülbert), § 488, *Krediteröffnungvertrag*.

MÚRIAS, Pedro/PEREIRA, Maria de Lurdes – *Prestações de coisa: transferência de risco e obrigações de reddere*, CDP, 2008, p. 3.

NASCIMENTO, Paulo Soares do – *Redução por inoficiosidade e expurgação da hipoteca. Reflexões sobre os arts. 722º e 275 do Código Civil*, in: Estudos em Memória ao Professor Doutor José Dias Marques (coordenação dos Professores Doutores Ruy de Albuquerque e António Menezes Cordeiro), Almedina, Coimbra, 2007, p. 731.

NETO, Eduardo Salomão – *Direito bancário*, 2ª ed., Altas, São Paulo, 2014.

NOVA, Girogio de – *Il contratto di leasing*, 3ª ed., Giuffrè, Milão, 1995.

— *Il tipo contrattuale*, Cedam, Pádua, 1974.

— *Nuovi contratti*, Utet, Turim, 1990.

NUNES, Fernando Conceição – , *As instituições de crédito: conceito e tipologia legais, classificação, actividades legalmente permitidas e exclusivos*, Rev. Ban., 1993, p. 71.

— *Depósito e conta*, in: Estudos em homenagem ao Professor Doutor Inocêncio Galvão Telles, vol. II, Direito bancário (organizado pelos Professores Doutores António Menezes Cordeiro, Luís Menezes Leitão e Januário da Costa Gomes), Almedina, Coimbra, 2002, p. 67.

— *Direito bancário*, vol. I, AAFDL, Lisboa, 1994.

— *Recepção de depósitos e outros fundos reembolsáveis*, in: *Direito bancário*, Actas do Congresso comemorativo do 150º aniversário do Banco de Portugal (22-25 de Outubro de 1996), RFDUL, Coimbra Editora, Coimbra, 1997, p. 43.

OLAVO, Carlos – *O contrato de desconto bancário*, in: Estudos em homenagem ao Professor Doutor Inocêncio Galvão Telles, (coordenado por António Menezes Cordeiro, Luís Menezes Leitão e Januário da Costa Gomes), vol. II, Almedina, Coimbra, 2002, p. 427.

OLAVO, Fernando – *Desconto bancário*, Lisboa, 1955.

PALMA, Maria Fernanda – *Perspectivas constitucionais em matéria de segredo bancário*, in: 2º congresso de investigação criminal (ASFIC-PJ e IDPCC-FDUL), Almedina, Coimbra, 2010, p. 189.

PALLEY, Thomas I. – *Financialization: What it is and why it matters, The Levy Economics Institute, Working Paper* No. 525, December 2007, in: http://www.levyinstitute.org/pubs/wp_525.pdf.

PANZARINI, Giovanni – *Lo sconto dei crediti e dei titoli di credito*, Giuffrè, Milão, 1984.

PARDOLESI, Roberto – *I contratti di distribuizione*, Jovene, Nápoles, 1979.
PASQUALE, Frank – *Tales from the Crypto*, in: www.publicbooks.org/tales-from-the-crypto.
PASSINHAS, Sandra – *O novo regime do crédito aos consumidores para imóveis de habitação*, in: Estudos de direito do consumidor, nº 14/2018, p. 415.
PATRÍCIO, José Simões – *A operação bancária de depósito*, Elcla, Porto, 1994.
— *Direito bancário privado*, Quid Juris, Lisboa, 2004.
— *Direito do crédito, introdução*, Lex, Lisboa, 1994.
— *Em torno dos códigos de conduta bancários*, in: Estudos jurídicos e económicos em homenagem ao Prof. Doutor António de Sousa Franco, vol. II, Faculdade de Direito da Universidade de Lisboa, Coimbra Editora, Coimbra, 2006, p. 757.
PEREIRA, Sofia Gouveia – *O contrato de abertura de crédito bancário*, Principia, Estoril, 2000.
PETEREK, Frank – *Allgemeine Geschäftsbedingungen*, in: S. KÜMPEL/A. WITTIG, *Bank- und Kapitalmarktrecht*, 4ª ed., Otto Verlag, Colónia, 2011, p. 571.
— *Bankmäßige Geschäftsverbindung*, in: S. KÜMPEL/A. WITTIG, *Bank- und Kapitalmarktrecht*, 4ª ed., Otto Verlag, Colónia, 2011, p. 567.
— *Einlagen- und Spargeschäft*, in: S. KÜMPEL/A. WITTIG, *Bank- und Kapitalmarktrecht*, 4ª ed. Otto Schmidt, Colónia, 2011, p. 1151.
— *Kontobeziehung*, in: S. KÜMPEL/A. WITTIG, *Bank- und Kapitalmarktrecht*, 4ª ed., Otto Verlag, Colónia, 2011, p. 745.
PETERS, Bernd – *Refinazierung beim Mobilienleasing und Insolvenz des Leasinggebers*, ZIP, 2000, p. 1759.
PINA, Carlos Costa – *Créditos documentários*, Coimbra Editora, Coimbra, 2000.
— *Instituições e mercados financeiros*, Almedina, Coimbra, 2005.
PINHEIRO, Luís de Lima – *Direito aplicável às operações bancárias internacionais*, ROA, 2007, in: http://www.oa.pt/Conteudos/Artigos/detalhe_artigo.aspx?idc=30777&idsc=64444&ida=64482
PINTO, Alexandre, Mota – *Do contrato de suprimento. O financiamento da sociedade entre capital próprio e capital alheio*, Almedina, Coimbra, 2002.
PINTO, Carlos Alberto da Mota – *Cessão da posição contratual*, Almedina, Coimbra, reimpressão, 1982.
— *Teoria geral do direito civil*, 4ª ed., por ANTÓNIO PINTO MONTEIRO e PAULO MOTA PINTO, Coimbra Editora, Coimbra, 2005.
PINTO, Rui – *Penhora, venda e pagamento*, Lex, Lisboa, 2003.
PIRES, Catarina Monteiro – *Mútuo bancário e Euribor negativa*, RDC, 2017, p. 87
PIRES, José Maria – *Direito bancário, vol. II, as operações bancárias*, Rei dos Livros, Lisboa, 1995.
— *Elucidário de direito bancário*, Coimbra Editora, Coimbra, 2002.
PORTO, Manuel Lopes – *Economia: um texto introdutório*, Almedina, Coimbra, 2002.
PORZIO, Mario – *La concessione del credito*, in: *I contratti delle banche* (de Carlo Angelici, Franco Belli, Gian Luca Greco, Mario Porzio, Marilena Rispoli Farina), Utet, Turim, 2002, p. 101.
PRATA, Ana – *Contratos de adesão e cláusulas contratuais gerais*, Almedina, Coimbra, 2010.
PRATES, Marcelo Madureira – *Why Prudential Regulation Will Fail to Prevent Financial Crises. A Legal Approach*, Banco central do Brasil, Working paper 335, november, 2013, in: www.bcb.gov.br/pec/wps/ingl/wps335.pdf.

PROCTOR, Charles – *Mann on the legal aspect of money*, 6ª ed., Oxford University Press, Oxford, 2005.

PROENÇA, José Carlos Brandão – *A resolução do contrato no direito civil*, BFDUC, suplemento XXII, Coimbra, 1975, p. 235.

— *Do dever de guarda do depositário e de outros detentores precários: âmbito e função, critério de apreciação da culpa e impossibilidade de restituição*, DJ, 1994, t. 2, p. 45 e 1995, t 1, p. 47.

PROVAGGI, Gabriella – *Agency escrow*, in: Fiducia, trust, mandato ed agency, Convegni di studio, Madonna di Campiglo, Giuffrè, Milão, 1991, p. 291.

QUELHAS, José Manuel – *Nótulas sobre a reforma do sector bancário da União Europeia após a crise financeira de 2007*, BCEFDUC, 2013, p. 473.

— *Impasse no sistema europeu de seguro de depósitos*, BCEFDUC, 2016, p. 393.

RAMOS, António Fonseca – *Responsabilidade civil bancária na jurisprudência do Supremo Tribunal de Justiça*, in: III congresso de direito bancário (coord. Miguel Pestana de Vasconcelos), Almedina, Coimbra, 2018, p. 41.

RAPAZ, Virgílio – *Crédito*, in: Pólis, Enciclopédia Verbo da Sociedade e do Estado, 1, Tipografia Guerra, Viseu, 1983, p. 1354.

REDINHA, João – *Contrato de mútuo*, in: Direito das obrigações, 3º vol., 2ª ed. (coordenado por António Menezes Cordeiro), AAFDL, Lisboa, 1991, p. 187.

REDINHA, Maria Regina/GUIMARÃES, Maria Raquel – *A força normativa dos avisos do Banco de Portugal*, in: Nos 20 anos do Código das Sociedades Comerciais, homenagem aos Profs. Doutores A. Ferrer Correia, Orlando de Carvalho e Vasco Lobo Xavier (coordenação do Professor Doutor António Pinto Monteiro), vol. III, vária, Faculdade de Direito da Universidade de Coimbra, Coimbra Editora, Coimbra, 2007, p. 707.

REIHARDT, Carmen M./ROGOFF, Kenneth S. – *This time is different. Eight centuries of financial folly*, Princeton University Press, Princeton, Oxford, 2009.

RIBEIRO, Joaquim de Sousa – *Cláusulas contratuais gerais e o paradigma do contrato*, BFDUC, suplemento XXXV, Coimbra, 1990, p. 3.

— *O problema do contrato. As cláusulas contratuais gerais e o princípio da liberdade contratual*, Almedina, Coimbra, 1999.

— *Responsabilidade e garantia em cláusulas contratuais gerais*, BFD, número especial, in: Estudos em homenagem ao Prof. Doutor Ferrer Correia IV, Coimbra, 1997, p. 241.

RIVES-LANGE, Jean-Louis/CONTAMINE-RAYNAUD, Monique – *Droit bancaire*, 6ª ed., Dalloz, Paris, 1995.

RODIÉRE, René/CHAMPAUD, C. – *A propos des "pompistes de marque": les contrats de distribuition integré et la marge commercial du distribuiteur*, JCP, 1966, p. 1988

RUNGE, Julia C. – *Convenants in Kreditverträgen. Grenzen der Einflussnahme von Kreditgebern*, RWS, Colónia, 2010.

SÁ, Almeno – *Cláusulas contratuais gerais e directiva sobre cláusulas abusivas*, 2ª ed., Almedina, Coimbra, 2001.

— *Direito bancário*, Coimbra Editora, Coimbra, 2008.

SANTOS, Filipe Cassiano dos – *Direito comercial português, vol. I, dos actos de comércio às empresas: o regime dos contratos e mecanismos comerciais no Direito Português*, Coimbra Editora, Coimbra, 2007.

SANTOS, Hugo Moredo dos – *A nova arquitetura bancária europeia: notas breves sobre a União Bancária*, in: II congresso de direito bancário (coord. Miguel Pestana de Vasconcelos) Almedina, Coimbra, 2017, p. 103.

SANTOS, Luís Máximo dos – *Regulação e supervisão bancária*, in: Regulação em Portugal: novos tempos, novo modelo? (coordenadores Eduardo Paz Ferreira, Luís Silva Morais, Gonçalo Anastácio), Almedina, Coimbra, 2009, p. 39.

SCHMIEDER, Sandra – *Bargeldloser Zahlungsverkehr*, in: SCHIMANSKI/H.-J. BUNTE/H.-J. LWOWSKI, *Bankrechts-Handbuch*, vol. I, 5ª ed., Beck, Munique, 2017, § 48.

SCHWINTOWSKY, Hans-Peter – *Bankrecht*. 3ª ed., Carl Heymanns, Colónia, Berlim, Bona, Munique, 2011.

— in: HERBERGER/MARTINEK/RÜβMANN/WERTH/*Juris Praxiskommentar BGB, Schuldrecht*, Band 2.2, 5ª ed., juris GmbH, Saabrücken, 2010, § 488.

SCHWINTOWSKY, Hans-Peter/SCHÄFER, Frank – *Bankrecht. Commercial Banking-Investment Banking*, 2ª ed., Carl Heymanns, Colónia, Berlim, Bona, Munique, 2004.

SALAVESSA Francisco Boavida – *Sistemas de compensação de aforradores*, in: O novo direito bancário (coord. Paulo Câmara, Manuel Magalhães), Almedina, Coimbra, 2012, p. 439.

SANCHES, José Luís Saldanha – *Segredo bancário, segredo fiscal – Uma perspectiva funcional*, Fiscalidade, 2005, p. 33.

SARAIVA, Rute – *Direito dos mercados financeiros*, AAFDL, Lisboa, 2013.

SCHERER, Peter – *The German Banking System*, in: Banking Regulation in Germany (org. Peter Scherer/Sven Zeller), German Law Publishers, Frankfürt am Main, 2009, p. 9.

SCHLESINGER, Piero – *La cartolarizzazione dei crediti*, RDCiv., 2001, p. 265.

SCHMIEDER, Sandra – *Bargeldloser Zahlungsverkehr*, in: H. SCHIMANKSY/H. J. BUNTE/H. -J. LWOWSKY, *Bankrechts-Handbuch*, Band II, 5ª ed., C. H. Beck, Munique, 2017, Band I, 5ª ed., Beck, Munique, 2017.

SCHMIDT, Karsten – *Handelsrecht*, 5ª ed., Carl Heymanns Verlag, Colónia, Berlim, Bona Munique, 1999.

— *Geldrecht, Geld, Zins und Währung im deutschen Recht*, Sonderausgabe der §§ 2444-248 aus J. von Staudingers Kommentar zum Bürgerlichen Gesetzbuch, 12ª ed., De Gruyter, Berlim, 1983.

SCHÜRMANN, Thomas – *Einlagengeschäft*, in: H. SCHIMANSKY/H.-J. BUNTE/H.-J. LWOWSKY, *Bankrechts-Handbuch*, Band I, 4ª ed., C. H. Beck, Munique, 2011, p. 2041.

SCHWINTOWSKY, Hans-Peter – *Scheckgesghäft*, in: Bankrecht (herausg. SCHWINTOWSKI), 5ª ed., Carl Heymanns Verlag, Munique, Kap. 12, p. 491.

SEGROBE, Beatriz – *A transferência bancária, a moeda escritural e a figura da delegação*, Rev. Ban., 2001, p. 39.

SERENS, Manuel Nogueira – *Natureza jurídica e função do cheque*, Rev. Ban., 1991, p. 99.

SERICK, Rolf – *Eigentumsvorbehalt und Sicherungsübertragung, Band II, Die einfache Sicherungsübertragung – Erster Teil*, Verlag Recht und Wirtschaft, Heidelberg, 1965.

SERRA, Adriano Vaz – *Anotação* ao acórdão do STJ de 19/3/76, RLJ ano 110º, p. 88.

— *Cessão de créditos ou de outros direitos*, BFDUC, XXX (1954), p. 191

— *Compensação*, BMJ, nº 31, p. 13.

— *Hipoteca*, BMJ, nº 63, ano 1957, p. 193.

— *Obrigação de juros*, BMJ, nº 55, ano 1956, p. 159

— *Notas acerca do contrato de mútuo*, RLJ ano 93º, p. 65.

SERRA, Antonio – *Anticipazione bancaria*, DDP, sezione commerciale, I, p. 123.

SIEBERT, Wolfgang – *Das rechtsgeschäftliche Treuhandverhältnis. Ein dogmatischer und rechtsvergliechender Beitrag zum allgemeinen Treuhandproblem*, N.G. Elwert'sche Verlagsbuchhandlung, G. Braun, Marburg in Hessen, 1933.

SILVA, Catarina Martins – *Os grupos bancários no regime geral das instituições de crédito e sociedades financeiras*, ROA, 1997, p. 1043.

SILVA, João Calvão da – *A progressiva integração das atividades financeiras*, in: II congresso de direito bancário (coord. Miguel Pestana de Vasconcelos), Almedina, Coimbra, 2017, p. 373.

— *Banca, bolsa e seguros, tomo I, Direito europeu e português*, 4ª ed., Almedina, Coimbra, 2013.

— *Crédito documentário e conhecimento de embarque*, in: Estudos de direito comercial (pareceres), Almedina, Coimbra, 1996, p. 49.

— *Direito ao cumprimento antecipado pelo mutuário de crédito à habitação: da auto-regulação no Decreto-Lei 349/98 à hétero-regulação impositiva pelo Decreto-Lei nº 51/2007*, RLJ, ano 136º, p. 265.

— *Direito bancário*, Almedina, Coimbra, 2001.

— *Instituições de crédito hipotecário, obrigações hipotecárias e obrigações sobre o sector público*, RLJ, ano 141º, p. 337.

— *Locação financeira e garantia bancária*, in: Estudos de direito comercial (pareceres), Almedina, Coimbra, 1996, p. 5.

— *Titul[ariz]ação de créditos. Securitization*, 3ª ed., Almedina, Coimbra, 2013.

SILVA, José Braz da – *Os novos instrumentos financeiros*, 2ª ed., Texto editora, Lisboa, 1991.

SILVA, Paula Costa e – *Direito dos valores mobiliários, relatório*, Coimbra Editora, Lisboa, 2005.

SIMONETTO, Ernesto – *Deposito irregulare*, DDP, sezione civile, V, p. 279.

SIOL, Joachim – *Beratungs–, Warn- und Aufklärungspflichten der Bank, Anlagevermittlung und Propekthaftung*, in: H. SCHIMANSKI/H.-J. BUNTE/H.-J. LWOWSKI, *Bankrechts-Handbuch*, Band I, 4ª ed., C. H. Beck, Munique, 2011, § 43.

SOARES, Quirino – *Contratos bancários*, SI, p. 109.

SOUSA, Miguel Teixeira de – *A reforma da acção executiva*, Lex, Lisboa, 2004.

SOUSA, Rabindranath Capelo de – *O segredo bancário. Em especial, face às alterações fiscais da Lei nº 30-G/2000, de 29 de Dezembro*, in: Estudos em homenagem ao Professor Doutor Inocêncio Galvão Telles, vol. II, Direito bancário (Estudos organizados pelos Professores Doutores António Menezes Cordeiro, Luís Menezes Leitão e Januário da Costa Gomes), Almedina, Coimbra, 2002, p. 157.

STOLTERHOFT, Joachim – *Vollamortisation über Mobilien-Leasing*, in *Münchener Vertragshandbuch*, Band 2, *Wirtschaftsrecht* I. (herausgegeben von Rolf A. Schütze, Luz Weipert), 6ª ed., C. H. Beck, Munique, 2009, p. 144.

TARZIA, Giorgio – *I contratti bancari di credito tipici e atipici*, I contratti, nº 3, 2005, p. 300.

TEDESCHI, Bianca G. – *Mutuo (contratto di)*, DDP, sezione civile, XI, p. 537

TELLES, Inocêncio Galvão – *Contratos civis, exposição de motivos*, RFDUL, 1953, p. 144.

— *Das condições gerais dos contratos e da directiva europeia sobre as cláusulas abusivas*, Dir., 1995, p. 297.

— *Direito das obrigações*, Coimbra Editora, Coimbra, 1997.

— *Manual dos contratos em geral*, 4ª ed., Coimbra Editora, Coimbra, 2002.

TETI, Raffelo/MARANO, Pierpaolo – *I contratti bancari. Apertura dei credito – antecipazione – sconto*, Giuffrè, Milão, 1999.
— The Economist – *Counting the cost of finance*, 21 de junho de 2014, in: www.economist.com/news/finance-and-economics/21604574-new-paper-shows-industrys-take-has-been--rising-counting-cost-finance?fsrc=scn/fb/wl/pe/countingthecostoffinance.
— *The business of banking*, 30 de outubro de 1999, p. 107.
TOMÉ, Maria João Vaz – *Algumas notas sobre a natureza jurídica do contrato de factoring*, separata da DJ, 1992, p. 252.
TRICHET, Jean-Claude - European central bank, *The payment system* (editor TOM KOKKOLA), ECB, Frankfurt am Main, 2010, p. 16.
TROCADO, Sofia Thibaut – *A nova estrutura europeia de supervisão bancária, em especial a Autoridade bancária Europeia*, in: O novo direito bancário (coord. Paulo Câmara, Manuel Magalhães), Almedina, Coimbra, 2012, p. 71.
ULMER, Peter – *Der Vertragshändler. Tatsachen und Rechtsfragen kaufmännischer Geschäftsbesorgung beim Absatz von Markenwaren*, C. H. Beck, Munique, 1969.
ULRICH, Ruy Ennes – *Do reporte no direito commercial portuguez*, Imprensa da Universidade, Coimbra, 1906.
VARELA, João Antunes – *Contratos mistos*, BFD, 1968, p. 143.
— *Das Obrigações em geral*, vol. I, 10ª ed., Almedina, Coimbra, 2000
— *Das Obrigações em geral*, vol. II, 7ª ed., Almedina, Coimbra, 1997 (reimpressão de 2003).
— *Depósito bancário*, Rev. Ban., 1992, p. 43.
VARGAS VASSEROT, Carlos – *El contrato de seguro en el marco de la actividad bancaria*, in: La contratación bancaria (coord: Adolfo Sequeira, Enrique Gadea, Fernando Sacristán), Dykinson, Madrid, 2007, p. 1321.
VASCONCELOS, Miguel Pestana de – *A cessão de créditos em garantia e a insolvência. Em particular sobre a posição do cessionário na insolvência do cedente*, Coimbra Editora, Coimbra, 2007.
— *A Directiva 2002/47/CE do Parlamento Europeu e do Conselho, de 6/6/02 (alterada pela Directiva 2009/44/CE do Parlamento Europeu e do Conselho de 6/5/09), relativa aos acordos de garantia financeira ou os primeiros passos na harmonização do direito europeu das garantias mobiliárias*, BFD, 2009, p. 693.
— *A taxa de juro Euribor negativa e os seus efeitos sobre os contratos de crédito*, CDP, nº 59, 2017, p. 14.
— *As cláusulas penais nos contratos de locação financeira*, ROA, 2016. p. 63.
— *De novo os limites máximos das taxas de juro das instituições de crédito e das sociedades financeiras*, Revista de Direito Comercial, 2019 (www.revistadedireitocomercial), pp. 505
— *Do reporte com função de crédito e garantia*, in: Nos 20 anos do Código das Sociedades Comerciais, homenagem aos Profs. Doutores A. Ferrer Correia, Orlando de Carvalho e Vasco Lobo Xavier (coordenação do Professor Doutor António Pinto Monteiro), vol. III, vária, Faculdade de Direito da Universidade de Coimbra, Coimbra Editora, Coimbra, 2007, p. 9.
— *Dos contratos de cessão financeira (factoring)*, Boletim da Faculdade de Direito da Universidade de Coimbra, Studia Iuridica, Coimbra Editora/Universidade de Coimbra, nº 43, 1999.
— *O contrato de factoring: insolvência e penhora de créditos*, in: II congresso de direito bancário (coord. Miguel Pestana de Vasconcelos), Almedina, Coimbra, 2017, p. 238.

— *O contrato de cessão financeira ou factoring no comércio internacional*, in Estudos em Homenagem ao Professor Doutor Jorge Ribeiro de Faria, Faculdade de Economia da Universidade do Porto/Faculdade de Direito da Universidade do Porto (org.), Coimbra Editora, Coimbra, 2003, p. 403.
— *O contrato de forfaiting (ou de forfaitização)*, in: Estudos em Memória do Professor Doutor José Dias Marques (coordenação dos Professores Doutores Ruy de Albuquerque e António Menezes Cordeiro), Faculdade de Direito da Universidade de Lisboa, Almedina, Coimbra, 2007, p. 537.
— *O contrato de franquia (franchising)*, 2ª ed., Almedina, Coimbra, 2010.
— *Os contratos de garantia financeira. O dealbar do direito europeu das garantias*, in: Estudos em Honra do Professor Doutor José de Oliveira Ascensão (coordenação dos Professores Doutores António Menezes Cordeiro, Pedro Pais de Vasconcelos e Paula Costa e Silva), vol. II, Faculdade de Direito da Universidade de Lisboa, Almedina, Coimbra, 2008, p. 1273.
— *O depósito com finalidade de cumprimento, o depósito para administração, o depósito em garantia e os seus regimes insolvenciais*, in: Estudos em Homenagem ao Prof. Doutor Heinrich Ewald Hörster, Almedina, Coimbra, 2012, p. 725.
— *Os limites máximos das taxas de juro das instituições de crédito e das sociedades financeiras*, Revista de Direito Comercial (www.revistadedireitocomercial.com/os-limites-maximos-das--taxas-de-juro), 2018, p. 620.
— *Juros bancários "ocultos"*, in: IV congresso de direito bancário (coord. Miguel Pestana de Vasconcelos), Almedina, Coimbra, 2021, p. 115.
— *Taxas negativas sobre saldos de contas de depósitos bancários e comissões*, Liber amicorum Pedro Pais de Vasconcelos, Revista de Direito Comercial, 2020 (www.revistadedireitocomercial), p. 165.

VASCONCELOS, Pedro Pais de – *A participação social nas sociedades comerciais*, Almedina, Coimbra, 2005.
— *Contratos atípicos*, Almedina, Coimbra, 1995.
— *Direito comercial. Títulos de crédito*, AAFDL, Lisboa, 1988/1989.
— *Garantias extracambiárias do cheque e negócios unilaterais: o cheque visado e o eurocheque*, in: Estudos de direito bancário, FDUL, Coimbra Editora, Coimbra, 1999, p. 277.
— *Mandato bancário*, in: Estudos em homenagem ao Professor Doutor Inocêncio Galvão Telles, vol. II, Direito bancário (Estudos organizados pelos Professores Doutores António Menezes Cordeiro, Luís Menezes Leitão e Januário da Costa Gomes), Almedina, Coimbra, 2002, p. 131.
— *Taxas de juros do crédito ao consumo: limites legais*, in: II congresso de direito bancário (coord. Miguel Pestana de Vasconcelos), Almedina, Coimbra, 2017, p. 329.

VASCONCELOS, Pedro Leitão Pais de – *A autorização*, Coimbra Editora, Coimbra, 2012.
— *A procuração irrevogável*, Almedina, Coimbra, 2002.

VASCONCELOS, Pedro Pais de/VASCONCELOS, Pedro Leitão Pais de – *Direito comercial*, 2ª ed., Almedina, Coimbra, 2020.

VASQUES, José – *Direito dos seguros*, Coimbra Editora, Coimbra, 2005.

VATTERMOLI, Daniele – *Il primo passo ver l'Unione bancaria europea: il Regulamento EU n. 1024/2013*, RBMF, 3/2013, p. 93.

VAZ, Teresa Anselmo – *Alguns aspectos do contrato de compra e venda a prestações e contratos análogos*, Almedina, Coimbra, 1995.

— *O contrato de factoring*, Rev. Ban., p. 53.

VÁZQUEZ PENA, Manuel – *La transferencia bancaria de crédito*, Marcial Pons, Madrid/Barcelona, 1998.

VIVANTE, Cesare – *Il contratto di riporto*, RDCom, 1925, I, p. 97.

VOIELLO, Rosella – *Depositi fiduciari*, in: Fiducia, trust, mandato ed agency, Convegni di studio, Madonna di Campiglo, Giuffrè, Milão, 1991, p. 285.

WALD, Arnoldo – *Direito civil, contratos em espécie*, 3, 18ª ed. (reformulada com a colaboração de SEMY GLANZ, ANA ELISABETH LAPA WANDERLEI CAVALCANTI e LILIANA MINARDI PAESANI), Saraiva, S. Paulo, 2009

WERNER, Richard – *Can banks individually create money out of nothing? The theory and the empirical evidence*, IRFA, 2014, p. 1.

WERNER, Stefan – *Bargeldloser Zahlungsverkehr (Girogeschät)*, in: S. KÜMPEL/A. WITTIG, *Bank- und Kapitalmarktrecht*, 4ª ed., Verlag Dr. Otto Schmidt Colónia, 2011, p. 823.

WICKAHM, Chris – *Europa medieval*, Edições 70, Lisboa, 2019.

WITTIG, Arne – *Bank- und Kapitalmarktrecht als Rechtsgebiet*, in: S. KÜMPEL/A. WITTIG, *Bank- und Kapitalmarktrecht*, 4ª ed., Verlag Dr. Otto Schmidt Colónia, 2011, p. 2.

WOLF, Manfred/NEUNER, Jörg – *Allgemeiner Teil des Bürgerlichen Rechts*, 10ª ed., C. H. Beck, Munique, 2012.

WOLF, Martin – *Strip private banks of their power to create money*, in: *Financial Times*, 24 de abril de 2014, in: www.ft.com/intl/cms/s/0/7f000b18-ca44-11e3-bb92 00144feabdc0.html?siteedition=intl#axzz2zqO6wMc1.

WUNDERLICH, Nils-Christian – *Darlehensvertrag*, in: H. SCHIMANKSY/H. J. BUNTE/H.-J. LWOWSKY, *Bankrechts-Handbuch*, Band I, 4ª ed., C. H. Beck, Munique, 2011, § 76.

— *Krediteröffnungsvertrag*, in: H. SCHIMANSKI/H.-J. BUNTE/H.-J. LWOWSKI, *Bankrechts--Handbuch*, 4ª ed., C. H. Beck, Munique, 2011, § 77.

— *Kreditvertrag*, in: H. SCHIMANSKI/H.-J. BUNTE/H.-J. LWOWSKI, *Bankrechts-Handbuch*, Band I, 4ª ed., C. H. Beck, Munique, 2011, § 75.

WYNNE, Geoffrey – *Uniform rules for forfaiting: a revitalized forfaiting market and benefits for trade finance*, Butterworths Journal IBFL, vol. 28, 2013, p. 78.

XAVIER, Vasco Lobo – *Direito comercial*, Pólis, Enciclopédia Verbo da Sociedade e do Estado, 2, Tipografia Guerra, Viseu, 1983, p. 416.

— *Venda a prestações: algumas notas sobre os artigos 934º e 935º do Código Civil*, RDES, 1974, p. 199.

XAVIER, Vasco Lobo/SOARES, Maria Ângela Coelho Bento – *Depósito bancário a prazo. Levantamento antecipado por um contitular*, RDE, 1988, p. 281.

ZAHN, Herbert – *Die refinanzierung*, in: *Der Leasingvertrag* (herausgegeben von Friedrich Graf von Westphalen), 6ª ed., Verlag Dr. Otto Schmidt, Colónia, 2008, p. 907.

ZUNZUNEGUI, Fernando – *Regulación financeira en una economía globalizada*, in: AAVV, Derecho bancário y bursátil (direção Fernando Zunzunegui), 2ª ed., Madrid, Colex, 2012, p. 25.

Relatórios

Consulta pública relativa à reforma da supervisão em Portugal in: www.gpeari.min-financas.pt/arquivo-interno-de-ficheiros/Consulta-publica-reforma-da-supervisao-em Portugal.pdf.

Final Report of the National Commission on the Causes of the Financial and Economic Crisis in the United States in: http://www.gpo.gov/fdsys/pkg/GPO-FCIC/content-detail.html.

High-level Expert Group on reforming the structure of the EU banking sector, Final report, Brussels, 2 October 2012, in:http://ec.europa.eu/internal_market/bank/docs/high level_expert_group/report_en.pdf. Denominado relatório Liikanen.

House of Commons. Treasury Committee, The run on the Rock, fith report of session 2007-08, vol. I, Londres, 2008, in: www.publications.parliament.uk/pa/cm200708/cmselect/cmtreasy/56/56i.pdf.

Independent commission on banking, final report, recommendations, September 2011, in: http://www.ecgi.org/documents/icb_final_report_12sep2011.pdf. Denominado relatório relatório Vickers.

Livro verde. Sistema bancário paralelo. Bruxelas, 19.3.2012 COM(2012) 102 final

Need for a coherent approach to product transparency and distribution requirements for "substitute" retail investment products? in: http://ec.europa.eu/internal_market/finservicesretail/docs/investment_products/call_en.pdf.

Associação portuguesa de bancos, *Overview do sistema bancário português*, agosto de 2016, in: www.apb.pt/content/files/Agosto_-_Overview_do_Sistema_Bancrio_Portugus_PT.pdf

The high level-group on financial supervision in the UE, 25 de fevereiro de 2009, in: http://ec.europa.eu/internal_market/finances/docs/de_larosiere_report_en.pdf – Relatório De Larosière.

Comunicação da Comissão ao Conselho e ao Parlamento Europeu. Sistema bancário paralelo – Fazer face aos novos fatores de risco no setor financeiro, Bruxelas, 4.9.2013, COM(2013) 614 final.

Report from the Comission to the European Parliament and the Council on the implementation of Directive 2008/48/EC on credit agreements for consumers, Brussels, 14.5.2014 COM(2014) 259 final, in: http://ec.europa.eu/consumers/rights/docs/ccd_implementation_report_en.pdf.

Report on stablecoins (*President´s working group on financial markets and federal deposit insurancecorporation, and the office of the comptroller of the currency*), november, 2021.

ÍNDICE

CAPÍTULO II
A CONSTITUIÇÃO DA RELAÇÃO BANCÁRIA. O CONTRATO BANCÁRIO GERAL

CAPÍTULO III
O CONTRATO DE CONTA

Secção I
A conta

Secção II

O crédito ao saldo

Secção III

A compensação de créditos

CAPÍTULO IV
O(S) CONTRATO(S) DE DEPÓSITO BANCÁRIO

Secção I

O depósito. Regime geral

Secção II

Os depósitos pecuniários

Subsecção I

Os depósitos pecuniários

Subsecção II

A(s) natureza(s) jurídica(s) do(s) contrato(s) de depósito bancário

Subsecção III

Modalidades particulares de depósitos

CAPÍTULO V
OS CONTRATOS DE CRÉDITO

SECÇÃO I
OS CONTRATOS DE CRÉDITO EM ESPECIAL

Secção II

O crédito ao consumo

Secção III

Os juros

CAPÍTULO VI
AS COMISSÕES BANCÁRIAS

CAPÍTULO VII
CONTRATOS DE PAGAMENTO

CAPÍTULO VIII
SISTEMAS DE PAGAMENTOS, MEIOS DE PAGAMENTO E SERVIÇOS DE PAGAMENTO

SECÇÃO I
DESENVOLVIMENTO HISTÓRICO, EVOLUÇÃO TECNOLÓGICA E ORDEM DE EXPOSIÇÃO

SECÇÃO II
OS SISTEMAS DE PAGAMENTO

SECÇÃO III
OS MEIOS DE PAGAMENTO

Secção IV

Os serviços de pagamento

CAPÍTULO IX
GARANTIAS BANCÁRIAS

Secção I
Reforço quantitativo da probabilidade de satisfação do crédito

Secção II

Reforço qualitativo da probabilidade de satisfação do crédito

Subecção I

Garantias reais e figuras próximas

Subsecção II

O recurso à titularidade de um direito com função de garantia

CAPÍTULO X
AS ENTIDADES HABILITADAS A EXERCER AS ATIVIDADES PREVISTAS NO RGICSF: AS INSTITUIÇÕES DE CRÉDITO E AS SOCIEDADES FINANCEIRAS

CAPÍTULO XI
A ATIVIDADE E OS ENTES DE REGULAÇÃO E DE SUPERVISÃO

Secção I
As atividades de regulação e de supervisão

Secção II
Os órgãos a quem cabe a supervisão e a regulação

CAPÍTULO XII
PROGRAMA. BIBLIOGRAFIA